每日 省悟

論語

大家学（上册）

问永刚 著

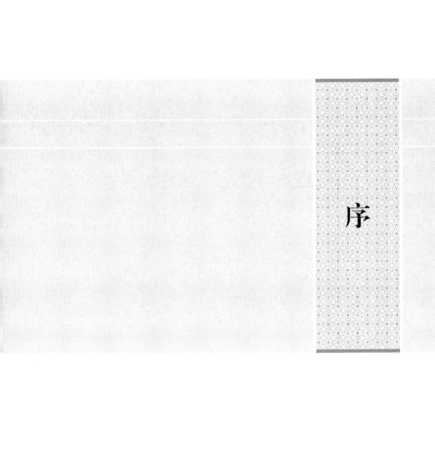

序

经典生命力的展现

收到永刚寄来的本书初稿时，我既欣喜又感佩，因为本书能完成并出版，着实不容易。回顾历史，两千多年来，中国、东亚各国乃至西方汉学界，《论语》的注解与专门研究迭出，《论语》的品读心得更是多如百花齐放，不可胜数。即使只看当代，解读《论语》的专业作者和评家辈出，而且各存专攻。由此观之，对于永刚这位企业实务人士而言，想要在《论语》这一题目上"做文章"，完全是充满挑战甚至吃力不讨好的一件事。然而，如同孔子得意门生颜回的自诩："舜何人也，予何人也，有为者亦若是！"（《孟子·滕文公上》）这本书给读者们最重要的启示就是：永刚可以做得到，我为什么不可以？

永刚诚心并专注于学习经典，他没有学术的羁绊，自然地用最平实、毫无距离感的语言，结合他在国内近几十年来高速发展的背景与宏大格局下的亲身经历和体会，抒发自身最真切的现实感受。永刚这本读《论语》的书，既是分享自己的"生活作品"给世人，也是时代背景下个人成长与反思的独特告白；既展现独特又鲜活的个体生命意志，也代表一个时代、一个阶层对于华夏经典的深层认知与生命体悟。

从我的角度来看永刚和他的时代与成长背景，中国改革开放40年来最大的成就不在于GDP的大幅增加、高经济增长率的维持、入围世界500强的中国企业新增了多少家，或是有多少国内人士挤进了全球富豪榜，而在于造就了一个又一个像永刚一样具有专业素养的企业家、公共部门领导干部、各级学校的教师，以及各行各业的专业人士。唯有人才群体的茁壮成长，才能为将来的中国发展持续提供动能；唯有诚心探索文化本源、愿意担负文化传承使命的各界人才，方能"修文德以来之"（《论语·季氏》），让中国真正卓立于世，受世人诚心敬服。

本书难能可贵之处在于，作者永刚是一位事务繁忙的高层管理者与企业实务人士，本非专研传统语言文学或古文献研究领域的学者专家，他在苦心经营企业、忙碌于商场竞争的同时，还能发心共学、阅读经典，愿意重新连结中华文化的源泉。为了完成这部作品，永刚竟能持续两三年，每日凌晨四点起床读书，花费两三个小时的时间，用手机一个字一个字地将初稿打出来。仅就此而言，已是莫大的成就。《尚书·大禹谟》有言："惟精惟一，允执厥中"，这是中国两三千年前传承下来的处世心法；俗话说"活到老，学到老"，鼓励人们终身学习。永刚每日读经及撰写这本书的恒心、毅力与精神，在我看来，是力行"精一"二字的典范，也是经典生命力展现的又一实例。

回想我与永刚结识的缘分，始于永刚好友的分享与推荐，永刚前来旁听我在清华大学五道口金融学院与经济管理学院EMBA的课程。相识后，永刚多了一个接触华夏经典的渠道，我们也共学适道，一同行践夏学至今。我自己深入研习夏学的机缘，则是在20岁前后一段在书院学习的经历。我生长于台湾，大学时期在校外亲炙天德黉舍（现奉元书院）爱新觉罗·毓鋆老师，学习四书五经、子书等传统经典。毓老师规定所有入学弟子必须先从《论语》学起，四书读毕（为期一年）才能逐步进阶，选择修习其他经典。毓老师总是期勉弟子们"以夏学奥质，寻拯世真文"。我的体悟是，"真文"既源于经典，也在于我心、我"行"，最为治本的《论语》则是入手处。这段特殊的从学经历虽然只有四年，但华夏智慧已然因毓老师的教诲进入我的生命，引领我开创往后的志业与人生。

华夏经典浩瀚，不论学习儒家、道家、法家、兵家及其他诸子百家，毓老师选定以《论语》作为汲取华夏智慧的入门，后续才可以修习其他经典（如《大学》《中庸》《大易》《春秋》《老子》《庄子》《管子》《孙子兵法》等），不像时下喜从《周易》或《孙子兵法》开始直接讲授，除了秉持为学须循序渐进、不能躐等的原则，实因《论语》记载孔门师生的言谈事迹与人际互动，其中蕴藏丰富的人生哲理、人性关怀，理念与人情同时充分展现，8岁可以读，80岁读来体悟更深，是一本常读常新、最为生活化的经典。尤其，《论语》的内容多是一句一句的话语，很适合现代人阅读。我有一位清华大学EMBA的学生刘刚，他也是一名企业高管，从2015年开始就让他六岁的小孩读《论语》，后来他进一步整理《论语》的英文，与孩子共读。

永刚与他的学友们一同研读《论语》，又用功撰写各篇章的导读文字，日积月累，整理成册。读者可在这本书中看到《论语》的原典重现，历史上诸多名家品评《论语》的相关征引，更有作者毫无保留、真诚可感的细致品味，以及与读者娓娓道来的交流和提问。通读全书，不难发现作者无意将各种与《论语》经文相关的思想和见解统合为一、盖棺定论，而是拾取其中相应、共鸣的片段，印证他反复探索生命的自身体验。与其说这本书是一种对经典的品读，不如说是通过经典反思个体生命的意义。每个人都需要观照自己的生命，对于同样想要借由阅读经典真诚省察自己的读者而言，永刚的这本书是一种颇具个人特色的示范，或许将来会有读者受到启发，创作出其他读《中庸》《周易》《老子》等的感悟作品。

　　莫要视经典为八股，经典历经千锤百炼，蕴含丰富的哲理并释放出无穷的生命力。经典的生命力源自上古先贤博大精深的人生智慧，历经两千多年，由大师巨擘在义理上持续不断地钻研、阐析与扩充。宏观而论，华夏经典是古人智慧的结晶，展现了巨大的民族生命力，是中国带给世界文明的最大贡献；微观而言，华夏经典的生命力体现于人们阅读经典后，与经典同频共振，并从中汲取适用于自身的智慧和道理，从而完善自己的人生。如果能数年、数十年如一日地学习经典，"密切体认，自己身心上理会"（《答窦文卿》），在生活中落实、践行，必定能激发每个独一无二生命个体的潜能与创造力。持续求索，坚持不懈，用己所知，学行合一，相信《每日省悟——〈论语〉大家学》这本书可以让我们自己和身边的人变得更好。

陈明哲

序者简介

陈明哲，现任美国弗吉尼亚大学达顿商学院讲座教授，国际管理学会（Academy of Management）暨战略管理协会（Strategic Management Society）终身院士，曾任国际管理学会前主席，是全球著名的企业战略专家，动态竞争与文化双融理论的创始人。

陈明哲先生于1976年自台北大学（前身为中兴大学法商学院）企业管理学系毕业，1988年在美国马里兰大学取得企业管理博士学位。曾先后任教于哥伦比亚大学商学院与宾夕法尼亚大学沃顿商学院，其教学、研究与咨询范围横跨欧、美、亚三大洲。曾担任全球拥有近两万名会员的国际管理学会主席（2012—2013），他是这个全球最具影响力的管理学术组织成立68年以来第一位没有在美国接受大学教育的主席。其所讲授的企业战略、动态竞争以及中西企业战略思维比较等课程，均深受好评。陈明哲先生在研究方面著作甚丰，是第一位三度荣膺国际战略管理学会最佳论文奖和顶级学术期刊 *Academy of Management Review*（AMR）最佳论文奖的学者，后来也担任AMR的副总编辑。

自序一

我为什么写《每日省悟——〈论语〉大家学》

子曰:"吾十有五而志于学,三十而立,四十而不惑,五十而知天命,六十而耳顺,七十而从心所欲,不逾矩。"孔子一句话,概括了其伟大的一生。而他的一生,影响了人类几千年。直至今天,我们的生活依然深受他思想的影响。

每一个人都有"十有五",都有"三十""四十""五十",也会有"六十""七十",以至"八十""九十"。我们的"志"在何方?我们何时能"立"?何时达到"不惑"?何时才能"知天命"?……如何才能安度我们的"八十""九十"?这些是我读《论语》时从没停止思考的问题。

人的一生,说容易非常容易,说不易也非常不易。

斗转星移,寒来暑往,我们是随波逐流,还是反省自在?

红尘滚滚,物欲横流,我们是争名夺利,还是舍生取义?

世事纷繁,人情冷暖,我们是巧言令色,还是泰然处之?

时光飞逝,一生苦短,我们是饮食男女,还是乾乾君子?

河对面就是岸吗?脚底下的就能踩实吗?心田处常存志否?

一切都来自偶然,一切都来自缘分,一切都来自知行。写这本书的机缘是来自2017年初秋我的初中同学发起的一次聚会。我从1985年毕业,到2017年,三十三年,弹指一挥间……那一年,我们平均年龄49岁。

我的初中三年级是在鄂尔多斯市杭锦旗第三中学度过的。我至今记得学校东边的那片苹果园,还有校园旁边绿油油的千亩良田。初中毕业后,同学们都各奔东西了,有的上了高中,有的上了中专,有的还在原地复读,有的干脆回家种田。分手后的三十多年里,许多同学都未曾谋面。再次相聚,许多同学只记得过去的名,过去的形,但已不认识现在的人了。

三十三年,班里第一次聚会。老师、同学们有说不完的话,聊不完的情。但谁也掩盖不了岁月刻在自己身上的痕迹:曾经花枝招展的少女不见了婀娜的形体,曾经天真烂漫的少男变成了头发秃顶的大叔。49岁,是一个不上不下的年龄。我从同学的眼中,看到更多的是迷惑;我从同学的身上,看到了些许的放任;我从同学的言语中,听到了那么多的失落……人生真的就是抛物线吗?我们这群人真就是午后的太阳,只等渐渐落幕了吗?

第一次,我的内心是如此的明确:不,不是这样的。我们这群人要重回青春岁月,回到那个"志于学"的年代。从我开始,从我们同学开始,重新唤醒我们本身具足的生命!我向我的初中同学发出倡议:五十,从心开始!半百时,重新出发!

人贵有志。我们要重新找回自己的"志"。如果说我们"十有五"时有志,那志是考个好学校,找个好工作;那么,年近五十,我们也要有志,至少要做个好爸爸、好妈妈,做个好爷爷、好奶奶。不要因为接近退休,就放任自流,放松了对自己的要求;不要因为职场上不能进步,就随波逐流,无所事事;不要因为年近半百,就老气横秋,不思进取;不要因为子女成年,就不重形象,容颜沮丧。"五十而不以善闻,则不闻矣。""后生可畏,焉知来者之不如今也。四十、五十而无闻焉,斯亦不足畏也已。"我们要闻大道,修德性,恭敬而行。

我们要从心出发,要反求诸己。不再惑于名、惑于利,我们真正要关注的应当是当下的心。"知天命,尽人力",天命,是上天赋予我们每一个人的使命;"尽人力",乾乾君子,自强不息!在那次聚会上,同学们约定:从我开始,从心开始,从共同学习经典开始,开启新的生命状态!我也自告奋勇,主动承担起每日义务写导读的任务,带领同学们一起学经典。我们从《大学》学起,共读《中庸》,再学《论语》。出于这个缘由,我们每天学一句经典,我每天写一篇导读,美其名曰:"每日省悟。"

我们的学习几乎风雨无阻,不知不觉就过去了三四年光景。我每天凌晨四五点起床,翻阅资料,撰写通俗易懂的导读,和大家一起进入经典的现代语境。在我们的学友之中,大家的经历背景各不相同。就学历来讲,初中、高中、大学都有;就身份来讲,工人、农民、教师、干部都在。所以,要写好一篇导读,真不是一件容易的事情。但我坚信,中国的四书五经在孔子时代已经实现有教无类,是普通人可学可得的,今天的普罗大众怎么会听不懂呢?即使只初中毕业,也至少上了八年学。古人哪能有这样的奢侈，在校园里"学习"八年？

感谢微信的缔造者张小龙。微信群的学习，使我们的交流跨越了空间的阻隔。从《论语》开始，我们的学习渐入佳境，学习群体也在不断扩展。经典学习从我的"初中学习群"，延伸到"高中学习群"，再到"大专学习群"和北京广播学院的"研究生学习群"，最后扩展到清华大学的"EMBA同学群"。此外，我还建起了大大小小的数十个主题学习群。没想到的是，一部《论语》导读，竟在不同的微信群里，得到了大家普遍的欢迎和共同的好评。许多学友进群出于偶然，但渐渐开始喜欢上了读书，喜欢上了经典，也在不断地改变着自己的气质、底蕴！

每想到此，我总是感觉其乐无穷！近一千天来，我每天早上四五点起床，用两三个小时的业余时间，和大家一起学习。其中偶尔也会感到疲累，但总有一个声音在告知我，必须要坚持下去。看到一些学友通过一段时间的经典学习，产生了巨大的变化，我更感觉到我的这项倡议的价值！

爱新觉罗·毓鋆先生说："我们不是讲给专家听，而是讲给普通人听。"我不敢说《每日省悟——〈论语〉大家学》这本书有多专业，但我的初衷就是想做一只筏子，渡有缘人过河。大家过河去了，大可就把这只筏子扔掉。也许在儒学专家眼里，这本书还有专业上的问题有待深究。好在我造这只筏子也就是供大家临时用一用而已，因此我也就心地坦然了。

"己欲立而立人，己欲达而达人。"其实，学习经典过程中最大的收获者，还是我本人。它使我逐渐明白了一个人的工作、学习、生活是一件事，而不是三件事！万物皆一，万事皆一。我也知道了自己应该做什么，什么才是最有意义的。我自身从学习传统文化中受益匪浅，但是这还不够，我应该使更多的人受益。说起来有点像佛教里的"法布施"，虽然有点大言不惭，但确是我的心声，也是我起意把过去数百天对《论语》的所思所想呈现在大家面前的原因。

自序二

旁听得正道,无意解真经
—— 记陈明哲老师与我的师生情

相见不恨晚,我与陈明哲老师的缘分源于一次偶然的旁听。

我有一个中学同学企业做得不小,那年,他在清华经管学院就读EMBA,同时还在清华五道口金融学院求学。有一天我俩见面,听他偶然说起自己刚听完清华经管学院的一门课,是陈明哲教授讲授的动态竞争课程,讲得非常精彩!陈老师接着又要在五道口开讲,他还要去再听一遍。

我很惊讶,他那么忙,怎么会一下子腾出八天时间去上同一门课呢?我好奇地问他:"我能去旁听吗?"他说:"可以。"于是就有了我第一次旁听陈老师课程的珍贵经历。不想,我在五道口只旁听了半天,就被班主任老师撵了出来。我的同学感觉很没面子,我倒是坦然。因为在我旁听的经历中,这种事情早就见怪不怪了。

过了一个学期,陈老师又来清华经管学院开课,他听说了我的五道口故事,便特意邀请我去听他的课。那一年,我已从清华经管学院毕业两三年了。没想到,陈老师对我这个旁听生特别关照。再次旁听陈老师的课,确实仰取俯拾、稇载而归。我常常感慨,一次偶然的乘兴旁听让我与陈老师结缘。与陈老师相识之于我犹如"鱼乘于水,鸟乘于风,草木乘于时",可谓"旁听得正道,无意解真经"。

后来,陈老师在清华大学的助教邵红老师邀请我一起策划"明哲学堂"。再后来,深圳的"明哲学堂"上,陈老师点评我在课上的互动,认为我的互动很精彩,给了我莫大的鼓励。相互熟悉之后,陈老师经常从美国打电话过来,耐心指点我,常常一打就是一两个小时。

再后来,陈老师指定我在上海的"明哲学堂"做一次专题演讲,没想到那次演讲很成功。分别之后,陈老师又特意从美国打电话给我,希望我将在上海演讲的稿件整理成一篇论文。但因我个人原因,至今都未能完成老师布置的作业。之后见到陈老师,陈老师自责地说:"当时应该逼逼你,把那篇论文写出来。"我说:"我是随性讲的,讲完了,我自己就全忘了。再说,我自己感觉还远远没学通。"记得陈老师鼓励我:"你已经很不错了,一定要把自己的体悟记下来,论文是给懂行的人看的。"

这么多年,陈老师教育我,陪伴我,影响我,他对我究竟意味着什么?"师者,传道受业解惑也。"唐代韩愈所说的老师,是指真正的老师。能传道,是因为他已明白真道,否则,怎么能做到授业?又如何解开学生的疑惑呢?我一开始是跟着明哲老师学管理学的,没想到陈老师把我带入了中华文化的正宗。明哲老师为我打开了一扇中华文化的大门,进入这扇门后,我才真正领悟到中华文化的博大精深、历久弥新。

通过明哲老师，我在书本上认识了他的老师——爱新觉罗·毓鋆，拜读了他老人家的一系列口述作品。沿着这条路走下去，这些年，我循序渐进研读了毓鋆老师、熊十力、马一浮、王船山、王阳明、朱熹、二程、孟子、曾子、颜回、孔子等先贤大哲的著作，中华文化的壮丽长卷在我面前徐徐铺开，我才得以一窥中华文化的堂奥。

明哲老师为我找到了一把学习的钥匙，那就是反求诸己。秉承修、齐、治、平的儒家思想，沿着"知止而后有定，定而后能静，静而后能安，安而后能虑，虑而后能得"的内圣外王之路，慎独慎行，知行合一。在不断的治学修身之中，忧虑不见了，烦恼也少了，脚下也渐有实地。我深深体会到只有向内修行，才能日渐光明。

"万物并育而不相害，道并行而不相悖。"明哲老师的文化双融理论，至深、至细、至微，使我深刻体会到该如何"知古"，如何中西双融，又该如何使学术与实务双融。双融就是"用中"，潜力无穷，具有很强的普适性，能将事情做到尽善尽美。

明哲老师是真师也。他不仅向我传道、授业，也陪我走过了不惑之年。老师虽然远在大洋彼岸，我却时时感觉他就在身边。"老师领进门，修行在个人。"明哲老师把我带进了毓老师的门下。近年来，毓老师的书常使我拍案叫绝、热泪纵横。他又给我指明了通往中华文化渊薮的大道。我受了千般难，读破了万本书，上了无数学，才明白一个道理：学习不仅仅是要读书，更要体悟，要内求，要修行，要养性。

"以文会友,以友辅仁",这几年来,我在经典中寻找重生的力量和生命的本真。在《论语》的学习中,我不断改过迁善,与学友砥砺前行。随着学习越来越深入,我年纪也越来越大,我对中华文化也越来越关注。我选修了儒学、佛学、道学的许多课程,也进行了广泛而大量的阅读。但我慢慢地体悟到,文化不仅仅是知识,文化更需要传承。

通过《论语》的学习,我感知了"天命"的存在,"天生我材必有用";通过《论语》的学习,我进入了人生的"不惑",不惑于利,不惑于名;通过《论语》的学习,我开始了乾乾精进,上不再怨天,下不再尤人;通过《论语》的学习,我真正做到了自尊立人,父父、子子,君君、臣臣。

"物有本末,事有终始",人生本无尽,万古而长青!对我来说,学习是恭敬谦逊,是大度包容;学习是清源正本,是守正创新;学习是专注践行,是正心,是诚意,是守信;学习是一种担当,是一种责任,也是一份使命;学习是知行合一,是表里如一,是名副其实;学习要上大道,要将心比心,要改变自己的器质;学习是永无止境,是生活,是工作,是存志精进,是造就一个活泼泼的生命。

学习经典,要用古人的智慧启发我们。从《每日省悟——〈论语〉大家学》开始,我明白了,经典能改变心,万法唯心。心变,一切皆变!《每日省悟——〈论语〉大家学》是我为学友们学习《论语》而写的导读。我们一起学习了510天《论语》,我一口气写了510篇导读。"善歌者使人继其声,善教者使人继其志。"让我们大家从《论语》学起!且学且行且珍惜!

目录

学而第一 / 1

为政第二 / 37

八佾第三 / 79

里仁第四 / 111

公冶长第五 / 147

雍也第六 / 187

述而第七 / 231

泰伯第八 / 283

子罕第九 / 315

乡党第十 / 357

先进第十一 / 381

颜渊第十二 / 423

子路第十三 / 461

宪问第十四 / 501

卫灵公第十五 / 565

季氏第十六 / 637

阳货第十七 / 669

微子第十八 / 713

子张第十九 / 737

尧曰第二十 / 779

跋 / 793

学而第一

1.1 子曰:"学而时习之,不亦说乎?有朋自远方来,不亦乐乎?人不知而不愠,不亦君子乎?"

《论语》首篇"学而",开明宗旨:君子,以学习为人生第一要务!

学习停止了,一个人真正的人生也就终结了。

"苟日新,日日新,又日新。"(《礼记·大学》)其"新"来自勤奋学习,学习不止。

活到老,学到老,"不知老之将至"。

"路漫漫其修远兮,吾将上下而求索。"(《楚辞·离骚》)好一个奋进学习的人生。

"吾十有五而志于学,三十而立,四十而不惑,五十而知天命。"(《论语·为政》)孔子的人生,就是他"学而时习之"的"说(悦)"的人生写照!

"子曰",写下这两字,我耳边便响起了两千多年来中国人的琅琅读书声。"子",一个"子"字,其蕴无穷。"子",古代是对有德男子,有学问男子,有身份、有地位男子的美称。

"公、侯、伯、子、男",是中国古代王朝的五等爵位。

孔子、老子、庄子、孟子、荀子、墨子、韩非子、孙子、朱子、程子……中华文化的涓涓细流,汇集成大海。

"子曰",在《论语》中专指"孔子说"。书中还有尊称孔子为"夫子"的,或直称孔子。

"子曰"相当于佛经中的"佛说","子曰"在《论语》中一共出现了近四百次。

"子曰",孔子不光是这样说的,更是这样做的。

言行一致,是"子曰"。

在《论语》中,孔子说的第一句话:"学而时习之,不亦说乎?"

"说",悦也。悦,藏在心中的欢喜。真喜乐充满心田,悦也。

看自己的孩子健康、快乐成长,父母悦也。

但大多数人都把"学""习"当苦差事,还能体味到悦吗?

反过来说,如果你还没有感知到"学而时习之"的"悦",你就还没有进入真正的学习状态。

何为"学"?"学",觉,知;"学",效,行。

"学",不仅仅是为了考试。科举考试,也是隋唐之后的事情了。

"古之学者为己,今之学者为人。"为己,是为了自觉、自知、自行。

朱熹注曰:"学之为言效也。人性皆善,而觉有先后,后觉者必效先觉之所为,乃可以明善而复其初也。"(《四书章句集注》)

毓老师说:"知行合一谓之学。觉,自觉,先觉要觉后觉,后觉则见贤思齐。中国的学,重在知行。"(《毓老师说论语》)

何为"好学"?

子曰:"君子食无求饱,居无求安,敏于事而慎于言,就有道而正焉,可谓好学也已。"(《论语·学而》)

有人问孔子:弟子中谁好学?孔子说是颜回,颜回"不迁怒,不贰过"(《论语·雍也》)。记住,颜回好学不是指他能考一百分!

"习",習。"習,鸟数飞也。"(《说文解字》)小时候,我曾爬在鸟巢边,看过羽翼未满的小鸟学飞行。小鸟不断地扇动翅膀试飞,不断地失败，不断地练习，最后才飞了起来。

朱熹注曰："习，鸟数飞也。学之不已，如鸟数飞也。说，喜意也。既学而又时时习之，则所学者熟，而中心喜悦，其进而自不能已矣。"他又引程颐曰："学者，将以行之也。时习之，则所学者在我，故说。"（《四书章句集注》）

蒋伯潜先生曰："'春秋教礼乐，冬夏教诗书'，'柔日读经，刚日读史'……学是知新，习是温故；学是'日知其所亡'，习是'月无忘其所能'。若如此，则博学笃行，虽愚必明，虽柔必强，所以心中喜悦。颜回好学，虽贫困不改其乐，便是如此。"（《新刊广解四书读本》）

"学"，见贤思齐。

"习"，道术驻身。

"学""习"是两件事，但学习又是同一过程。

今人以为读书就是学习，上大学就是学习。所以一走出校园，便和"学""习"永远地再见了。

"学"而不"习"，只是纸上功夫。

"习"而不"学"，就会故步自封。

所以孔子加了个"时"字，是"学而时习之"！

"时"，时时刻刻。刹那间，有时无间，无终止。

"日往则月来，月往则日来，日月相推而明生焉。寒往则暑来，暑往则寒来，寒暑相推而岁成焉。"（《周易·系辞下》）

时，刻变；境，随迁；人，不息！

孔子，"圣之时者"（《孟子·万章下》）。孟子为什么封孔子为"时圣"，正因孔子能"学而时习之"。

子在川上，曰："逝者如斯夫！不舍昼夜。"（《论语·子罕》）这是孔子对时间的感叹。

《论语·乡党》有云:"色斯举矣,翔而后集。"曰:"山梁雌雉,时哉时哉!"孔子赞叹野鸡都能知时。

"广大配天地,变通配四时,阴阳之义配日月,易简之善配至德。"(《周易·系辞上》)知时,通变。

"有朋自远方来,不亦乐乎?"

"乐",乐呵呵,喜形于色。程颐曰:"说在心,乐主发散于外。"(《四书章句集注》)

"同门曰朋,同志曰友。"(《礼记》)

古人惜字如金,一字一义。书写在竹简上,不易。

有道合的知己从远方来,不也很快乐吗?

过去交通不便,行走困难。同道之人,不远千里而来,为何?

《周易·咸卦》有云:"憧憧往来,朋从尔思。"

刘逢禄《论语述何》有云:"《易》云:'君子居其室,出其言善,则千里之外应之,况其迩者乎?'《记》曰:'独学而无友,则孤陋寡闻。'友天下之善士,故乐。"

毓老师说"有朋自远方来",有其背后的基础。"同声相应,同气相求。"(《周易·乾卦》)"德不孤,必有邻。"(《论语·里仁》)有德了,人才来和你学。……同门弟子来自远方,即孟子所谓"得天下英才而教育之"(《孟子·尽心上》)。

对于真正的谈学论道者,"有朋自远方来",能不快乐吗?

孔子第一句讲"学""习",第二句讲"教""学"。

《礼记·学记》有云:"故学然后知不足,教然后知困。知不足,然后能自反也;知困,然后能自强也。故曰'教学相长也'。"

《兑命》有云："敩，学半。""学"，充其量只是一半，在教中再学，才能更上一个台阶。

朱熹注曰："朋，同类也。自远方来，则近者可知。程子曰：'以善及人，而信从者众，故可乐。"（《四书章句集注》）

《周易·坤卦》有云："西南得朋，乃与类行；东北丧朋，乃终有庆。""朋"，同类也。

现代人"朋友"多，多狐朋狗友。朋者无道，友者无志。

子曰："益者三友，损者三友，友直，友谅，友多闻。"（《论语·季氏》）

"同门曰朋"，"同门"不是利益的"同盟"。"君子和而不同，小人同而不和。"

"人不知而不愠，不亦君子乎？"

君子，"不怨天，不尤人"，具有悦乐精神。

孔子更进一步说"人不知而不愠"，不亦"说"乎？但这里再用"说"，重复了，没有语感，用"君子"替代。

"学而时习之"，先觉悟，先成师。韩愈说：闻道有先后，术业有专攻。"（《师说》）

"有朋自远方来"，和你学习，和你探讨。

"人不知"，因人智慧不同，不是人人都能获得真知。即使获得，也有快慢之分。"愠"，不愉快藏于心，愠怒于中。为师者，"人不知"，不要愠怒，顺其自然。

文章千古事，学习一生中。

"学不厌，教不倦"。"人不知"，何愠之有？

现在回过头看孔子的这句话，难道不是他对人生的总结吗？

如果把这句话刻在孔子的墓碑上，不也很合适吗？

孔子,万世师表。"学而时习之,不亦说乎?有朋自远方来,不亦乐乎?人不知而不愠,不亦君子乎?"一句话,道出了孔子的真精神!

后世学者,当学之,思之,觉之,行之。用古人的智慧启发自己的生命,从此,长出一个"活泼泼"的自己!

1.2 有子曰:"其为人也孝弟,而好犯上者,鲜矣!不好犯上,而好作乱者,未之有也。君子务本,本立而道生。孝弟也者,其为仁之本与!"

有子说:"一个人的为人,在家孝顺父母,在外尊敬长辈,这样的人很少有喜欢触犯上级的;不喜欢触犯上级,却喜欢造反作乱的人,从来也没有过。君子致力于根本,根本树立了,人生的道路就会随之逐渐生发出来。孝和悌两件事,难道不是一个人行仁的根本吗?"

《论语》记录了孔子及其弟子们的言论。

有子,孔子的学生,姓有,名若,比孔子小33岁(一说小13岁)。《论语》记载孔子学生的言论时一般称其字,但有若被尊称为有子,而其言放在《论语》的第二句,其背后必有缘由。

有学者推测,《论语》是有子和曾子(曾参也被尊称为子)的学生整理的。

有人说,有若长得像孔子。孔子过世后,孔子的弟子子夏、子张、子游认为有若的长相、言论接近老师,想让他接孔子之位,后因曾子反对,不了了之。"有子避之,此非子之座也!"(《史记·仲尼弟子列传》)正因为有此经历,所以有若称有子。《论语·学而》一共十六篇,其中

"有子曰"就占三篇。不过这种说法也是后世学者的一家之言。

不管怎么说,有子讲出了两句名言流传至今:一、"君子务本,本立而道生。"二、"礼之用,和为贵。"

中华文化讲三立:立德、立言、立功。就凭这两句名言,有子也是立言之士,非等闲之辈也。

我第一次在清华大学经管学院上陈明哲教授的管理学课时,陈老师送我一本《毓老师说中庸》,在书的首页就为我写了"君子务本,本立而道生"这句话,下面还签有陈老师的大名。

《大学》有云:"物有本末,事有终始,知所先后,则近道矣。"

"务",朱熹曰:"专力也",专心致志;"本",朱熹曰:"犹根也。"(《四书章句集注》)

有子这句话,由浅入深,娓娓道来,意味深长!他先说"一个人的为人,就是孝和悌两件事",他又说"孝悌之人,很少有犯上的",他再说"孝悌之人,连犯上都鲜有,至于作乱的,就根本没有",接下来,他提出他的观点:"君子务本,本立而道生。"君子,仁人志士也。君子要行仁。最后他说"行仁之本,孝和悌也"。

"孝"和"悌"是我们为人处世的入手法则。

"孝",朱熹注曰:"善事父母为孝。"(《四书章句集注》)

孔子"志在《春秋》,行在《孝经》"(《春秋公羊传》)。

"佛在家中坐,何必远烧香?"父母就是佛!

子曰:"父母在,不远游,游必有方。"(《论语·里仁》)

孔子传曾子孝道称:"夫孝,德之本也,教之所由生也。复坐,吾语汝。身体发肤,受之父母,不敢毁伤,孝之始也;立身行道,扬名于后世,以显父母,孝之终也。"(《孝经·开宗明义》)

"孝为德本",孝行天下。

"子欲孝而亲不在",乃人生第一大缺憾!

有子才知父母恩。

中国的本原文化,从人性出发,从孝出发。

毓老师说:"善事亲曰孝,善事兄长上曰悌。"(《毓老师说论语》)

在家事父母,为孝道;在外事长辈,为悌道。

子曰:"弟子入则孝,出则弟。""出则事公卿,入则事父兄。"(《论语·子罕》)

孟子后来对此进一步发挥:"壮者以暇日,修其孝悌忠信,入以事其父兄,出以事其长上,可使制梃,以挞秦楚之坚甲利兵矣。"(《孟子·梁惠王上》)

有子最后曰:"孝弟也者,其为仁之本与?"

为仁之本,孝悌也。

孝悌,贵在有"为",贵在行动!

1.3 子曰:"巧言令色,鲜矣仁。"

孔子说:"(善)花言巧语,(善)伪装妩媚。"这种人,很少有"仁德"的。

"鲜",少也。少,不是没有。

《论语》第一篇讲"学""习";第二篇讲"孝""悌";第三篇提到了"仁"。从《论语》的编排顺序,可知"仁"在孔门之学中的地位。

在《论语》一书中,弟子们分别向孔子"问仁",孔子给出了不同回答。据统计,"仁"在《论语》中一共出现了109次。

仁心仁德,知仁行仁。

孔子希望人人都成为仁人志士,则人人都可成为尧舜。"人而不仁,如礼何?人而不仁,如乐何?"(《论语·八佾》)"苟志于仁矣,无恶也。"(《论语·里仁》)"君子无终食之间违仁,造次必于是,颠沛必于是。"(《论语·里仁》)

孔子还给"仁者"描画出了大概的形象:"仁者乐山""仁者静""仁者寿"(《论语·雍也》);"仁者先难而后获,可谓仁矣"(《论语·雍也》);"仁者不忧"(《论语·子罕》);"不仁者不可以久处约,不可以长处乐。仁者安仁,知者利仁"(《论语·里仁》);仁者"爱人"(《论语·颜渊》);"刚、毅、木、讷,近仁"(《论语·子路》);"仁者必有勇,勇者不必有仁"(《论语·宪问》)。

仁、义、礼、智、信,仁排第一位。人,胸有仁心,才有大义、有真礼、有睿智、有恒信。

孔子特别推崇仁政,这也是他的《春秋》大义。"大哉,尧之为君也!巍巍乎!唯天为大,唯尧则之。荡荡乎,民无能名焉。巍巍乎,其有成功也。焕乎,其有文章。"(《论语·泰伯》)

孔子为何"祖述尧舜,宪章文武",因尧、舜是仁德、仁政的政治典范!他们大爱人民,禅让选贤。

"夫仁者,已欲立而立人,已欲达而达人,能近取譬。可谓仁之方也已。"(《论语·雍也》)

"巧言、令色,鲜矣仁。"

朱熹注曰:"巧,好。令,善也。好其言,善其色,致饰于外,务以悦人,则人欲肆而本心之德亡矣。"(《四书章句集注》)

《尚书·皋陶谟》有云:"何畏乎巧言令色孔壬。""孔",甚也;"壬",佞也。以巧言令色为甚佞,则不仁可知。(《论语正义》)

"巧言、令色、足恭,左丘明耻之,丘(孔子)亦耻之。"(《论语·公冶长》)

毓老师说:"自欺者,必欺世;欺世者,必盗名。养心,莫过于不自欺了。不自欺,就不会自愧。要充实精神生活,不要自欺。"(《毓老师说论语》)

孟子曰:"仁也者,人也。合而言之,道也。"(《孟子·尽心下》)又曰:"仁,人心也。"(《孟子·告子上》)言、色,是一个人心的外延!钱穆先生说:"务求巧言令色以悦人,非我心之真情善意。"(《论语新解》)

毓老师说:"成就,不在权术,而在乎德。"(《毓老师说论语》)

人,真是奇怪的生物。如果一个人的"成长",就是用欲望、权利、虚荣、谎言等工具,把自己一层一层包裹起来,直到最后自己连自己也找不到了。这样的话,人还能到哪儿去找真正的自由、幸福和崇高呢?

修行,就是撕去自己身上的这些"虚伪"的臭皮,使其一点一点脱落。《道德经》有云:"为道日损。"去巧言、去令色,正心诚意,直到一天灵光闪现,再次看到那颗本来俱足的仁心!

日日体悟经典,知之行之。

见素抱朴,还我本来面目,开启美好人生!

子曰:"仁远乎哉?我欲仁,斯仁至矣。"(《论语·述而》)

孔子说:"仁德难道离我们远吗?我想要仁德,仁德就来了。"

少一点"巧言令色",多一点真诚敦厚,仁德不就显现了吗?

"克己复礼为仁。一日克己复礼,天下归仁焉。为仁由己,而由人乎哉?"(《论语·颜渊》)

看孔子说得多明白!仁道,就在脚下;仁人,从我做起;仁者,诚实无伪！

1.4 曾子曰："吾日三省吾身：为人谋而不忠乎？与朋友交而不信乎？传不习乎？"

曾子，曾参。曾子与他的父亲曾点（曾晳）都是孔子的弟子，曾子小孔子46岁。

《论语·先进》有云："参也鲁。"孔安国曰："鲁，钝也。曾子迟钝。"

一日终了，曾子不是思考柴米油盐酱醋茶，而是"三省吾身"。今天有个词，叫"复盘"。曾子每日要复盘内省：替人办事是否尽心竭力了呢？同朋友交往是否诚实守信？老师传授给自己的学业、大道是否温习、践行（并能以此传承下去）？

"为人谋而不忠乎？"台湾著名芯片企业"台积电"的创造人张忠谋先生，其"忠谋"之名是否来自这里？

"谋"，"虑难曰谋"；"忠"，朱熹曰："尽己之谓忠。"受人所托，竭尽所能，不打一点折扣。

"与朋友交而不信乎？"信＝亻＋言。"信，言可复也。"

在《论语·公冶长》中，子路想听听孔子的志向，子曰："老者安之，朋友信之，少者怀之。"朋友之间，诚信至上。"巧言令色"，必背信弃义。"忠信，所以进德也。"（《周易·乾卦》）

"传不习乎？""传，谓受之于师。习，谓熟之于己。"（《四书章句集注》）自己有幸能得到真传，要倍加珍惜，要了然于心，并能传承下去。毓老师说，接力棒，一棒接着一棒。"自省为师传道，有没有行健不已、勤习不息。"

孔子传曾子,曾子传子思(孔子的孙子),子思传孟子……真传代代传,其间不失真。"为往圣继绝学,为万世开太平。"(《张子语录》)

"曾子以此三者日省其身,有则改之,无则加勉,其自治诚切如此,可谓得为学之本矣。而三者之序,则又以忠信为传习之本也。"(《四书章句集注》)

王阳明有著作《传习录》。"传不习乎?"

我"三省吾身","省",反省,省悟。我是谁?吾身又是谁?

三省吾身,反求诸己。用心于内,乃中国心学真传也。

我们学习《论语》,就是要不断反省,用心观照自我,不断改变个人的器质。

为人谋:忠。

与朋友交:信。

"传必习也。"

曾国藩每天写日记,省悟之功也!

西方的伟大哲学家苏格拉底说过:"没有经过反思的人生,是不值得过的。"

我们从此反省吾身,我们从此时走向新生!

1.5 子曰:"道千乘之国,敬事而信,节用而爱人,使民以时。"

"道",治理。

"千乘之国","乘"指古代用四匹车拉着的兵车。春秋时,打仗要用兵车,所以兵车的数量代表一个诸侯国的大小、强弱。

孔子说:"治理有一千辆兵车的国家,认真做事并能立信守诚,节俭费用并能爱护人民,要选择适宜的时机调用百姓。"

"敬事",敬之,则不敢懈怠;敬之,就不敢马虎。国之事,皆涉众人之事,应当事事认认真真对待。对公众之事,内心要充满恭敬!

《大学》有云:"物有本末,事有终始,知所先后,则近道矣。"

毓老师说:"敬,钦,慎始敬终。"

"虑必先事,而申之以敬,慎终如始,终始如一,夫是之谓大吉。凡百事之成也,必在敬之;其败也,必在慢之。"(《荀子·议兵》)

"信",信用。政府要有信用。"信则人任焉。"(《论语·阳货》)

商鞅在秦国变法,先立秦政信用。司马迁记载:"令既具,未布,恐民之不信,已乃立三丈之木于国都市南门,募民有能徙置北门者予十金。民怪之,莫敢徙。复曰:'能徙者予五十金。'有一人徙之,辄予五十金,以明不欺。卒下令。"(《史记·商君列传》)

"节用而爱人"。"节用","节",节俭;"用",省用。取之于民,用之于民。切不可横征暴敛,铺张浪费,挥霍无度。"仁者,爱人。"(《孟子·离娄下》)孔子一生都在推行"仁政"。

"天地节而四时成。节以制度,不伤财,不害民。"(《周易·节卦》)

《管子·八观》有云:"国侈则用费,用费则民贫,民贫则奸智生,奸智生则邪巧作。故奸邪之所生,生于匮不足;匮不足之所生,生于侈;侈之所生,生于毋度。故曰:审度量,节衣服,俭财用,禁侈泰,为国之急也。"

"节用而爱人。"

《说苑·政理》有云:"武王问于太公曰:'治国之道若何?'太公对

曰：'治国之道，爱民而已。'曰：'爱民若何？'曰：'利之而勿害，成之勿败，生之勿杀，与之勿夺，乐之勿苦，喜之勿怒。此治国之道，使民之谊也，爱之而已矣。民失其所务，则害之也。农失其时，则败之也。有罪者重其罚，则杀之也。重赋敛者，则夺之也。多徭役以罢民力，则苦之也。劳而扰之，则怒之也。"

"使民以时"，古代老百姓种田靠天吃饭，春播，夏耕，秋收，冬储。诸侯国君要调用百姓，要"不违农时"（《孟子·梁惠王上》）。

真正"以人民为中心"，"使民"的目的是"惠民"。

为政之道，先贤们在几千年前就说得如此清楚，为什么我们后来的执政者还走了那么多年的弯路？

"第一道扣子扣错了，其余的扣子接着就都扣错了。"

大禹，"家天下"的始作俑者！以家为国，帝王们怎么会诚心去"敬事而信，节用而爱人，使民以时"呢？

治国之道，"民为本"也。"执政为民，立党为公。"

1.6 子曰："弟子入则孝，出则悌，谨而信，泛爱众，而亲仁。行有余力，则以学文。"

孔子说："后生们，在家要尽孝道，出门要守悌规。言行谨慎而诚信，关爱众人而且多亲近仁德之人。以上修行还有余力，就可以用余力去学习经天纬地的文化大道了。"

一个人的学习，从大本开始。"孝弟也者，其为仁之本与。"（《论语·学而》）

"君子之教以孝也，非家至而日见之也。教以孝，所以敬天下之为人父者也；教以悌，所以敬天下之为兄者也。"（《孝经·广至德》）

一个人的教育、成长，沿着其性，逐渐生长。

孔子时代的"弟子"，开始先学"洒扫应对"，然后才习六艺五经；当今的一些学人，即便拿到博士学位，依然是眼不识青苗、心不存长幼的学痴白丁。本末倒置也。

"入则孝"，家风；"出则悌"，规矩。家要有家风，人要懂规矩。

"谨而信"，"谨者，行之有常也。信者，言之有实也"（《四书章句集注》）。毓老师说："谨，谨言、敬事，能立大本；信，言可复，言而有信。"（《毓老师说论语》）

"泛"，广也。"泛爱众"，即博爱大众；因此，"自由、民主、博爱"并非是舶来品。

心存热爱，世界万物也会变得可爱。以一片爱心，拥抱有缘众生。

"而亲仁"，要亲近仁德，亲近"善知识"，从善如流。人往高处走，水往低处流。

"近朱者赤，近墨者黑。""人之初，性本善，性相近，习相远。"

孝悌，谨信，爱众，亲仁，这些都是学会做人的基本方略，先把这些大本的东西做好了，"行有余力"，还有多余的精力，"则以学文"，那么就可以有学文的根基了。"文，不可以当文章讲，乃是经纬天地，亦即御天下，治平。"（《毓老师说论语》）

《大学》有云："自天子以至于庶人，一是皆以修身为本。""入则孝，出则悌，谨而信，泛爱众，而亲仁。"这是自修的功夫。先学会做人，再出去做事。

反求诸己，每日反省。做好自己，善待别人。"格致诚正，修齐治平"(《大学》),穷则独善其身,达则兼济天下,内圣而外王。

孔子留给我们的名言警句,到今天已深深融入中国人的血液之中。这些具有普适意义的人类共同财富,永远也不会过时!

谨识之,践行之……

1.7 子夏曰:"贤贤易色,事父母,能竭其力,事君,能致其身,与朋友交,言而有信;虽曰未学,吾必谓之学矣。"

孔子的又一个弟子出场:子夏。

子夏,姓卜,名商,晋国人,小孔子44岁。

子夏出身贫穷。

孔子去世后,子夏在魏国西河定居教学,开创"西河学派",培养出魏文侯、李悝、吴起等经世治国良才。相传《诗经》《春秋》等书就是由子夏传承下来的。

子夏说:"对妻子,注重品德,看轻容貌;侍奉父母,能尽心全力;为上司服务,能奋不顾身;与朋友交往,要言而有信。这种人,就是没有学习过(进过学堂、拜过老师),但我认为他已经学到(做人的)本事了。"

夫妻、父母、子女、朋友、君臣(现代指上下级关系),任何一个自然之人,如果你不是和尚,那你就处在"五伦"的关系之中。

一、夫妻之伦:"贤贤易色。""贤贤",第一个字是动词,表敬重;第二个字为名词,贤德之意。表示敬重对方的贤德。"易色",易,轻视。易色,看轻色貌。娶妻子、嫁丈夫,要注重对方的贤德,而不是只关注容貌。

娶一个有德性、有教养的妻子，能改变一个家庭三代人的福气！妻子影响丈夫，互学互助、互敬互爱；母亲对子女的影响又是最大的，历史上有"孟母三迁"，有"岳母刺字"。相夫教子、母仪天下。中国过去的传统是男主外、女主内，女人是一个家的主人，是其家教、家风的主建者和传承者。当代人工作繁忙，接送、教育孙辈也成了奶奶或外婆的事情了。一个优秀的女人，可不就是影响三代人吗？所以，妇女阅读经典，是为三代人阅读！夫妻之道，要讲义！要存德！

"女子三十而色衰，男子五十还寻芳。"为什么？有历史的因素！皇帝三宫六院，士大夫一妻几妾——这些都是穷酸学子的生活楷模、黄粱美梦！我们不能对传统不加分辨，一肚子吞下。

《中庸》有云："君子之道，造端乎夫妇。"

子曰："吾未见好德如好色者也。"（《论语·子罕》）

夫妇之道，"贤贤易色""夫妇以义合"。夫唱妇随，且行且珍惜。

二、父母之伦："事父母能竭其力。"孝敬父母，尽心尽力！

"子欲养而亲不待"，乃人生一大缺憾。

毓老师说："过家之道——孝、慈、义，内圣；创业，则不能忘记——智、仁、勇，外王。"（《毓老师说论语》）

三、君臣之伦："事君能致其身。""君"，不能简单理解为过去的皇帝。《韩诗外传》有云："'君者，何也？'曰：'群也。为天下万物而除其害者，谓之君。'""君者"，有德的君子，为民的上司。为这些人做事，要全身投入，专心致志。

传统的解法把"事君能致其身"，解释为侍奉君上，能献出生命的意思。"君"，专指国君。这样一解，这句话就失去了普遍的意义。为何？一国之中，能有机会直接效忠国君的有几人？所以，理解经典，要特别特别小心！何谓"失之毫厘，差之千里？""事君能致其身"，侍奉君上，能献出生命。至于吗？孟子就质问，"君不君，臣不臣"，君不像个君，臣为何要像臣呢？这句话也可能是秦汉以后，因为统治者的需要，后儒们悄悄塞进去的"私货"。他们不敢以孔子的名义造假，而用孔子的学生子夏的嘴说出来。其后愚忠的封建思想，就是从"事君能致其身"的误解中而来。

学习，要学真经，要得真传！

四、朋友之伦："言而有信。"毓老师说："立身之道，朋友以信，人言为信，无信不立。"（《毓老师说论语》）"君子一言，驷马难追。"（《论语·颜渊》）

金口玉言，贵在言而有信！

以上伦理，有人生而知之，"虽曰未学，吾必谓之学矣"。何为学？不是空谈玄学，而是知行合一。

古之学者为己！"贤贤易色，事父母能竭其力，事君能致其身，与朋友交言而有信"，求其安心、安身、立命、成德而已。

1.8　子曰："君子不重，则不威；学则不固。主忠信，无友不如己者，过则勿惮改。"

孔子的言语，真是用大白话讲出了大道理。看不懂，是因为我们的心被一种外在的东西所遮掩，以至经典不能照亮自己。学《论语》，关键是要对照自己，启发良知，并马上付诸行动，改进、迭代、优化。

"君子不重，则不威。""重"，自重，自尊；一个人的威仪来自自重、自尊。朱熹注曰:"严敬存乎中,光辉著乎外。"(《四书章句集注》)人,不要向外求,而要练内功!一个女人,好好地锻炼,出一身汗,她的脸上由内而外透出的光泽,比涂脂抹粉强一万倍。"威",不是要威风,摆权威。

"重为轻根,静为躁本。君子之体,不可轻薄也。君子不重则无威,无威则人不畏之也。"(《论语义疏》)

"学,则不固。""固",《说文》中解释:"固,四塞也。"你看这个字,口字里面有个"古",人要用围墙把自己围起来,就真作古了。"独学而无友,则孤陋而寡闻。"(《礼记·学记》)人的固执来自不学。所以,孔子说:"毋意,毋必,毋固,毋我。"放弃了学习,其实你的生机,已舍弃了一半!

《周易·系辞下》有云:"不可为典要,唯变所适。"

君子不固,学无止境。

"主忠信",要以忠诚和信实两种品德为主。忠则尽己,信誉第一。心中有个"主",行动才有力气。

子曰:"主忠信,徙义,崇德也。"(《论语·颜渊》)

毓老师说:"以忠信为本,以忠信为做人处世之主,无信不立。"(《毓老师说论语》)无忠信而立,立起来也会轰然倒塌!想想自己,看看周围,难道不是这个道理?

子曰:"言忠信,行笃敬,虽蛮貊之邦,行矣。言不忠信,行不笃敬,虽州里行乎哉?"(《论语·卫灵公》)

"无友不如己者",人向内修到一定境界,就会看见"满大街人人都是圣贤"。万物同体,物我相融。有时手扶一棵古树,常有"人不如一棵树"之觉;有时观察一群蚂蚁,也有"人比不上蚂蚁"之感!"三人行,必有我师焉。"(《论语·里仁》)三个人在一起,比你做得好的,就是你效法的榜样；比你做得不好的，也是你警戒的范例。"见贤思齐"是学习；"见不贤而内自省也"（《论语·里仁》），也是学习！不要在下位，被人欺，一旦上位，就欺负人。看着有权人贪污，眼红；自己一旦有权了，就天天想着自己的三姑舅、二大姨！

"无友不如己者"，无友不如己者！天下一切，皆是吾师！谦虚学习，万法如一！

"过，则勿惮（怕，畏难）改。"人吃五谷，孰能无过？过了，不要怕，改了就是进步。

"过而能改，善莫大焉。"（《左传·宣公二年》）

子曰："过而不改，是谓过矣。"（《论语·卫灵公》）

颜回"不迁怒，不贰过"，便成千古高徒！

一过（错）不是过，重复犯错才是错！过是常态，无过是病态！林子大了，什么鸟都有。饭要一口一口吃，关键是不要装！"知耻而后勇。"（《中庸》）实事求是，能事事做到，真的不易。一个人不知耻，仅仅影响个人，但如果是一群人、一个时代不知耻，怎么办？

"悠悠哉，文王"，我似乎又听到了孔圣人两千多年前的感叹……

1.9 曾子曰："慎终、追远，民德归厚矣！"

曾子说："谨慎地料理父母的临终之事，虔诚地祭祀过世的祖先，这样，社会风俗道德自然就回归敦厚了！"

"慎终"，"终"，是父母临终之时。郑玄注曰："老死曰终。"（《论语注疏》）朱熹注曰："慎终者，丧尽其礼；追远者，祭尽其诚。民德归厚，谓下民化之，其德亦归于厚。盖终者，人之所易忽也，而能谨之；远者，人之所易忘也，而能追之：厚之道也。故以此自为，则己之德厚，下民化之，则其德亦归于厚也。"（《四书章句集注》）

推而广之，人做任何事，都要"慎终追远"。所谓雁过留影，人过留声。

记得一位高层的领导讲过这样一句话，很有道理。他说："看一个官是不是好官，关键是看他从这个官位离开时，给后人留下了一个什么样的摊子？"这句话，发人深思！

我们现在的一些为官者，不"慎终"，更无求"追远"，而是"我下台了，管它洪水滔天？"扔下一个烂摊子，留下一堆债务，却要继任者帮他收拾！

"慎终追远，民德归厚矣！"

看看曾子临终是什么样的？

曾子易箦。

曾子躺在床上，病危。曾子的弟子子春坐在床旁边，曾元坐在床脚下，童子（仆人）坐在角落拿着蜡烛。

童仆说："您（曾子）躺的席子，华美而光洁，那是大夫才能享用的竹席啊。"

子春说："住嘴！"

曾子听见这话，惊惧地说："啊！"

童仆又说："华美而光洁，那是大夫才能享用的竹席啊！"

曾子说："是的，那是季孙送的，我没来得及换啊，曾元，扶我起来换竹席。"

曾元说："您都病得这么严重了，等到天亮了，一定遵从您的意愿换了它。"

曾子说："尔（曾元）爱我也不如彼（童仆）。君子之爱人也以德，细人之爱人也以姑息。吾何求哉？吾得正（正道）而毙（死），焉斯已矣。"

曾元扶起曾子的身体，更换竹席，再把他送回席子时，（曾子）还没躺好，就死了！

慎终如始者，曾子也！"吾日三省"者，曾子也！临终还要易箦！我们这些后人，健健康康的，该如何看待自己当下的言、自己当下的行？

"慎终如始"，一件事情结束之时，又是另一件事情的开始，周而复始！一个人一辈子结束之时，又是新的一生开始！生生不息！

蒋伯潜先生说："'慎终'，说父母的丧事，须办得谨慎。'追远'，指祭祀祖先，虽时久远，必须追祭，示不忘本也。丧祭祀，无非示民不忘本；故能易浇薄之风俗，使民族道德，归于敦厚。"（《新刊广解四书读本》）

慎终，以终为始开来世。

追远，饮水思源不忘本。

"夫孝者，善继人之志，善述人之事者也。"（《中庸》）

德者，得也！民德归厚，方可载物！

1.10 子禽问于子贡曰："夫子至于是邦也，必闻其政，求之与？抑与之与？"

子贡曰："夫子温、良、恭、俭、让以得之。夫子之求之也，其诸异乎人之求之与？"

两个弟子私下在议论孔子，子禽问子贡："老师到了某个地方，必定知道此地的政事。这是他自己主动得来的？还是别人主动告知他的？"

子贡回答说："老师温和、善良、恭敬、节俭、谦逊，然后自然而然就知道了。老师的求（知）方法，和别人的求（知）方法，不相同吧？"

人有正知，便有正见。正知正见，是正行的前提和本身！正知正见从哪里来？

如镜子照物，如镜面上落满灰尘，物品即使放在镜前，镜子里也照不见！为什么有缘千里来相会，无缘对面不相识？看到不一定看见，听到不一定闻知！经典散落在民间，如此珍贵，你为什么不学习？我们这一生，与经典擦肩而过，是多么可惜？

我们都属于根性不高之人，唐代著名禅师神秀的偈语适合我们修行："身是菩提树，心如明镜台，时时勤拂拭，勿使惹尘埃。"心如明镜，则万物皆照！心被物欲缠身，即使孔子是你的同室学友，你也不会听他的言语。从心出发，就是如此重要！

孔子是传承文王之道，"致良知"以达到"在明明德，在亲民，在止于至善"（《大学》），"知天命"而达到"温、良、恭、俭、让"。到此境界，便一切皆知也！

一个人的真知究竟从哪里来？一个领导对社会的真实情况如何才能了然于心？调查研究真是一个大学问！你官气十足，但没有"温、良、恭、俭、让"，老百姓能给你说真实情况吗？情况被隐瞒，你还不知道。

"温、良、恭、俭、让"，子贡的五个字道出了孔子的人格魅力。古文，真有其独特的韵味。这五个字，如翻译成白话文，再准确也不及原来的味道了。

毓老师说:"夫子'温、良、恭、俭、让以得之',此得即《大学》'定、静、安、虑、得'之'得',亦即求之以道而得之,此'自得'也,'君子无入而不自得'。"(《毓老师说论语》)

因孔子有德,便自得,便广得。自得,高人一看便知;广得,广泛的信息都汇集于此。

德者,得之本也。

1.11 子曰:"父在,观其志;父没,观其行。三年无改于父之道,可谓孝矣。"

这段话,孔子是对谁说的?

如果是对自己的儿子说的,那这句话就好理解了。

孔子的儿子孔鲤,没有任何成就,而且先父亲而死,他最大的贡献,是生了个好儿子,即孔子的孙子子思。子思从学曾子,作《中庸》。

孔子晚年,丧子,此事没有留下任何记录。但其高徒颜回去世时,孔子极为悲恸,"噫!天丧予,天丧予。"孔子之志,志在春秋!

"志"=心+士,"心之所主"。古代士大夫,是一个有理想、有追求、有修养的特殊阶层。心中有"士"的追求,便有志;有什么样的志,就有什么样的行。

"言行,君子之枢机;枢机之发,荣辱之主也。"(《周易·系辞上》)

"三年",虚指,多年。"三"不是"三天打鱼,两天晒网"的"三",而是指形成了一种习惯,已成自然!

"孝"者，孝子"继志述事"(《中庸》)，"继父之志，述父之事"(《毓老师说论语》)。心中有大志，才能有所行。孜孜不倦，勇攀高峰。

教育孩子，关键是给他心中播下一颗"志"的种子！知志在何方很重要！孔子"十有五志于学"。

关键是"父之道"！父母一代无道，让孩子有何志，有何行？还强调什么孝？打铁还需本身硬！父母是孩子最好的老师！当我们拿起经典时，我们就无意中给孩子种下了一颗善的种子。不能自己在家里打麻将，让孩子做作业；自己手机不离手，要求孩子不要玩游戏！

父（母）道，重如山！父（母）无道，让我们的孩子效法谁？

每一个人都是别人的孩子，每一个人也会成为别人的父母。指挥我们这具血肉之躯的，究竟是什么？

为人父，为人子，没那么容易！

1.12 有子曰："礼之用，和为贵。先王之道，斯为美，小大由之。有所不行，知和而和，不以礼节之，亦不可行也。"

中华文化经常使用"体""用"的概念。对内呈现"体"，对外显示"用"。仁、义、礼、智、信，是人追求的修为境界。仁者，温、良、恭、俭、让。

"礼"，理也。最大的是天，天理最高。"与天地同节"(《礼记·乐记》)，"天地节而四时成"(《周易·节卦》)。宇宙运行，和谐有序。从天理到人道,"礼之用,和为贵"。一个人,和外界的万事万物接触,常表现出喜、怒、哀、乐、悲等种种情绪;总是处于"发"与"未发"两个状态间。《中庸》有云:"喜怒哀乐之未发,谓之中;发而皆中节,谓之和。中也者,天下之大本也;和也者,天下之达道也。至中和,天地位焉,万物育焉。"

"中"的境界,"和"的境界,"中和"的境界,需要我们慢慢地体悟践行。为什么喜?为什么怒?为什么哀?为什么乐?何为大喜大悲?

一条饿狗,扔一块干骨头,它都会给你摇尾巴。

"礼尚往来。往而不来,非礼也;来而不往,亦非礼也。"(《礼记·曲礼上》)

知书则达礼,达礼则和合。

家和万事兴,人和精神爽!

"知和而和,不以礼节之,亦不可行也。"以和为尚,但不能做"和事佬",在社群中拿原则做交易;在单位,假公济私。事不关己,高高挂起。满肚子小聪明,没有一点大智慧。

不合礼之"和",非和也,故"约之以礼"(《论语·雍也》)。知其一,礼之用,和为贵;还要知其二,以礼节制之。这就达到了"和而不同""和而不流"。

"先王之道,斯为美,小大由之。"过去圣贤君王所推行的大道,"礼之用,和为美"这一条最美;无论是老百姓,还是国君,都照此而行。

"乐者,天地之和也;礼者,天地之序也。"(《礼记·乐记》)建成礼乐之邦,文明之国,是中国人自古以来的梦想。

"礼之用,和为贵。"乃中华文化的核心要义之一。"是故圣人之记事也。虑之以大,爱之以敬,行之以礼,修之以孝养,纪之以义,终之

以仁也。"(《礼记·文王世子》)

"先王之道。"《礼记·礼器》有云:"先王之立礼也,有本有文。忠信,礼之本也。义理,礼之文也。无本不立,无文不行。"

孔鲤过庭,孔子告诫儿子:"不学礼,无以立。"(《论语·季氏》)

"礼"者,理也,履也。寻理达道,顺礼而行,乾乾君子也。

小者,以此建构和谐人生。

中者,以此建构和谐群体。

大者,以此建构和谐社会。

1.13 有子曰:"信近乎义,言可复也。恭近于礼,远耻辱也。因不失其亲,亦可宗也。"

"信近于义,言可复也",所守的约定符合义,这样的约定就能实现。

朋友和你约定一起去抢劫,你能守这个信吗?不能,因为这个信偏离了"义"。

"义"者,宜也,是正义而非"小义"。

"信"是人的一种美德,但愚信或盲信就不一定了。只有建立在正义、大义之上的诚信,才是必须要去践行的。"言可复也",兑现自己的诺言。

孟子说:"大人者,言不必信,行不必果,惟义所在。"(《孟子·离娄下》)言、行皆以正义为准则。

"言必信,行必果"者呢?孔子说:"硁硁然小人哉。"(《论语·子路》)为何言而有信,孔子却说是小人呢?因为是不问是非,不管对错的言行。

前提就错了,还要一根筋地走下去。

如庄子笔下的"尾生之信":"尾生与女子期于梁下,女子不来,水至不去,抱梁柱而死。"(《庄子·杂篇》)

《春秋》有大义。"大道之行也,天下为公。"

"恭近于礼,远耻辱也。""恭",恭敬。恭己敬人,依理并合乎礼节的恭己敬人,就远离耻辱了。

恭不近礼,有时会自取其辱。

子曰:"古者言之不出,耻躬之不逮也。"(《论语·里仁》)

子曰:"巧言、令色、足恭,左丘明耻之,丘亦耻之。"(《论语·公冶长》)

"因不失其亲,亦可宗也",继承过去的传统,但不丢失其中的创新精神,这样是可以效仿的。

"因",因袭,继承。继承传统,不是墨守成规,原封不动。传统,在当时的具体情境下,应该是最适宜的。但时过境迁,传统还适宜当下的情境吗?我们继承传统,是要继承传统中蕴含的不朽精神,而不是拘泥于过去固有的形式。

任何一个"传统",如其中没有创新精神,何以能在古时流行,更何以能流传至今?

"《易》之为书也不可远,为道也屡迁,变动不居,周流六虚,上下无常,刚柔相易,不可为典要,唯变所适。"(《周易·系辞下》)

"温故而知新,可以为师矣。"师者,"因不失其亲"。亲,新也。"苟日新,日日新,又日新。"(《大学》)

继承传统,又不失去创新精神,"可宗也"。

毓老师说:"'因'这个字义深,因是有所本,损益变革皆有因,因

时才能日新新民。"(《子曰论语》)

因为，因什么而为？

所以，以什么为所？

大义，守信，践行。

敬礼，恭己，远耻。

因"大义""古礼"而不失其亲，这才是传承的宗旨。

1.14 子曰："君子食无求饱，居无求安，敏于事而慎于言，就有道而正焉，可谓好学也已。"

孔子说："一个君子，饮食上不要求满足，居住上不要求安逸，敏捷于做事而谨慎于言语，多接近大德、有道之士来端正自己的修为，这样就可以称得上好学了。"

《论语》是教人如何做事的。它是行动指南，是"致良知"哲学，是生命科学。听圣人言，反思自己怎么做，才是真正学《论语》的方法。我们做得浅，《论语》的境界也就悟不深。当我们做到了，其中的一言一行，皆韵味无穷！

何为好学者？好学者，不是书呆子。在《论语·雍也》中，哀公问："弟子孰为好学？"孔子对曰："有颜回者好学，不迁怒，不贰过。不幸短命死矣，今也则亡，未闻好学者也。"所以，孔子所说的好学，不单指读书，更强调修行。

一、好学者，"食无求饱，居无求安"。"无求"，不专注于外求。"人到无求品自高。""无求"，便随遇而安。诸缘未到，即使"求"，又有何用?

吃、住是个大问题。我们五六十年代出生的人都被嘴巴、肉身给困住了。前三十年贫困、饿肚子,人生中留下了饥饿记忆;后三十年,有点钱了,天天胡吃海喝,被自己的嘴巴牵着走,其实还是没走出贫困状态!一个"求"字,浪费了我们多少时光?现代的年轻人,年纪轻轻的,就想要大房子住。房子,绑架了中国经济;房子,影响了年轻人的学业;房子,消灭了年轻人真正的奋斗精神!

孔子的高徒颜回,一箪食,一瓢饮,在陋巷,不改其乐,就是"君子食无求饱,居无求安"的典范!有道者,志在安贫!

"君子以慎言语,节饮食。"(《周易·大象》)

前两周我参加一个论坛,见到一个高人,香港的黄业云先生。先生九十二,不显其老,精神矍铄,谈笑风生。一整天,和我们坐在一起,吃在一起,没显出一点疲倦。同学们问黄老的养生秘诀,黄老说:"吃六成,睡十足。"就是吃饭吃到六成饱就行了,睡就睡到十成!此为黄老养生大道!令人深思。

二、好学者,"敏于事而慎于言"。"敏",勤敏。人做事,要不断地要在"事上磨"。要在做事中锻炼自己,成败只是外在的标识,不要太顾忌!"敏于事",要保有一种积极向上、自强不息的生命状态!真"敏","寂然不动,感而遂通"。

"慎"是谨慎。"慎于言",不是让你就不说话了,要善于言语。说什么,怎么说,没那么简单。我昨天偶读《邓小平年谱(1975—1997)》,第445页处,"上午,约见胡耀邦、胡乔木、于光远,谈……讲话稿。此前,亲笔拟出讲话提纲……"这就是邓小平著名的《解放思想,实事求是,团结一致向前看》的讲话,掀起了中国改革开放四十年的浪潮。这是小平同志的慎于言。

慎=忄+真，真心为慎。你的言语就是你真心的外现。"慎"，动词，要不断地修心，不断地表达，最后接近如一。其实，"敏于事"，必然要走上"慎于言"。

三、好学者，"就有道而正焉"。就，就近，靠近。毓老师说："就有道之人，以正己之是非。"（《毓老师说论语》）

"有道之士"，这"道"不是指今日充斥市面的伪道士。经典，是载道之书。

朱熹《四书章句集注》有云："不求安饱者，志有在而不暇及也。敏于事者，勉其所不足。慎于言者，不敢尽其所有余也。然犹不敢自是，而必就有道之人，以正其是非，则可谓好学矣。"朱熹的注解，多好呀！当反复读之，深悟之！

"安处善，乐循理，然后谓之君子。"（《汉书·董仲舒传》）

安身、安心、安神、安命，一"安"如何了之？

好学，一生之事；好学者，数年修成。

1.15 子贡曰："贫而无谄，富而无骄，何如？"子曰："可也。未若贫而乐，富而好礼者也。"

子贡曰："《诗》云：'如切如磋，如琢如磨'，其斯之谓与？"子曰："赐也，始可与言《诗》已矣！告诸往而知来者。"

不得不服孔圣人！他们之间的这段对话太精彩了。我们身边有贫者，也有富者，或者我们自己就经历过由贫到富的过程，经历过由富返贫的过程。若对照入位，反省一下我们自己，或看看周围的人物，就会对孔圣人的话佩服得五体投地了。

千万不要以为现代人比古人聪明。如果你以为是这样，那是因为你无知而"无畏"！

孔子的学生子贡是富翁，他问这个问题的心态，大家一看就知道了。可能是他已做到了，或他认同这种做人的境界。

"贫而无谄，富而无骄，何如？""富，有钱；贵，有地位；贫，没有钱；穷，没有职业，穷途末路。"（《毓老师说论语》）"乏财曰贫，佞说为谄，多财曰富，傲逸为骄。"（《论语注疏》）

谄媚是大多数穷人见到富人的共性，骄傲是大多数富人见到穷人的通病。

贫者有贫穷的疾，富者有富贵的病。人，往往难逃此困！

子贡当时很富有，但不志于学，他提出这个问题，"意谓不骄而为美德"，故孔子赞同他："可也。"

看孔圣人，讲道理真是活泼泼的。其话锋一转："未若贫而乐，富而好礼者也。"未若，不如，比不上。乐，"谓志于善道，不以贫为忧苦。好，谓闲习礼容，不以富而倦略"（《论语注疏》）。

读完上面两句，切要对照我们的心。想想我们过去的无知、鲁莽，是否要大汗淋漓了？

子贡不愧是孔子的高徒。此处，他和老师心心相印了。相印了，共鸣了，就达到了传承。子贡脱口而出："《诗》云：'如切如磋，如琢如磨。'"

《尔雅》有云："治骨曰切，治象曰磋，治玉曰琢，治石曰磨。"言骨象玉石四物，须切磋琢磨才能成器。"如切如磋，道学也；如琢如磨，自修也。"（《礼记·大学》）子贡的意思是，人也一样。贫、富、贵、贱，对人的一生而言，有如切、磋、琢、磨的手段，是成为大人的锻炼工具，是人成长的阶梯！于是才有孟子的"富贵不能淫，贫贱不能移，威武不能屈"的大丈夫精神！

而我们没上道者，往往把工具当成目的。找不着北，这是因为我们的人生从来没有进行过真正的反省。

贫时，不知"贫之乐"；富了，不尊"富之礼"。

这也就理解了，为什么"天，好杀也"！杀，是为了彰显和护持"天理"！天理至公！

孔子，你读懂他了，才知道他有多伟大！孔子说：子贡你小子，不错，我可以和你谈谈《诗经》了。"告诸往而知来者"，告诉你一件事，你已经有了自己的独立思考，可以去领悟另一件事了。

学习，永无止境！山外有山，人外有人！如果你真上道了，贫、富、贵、贱，其实跟你没多大关系！贫时，你独善其身；富了，你兼济天下。一箪食，一瓢饮，你也不减其乐；家有金山，富可敌国，你还是谦谦君子！

1.16　子曰："不患人之不己知，患不知人也。"

"患"，忧也，担心。"不己知"，不知己。

孔子说："不要担心别人不了解自己，需要担心的是自己不能真正了解别人。"

孔子为什么要说这句话？孔子是在什么场景下说出这句话的？

只有有"自知之明"之人，才能说出这样的话。

孔子声名布满天下，是他过世之后的事情。他在世时，却是一生坎坷！有人甚至称他为"丧家狗"，弟子们不服气。

如果你真伟大，你还怕别人不知道你吗？

今日之人，多"患人之不己知"。有的人印名片，头衔一张印不下，还要正反两面印。名片真的成为"名骗"了。

所谓的"名家"，只有其"名"，实无"家"。

看孔子怎么评价自己："若圣与仁，则吾岂敢？"（《论语·述而》）"君子道者三，我无能焉。仁者不忧，知者不惑，勇者不惧。"（《论语·宪问》）

孔子的"岂敢"，孔子的"不能"，孔子的"不患"，其谦卑之心，一目了然。

知人最难！放下自己，才能真正知道别人。

人，习惯于以自我为中心。我们从小就被训练用主、谓、宾句式。行使权力也一样，要做到"以人民为中心"，就需要进行真正的自我革命。

互联网的从业者，就"患不知人"。只有你知道用户的真正需求，你才知道如何为用户创造价值……

毓老师认为，这章是孔子谈为政之道。为政之道不外乎知人和安民，知人方能器使，安民则能使民归往。孔子不担心有位之人不知自己之才，而是忧心自己有位却找不到人才可用。

"知人则哲，能官人。安民则惠，黎民怀之。"（《尚书·皋陶谟》）

为政第二

2.1 子曰:"为政以德,譬如北辰,居其所而众星共之。"

孔子说:"以德为政,就像北极星处在自己固定的位置上,而众多星辰围着它。"

众星捧月,因其有德。

"北辰镇居一地而不移动,故众星共宗之以为主也。"(《论语义疏》)

"德",得也。《说文》有云:"悳(古'德'字),外得于人,内得于己也。"悳=直+心。直心为"德"。

朱熹注曰:"政之为言正也,所以正人之不正也。德之为言得也,得于心而不失也。北辰,北极,天之枢也。居其所,不动也。共,向也,言众星四面旋绕而归向之也。为政以德,则无为而天下归之,其象如此。"他引程子曰:"为政以德,然后无为。"(《四书章句集注》)

领导人,以德为先,德才兼备。有德,才能容人。

贤者在位,能者在职。

武大郎开店,由他自己决定高度。

孔子注重德行。孔门弟子四科十哲中,德行排首科。

《中庸》有云:"《诗》云:'不显惟德,百辟其刑之。'是故君子笃恭而天下平。""笃恭"者,德也,所谓共己正南面也。共己以作之则,则百工尽职,庶务孔修,若上无所为者然,故称舜无为而治也。(《论语正义》)

大德盛业,天下为公。

政者，正也。"其身正，不令而行；其身不正，虽令不从。"(《论语·子路》)

子曰："大哉，尧之为君也！巍巍乎！唯天为大，唯尧则之。荡荡乎，民无能名焉。巍巍乎，其有成功也；焕乎，其有文章。"(《论语·泰伯》)

尧帝，大德也！人民至上，禅让天下。

2.2 子曰："《诗》三百，一言以蔽之，曰：'思无邪。'"

这句话很有名，但不好理解。这句话要联系上下文来看。我们要把自己放在两千五百年前的书写环境中。那时还没有纸张，书写是一个成本很高的行为。古文断句，加标点符号，注拼音，那都是后来的事情。

今日是互联网时代，计算机普及，书写成本降低，但再也出不了类似《曾国藩家书》这样的作品了。今天，我们天天泡在微信上，美其名曰"社交"，但还有前三十年给家人、给恋人书写信件的真情实感吗？

你适应了一个虚拟的现实，所以你对网上传播的非正义事件无动于衷。"事不关己，高高挂起"，譬如那年重庆的公交车开进了大江，十五个乘客失去了生命，我们充其量只是一群麻木的"看客"。这个时代的技术正在冷漠地吞噬着人性。人类，似乎正在变成温水里的青蛙。

前句讲"为政以德……"，后句讲"道之以政……"，中句引用《诗经》的案例，"思无邪"。

为官者，要"思无邪"！不要老有邪思，老是"作秀"，老想"出政绩"。

你是骡子还是马，其实老百姓心中是清明雪亮的。

政治能否清明，其实就三个字："思无邪"！

一切，看老百姓需要不需要。一切，看老百姓满意不满意。一切，看老百姓快乐不快乐。

没有"邪心"了，自然就有了德！也就没有了为官者的穷折腾、胡折腾、乱折腾。

"以人民为中心"，首先要去邪归正，任重而道远也！真能以"人民为中心"，仁者无敌也！

"诗三百"，司马迁记载："古者《诗》三千余篇，及至孔子，去其重，取可施于礼义，上采契后稷，中述殷周之盛，至幽厉之缺，始于衽席，故曰：'《关雎》之乱以为《风》始，《鹿鸣》为《小雅》始，《文王》为《大雅》始，《清庙》为《颂》始。'三百五篇孔子皆弦歌之，以求合《韶》《武》《雅》《颂》之音。礼乐自此可得而述，以备王道，成六艺。"（《史记·孔子世家》）

"一言以蔽之，曰：'思无邪。'"一句话概括，"无邪"，乃无邪恶之心，行天下之道！

2.3　子曰："道之以政，齐之以刑，民免而无耻；道之以德，齐之以礼，有耻且格。"

"道"，同"导"，教导，训导。"齐"，有整饬、管束之意。

孔子说："用政令来教导，用刑罚来管束，百姓虽能免于犯罪，可是没有羞愧之心。用德行来教导，用礼制来约束，百姓知道羞耻，同时能不断提升自己的品格。"

是法治还是德治？是法治还是人治？这是中国政治几千年来的命题。新加坡很好地解决了这个问题。它既保存了东方的礼教文化，又融会了西方的法治文明。

无论是"道之以政，齐之以刑"，还是"道之以德，齐之以礼"，关键的问题是政治的出发点。政者，刑者，德者，礼者，其根本是什么？

中国两千多年的封建专制制度，其政、其刑是为了维护"家天下"的王朝统治。所以，在秦汉以后，其德、其礼演变成"吃人的礼教"，执政者和老百姓对立。"民免而无耻"是自然而然的结果。

如果执政的根本是为了人民，那么建立在"民为本，社稷次之，君为轻"的本末逻辑之上，"以人民为中心"的思想构建的法治体系，也必然是合乎德、合乎礼的。这样的"道之以政，齐之以刑"，也会达到"有耻且格"的效果的。

我们要现代地、发展地、辩证地理解孔子的言论。因为我们所处的语境已经与孔子时期完全不同了。

孔子的这句话是在什么环境下说的？是对谁说的？切不可生搬硬套。两千年来，数代儒生，站在统治者的立场，不断地涂脂抹粉。他们不敢说透，是因为真怕被杀头！

孔子这句话，是对一个王侯说的吧？是对一国霸主说的吧？他在耐心地说服统治者，要对民以德，待民以礼，而不是动不动就"以政""以刑"。

孔子答卫将军文子的话："以礼齐民，譬之于御，则辔也；以刑齐民，譬之于御，则鞭也。"（《孔丛子·刑论》）蒋伯潜先生认为前半句是讲"儒家的政治手腕是驾驭"，后半句是讲"法家的政治手腕是鞭策"。

"政与刑，治之末；德与礼，治之本。导民，使之归于正。治民以法，则民易犯过。"(《毓老师说论语》)

与孔子对话，要用诚心！李泽厚先生认为，中华文化是"实践理性"。我们要听圣人的言，还要观他们的行。但学中华文化的根本目的，是要从心出发，改变自己的行为，改变自己的气质！

如果听明白了，还不行动，还不如不听。"学"和"习"是两个意思，但是是一件事情。

"有耻且格"，"行己有耻，知耻近乎勇"(《中庸》)。有羞耻之心，才能一格一格地修正、提升自己，最终形成一个人杰出的人品。

2.4　子曰："吾十有五而志于学，三十而立，四十而不惑，五十而知天命，六十而耳顺，七十而从心所欲，不逾矩。"

这是孔子"学而时习之"的个人修行成长路线图。

他启示我们：一、我们也一定要有这张路线图，现在制订还为时不晚！二、学习就是内修的过程，要反求诸己，才能达到内圣外王，其根本是内心强大的过程。三、人的境界，如登山的步道台阶，层层向上，永无止境。站在不同的台阶就会领略到不同的风景。四、人，不是要有多少财富，有多大的权力，而是要活出精气神！要把自己的生命调整到"生生不息""活泼泼"的状态！

30岁，有30岁的志向；40岁，有40岁的追求；50岁，有50岁的使命；60岁，有60岁的修为；70岁，有70岁的境界；80岁，有80岁的奋进；90岁，有90岁的风景……

自强不息，"不知老之将至"……

人为什么会变老？人为什么会忧患？因为我们只看到了"肉体"的"我"，而没有顿悟到肉体后面的指挥系统，那才是"真我"。

孔子的这句话太有名了，解释者多如牛毛！

我今天想走一条新的体悟之道，就是将这句话倒着来看。

"七十"："从心所欲，不逾矩"；"六十"："耳顺"；"五十"："知天命"；"四十"："不惑"；"三十"："立"；"十五"："志于学"。

我们做项目，要先确定目标，然后再分解任务书、路线图、时间表。

从孔子的生命历程，可以看到他的生命主线：心！

从心"志于学"，到心"立"，到心"不惑"，到心"知天命"，到心悦"耳顺"，到"从心所欲"，就是一条从心出发的路线，直至《金刚经》所说的"应无所住而生其心"，就是"不逾矩"。

写到此处，我走到了岔道口，进入了两难境界：一条路就是我沿着我的体悟直接进入孔子的精神境界，这样我会写得痛快，直到淋漓尽致。但问题是，我现在服务的微信群里的对象，就会对此迷糊不清，于是我不得不把自己拉回来。但我也知道，用这种方法解读经典，容易犯一些常识性的错误，为了让大家能够走近经典，我自愿选择了不顾学术名声，仅做一条供大家过河的"破船"。

看自己的心！人的一生，是人内心的修行过程！"心外无物，万法唯识！"如果心不到，宇宙万物与你何干？如果心到了，烦恼忧虑又在何处？二代禅宗祖师慧可见一代禅宗祖师达摩时说："我心不安。"达摩说："把心拿来，我给你安。"慧可找了半天，找不出那颗不安的心！

我们就是被这颗不安的心所折腾，直至临死都不明白！

要安心学习，安心工作，安心生活，安心当妈妈，安心当爷爷……要安在当下！

在学校，你不读破万卷书，把自己的专业学透，你整天郁闷个什么？

身为工作者，就要把自己的工作做精做好。即使我是最基层、最普通的一名员工，我也要尽心尽力，把自己的工作做好，"学之习之"。别人看不起我，是别人病了，难道我要跟着别人一起病吗？

学习者，要"志于学"。志＝士＋心，心中有个士。每个人心中都要有个"士"，要有个追求，照着目标，自强不息！否则，你和行尸走肉有何区别？

你工作了，你要自立！自立，要自己立起来！靠什么立？立于自己之所学！人，要精于自己的专业！要精一！

这个立，要永无止境，也永无止境！

孔子从学到立，用了十五年，我们可能会用更长的时间。关键是，我有那个"志"吗？志在何方？是志于己，还是志于人？

娶妻生子，成家立业。而到了"不惑"之年，毓老师说："惑于欲，吃、喝、嫖、赌，一生糟蹋了！好名、好利、好色，达不到就作伪，即惑于欲。"（《毓老师说论语》）

人要学正知正见！"知者不惑"，知道如何造就自己。一心往之，任尔东南西北风！

"知天命"：知上有天，自有命。不要懒了就给自己找板凳！我没做好，是我因为命不好吗？人人都有自己的使命！"性者，命也"，明心了，自然就见性了，见命了。

"六十而耳顺",耳顺是心的作用。人为什么爱听好听的?不是耳想听,而是心所愿。

毓老师说:"知是非了,则对事情的反应特别快。'先迷失道,后顺得常'(《周易·坤卦》),顺常道而行,不必加以考虑了,顺其理,顺其道,明是非,是声入心通、不思而得的境界。"(《毓老师说论语》)

王阳明、曾国藩晚年就是如此!

人生可贵,就可贵在只有一次!因为你真懂了一次,你就会珍惜这一次,你的生命状态也会从此不同,你的每一天都会变成新的!没有规矩束缚你,没有成见拖累你,没有嗜好勾引你……没有固有的你,只有"所欲"的心!此"所"早已不是"我所"了!

我是世界,世界是我!

天高高的,任我飞翔;水深深的,凭我愉跃!

2.5 孟懿子问孝。子曰:"无违。"

樊迟御,子告之曰:"孟孙问孝于我,我对曰'无违'。"樊迟曰:"何谓也?"子曰:"生,事之以礼;死,葬之以礼,祭之以礼。"

孝是人生第一要务。孝是人伦,更是天道。

孝=老+子,上老下子。绝对的传承关系,上行下效。在这个问题上,没有半点含糊,你怎么做,你的孩子一定会那样做!

孝也是最大的政治。汉朝以孝治国,但做过了,任何事,"物极必反",过了,就会走向反面。

我一再说，要在对话的现实场景中理解孔子。他是中华文化的真正缔造者之一，必须要剥掉被两千多年中国皇权专制不断利用、不断包裹的严严实实的外衣，还原一个真实的孔子。

浅薄，会害死人的！人，有点时间，还是要多想想怎么学、怎么习。

在本章中，有四人问"孝"于孔子，孔子为什么回答得不同？王弼曰："同问而达异者，或攻其人有失，或矫其时失，或成其志，或说其行。"（《论语释疑》）

说得多好！学中华文化，你要能驾驭古今。我注六经也，六经同时注我。我引导大家读经典，大家也在帮我重温经典！知行合一，教学相长才能学得更快！

孝行天下，这是中华文化之根！

孔子对四个人"问孝"的回答，各有不同。本篇中是回答孟懿子之问。

孟懿子，鲁国的大夫，大夫是战国时代的权贵阶层。孟武伯，是孟懿子的儿子，相当于今天的"官二代"。

孟懿子问孝。子曰："无违。"

"无违"两个字道尽了天下道理！如果不顾自己的身份，孝敬父母，行吗？孔子说，不行！至少要做到"无违"。

"无违"者，春秋大义也。

第一，要"无违"于礼制。礼制是一种社会制度，是大家共同遵守的大法。为官者"无违"，就是要带头守法，要带头维护法的权威，你若"违"了，你有示范效应，破坏力更大！

第二，孔子的"无违"二字，道出了其一以贯之的政治思想。法律面前人人平等，权贵和老百姓一样"无违"，是法大，而不是人大！

是法治，而不是人治。

第三，为官者要"无违"于礼俗。

第四，"无违"，为官者要无违于天下。

孝，包含考、老，《大学》有云："上老老，而民兴孝。""老吾老以及人之老"（《孟子·梁惠王上》），则为大孝。

为官者，要孝敬自己的父母，那是本性；要"孝敬"老百姓的父母，那是天职。

"无违"，其意蕴无穷……

2.6　孟武伯问孝。子曰："父母唯其疾之忧。"

做父母的最担心子女生病，所以我们要保护好身体。是这样的吗？是，但我说这意思仅仅是其中之一！如果孔子只想说这层意思，那么《论语》中就会删掉"孟武伯问孝"，别忘了，那是一个惜字如金的年代。

孟武伯是官二代、富二代。

父母之忧，其疾。你孝，就是要去掉其疾！疾者，身疾也；疾者，心疾也；疾者，行疾也。

父母之忧，何止是身体？

学《论语》，真有那么难吗？

孝之大礼，天下同一；孝行天下，而又各有不同。

孟懿子问孝，"无违"，无违于礼法；孟懿子的儿子问孝，"父母唯其疾之忧"，要其不要染习恶行。

皇侃注曰："言人子欲常敬慎自居，不为非法，横使父母忧也。"（《论语义疏》）马融注曰："言孝子不妄为非，唯有疾病，然后父母忧之耳。"（《论语集解》）这才真正有针对性！

天地，恒常也！孝，恒常也！

"生，事之以礼；死，葬之以礼，祭之以礼。"恒常也，否则，非人也！"不敬"而养以为孝，与犬马无别！"色难"，给颜色看，都不是尽孝！《礼记·祭法》有云："孝子之有深爱者，必有和气；有和气者，必有愉色；有愉色者，必有婉容。"

心有爱，才有孝！孝，不是尽义务，不是我必须要养父母的老，而是有了孝，人才变成人，而不是普通的动物。樊迟、子游、子夏，是孔子三弟子。孔子层层递进，孝无止境，最后两个问号，乃意犹未完也……

孝，是一种行动！空谈无用。樊迟御，御，樊迟是给孔子赶车的。有学者解释，因为樊迟是驾车的，他愚笨，所以"子曰：'生，事之以礼……'"，这类学者没有一点生活体验，是学痴！

我1990年参加工作时，单位有一辆212吉普车，那个开车的师傅多牛呀！这个问题，今天北京的上班族是体悟不到的。孔子时代，只有贵族才有车。御术，也是六艺之一。樊迟，思想能那么简单吗？

孝，简单的一个字。如日月，如天地，如四时，如鬼神……简单的事，能天天想、天天做，就真不简单了。

2.7　子游问孝。子曰："今之孝者，是谓能养。至于犬马，皆能有养；不敬，何以别乎？"

子游，名言偃，孔子弟子，小孔子45岁，孔门十哲之一。

子游问孝，孔子回答他："敬。""不敬，何以别乎？"

孔子说："现在所谓的孝者，是说能够侍奉父母。就是（家里的）狗和马，也能够得到饲养。如果心里不存在亲敬，那么养父母和养狗、养马有什么区别呢？"

孝敬父母，不光是给吃给喝，而是要"亲"、要"敬"。过去给父母写信，也称"敬爱的爸爸妈妈"。

孟子曰："食而弗爱，豕交之也。爱而不敬，兽畜之也。"给食而不爱，像养猪；爱而不敬，像养宠物。

曾子云："君子之孝也，忠爱以敬。"又云："尽力无礼，则小人也。"（《大戴礼记·曾子立孝》）

今天有些人，连"小人"都够不上。

"孝子之养老也，乐其心，不违其志；乐其耳目，安其寝处，以其饮食忠养之。"（《礼记·内则》）

父母爱子女，子女敬父母。

"今之孝者"，孔子的感叹，一语难尽！

至今，今之孝者，又如何？

2.8　子夏问孝。子曰："色难。有事，弟子服其劳；有酒食，先生馔，曾是以为孝乎？"

子夏出身贫穷，他从卫国来到鲁国拜孔子为师，也算是"留学生"，精通文学。

孔子这里针对弟子的回答，真是切中要害。

贫穷者，多以为"有事，弟子服其劳；有酒食，先生馔"就是"孝"了，孔子以为远远不止这些。

有事情，年轻人效劳；有酒食，年长的先吃。

"曾是以为孝乎？"难道孝就仅仅停留在这个层面吗？

孔子说："色难。"能做到和颜悦色最难。

司马光曰："色难者，观父母之志趣，不待发言而后顺之者也。"（《家范》）

《礼记·祭法》有云："孝子之有深爱者，必有和气；有和气者，必有愉色；有愉色者，必有婉容。"

婉容、愉色、和气，来自爱。靠装，巧言令色，不真实。"故事亲之际，惟色为难耳，服劳奉养未足为孝也。"（《四书章句集注》）

熊十力先生说："以留心父母的颜色为难"，为何？父母慈爱，不会为子女找麻烦。有事，自己心里藏着，不外露。所以，孝者要心细，体察入微。

以上四篇，孔子的回答因人而异，从不同侧面阐释"孝"的要义。程颐曰："告懿子，告众人者也。告武伯者，以其人多可忧之事。子游能养而或失于敬，子夏能直义而或少温润之色。各因其材之高下，与其所失而告之，故不同也。"（《新刊广解四书读本》）

程子丢了樊迟？我们不要丢了自己！

毓老师说："孝、老、考"是尽到"老"与"考"的责任，养父母之老，送父母之终。善事其亲曰"孝"，以顺当孝，故曰"孝顺"。

孝，"无违"。

孝，"生，事之以礼，死，葬之以礼，祭之以礼"。

孝，"敬"。

孝，"色难"。

"树欲静而风不止,子欲养而亲不待。"不养儿不知父母恩,孝为德本。

百善孝为先。

咬文嚼字,其"孝"(效)无半点用。孝,行胜于言。

2.9　子曰:"吾与回言,终日不违,如愚。退而省其私,亦足以发。回也不愚。"

孔子说:"我给颜回讲学,一整天,他都没有任何质疑,好像有些愚笨。等他离开后,观察他私下的言语行为,发现他真懂了,也能把那些道理应用在日常实践中,颜回并不是真愚。"

这是中国一对名师与高徒的教学场面。如一位功底深厚的国画家的写意,寥寥数笔,便把师徒二人的传承场景,描绘得栩栩如生。

《史记·仲尼弟子列传》有云:"颜回者,鲁人也,字子渊。少孔子三十岁。年二十九,发尽白,蚤(早)死。"

颜回早死,孔子大悲,直呼"天丧吾也"!

为什么?名师难遇,其实高徒也难寻。"师者,传道,授业,解惑也。""传道"为第一要务,有"载道之器"的高徒,也是千载难逢的机缘。

有人问孔子,你三千多弟子,谁最好学?孔子回答,颜回也,可惜其年纪轻轻的,就早逝了!

颜回早逝,给我们留下了深深的缺憾。

颜回29岁,就头发全白了,早熟!犹如中华文化,是早熟的文化!秦汉之前,中华文化已经定型!今日谈论文化复兴,复兴在何处?

如何复兴，还需要深入思考。

"吾与回言终日"，看看，老师能给学生上一天课，终日。"不违"，颜回竟然一整天没有"违"孔子之大义。我说啥，你听啥，不质疑，顺着老师的思路谈下去。

"如愚"，颜回像个愚人，听懵了？"退而省其私，亦足以发。""退"，颜回多敬师，是退出老师屋。"省"，孔子观察颜回，颜回愚吗？私下里，颜回和其他弟子聊天，或颜回行事，都能充分发挥和贯彻老师的思想。

"回也不愚。"颜回，大智若愚也！

子曰："回也，非助我者也，于吾言无所不说。"（《论语·先进》）说者，悦也。"无违。"

那么，颜回是如何看自己的老师呢？

颜渊喟然叹曰："仰之弥高，钻之弥坚。瞻之在前，忽焉在后。夫子循循然善诱人，博我以文，约我以礼，欲罢不能。既竭吾才，如有所立卓尔。虽欲从之，末由也已。"（《论语·子罕》）

人生，找到良师，就成功了一半；但真遇到良师了，能放下自己的固执，有颜回那份虚心如空的"愚"吗？自己的那点小聪明，往往就是听闻大道之路上的最大天敌！

2.10 子曰："视其所以，观其所由，察其所安，人焉廋哉？人焉廋哉？"

这是孔子著名的"知己知人"十二字心法。

常言道：知人知面不知心，为什么？"廋"也！隐藏，作假，是人类习而惯之的最大通病。在这个问题上，谁也别装圣人！

《大学》有云："小人闲居为不善，无所不至，见君子而后厌然，掩其不善，而著其善。人之视己，如见其肺肝然，则何益矣！"

其实，知人难，知己更难！中国禅宗中就有许多参悟"我是谁"的公案。

"人焉廋哉？人焉廋哉？"在那个惜字如金的年代，同样的话，为什么孔子要强调两遍？

人善于隐藏！第一个"人焉廋哉"是说别人；第二个"人焉廋哉"，孔子的意思是：你也是人，也一样善于隐藏。

所以孙子在兵法里讲"知己知彼，百战不殆"。请注意他讲的顺序，先"知己"，后"知彼"呀！

写到此处，想起了我开车时常用的高德地图导航："请小心，前面有急转弯哦。"

这种解读，是我今晨体悟到的。（这段时间，我常常凌晨四点左右起床，沉醉于经典，但愿是天命使然。）

道，在微妙处！

现在我们回看这十二字心法："视其所以，观其所由，察其所安。"

视，观，察，是三种不同的修为境界！它是需要"体悟"功夫的。

观不是视，视不及察！我们现代人，常将"视察""观察"两个词混用，这是因为我们把不同的层阶混为一谈。

你可能有不少知识，但却没有文化。

视，是用眼睛看！其实，人，一开口就是个错误。"视其所以"，看他怎么做，怎么行。这是每一个普通人都能做到的。

观＝又＋见。又，不只有一次。所以由眼入心了。人死了，还有眼，但能看见吗？何况是又见？观，是用心看。由浅入深，更进一层。所以有"观世音菩萨""观自在菩萨"。自在能看吗？"观其所由"，由，由来。用心去体悟，他为什么要这样做、这样行？观功，是佛家功夫，也是道家功夫，更是儒家功夫。不修行，还真入不了门。一生都是门外汉的，多得是。

察，是至高境界。黄老内丹学讲"感而遂通"。

不是目视，也不是心悟，而是感通。双方交则有感，一感就知道了。"与天地合其德"了，"与日月合其明"了，"与四时合其序"了，"与鬼神合其吉凶"了（《周易·乾卦》）。元、亨、利、贞了，感通而能察了，所以就"从心所欲不逾矩"，所以就"应无所住而生其心"（《金刚经》）。

察者，请看："《易》与天地准，故能弥纶天地之道。仰以观于天文，俯以察于地理，是故，知幽明之故；原始反终，故知死生之说……"（《周易·系辞上》）上观，下察。

察者，我们往浅一点举例。我们常听到"体察民情"一语，但现实中多看到的是"欢迎领导视察指导工作"的标语，多的是"用眼看数字""用眼看高楼""用眼看报告"。放不下自己的官身，怎能体悟到百姓的真心，更别谈深察民情了。

"察其所安"，此"安"，是心安！体察他这样做、这样行，他的心里是安的吗？安，超过了快乐。安，是本来就如此。比"心有所愿""心有所乐"还要更进一步。

有人做事是为了让人知道而去做事！有人做事，是为了让自己心安而去做事！所以，俗人常常"以小人之心，度君子之腹"。他不辞劳苦做这件事，究竟是为了什么？而大人之道，是只要这件事对大众有利，我就做了。因为，他不做，自己心里不安！

孔子十二字心法，牛吧！我说了半天，只是粗浅地说了知人，还没谈十二字心法之知己。其实，知己后更精彩！

昨天上午十点半，陈明哲老师从美国打电话给我，打了近一个半小时，耐心地指导我。我和老师通完电话，常常会整理一下老师所教的东西。看着笔记，我心中充满感动。明哲老师，当代管理学界泰斗级的人物，全球动态竞争理论、文化双融、"精一"理论的建构者，美国弗吉尼亚大学的终身教授、国际管理学会前主席、毓老师的弟子。如此名师，远隔重洋，常常电话一两小时，对我"耳提面命"，我何德何能？

我铺垫了半天，是想讲下面的问题：陈老师提出的"三心一力"论。何为"三心一力"：人要培育自己的"公心、诚心、用心"，同时要提升自己的能力。如没能力，"三心"就变成了"空"心。

我从近期的工作中感知到，公心要求我不断去私，诚心要求我不断去伪，用心要求我不断去杂。越去之，越深入，也就越专注，越快乐！陈老师要求我把这个感悟写成一篇学术论文。他要指导我写作，我欣然答应。这是一个知己的过程。要常观自在。视己所以，观己所由，察己所由，还要反求诸己。

我还想说，今晨我们刚好学到了孔子的十二字心法。如我昨天能想到这十二个字，我便能顺便请教一下明哲老师，我这样解读孔圣人有没有问题。

李克观人法："居视其所亲，富视其所与，达视其所举，穷视其所不为，贫视其所不取。"（《史记·魏世家》）

观人，也是观己。

2.11 子曰："温故而知新，可以为师矣。"

"故"，过去的，历史的；"新"，现代的，未来的。承前是为了启后，继往是为了开来！

我们今天重温中国传统，"温故"，不是钻进故纸堆里，一味地寻经访古，而是要从中华文化的源头中探寻，融会现代文明，开启维新的使命！"问渠那得清如许？为有源头活水来。"知识可以学会，但文化必讲传承。中国的伟大复兴，必须建立在强大的文化基础上。否则，将成为无源之水，日渐凋零！

"知新"，是要和世界同步，要知道现代的西方文明！一个人，不要封闭、固执；一个组织也一样。

今天是互联网时代。开放、平等、共享、包容更是时代的强音。以用户为中心，其实就是"以人民为中心"的鲜活体现。

朱熹注曰："温，寻绎也。故者，旧所闻。新者，今所得。言学能时习旧闻，而每有新得，则所学在我，而其应不穷，故可以为人师。若夫记问之学，则无得于心，而所知有限，故《学记》讥其'不足以为人师'，正与此意互相发也。"（《四书章句集注》）

我们要养成这种"温故而知新"的习惯，要练就"温故而知新"的本领。孔子，"圣之时也"，是时时处在"温故而知新"的状态中。孔子的学生子贡，"闻一知二"，颜回"闻一知十"。这是不同的"温""知"本领。

"故"，有多少精华，中国的、西方的、印度的、以色列的……

"新"，有多少变化，万物互联、工业互联、移动互联……

即使"不舍昼夜"，也难穷尽一点……

"苟日新，日日新，又日新"，哪儿还有烦恼的时间？

温故，故是新的根脉。

知新，新是故的嫩芽。

"温故而知新，可以为师矣。"

2.12 子曰："君子不器。"

孔子的四个字，道尽了人生的大道理。

一棵树，你把它砍下来，它就变成了木头；你把它做成书架，它就只能摆书了。这是制"器"的过程。器者，各适其用。

再看看水，你把它装入瓶里，它是瓶的形状；你把它装入罐里，它是罐的形状；放之小河，弯弯曲曲；流之大海，浩瀚无边……

器者，器具也。器者，器质也。器者，引申出容量、气度、格局、境界……

"器"，中间一个"犬"字，四方四个"口"字。"犬"想长大，但被四方的四个"口"困住。好在还留一"口"气，便活着。

"君子不器"，"不者"，乃"否"也。"不器"就是要打破这个边界，是自我的不断革命，自我的不断超越，生生不止，自强不息！

"不器"，即不把自己看成一个器具，从此裹足不前。我大学毕业了，就"马放南山，刀枪入库"了，就不学习了，就吃老本了。殊不知，那张毕业证只是一张纸，你还以为它多有价值？

一个人，把自己变成了一个器物；一个人，被一个器物所役！

"形而上者谓之道，形而下者谓之器。"（《周易·系辞上》）

《礼记·学记》有云："大道不器。"

何为得道之人？在形上求之；何为小器之士？在形下逐之！

形而上者，精神也；形而下者，物质也。

"君子不器"，一个有志之人，不能仅仅停留在物质层面。毛泽东说："人还是要有点精神追求的。"

器小则易满，大象则无形。

君子，在古代社会指的是有志向、有修养、有作为之人。

朱熹注曰："器者，各适其用而不能相通。成德之士（君子），体无不具，故用无不周，非特为一才一艺而已。"（《四书章句集注》）

拿破仑说："不想当将军的士兵不是好士兵。"

人，不能被自己的有形之体困住，也不能被自己的固守观念困住，更不能被自己的年龄困住……

孔子"十有五""三十""四十""五十""六十""七十"，这是一个"不器"的人生履历。

我们人人当如此，"不器"！

我想到了"愚公移山"的神话故事，愚公真愚吗？

他是要把"君子不器"的精神，代代相传！

这种精神，比我们给子孙留下多少钱财更重要！

这也是我在同学微信群里一再呼吁的，"五十岁，从心开始"，并身体力行，无它，只是希望更多的君子"不器"也！学习，就是要改变自己的器质。

2.13 子贡问君子。子曰:"先行其言,而后从之。"

有什么样德行的人是君子?这是子贡问孔子的问题。

"先行其言,而后从之。"我们先看前后顺序,先什么?先行;后什么?后从。先行什么?其言;后从什么?之(其言)。

朱熹解释:"先行其言",行之于未言之前;"而后从之",言之于已行之后。

一个人面对一件事情,应该如何处理?是先行,还是先言?《大戴礼记·曾子制言》有云:"君子先行后言。"曾子又说:"君子博学而孱守之,微言而笃行之,行必先人,言必后人。"(《大戴礼记·曾子立事》)

先行者,先做才有机会,要做行动派,实践是检验真理的唯一标准;后言者,要"待将全程历尽,方知如是因果",后言才能说出自己的心得。

毓老师说:"先做再说,大言不惭。"(《毓老师说论语》)

2.14 子曰:"君子周而不比,小人比而不周。"

首先我想阐明一点,在孔子生活的时代,君子和小人所指的对象,并没有今天这么对立。小人,是普通人;君子,是有德行的人。小人有善举,即为君子之行;君子有邪念,即为小人之心。

那么,君子和小人的分别是什么呢?近代国学大师钱穆先生把这句话翻译成:"君子待人以忠信,但不阿私;小人以阿私相结,但不忠信。"(《论语·为政》)他这样解释,是和三国时的《论语注疏》、梁朝时的《论语义疏》一脉相承的。皇侃曰:"周,忠信也。比,阿党也。

君子常以忠信为心，而无相阿党也。"(《论语义疏》)

朱熹注曰："周，普遍也。比，偏党也。"王引之《经义述闻》有云："……以义合者，周也；以利合者，比也。"

毓老师说"周"，周遍，"君子尊贤而容众，嘉善而矜不能"(《论语·子张》)，"君子不党"(《论语·述而》)。

"比"，偏党，亲狎。党同伐异，溺爱徇私。几个人总在一起，成不了大事。朋比为奸。

"内自周而外不比"，就是至高的人生态度了。一个人，内心自觉地达到"周"，则他一定不是伪君子；一个人，行为无意中遵从"不比"，则他一定会远离真小人。

2.15 子曰："学而不思则罔，思而不学则殆。"

孔子说："学而不思考，就会蒙蔽；思考而不学习，就会懈怠。"如此就会发现，古代所谈的"学"和今日所用的"学"有不同之处。

两千五百年前，孔子生活的环境，不像今天。没有人人能去的图书馆，没有便宜的书籍，没有人人可以上的现代学校，也没有今天以讲学为生的大批教师、知识分子群体。

《新华字典》中"罔"的意思是蒙蔽，古同"网"。"学而不思"的结果是"罔"。"殆"的意思是危，古同"怠"，懈怠。"思而不学"的结果是"殆"。

无论是学而不思，还是思而不学，都不好。最好的是学思并用。

"学"（古"學"）：古字是两个小孩在玩爻。我们看小朋友玩玩具，大人觉得没啥意思，小孩却乐在其中。因为小朋友不思。《荀子·劝学》

有云:"小人之学也,入乎耳,出乎口,口耳之间,则四寸耳,曷足以美七尺之躯哉!"入乎耳,就从口中出去了,没有走心。

思=心+田。把心当作田地耕作,勤育学习的种子。"心作良田,百世耕之。"《孟子》有云:"心之官则思,思则得之,不思则不得也。"可见,人长着心是为了思考的。良心产生善念,坏心溢出邪意。不思,心则废矣!用进废退。

子曰:"吾尝终日不食,终夜不寝,以思,无益,不如学也。"(《论语·卫灵公》)学也,行动也。不要做"思想的巨人",行动的矮子。

朱熹注曰:"不求诸心,故昏而无得。不习其事,故危而不安。"(《四书章句集注》)

今日的"学",则指学习!学习是一个系统,是一个过程。学而思,只是其中一个环节。《中庸》有云:"博学之,审问之,慎思之,明辨之,笃行之。"学之、问之、思之、辨之、行之,并达到博、审、慎、明、笃,才是好学生。程颐曰:"博学、审问、慎思、明辨、笃行,五者废其一,非学也。"(《四书章句集注》)

钱穆先生说:"此章言学思当交修并进。仅学不思,将失去了自己;仅思不学,亦是把自己封闭孤立了。"(《论语新解》)

"独学而无友,则孤陋而寡闻。"(《礼记·学记》)

学思并重,知行合一,这才是好的学风。

2.16 子曰:"攻乎异端,斯害也已。"

今天读这句话,真的很难很难!我凌晨四点半起床,百思不得其解。参阅各种注释，但都不能合我心意。

但孔圣人不会乱讲，孔圣人的高徒也不会轻易乱记！如果这句话没有重要的意义，在这几千年的传承中，早被人删了。为什么不理解？是因为我的功力浅，没有达到圣人所说的境界。这犹如爬山，只有你爬到山顶，你才能看到山顶的人看到的风景。

怎么办？借船过河！在历史的长河中，谁最接近孔圣人？"思之，思之"，真的"鬼神通之"。

几处散布在各地的孤岛，竟然打通了，连成了一片！我又体会到"一通百通"的感觉！

"攻乎异端，斯害也已！"朱熹为什么认同"攻"字解释成"治"的说法呢？

朱熹在注解中引范氏语曰："攻，专治也，故治木石金玉之工曰攻。异端，非圣人之道，而别为一端，如杨墨是也。其率天下至于无父无君，专治而欲精之，为害甚矣！"（《四书章句集注》）

看古人治学，用攻！用功到"攻"的境界。学习如攻城略地，逆水行舟。

异端之学，诸如杨墨等。杨者何许人也？"拔一毛以利天下而不为也"，就是这个人。

墨者，无差别"兼爱"的墨子也。

那么，不能攻异端，那就攻正端吧！正端者，何也？圣人之学！

阳明先生，算是圣人，他应该是最理解孔子的了。阳明先生带着我彻底破解了"端"字。知"端"，即知异端，也即知异端之"害"。窗户纸捅破了，就是如此简单。

（阳明）先生曰："……仁是造化生生不息之理，虽弥漫周遍，无处不是，然其流行发生，亦只有个渐，所以生生不息。如冬至一阳生，必自一阳生，而后渐渐至于六阳。若无一阳之生，岂有六阳？阴亦然，惟有渐，所以便有个发端处。惟其有个发端处，所以生。惟其生，所以不息。譬之木，其始抽芽，便是木之生意发端处。……父子、兄弟之爱，便是人心生意发端处……孝弟为仁之本，却是仁理从里面发生出来。"（《传习录》）

请注意：端，"发端处"。

王阳明在他的《拔本塞源论》中曰："夫拔本塞源之论不明于天下，则天下之学圣人者，将日繁日难。斯人沦于禽兽夷狄，而犹自以为圣人之学。……夫圣人之心，以天地万物为一体，其视天下之人，无外内远近。凡有血气，皆其昆弟赤子之亲，莫不欲安全而教养之，……天下之人心，其始亦非有异于圣人也，特其间于有我之私，隔于物欲之蔽，大者以小，通者以塞，人各有心，至有视其父、子、兄、弟如仇雠者。圣人有忧之，是以推其天地万物一体之仁以教天下，使之皆有以克其私，去其蔽，以复其心体之同然。"

阳明先生接着说："其教之大端，则尧、舜、禹之相授受，所谓：'道心惟微，人心惟危，惟精惟一，允执厥中。'……"

此处出现了"大端"，"大端"是相对于"异端"的。这样，"端"的大概用意也就清楚了。

后面阳明先生还讲到治异端之学的流弊："……窃取先王之近似者，假之于外以内济其利己之欲……相仿相效，日求所以富强之说，倾诈之谋，攻伐之计，一切欺天罔人，苟一时之得，以猎取声利之术……""世之学者如入百戏之场，欢谑跳踉，骋奇斗巧，献笑争妍者，四面而竞出……如病狂丧心之人，……"

这是当时现实之写照。

满篇可以看作"攻乎异端，斯害也已"的注解。治学的方向错了，害处真的太大了。阳明先生写得淋漓尽致，我再说就是多余的。说多了，也成"异端"了！

马一浮先生说："盖'端'必有两，若改其异之一端，则有害，还需术其同之一端，则诸子百家，皆有同之一端。即《易》所谓'天下一致而百虑，同归而殊途'，诸子之道术虽不同，而其旨则一。"

此"一"，即大端。

2.17 子曰："由！诲女知之乎？知之为知之，不知为不知，是知也。"

先看看孔子的谈话对象：由，子路，孔子的弟子。《史记·仲尼弟子列传》有云："子路性鄙，好勇力，志伉直，冠雄鸡，佩豭豚，陵暴孔子。孔子设礼稍诱子路，子路后儒服委质，因门人请为弟子。"

可见子路真是一介勇夫。入孔门之前，曾"陵暴孔子"。

孔子说："子路，我给你讲过什么是真知吗？知道就是知道，不知道就是不知道，才是真知。真知者，不自欺！"《荀子·子道》中也记载了孔子告诉子路的话："故君子知之曰知之，不知曰不知，言之要也；能之曰能之，不能曰不能，行之至也。"

知"不知"才是真知！能"不能"才是真能！

知"不知"，是知道自己的不知道的，自己知的局限。

能"不能"，是能够坦然认识自己不能做到的，也就是能的短缺，并能把这种不能变成能。

古贤人早说过，吾生有涯而知无涯。在有限的人生中如何穷尽无限的知识？一个人，知道的越多，他不知道的就会更多。所以一个真正无知的人，就会感觉自己无所不知，而一个真正有知识的人，他知道自己知道什么，更重要的是，他知道自己不知道什么。

其实，知"不知"比知"知"更重要！孔子知不知，才不耻下问！孔子称舜"其大知也"，那么舜的大知是什么？是"舜好问而察迩言"，因其知不知，所以好问敏察，闻过则喜！

我有一次在华为，有幸同任正非座谈。任总正在就一个网络话题发表自己的看法时，一个部下立即打断他："老板，您讲的早过时了，您说错了。"任正非说："是吗？那你把最新的研究发我邮箱。"我当时看了这个场景，真是非常感动！任正非为什么能创造出这么伟大的公司？因为他时刻知道自己的不知。今日华为已成为一个企业帝国，他也已是74岁的如日中天的创始人，但他依然保持一颗"知不知"的素朴之心！

《道德经》七十一章有云："知不知上；不知知病。夫唯病病，是以不病。圣人不病，以其病病，是以不病。"

何为能不能？第一是要知自己能什么；第二是要知自己不能什么；第三点，也是最关键的，是要能把自己的不能变成能。

知能什么，知不能什么，是真知；把自己真知的不能变成能，才是真能！

知不知，要有虚怀若谷的态度，永葆学习精神；能不能，要身处良知时位，常住探索状态。

《中庸》有云："君子之道，费而隐。夫妇之愚，可以与知焉，及其至也，虽圣人亦有所不知焉。"

蒋伯潜先生解释说："君子之道，其用很广大、而其体则极微妙。

就其大体而论，则一般愚夫愚妇都能预闻知道。至于精微深妙之处，虽圣人也有不知。"

圣人也有所不知，而况凡人乎？所以"知"永远是个过程，而"不知"恰恰是常态。知"不知"，才是真知！只有知道"不知"是一种常态，我们才会学会不耻下问的方法。只有你真心地不耻下问了，你才能听到真正的疾苦，拥有真正的智慧！

《中庸》有云："夫妇之不肖，可以能行焉，及其至也，虽圣人亦有所不能焉。"

连圣人，也有所"不能"，而况我凡人乎？人的"能"，是一个不断成长的过程；"不能"，是你前进中的路碍。过去了这个"不能"，你的"能"长了，但前面的一个新的"不能"又出现了。

只有认识到自己的"不能"，我们才能学会"闻过则喜"的修行方法，怀着谦卑的心情倾听别人指出你的"不能"，恰是在加持你"能"的能量！

非不能也，是无真知也，是不知能与不能也！"知之为知之，不知为不知，是知也！"同样，能之为能之，不能为不能，是能也！

2.18 子张学干禄。子曰："多闻阙疑，慎言其余，则寡尤；多见阙殆，慎行其余，则寡悔。言寡尤，行寡悔，禄在其中矣。"

现在我去外地出差，到哪儿都会带一箱书，《论语》的各种注释版本都带上，带这么多的资料，只是为了写好每天的导读，供大家学习参考。我反复研究各种解读，但都不太满意。

有一万个人,就有一万种理解!你读经典,经典也在读你。经典只是由头,你是在和你的真心对话。经典永流存,是因为它拥有人类共有的价值。你的心灵长久地浸泡在其中,便在不知不觉中改变了自己的器质。

今晨我思考了很长时间,对孔圣人的这句名言,无从下手。

我突然想起了我的倒入法,倒着来读经典,突然有所悟。孔子在这句话的最后说:"言寡尤,行寡悔,禄在其中矣。"这是结论!这是精神所在!这是点睛之处!

"子张学干禄"。"干",求也。"禄",为官的俸禄。孔子的学生子张向孔子问学,问的是探求官职与俸禄之道。

孔子最后说:"禄在其中矣。"其中是什么:"言寡尤,行寡悔。"言语上少忧虑,行动上少悔恨。

如此看来,子张追求的"禄"是有形的官位、物质的俸禄,而老师提升了"禄"的境界,为官之道、俸禄之求,只是要做到"言寡尤,行寡悔"。不是为俸禄而为官,而是在为官的过程、为官者的言行中,合其中道,持中守正,至公至圣。在自己独处时,在自己退休时,在自己闭上眼睛时,争取做到言行"寡尤""寡悔"。

那么,怎样才能做到呢?我们继续倒着读:怎么就能行"寡悔"呢?孔子开出的药方是"多见阙殆,慎行其余"。

经典!想想我们的现实生活,一个自以为"多见"的官员会怎样行事呢?常常会自以为是,主观又固执,容易自我膨胀,胡干蛮干。

"多见阙殆",要多看,要考察,还要常存"阙殆"意识,有残缺感,有危机感,"慎行"而留有余地,不要把事做满、做绝。

如何才能言"寡尤"呢?孔子的药方是"多闻阙疑,慎言其余"。还是回到我们现实中,一个自以为"多闻"的官员会犯什么样常见的错误?他们常常不能接纳正确的批评意见,"多闻"则耳疲,对意见根本就不过心,好夸夸其谈、长篇大论。大话说过了头,假言兑现不了。孔子主张为官者要"多闻",要多调查、多研究、多听不同意见。但仅仅这样还不行,要"多闻阙疑",要保持多闻中怀有不完善的意识,在多闻中存有疑问的习惯。这也是毛泽东在西柏坡"进京赶考"时讲到的,"我们要保持谦虚谨慎的态度"。

"慎言其余",因官员言必有信,所以说话要留有"余"地,说到必须做到!

"慎行其余",因官员行必有果。要干,就要干到极致!

如此看来,为官俸禄之道,和日常生活并没有什么区别,以平常心为大众事,谨言慎行,寡尤少悔,真"禄"便"在其中矣"!

2.19 哀公问曰:"何为则民服?"孔子对曰:"举直错诸枉,则民服;举枉错诸直,则民不服。"

哀公,鲁国之君。孔子,鲁国人。哀公问,孔子答。

哀公,姓姬,名蒋,谥号"哀"。这个谥号,太值得我们深思了。

哀公"舍贤任佞",哀也。鲁国国君有孔子这样的圣人而不用,难道不是最大的悲哀吗?

不,还有更大的悲哀!"何为则民服?"这是历代君王的千古之问——怎么做才能让老百姓服从?

这是中国几千年专制统治的核心问题,"家天下"。"以人民为中心",中心是人民,以民为本。其他的是末。要使"官服民",而不是

"民服官"，是官员服务于人民！

"举直错诸枉，则民服。""举"，选举；"直"，正直的人；"枉"，直的反面。"错"，朱熹注曰："错，舍置也。诸，众也。"(《四书章句集注》)

用人之道，程颐曰："举错得义，则民心服。"(《四书章句集注》)

毓老师说："用正直的人教育不正直之人，使贤者得以尽其才；举善而教不能，则劝，不肖者劝勉，而能有所受治，日久远离不仁之事。社会上就没有对立、冲突，百姓就心服。"(《毓老师说论语》)

蒋伯潜先生说："错，废置。举用正直之人，废置邪枉之人，则民服；反之，则民不服。"(《新刊广解四书读本》)

关键是，哀公不死，就是圣人孔子也只能作此解答。

有哀公在，怎能做到"举直"而"错枉"？先有哀公做君，孔子如何上位？

哀！

"舜有天下，选于众，举皋陶，不仁者远矣。"(《论语·颜渊》)

尧舜时代，"选""举"的民主思想就已确立，可惜经历春秋战国，在秦汉之后，彻底走上了另一个轨道。

哀公死，谥号"哀"，哀叹一位当权者，使贤达者不能重用，徒有虚问，岂不哀乎？

2.20 季康子问："使民敬、忠以劝，如之何？"子曰："临之以庄则敬；孝慈则忠，举善而教不能则劝。"

季康子，春秋时期鲁国执政的上卿，名肥。"康"是谥号。

季康子问了孔子三个问题：第一，如何才能使民敬？第二，如何才能使民忠？第三，如何才能使民劝？

孔子的回答很精彩！季康子，你的思想有问题吧。不要老想着让老百姓怎么样，而是你们当官的先要做到什么样！这不就是"打铁还需自身硬"吗？这就是反求诸己。希望别人做到的，自己要先做到。不能自己在客厅里打麻将、喝酒，却要求孩子去自己的书房做作业、读课本。

"临之以庄，则敬。"庄重不是"装"出来的。"庄"如朱熹所言："严敬存乎中，光辉著乎外。"当内在的修为达到一定程度后，庄重的气质就会和阳光一样，自然而然地照暖别人。这种引发出来的"敬"，才是老百姓真心的恭敬。

"孝慈则忠"，毓老师认为"忠"是尽己的意思。子女善事父母为"孝"，父母善待子女为"慈"。

上孝，下慈，在中间的我们要忠，要尽己尽职。

"举善而教不能，则劝。""劝"，《说文》有云："勉也。"悦从。

朱熹注曰："善者举之而不能者教之，则民有所劝而乐于为善。"（《四书章句集注》）

2016年我读到此句时，在书边写下这么一句话："过去是举善而弃不善，要提升到举善而教不能。"什么意思？我们做领导的，能做到"举善"，而不能同时做到"教不能"。任用能干的人、表扬行为善的人，这是第一步；但教育不能干的、引导行为不好的人，也是自己的本职工作。

只有两者兼用而不偏颇，才能使你领导的团队中成员互相学习、互相激励，整体提升。

"举善而教不能"，真是最好的领导力理论！

现在回看，两年过去了，我还没做到，需继续努力。

朱熹引张敬夫曰:"此皆在我所当为,非为欲使民敬忠以劝而为之也。然能如是,则其应盖有不期然而然者矣。"(《四书章句集注》)

季康子问:"想要使人民恭敬认真、竭尽全力、相互勤勉,应该怎么办呢?"孔子答:"你对待人民的事情严肃认真,人民对待你的号令也会恭敬认真;你孝敬父母,慈爱幼小,他们也会尽忠竭力;你提拔好人,帮教能力弱的人,他们就会相互劝勉了。"

率先垂范,行胜于言。

2.21　或谓孔子曰:"子奚不为政?"子曰:"《书》云:'孝乎惟孝,友于兄弟,施于有政。'是亦为政,奚其为为政?"

这句话翻译出来很简单。有人问孔子:"你为什么不从政?"孔子引用《尚书》里的话而答:"孝顺父母,友爱兄弟,推而广之,就是从政了。""是亦为政,奚其为为政?"这就是为政,难道非得要谋求官位才是为政吗?

修身、齐家、治国、平天下。"政"在其中。

"子奚不为政?"旷世之问!一个好问题比什么都重要。佛经千百卷,得益于千百问。如弟子不问,佛陀也不会回答。读一部《论语》更是如此。

今日好多学生已不会问问题了。这正如现代猫,已不会抓老鼠了。心中没有真正的疑问,你怎么能学到真知?你活到今天,除了吃、喝、玩、乐,有真正的疑问困惑着自己吗?

"子奚不为政?"为政就是要得到官位吗?政治的目的是什么?是实现

人民的幸福、安康！其实无论是在位、不在位，都能达到这个政治目的。

福泽谕吉是日本明治维新的重要推动者。

日本维新政府多次邀请他从政，他或托病不出，或婉言拒绝。他说："我自己该做的事情是，将自己所学的洋学教给学生，尽最大的努力著书翻译，希望引导我国国民向文明之国迈进，每个人做自己应该做的事情，不是很正常吗？车夫拉车，豆腐店卖豆腐，书生读书，这都是尽他们的本分。"

尽本分，就是为政！这和两千多年前的孔子所引用的"孝乎惟孝，友于兄弟"有什么区别？

"这个世界会好吗？"这是近代大儒梁漱溟先生之问。今天，人人心中都有一把秤吧？

不要天天只会骂贪官，自己也要做个良民。从心出发，去欲去私，行大道，践实行。否则，给你平台和机会，你未必比他们做得好。

政治不是一两个人的事情，富强、民主、文明的中国需要人人都要尽心尽职。

人人都可做政治家！你的家庭就是你的政治舞台，你的身边充满着政治智慧。先做好你自己，再影响你能影响的人，推而广之，"奚其为为政"乎？

2.22 子曰："人而无信，不知其可也。大车无輗，小车无軏，其何以行之哉？"

"大车"，载重之车。"小车"，乘人之车。此为比喻句。人如大车、小车。人之信，如大车的輗、小车的軏。"輗""軏"是车与拉车的牛、马衔接的关键枢纽所在。

这句话很简单,简单到不用解释。"人而无信,不知其可也。"一个人说话没有信用,不知道怎么可以呢?

大道至简。但你相信吗?你相信之后又能做到吗?

信=亻+言。信,言可复也。人无信,不立。诚信,是一个人安身立命之本;诚信,是一个社会和谐运转的灵魂。"信"字有两个意思:一是说话必须真实,这是对个人来说的,内外一致。二是说了话,必须要兑现,要有交代,这是一个人对外交往时的要求,贯穿始终。关键的问题是:信,对于人如此重要,人为什么不珍惜呢?

真信了,您就会乐在其中,享受在其中……

一颗坦荡的心,永远不会有睡不着觉的时候。

毓老师说:"嗜耍小聪明的,没有能成大业的。"(《毓老师说论语》)毓老师说的,我信!

"人而无信,不知其可也。"

"而",第二人称代词,你,你的。《左传·昭公》有云:"余知而无罪也。"

如果我们这样断句:"人,而无信,不知其可也。"将如何?一个人,没有信仰,是不知道其中的好处啊。如果这样来解,就有意思了。有信仰的人生,和无信仰的人生,是截然不同的。

中国传统文化,是由儒、道、释三家交融而渐形成的。与其说我们是在学传统文化,还不如说是在建立文化信仰。你没有踏入真正的文化殿堂,就感受不到信仰的力量!

大凡成功者,都是有信仰的人。

这个信仰,也不一定就是宗教。你可以信科学,可以信天,可以信佛，也可以信自己！

坚信之，必行之，也必终生行之。

元世祖给文天祥宰相而他不变节，是他有信仰的力量。真正的共产党员，他们也有这个力量。我们不理解，是因为我们不在其中，没有他们的切身体验！

没有信仰的人，你真的相信他吗？你能把生命、子女托付给他吗？没有深层次的信仰支持，你的信只能是寄托在名利上的短期行为。

"人而无信，不知其可也。"孔子信仰中华文化，他说："文王既没，文不在兹乎？"

因许多人不信这种文化传承，孔子才有此比喻：不论是大车，还是小车，不论你是大人，还是小人，"无信"，"何以行之哉"？

没有信仰，如何能行，怎么能行得远，行得正呢？

2.23　子张问："十世可知也？"

子曰："殷因于夏礼，所损益可知也；周因于殷礼，所损益可知也；其或继周者，虽百世可知也。"

孔子，真伟人也。你看他说的话，多有气派啊！

"虽百世可知也。"一世，三十年；百世，三千年。三千年之后的事情都能知道，多牛。

孔子生活在春秋末期，距今天已有两千五百多年，今天我们还得虚心向他学习。为什么？他是中华文化之集大成者。

人，为什么能知百世，因这个"因"字。毓老师说："'因'，袭，

仍,根据,承,传,传统。因而不失其新,'苟日新,日日新,又日新'。"(《毓老师说论语》)

一因而下,便知时代的发展,"损"了什么,"增"了什么?

毓老师对"损益"解得非常好,我只能照抄如下:"'损',减,裁前代之所已有余者而节去之;'益',加、增,补前代之所不及防者而加密焉。《周易·杂卦》称:'损益,盛衰之始也。'非但顺知既往,兼亦预知将来。"(《毓老师说论语》)

"损益之道,损益不是执一……不合时者损之,合时者益之。适时、合时,'礼也者,义之实也。'"(《毓老师说论语》)

西方的结构主义哲学或解构主义哲学,其中贯穿始终的,就有这个"因"。万物的发展,只是在"结构"与"解构"之间,达到暂时的平衡。

"其或继周者",区区五个字,叱咤风云!

别忘了,孔子生活在春秋争霸之时。他敢说"其或继周者",也就是说更替周的朝代,如殷取代夏,商取代殷一样,这要有多大的勇气。后来皇帝借假孔子之学,鼓吹"家天下",子传孙、孙传子,千秋万代,真是与"其或继周者"思想背道而驰也。

智、仁、勇,孔子一人也。后来有学者说,孔子学说是维护专制王权的,这不是胡说吗?

2.24 子曰:"非其鬼而祭之,谄也。""见义不为,无勇也。"

"非其鬼而祭之,"是不当为而为之;"见义不为",是当为而不为之。

人，最难的是这种取舍。什么是自己应该做的？该做的，则义无反顾；什么是自己不应该做的？不该做的，坚决不碰。这是做人的底线。我的一个外甥做财务管理，我就告诉他，公家的钱，不该拿的一分也不能拿。人，只有干干净净，才能清清爽爽。

"非其鬼而祭之，谄也。"《礼记·祭法》有云："人死曰鬼。"

清明节，人们都到自家的坟头祭祖宗，正当也。如果到别人家的坟头去祭祀，那不是献媚吗？不是另有所求吗？毓老师教导说："千万不能妄求，自私之迷，自误。推原其病之所自来：不当为而为，要福，求免祸。当为而不为，畏难，思避祸。"（《毓老师说论语》）

"非其鬼而祭之，谄也。"用祭祀之事，比喻之。万事皆如此！不是你的，你别妄求，还是要本本分分，磨炼好自己！妄想，则心不安。思，不出其位。应天天脚踏实地，日日从当下做起。

精一，要精通一艺，好养家糊口。毓老师说："家有什么，都靠不住⋯⋯唯有自己谋生，才可靠。"（《毓老师说论语》）

"见义不为，无勇也。"前几年我在中央电视台工作时，配合中央文明办发布"中国好人榜"。其中有一个奖项，就叫"见义勇为"奖。

《论语》中的这句话，正是"见义勇为"的出处。人无勇气，其实就是废物一个！"浩然正气"都能养出，勇气要靠日日培植。人，要越挫越勇。你在大道上前行，还怕小鬼缠身？

《释名》有云："义，宜也。裁制事物，使各宜也。"该做的，你勇敢地去做，你心就安；不该做的，你坚决不做，你会踏实！不要有名、有利就抢着做；该自己担当的，左推右撤，绕着走。大丈夫，要勇于担当!只有当你找到自己的使命,你才真正有了"志"!

我们创办了一家公司,企业价值观的第一条就是"担当"。

不要一谈使命就是"为党、为国、为人民"。做好自己,就是最大的使命。我们小时候看蚂蚁窝,那些小蚂蚁一整天忙个不停!

毓老师说:"真勇,是不为人知的。勇以成义,但很难做到。"(《毓老师说论语》)这还要慢慢体悟……

人,应常常在皓月当空下,四肢自然下垂,放松、放空自己。当思:我为什么要在此时出生在这里?此刻我当如何?又不当如何?

八佾第三

3.1 孔子谓季氏："八佾舞于庭，是可忍也，孰不可忍也？"

孔子提到季氏，说：他用周天子规格的六十四人的舞蹈队伍在自己的庭院中奏乐舞蹈。（这等事）季氏都可以忍心做出来，还有什么事做不出来呢？

"八佾，古代舞蹈奏乐，八个人唯一行，这一行叫佾。八佾是八行，八八六十四人，只有天子才能用。诸侯用六佾，即六行，四十八人。大夫用四佾，三十二人。"（《论语译注》）

季氏是大夫，他用四佾才是合理的。

社会风气是一个国家兴衰的晴雨表，而这种风气的变化又在不知不觉之中慢慢地演变。家风也是一样！我们的一举一动，其实影响着家里的人。明天的果来自今天的因。只要我们活着，我们就应该端端正正，每一天都是崭新的！

要合天道，不要胡作非为！不要有了权，就要上天。孔子时代的鲁大夫季孙氏以"八佾舞于庭"。八佾乐舞，天子之礼，大夫如何能在自己的庭院用？

人，达道得体而不越位，很难！一不小心，就会露出自己的尾巴。

3.2 三家者以《雍》彻。子曰："'相维辟公，天子穆

穆'，奚取于三家之堂？"

仲孙、叔孙、季孙三家在祭祀祖先结束时"以《雍》彻"（用了天子的礼）。孔子说："'相维辟公，天子穆穆'，《雍》中的歌辞，怎么能出现在三家大夫的祭祖大堂上呢？"

三家大夫尾大，周天子式微也。

毓老师说："何取于三家之'堂'？一字之贬！圣人骂人不忠、不臣、僭越、目无长上。知'礼之本'，则能通文质之变，以救世运。礼坏乐崩，如习非为是，欲不崩坏而不可得矣。"（《毓老师说论语》）

温水煮青蛙，一切皆在不知不觉之中。千里之堤，溃于蚁穴。

"其所由来者渐矣，由辨之不早辨也。"（《周易·坤卦》）

孔子贬人，狠！"奚取于三家之堂？"

3.3 子曰："人而不仁，如礼何？人而不仁，如乐何？"

仁，孔子推崇的最高境界。

人要有仁心，政要施仁政。

仁是根本！

"君子务本，本立而道生。"（《论语·学而》）

孔子说："一个人，如果没有仁心，那么礼对他有何用？一个人，如果没有仁心，那么乐又对他有何用？"

皮都不在，毛还能存？

礼、乐的生命力来自仁心！"礼节者，仁之貌也；歌乐者，仁之和也。"（《礼记·儒行》）

"言而履之，礼也。行而乐之，乐也。"（《礼记·仲尼燕居》）程颐曰："仁者天下之正理。失正理，则无序而不和。"（《四书章句集注》）

这是孔子的感叹，也是结论。

季氏"八佾舞于庭"，"三家者以《雍》彻"，这是大夫们不仁之举。"人而不仁"，"如礼何"，又"如乐何"？

随群魔乱舞，最终必祸害自己。

毓老师说："家必要树立一制度，树立家风，以身作则，持己功夫必要够，由自己开始树立，身教重于言教。孩子多读书，气质必然不同。不必天天告诉他怎么做。"（《毓老师说论语》）

人有仁心，礼乐如阳光、如雨露……

仁者爱人，仁者无敌。

3.4 林放问礼之本。子曰："大哉问！礼，与其奢也，宁俭；丧，与其易也，宁戚。"

"林放问礼之本"，"林放"，一个好现代的名字。"林放问礼"的根本到底是什么？礼的本源到底是什么？

孔子听到林放这一问，便竖起了大拇指，说"大哉问"！你林放小子，还真问了一个伟大的问题。你小子不错，所以，在后面的学习中，孔子发出这样的感叹："呜呼！曾谓泰山不如林放乎？"

泰山怎么不如林放？这个我们后面再说。我们先回到今天的学习内容上。

何为"礼之本"？

孔子答："礼，与其奢也，宁俭；丧，与其易也，宁戚。""与其……宁……"，与其你那样做，还不如这样做。"与其……宁……"的回答，只是告诉你一种选优的方式，而不是最终的答案！

请注意！问问题能显示出一个人的水平；但回答问题，不能用简单的对错来评判。圣人回答问题，更是有针对性，因人而异。所以，你不是古代的林放，你也不要以为孔子说的礼之本，就是"与其奢也，宁俭"。

我们许多人，古文还没学通，自己却变成"古"人了。老和孔子时代的人较量，孔子和你玩电子游戏，肯定玩不过你。因为春秋战国时代，就没这个东西。所以，你把自己标榜为"现代人"，以为"现代"优于"古代"，是错误的。

孔子的时代，正处于人类文明的"轴心时代"。德国伟大的哲学家雅斯贝尔斯，在其《历史的起源与目标》一书中，追问了一个伟大的问题：为什么人类在同一时期，中国出现了孔子、老子，印度出现了佛陀，西方出现了苏格拉底、柏拉图、亚里士多德，以色列出现了犹太教的先知？

学《论语》，我们要学孔子的真精神！学经典，是为了启发我们的智慧，而后把这种智慧应用到生活中，应用到学习中，应用到工作中。不要以为我们学习就是为了考试。我们一辈子经历了无数的赶考，那是在考知识。真正要学的是如何做人，是靠文化的！我们许多人，知识学了一百分，文化上却交白卷！不会"做人"！

人和其他动物的区别，是人有礼，而动物无礼。"礼也者，反本修古，不忘其初者也。"（《礼记·礼器》）仁人志士，已不是一般人了。

是心中有"志"的人了，全身每一个毛孔，每一个细胞都"浸泡"在"仁"中。

仁，表现在外，就是礼！说这个人，知书达礼；说这个人，做事合情合礼（理）；礼的精神只有一个，但礼的表现形式则有无数种类。

"礼，与其奢也，宁俭"，"奢"，毓老师注解为"过分，超过本位"。

"俭"，不足。"与其……宁……"，中庸最好！但我们不要把《中庸》庸俗化了。

为什么孔子要举"丧"的例子呢？"丧，与其易也，宁戚。"毓老师说：易乃"外表漂亮"，戚乃"哀戚在心"。

朱熹注曰："丧与其哀不足而礼有余也，不若礼不足哀有余也。礼失之奢，丧失之易，皆不能反本，而随其末故也……俭者物之质，戚者心之诚，故为礼之本。"（《四书章句集注》）

真的是这样吗？我们慢行在"知道"的大道上。或许，古代的林放正好碰到"丧事"，便问孔子"丧""礼"。不管怎么推测，生死乃人生第一大事。

生，要合礼，"与其奢也，宁俭"；死，要达礼，"与其易也，宁戚。"

3.5 子曰："夷狄之有君，不如诸夏之亡也。"

这是非常有名的一句话。但很长时间内都被我们误读了。在晚清时期，西方国家已进入现代文明，我们还以天朝大国故步自封，视英、法、美等诸国视为"夷狄之国"。这种盲目自视已成为藩篱、成为禁锢，使我们裹足不前。

"文化自信"，自信建立在什么样的文化基础上？"夷狄之有君，不如诸夏之亡也。"

"夷狄"，野蛮的。"诸夏"，文明的。

历史上有很长一段时间，我们以"中国"自居，视其他为"夷狄"。如《论语义疏》中，皇侃注："此章重中国，贱蛮夷也。诸夏，中国也。亡，无也。言夷狄虽有君主，而不及中国无君也。"

在《论语注疏》中，也同样表达出了这样的观念。"正义曰：此章言中国礼义之盛，而夷狄无也。举夷狄，则戎蛮可知。诸夏，中国也。亡，无也。言夷狄虽有君长而无礼义，中国虽偶无君，若周、召共和之年，而礼义不废，故曰：'夷狄之有君，不知诸夏之亡也。'"

再看宋代的朱熹怎么解？我把朱熹《四书章句集注》中的话照抄下来："吴氏曰：'亡，古无字，通用。'程子曰：'夷狄且有君长，不如诸夏之僭乱，反无上下之分也。'尹氏曰：'孔子伤时之乱而叹之也。亡，非实亡也，虽有之，不能尽其道尔。'"

我照抄原文的目的，是想让大家看一下，一代儒学大师，在此处，没有自己的注解，只是引用前人的三段话。不是朱熹不懂孔子的真义，而是他处在"家天下"的皇权政治下，不能说，也不敢说。三国时的何晏，宋时的邢昺，还有梁时的皇侃，他们面临的政治环境都是如此，连明代的王阳明也不敢碰这个主题。

中国经过了漫长的封建专制时期。春秋战国时期，先秦诸子如一道曙光，划亮黑暗的文化天空，此后便经历了漫长的"家天下"，不再有先秦时的"百家争鸣，百花齐放"了。直至民国，再到新中国，熊十力先生等一批大家拨乱反正，重造孔子春秋大义。我们坚信，中华文化必将重现其伟大的生命力。

文化，就像一个人一样。你不能简单定义一个人是君子，另一个人是小人；文化上，你也不能固执地自封为诸夏，而别的国家、地区、民族就是夷狄。

小人有善举，则为君子；君子有恶念，也下地狱！一个国家也是一样的。"有夷狄之行者，虽中国也，靦然而夷狄之；其无夷狄之行者，虽夷狄也，彬然而君子矣。"（《〈春秋中国夷狄辨〉序》）

《毓老师说论语》讲道："'《春秋》无通辞，从变而移'（《春秋繁露·竹林》），'夷狄入中国，则中国之'（《春秋公羊传何氏解诂》），中国无礼义，则夷狄之。……一切决之于礼义。夷夏之别，乃决之于礼义。……夷狄是以文化分，非以民族分。不论种族，而视入中道与否。"

这就是孔子这句话的真精神！

孔子说得多透彻！今天，怎么还有人说孔子是维护封建王朝的？

3.6 季氏旅于泰山。子谓冉有曰："女弗能救与？"对曰："不能！"子曰："呜呼！曾谓泰山不如林放乎？"

这句话非常简单，但简单中却蕴含着一个大道理：官员切不可妄为！

春秋时官员，"旅于泰山"，是妄为。"旅"，是古时候一种祭祀的名称。"旅于泰山"，是天子之礼。而季氏，是鲁大夫，前有"八佾舞于庭"，现又有"旅于泰山"，他已误入迷途了。

冉有，孔子弟子，时为季氏家臣。孔子说："你不能救救季氏吗？阻止他别在泰山祭祀了。"

弟子回答："不能"，他完成不了这个任务。"呜呼！"孔子感叹。"曾谓泰山不如林放乎？"林放这个人都知"礼之本"，难道泰山之神还不如林放吗？季氏的非祭之意就能得逞吗？

季氏"八佾舞于庭"，孔子怒斥"是可忍也，孰不可忍也"。季氏旅于泰山，孔子发出旷世感叹："曾谓泰山不如林放乎？"

一个社会的发展，多么需要这样的批评呀！否则，必是群魔乱舞，泛滥成灾也。

3.7 子曰："君子无所争，必也射乎？揖让而升，下而饮，其争也君子！"

"射"是指比试武艺。古时六艺：礼、乐、射、御、书、数。

蒋伯潜注："古礼，射箭的时候，人须走到堂上去射。上去的时候，还要对同队比赛的人，谦逊一回，作一个揖，这就是'揖让而升'。箭射过以后，仍作一个揖，走出堂来。等到大家都射过下来，胜负已决，负者乃饮罚酒，这就是'下而饮'。君子在和人竞争的时候，还是这样雍容有礼，所以说：'其争也君子！'"（《新刊广解四书读本》）

"君子于射，讲艺明训，考德观贤，繁揖让以成礼，崇五善以兴教。"（《论语义疏》）

我儿子四岁时，到围棋社学围棋，先学围棋礼仪。首要的是静心，然后互致问候，随后才开棋比赛……无论是学习围棋，还是参加后来的围棋比赛，其根本是为了提升棋手的修养，其次才是棋技，但家长们老是忘记了学棋的本质。

君子之争，是有风度的争，是一种贵族精神。"射者，进退周还必中礼，内志正，外体直，然后持弓矢审固；持弓矢审固，然后可以言中，此可以观德行矣。"(《礼记·射义》)

"君子无所争"，指君子对外不争，君子要和自己争。"仁者如射，射求正诸己，己正而后发，发而不中，则不怨胜己者，反求诸己而已矣。"(《孟子·公孙丑上》)射不中，不能怨怪别人，而应怨怪自己。万事，应常思己之过，少怨外部环境。

不争！是最高的境界。《道德经》有云："上善若水，水善利万物而不争。"

> 3.8 子夏问曰："'巧笑倩兮，美目盼兮，素以为绚兮。'何谓也？"子曰："绘事后素。"
> 曰："礼后乎？"子曰："起予者商也，始可与言《诗》已矣。"

孔子的弟子子夏，读到《诗经·卫风》中的一句诗，不知道是啥意思，便问："何谓也？"

"巧笑倩兮，美目盼兮。"蒋伯潜解释："美人笑的时候，嫣然启齿，双颊微窝，秋波流盼之美。""素以为绚兮。"

"素"，粉地，画之质也；"绚"，采色，画之饰也。看看，两千多年前,美女们就这么化妆。

子夏不懂:"何谓也?"孔子回答:"绘事后素。"绘画之事,先以粉地为质而后施五彩。

孔子想说的是,美人和绘画一样,先有美质,然后可加文饰。真正的美不是装饰出来的。如美人一样,要有内在的本质。

子夏就联想到:那礼也是一样呀,"礼后乎"?子夏悟到外在的礼,也必有内在的质!子夏认为礼的本质不在文,礼的节文是后来所加的文饰,与美人的服饰,绘事之采色相同。

孔子看弟子领悟能力很好,表扬他:"起予者商也,始可与言《诗》已矣!"你能把我的思想推而广大,我可以和你谈《诗经》了。

我们有时常常被表象所迷惑,而忘却了事物的本质。

3.9 子曰:"夏礼,吾能言之,杞不足征也;殷礼,吾能言之,宋不足征也。文献不足故也,足,则吾能征之矣。"

"征",证明,证据。"杞",杞国。夏朝灭亡后,天子商汤没有把夏朝的王族全部灭掉,而是给了他们一个新的封地——杞。"宋",宋国,殷之后。"文",历史资料。"献",熟知史实的贤人。

为什么孔子说"夏礼,吾能言之""殷礼,吾能言之"?历史学家考证,夏朝离孔子生活的年代有六百多年,殷朝更远,一千多年。孔子为什么能知?孔子是圣人,是生而知之者。有人是学而知之者,我是困而知之者;有人则是一辈子也不知之也。

"足，则我能征之矣。"只要文献充足，孔子就能征之。但无论是杞国，还是宋国，已不行当时的夏礼、殷礼了。

历史的长河，就是这样流淌下去……

孔子说："夏代的礼，我能够说出来，它的后代杞国不足以作证；殷代的礼，我能够说出来，它的后代宋国不足以作证。这是因为他们的历史典籍和贤者不够的缘故。如果有足够的文献和贤者，我就可以出来作证了。"

3.10 子曰："禘，自既灌而往者，吾不欲观之矣！"

"禘"，祭礼，古时五年一大祭。"灌"，大祭仪式中的一个环节。灌者，以酒洒地上，以迎所祭之祖。

孔子说："禘祭的礼仪从'灌'这个环节往后，他就不想看下去了。"为什么？前面讲到"夏礼，吾能言之"，"殷礼，吾能言之"。孔子是知礼之人，禘祭之礼，孔子知道它的传承，它的初衷。

看朱熹《四书章句集注》中提到："赵伯循曰：'禘，王者之大祭也。……成王以周公有大功劳，赐鲁重祭。故得禘于周公之庙，以文王为所出之帝，而周公配之，然非礼矣。'"

周公不是帝王，而配之禘祭，乃失礼也。失礼，周公是始作俑者。孔子对此举不赞同。这也可能是后来"礼崩乐坏"的那个"蚁穴"。所以，成也周公，败也周公。

功高，不能盖主；主大，也不能违礼！

礼，就是古代人的宪法。不同时代的人，生活在不同的时空中。

礼，在过去时间的列车上，不断延续……
法，在当下空间的生活里，无处不在……
礼，道德的规范；法，行为的约束。
懂礼守法，才是有文化的现代人！

3.11 或问禘之说。子曰："不知也。知其说者之于天下也，其如示诸斯乎！"指其掌。

听到高人讲"不知"时，切要留心。一位道家的老师说"大道在民间"。你别小看北京看公园的，他们可能就是有道之人。

易如反掌乎？这个易，不是天上掉下来的，它来之不易！记得我有一次在道家文化论坛上，听到一位有名的道长讲"四两拨千斤"之事。道长说，四两怎么能拨动千斤呢？这四两的背后下了多少苦功。然后他列举了道家传统的硬功法。只有当你练到家的那一天，千斤对你来说，才不是重担。

工作也一样！只有你修炼到那个境界，你才不会有压力！困难，是对别人说的，而不是对自己说的。

孔子想，连禘之用都错了，还问禘之道？恬不知耻！我"不知也。"

毓老师说："禘祭之道，人人皆知，但知道去实行的特别少。"（《毓老师说论语》）大道理谁都知道，但为什么不做呢？

"礼法都是给别人制定的，跟老子无关。"当下，满大街多的是这样人。

3.12 祭如在，祭神如神在。子曰："吾不与祭，如不祭。"

这句话看起来就很简单了。

程颐曰："祭，祭先祖也。祭神，祭外神也。祭先主于孝，祭神主于敬。"（《四书章句集注》）

"范氏曰：'君子之祭，七日戒，三日斋，必见所祭者，诚之至也。是故郊则天神格，庙则人鬼享，皆由己以致之也。有其诚则有其神，无其诚则无其神，可不谨乎？吾不与祭如不祭，诚为实，礼为虚也。'"（《四书章句集注》）

诚意，诚意。至诚则会意。万事，只有真心实意，才能感动鬼神。"事死如事生，事亡如事存。"（《中庸》）毓老师说："有'如在'的观念，就有'光宗耀祖'之志，人能不像样？"（《毓老师说论语》）中国人祭天祀地，是为了报恩报德，不是迷信。

3.13 王孙贾问曰："'与其媚于奥，宁媚于灶'，何谓也？"子曰："不然。获罪于天，无所祷也。"

"与其……宁愿……"，普通人只在两者之间做出选择。有没有第三条道路？

孔子的"不然"，是他不在世俗的假定中做出选择，而是听从于心的呼唤，心安而理得。

"获罪于天，无所祷也。"如果你的行为、想法，不合天道、天理，得罪了天,你就没有地方祷告了。圣人不能处于天人合一的状态中,也就和普通人没有什么区别了。

人的智慧是从哪里来的?孔子认为是天。那么,无论是媚于奥,还是媚于灶,都是"获罪于天"。

"与其媚于奥,宁媚于灶",啥意思?

"灶",灶神。记得小时候,在某个固定的日子,妈妈会祭灶神。

"奥",奥神,和灶神是一类的。皇侃曰:"此世俗旧语也。媚,趣向也。奥,内也,谓室中西南角。……恒尊者所居之处也。"(《论语义疏》)

一句俗语,"何谓"?一句话,看出自谁的口。

王孙贾问曰:"王孙贾,何许人也?周灵王之孙,名贾,当时在卫国做官,为大夫也。"

皇侃曰:"时孔子至卫,贾诵此旧语,以感切孔子,欲令孔子求媚于己,如人之媚灶也。"(《论语义疏》)与其找别人,还不如找我呢!

孔子不会媚于这些闹臣,孔子自有其行事之道。这个道就是"不违于心",不违于天命。

"弥子之妻,与子路之妻,兄弟也。弥子谓子路曰:'孔子主我,卫卿可得也。'子路以告。孔子曰:'有命。'"(《孟子·万章上》)弥子说:在卫国,孔子要求我,可给他弄个卫卿的官当当。孔子回答:"有命。"富贵在天也!

这个故事,和今天学的这句话,是一样的意思!

富贵真的在天!那天上会掉下来馅饼吗?董子竹先生说:"什么是天?天本无天,显象于己心之知,便有了'天'。'天'就是我'在'。我无心讨好谁,你非叫我违心去做,便是'媚',便是自欺。凡'媚',

必失了诚。"(《论语真智慧》)

上合天道,不违己心,诚心诚意,做最好的自己!这就是天命。

3.14 子曰:"周监于二代,郁郁乎文哉!吾从周。"

"监",鉴,以……为镜子。"二代",夏、商,二代共一千多年。

周的文明是以夏、商两代的得失为鉴的,"郁郁乎文哉",我认同周。

朱熹注曰:"尹氏曰:'三代之礼至周大备,夫子美其文而从之。'"(《四书章句集注》)

"郁郁",文盛貌。

毓老师解读此篇时,有一段非常重要的思想,我们一定要把握。这是对中国传统文化的不同理解。毓老师说:"孔子的思想,在《论语》中有三个境界:一、'郁郁乎文哉!吾从周。'此为三十岁前后。二、'吾不复梦见周公矣!'已经有疑惑了,'四十而不惑'。三、'吾其为东周乎''五十知天命''五十以学《易》',另立'公天下'的新王之制,否定'家天下'的旧制。"(《毓老师说论语》)

文化是讲传承的,熊十力先生也推崇这种思想。

中华文化的源头是"天下为公",而漫长的中国历史却给我们开了一个玩笑,演出了一幕又一幕"家天下"的剧情:秦、汉、唐、宋、元、明、清,历史在不同的姓氏与家族之间变换旗帜,几乎是在原地踏步。

大治,是为了维护一个家族集团统治的稳定;大乱,是一个家族集团取代另一个家族集团的机会。而秦汉之后的文化，也是以这种"家天下"的政治为核心，构建了一套非常严密的说教系统。民本的创新思想几乎在历史的长河中湮灭。孔子的思想也一次又一次地被有意误读，并被这种皇权政治所利用。幸好，中华文化中还有道家、佛家文化，才使偶尔偏离方向的儒家文化，不时地还呈现出老树焕新芽的景象。

当下，还有几人在读"郁郁乎文哉"？我们看到的是短视频火遍全国，段子充斥天下，人人皆想成为"网红"，游戏征服了书本……

孔子年轻时说："吾从周。"这是他的文化自信。

"多难兴邦！"文化的正本清源，任重而道远……

3.15 子入太庙，每事问。或曰："孰谓鄹人之子知礼乎？入太庙，每事问。"子闻之曰："是礼也。"

质疑精神，是一个人最可贵的精神。人类有了质疑，科学才能进步，文明才能开拓。

人，放弃了质疑，就放弃了思考。人云亦云，只知其一，不知其二，其实也就进入了"脑瘫"状态。

世间万事万物，为什么是这样而不是那样呢？我为什么要这样想而不能那样做呢？

这种纯朴的、自然的、天真的、至诚的质疑精神，就是我们活泼泼的生生不息的生命体征。

作为一个个体，我们要永远保持这种存疑精神；作为一个国家，要崇尚、塑造、引导这种社会风尚。但质疑，不是那种鲁莽的所谓"无知者无畏",也不是那种心存高傲的"老子天下第一"。

何为质疑?请看《论语》中的记录。"太庙",鲁国祀周公之庙。毓老师说:"周朝之兴,是兴于周公。因周公有功,乃祭周公以天子之礼,故称太庙。……盖当时周祭祀诸典,已多不合礼,但人皆习焉不察。"(《毓老师说论语》)

"习焉不察"?请反思一下,我们身上携带多少"习焉不察"的基因?佛教里称之为种子。

"损之又损,以至于无。"损什么?就是损掉这种"习焉不察",然后明心见性,"应无所住而生其心",也就是"从心所欲不逾矩"。

"子入太庙,每事问。"入,想想孔子的神态,他是怀着谦卑、真诚的心情进入的。每事问,他的问是在尊重当下的客观条件下的发自内心的疑问。这种质疑是干干净净的,不是作伪,也不是显示自己比别人有文化。孔子懂礼,但眼下看到的一景一物不合礼。

别人也质疑孔子,或(有人)曰:"孰谓鄹人之子知礼乎?入太庙,每事问。"

"鄹人之子":孔子的父亲叔梁纥曾任鄹邑大夫,一般习称为"鄹人"。这话有点骂人的意思。如我们老家常说"谁谁谁家那个傻小子",直呼其父名,有轻蔑之意!

谁说孔子懂礼?"入太庙,每事问。""入太庙,每事问。"又重复一遍。当细心品味!

孔子听到后,说:"是礼也?"这问号是后人的发明。

孔子听到后,说了"是礼也"三个字,后代不同的人,从中听到了不同的语气。这就是听话要听声音的缘故呀。

"是礼也?"

"是礼也。"

"是礼也!"

"是礼也……"

"……"

不同的语气意味无穷也……

3.16 子曰:"射不主皮,为力不同科,古之道也。"

我们不容易理解古时射箭的场景,是因为那个时代离我们实在太远了。

"射不主皮",皇侃注:"射者,男子所有事也。射乃多种,今云不主皮者,则是将祭择士之大射也。张布为棚,而用兽皮怗其中央,必射之取中央,故谓主皮也。然射之为礼,乃须中质,而又须形容兼美,必使威仪中礼,节奏比乐,然后以中皮为美。而当周衰之时,礼崩乐坏,其有射者,无复威仪,唯竞取主皮之中。故孔子抑而解之云:射不必在主皮也。"(《论语义疏》)

我们的人生中,有多少这样的"射场",但我们真知道"古之道也"吗?处处和别人争力气、争先后、争得失、争荣辱,有如射"主皮",忘记了人生的本来意义。我们要学会反求诸己,要和人争,也要和自己争,与心同在,量力而行。与别人无关。

一切生活、工作的"射场",皆是修身养性的机会。"马融曰:'射有五善焉:一曰和志,体和也;二曰和容,有容仪也;三曰主皮,能中质也;四曰和颂,合雅颂;五曰兴武,与舞同也。'"(《论语集解》)

3.17 子贡欲去告朔之饩羊。子曰："赐也，尔爱其羊，我爱其礼。"

"告朔"，古代的一种祭祀仪式。天子在年终时，将来年历书颁给诸侯，诸侯将它藏在祖庙中，每月朔日（初一）以活羊告祭于庙，然后听政。

《论语说义》有云："天下有道，则不失纪序，无道，则正朔不行于诸侯。幽、厉之后，周室微，陪臣执政，史不记时，君不告朔，故畴人子弟分散……此天子不告朔始也。"

子贡是孔子学生，鲁国大臣。子贡不想祭羊了，"尔爱其羊"。孔子说："子贡啊，你爱其羊，我爱其礼。"

3.18 子曰："事君尽礼，人以为谄也。"

"事君"，乃为国服务。毓老师说："'尽礼'，完全按礼行事；'人以为谄'，一句话道尽了人之情。"（《毓老师说论语》）

读经典，要穿越时空，要汲取上古圣人带给你的能量。历史的场景，有如皮影戏，皮影背后有个操作的人，切不可把演过的皮影当真。但可惜的是，人，常常沉浸在皮影中不能自拔。

在一个单位里工作，你"事君尽礼"，按照单位的规则，除了全力做好本职工作，也必然伴随着"人以为谄也"。"人以为谄也"是常态，是单位的大众文化。关键的是你将怎么办？若屈服于"人以为谄也"，你也将成为乌合之众。

一个有志者,一个有为者,是不畏"人以为谄"的,或根本就不去思考"人以为谄"。"尽礼",乃按天道行事,穷尽自己;"事君",不尽是拍领导马屁,而是为单位创造价值。

"事君",事者,应全力以赴。何为君?君,不只是指君王,最大的君,是你的内心!"尽礼",尽者,应不断地上台阶。何为礼?礼不是固定不变的古董。礼以当下的最好。诚其心,做其事,尽其能,顺其道,你还管外在的"人以为谄也"吗?

一位赵姓小姐是我们学习群里的大学生,上大学以来,一直跟着我们学习。开始,她同宿舍的同学都对此不以为然,她们不学习,还看不惯学习的人,这就是"人以为谄也"。你还能把她们的不以为然当回事吗?

其实,每个人的每一天都会遇到这个问题。我天天和大家学《论语》,克服千辛万苦写导读,你以为会人人举手称赞?

"事君尽礼",是指一个觉悟的人,超越了"人以为谄"的外界束缚后,常处在一种清明自主的工作、生活以及精神状态中,乾乾而躬行,自强而不息。

3.19 定公问:"君使臣,臣事君,如之何?"孔子对曰:"君使臣以礼,臣事君以忠。"

有人曾说,如果没有孔子,中华文化还要在黑暗中前行几千年;但是,在春秋末年,伟大的孔子诞生了,中华文化发展就从此一片光明了吗?

"君使臣以礼，臣事君以忠"，这是两千五百年前一个人对上下级关系的回答。我们回看一下对话场景，鲁定公问："君如何使臣，臣又如何事君？"

定公，何许人也？鲁国国君。孔子，鲁国人。定公十三年（公元前497），孔子55岁，担任过鲁国大司寇。这段对话发生在什么时间，我不太清楚。不管怎么样，这是一个鲁国人和一个鲁国君的对话。

这个对话，给后代的学者出了难题。我们回头看看一代儒学宗师朱熹的注解，原文抄录如下："定公，鲁君，名宋。二者皆理之当然，各欲自尽而已。吕氏曰：'使臣不患其不忠，患礼之不至；事君不患其无礼，患忠之不足。'尹氏曰：'君臣以义合者也。故君使臣以礼，则臣事君以忠。'"（《四书章句集注》）

第一，朱熹老爷子什么也没说。

第二，不解也不行，不说也是一种态度，干脆引前人两句，不痛不痒。

第三，他不知道这句话的重要吗？中国的历史，发展到他的时代，如果他敢引孟子的解读，是要掉脑袋的。

第四，看亚圣孟子如何传承的："君之视臣如手足，则臣视君如腹心；君之视臣如犬马，则臣视君如国人；君之视臣如土芥，则臣视君如寇雠。"（《孟子·离娄下》）

第五，孔孟之道，是平等的伦理观、政治观。我们不要老以为"平等、自由、民主"是西方的专利，其实中国人早有之。但是……毓老师说："先秦以后，拿孔子东西'挂羊头卖狗肉'，并不真讲孔子思想。"（《毓老师说论语》）

最后发展到"君要臣死，臣不得不死；父要子亡，子不得不亡"。

"家天下",中国变成了一家人的天下。明代皇帝朱元璋,干脆把孟子赶出了圣庙。

看中国历史上的忠臣传、奸臣传,一定要有正确的历史观、价值观。不要为一些人的愚忠买单,最后变得比他们还愚蠢。

我们学《论语》,不是为了学古,而是要结合人类现代文明的实际,启发自己。

今日无君臣,但有上下级,有长幼。上下之间,合法合规,合礼合情合义,"和顺于道德而理于义"(《周易·说卦》),"将顺其美,匡救其恶,故上下能相亲也"(《史记·管晏列传》)。

"君使臣以礼,臣事君以忠。"

上下之间,上是下的上,下是上的下;上上还有上,下下还有下;人,只能生活在上下之间……

中间的你,心中有礼,心中有忠,此礼即大道,此忠是诚心,足矣!

3.20 子曰:"《关雎》乐而不淫,哀而不伤。"

孔子说:"《关雎》这首诗,快乐而不放荡,悲哀而不痛苦。"

"乐而不淫,哀而不伤。"孔子讲的是中庸,也就是恰到好处。我们如能做到"饮而不醉"多好呀。"乐""哀"……乃人欲,此乃人之本性,关键是要适可而止!同流而不合污,如莲花,"出淤泥而不染"。

《道德经》第四十一章有云:"上士闻道,勤而行之;中士闻道,若存若亡;下士闻道,大笑之,不笑不足以为道。……夫唯道,善贷且成。"

老子一句话,说尽了天下人!

郑板桥讲得好:"难得糊涂!"

此糊涂非真的糊涂。这四个字和《诗经》里的"……而不……"所表达的人生境界,异曲同工……

> 3.21　哀公问社于宰我。宰我对曰:"夏后氏以松,殷人以柏,周人以栗,曰:'使民战栗。'"子闻之,曰:"成事不说,遂事不谏,既往不咎。"

若有工夫,此段能做一篇大文章。

前人多解前半部分。我更喜欢后十二字。前半部分,何为"社"?为何"以松""以柏""以栗"?考证之功,是大学问。而"成事不说,遂事不谏,既往不咎"是人生大智慧,只是我相闻恨晚!

孔子之学,是行为之学,是要人这么做,而不仅仅是说。应把这十二字铭记于心,谨而行之!如能做到,保你成功。

"成事不说",要想成就一件事情,成事之处,事始之时,你要不慎言,必败!我的许多经历都验证了这一点,可惜我年轻时不懂。

"遂事不谏",朱熹注曰:"遂事,谓事虽未成,而势不能已者。"(《四书章句集注》)领导想做这件事了,决心已定,你还喋喋不休劝谏,卖弄你的专业,以为你比领导聪明,不是撞到枪口上了吗?你所处的时局,不是他的时局。当慢慢省察之,切不要乱谏!

"过往不咎。"过去的就让它过去。"应无所住而生其心",不要总是活在过去的梦境中,过去取得点小成绩,就挥之不去,总是拿它说事。这种人,一定没出息。

"成事不说,遂事不谏,既往不咎",真是十二字箴言,我们不服孔子能行吗?

我们共勉之,共行之!

> 3.22 子曰:"管仲之器小哉!"
> 或曰:"管仲俭乎?"曰:"管氏有三归,官事不摄,焉得俭?"
> "然则管氏知礼乎?"曰:"邦君树塞门,管氏亦树塞门;邦君为两君之好,有反坫,管氏亦有反坫。管氏而知礼,孰不知礼?"

"君子不器",孔子前面说过。此处,孔子直截了当地给管仲定性说管仲这个人,器小,气量不够大,格局不够大。为什么?

管仲,名夷吾,字仲。他的官职是齐国丞相;他的业绩是曾辅佐齐桓公,九合诸侯,一匡天下,使之成为春秋时期的霸主;他的荣誉是被齐桓公尊为仲父。

就是这样一个大人物,孔子一言以蔽之,"管仲之器小哉"!那么,在孔子的眼里,何为器大?——尧、舜那样的人物!

"大道之行也,天下为公。"

评价政治人物,关键是看他推行"公天下"的王道思想,还是推行"家天下"的霸道思想。

这是孔子的政治思想。一部《春秋》,其核心就在这里。

一代名臣管仲,充其量是"家天下"霸道政权施行的推手。"管仲

三归反坫，桓公内嬖六人，而霸天下，其本固已浅矣。管仲死，桓公薨，天下不复宗齐。"（《四书章句集注》）

在《论语》中，孔子多处表扬过管仲，但可惜"器小哉"！这种可惜，是叹惜！本可以做更大的事，而没有再向前跨一步，超越自己。比如近代的袁世凯，本可以和美国的开国元勋华盛顿相媲美，名垂千史，但他非要做八十三天的中国皇帝，最后一命呜呼！"器小哉！"

管仲，天下奇才也，但他也摆脱不了凡夫俗子的嗜好。"管氏有三归，官事不摄"，"邦君树塞门，管氏亦树塞门；邦君为两君之好，有反坫，管氏亦有反坫"。

反过来看，孔子指出了一个人的"器大"之道：一是俭，物质上求俭。毓老师说："'俭'，不侈，不同于'吝'，是自己该有而不有。"（《毓老师说论语》）有坐商务舱的资质，但你不坐。二是礼，精神上追求大道，大礼即天道。毓老师说："管仲功高盖主，国君用什么礼法，他就用什么礼法。人守分太难！此即'淫'，越分。"（《毓老师说论语》）

一个人，往往会得意忘形，连管仲都无法超越这种名利的束缚。君子之路，当在不断前行的"不器"之中，日省之，日破之，日行之……

得意忘形，如果连得的意识也没有，哪来的"忘"乎？

3.23 子语鲁大师乐，曰："乐其可知也：始作，翕如也；从之，纯如也，皦如也，绎如也，以成。"

这句话，说的是孔子给鲁国的大乐官说明音乐演奏的原理。我不懂音乐,所以也不敢胡乱地解读。

我想,一个人学会欣赏一门乐器也许比较容易,但要想听懂百姓的心声是真难!

3.24 仪封人请见,曰:"君子之至于斯也,吾未尝不得见也。"从者见之。出,曰:"二三子何患于丧乎?天下之无道也久矣,天将以夫子为木铎。"

本篇是通过仪封人的口,颂扬孔子之道,而孔子本人始终没有出场。

"仪封人","仪",地名。"封人",官员,春秋时为典守封疆之官。

有学者认为,孔子离开母国,去往他国,路过了"仪"这个地方。

仪封人求见,其理由是"君子之至于斯也,吾未尝不得见也"。所有到了"仪"这个地方的君子,我从没有不和他见面的。

可见,仪封人爱结交有德之人。孔子的学生也安排了他与孔子的会面。

这里有意思的是"出"这个字。它没写见到孔子如何如何,而是用一个"出"字,把重点放在了"曰"上。

仪封人见完孔子出来后,说了一段很重要的话:"你们这些弟子们,不用担心(你们老师)现在的颓势和逆境,天下无道很长时间了,上天会让孔夫子做人民的导师的。"

天将降大任于夫子,为"木铎"。

"木铎:铜质木舌的铃子。古代公家有什么事要宣布,便摇这铃,

召集大家来听。"(《论语译注》)

"丧",指在官场时运不顺。

这或许是上天为了要为他打开窗,先给他关上门了。

孔子"五十知天命","天将以夫子为木铎"?

子曰:"朝闻道,夕死可矣。"(《论语·里仁》)为闻道,死都可以,其他的"丧"又有何妨?

苦难铸就辉煌!

子畏于匡,曰:"文王既没,文不在兹乎?天之将丧斯文也,后死者不得与于斯文也;天之未丧斯文也,匡人其如予何?"(《论语·子罕》)

木铎之声!

仪封人的预言果然成真。

3.25 子谓《韶》:"尽美矣,又尽善也。"谓《武》:"尽美矣,未尽善也。"

"尽善尽美",这个词的出处在这里。

毓老师说:"'尽美',指乐音;'尽善',指乐德。尧舜以揖得天下,故《韶》乐尽美又尽善。《武》乐,有杀伐之音,因以武力得天下,缺德。'声与政通',闻其声,知其政。"(《毓老师说论语》)毓老师解读得多好呀!

在《论语》后面的章节中,孔子还说到《韶》乐,"子在齐闻《韶》,三月不知肉味"(《论语·述而》)。绕梁三日,余音不绝,这是何等境界?

《礼记·乐记》有云:"凡音者,生人心者也。情动于中,故形于声。声成文,谓之音。是故治世之音,安以乐,其政和;乱世之音,怨以怒,其政乖;亡国之音,哀以思,其民困。声音之道,与政通矣。"

孔子的弟子子贡曰:"见其礼而知其政,闻其乐而知其德。"(《孟子·公孙丑上》)

尧、舜乃《韶》乐文化的代表,尧、舜禅让,以天下为公。而歌颂周武王武统天下的《武》就不及《韶》尽善尽美了。周助推并巩固了"家天下"的中国政治范式。

有学者问:明末清初中国为什么没有出现近代资本主义?

细想想,在"家天下"的王朝中,怎么可能完成资本主义革命?

又有学者问:在近代中国,怎么没有出现日本的明治维新?

细想想,在"家天下"的晚清,君王怎么能把富民强国作为自己真正的历史使命?

"尽善尽美",是理想的社会状态,也是最佳的社会与人生追求!

3.26 子曰:"居上不宽,为礼不敬,临丧不哀,吾何以观之哉?"

孔子这句话是有指向性的。"吾何以观之哉?"我怎么能看得上?

这是孔子的人才观!如何"观"?"视其所以,观其所由,察其所安……"(《论语·为政》)

"居上",指在上位的人。"宽",不是窄,是宽大、宽阔、宽广、宽容。

朱熹注曰:"居上主于爱人,故以宽为本。为礼以敬为本,临丧以哀为本。既无其本,则以何者而观其所行之得失哉?"(《四书章句集注》)

"居上"要"宽",圣主都宽厚爱人,"举善而教不能"。

"处大官者,不欲小察,不欲小智。"(《吕氏春秋·贵公》)

"古者圣主冕而前旒,所以蔽明也;纩纮(古代垂于冠冕两旁悬瑱的带)充耳,所以掩聪也。水至清则无鱼,人至察则无徒。"(《孔子家语·入官》)看古装戏中皇帝戴的帽子,就含着这个道理。"难得糊涂",难,也在此处。居上者,个人的聪明层次好达到。但作为领导,自己一个人聪明,不算真聪明,让一个团队聪明,才是大聪明。自己总是光芒万丈,别人哪还有亮度?我见过"极聪明"的领导,"聪明"反被"聪明"误!所以,郑板桥说"聪明难,糊涂更难",个人聪明之上的糊涂,不是真糊涂,是待人以宽也!

"为礼不敬",古代是礼,今日是法。"法律面前人人平等",大家制定的制度,居上者要带头示范执行,要敬而行之,诚心诚意,不要说一套,做另一套。要"为礼"而"笃行之"!

"临丧不哀",不要装饰,要真情实意!人的同理心、同情心很重要。别人有难,有如自己有难!微软的新CEO霍世杰写了本书叫《刷屏》,就讲了这个道理。他上任后,重构微软,使之市值重新成为全球第一。可见,一个人具有同情心、同理心多重要。孔子早在两千多年前就讲了这个选人用人的道理。

我还想说的是,"上"者,不光是专指君主、领导。"上位"者,指一切在位上的人。是丈夫,是妻子;是爸爸,是妈妈;是爷爷,是奶奶。所以,我要和我的同学们说:"五十岁,从心开始",归零后重新出发!

自强不息,厚德载物,不光是对青年学子所说的,一切在位上的人,都应该如此!

其实,当你真正走上了"自强不息、厚德载物"的大道时,你也就不会出现"居上不宽、为礼不敬、临丧不哀"的情况了,你偶然也会犯一些差错,但你会自省,深悔之,立改之,加勉之……

里仁第四

4.1 子曰:"里仁为美,择不处仁,焉得知?"

毓老师说:"'里仁为美',为择居;'择不处仁,焉得知',为择业。"(《毓老师说论语》)

"里",居处之地,邻里。何为邻?何为里?在《论语义疏》里有清楚的解说,我就不在此细说了。

"里仁为美","仁"者,大德也。以"仁"为居住之地,真是一件美好的事。"里仁",是选择居住地,这就是最早的风水学,要和有德的人做邻居,所以孟母选择三迁。

"中人易染,遇善则善,遇恶则恶。"(《论语义疏》)但更重要的是,你的心要常处于"里仁为美"的状态,颜回"三月不违仁"。

要日日读经典,唤醒自己的仁义良知!

"择不处仁,焉得知?"人的选择很重要!有时向左走,万丈深渊;向右行,海阔天空。

人,无时不在选择之中,择仁则智!"夫仁,天之尊爵,人之安宅也。"(《孟子·公孙丑上》)

人,一撇一捺;仁 = 亻+ 二。仁,人学之本,人习之本。

4.2 子曰:"不仁者,不可以久处约,不可以长处乐。仁者安仁,知者利仁。"

"约",穷困也。"知",智。

一个不仁的人,不能长久地处在贫困的状态里,也不能长久地处在快乐的环境中。为什么?

朱熹说:"不仁之人,失其本心,久约必滥,久乐必淫。惟仁者则安其仁而无适不然,知者则利于仁而不易所守,盖虽深浅之不同,然皆非外物所能夺矣。"(《四书章句集注》)

生生之德为仁,皆禀于天性。王阳明,字守仁;毓老师,号安仁居士。

仁者,天下之大本。毓老师说:"不仁者,久贫则为盗,久贱则为谄,到快乐环境也变。所以要'复性','复其见天地之心乎'。"(《毓老师说论语》)

仁者安仁,知(智)者利人,其他者,违仁、不仁。境界一层比一层高。"仁者安仁","安",是境界,更是功夫。人,最难安住的是自己的心。安住于当下,"素富贵行乎富贵,素贫贱行乎贫贱,素夷狄行乎夷狄,素患难行乎患难"。"安而行之。"(《中庸》)

蒋伯潜注:"不仁之人,不可以长久处在窘困的境地。若长久处在窘困的境地,必定有为非作恶的事情做出来,但又不可以长久地处于富贵安乐的境地。若长久处在安乐的境地,也必骄奢淫逸,做出不好的事情来。仁者能素仁而行,随遇而安,久处约而不为贫贱所移,长处乐而不为富贵所淫。知者知,仁是于己于人都有利的,所以也能行仁。"(《新刊广解四书读本》)

"中心安仁者,天下一人而已矣。"(《礼记·表记》)知仁者,有分别心,能做到利己的同时,也能利人;不仁者,"其未得之也,患得之。既得之,患失之。苟患失之,无所不至矣"(《论语·阳货》)。

对照自己,每日反省。自己是仁者?知(智)者?还是不仁不知

(智)者？可能我们都是行者！从不知（智）不仁的当下向着知（智）者、仁者的目标，行走在各自的修行道路上……

4.3 子曰："唯仁者能好人，能恶人。"

孔子说："只有真正的仁者，才能够喜欢好人，憎恶坏人。"

记得十多年前，我到美国考察一家互联网公司，今天它已发展成全球最大的视频网站了。当时我印象最深的是，它们全公司只有四名编辑，这四名编辑中，真正做页面编排的只有一名。

我问为什么？他们告诉我，人都有偏好，一个人喜欢的，永远代表和这个人相同偏好的一类人，有偏好的人比不上无偏好的机器。所以，他们相信数据计算比人的选择更接近用户的喜好。

每个人，都有自己的价值判断，他喜欢什么，讨厌什么，都有自己的标准。

"唯仁者"，"唯"，独，只有。什么是善？什么是恶？什么是好？什么是坏？什么是是？什么是非？

"仁者"，是抵达至善境界之人，他已无一人之私也。

朱熹注曰："盖无私心，然后好恶当于理，程子所谓'得其公正'是也。游氏曰：'好善而恶恶，天下之同情，然人每失其正者，心有所系而不能自克也。惟仁者无私心，所以能好恶也。'"（《四书章句集注》）

毓老师说："仁者，有正知正见，'遏恶扬善'（《周易·大有卦》），故能喜好好人，能讨厌恶人。"（《毓老师说论语》）

知识分子要培养正知正见，做时代的中流砥柱。

《论语》的这几句话,应该连起来读:

子曰:"里仁为美。择不处仁,焉得知?"
子曰:"不仁者,不可以久处约,不可以长处乐。仁者安仁,知者利仁。"
子曰:"唯仁者能好人,能恶人。"
子曰:"苟志于仁矣,无恶也。"

一个人,如心中有了志,决定要做一个仁人志士,那就走上了正确的道路,不会作恶了。

4.4 子曰:"苟志于仁矣,无恶也。"

孔子说:"如果立志于做仁人,就不会为恶了。"

志=士+心。心之所向,心之所往。

仁者爱人,立志学仁,哪来的恶呢?

"其心诚在于仁,则必无为恶之事矣",朱熹引杨氏曰:"苟志于仁,未必无过举也,然而为恶则无矣。"(《四书章句集注》)

志于仁,"观过,斯知仁矣"。

人之选择,左手是恶,右手是仁,就看你怎么走。志于左,则滑向恶人;志于右,则接近仁者。

有人说:"他尽看到恶人成功的案例。"可能吗? 一是看你如何定义"成功";二是要用长时间来观察,否则那成功就是偶然、间断性的。

孔子"十有五志于学",这个学包括志于学仁道。

杨伯峻先生翻译这句话,说孔子:假如立定志向实行仁德,总没有坏处。(《论语译注》)

每一个妈妈都最爱自己的孩子,都希望自己的孩子"志于仁矣,无恶也"。

4.5 子曰:"富与贵,是人之所欲也,不以其道得之,不处也。贫与贱,是人之所恶也,不以其道得之,不去也。君子去仁,恶乎成名?君子无终食之间违仁,造次必于是,颠沛必于是。"

这是《论语》中最美的句子,让人读了还想读,十遍、百遍,"读你千遍不厌倦"。中国有一位宰相叫赵普,他说"半部《论语》治天下"。治天下,难吗?难!但如你能真正读懂半部《论语》,就可以了。

一个人,过一辈子,难吗?难!但如果你一生能守住《论语》这句话,应该不会出大的差错了。可谓一句《论语》治人生。

富、贵,人人想要。贫、贱,人人不想要,但必得"以其道得之"。君子爱财,应取之有道,讲的也是这个道理。正道得之,非歪门邪道!

"人之所欲","欲",人兼有之。"四十而不惑",孔子40岁就能不惑于私欲了,不被自己的欲望牵着鼻子走。

坚守心中之愿,摒弃逐外之欲!"嗜欲深者,天机浅。"

"不以其道得之,谓不当得而得之。然于富贵则不处,于贫贱则不

去。君子之审富贵而安贫贱也如此。"(《四书章句集注》)

素富贵行乎富贵,素贫贱行乎贫贱。"仁者安仁",素行其道,他外在的富贵贫贱又与你何关?

人,不要活在虚名之中!"君子去仁,恶乎成名?"

"君子务本,本立而道生。"(《论语·学而》)

"君子无终食之间违仁,造次必于是,颠沛必于是。"

坚守而无缝隙!

"终食者,一饭之顷。造次,急遽苟且之时。颠沛,倾覆流离之际。盖君子之不去乎仁如此,不但富贵、贫贱、取舍之间而已也。言君子为仁,自富贵、贫贱、取舍之间,以至于终食、造次、颠沛之顷,无时无处而不用其力也。然取舍之分明,然后存养之功密;存养之功密,则其取舍之分益明矣。"(《四书章句集注》)

人之一生,有顺境,也有逆境。想想邓小平下放江西时,是富、是贵?是贫?是贱?习近平16岁到延安时,是富?是贵?是贫?是贱?再看看身边曾大名鼎鼎的落马者,是富?是贵?是贫?是贱?

是否"以其道得之"?人学知识有什么用?关键是要懂得。"知进退存亡而不失其正,其唯圣人乎!"(《周易·乾卦》)

人,其实无贫、无贱、无富、无贵。人若无仁,富贵者,也贫贱;人若有仁,身处贫贱,也富贵!

怀仁素行,一生君子!

再跟我大声朗读一遍!子曰:"富与贵,是人之所欲也,不以其道得之,不处也。贫与贱,是人之所恶也,不以其道得之,不去也。君子去仁,恶乎成名?君子无终食之间违仁。造次必于是,颠沛必于是。"

4.6 子曰:"我未见好仁者,恶不仁者。好仁者,无以尚之;恶不仁者,其为仁矣,不使不仁者加乎其身。有能一日用其力于仁矣乎?我未见力不足者。盖有之矣,我未之见也。"

由此句看,孔子是一孤独者!他生时,作为一位真正的仁者,却知音难觅。他有一位好学生,叫颜回,真正地能理解他,但还早他先亡了。

孔子先说,他没有见过好仁者,恶不仁者。

接着说,为什么要好仁?为什么要恶不仁?

接着说,不是不能为,而是不想为。是力不从心,不是"力不足"。

最后,孔子说"盖有之矣,我未之见也"。可能有这样的人,是我孔子没有见到吧。是无奈、是叹惜、是愿望……

为什么"好仁""恶不仁"这么难?我们先说"学"吧。

我们改一下这句话:"我未见好学者,恶不好学者……"

"学",为什么那么难?想想我们"正本清源"微信学习群的诸位,几年前,让大家一起读书、学习,真比上天还难!但为什么就那么难呢?今天,这些人已把学习变成了习惯了,做到"活到老,学到老",应该是没问题了,但我们要反思一下,当时我们为什么就做不到呢?

学习真的要达到无用的境界。无用才是大用。用功利之心学习,你就觉得很累!为了拿一张文凭而学习,其实学而无味。是学习者,但不是好学者!

"好",偏好,就是喜欢!就是无求而快乐!用"好学",来理解"好仁",可能是一条捷径。

"好仁",是一个人的德性修养。一个有德之人,远远高于有权之人,有钱之人。

"盖好仁者真知仁之可好,故天下之物无以加之。恶不仁者真知不仁之可恶,故其所以为仁者,必能绝去不仁之事……"(《四书章句集注》)

"好仁",如好学。不是"力不足"也!无论是三岁幼童,还是七十老翁,没有能力学习吗?没有能力好仁吗?

"好仁者",是一等。"仁者安仁",如日月安于宇宙运行规律,安心乃仁!

"恶不仁者",是一等,是"利仁",大智!

"用力于仁",是"强仁",大勇!

毓老师说:"'为长者折枝',乃是举手之劳,'非不能也,是不为也'(《孟子·梁惠王上》)。日行一善,勿以善小而不为。你们要困知勉行,'困而不学,斯为下矣'(《论语·季氏》)。"(《毓老师说论语》)

4.7 子曰:"人之过也,各于其党。观过,斯知仁矣。"

人,最好不要伪装,谁能无过?过去,"过去"是啥意思?过了,去了,就可以了。过去,就让它过去,关键是当下。

"人之过也,各于其党。"人的过(错),皆因为人各自站在自己这类人的利益的角度考虑问题。

"党",类也。物以类聚,从自身的角度讲,什么都是对的,但换到别人的角度,可能就是不对了。

"观过,斯知仁矣。""观",向内省察。人在"毋意、毋必、毋固、毋我"的修炼中,在不断审察自己的过错中,便慢慢地知道"仁"的意义了。

不断"观过"、改过、"不贰过",使自己成为志士仁人。

4.8 子曰:"朝闻道,夕死可矣!"

这可能是《论语》中的短句之一了,但说得多么铿锵有力!

生死,是人生大事。但比生死更重要的事情,是闻道。

人,孜孜以求,学之、习之,追求人生大道,践行生活真理。"终日乾乾""不知老之将至",终有一天,"朝闻道"了,"夕死"也"可矣"。看看,这是一种什么样的生命状态?

毓老师说:"知'道',是多么重要!道,不是空的,'率性之谓道',按本性做事即尽性。尽己之性、尽人之性、尽物之性,最后'与天地参矣'。"(《毓老师说论语》)

朱熹注曰:"道者,事物当然之理。苟得闻之,则生顺死安,无复遗恨矣。朝夕,所以甚言其时之近。"(《四书章句集注》)

闻,不仅仅是用耳朵听。"听而不闻",左耳进、右耳出,不是闻。闻,是听见,听到又见到。也就是学到,又习到。是听到了圣人传的道,又亲身实践,见证了这个道理。是把自己的耳朵藏起来,用心去求索,用行去证悟,这样,才叫"闻道"。这样才是韩愈所说的那个"闻道有先后"的"闻道"。

不要以为"听到了",就可以了,草草了之。哪有那么简单?这样,你听到的只是个人的道,是私道,不是公道,不是人道,更不是大道。

孔子"五十而知天命"(《论语·为政》),"知天命"即是闻道。

闻道之人,总是"闻鸡起舞""不分昼夜",奔流到海,超越生死……

"死",不是死亡。一个人,每天都要死掉成千上万的细胞,每天也会生出成千上万的细胞。有死才有生,死掉落后的,生起希望的,死掉坏死的,生起崭新的。《了凡四训》中有言:"从前种种,譬如昨日死;以后种种,譬如今日生。"在大道上,"朝有过,夕改,则与之;夕有过,朝改,则与之。"(《大戴礼记·曾子立事》)

改过则自新,"观过,斯知仁矣"。

毛泽东说:"有的人活着,他已经死了;有的人死了,他永远活着!"

闻道之士,日日死旧生新,生生不息……

迷悟之人,天天醉生梦死,形同槁木……

读经典书,与圣人行!我们也可成为闻道之人,彻彻底底改变自己的器质!"形而上者谓之道,形而下者谓之器"(《周易·系辞上》),欲变个人之小器,必闻形上之大道。

啤酒,有沫才好喝!人,还是要有点精神追求的!

4.9 子曰:"士志于道,而耻恶衣恶食者,未足与议也。"

孔子说:"一个仁人志士的志向是闻道、修道、行道,而对于那些有志于道而三心二意、心役于外者,如耻恶衣恶食者,不值得理论。"

衣、食,身外之物。"恶",如同好(偏好)。"耻"则是以……为耻。

"耻恶衣恶食者"不好,耻好衣好食者也不好。此乃好、恶同理也，荣、耻同类也。

此段如不讲清楚，年轻人就会将它理解得很简单。以为知"耻"，而做"恶衣恶食者"，此实在是另一种肤浅。

身外之物，适可而止；生死有命，富贵在天。

身内之心，若志于道，则永无止境！内心要强大、要包容、要广阔，非得要下一番功夫。心如大海一般博大精深。万法唯识，万物唯心。

衣、食在孔子的时代，是最大的事情。因那时生产力不发达，再加上春秋战国时期，战争不断，老百姓要穿上衣、吃饱饭，是一个很大的事情。何以知之？因我经历过贫困的年代。后来的人，要开豪车、住别墅，与前代人的衣、食已非同一所指。孔子之意，衣、食是物外之物。

朱熹注曰："心欲求道，而以口体之奉不若人为耻，其识趣之卑陋甚矣，何足与议于道哉。"（《四书章句集注》）

《论语·学而》有云："君子食无求饱，居无求安，敏于事而慎于言，就有道而正焉。可谓好学也已。"

正心中道。切不可从一个极端走向另一个极端。只要一颗纯洁的心，温暖在正道中，安安静静……

4.10 子曰："君子之于天下也，无适也，无莫也，义之与比。"

古人说的君子，是人人追求的目标。

"无适也，无莫也"，让人想到水，无色也，无形也，"水利万物而不争",所以无所不适,也无所莫为。

人人心中有杆秤,不同的是每个人的天平都不同。"义之与比",君子怀德,做事以"义"为标准。

子曰:"不义而富且贵,于我如浮云"(《论语·学而》),说得多清楚。关键是在富、贵之前,真能坚守住正义吗?《三国演义》的关云长,五百里离曹营、走单骑,以义行为,感天动地。"见义不为,无勇也。"(《论语·为政》)

仁、义、礼、智、信,乃孔子哲学的核心价值观。

仁、义从来就像一对好兄弟,常常结伴而行。仁者,心中之大法;义者,行为之准绳。仁义之人,则为君子。

"仁之法在爱人,不在爱我;义之法在正我,不在正人。我不自正,虽能正人,弗予为义;人不被其爱,虽厚自爱,不予为仁。"(《春秋繁露》)

可见,仁义之人,爱人正己!

在爱人正己的前提下,"无适也,无莫也"。能屈也,能伸也。"君子不器",因无我执;"上善若水",爱人无争。

做人难乎?说难,真的很难!说不难,真的不难!关键是看从哪里出发?是否从自性出发,凭良知做事!小学、中学、大学、研究生,学校里什么都教,就是不讲如何做人。当下少君子风范,与我们的教育有关,与我们的家长有关,也与我们自己有关。

朱熹引用谢氏曰:"适,可也。莫,不可也。无可无不可,苟无道以主之,不几于猖狂自恣乎?此佛老之学,所以自谓心无所住而能应变……圣人之学不然,于无可无不可之间,有义存焉。然则君子之心,果有所倚乎?"(《四书章句集注》)

4.11 子曰:"君子怀德,小人怀土;君子怀刑,小人怀惠。"

古代的"小人",就是普通人,普通的黎民百姓,"小人"并没有贬低的意思。有时还有自谦的味道。不像现代,"小人"一词,已具有非常负面的意义了。

君子和小人是相对的。君子是指有地位、有影响的人。

"小人怀土","怀",怀中,引申为心里想着念着的意思。"土",土地,房屋,可引申为个人财产的意思。

"小人怀惠",普通人关心的就是实惠、恩惠。商场物品打折,总要排长队,人们常想得到一些小恩小惠。

《论语》中没有鄙视小人,孔子恰恰是从人性出发,准确描述了小人的特性。"怀土""怀惠",也没有什么不好的,皆是人性使然。

《孟子·梁惠王上》中,孟子曰:"无恒产而有恒心者,惟士为能。若民,则无恒产,因无恒心。"

《尚书·皋陶谟》有云:"安民则惠,黎民怀之。"可见,古代圣贤是从民之常情出发,从老百姓的现实处境出发,立论阐述。而不像今日的有些官僚、有些学者,泯灭良知,只知空谈!

那么不是小人的那些人呢?君子,上位者,官员,该怎么做?"君子怀德",毓老师说:"'德',善行的结果,道之舍(止),是有利于别人的行为……君子应怀对社会有什么贡献。"(《毓老师说论语》)大德者,是君子的修为目标,更要成为大众追逐的对象。

"君子怀刑","刑",型也,典型。君子心中要常怀有一个典型,见贤而思齐。文天祥诗云:"哲人日已远,典刑在夙昔。"(《正气歌》)

可见一代英杰文天祥是如何修成正果的。

另一方面，怀刑，要严格要求自己。因你是君子，则囿于型。不能做的就坚决不为。"利用刑人，用说桎梏。"（《周易·蒙卦》）

为何？因你有影响力，有公权力，有示范效应。

朱熹注曰："怀，思念也。怀德，谓存其固有之善。怀土，谓溺其所处之安。怀刑，谓畏法。怀惠，谓贪利。君子与小人趣向不同，公私之间而已。"（《四书章句集注》）

"怀土""怀惠"，小人之心。

"怀德""怀刑"，君子之腹。

是君子之腹，还是小人之心，最好自己上称，称一称。

4.12 子曰："放于利而行，多怨。"

"放于利而行"，"放"，依也。每件事都依照利益而行，"多怨"，多招来人家的怨。

"程颐曰：'欲利于己，必害于人，故多怨。'"（《四书章句集注》）

"此为在位好利者箴也。"（《论语正义》）"上重义则义克利，上重利则利克义。故天子不言多少，诸侯不言利害，大夫不言得丧。士不通货财……从士以上皆羞利而不与民争业，乐分施而耻积藏。"（《荀子·大略》）

人做事，有几个层次：一是既利己又利人，二是利己害人，三是害己利人，四是既害己又害人。

如何认识"利"，真是一个大问题。中国古代就有"拔一毛以利天下者而不为之"的哲人。

近代毛泽东赞扬过的伟大的国际主义战士白求恩,"毫不利己,专门利人"。

有人"见利忘义",有人"见义忘利"。

每个人眼中看到的"利"都不同。

其实,一个人,你所看到的永远是你自己。你有多大,世界就有多大。如果你不认识文字,你就失去了进入知识世界的工具。你没有同理心,你也不能真正理解大街上小商小贩的不易。

毓老师告诫我们:"不要有独占的心理,太自私。现在人多半不知道有别人的存在。"(《毓老师说论语》)

《周易·乾卦》有云:"利者,义之和也","乾始能以美利利天下,不言所利,大矣哉"。

功名利禄,人之所求也,也是人之所缚也。能正确地处理"利",确是人生的大智慧,也是人生的大艺术!

损人利己的事,不做;利人利己的事,多做;损己利人的事,可做。

特别是上位者对说,其位是公共的,更要小心自己的"私"欲。"放于利而行",必招民"多怨"。

4.13 子曰:"能以礼让为国乎,何有?不能以礼让为国,如礼何?"

孔子说:"能够以礼让治国,有什么难的?(如果)不能以礼让治国,礼又有什么用处?"

"礼让",是中华文化中的传统美德,但当代许多中国人把它扔到垃圾桶里了。光谈文明古国有何用？古国，不是故国，不应让真正优秀的传统文化作古！

我常常以我是鄂尔多斯人为荣。就讲一点，这里开车礼让行人。

每次回东胜、康巴什，坐出租车时，看司机们看到过斑马线的行人，就远远停靠在边，感觉特别温暖。

一个人为什么不能做到"礼让"？是不是因为先天缺乏敬畏，缺乏对人本的认识，缺乏对法律的严守，缺乏对自身的约束……

孔子推崇尧、舜是因为他们采用禅让的制度，"选贤与能"，"大道之行也，天下为公"。

大禹兴修水利，但遗臭千万年，为何"大禹王治水而德衰"？因大禹传位给他的儿子，公权私用，他是"家天下"的始作俑者。大禹，破坏了中国政治的礼让规则。国不是家，国家不是私产！

礼让也不是推卸责任。"圣人之大宝曰位"（《周易·系辞下》），各当其位，各显神通。

《论语说义》有云："不以礼让，则诸侯僭天子，大夫僭诸侯，其祸相因，亦由己而推。"

中国政治治乱几千年，就是没解决好"礼让为国"的问题。

朱熹注曰："让者，礼之实也。何有，言不难也。言有礼之实以为国，则何难之有，不然，则其礼文虽具，亦且无如之何矣，而况于为国乎？"（《四书章句集注》）

从这句最短的注疏中，只能看出朱熹老爷子的无奈。不是不知也，而是不能解读也。中华文化发源处是一潭清澈的泉水，越往下流，污染越严重，以至泥沙俱下，浑浊不清……

只有正本清源后，才会有真正的文化复兴。但不管环境怎么样，我们要先改变自己。礼让，是一种做人的美德！去过安徽桐城六尺巷的人，都知道"千里修书只为墙，让他三尺又何妨？"没有三尺之让的胸怀，怎能成就父子宰相之佳话？

4.14 子曰："不患无位，患所以立；不患莫己知，求为可知也。"

孔子说："不要担心职位问题，要把心用在怎么才能真正站立起来上；不要担心别人不知道自己，而要力求人们知道你的价值。"

孔子的这句话，真是过来人的话，他语重心长地告知弟子们，要知道把自己的重心放在何处。

"位"，人们都想得到。但要"在其位，谋其政"，必然要具备相应的德，相应的才。位＝亻＋立（左边是人，右边是立）。位就是立人。"己欲立而立人。"所以，在位上是为了成就别人，在成就别人的同时，也成就了自己。

为什么说"圣人之大宝曰位"？因为圣人是有德之人，他在位上，还是"禅让"于人，其衷心是为了让天下人各尽其才，物尽其用，各就各位！"所以立，谓所以立乎其位者。可知，谓可以见知之宝。"（《四书章句集注》）"程颐曰：'君子求其在己者而已矣。'"（《四书章句集注》）

一个真正的贤人，应"反求诸己"，修炼自己。"人不知而不愠，不亦君子乎？"真有德才了，天都会知道！荀子也说过同样的话，他说："君子能为可贵，不能使人必贵，己能为可用，不能使人必用己；能为可信，不能使人必信己。故君子耻不修，不耻见污；耻不信，不耻

不见信；耻不能，不耻不见用。"(《荀子·大略》)

道理是这个道理，但真要做到，真是太难了。一个人的精力是有限的。人，不能患得患失。要按照孔子所言，"不患……患……"，集中精力，专注当下，沿着正道往前走，只问耕耘，不问收获，必然会成为最好的自己！

> 4.15　子曰："参乎！吾道一以贯之。"曾子曰："唯。"
> 　　子出，门人问曰："何谓也？"曾子曰："夫子之道，忠恕而已矣！"

这是中华文化传承中重要的历史场景，让人想到了佛陀传法中的一个同样重要的历史场景。一日，佛祖在灵鹫山讲经，他拈起一朵金婆罗花，神态安详，也不说话。千百弟子当中，有一位叫迦叶者，见此轻轻一笑。佛祖说我有无尚妙法，已传迦叶。

孔子也是圣人，也有无尚妙法。但孔子是用语言传法，而不是用拈花传法。"吾道一以贯之。"孔子的道法"一以贯之"。孔子的高徒曾子说："唯。"一"唯"千金！孔子传法完毕，走人。

剩下的其他门人，半懂不懂，或被彻底弄懵了。问曾子，老师传的法究竟是什么？曾子说，老师传的法，"忠恕而已矣"！

此处，如孔子能转身回来，对曾子所说的做个对错的评价，就省了我们多少后代猜来猜去了。可惜！孔子不像佛陀，对弟子所言做出印可："善哉善哉，善男子，如是如是，如汝所说。"

正是因为孔子对曾子的话没有解释，所以，我们依然不能确定，当时还很年轻的曾参，说的"忠恕而已矣"，是不是"夫子之道"也。

据考证，曾子小孔子46岁。这段对话的场景，就是发生在孔子去世前（孔子73岁），曾子27岁时。一个27岁的年轻人，真懂了孔子之道吗？一个27岁的年轻人，怎能说出"忠恕而已矣"？真是名师出高徒！

曾子的伟大，是他教出了一个非常了不起的学生子思，子思是孔子的孙子。

如果没有子思，就没有子思所著的《中庸》；如果没有《中庸》，中国的四书五经中就少了一书。

人比人，活不成！懂得"见贤思齐"了，就少了嫉妒心，多了向他人学习的谦卑和动力。

"吾道一以贯之"，可见孔子之道，是"一"，"夫子之道，忠恕而已矣"！曾子的再转述，就是一"忠"、一"恕"。孔子的"一"变成了曾子的二。

曾子为什么要用二来解释孔子的"一"呢？是为了让门人能接近孔子之道。门人能理解"忠"、理解"恕"，但无法直接理解孔子的"一"。所以曾子借"忠""恕"二字搭桥，让门人们过河。那么"忠""恕"是孔子之道吗？不是的，是接近，是等同，不等于相同。

"尽己之谓忠，推己之谓恕，竭尽而无余之辞也。夫子之一理浑然而泛应曲当，譬则天地之至诚无息，而万物各得其所也。"（《四书章句集注》）这是朱熹眼中的"夫子之道"。

《中庸》有云："忠恕违道不远，施诸己而不愿，亦勿施于人。"在《论语·卫灵公》中，子贡问孔子："有一言而可以终身行之者乎？"子曰："其恕乎！己所不欲，勿施于人。"一言行之与一以贯之，其义近似也。

毓老师在此处特别提到"一"的重要性，他认为曾子所答，和孔子之道层次不同。

"孔子最后觉得'一'不够圆融，乃'变一为元'，思想更进了一步，思想境界更高。《周易·乾卦》曰：'元者，善之长也。'曰：'大哉乾元，万物资始，乃统天'，自元入手，要脱掉一切环境的束缚。"（《毓老师说论语》）

问元，在本源处省悟……

学习用古人的智慧唤醒我们本来具有的良知。

4.16 子曰："君子喻于义，小人喻于利。"

孔子说："君子明白道义对他的意义，小人明白利益对他的意义。"

"喻"，明白，晓然于心。"义"，宜，"利之和也"。"利"，惠。

义利观是一把天平，应将其时刻摆放在自己的心田。每见一事物，当用"义利秤"称之，用心思之，然后再做出决定，行之。如果能这样做，一个人的一生应该没有大碍了。

我想再说一遍，孔圣人讲的"君子""小人"，没有现代的这种褒贬之意，千万不可过多联想。

做君子应当怎么样，做小人应当怎么样。一个是应当，人生应该追求的时位，在那个时位上应该具有的品德；一个是一个人的人性如此，要正视而不是掩盖。

也可以说，一个人既是小人，又是君子。当你"喻于义"时，你是君子；当你"喻于利"时，你是小人。"义者，天理之所宜。利者，人情之所欲。程子曰：'君子之于义，犹小人之于利也。唯其深喻，是以笃好。'"（《四书章句集注》）但人心向善，人人都想做君子。

君子本就具有君子德，小人本就怀有小人心。

"义，见得思义，一介不取。利，小人怀惠，分地之利。此君子与小人之别。"（《毓老师说论语》）

董仲舒曰："明明求仁义，常恐不能化民者，卿大夫之意也；明明求财利，常恐困乏者，庶人之事也。"（《汉书·杨恽传》）

中国组织部门用人，原则是"德才兼备，以德为先"。

"君子、贤人、圣人、大人，天爵也。按你的德行，给你官做：三公，与天地合其德，得无私，天地尚公；诸侯，天子的斥候，是看家犬；王者，天下所归往，大家都拥护你，你就成为王。但后来变成'胜者王侯，败者寇'。"（《毓老师说论语》）

陈胜、吴广高喊："王侯将相宁有种乎？"有没有种，咱不知道，但必得有德！

是小人，就做真小人。"小人喻于利"，无可厚非。真小人胜过伪君子。

想做君子，那你就要修德进位。从"喻于利"到"喻于义"。君子身，却小人心，不是"两面人"是什么？

我非常认同许仁图先生的解读。他说："这章虽然文字简单，却是中国之学的分界。儒家之学重治国之道，有所谓王霸之分。王者守义，霸道主利。所以，有治中国之学者说：'王霸之分，义利之辨，知此四者，则知中国之学过半矣！'"（《子曰论语》）

但"世界潮流，浩浩荡荡"，未来，必是王者的天下，王者怀德。"为政以德，譬如北辰。居其所而众星共之。"（《论语·为政》）毓老师说："中国今后绝对是强国，必要在文化上树立强国，不要随着西方起

舞,要真下功夫。"(《毓老师说论语》)

要下真功夫!

真要下功夫!

4.17 子曰:"见贤思齐焉,见不贤而内自省也。"

一句《论语》治人生!如果真能把《论语》的这句话学懂,并能做到知行合一,其他的真还不用学了。

"见",看见,觉察到,体悟到。

没有完全相同的两个人。即使是一对双胞胎,在某一领域也有贤与不贤之分。"三人行,必有我师焉,择其善者而从之,其不善者而改之。"(《论语·述而》)

别人永远是你反观自己的一面镜子。但你偏要装瞎,那就会什么也看不见。

"思齐者,冀己亦有是善;内自省者,恐己亦有是恶。胡氏曰:'见人之善恶不同,而无不反诸身者,则不徒羡人而甘自弃,不徒责人而忘自责矣。'"(《四书章句集注》)

"见贤""思齐","见不贤""内自省",孔子之道永远是行动哲学。

"见"而不"思齐","见"而不"内自省",那还不如不见。

"见贤而思齐",是"为法"。前面孔子讲过"君子怀刑","刑",型也,是典型,是模范,是贤者。见到了贤者,"怀刑"而不断修习,向贤者看齐。

"见不贤而内自省也",是"为戒"。许仁图先生说:"见不贤能够不

与不贤者同流合污，且能内心自省其过，使自己寡过，这就是心有所主、志于仁。"(《子曰论语》)

人，多有一个毛病，总是看别人的缺点。同时，人，总觉得自己永远是对的。所以孔子也感叹曰："已矣乎！吾未见能见其过，而内自讼者也。"(《论语·公冶长》)

我非常认同许仁图《子曰论语》中的一句话："见贤思齐是与人交的外王工夫；见不贤而内自省是志于仁的内圣工夫。人之能否成君子甚至成贤、成圣，思齐、内省是关键处。"

但关键的问题是：人为什么要思齐、内省呢？

万法唯识也，因果轮回也，只有自己才能成就自己。请时刻关注你的心的"思"与"内省"，外面的世界只是你的心的显现。当你"从心出发"时，心的改变就是世界的改变。而"思齐""内省"才是改变自己的真正推动力！

4.18 子曰："事父母几谏。见志不从，又敬不违，劳而不怨。"

我们父母那一代几乎是当牛做马的一代。我们小的时候，生活贫困，父母"当牛做马"，无比辛劳。我们大的时候，父母又为我们的子女操劳，继续"当牛做马"。中国的父母，永远是操劳的一代。

接下来的几篇，都是讲如何对待父母的。切要深刻对照反省。有则改之，无则加勉。

"事父母几谏"，"事"，侍候，恭敬状。今日还有这个"事"吗？

"几,微也。微谏,所谓'父母有过,下气怡色,柔声以谏也'。见志不违,所谓'谏若不入,起敬起孝,悦则复谏'也……"(《四书章句集注》)

父母也是人,父母也会有过。特别是在老年时,老年人如小孩子。几微之谏,要永怀孝敬之心。要不伤颜面,不伤感情。要三番五次,和声悦气,"劳而不怨"。

为何如此?因生你、养你,乃父母!没有子女,你永远不知父母之恩。即使有了子女,没有一颗"孝敬之心",你仍然不知父母之恩。当代许多中国人,把子女当父母的,大有人在。《论语》这句话改一改,恰对照当代人间景象:子曰:"事(子女)几谏。见志不从,又敬不违,劳而不怨。"感觉如何?

"人之异于禽兽者,几希"(《孟子·离娄下》),"为礼以教人,使人以有礼,知自别于禽兽"(《礼记·曲礼上》)。

孔子说:"子女侍奉父母,如果他们有不对的地方,劝说的时候言辞要恳切委婉;如果父母不接受,仍然要恭敬而不触犯他们;子女必须事事为父母操心,不能有一点怨言。"

中华文化是教人怎么做人的,做比说强一万倍!

4.19 子曰:"父母在,不远游,游必有方。"

这句话几乎不用解释!

这句话在两千五百年前,孔子生活的年代,人们一说就懂。两千五百年后,我们生活的年代,人们也一说就懂。这说明,时代在变迁，但真正的大道理并没有变。

儿行千里母担忧，这是人性；父母在千里之外，儿担忧，这也是人性。人性的美好是上天给人类最美的礼物。

朱熹引用范氏曰："子能以父母之心为心则孝矣。"（《四书章句集注》）

今天是父母的儿子，明天也会成为孩子的父亲。天道轮回，你今天种下的种子，明天可能长成参天大树。

人，长大不易。但长大和年龄无关。为什么人们都佩服曾国藩？看完《曾国藩家书》你就明白了。曾国藩是典型的"远游"之子，能立德、立言、立功，他的"游方"全部都记录在著作中。

不要总是给自己找理由，不要总是给自己找退路。你的舒适区，就是煮青蛙的温开水。

"父母在，不远游"，此处只是孔子列举的"不"之其一。父母在，父母健在之时要做什么？其实有许多……

"游必有方"，如果没有办法必须要外出，那么在出行之前，要安顿好父母的生活。

六祖离开广州北上湖北黄梅拜见五祖之前，也得借钱安顿好自己的老母亲。

孔子55岁远游，周游列国，宣扬自己的王道思想。十四年，壮志未酬，69岁时删《诗经》，定《春秋》，释《周易》……

孔子三岁丧父，又早年丧母，不知他是什么场景下发出"父母在，不远游，游必有方"的感叹的。

在这个转型的时代，孔子的这句旷古呐喊，是否能激起我们心灵深处的一缕波澜？

愿天下的父母安康！

4.20 子曰:"三年无改于父之道,可谓孝矣。"

在《论语》中,这句话是出现过的句子,这里是个简版。在前面的"学而"篇中,子曰:"父在,观其志;父没,观其行。三年无改于父之道,可谓孝矣。"毓老师说:"孝者,继志述事。"

为什么要重复呢?我不知道。但我们要知道的是,在当今时代我们学习《论语》的意义。我们每天一起学习《论语》,不是为了学习古文知识,而是要唤醒并培植自己内心深处的爱,感恩,精进之。这也是我们本身俱足的良知,要转化为当下的行动,在行动中改变自己的器质。

在这个意义上,重复具有极其重要的意义。重复就是不断的熏陶与练习。让我们善良的种子、发芽、生根,慢慢地长大……

在不断熏习的重复中,你其实不需要寻找任何意义,重复本身就是意义!让我们再重复一遍,子曰:"三年无改于父之道,可谓孝矣。"

4.21 子曰:"父母之年,不可不知也;一则以喜,一则以惧。"

"年",年龄。"不可不知也",不仅要知道,而且要铭记在心。

父母高寿,他们能在舒适的环境中,天天快快乐乐地生活,你不觉得这是人生最享受、最美好的事情吗?但高寿者,过一天少一天,生、老、病、死,谁也躲不过。如此一想,这难道不也是最忧虑、最恐惧的事情吗?

蒋伯潜先生说:"见父母年纪大,已臻寿考,所以欢喜;见父母年纪老,将近衰之,则又忧惧。"(《新刊广解四书读本》)

"一则以喜,一则以惧。"关键是在"喜""惧"之间,作为子女,能做点什么?

不是不能做,只是不想做!孝敬父母,一点都不能马虎,一刻都不能拖延。否则,将后悔莫及。

《诗经》记载着中国人最古老的、最美妙的声音:"父兮生我,母兮鞠我。拊我畜我,长我育我。顾我复我,出入腹我。欲报之德,昊天罔极。"(《诗经·小雅》)

有子曰:"君子务本,本立而道生,孝弟也者,其为仁之本与?"(《论语·学而》)

从本源处出发,不忘初心。

4.22 子曰:"古者言之不出,耻躬之不逮也。"

孔子说:"古时候言语不轻易说出口,是(他们)担心自己的行动赶不上。"

"躬",身也,践行也。

"逮",及也。

"言",不是语。古人有"三立":立德,立功,立言。

古人以立言而做不到为耻!

朱熹引范氏曰:"'君子之于言也,不得已而后出之,非言之难,而行之难也。人惟其不行也,是以轻言之。言之如其所行,行之如其所

言，则出诸其口必不易矣。'"（《四书章句集注》）

言行一致也，表里如一也。我想到了三个境界：不言，行也；言，行也；言，不行也。这犹如帮助别人的三个境界：帮助了，不说，此为最高；帮助了，说了，此为中等；说了，没帮助，此为最下。

不敢轻言。有德者，才能体会到那个"不敢"。今日多有大言不惭者。"力行不在多言"，能做到，比什么都好！任意一件小事，能坚持到底，都是功夫。拿这种功夫，做任何事情，都能成功。比如微信学习群里的杨萍、小军，过去他们两口子从不读书，但自2018年起，天天写读书笔记，风雨无阻，这是"耻躬之不逮也"。可以佩服一下自己了！

人生，就"言""行"两件事。"言"，不是普通的说话。

毛泽东17岁时挑着简单的行李离开老家，他写下了这样一首诗："孩儿立志出乡关，学不成名誓不还。埋骨何须桑梓地，人生无处不青山。"这就是"言"，此乃"君子一言，驷马难追"。有豪言，更有壮行，这才是真丈夫也！

在《论语·卫灵公》中孔子说："君子疾没世而名不称焉。""疾"，惧怕。"名不称"，就是名和实不相符也。

"古者言之不出，耻躬之不逮也。"在今天，已经很难找到"耻"了……

4.23 子曰："以约失之者，鲜矣。"

标点符号是近代的发明。这句话可以这样标点："子曰：'以约，失之者鲜矣。'"或"子曰：'以约失之者鲜矣。'"加上上面的标法，这三种标法，意思都相同。

"以约"之人，最后失败的，非常少。

"鲜"，比少还少。既鲜见又鲜闻，几乎没有。

"约"，有人解释为收敛、节制、约束的意思。

朱熹引谢氏注曰："不侈然以自放之谓约。"（《四书章句集注》）不要奢侈，不要放纵自己。

《礼记·曲礼上》有云："傲不可长，欲不可纵，志不可满，乐不可极。"

看看这些做人的道理，过去，有谁能教给我们？现在，又有谁能教给我们的孩子们？教知识有用，但教做人，才是常用、大用！

蒋伯潜先生说："以约守身，而失之者少矣。""凡谨言、慎行、不浪费，皆是'约'。"（《新刊广解四书读本》）

我把"以约"理解为管住自己，不要给别人造成伤害。

一个人，最难的是管住自己。特别是领导，其真正的领导力，来自管住自己。人无"约"，则放纵。而领导手中的权力，更有放大效应。所以需要慎之又慎，约之又约。

在《论语·雍也》中，子曰："君子博学于文，约之以礼，亦可以弗畔矣乎！"这句话与这里意思相近。约之以礼，克己复礼。"克"字，要的是功夫！

老子曰："我有三宝，持而保之。一曰慈，二曰俭，三曰不敢为天下先。"（《道德经》）把"以约"说到了极致。

"以约""克己""自省"，不断地反求诸己，光明大道就在脚下……

4.24 子曰："君子欲讷于言，而敏于行。"

毛泽东，一代伟人。他给自己的两个孩子取名，一个叫李敏，一个叫李讷。可见，孔子的这句话对主席的影响有多大？

我在前文讲过，我以为，人生再复杂，也就是言、行两件事。"言行，君子之枢机。枢机之发，荣辱之主也。"（《周易·系辞上》）所以，人应谨言慎行。

孔子教人言讷、行敏。

讷＝讠+内，左言右内，意指把言藏在心内，宜慎言。

讷，不是"迟钝也"。《道德经》第四十五章有云："大巧若拙，大辩若讷。"

这个"讷"，不是指愚蠢人的痴呆，不是指浅薄人的无知，也不是自视"聪明人"的狡辩。它是"难得糊涂"的那个"糊涂"，它是"大巧"之后的那个"拙"，它是"大辩"之后的那个"讷"。

有些人，像茶壶里煮饺子，总是有话说不出，那不是"讷"，那是表达能力有问题。

君子之"讷"，一定是建立在能言善辩之上的。它是在能言善辩之上的有所守，有所不为。心中有数，少言多行，言皆必中！"君子耻其言而过其行。"这犹如一辆车，负重一定缓行。快言快语者，一定是说话不过脑子的，要不就是没有切身的深刻体悟。

背稿子，说别人的话，说书本上的话，说官话，说大话，说空话，说人云亦云的话，说不负责的话，说没有对象感的话，说不顾别人只想自己的话，说长篇大论没有主题的话……就是不说人话，不说自己的话。此非"讷于言"。

孔子在《论语·先进》里称赞闵子骞说："夫人不言，言必有中。""中"，中庸之"中"。如此说来，大家都不敢说话了。"言"不是语！

"敏于行"，"敏"，不是"疾"。"敏"，审慎，"虑深通敏"。

有些人做事急，像个猴，抓耳挠腮，急性子，那不是"敏"，这种人成不了大事，有些还坏事。"敏"，是敏而感之。功夫深了，对事特别敏感，同时又"感而随通"，随遇而安。敏是一种境界，"虑深才能通敏"（《子曰论语》）。

"敏于行"是一种彻悟之后的行动。就像《周易·系辞下》中所言的"见几而作，不俟终日"。

慎言，时中。立马去做，乐在当下，君子当"讷于言而敏于行"！

4.25 子曰："德不孤，必有邻。"

孔子说："有道德的人不会孤单，一定会有志同道合的伙伴。"

我昨天早晨醒来，就思考这句话，但老觉得自己的体悟不到位，没有新意。今晨突然想到，古代帝王为什么要自称自己是"孤家"呢？有江山，有权力，有财富，有想要的一切，为什么说自己是孤家寡人？这样自称，是为了不断提醒自己，无德便孤！

按照生物多样性的法则，孤种必亡！因为"德不孤"，所以在高位者必以培德为第一要务。所以孔门四教：德行、言语、政事、文学，德行排在首位。但在我们当代，从小学、中学、大学，直至研究生，我们的德行教育都在哪里？

"君子居其室，出其言，善则千里之外应之，况其迩者乎？"(《周易·系辞上》)有德行者，才能不孤。因人人都有向善的本性，人人良知本身俱足，所以"同声相应，同气相求"(《周易·乾卦》)。

"推诚相与，则殊类可亲；以善接物，物亦不皆忘，以善应之。是以德不孤焉，必有邻也。"(《论语义疏》)

吾以真德对人，人必有真义报我。我以美好的心灵看待一切，世界也会用它的美好回馈于我。

"不孤"，便可双向；"有邻"，则能互动！所以德是双向流动的，平等互动的。"故德立于己，则善言集，良朋来，如住家之有邻居，不至于孤零零。"(《新刊广解四书读本》)

《周易·坤卦》有云："君子敬以直内，义以方外，敬义立而德不孤"，讲的是同样的道理。

您天天被别人簇拥着，是因为您有钱、有权、有智，还是有德？

权、钱，乃身外之物。当"义以方外"，则"不孤"，则"有邻"；德、智，是身内之神，"敬以直内"，则"不孤"，则"有邻"。

4.26 子游曰："事君数，斯辱矣；朋友数，斯疏矣。"

这是孔子弟子子游的一句话。子游以文学见长，这是他事君和交友的经验。

"数"，烦数。"天天数其过，面相责难，烦渎，则'言者谆谆，听者藐藐'(《诗经·大雅》)。"(《毓老师说论语》)

有时候，你不知道怎么惹你老板不高兴了，也不知什么原因，你的朋友就渐渐地和你疏远了。可能就是这个"数",数而无度!数,是需要积累的。无数,哪来的那么多的新鲜和能量?

朱熹注中引用胡氏曰:"事君谏不行,则当去;导友善不纳,则当止。至于烦渎,则言者轻,听者厌矣,是以求荣而反辱,求亲而反疏也。"(《四书章句集注》)说得多清楚,但能做到吗?

"知止",是人的一种很高的修养。不知止常常会做滥竽充数之事。

朋友之道,"忠告而善道之,不可则止,毋自辱焉"(《论语·颜渊》)。

"再三渎,渎则不告。"(《周易·蒙卦》)连占卦都不能总是反复进行也,再三占之,就不灵验了。

有再一再二,不能再三。这句从小就听过的话,说的就是这个道理。数,是一种计量。只有心中常有这个数,才能做到上不辱,友不疏!

公冶长第五

5.1 子谓公冶长:"可妻也。虽在缧绁之中,非其罪也。"以其子妻之。

看孔子如何选女婿。孔子说公冶长这个人,可以让我女儿当他的妻子,(他)虽然坐过监狱,但并不是真的犯罪了。孔子说到做到,把自己的女儿嫁给他了。

李泽厚先生评价说:"孔子不以一时之荣辱取人,虽在今日,亦属不易。"(《论语今读》)毓老师解读说:"公冶长虽然坐牢,但'非罪也',并不是他本身的问题。他是有志节之士,'利见大人',有厚望焉……选女婿,一、选有长才;二、选革命精神。应选有志节之士。"(《毓老师说论语》)

一个社会的评价标准,是随着社会的变迁而不断变化的。只有你内心深处有了自己独立自主的判断,才能保证你在时代的浪潮中,不随波逐流,浪费生命。

朱熹注曰:"夫有罪无罪,在我而已,岂以自外至者为荣辱哉?"(《四书章句集注》)反求诸己,知道自己有罪无罪,外在的荣辱得失,又和自己有什么关系呢?

这是大儒的境界,这是内圣外王的功夫。

人,往往追求外在的荣辱,而忘记了真正的内心的修炼。当外在的云雨烟消云散之后,那个你,依然还在灯火阑珊处吗?

5.2 子谓南容:"邦有道,不废;邦无道,免于刑戮。"以其兄之子妻之。

从昨日开始,我一直在思考《论语》这句话究竟是什么意思?

是南容能做到"邦有道,不废;邦无道,免于刑戮",于是孔子把他兄长的女儿嫁之?还是孔子兄长的女儿要出嫁给南容,孔子给南容交代了这一句话,"邦有道,不废;邦无道,免于刑戮"。

我们真的不清楚。

《论语》中为什么要把嫁女儿、嫁兄长女儿之事记录下来?其中有何深意?都是和政治有关。

女婿公冶长,"虽在缧绁之中,非其罪也"。侄女婿,"邦有道,不废;邦无道,免于刑戮"。

不是一家人,不进一家门。从中,可以折射出孔家的价值观。

邦,古时诸侯之国,邦国。邦国的面积不大。

"邦有道,不废",邦国有道(爱民之道),自不颓废,会积极参与其中。

"邦无道,免于刑戮",若一个邦国无道,也能免遭杀身之祸。

人,真的需要有底线思维的。宁在"缧绁之中",不变赤子之心。在乱世之中,保全自己(性命)是第一要务。

我猜测,这是不是孔子对家人的要求?而他的一生,也是这样践行的!

5.3 子谓子贱:"君子哉若人!鲁无君子者,斯焉取斯?"

子贱,孔子的弟子。孔子称赞子贱是君子,"若人",像这个人一样,是君子的典型、典范。

"鲁无君子者,斯焉取斯?"子贱是鲁国人。第一个"斯",代词,指子贱;第二个"斯",指君子之德。这句话的意思是说,如果鲁国没有君子,子贱向谁学习?向何处取法以成就现在的他身上的君子之德呢?

子贱,《孔子家语·弟子》有云:"宓不齐,鲁人,字子贱,少孔子四十九岁。仕为单父宰,有才知,仁爱百姓,不忍欺之,故孔子大之也。"

"鲁无君子者,斯焉取斯?"从孔子的"斯焉取斯"的设问中可以看出,君子之德是必须向有德之人学习才能得到。它需要传承,只有君子才能教出君子,好老师才能教出好学生。

一个人的德性,不是天下掉下来的。它要么来自祖辈的传承,要么来自名师的教导。它不像科学、知识。所以,名师难遇也。要珍惜机缘。

"利用刑人,用说桎梏。"(《周易·蒙卦》)毓老师说:"人容易蒙,故'利用刑人,以正法'(《周易·蒙卦》),利用典型教育小孩,使他能'见贤思齐'。"(《毓老师说论语》)

我一直喜欢读名人传记,想不到是歪打正着了。

5.4 子贡问曰:"赐也何如?"子曰:"女,器也。"曰:"何器也?"曰:"瑚琏也。"

中国有句古话叫"三岁看老",为什么看三岁的孩子就能知道他以后会做什么？中国还有一句古话说："龙生龙，凤生凤，老鼠的儿子会打洞"，本能的传承，这句话说的是大概率事件。那么，这个规律能突破吗？能！《了凡四训》中，袁了凡就是用个人的体验提出了突破的办法，即改过迁善。

曾国藩对《了凡四训》极为推崇，读后把自己名字改为"涤生"："涤者，取涤其旧染之污也；生者，取明袁了凡之言：'从前种种，譬如昨日死，以后种种，譬如今日生也。'"

但很少人能做到！为什么？因为人人都愿意生活在"个人的舒适区"，在其中，乐而无穷！

我的"正本清源"学习群中，就有这样的几位，你百般万般给他们说，说学习的重要性，说读书习惯的重要性，说经典的重要性，他们就是不听，为什么？因为他们心中有自己的"一套"，自己是什么"器"，很顽固，已定型，已到坚不可破的地步了。真可惜，拖累自己，还拖累了后代！

说了大半天，是为了进入今天的《论语》话题。

子贡问曰："赐也何如？"子贡是孔子门下最出色的弟子之一，子贡善言，被列入孔门四科十哲（言语科）。

子贡，字赐，他请教了孔子一个问题，问老师是如何评价他的。老师啊，您觉得学生子贡是一个什么样的人？

"女器也。"孔子说，子贡呀，你是个人才。

"何器也？"子贡轻轻地再问老师，我是什么材料呀？能为社会做点什么？

"瑚琏也。"孔子说，你能做个瑚琏之器。"瑚琏"是宗庙中的贵重祭品，孔子用庙堂之器比喻，指子贡是国家的栋梁之材。

接下来的故事,《论语》没记录,《论语》就是这样,在精彩处戛然而止,从不拖泥带水。

子贡跪拜老师后,缓缓退出……"瑚琏"乎,"瑚琏"乎,日思日修日行,最后成为孔门一杰……

但孔子在"为政"篇中讲到,"君子不器",可见瑚琏之器,并不是孔子心中所推崇的那个大器。由此可见,孔子境界之大!

学经典是为了启发自己!学经典是为了改变自己的器质。"君子不器",就是日日学,天天修,时时行……

5.5 或曰:"雍也,仁而不佞。"子曰:"焉用佞?御人以口给,屡憎于人。不知其仁,焉用佞?"

"雍",孔子弟子,冉氏,字仲弓。有德行,孔门十哲之一。

"佞",口才也,善辩,巧言谄媚。佞人,有口才而不正派之人。司马迁《史记》中的"佞幸列传",就是专门给那些喜欢逢迎拍马的人立传,这些人靠巧言令色而为自己谋取高位,篡取荣华富贵。

有人说,孔子的弟子雍"仁而不佞",仁义而不善应对。

孔子很生气。短短的一句话中,两次提到"焉用佞",即怎么能"巧言令色"?为什么不能?

第一,御人以口给,屡憎于人。总是用不诚实的语言驾驭别人,时间长了,会遭到别人的憎恶。

第二,不知其仁,焉用佞?仁是根本,语言是外显。仁是皮,语言是毛。脱离核心的谎辩,有何意义?

"焉用佞？"毓老师说：人不是靠嘴皮子吃饭。人说多了，绝对会失格。佞者对付人，完全靠嘴上功夫，不靠真本事。

但另一方面，在当下，我们也不能轻视能言善辩的功效。人，要用心说话；人，也要善于用心表达！至诚者，内外通透，表里如一。

5.6　子使漆雕开仕。对曰："吾斯之未能信。"子说。

"子说"，"说"，悦也。孔子非常高兴。孔子是很少表扬人的，也很少有"悦"的。

漆雕开，孔子的学生。姓漆雕，名开。鲁国人，小孔子11岁。《韩非子·显学》有云："孔子殁后，儒分为八"，其中一支有漆雕开。可见，这个弟子不是一般之人。

漆雕开在孔子的身边学习修行，孔子认为这个弟子已经成熟，"子使漆雕开仕"，让他出去做官，为社会做一点事情，"学而优则仕"。但令老师高兴的是，漆雕开对曰："吾斯之未能信"，我对于做官这件事还没有信心。

人，贵在有自知之明！"子说"的是，他的弟子漆雕开有这种自知之明。老师看着弟子的成长，感到由衷的高兴。

自知，然后才能知人，知人才能善用；自知，才能有"信"，才能做到"敬事而信"；自知，才能做到"知进退存亡而不失其正"（《周易·乾卦》）。

自知，才明。居其位，正大；做其事，光明。

毓老师说："人自知，最难。故'三年学，不至于谷，不易得

也'(《论语·泰伯》)。孔子认为,弟子必学到一个程度,才可以做官。"(《毓老师说论语》)

朱熹认为:"夫子说(悦)其笃志",他引用程子的话:"漆雕开已开大意,故夫子悦之","古人见道分明,故其言如此"(《四书章句集注》)。

5.7 子曰:"道不行,乘桴浮于海。从我者,其由与?"子路闻之喜。子曰:"由也,好勇过我,无所取材。"

"桴",竹筏、木筏。"浮",漂浮。"海",渤海。"从",跟从。

孔子的感叹,是巨人的叹息!

望海之叹:"道不行,乘桴浮于海。"望川之叹:"逝者如斯夫,不舍昼夜。"

眼看着岁月的流逝,社会的衰落,壮志未酬,孔子叹"大道之行也,天下为公"无法实现。

"甚矣,吾衰也"(《论语·述而》),"天下之无道也久矣"(《论语·八佾》)!

在茫茫的大海中,得道的孔子乘木筏漂浮在一片汪洋之中,这是什么样的场景?是无法言表的孤独寂寞,还是明知不可为而为之的自强精神?

"从我者,其由也?"由,孔子的弟子子路。一个"从"字,写尽了孔子的酸楚和凄凉!

孔子走得太远了!在前行的道路上,孤身一人。"从"者,子路吗?就是这样一个出色的弟子,"由也,好勇过我",但还是不合适,"无所取材"。

圣人,就是把所有苦难一肩挑起,奋勇前行。纵观孔子一生,早年丧失父母,青年孜孜以求,中年周游列国,晚年修五经。他是中华文化的灯塔,他是中国精神的典范。

前行者,必然是孤独者。

"与天地合其德,与日月合其明,与四时合其序,与鬼神合其吉凶。"(《周易·乾卦》)

"天地无心而自化,圣人有心而无为。圣人之所以为圣,就因为有忧天下生民之心而无以私为,常人岂知圣人心?"(《子曰论语》)

> 5.8 孟武伯问:"子路仁乎?"子曰:"不知也。"又问。子曰:"由也,千乘之国,可使治其赋也,不知其仁也。"
>
> "求也何如?"子曰:"求也,千室之邑,百乘之家,可使为之宰也,不知其仁也。"
>
> "赤也何如?"子曰:"赤也,束带立于朝,可使与宾客言也,不知其仁也。"

孟武伯一问,孔子三不知。孔子真不知吗?连他弟子是仁还是不仁都不知道吗?

让我们先看看出场的人物:

孟武伯,字仲孙,谥"武",鲁国大夫孟懿子的儿子,高官的后代。

子路、冉有（求）、公西华（赤），三位孔子的名徒。

子路，善治军旅；冉有，善治财税；公西华，善于外交。

每个人各有所长，而孔子的教育是有教无类的。

关键是孟武伯的一问，开口就谈仁，真是无知者无畏！仁是孔门之学的核心思想。孔子能和他谈吗？这样的谈话能谈得清楚吗？但孟武伯的优点是好问。"问"，"又问"，再问。看看孔子的脾气多好，用孟武伯听得懂的话讲给他听。这就是接应。佛经中有八万四千法门，就是佛陀来接应不同根性的人。千变万化，其实就是一经。

你真对上了，那是大缘分！

"由也，千乘之国，可使治其赋也，不知其仁也。"仲由，如果有一千辆兵车的国家，可以叫他负责兵役和军政的工作，至于他有没有仁德，我不知道。"求也，千室之邑，百乘之家，可使为之宰也，不知其仁也。"冉有，千户人口的和邑，可以叫他当首长，百辆兵车的大夫封地，可以叫他当总管，至于他有没有仁德，我不知道。"赤也，束带立于朝，可使与宾客言也，不知其仁也。"公西华，穿着礼服，立于朝廷之中，可以派他接待外宾，至于他有没有仁德，我不知道。

知弟子者，莫过于师。孔子对弟子了如指掌。

三不知，道尽了"仁"的不易。孔子会说他的三个弟子"仁"吗？仁的境界，还需他们不断地学习、修炼；孔子又会说他的三个弟子不"仁"吗？今日不仁者，也有仁的可能。

毓老师说："人贵其德，昔日德与位必须相称。"（《毓老师说论语》）

仁，是中国人道德的顶端，怎么能轻言之！孔子一问三不知，恰恰是一位仁者最智慧的回答！仁者无敌！

5.9 子谓子贡曰:"女与回也孰愈?"对曰:"赐也,何敢望回?回也闻一以知十;赐也闻一以知二。"子曰:"弗如也。吾与女弗如也。"

知人者智,自知者明。子贡既是智者,又是明者。

本场出现的人物有三个:孔子,孔子的弟子子贡,孔子的弟子颜回。三个人,三节台阶。如果以子贡为标准画个线,子贡是中等,那颜回就是上等,孔子就是上上等。

我早晨一直躺在床上想,孔子为什么要问子贡这样的问题呢?为什么?其实,这可能就是孔子的考试!

"与",许也,赞许之。

子贡,何许人也?"子贡,言语科,辩才无碍,且有干才。曾任鲁、卫两国相,善于经商之道,曾经商于曹、鲁两国之间,富致千金,为孔门弟子中首富。"(《毓老师说论语》)子贡是做过大官(两国相)又赚得大钱的人,集贵富于一身。

为什么说孔子可以给子贡发毕业证了?因为子贡知人("回闻一知十"),自知("赐也,闻一以知二")。毕业了,就是入门了,知道孔门学问的门道了,剩下来的就是不断修行了。

子贡有这样的认识,就保证了他以后的人生中,无论是贵至"两国相",还是做到"首富",都会谦虚谨慎,不敢"胡作为,乱作为"。

为何?因为他跟随孔子学会了做人的道理。

我们回过头来看,今天的教育出了什么问题?反思我们自己,还有我们的孩子,难道我们不胆战心惊吗?不惊出一身冷汗吗?今日的100分有何用?名牌大学毕业证又有何用?真自知吗?真知人吗?上天真敢给你大富吗？上天真敢给你大贵吗？

子谓子贡曰："女与回也孰愈？"

"谓"，意味无穷。"愈"，朱熹注："胜也。"

孔子考子贡。一个"谓"字，看似无意。你和颜回谁更胜一筹？

对曰："赐也，何敢望回？"一个"对"字，充满了子贡对老师的恭敬。中华文化非常强调"敬"字，敬神神才灵，这就是信仰的力量。今天的中国教育，连对老师的"敬"都没有了，真是时代的悲哀。

"对曰"，子贡有这样的敬，才能保证他做到"两国相"。

再看他的"谦"：我呢，"何敢望回？""何敢"，怎么敢？凭什么敢？"望"字道尽了子贡的谦卑。

"望回"，连望都配不上。

看看孔门弟子是何等的德性。我五十岁，才体悟到其中的味道！写到此处，我眼睛中充满热泪。只有德性，才能最终成就我们。

小聪明没有大用！

"回也闻一以知十；赐也闻一以知二。"不要放过此话！这是真正的大智慧所在！没有一定的道行真不懂！

朱熹注曰："一，数之始；十，数之终。二者，一之对也。"这里的"一""十""二"，不是我们现在理解的阿拉伯数字1、10、2。

朱熹注曰："颜子明睿所照，即始而见终；子贡推测而知，因此而识彼。"（《四书章句集注》）

看看什么才是大学问家！短短一句话，说出了颜回和子贡的不同境界。只有过来人，才能说出这样有见道的话！

颜回，明睿所照，"闻一以知十""即始而见终"。为什么能这样？颜回"以能问于不能，以多问于寡。有若无，实若虚"（《论语·泰伯》)。以如此之心问道,颜回近道也。《礼记·大学》有云:"物有本末,事有终始;知所先后,则近道矣。"颜回是先知者,是"学而知之者"。"见其(颜回)进也,未见其止也。"(《论语·里仁》)学而不止也!(插一句,孔子是"生而知之者",是圣人。圣人,天生之!)

子贡的境界就要差一等了。子贡能"闻一以知二","告诸往而知来者",这功夫也算不错了,但这还属于常人的功夫。

关于"一""二"的功夫,我在前文中已有详尽的体悟。此处就不再赘述了。

二是分别心!"闻一知二",闻白知黑,闻非知是,闻对知错……但终究还是"二",不是"一"。

佛陀说,此之心体,为复兼二!所以佛法,也叫不二法门。

重要的话,再说一遍:知人者智,自知者明!

颜回思考得太深了,子贡可以做我们的榜样!

5.10 宰予昼寝。子曰:"朽木,不可雕也。粪土之墙,不可圬也。于予与,何诛?"

子曰:"始吾于人也,听其言而信其行;今吾于人也,听其言而观其行。于予与,改是。"

有许多学者,把"宰予昼寝"解释成"宰予画寝",并考证春秋时代画寝的士风,但我还是不接受这样的解释。

孔子的思想是一脉相承的。他要给人注入"生生不息"的力量!他要教人进入"厚德载物""自强不息"的生命状态!他的政治抱负就是实现王道思想，使世界走向大同！

对于这段话，我不仅有深刻的体悟，而且还有丰厚的生活经验。过去，我看着亲戚朋友的一些孩子，不思进取，整日碌碌无为，醉生梦死，我脱口而出的，就是"朽木，不可雕也；粪土之墙，不可圬也"。

我也看到一些人，从大学毕业，走上工作岗位，就不学习了，就不读书了，就不进修了。你去开导他，要坚持学习，他也答应了，也开始读书了，但过一段时间，他又放弃了。正好印证了孔子之言，过去看人，听其言则可以。但你收获的常常是失望，所以你就不会相信他们，你会"听其言"，更会"观其行"。

孔子之心痛，我深切感知！

宰予，是孔子的弟子。有学者问：宰予白天睡觉，孔子为什么会对他说这样重的话呢？

小时候，在树林里，我常见被虫蛀的木头，你手一捏，它就碎了。过去在牧区，没有砖瓦，都是用粪土筑墙。粪土之墙，不平整，易风化，不抗压。怎么可以在上面粉刷颜色呢？孔子时代，没有电灯，没有电视，日落而息，日出而作。一个学子，白天睡大觉，而且经常这样，孔子能不生气吗？

后来我学到了"根器"这个词，我才懂了"假装睡觉的人你是叫不醒的"，因为他宁愿如此。他说的话是假的，他所做的只是他做给你看的。

孔子这句话，可谓千年一叹！

"朽木，不可雕也，粪土之墙，不可圬也。"一个人，自己就想做朽木，就想做粪土之墙，你拿他有什么办法？"何诛？"骂他又有什么用？

我们学习这段话，在当代有什么意义呢？从这句话的反面，可以看出孔子欣赏的是什么样的人……

朱熹在解读这句话时,引用范氏曰:"君子之于学,惟日孜孜,毙而后已,惟恐其不及也。宰予昼寝,自弃孰甚焉,故夫子责之。"(《四书章句集注》)

朱熹在此处又引用了一段胡氏言:"宰予不能以志帅气,居然而倦。是宴安之气胜,儆戒之志惰也。古之圣贤,未尝不以懈惰荒宁为惧,勤励不息自强。此孔子所以深责宰予也。听言观行,圣人不待是而后能,亦非缘此而尽疑学者。特因此立教,以警群弟子,使谨于言而敏于行耳。"(《四书章句集注》)

有则改之,无则加勉!

5.11 子曰:"吾未见刚者!"或对曰:"申枨。"子曰:"枨也欲,焉得刚?"

申枨,孔子的弟子。即申堂,字周,鲁国人。

"吾未见刚者",孔子活了72岁,在春秋战国时期,已算长寿者。孔子阅人无数,光弟子就有三千,他怎么能发出这样的感叹呢?有人回答说,您的学生申枨就是一个刚者。

孔子说:"申枨还是有欲望的,他怎么能到刚的境界呢?""枨也欲,焉得刚?"这就是我们耳熟能详的成语"无欲则刚"的出处。

为什么无欲就刚了?为什么有容就大了?

"无",不是没有,是不断地去掉,不断地铲除,不断地超越;"无",是一个动词,"无",是一个不断修炼的过程……

"有"也不单是有了，真正的"有"，是无了之后的有，这个"有"，是悟空之后的有！是"应无所住而生其心"的那个新生……

无欲，是无小我的欲望；有容，是有利众的愿景。

人生就是在有无之间进行选择。

个人的欲念，如冰川，在不断的消融之中……

利他的愿望，如小溪，孜孜不倦地流向心田……

这就是修行，这就是得刚！

无欲之后的刚才是强，有容之中的大才是刚。"刚者"，不是钢材，它坚硬，但不易折断。老子曰："柔弱胜刚强"，真"刚者"，是融化了柔弱的刚强！

刚者，乃无欲。"欲，多嗜欲也，多嗜欲，则不得为刚矣。"（《四书章句集注》）庄子在《大师宗》中说："嗜欲深则天机浅。"

"无"，是不被控制。人，不可能没有欲望。欲望，乃人性使然。得刚者，应当承认个人欲望的存在，但同时又超脱欲望，不被欲望所役。役者，驾驭也，奴役也。"心役于物，易为富贵所淫，贫贱所移。"（《新刊广解四书读本》）

有欲望，就会有诱饵，就会有鱼钩，就会有猎网……在这一点上，人和动物是一样的。记得诗人北岛有一首著名的诗，就一个字："网。"

孔子眼中的"刚者"，至高至大。他有如印度的圣雄甘地，"把自己的欲望降为零"。那是圣人的境界！但我们普通人，没有必要整天望洋兴叹！毓老师说："社会成就者都是刚者。刚方能守己，不流俗。""惩忿窒欲""和而不流"。

得刚者，"终日乾乾"；得刚者，"刚健中正"。

沿着圣人指明的道路前行，你就是现代的"刚者"。

5.12 子贡曰:"我不欲人之加诸我也,吾亦欲无加诸人。"子曰:"赐也,非尔所及也。"

子贡说:"我不愿意别人强加给我东西,我也不想把它加在别人的身上。"

孔子说:"子贡,这样的境界,你现在还没有达到。"

人对自己和对别人,有不同的标准。佛教里称"人我别",要破除。

我们也常说,要严以律己,宽以待人,就是人人都多为他人着想,但即使严己、宽人,都达不到人我平等,那如果不这样做呢?

现在有一个时髦的词,叫"同理心"。其实,这个同理心,就如同两千五百年前,子贡所说的这句话。

如此看来,人学来学去,其实只要学懂一句经典,并不断学习之、修行之,就足够了。关键是我们如果学到、习不到、做不到,最后也就达不到。结果依然是说一套、做一套,言行不一。

连子贡都是这样,他做得那么好了,但还是"非尔所及也"。

子贡,何许人也?是颜回死后,孔子最器重的弟子。

《史记·仲尼弟子列传》中记载齐国欲攻伐鲁国,孔子召集弟子们,说:"鲁国是我们的祖国,国家危难之时,大家谁能挺身而出,力挽狂澜?"

子路一听,立刻向孔子请愿,孔子不答应。子张、子石想出行,但也遭到孔子的阻止。唯有子贡举手前往,孔子才应允。最后子贡不负孔子的期望,用自己的才华救了鲁国。

人人都有自己美好的愿望,子贡也一样。心向往之,并践行之!子贡"不欲人之加诸我也",他也"亦欲无加诸人"。孔子肯定了子贡的这种想法,但孔子知道子贡的学养还没达到,所以,作为老师,他毫不讳言，指出"非尔所及也"。

过去孔门弟子们学习，孔子是不会给他们打分的，真正的中国学问，是靠自己亲身证悟的。老师，是证悟大道的先知，学生，参悟到什么程度，老师是非常清楚的。

朱熹注曰："子贡言我所不欲人加于我之事，我亦不欲以此加之于人。此仁者之事，不待勉强，故夫子以为非子贡所及。"他又引用程子所言："我不欲人之加诸我，吾亦欲无加诸人，仁也；施诸己而不愿，亦勿施于人，恕也。恕则子贡或能勉之，仁则非所及矣。"最后他总结说："愚谓无者自然而然，勿者禁止之谓，此所以为仁恕之别。"（《四书章句集注》）

有学者认为，子贡这句话和"己所不欲，勿施于人"大意相同，但我还是认同子贡所说的更进一步的说法。毓老师说："'我不欲人之加诸我也，吾亦欲无加诸人'，出于自然，比'己所不欲，勿施于人'的境界高，……"（《毓老师说论语》）

但事实的发展，往往走向反面。

我重温《论语》此言，思绪万千……

5.13 子贡曰："夫子之文章，可得而闻也；夫子之言性与天道，不可得而闻也。"

早晨，我在翻阅旧书时，看到了在此句话的旁侧，写着我前些年读到此处的两句感悟：一句是"不要忘记，子贡生活的年代不是当今的印刷时代"；第二句是"文章者，内化于心、外显于形的一切"。

读书的第一感觉很重要。接下来,我们来理解子贡的这句话。有学者认为,子贡的这句话是孔子死后子贡回述的。其实,是孔子死后还是生前说的,都不重要。重要的是,这是子贡跟着孔子学习了多年后得出的对老师的综合评价。

我们再看看孔子的第一高徒颜回的评价:颜回说孔子学问"仰之弥高,钻之弥坚。瞻之在前,忽焉在后"(《论语·子罕》)。

子思,孔子的孙子,《中庸》的作者。他评价他的爷爷:"仲尼祖述尧舜,宪章文武。上律天时,下袭水土。"

不同的人,对孔子有不同的认识。不同的人,对孔子的领悟也深浅不同。有一万个人,就有一万个孔子。

子贡这句话,说了两个意思:可得而闻者,孔子之文章;不可得而闻者,孔子之言性与天道。

这里的"文章",不能简单理解为现代的"文章"之义。朱熹注曰:"文章,德之见乎外者,威仪文辞皆是也。""言夫子之文章,日见乎外,固学者所共闻。"(《四书章句集注》)

性与天道,"性者,人所受之天理;天道者,天理自然之本体"。朱熹注曰:"至于性与天道,则夫子罕言之,而学者有不得闻者。"(《四书章句集注》)由此看出,孔子的学问有两个层次:第一个层次是谈人事、世事,包括孔子的日常言行,也即普通"文章",弟子们可得而闻之。第二个层次,也即孔子学问的最高层次,"性与天道"之课,不是随便讲的,讲了,一般的人也听不懂,所以孔子才说:"不知人,焉知鬼?"

有学者说,这个大学问,就是孔门《春秋》学,《易》学。毓老师说,中华文化中,唯独只有《春秋》学和《易》学,如果没有名师带着学,是入不了门的。自学,是学不懂的。

有个问题，子贡对于孔子之文章，一定是"闻而可得也"，但孔子"性与天道"的大学问，他闻得了吗？程颐认为，子贡是闻得了的。他说，子贡这句话是他"闻夫子之至论而叹美之言也"。至于什么是"夫子之言性与天道"，我们在此不用过分地深究。往后学一天，就有一天的"性与天道"的理解……

路漫漫其修远兮，吾将上下而求索！

5.14 子路有闻，未之能行，唯恐有闻。

子路听懂了老师所讲的道理，还未来得及践行，只怕自己又听到新的讲解。

看看这个学生的学习态度多好。"有"同"又"。"闻"，不仅是听到，而是闻知。

毓老师说："子路知而必行，是实践者，为'知行合一'的祖师爷。后来，被王阳明捡去，倡'知行合一'之学。"（《毓老师说论语》）

中华文化不仅要人知，而且强调人行。在行中求知，在知中修行。知行并重，这也是所谓的"知周万物，道济天下"。我们学习中华文化，就是要把自己变成行动派、践行者，像海燕一般，在大风大浪中历练自己的飞翔能力。

皇侃《论语义疏》有云："子路禀性果决，言无宿诺，故前有所闻于孔子，即欲修行。若未及能行，则不愿更有所闻，恐行之不周，故'唯恐有闻'也。"

"是故知不务多，务审其所知。"（《荀子·哀公》）

明白了一个事理,就扎扎实实地去做。慎终如始,作风"精一"。不要吃着碗里的,还看着锅里的。"唯恐有闻",子路是十足的践行派。

这是一种求真务实、积极向上的生命状态。

一个人,只要从心开始,无论在什么年龄、什么时位,都不会晚点!

5.15 子贡问曰:"孔文子何以谓之'文'也?"子曰:"敏而好学,不耻下问,是以谓之'文'也。"

子贡问老师,那个有争议的孔文子,为什么死后还能得到"文"的谥号呢?孔子回答说,因为他生前"敏而好学,不耻下问"。

先做点知识的普及工作,这也是我从别人的书中学来的。

谥号是古代根据一个人一生的表现,在死之后所封的名号。这个传统一直延续到清代。《谥法》中用"文"的,第一等是"经天纬地",第二等是"道德博厚",第三等是"勤学好问"。《谥法》规定:勤学好问曰"文"。

清代《谥法》称"文"的主要有三种:第一是"文正",也就是曾国藩的谥号;第二是"文忠",是林则徐、李鸿章的谥号;第三是"文襄",如左宗棠的谥号。如此看来,谥号就是朝廷颁发给一个人死后的"奖状"。雁过留影,人过留名。好恶人生,盖棺定论。当今社会没有谥号了,那么用什么方式再去评价一个人一生呢?

朱熹注曰:"凡人性敏者多不好学,位高者多耻下问。故谥法有以'勤学好问'为文者,盖亦人所难也。"(《四书章句集注》)

俞樾的《群经平议》有云:"下问者,非仅以贵下贱之谓;凡以能问于不能,以多问于寡,皆是。"

今日多的是"万能领导",常常把部下当小学生。"一般人则自以为官大学问大。"(《毓老师说论语》)连毛泽东都说:"要向群众学习。从群众中来,到群众中去。"

"舜好问而好察迩言,隐恶而扬善。"(《中庸》)舜无一不取于人,连舜帝都好问,我们普通人有什么张不开口的? "知之为知之,不知为不知,是知也。"(《论语·为政》)

"闻道有先后,术业有专攻",孔子都"吾不如老农"(《论语·子路》),我们下问哪来的"耻"?

敏者,还好学!在上者,还谦卑下问!这是做人的优良品德。况且我们还不敏不捷,不上不下。

5.16 子谓子产:"有君子之道四焉:其行己也恭,其事上也敬,其养民也惠,其使民也义。"

孔子说子产是个君子,有"恭、敬、惠、义"四德。此处,我们要扪心自问一下,我们自己究竟有何德? 德才兼备,以德为先,这是我们的用人标准。我们常常觉得自己聪明,自己能干,但问过自己有德吗?

子产何许人也? 郑国大夫。先后辅佐郑简公、郑定公。有史记载,郑简公二十三年(公元前543),其一公子言:"子产仁人,郑所以存者子产也……"

孔子评价子产有四德:第一,恭。"其行己也恭","行己"就是己行。"恭",不懈于位。在其位谋其政,对得起自己,不辜负当下。是恭于己行,不尽是做给别人看。做一天和尚就要撞好一天钟。

人,如何才能做最好的自己?就是要向内恭己!对自己有恭敬之心,才不会作践一生,哪怕是一天、一时、一刻。

子产严以律己,敬事能信。"恭己正南面而已矣。"(《论语·卫灵公》)有德行者,一个"恭"字,常常"戒慎恐惧、战战兢兢"。

《道德经》有云:"古之善为士者,微妙玄通,深不可识。夫唯不可识,故强为之容。豫兮若冬涉川,犹兮若畏四邻。"此"犹"、此"豫",非胆小怕事,而是有了"恭心"之后的谨慎有为。因为恭己,则不自欺,不懈怠,不苟且。

第二,敬。"其事上也敬。"至诚则敬。"上",上级,长辈,泛指比自己大的,包括上天、法律、真理。

一敬天下灵,关键是看自己诚不诚。事上,事是事,上是上。对上级要敬,对上级交代的事,同样要敬畏,认认真真,善始善终,"敬事而信"。

第三,惠。"其养民也惠",惠民是最高的政治。孟子言:"民为贵,社稷次之,君为轻。"(《孟子·尽心下》)"小人怀惠。"施政者,常常要想给老百姓带来哪些实惠。

第四,义。"其使民也义。""义",合宜。"宜于时。使民以时,不违农时。"不"义",不要折腾老百姓。

现代管理学强调以人才为中心,就是"使民以时"。有些领导,常常让部下整天都围着自己转,是以自己的时而使民也。

恭、敬、惠、义,从对己到对人,从内到外,"严敬存乎中,光辉著乎外"。(《四书章句集注》)

有德之人,是真实、饱满的生命体。

《左传·昭公二十年》中有记载:"子产死,'古之遗爱也'。"是左丘明的惋惜。

子产做君子之道，是吾辈的行动指南！有德之行，才是真作为！

5.17　子曰:"晏平仲善与人交，久而敬之。"

孔子说:"晏平仲善于和别人交朋友，相交越久，别人越发尊敬他。"

晏平仲就是大名鼎鼎的晏子，名婴，齐国名相。

另有一解法：晏子善于和人交往的过人之处是"久而敬之"。

宋代大儒程颐曰:"人交久则敬衰，久而能敬，所以为善。"

皇侃的《论语义疏》有言:"凡人轻交易绝，平仲则久而愈敬，所以为善。"

路遥知马力，日久见人心。"久而敬之"，乃与人交往的至善法则。

在《论语·颜渊》中，齐景公问政于孔子。孔子对曰:"君君，臣臣，父父，子子。"公曰:"善哉。"齐景公见过孔子后，他想把尼豀之田封给孔子，但晏子向齐景公谏言，认为"儒者不重实际，孔子重礼，繁文缛节，不适合导治小民"(《子曰论语》)。齐景公因此不再重视孔子，孔子遂离开齐国。

"久而敬之"，孔子不因晏子在齐景公面前说了自己的坏话就忌恨晏子。"是"是"是"，"非"是"非"，大人之交也。

5.18　子曰:"臧文仲居蔡，山节藻棁，何如其知也?"

孔子说:"臧文仲给一种叫蔡的大乌龟盖了一间房，有雕刻得像山一样的斗拱,有画着藻草的梁上短柱,这个人的见识如何?"

"何如其知也?"他的知见是怎么样的呢?

有什么样的知见,就会有什么样的行为。一个人的认识决定了一个人的行动。所以,观其行、听其言,对一个人的认识就基本可以确定了。

孔子就是用臧文仲养龟的事例,提出"何如其知也?"的设问。

我们看朱熹的解读:"臧文仲,鲁大夫臧孙氏,名辰。居,犹藏也。蔡,大龟也。节,柱头斗栱也。藻,水草名。棁,梁上短柱也。盖为藏龟之室,而刻山于节,画藻于棁也。当时以文仲为知,孔子言其不务民义,而谄渎鬼神如此,安得为知?《春秋传》所谓'作虚器',即此事也。"(《四书章句集注》)

现在看来,鲁国的一个叫臧文仲的大夫,养了一只大龟,养龟的地方"山节藻棁"。孔子据这件事,提出"臧文仲怎么能是一个有知见的人呢?"的问题。现在我们看这件事情,必须回到历史的场景中去体悟。春秋时代,居蔡卜筮,乃天子之事。臧文仲作为鲁大夫,其行为已出格、僭礼。

读经典是为了启发自己。我们每个人,都有自己的"居蔡",以及现代的"山节藻棁"。只不过是大小不同,显隐的差异而已。

在历史的长河中,一切脱离自身本体的欲望,都是梦幻泡影……

只有回到真实的本我中,你才能有自己真正的见识(识见)。一味地跟着欲望随波逐流,那你就永远是水上的一叶浮萍……

毓老师说:"臧文仲宝藏大龟,作龟室以居之,是王八才懂得王八的心理。养王八的屋子,都如此花费!失所守,失常。"(《毓老师说论语》)

5.19 子张问曰:"令尹子文三仕为令尹,无喜色;三已之,无愠色。旧令尹之政,必以告新令尹。何如?"子曰:"忠矣。"曰:"仁矣乎?"曰:"未知,焉得仁?"

"崔子弑齐君,陈文子有马十乘,弃而违之。至于他邦,则曰:'犹吾大夫崔子也。'违之。之一邦,则又曰:'犹吾大夫崔子也。'违之。何如?"子曰:"清矣。"曰:"仁矣乎?"子曰:"未知,焉得仁?"

子张问:"楚国的令尹子文三次做了令尹,没有喜色;三次被罢免,没有怨恨的颜色。(自己离位之时)一定要把自己过去的工作完整地交接给新接位的。这个人怎么样?"孔子说:"可算尽忠也。"子张问:"算不算仁呢?"孔子说:"不知道,这怎么算仁呢?"

子张又问:"崔杼无理地杀害齐庄公,陈文子有四十匹马,舍弃离开齐国。到了另一个国家,说道:'这里的执政者和我们齐国的崔杼差不多。'又离开。到了另一国,又说:'这里的执政者和我们齐国的崔杼差不多。'于是又离开。这个人怎么样?"孔子说:"至清之人。"子张道:"算不算仁呢?"孔子道:"不知道,这怎么算仁呢?"

"仁",是孔学里最高的境界。钱穆先生解释说,"仁"为全德,一般人很难达到。

"未知,焉得仁?"没达到那个真正的大智慧,怎么能走到"仁"的巅峰状态?

孔子,很难把"仁者"的高帽子戴给别人。

子张拿令尹子文和陈文子的故事问老师,老师只说令尹子文"忠",

陈文子"清",但他们远远没达到"仁"。

"令尹"是楚国的上卿大夫。子文三次上任而无喜色,三次下台也无愠色,而且下任还不撂挑子,"旧令尹之政,必以告新令尹"。这个人的境界已是很高了,但孔子给的分数是"忠"。

忠于上级,忠于岗位,忠于自己。上下本来就是迟早之事,自然之事。

"有马十乘"的陈文子,见"崔子弑齐君",有违法礼,使弃国而去他邦,背井离乡,不想"天下乌鸦一般黑",违之,去之。孔子给的分数是"清"。毓老师解读此节说:"此时到哪儿都一样……又何必跑?水清无大鱼,'圣之清者',不发挥作用。环境清不清,不怕;自己得清。"(《毓老师说论语》)你看解读得多好。

今尹子文之"忠",常人很难做到;陈文子之"清",有许多人常常模仿。

忠者,"尽己之谓忠,忠于其职",尽忠于时位。

清者,水浊以静待之徐清。出淤泥而不染,爱莲也。同流不合污,是心静、品正、自清。

5.20 季文子三思而后行。子闻之曰:"再,斯可矣。"

季文子,鲁国大夫,名行父,谥号"文"。

"三",三次或多次。"再",一次,再次,二也。"斯可矣",斯,语气词。

"三思而后行",过去常听别人劝我们,我们也用此句劝过别人。

孔子闻之，"之"指"季文子三思而后行"。孔子说：思考两次就可以了。

文言文翻译成白话就这么简单。过去学者的注解，多纠缠在"再"是译成两次合适，还是三次合适。

这句话，就是说"思"和"行"的关系。"三思"是多吗？"一思"是少吗？其实，如果脱离了文本的语境，多和少都没有意义。关键针对的是"季文子"，而不是具体的我和你。

如果我们和季文子一样，那三思而后行，多了，"再，斯可矣"！如果我们做事从来不过脑子，那么多思是有意义的。如果我们总是优柔寡断，行动力差，那少思而行就是最好的。

古代的季文子，是丈量我们的尺子。它是要告诉我们思考力和行动力要均衡。不要一边高，一边低。要的是恰到好处。万事，想多了，最后是啥也做不成的。但万事，不去思，往往也不会成功。人的智慧，只有用到行动中，才有价值。

《中庸》有云："博学之，审问之，慎思之，明辨之，笃行之。"是为学、做事的次第关系，同时也是并进关系。"思"，慎思。慎＝忄＋真，左"心"右"真"，用真心思考。真心，非二非三，是指去除杂念的一颗纯真的心。但这个功夫，因每个人个体的不同而不同。

是几思而后行？因人而异。宋代儒学大师程颐的体悟："为恶之人，未尝知有思，有思则为善矣。然至于再则已审，三则私意起而反惑矣，故夫子讥之。"此为程子的境界，切不可生搬硬套。

思后要行，行前要思，这是硬道理！

高人，即思即行！思行合天道，合人情。但我们是想成为高人的凡人，思行同等重要，既要修炼心灵和大脑，更要训练行动和能力。

5.21 子曰："宁武子,邦有道,则知;邦无道,则愚。其知可及也,其愚不可及也。"

孔子说:"宁武子这个人,他在国家有道时,则智;在国家无道时,则愚。他的智,别人还是能够达到的,但他的愚,别人是达不到的。"

"知",智也。一个人,从愚变智,有人说是一个渐悟的过程,有人说是一个顿悟的过程,但人人都想得到大智慧。

人,最怕的是半愚以为智,自作聪明;人,最贵的是有自知之明,清晰地知道自己处于何处,"知之为知之,不知为不知,是知也"。人,最难做到的是能智也能愚。智者守愚,此为大智。老子曰"大智若愚"。

宁武子,卫国的大夫,姓宁,名俞。

"邦有道则知,邦无道则愚。"无论是邦有道,还是邦无道,兼是一个人的外部环境,是一个人所处的具体的时位。一个智者,要顺时而为,不可逆势而行。要以不变应万变,则愚则智,不固守一端,应顺势而为。

《中庸》有云:"君子素其位而行,不愿乎其外。素富贵行乎富贵,素贫贱行乎贫贱,素夷狄行乎夷狄,素患难行乎患难,君子无入而不自得焉。"素行,是自由地往返于智愚。任何时候、任何地方,"随心所欲而不逾矩"。这是一种自强不息的行动,这是一种超越智愚的坦荡。

宁武子之愚,不是普通人的愚笨、愚蠢,也非自作聪明者的"奸诈之行"。它是"大智"之后的"若愚",似柔,以柔克刚。是隐,也是坚忍,是退一步进两步的海阔天空。

毓老师说:"人皆想显己是智者,但要视环境显智、显愚。"(《毓老师说论语》)

"尺蠖之屈,以求信也;龙蛇之蛰,以存身也。"(《周易·系辞下》)一部《易》写尽了人间道理。

"其知可及也,其愚不可及也。"这是过来人的话。毓老师也说"明哲保身、大智若愚,太难了"。同样,郑板桥也有"聪明难,糊涂更难"的体悟。

及(及知),是一般人通过学习可以达到的。不可及(其愚),是一般人通过学习很难达到的。非得大智慧,才到"若愚"界。

现在的人,聪明过头,若愚不足。我也不例外。

中华文化,"儒重乾道的刚健中正,道重柔顺载物的坤道"(《子曰论语》)。

吾辈当与乾坤并济,匍匐前行,"朝闻道,夕死可矣"!

5.22 子在陈,曰:"归与!归与!吾党之小子狂简,斐然成章,不知所以裁之。"

不忘初心,砥砺前行。光空谈没有用,要学习古圣先贤是如何做的,孔子就是学习的典范。

陈,是春秋时的一国。孔子周游列国,宣扬其王道思想。几次出入陈国。许仁图先生说:"孔子在60岁时,仕于陈;63岁时,吴国攻打陈国,孔子离开陈国,绝粮于陈、蔡间。于是前往楚国,见楚叶公,又自楚返陈,又自陈返卫,68岁返回鲁国。"他说:"孔子在陈国之叹,已是生命中的晚年。""归与!归与!"一个暮年之人,壮志未酬,要回到故土,开辟另一番新的天地。

"吾党之小子狂简,斐然成章,不知所以裁之。"

朱熹注曰:"吾党小子,指门人之在鲁者。狂简,指志大而略于事也。斐,文貌。成章,言其文理成就,有可观者。裁,割正也。夫子初心,欲行其道于天下,至是而知其终不用也。于是始欲成就后学,以传道于来世。又不得中行之士而思其次,以为狂士志意高远,犹或可与进于道也。但恐其过中失正,而或陷于异端耳,故欲归而裁之也。"(《四书章句集注》)

张栻《论语解》中说:"方圣人历聘之时,诗、书、礼、乐之文,固已付门人次序之矣。及圣人归于鲁,而后有所裁定。"

这两种注释都很好!但不知孔子的真实意图是不是这样。

我们看到的是一个生命不息、奋斗不止的圣人。68岁返回鲁国,删《诗书》,释《周易》,著《春秋》,"不知老之将至"。

如果孔子不"归与",后果将会怎样?这就是天命!人算不如天算!

孔子周游天下。辗转列国,见道义不行,退而居鲁国,设教于杏坛。终成中华文化的大宗师。

孔子在陈国时,说出了"归与!归与!吾党(故乡)之小子(弟子)狂简,斐然(有文采貌)成章,不知所以(裁成)之"。这是他人生中一个里程碑式的宣言。从此,更上一层楼,会当凌绝顶!登峰则造极!如此看来,人,就差一口志气。

人,就应当像孔子一样,不忘初心,砥砺前行。退休,不是工作的终结,而是新的生活的开始。青年、中年、老年,这是人为的、外在的标签,对于一个终身学习的人来说,这样的年龄段的划分,没有任何意义。活到老,学到老,行到终。终点,又是新的开始……

关键是要给我们独自的生命赋予价值和意义,为什么要活着?为什么要永远活得茂盛?

5.23 子曰:"伯夷、叔齐不念旧恶,怨是用希。"

人,要多一分志气,少一分怨气。但社会上多的是"怨人忧天"之士。自己从不认错,从来有理,从来振振有词,从来认为自己天下第一。

"怨是用希","希",稀也。很少有怨气,很少看见"有怨之迹"。

人到无求品自高,人到无怨呢?则"回光返照",反求诸己,一切外境皆是客观存在,实事求是,要在自己身上找原因。不怨天,更不尤人,修身精进,"朝有过,夕改,则与之;夕有过,朝改,则与之"。只管修正自己的"因",即只问耕耘,无须思虑自己的"果",不要问收获。

再想一步,怨气能有什么用?钱穆先生写道:"子贡明白,'伯夷叔齐怨乎?'司马迁又曰:'由此观之,怨邪非邪?'人皆疑二子之怨,孔子独明伯夷、叔齐无怨,此亦微显阐幽之意。圣人之知人,即圣人所以明道也。"(《论语新解》)

"伯夷、叔齐,殷末孤竹君之二子,父殁,让国于中子,闻文王善养老,而往归焉。武王伐纣,叩马谏武王,勿以暴易暴,后二人隐居首阳山,采薇而食,卒饿死。"(《史记·伯夷列传》)

大家可以在网上搜索,了解更多的知识背景。

伯夷、叔齐为什么能"怨是用希",因为二子"不念旧恶"也。

毓老师说:"因念旧恶,算旧账,才怨。净用怨,就气绝。'怨是用希',很少用'怨'字。能豁达忘怀,故与人怨少。仁者不忧己私。"(《毓老师说论语》)

念旧恶,就要斤斤计较,就要搬弄是非,就要为过去伤筋劳神。

念旧恶，就要分心当下。人，活在"过去中"是没有意义的。

念旧恶，就必然迁就自己，推卸责任，自觉地与他人为敌。

旧恶有两种，一是别人对你的，二是自己对自己的。上学时不好好学习，不是旧恶吗？我们能把自己打死？要勇敢地、永远地和自己的恶习告别，拜拜！

"不念旧恶，怨是用希。"但"不念旧恶"，不是不知旧恶，是知之而后改行之。

当下省悟了，就是最好的。既来之，则安之。过去的就应该让它过去，你可以不空对当下，重新开始，才可能做到"苟日新，日日新，又日新"，才可能成长成一个崭新的自己！

人到无怨德自贵！不念旧恶，忠恕而行！

5.24 子曰："孰谓微生高直？或乞醯焉，乞诸其邻而与之。"

中华文化经典，每句都要学吗？我看也未必。多少年来，凡是圣人说过的话，不能动。

这样的结果，导致了经典失去了它本来的价值。经典中有一些东西，因时代的变迁，可能只剩下史料功能。而对于这些被时间淘汰的故事和语句，我们也没有必要生搬硬套，赋予它新的解释。

比如，今天的句子，就是这一类型。

这句话翻译成白话如下，孔子说："谁说微生高这个人算得上直爽呢？有人向他去讨醋，他自己家里没有，向邻居讨了醋来，转给来讨醋的人。"

这句话,在当今看来,有何意义?我还真看不出!

5.25 子曰:"巧言、令色、足恭,左丘明耻之,丘亦耻之。匿怨而友其人,左丘明耻之,丘亦耻之。"

人,贵在一个诚字。背离"诚",表现在言上就是"巧言",表现在色上就是"令色",表现在恭上就是"足恭"。"匿怨而友其人","匿",隐藏。心里对人藏着怨气,表面上还装作友好。表面一套,背后一套,表里不一。

我们在前面的"学而"篇,学过了"巧言,令色,鲜矣仁",这里我们就不再重复了,这章多了个"足恭","足"是超过了、过头了。过分的谦恭也就变得虚伪了,装出来的就是假的。

"左丘明耻之,丘亦耻之。"左丘明是一位贤人,孔子对他是比较敬重的。他们两人在这件事上,英雄所见略同。"耻之",以此为耻。

毓老师说:"'巧言、令色',无实无质;'足恭',恭敬得过火,不合理。"(《毓老师说论语》)

自然而实在,真诚而尊敬。对人对己,有什么就是什么,这样才踏实而自在……

5.26 颜渊、季路侍。子曰:"盍各言尔志?"

子路曰:"愿车马衣轻裘,与朋友共,敝之而

> 无憾。"
> 颜渊曰:"愿无伐善,无施劳。"
> 子路曰:"愿闻子之志。"
> 子曰:"老者安之,朋友信之,少者怀之。"

今晨学到了《论语》的最精彩处,读这段经典,特别振奋精神。

孔子和两位高徒要谈谈各自的志向!

这是"万代师表"孔子的典型教学场景。

颜渊、季路侍。"侍",服侍,在尊者旁陪着。郑玄注:"卑在尊者之侧为侍也。"(《孝经注解》)

老师,尊者也。今天,学生有几人还能做到"侍"?侍是恭敬,要内心有敬。今天,学生个个都是家长的掌中宝,老师都不敢指教,还敢谈教育吗?

孔子的教育都是启发式的。"盍各言尔志?"你俩都各自谈谈自己的志向吗?在《论语》中,谈志向的还有一篇,在《论语·先进》中,有"子路、曾皙、冉有、公西华侍坐"。这两篇应放在一起读。

季路名由,字子路。颜渊名回,字子渊。古代人尊称别人称字,不称名,只有父母、老师直呼其名。

我以为,"志"才是一个人真正的财富。志,心之所主,人之所向。一生勤劳不息,为志而奋斗。小志,"独善其身";大志,"兼济天下"。但今天,除了物欲,还有几人有志?如有,"盍各言尔志"?今天,我们都行走在学习、创业或养家糊口的路上,现在你还真要停下来想一想,"我有何志"?

无志之人,确如行尸走肉。

子路，一生仗义，他说自己的交友之道："愿车马衣轻裘，与朋友共，敝之而无憾。""车马衣裘"，在子路的时代，绝对是最奢华的贵重物品。但子路愿意与朋友共用，即使坏了也没有遗憾。这是子路之性也，这是子路的外交价值观。外交，就是一个人的对外交往。可以看出子路重情义超过物品。他大抵赞同《礼记》："货恶其弃于地也，不必藏于己；力恶其不出于身也，不必为己。"如多一些子路，就不会有杜甫的"朱门酒肉臭，路有冻死骨"了。

那颜回呢？"愿无伐善，无施劳。""伐"，过分夸张。《周易·谦卦》说"谦谦君子，有吉""劳而不伐"。今日还有哪个女孩喜欢"谦谦君子"？多是"巧言、令色"者得宠。

颜回说："我希望能做到不夸耀自己的善行，也不夸大自己付出的辛劳。"

《周易·坤卦》有云："含章可贞""无成有终""知终终之"。颜回属于《周易·谦卦》中的"劳谦君子"。

人生读懂《周易》一卦，坚守之，就成了。但人们学《周易》，只想着占卜算命，你那命运还用算？看一眼就知道了。

孔子教育的伟大就在于他有教无类、因材施教。弟子子路的志向呢？不错；弟子颜回的志向呢？也很好！但是，天外有天，人外有人。还有更大的志向和抱负。那就是老师我的。

"老者安之，朋友信之，少者怀之。"

愿天下所有老年人平安健康，老有所养、老有所乐、老有所尊。

愿天下所有未成年人能少有所育、少有所教。为了我们孩子的未来和共同的生存环境，我们也应有所作为。

"不独亲其亲，不独子其子"（《礼记》），"老吾老以及人之老，幼吾幼以及人之幼"(《孟子·梁惠王上》)。推己及人,从"小我"走向"大我",民吾同胞,道济天下,世界大同。这就是孔子思想的真正精华所在!

一代文化大师熊十力在《乾坤衍·辨伪》中说:"新道德之养成,莫大乎扩充事亲之孝德,以敬天下之老;扩充爱子之慈释,以抚育天下之幼。敬老、慈幼二德双修,人道终始备矣。"

"敬老、慈幼",是中间人的责任。

"朋友信之",朋友之间要讲个"信"字,"主忠信"(《论语·学而》)。

毓老师在此处说:"人生必要有几个患难之交,可以托妻寄子的,'可以托六尺之孤,可以寄百里之命'。"(《毓老师说论语》)

你有几个患难之交?如果你没权、没钱,还有几人理你?当你落难时,又有几人鼎力相助?

"老者安之,朋友信之,少者怀之",任重而道远……

5.27 子曰:"已矣乎!吾未见能见其过而内自讼者也。"

"已矣乎",是感叹词,强调的意思,表达强烈的感叹。

孔子用三个字表达感叹,罢了,罢了,我从没见过看到自己的过错就能够自我反省、自我批判的啊!孔子之"未见",可见自我批判、自我革命多么不容易。

反过来说,如果我们能做到"见其过而内自讼者",那我们就高人一等了，像颜回那样"不贰过"。如果不贰过了，你就走上了前进而不后退的修行之路，是过错则改之，迁善向上！

但人的通病就是"内不自讼"！在《论语》中，孔子之"未见"还有以下四种：一、未见"好仁者，恶不仁者"；二、未见"刚者"；三、未见"好德如好色者"；四、未见"隐居以求其志，行义以达其道"之人。

反其道而行之，就是"反求诸己"。《六祖坛经》曰："常见己之过。"可惜，凡人很难做到。子曰："人之过也，各于其党。观过，斯知仁矣。"(《论语·里仁》)可见，能正确、乐观地处理自己的过错，是多么重要的事情！

"过而能改，善莫大焉。"(《左传·宣公二年》)

第一步，能见己过；第二步，过而能自讼；第三步，改过，"不贰过"；第四步，不断地迁善……

人生能如此，应该是走上大道了吧！

5.28 子曰："十室之邑，必有忠信如丘者焉，不如丘之好学也。"

我特别喜欢《论语》的这句话。

好学，真的是人生最快乐的事情！不好学的人生，犹如没电的钟表，指针可能随时停摆。

"十室之邑"，小地方，就是一个不大的地方。孔子说："在一个小地方，一定有像我一样忠信的人，但说到好学，就没有能比得上我孔子的了。"

可见，孔子是那个时代最好学的人了。"学而不厌，诲人不倦。"

子曰："好仁不好学，其蔽也愚；好知不好学，其蔽也荡；好信不好学，其蔽也贼；好直不好学，其蔽也绞；好勇不好学，其蔽也乱；好刚不好学，其蔽也狂。"(《论语·阳货》)

好学是一个自我不断进化的过程。好学是一个人道德修养不断提升的过程。我们学《论语》，最应该学的是孔子这种好学精神。"我非生而知之者，好古，敏以求之者也。"(《论语·述而》)他最喜欢颜回，是因为"颜回好学"，"不迁怒，不贰过"。

好学，一个"好"字，需要养成良好的习惯。孔子五十岁开始学《易》，"韦编三绝"，可见其刻苦的精神。这句话，我可以改为："同学之中，必有忠信如我者，不如我之好学也。"

雍也第六

6.1 子曰:"雍也可使南面。"

雍,冉雍,仲弓,孔子弟子。

"可使南面",朱熹注曰:"南面者,人君听治之位。言仲弓宽洪简重,有人君之度也。"(《四书章句集注》)用现在的话说,是孔子认为仲弓修学已成,可以做大官了,做一方诸侯,"可使南面"。

6.2 仲弓问子桑伯子。子曰:"可也,简。"
仲弓曰:"居敬而行简,以临其民,不亦可乎?居简而行简,无乃大简乎?"子曰:"雍之言然。"

我们看最后一句,子曰:"雍之言然。"

仲弓说得对。这句话相当于在佛经中,其他菩萨说完一段话,佛说"如是,如是",是印证、认同之意。

仲弓问子桑伯子。子曰:"可也,简。"了桑伯子何许人也?可知可不知。

这句话是个引子。仲弓想让孔子评价一下子桑伯子这个人,孔子说:"还可以吧,简。"一个"简"字有两义:一是因为"简",可也;一是可也,而不是很好,因为"简"不到位。

关键是下一句:"居敬而行简,以临其民,不亦可乎?居简而行简,无乃大简乎?"

"居敬而行简，以临其民"，"言自处以敬，则中有主而自治严，如是而行简以临民，则事不烦而民不扰，所以为可"（《四书章句集注》）。

内心无真正的"敬"，行中哪来真正的"简"？见到真面目，才有真行动。对真正的价值有自己通透的理解，才会有游刃有余的简朴行为。

常居敬，日行简。心淡然，就是真。

"居简而行简"，不是真简。"程子又曰：'居敬则心中无物，故所行自简；居简则先有心于简，而多一个简字矣，故曰太简。'"（《四书章句集注》）

做好事就是做好事，让人天天念你好，就没有意思了。"无欲而施"的布施，才是真布施。

"居简而行简"，只知其一，不知其二，此乃还不透彻。

"居敬而行简"，是参透之后的洒脱，是大难不死之后的新生！

6.3 哀公问："弟子孰为好学？"孔子对曰："有颜回者好学，不迁怒，不贰过。不幸短命死矣，今也则亡，未闻好学者也。"

我们每天学习经典，到底是为了学什么？人真的能成圣吗？人真的能成仙吗？人真的能成佛吗？通过不断的熏习，我们培养出的是自己的好学精神和习惯！

何为好学？

"学"，不单指今天的学知识，怎么考高分，怎么考一百分。毓老师认为，好学就是知行合一；蒋伯潜先生认为："论语中所说的'学'，都是学做人，非如后世之以读书为学也。"（《新刊广解四书读本》）董子竹先生认为："这个'学'是'觉悟'，对生命本体的'觉悟'。"（《论语真智慧》）

好老师难遇，其实好学生更难求。教学相长，要互相成长，互相进步。

颜回，是孔子的第一高徒，孔子对这个学生寄予厚望，他是孔学的第一传承人。他比孔子小30岁，却英年早逝，有学者考证，他在孔子71岁时"亡"，"不幸短命死矣"。颜回离世时，孔子痛呼："噫！天丧予！天丧予！"

这就是命运。人有命运，文化有命运，一个国家也有特定的命运。知这个命后，就不急不躁了。但不应颓废地认命，而应积极进取改变自己的命运。中华文化的命运因为颜回的早亡而埋下了遗憾。

颜回死后，孔子在茫茫人海中，在三千弟子中，再也"未闻好学者也"。这是圣人的孤独和无奈！颜回好学，其特征是什么？六个字："不迁怒，不贰过。"长篇大论有何用？

朱熹注曰："怒于甲者，不移于乙；过于前者，不复于后。颜子克己之功至于如此，可谓真好学矣。"（《四书章句集注》）

好学者，要有克己之功！吃别人不能吃的苦，受别人不能受的难。要百折不挠，改善自己。

程子曰："颜子之怒，在物不在己，故不迁。有不善未尝不知，知之未尝复行，不贰过也。"（《四书章句集注》）

"不迁怒"，生命个体应是何等的冷静。

"不贰过"，就是要一次比一次好，一天比一天强。过错，不犯两次,在见贤思齐中,不断改善!

我们要想把自己变成好学之人,就应该把颜回当老师,把"不迁怒,不贰过"作为座右铭!

> 6.4　子华使于齐,冉子为其母请粟。子曰:"与之釜。"
> 请益。曰:"与之庾。"
> 冉子与之粟五秉。
> 子曰:"赤之适齐也,乘肥马,衣轻裘。吾闻之也,君子周急不继富。"

我们需要先搞清楚春秋、战国时期的几个计量单位。

釜?庾?秉?

马融考证曰:"六斗四升曰釜也。"苞氏曰:"十六斗为庾也。"(《论语集解》)

马融曰:"十六斛为秉,五秉合八十斛也。"聘礼云:"十斗曰斛。"那么换算一下,可知一秉有多少斗。(《论语集解》)

斗、升这些计量单位,过去农村还在用。后来,计量部门统一计量衡,逐渐被现在的计量单位取代。

子华被孔子派遣出使齐国,孔子的弟子冉子给他老妈申请点粮食。孔子说:"给她六斗四升。"冉子感觉有点少,"请益",要再增加一些。孔子说:"那就再给二斗四升(庾)吧。"但冉子觉得还少,一下子给了八百斗。

孔子对这件事的看法是,子华家里不穷,他到齐国去,"乘肥马,衣轻裘"，你冉子给他家那么多粮食干吗？

接着孔子亮出圣人的观点："君子周急不继富。"

好个"君子周急不继富"。今日我们听到此圣言，不知有何感想？

今日之人，都喜欢做锦上添花之事，谁还有雪中送炭之情？

今日之人，都喜欢眼睛往上看，谁的心还常往下想？

嫌贫爱富者，何为君子乎？

大多数的媒体，名利当头！成功的价值观，就是比谁富！剩下的，就是前仆后继地"继富"。

一个人，利欲熏心会怎样？一个家，利欲熏心会怎样？一个集体，利欲熏心会怎样？一个时代，利欲熏心会怎样？我们是否真正想过这个问题？

"周急不继富。"蒋伯潜先生说："周，给不足也。也见礼记月令注。'周急'，谓周济困急。'继富'，谓增其富。"（《新刊广解四书读本》）

"'周急不继富'，此为真理，要如此做事。救急，不救贫。"（《毓老师说论语》）

这应是一个君子的价值观，也应是一个高尚的社会的价值观。

6.5 原思为之宰，与之粟九百，辞。子曰："毋！以与尔邻里乡党乎！"

今天鲜有圣人，连像圣人的学生原思这样的人也少之又少。看看孔子是如何用财的？我们有了财富，就会正确地使用这些财富了吗？

上一篇，孔子针对子华的行为提出了"君子周急不继富"。这一篇，孔子针对原思又说"以与尔邻里乡党乎"。这种教学法，是教人如何做人，如何做事。

原思，孔子的弟子，原名宪，字子思。孔子为鲁国寇时，让原思做家宰，也就是管理自家事务。乡、里、邻、党，古时有四个地方单位：五家为邻，二十五家为里，一万二千五百家为乡，五百家为党。

原思很穷，所以孔子发他"粟九百"，但原思的可贵之处是穷有穷的骨气，"辞"，不要。此处，孔子很坚决："毋！"不行，必须收下。原思你自己守贫不需要，但你可以用九百粟接济你的"邻里乡党"，接济你身边那些需要帮助的人呀！

同样是"粟"，给子华之粟与给原思之粟就不同，无论是在数量上还是意义上。

这就是圣人的微妙处，圣人是人，但又不是一般人。圣人眼中的物与我们不同。他不被物役，而是用物用得恰到好处。同样，圣人的学生也非同一般。他们没有今天的博士头衔，也没有什么政府津贴，但他们是腰杆挺直的士。

《庄子·让王》中这样描述孔子的这位弟子："原宪居鲁，环堵之室，茨以生草；蓬户不完，桑以为枢；而瓮牖二室，褐以为塞；上漏下湿，匡坐而弦歌。"

看看原思多穷！但他乐于穷，坐而弦歌。

此处，有一个重要的人物出现，就是孔子最富的弟子子贡，请接着看："子贡乘大马，中绀而表素，轩车不容巷，往见原宪。原宪华冠蹝履，杖藜而应门。子贡曰：'嘻！先生何病？'原宪应之曰：'宪闻之，无财谓之贫，学而不能行谓之病。今宪，贫也，非病也。'子贡逡巡而有愧色。"

这故事多精彩！古人就古吗？这师兄弟两人的见面，直至今天，对我们都有无穷的启发。再看看现在，多少无聊的相聚，就是吃、喝，苍白而无力！

无财谓之贫，有钱就叫富吗？今日还有无钱的贫者原思吗？大街上多的是有钱的穷人。

贫要有所守，富则有所为！"学而不能行"才是病！

6.6 子谓仲弓曰："犁牛之子骍且角，虽欲勿用，山川其舍诸？"

孔子的伟大，就在于他能跨越时代。在那个推行封建世袭制的时代，在人们大讲门第、出身、阶级的春秋时期，孔子却有平等思想。

"山川其舍诸？"真是旷世之呼！

不要总认为"平等、自由、民主"是西方的，我们的先哲们早就有这样的思想并且笃行了。孔子是此思想的践行者，所以被后世称为"万世师表"。孔子推行平民教育，对三千弟子无富贵贫贱之分。因材施教，有教无类。

英雄莫问出处！有志何在年高？

仲弓，是孔子的优秀弟子，但仲弓的父亲却是个平民。"仲弓，父贱人，孔子曰犁牛之子。"（《史记·仲尼弟子列传》）

"孔子谓仲弓"，孔子拿仲弓这个学生举例子。

前面讲过"仲弓可使南面"，仲弓不但有政治大才，而且其列孔门弟子四科十哲的德行科,可谓德才兼备之人。

但他出身一般,父亲是个平民,不是贵族。

孔子用比喻,父亲,像一头犁牛,杂色的牛。但生下的牛犊,"骍且角",纯赤色,而且牛角周正,长短合适。

"虽欲勿用",人常犯之错。"山川其舍诸?"山川大地之神,舍弃过谁?

"这种好的小牛,可用以祭祀山川之神。虽欲弃置勿用,山川之神,也是不肯舍掉它的。"(《新刊广解四书读本》)

用人者,要有山川之胸襟;被用者,当怀有天生吾才必有用的信念。要剔除差别,一视同仁,可不是一件容易的事。

切不可小瞧孔圣人的这个短句。"犁牛之子骍且角,虽欲勿用,山川其舍诸?"

遇人遇事,能这样想吗?遇事遇人,能这样做吗?真在其位,就知道自己是几斤几两了。

6.7 子曰:"回也,其心三月不违仁;其余则日月至焉而已矣。"

毛泽东曾说:"一个人做好事并不难,难的是一辈子都在做好事。"这句话就是今天这句《论语》的最好注释了。

孔子说:"颜回这个人,他的心长时间不违背仁爱的良知,其他的弟子只能在短时间达到那个境界。"

这也有如我们群里学习的情况。有人通过我们的导读,逐渐养成了日日阅读经典、陶冶情操的习惯，而有人总是三日打鱼，两日晒网，想起来了看看，想不起来就扔到一边，学习无恒心，没养成习惯。以上我只是在行为的层面上举例子。

一个人的行为，只是"其心"的投射而已。心有所想，行有所为。所以"听其言"，更要"观其行"，才能知其心。

"三月"，言其久也。古时三、六、九是虚数。

"日月至焉而已"，或一日或几日，或半月或一月。

"而已"道出一个老师的无奈！

教学是师生之间的互动。学生在寻找良师，良师又何尝不在等待益友？

孔子眼中认为能传他衣钵的，唯有颜回。"不幸短命死矣。"有研究者统计，《论语》中，颜回一共出现了二十一次，这二十一段语录，勾勒出孔子心中好学生的样子。

"其心三月不违仁"，可见，孔学本质上是心学。心变，然后一切才变！若心不变，只是装出来的，时间长了就会别扭。自己不自然，别人看了也不舒服！

颜回，其心运行在仁道上，如日、月旋转于虚空之中，悠然而自得，自如而不违（离），浑然而一体。于是便"不迁怒，不贰过"；于是便"一箪食，一瓢饮，在陋巷，人不堪其忧，回也不改其乐"。

再看看其他的人呢？持之以恒真的非常重要！无论做什么事，只要能持之以恒，"三月不违"，都能成精。可惜，我们常常是把自己划入了"其余"之人，"日月至焉"，就满足了。

行仁道，真就那么难吗？不做，不坚持做，你怎么知道？

心，真的向往之；路，就会变得不远！

6.8 季康子问:"仲由可使从政也与?"子曰:"由也果,于从政乎何有?"

曰:"赐也可使从政也与?"曰:"赐也达,于从政乎何有?"

曰:"求也可使从政也与?"曰:"求也艺,于从政乎何有?"

季康子,鲁国的权臣。他问孔子的三个学生:"仲由(子路)、赐(子贡)、求(冉有),可以让他们从政吗?"

孔子各用一个字概括一个学生的特征:由,果;赐,达;求,艺。

对于由:"从政乎何有?"从政有什么困难吗?

对于赐:"从政乎何有?"从政有什么困难吗?

对于求:"从政乎何有?"从政有什么困难吗?

看看人家的对话,干净、简洁,直达主题。从政如此,其他事难吗?难,是因为我们自己搞复杂了。回归事物的本来面目,"于……乎何有"?

朱熹注曰:"果,有决断。达,通事理。艺,多才能。"(《四书章句集注》)

孔子用一个字说出了自己弟子所长,可谓知弟子莫过于师也。

"果",有决断,能果行。"君子以果行育德。"(《周易·蒙卦》)"子路无宿诺",是个见义勇为的人物。

"达",通达。"下学上达。"(《论语·宪问》)"不怨天不尤人,下学而上达,知我者其天乎?"(《论语·宪问》)可见,读书、学习,是为了"上达"。"夫达也者,质直而好义,察言而观色,虑以下

人。"(《论语·颜渊》)

今日媒体中尽称"达人",被称的人都够格吗?

"艺",古指礼、乐、射、御、书、数,六艺。艺也,以德为先,德艺双馨。今日一些艺人,德不培,尽成"家"了,钱字当头,但这全是他们的错吗?

孔子也说:"吾不试,故艺。"(《论语·子罕》)孔子从政无望,壮志未酬,"不试",也做了艺人。可见艺人不好当。

今日满大街都是艺人,抖音、快手、花椒、映客……人人都有麦克风,个个都有直播台,一个时代的变迁……

"于从政乎何有?""政者,正也。子帅以正,孰敢不正?"(《论语·颜渊》)

执政者,正了。从政者,正了。天下各行各业、小商小贩,"孰敢"不正?

再回到经典阅读中,"诚意、正心、修身、齐家、治国、平天下",政在其中。

6.9 季氏使闵子骞为费宰。闵子骞曰:"善为我辞焉。如有复我者,则吾必在汶上矣。"

这里有两个出场的人物。季氏,鲁国执政大夫。听说闵子骞贤达,托人请他当采邑费地的长官。

闵子骞,孔子弟子,小孔子15岁,在孔子四科十哲中,以德行见称,排序仅次于颜渊。

《史记·仲尼弟子列传》中谓闵子骞:"不仕大夫,不食污君之禄。如有复我者,则吾必在汶上矣。"

"如有复我者,则吾必在汶上矣。""汶",地名。如果再来纠缠我,我就出走了。态度很坚决。

一个人,要有所为,更要有所不为。所为需要外部条件,诸缘兼备,但不是每个人都会遇上好的时机。所以,用所为来评价一个人,一定程度上不具有客观性。但人之所不为,自己完全可以把握。所守之处,恰恰是一个人的人格表现之处。所不为,是他的底线。

成功时的风光几乎相同,而失败时的坚守,天差地别!

进退存亡之道,不是每一个人都懂。

许仁图说:"一般人为求富贵不择手段,知进而不知退,知存而不知亡,不能谨守孔子'危邦不入,乱邦不居'的教诲,结果子路不得其死,冉求为季氏聚敛而附益之,闵子骞在孔子心目中地位不言可喻。"(《子曰论语》)

一个人,要像一辆汽车一样,要有动力系统,也要有刹车装置,有所守也是为了有所为,有时倒车,是为了更好地前进……

6.10 伯牛有疾,子问之,自牖执其手,曰:"亡之,命矣夫!斯人也而有斯疾也!斯人也而有斯疾也!"

伯牛生了病,孔子去探望他,从窗户里握着他的手,说:"活不长了,这是命呀!这样的人,竟然有这样的病!这样的人,竟然有这样的病!"

《论语》为什么要记下这个故事呢?

伯牛，姓冉，名耕，字伯牛，在孔门弟子四科十哲中，归于德行科，排名在颜回、闵子骞之后。这么好的一个学生，偏偏得了重病。

"亡之，命矣夫？"孔子的叹惜！生死真的有命吗？

"斯人也，而有斯疾也！斯人也，而有斯疾也！"

这么好的人，得了这么坏的一种病！这么好的人，怎么就得了这么坏的一种病？伯牛得的是绝症。

此话，孔子是给谁说的？

伯牛？自己？还是上天？

这是圣人的无奈！这是圣人的悲情！

颜回死后，子曰："噫！天丧予！天丧予！"（《论语·先进》）

伯牛临死前，子曰："斯人也，而有斯疾也！斯人也，而有斯疾也！"都是重复！

孔子教人"不怨天，不尤人"，但在颜回、伯牛死时，悲天问命，往往呈现出一个人的真性情！

这是对生命的直面，是对自我的拷问，也是对"天丧斯文"的预感和忧虑！

孔子说，文王之后，中华文化的传承使命就在他的身上了。但他之后呢？他最看好的颜回先他而去，伯牛也有疾，一代圣人还能说什么？

6.11　子曰："贤哉！回也。一箪食，一瓢饮，在陋巷，人不堪其忧，回也不改其乐。贤哉！回也。"

今天，我们学到了《论语》中最著名的一段话。

这是孔子对自己最看重的弟子颜回的赞叹!

在那个惜字如金的年代,重复一次:"贤哉,回也!"

我们不要轻易放过孔圣人的这份赞赏之意。

朱熹注曰:"颜子之贫如此,而处之泰然,不以害其乐,故夫子再言'贤哉回也'以深叹美之。"(《四书章句集注》)

"人不堪其忧,回也不改其乐。"一般人不能忍受"一箪食、一瓢饮、在陋巷"的生存环境,而颜回则不同,身处其中,不改其乐。

关键的问题是,颜回之乐是何乐?何乐能使他超脱所处的外部环境,"素贫贱行乎贫贱",不动其心,直道前行。

佛祖在菩提树下觉悟后第一次讲道时说,沉溺于感官享乐也是不对的,这乃是使愚蠢人达不到智慧之灯的障碍。感官享乐论者领会不了经典和圣书,又怎能克服所有的欲望!

可见,乐有感官之乐和非感官之乐。现实的享乐主义者,多停留在衣食住行的感官层面。而孔、颜之乐,已不在这个层面上了。

只有圣人才能理解圣人。所以知音难觅!

昨日读《超越东西方:吴经熊自传》,其中一段,恰好能解释颜回之乐,说:"圣人由于拥有了道,超越了物质世界和伦理领域。"

老子曰:"少则得,多则惑,是以圣人抱一为天下式。"(《道德经》)

吴先生谈到,正是由于你积极地抱有了"一",你才能使你的心摆脱"多";而"一"正是道的另一个名称。"一"要在我们内部才能看到,而"多"则是外在于我们的。前者是唯一本质的东西,而后者是非本质的。这就是圣人重内不重外的原因了。

老子说:"圣人被褐而怀玉。"(《道德经》)庄子也谈到,真正的圣人韬光养晦,和光同尘,内德充盈时,外形就被遗忘了。

庄子说到，对于拥有了最高尚的东西的人来说，一个国邦的尊严算不了什么；对于拥有最大财富的人来说，一个国邦的财富根本就不是什么；对于拥有他想要的一切东西的人来说，名声和赞扬视若无物。真的，道是无可替代的。(《超越东西方》)

可见，颜回已进入了这个境界。乐道而忘贫也！

朱熹在注解中引用程颐曰："颜子之乐，非乐箪瓢陋巷也，不以贫窭累其心而改其所乐也，故夫子称其贤。"(《四书章句集注》)颜回乐道、行道。这是孔子已悟到的，所以孔子赞颜回"贤哉"。

许仁图先生说："颜回不改其乐，源于龙德而隐的自信，此即易乾卦初九'潜龙勿用'的最佳写照。"(《子曰论语》)

"龙德而隐者也。不易乎世，不成乎名，遯世无闷，不见是而无闷，乐则行之，忧则违之，确乎其不可拔，潜龙也。"(《周易·乾卦》)

行到水穷处，坐看云起时！

观自我之忧，悟颜回之乐，这个过程不就是今晨我们省悟《论语》最大的快乐吗？

6.12 冉求曰："非不说子之道，力不足也。"
子曰："力不足者，中道而废。今女画。"

其实，时至今日，在学习面前，我们人人都有冉求的思维，个个都在想着如何推辞。

不试，不行，怎知自己不能？不下水，怎么能学会游泳？

"说",悦。"女",汝,你。

朱熹注曰:"力不足者,欲进而不能。画者,能进而不欲。谓之画者,如画地以自限也。"(《四书章句集注》)

冉求说:"我不是不喜欢老师您讲的大道,只是我个人能力不足啊。"

孔子说:"一个人力不足,是走到半途才废业,可你冉求现在却是在画地自限呢。"

万物都用进废退。就像房子,有人住,才感觉是新的。汽车,停在院子里,一年不开,几乎就报废了。我的几个老年朋友跑马拉松,让我很吃惊。他们告诉我,人人都可以跑几十公里。能跑五公里,就能跑十公里;能跑十公里,就能跑二十公里……

人,如果"自画"而"有限",那么一切的美好都与你无关了。

孔子在《论语·里仁》里说:"有能一日用其力于仁矣乎,我未见力不足者。"

可见,言力不足者,是不想,而不是不能。力足者,是力不足者不断践行而来的。

小鸟学飞,婴童学步,都是力不足者的学知践行。

那么,问题就来了,为什么人会"如画地以自限也"?

小鸟学飞,是因为有蓝天之梦;婴童学步,是他想站立成人。

自画者,因心中无志,便画地为牢。没有了理想和愿望,便给自己的学知、践行设计出了生存半径。长此以往,慢慢地就在思想上、行动中不敢跨越雷池半步了。

"力不足者,中道而废;今汝画。"

孔子之言,实警醒我们每一个人。冉求听了老师之言,甚为惭愧,奋发有为。最后在孔门四科十哲中，与子贡并列政事科，成为杰出弟子。

今日，我们听到孔子之言，是否能从睡梦中惊醒？

6.13　子谓子夏曰："女为君子儒，无为小人儒！"

不要先去辨别何为"君子儒"，何为"小人儒"，然后自己匆匆忙忙地对号入座。

我们应当回到历史的场景中，经典才能穿越时空，为我们注入新的力量。

我们应关注当下的现实场景，变化的是该变的时尚，不变的是亘古的哲理。

以不变应万变，这就是我们学习经典的意义。

也只有不变的东西，才是可以传承的。易变的东西，无法经历时光的冲洗。

凌晨四五点的思维总是无比的跳跃！如果没有早起的习惯不会知道。

让我们再回到经典中来！

"子谓子夏曰"，孔子对他的弟子子夏说。这五个字无比重要！因为这是孔子生前的学术寄托！

为什么我有这样的推断呢？

我们先看看子夏是何许人也。

子夏，孔门十哲之一，小孔子44岁。他也是一位寒门弟子，《荀子·大略》有云："子夏家贫，衣若悬鹑。"

"仕而优则学,学而优则仕。""生死有命,富贵在天。"这些名句我们很早就知道了,但我们可能忘了这些都出自子夏之口。

子夏曰:"博学而笃志,切问而近思,仁在其中矣。"可见子夏对"仁"的证悟之深刻。

子夏的再传弟子荀子描述他:"正其衣冠,有其颜色,俨然而终日不言。"

可见子夏很威严。

孔子死后,子夏守孝三年。晚年子夏讲学于魏国西河,从学者有三百多人。

孔子之后,孔学一分为八。汉代以来的学者大多认为,儒家的经学最初主要由子夏一系传播下来,"《诗》《书》《礼》《乐》,定于孔子,发明章句,始自子夏"。子夏也曰:"有国有家者不可以不学《春秋》。"子夏是孔子之后的《春秋》传承人,影响了后世的《春秋》研究。

我说了半天,只是想说明子夏对于孔子的重要性,在颜回早逝之后,孔门之学应何去何从?

子贡曾问孔子,子张和子夏谁更好些?孔子回答说:"子张过分,子夏不足。"子贡又问:"那么子张好一些么?"孔子说:"过分和不足是一样的。"

可见,孔子虽然赞赏子夏,但也以为子夏有明显的缺陷,不足也。

他不像颜回那样让他放心!

孔子死后,孔子的思想谁来继承,谁来传承?

找接班人是大政治家最困惑的事情,也是大思想家最头疼的事情。

所以,孔子郑重地对子夏说:"女为君子儒,无为小人儒。"

但孔子死后,对孔学的解读就不由他了,这样的事,也如佛陀涅槃之后，众说纷纭。

为什么说孔子是圣人？就在于他的这种预见性。他的思想，在他死后一分为八，但概括起来，不是君子儒，就是小人儒。

君子儒为君子所用，小人儒为小人所需。

子夏传道，从学者三百人，可见其影响之大。其门下再传弟子，如荀子；战国一批著名政治家、军事家，如李悝、吴起、商鞅都出自他门下。往下看，秦帝国的建立，法家的兴起，大一统专制的形成，中国历史几千年……今天，我们不得不感叹，大哉，孔圣人也。

孔子的本来面目是什么？是君子儒，王道思想？还是小人儒，霸道思想？

我们还是回到原典中去理解吧。

子谓子夏曰："女为君子儒，无为小人儒。"

一代文化大师熊十力先生的伟大著作《原儒》，就是要还原孔学（儒学）的本来面目，可惜，现代能有多少人真读懂熊十力，真读懂孔子？

君子儒，王道天下，大同精神！

6.14 子游为武城宰。子曰："女得人焉耳乎？"曰："有澹台灭明者，行不由径。非公事，未尝至于偃之室也。"

子游是孔子的弟子，偃是子游的名。

"武城"，鲁邑名。"焉""耳""乎"，是助词，无实意。

澹台是姓，复姓。灭明是人名，字子羽（也是孔子的弟子）。

子游做了武城印邑宰（官名），孔子问他："你招揽到贤能的人了吗？"子游说，已得到了一个叫澹台灭明的人（相助），此人的特点是"行不由径，非公事，未尝至于偃之室也"。

"行不由径"就是直道而行，不抄小路，不走"捷径"。

"非公事，未尝至于偃（子游）之室也"，澹台灭明作为子游的部下，没有公事，他从不到子游的居处。可见，其人公私分明。《论语注疏》有云："此言其人之德也。行遵大道，不由小径，是方也。若非公事，未尝至于偃之室，是公也。既公且方，故以为得人。"

孔子之问，可知为政之首，人才为第一要务；子游之答，足见为官之才，品德为最高法宝。

如何才能建构起一个清明的政治关系？先要有子游之官，他对人才有清醒的认识；次要有灭明之员，公私分明，品正行端；三要有孔子之赏，社会舆论的是非判断。三者缺一不可。

对照近代之政事，答案自在其中了。

由此可见，"政者，正也"，领导者带头走正道，部下谁敢不正？

为政者，"得人也""举贤才"为最重要的事情。能选拔德才兼备之人，共创事业，没有不成功的。

还有一段《史记·仲尼弟子列传》记录的故事，抄写如下，为政者，当珍惜、爱护此类官员也：

> 澹台灭明，武城人，字子羽。少孔子三十九岁。状貌甚恶，欲事孔子，孔子以为材薄。既已受业，退而修行。行不由径，非公事不见卿大夫。南游至江，从弟子三百人，设取予去就，名施乎诸侯。孔子闻之，曰："吾以言取人，失之宰予；以貌取人，失

之子羽。"

6.15 子曰："孟之反不伐，奔而殿，将入门，策其马，曰：'非敢后也，马不进也。'"

孟之反是鲁国大夫。

"伐"，夸功也。"奔"，败逃。

"殿"，军后曰殿，在后拒敌。"策"，以马鞭鞭马。

这是《左传》记载的故事。

哀公十一年（公元前484），鲁国和齐国战，鲁军大败逃回。只有孟之反在后面，于殿后掩护鲁军。将入国门，乃用马鞭鞭马，对人说："我并不是敢在后面抵拒敌兵，因为马不向前走，所以落在后面了。"

孔子称孟之反不夸耀自己。

孟之反是真不夸耀自己吗？

毓老师认为："此'不伐之伐'，伪君子，净说违心之言。"（《毓老师说论语》）

6.16 子曰："不有祝鮀之佞，而有宋朝之美，难乎免于今之世矣！"

"不有……而有"，必然会有这样结果……

这就是规律，这就是因果！我们看到一些社会现象时，要思考其本质。

历史长河中留存下来的典故，都是当下我们反观自身的镜子。我们要胸怀一颗纯真之心，常常用这面镜子照照自己，污垢就没有藏身之地。

一个人是这样的，一个家是这样的，一个国也是这样的。

孔子认为，当时的卫国，没有祝鲍的口才，只有宋朝的美色，那么这个国家很难免于即将到来的祸乱。

"祝鲍之佞"，"祝"，宗庙之官；"鲍"，卫大夫，字子鱼。"佞"，长于口才，即以佞谄受宠于卫灵公。

《左传·定公四年》中讲到了这个故事，"会于召陵，盟于皋鼬"。

"宋朝之美"，"宋朝"，宋公子，名朝，长得特别美，在卫做官，以美貌得到宠爱，私通卫国国君夫人南子。"宋朝，宋之美人而善淫。"（《论语集解》）

一个国家，"祝鲍之佞"得势，"宋朝之美"流行，能长久吗？

皇侃《论语义疏》中引范宁曰："祝鲍以佞谄被宠于灵公，宋朝以美色见爱于南子。无道之世，并以取容。孔子恶时民浊乱，唯佞色是尚，忠正之人不容其身，故发'难乎'之谈，将以激乱俗，亦欲发明君子全身远害也。"

宋明理学大家朱熹之注极短："言衰世好谀悦色，非此难免，盖伤之也。"（《四书章句集注》）从中也能体会到朱子的难言之隐！

毓老师感叹："激乱俗，自古认识真材实料者太少！"（《毓老师说论语》）

许仁图先生说："孔子由宋朝之美，就能预见卫国无法免于亡国之难，可见孔子之智，能洞烛先机。"（《子曰论语》）

一个国家，有一国的风尚；一个企业，有一企的文化；一个人，有一个人的风骨……

6.17 子曰："谁能出不由户？何莫由斯道也？"

古代称单扇门叫"户"，双扇门叫"门"。

人出（入）不由户，难道从窗子里进出吗？

"何莫由斯道也？"孔子之问！做人为什么不按照这种道理呢？

道，就是这么简单。

可是，人呢，个个都太聪明，聪明了，就做不到了。

这令我想起了上学时看过的一部美国电影《阿甘正传》。

《周易·系辞上》有云："易则易知，简则易从"，"易简而天下之理得矣"。

可是，人人都难以安分守己，总是"机关算尽太聪明，反算了卿卿性命。生前心已碎，死后性空灵"（《红楼梦》）。

《礼记·礼器》有云："未有入室而不由户者。"朱熹注中引洪氏曰："人知出必由户，而不知行必由道。非道远人，人自远尔。"（《四书章句集注》）

人的机巧之心是从什么时候生长起来的？

多了小聪明，就少了大智慧。

路要一步一步走，饭要一口一口吃。

"道在瓦砾，道在屎溺"，但"百姓日用而不知"。老子在《道德经》中讲的"绝圣弃智，民利百倍"，说的是同样的道理。

"见素抱朴",返璞归真。

出入由户,顺道而行。

6.18 子曰:"质胜文则野,文胜质则史。文质彬彬,然后君子。"

恰到好处是最好的!就是中庸。

"喜怒哀乐之未发,谓之中;发而皆中节,谓之和。中也者,天下之大本也;和也者,天下之达道也。致中和,天地位焉,万物育焉。"(《中庸》)

"君子之中庸也,君子而时中。"(《中庸》)

有胜,就有负,就不是中;有"或过之",就有"不及也"。

时中,即时时刻刻处在中、和的状态。

但是,孔子曰:"中庸其至矣乎?民鲜能久矣!"

正是因为不容易做到,才勤学之,常省之,日修之。

"文""质"之事,也是一样。"质",是本质。"文",是文饰。

"质胜文则野"。"野","野人,言鄙略也"(《四书章句集注》)。《礼记·仲尼燕居》有云:"敬而不中礼,谓之野。"

"文胜质则史","史",掌文书之官,因其"多闻习事,而诚或不足"。"辞多浮夸,故以为野之反。"

那么怎么办呢?

"文质彬彬,然后君子。"

朱熹解读"彬彬","物相杂而适均之貌"。即是中庸之用。

"然后",是一个时间概念,指不断向前。

"君子",此处可认为是动词,君子不断修行,自强不息!

文质相称才是君子。但文、质又是生长的、变动的,想达到动态的平衡,不是一件容易的事情。

损有余,补不足,乃修行之道。也要记住,阴阳相生相克。

一个人的文、质也一样,相克相生,不要有胜负,最好是中和共长。

《春秋繁露·玉杯》有云:"志为质,物为文,文著于质,质不居文,文安施质?质文两备,然后其礼成。""《春秋》之序道也,先质而后文,右志而左物,故曰:'礼云礼云,玉帛云乎哉!'"

毓老师言:"说易,行可太难。"(《毓老师说论语》)这是一个活了106岁的真正君子的体悟。

此处,我又想到老子《道德经》里的话:"故有无相生,难易相成,长短相形,高下相倾,音声相和,前后相随。"

谈何难?谈何易?

谈何胜?谈何负?

"文质彬彬,然后君子。"

6.19 子曰:"人之生也直,罔之生也幸而免。"

"幸而免",侥幸而免于灾难。

看着坏人兴风作浪,你以为这就是正道,殊不知,这只是"幸而免",不是常态。

民间常流行这样一句俗语,"恶有恶报,善有善报,恶者不报,只是时机未到"，说的就是"幸而免"。

"直"与"罔"是相对的。"罔"通"枉"。《论语·为政》中哀公问曰："何为则民服？"孔子对曰："举直错诸枉，则民服。举枉错诸直，则民不服。"

毓老师讲："人性直无伪，亦即真人。应直养而无害，直其道，正道。"(《毓老师说论语》)

"罔，自欺欺人。"

"自作孽，不可活。"(《尚书·太甲》)

人间大道，生人以直。

孔子时代的"直"，非今世"正直"的含义可涵盖，还有直诚之意，正道之意……

"诚者，天之道；诚之者，人之道也。"(《中庸》)人至诚则自直，至诚者，直指本性，内外通透，无罔而为，自然平实！

人之生（性）也直，"不诚无物"(《中庸》)。

还是回到前两篇孔子的感叹上："谁能出不由户？何莫由斯道也？"

人，不可怀侥幸心理，虽有时"幸而免"，或偶获成功，但不是长久之道，内心的忐忑不安，不能助你"直而生"，不能助你阳光而坦荡地前行。

6.20 子曰："知之者不如好之者，好之者不如乐之者。"

今晨我对孔子这句看似浅显的话，无从下手，想起了小时候看到的狗吃刺猬的场景。

后翻阅梁启超的《儒学六讲》，里面讲了许多关于"乐"的知识，似乎找到了头绪，但一对照原文，还是放弃了这花半天功夫找出的思路。

儒学大家王夫之认为："圣人之言，重门洞开，初无喉下之涎，那用如彼猜度。"（《子曰论语》）不觉甚为惭愧。

知之者，好之者，乐之者，是人学习或修德的三种境界，对于工作也是一样。

回想我自己的学习历程，也可以得到印证。

开始学习，为知识而学习。知识多了，可以得高分。

中间学习，因为喜好而学习。

现在学习，纯粹是为了快乐而学习。因为在生活中，学习是最快乐的事情。

蒋伯潜先生言："'知之者'，不过知道此学此道之如何而已。'好之者'，则对此学之道有进一层的爱好。'乐之者'，则'乐此不倦'，比好之者，更进一层。"（《新刊广解四书读本》）颜子的陋巷箪瓢，不改其乐；孔子的饭食饮水，乐在其中，发愤忘食，乐以忘忧，竟然"不知老之将至"。

人，要有所知，要有所好，更要有所乐。

所知之求，使你永远像小孩一样，对这个世界充满好奇。

所好之欲，使你永远充满动力，对当下的事情专注并改善。

所乐之处，使你达到了无所求的境界，乐在其中。

"子在齐闻韶，三月不知肉味"（《论语·述而》），是乐者状态。

人，需活出一点滋味；人，也要活出一点品位。

先从一个不知者，变成一个知之者；再上一层楼，变成一个好之者；更上一层楼，修成一个乐之者……

"朝闻道，夕死可矣！"乃真正的乐之者的肺腑之言也……

6.21 子曰："中人以上，可以语上也；中人以下，不可以语上也。"

孔子认为，人生下来根器就有所不同。人有上等资质、中等资质、下等资质。

"中人以上，可以语上也。""语"，四声，告也，告诉。中等资质以上的人，你可以告诉他大智慧的道理。中等资质以下的人，不可以。为什么？

"唯上智与下愚不移。"（《论语·阳货》）

真正的上智者，真正的下愚者，认自己的死理，"不移"，不容易改变。

老子也说："上士闻道，勤而行之；中士闻道，若存若亡；下士闻道，大笑之，不笑不足以为道。"（《道德经》）

今天，人工智能、大数据日趋发达，用户画像技术越来越成熟。

而老子、孔子在两千多年前，就给我们画了像了，我们可以对号入座，看着自己有没有中上根器。

朱熹认为，此段是"言教人者，当随其高下而告语之，则其言易入而无躐等之弊也"（《四书章句集注》）。

《论语·季氏》中孔子曰："生而知之者，上也。学而知之者，次也。困而学之，又其次也，困而不学，民斯为下矣！"

由此可看出，中人，即学而知之、困而学之之人。下人，就是困而不学之流。

困而不学，只能居下流了。

王夫之认为，中人以下者，可以通过用功而成为中人以上。资质重要，工夫也不能少。"如良田之稻，饭以香美，稻则质也，亦是栽培芟灌得宜，非但种之美而已。"（《读四书大全说》）

因材施教。孔子说的是大实话。

6.22　樊迟问知。子曰："务民之义，敬鬼神而远之，可谓知矣。"

　　问仁。曰："仁者先难而后获，可谓仁矣。"

樊迟，为孔子驾马车的弟子，小孔子36岁。

樊迟近水楼台，问了孔子两个问题，一是何为知，一是何为仁？

孔子回答的是樊迟的问题，但樊迟不是你我。

孔子面对那一时刻的樊迟，启发他对知和仁的认识。樊迟问到的知、仁，不是我们当下想要知道的知和仁，但孔子已不在。我们只能在《论语》记载的场景中体悟知和仁。

真知和真仁是唯一的，但樊迟有樊迟的理解，我们有我们的体悟。

所以，在《论语》中，孔子针对不同的人，给知和仁不同的定义，这就没有什么好奇怪的了，但万变不离其宗，我们要去体悟、去寻找那个本。

直奔山顶去！不要纠缠在半山腰。

"务民之义，敬鬼神而远之，可谓知矣。""民"即是人，"知"今作智。

做人应当做的事，是敬重鬼神而不迷信之，此可谓智也。

朱熹注曰："专用力于人道之所宜，而不惑于鬼神之不可知，知者之事也。"他又引用程子曰："人多信鬼神，惑也。而不信者又不能敬，能敬能远，可谓知矣。"（《四书章句集注》）

"仁者先难而后获，可谓仁矣。"

朱熹注曰："（程子）又曰'先难，克己也。以所难为先，而不计所获，仁也。"（《四书章句集注》）

"先天下之忧而忧，后天下之乐而乐"，范仲淹说得更明白。

反推之，大概就知樊迟是什么样的人了。孔子曾说"小人哉，樊须也"，樊须字子迟，也就是樊迟。

樊迟悟性不高，就"仁"和"知"还问过孔子。孔子回答得更简洁，问仁曰"爱人"，问知曰"知人"，樊迟再问，孔子说："举直错诸枉，能使枉者直。"

樊迟这么多问，但懂了吗？

这段对话，给我的启发是：我究竟是要探究樊迟之问，还是孔子之答？

我们不是彼时的樊迟，但我们共同面临这个问题：何为知？何为仁？

孔子给樊迟的答案，不是给两千年之后的我们的答案。以为知道樊迟的答案就能得一百分，于是便有了各种注解，知识分子在推知注释的过程中原地打转，文化就此停顿，而失去了其真正的生命力。

6.23 子曰:"知者乐水,仁者乐山;知者动,仁者静;知者乐,仁者寿。"

梁启超先生在书《儒学六讲》中讲到"孔子之知的生活""孔子之情的生活""孔子之意的生活",把孔子的人生勾勒得清晰无比。

"乐",喜好,是一个人情感的寄托。

"孔子对于美的情感极旺盛,他论《韶》《武》两种乐,就拿尽美和尽善对举。"梁启超接着写,孔子"在齐闻《韶》,闹到三月不知肉味,他老先生不是成了戏迷吗"?

孔子之乐,乐在山顶;孔子之乐,乐在其中。

人活着,真的需要点境界,需要点品味。

整天肥肉大酒,拜金逐权,真的很难体悟孔圣人这段话的韵味。

程子曰:"非体仁、知之深者,不能如此形容之。"(《四书章句集注》)

"知(智)者乐水","知者动"(自强不息),"知者乐"。

毓老师把这段语录解释得特别到位,我抄录如下:"智者利仁,有似于水,周流不满,达于事理。流水之为物也,不盈科不行,永远在流动,其德'盈科而后进'(《孟子·离娄下》),不遗小间隙,淌满了再往前走。"(《毓老师说论语》)

《韩诗外传》有云:"夫水者缘理而行,不遗小间,似有智者;动之而下,似有礼者;蹈深不疑,似有勇者;障防而清,似知命者;历险致远，卒成不毁，似有德者。天地以成，群物以生，国家以宁，万物以平，品物以正，此智者所以乐于水也。"

智者见智！"水善利万物而不争。"

"仁者乐山"，"仁者静"（无欲），"仁者寿"（与天地同寿）。

毓老师享年106岁，自号安仁，他本身就是对仁、寿的证悟。

"仁者安仁，有似于山，厚重不迁。静，无欲才能静，宁静以到致远，定、静、安、虑、得。仁者寿，与天地同寿，精神长在，恒。"（《毓老师说论语》）

再录《韩诗外传》："夫山者，万民之所瞻仰也。草木生焉，万物植焉，飞鸟集焉，走兽休焉，四方益取与焉。出云道风，从乎天地之间。天地以成，国家以宁。此仁者所以乐于山也。"

王夫之以下之言，可谓切身体悟，他写道："乐水者乐游水滨，乐山者乐居山中耳。……山中自静，山气静也。水滨自动，水气动也。……水滨以旷而气舒，鱼鸟风云，清吹远目，自与知者之气相应。山中以奥而气敛，日长人静，响寂阴幽，自与仁者之气相应。气足以与万物相应而无所阻，曰动。气守乎中而不过乎则，曰静。气以无阻于物而得舒，则乐。气以守中而不丧，则寿。"（《读四书大全说》）

王夫之之言甚对，无功夫者只能做个门外汉了。

我们再看看朱熹达到了什么境界？他说："知者达于事理而周流无滞，有似于水，故乐水；仁者安于义理而厚重不迁，有似于山，故乐山。动、静以体言，乐、寿以效言也。动而不括故乐，静而有常故寿。"（《四书章句集注》）

如此看来，还是王夫之更胜一筹。

写了这么多。其实不如问自己一个问题：是有仁者的潜质，还是有智者的前景？乐山，还是乐水？

6.24 子曰："齐一变，至于鲁；鲁一变，至于道。"

朱熹注曰："孔子之时，齐俗急功利，喜夸诈，乃霸政之余习。鲁则重礼教，崇信义，犹有先王之遗风焉，但人亡政息，不能无废坠尔。道，则先王之道也。言二国之政俗有美恶，故其变而之道有难易。程子曰：'夫子之时，齐强鲁弱，孰不以为齐胜鲁也，然鲁犹存周公之法制。齐由桓公之霸，为从简尚功之治，太公之遗法变易尽矣，故一变乃能至鲁。鲁则修举废坠而已，一变则至于先王之道也。'"（《四书章句集注》）

这是孔子政治理想的陈述。

齐国，霸道。"变"，变革、进步。鲁国，王道。

《白虎通德论》有云："王者，往也，天下所归往。"孟子是孔子之后的孔学集大成者，《孟子·公孙丑上》有云："以力假仁者霸，霸必有大国。以德行仁者王，王不待大。""以力服人者，非心服也，力不赡也；以德服人者，中心悦而诚服也。"

"鲁一变，至于道。"从王道达于大道。

孔子所言的大道是何道？

《礼记·礼运》把这个大道讲得一清二楚："昔者仲尼与于蜡宾，事毕，出游于观之上，喟然而叹。……言偃在侧曰：'君子何叹？'孔子曰：'大道之行也，与三代之英，丘未之逮也，而有志焉。'大道之行也，天下为公。选贤与能，讲信修睦。故人不独亲其亲，不独子其子，使老有所终，壮有所用，幼有所长，鳏寡孤独废疾者皆有所养，男有分，女有归。

货恶其弃于地也，不必藏于己；力恶其不出于身也，不必为己。是故谋闭而不兴，盗窃乱贼而不作，故外户而不闭，是谓大同。"

接下来孔子讲了大道既隐和小康思想的流行。

中华文化的自信从哪里来？

还是老老实实回到经典中吧，没有传承就没有革新。看看我们先辈几千年前的大同政治思想，才知什么是文明古国。

历史是割裂不断的！我们的文化自信来源于中华文化主体性的觉醒！而现在，也到该觉醒的时候了。

6.25 子曰："觚不觚，觚哉！觚哉！"

旧注说这是个比喻句。

"觚"，棱也，或曰酒器，"细腰高足，腹部和足部各有四条棱角，有一固定的型"（《毓老师说论语》）。

"觚不觚"，觚如果没棱角，就不像觚的器形，又怎能叫作觚？

朱熹注中引程子曰："觚而失其形制，则非觚也。举一器，而天下之物莫不皆然。故君而失其君之道，则为不君；臣而失其臣之职，则为虚位。"范氏曰："人而不仁则非人，国而不治则不国矣。"（《四书章句集注》）

毓老师解得更痛快："'人不人，人哉！人哉！'人不像人，永远不能成事。"他继续说："人的格，在孝、慈、义，否则是两条腿的畜牲。"（《毓老师说论语》）

名正则言顺，孔子特别强调正名。"君君、臣臣、父父、子子"，各居其位，各施其德，"实至名归，名实相副"。

君不君，臣就不臣。这是孟子的论点。父不父，想让儿子成龙，可能吗？

梁启超先生的《儒学六讲》专门有一节讲"《春秋》与正名主义"。

"《春秋》慎辞，谨于名伦等物者也。"（《春秋繁露》)，慎辞就是正名。

董仲舒曰："《春秋》辨物之理以正其名，名物如其真，不失秋毫之末，故名霣石，则后其五，言退鹢，则先其六。圣人之谨于正名如此，君子于其言，无所苟而已，五石、六鹢之辞是也。"（《春秋繁露》）

台湾的许仁图先生在此写道："孔子'觚不觚'之叹，今世尤然，光怪陆离的社会，许多人三分像人、七分像鬼，人不像人、鬼不像鬼，言行荒腔走板，比禽兽还不如。"（《子曰论语》）

人，本来如这一撇一捺很简单，要"学做人"，想照猫画虎，难免做作，所以就复杂了。这样也就失去了内心的真诚，偏离了人的本来面目。

觚不觚，人不人？

觚哉！觚哉！

人者，仁也！

6.26　宰我问曰："仁者，虽告之曰：'井有仁焉。'其从之也？"

子曰："何为其然也？君子可逝也，不可陷也；可欺也，不可罔也。"

有一种很好的读书法：读《道德经》时，把老子不让我们做的都记下来;读《论语》时,把孔子讲的君子可以做什么、不可以做什么都记下来。

日读之,日省之,日行之,就是人生最好的学习!

宰我,孔子的杰出弟子,列孔门四科十哲的言语科。

这个弟子问了老师一个非常难的问题:"一个仁者,假如有人告诉他'井里有人掉下去了',这个仁者是不是要紧跟着要下井(救人)呢?"

这个问题很刁,它使人处于两难境界:一、一个求仁行仁者,被告知"井有仁焉",而不立即下井,没有见义勇为,是仁吗?二、如果立即下井,而使自己也处于困境,是仁吗?

为什么说孔子是高人,就是因为他的心处于恒定的状态中,他回答了那么多的问题,也不会前后不一贯,上下互冲突。他是知之者,也是行之者。一以贯之,表里如一。

今日学者、师者为何有欠缺?因为有的说一套,做一套,说到做不到。或者,即使说到做到,但"鲜久矣",不时冒个泡,前功尽弃。

"何为其然也?"孔子反问,为什么要这样假设呢?

人,常常困于两端,不是白就是黑,不是对就是错。但白与黑只是两相对比的结果,何为对,何为错,其标准能经得住时间的检验吗?

人,为什么常常困于两端呢?因为"凡人兼二","二",是陷于两端者。中庸,用中也。用中者,破除两端之困也。

"君子可逝也,不可陷也。""逝",往也,君子可以去营救,但不可也深陷井中而无救,置其于不易之地。"可欺也,不可罔也。"(君子)可以善意地欺骗人,但不可以恶意地诬陷人。

君子"可逝不可陷""可欺不可罔",才可以做到坦荡荡!而坦荡的心灵，才是一个人最持久的财富。

6.27 子曰："君子博学于文，约之以礼，亦可以弗畔矣夫！"

"博"，广也。"约"，束也。"畔"，通"叛"，违也，背也。郑玄曰："弗畔，不违道也。"（《论语集解》）

颜回曾这样描述他的老师："夫子循循然善诱人，博我以文，约我以礼，欲罢不能。"（《论语·子罕》）

博文，内学。约礼，外行。

内外结合，就不会离经叛道了。这便是中道。

这里的"文"，比今日理解的"文"更广大。有天文、地文（理）、人文。"弟子入则孝，出则弟，谨而信，泛爱众，而亲仁，行有余力，则以学文。"（《论语·学而》）

文过则饰非。

"质胜文则野，文胜质则史，文质彬彬，然后君子。"（《论语·雍也》）

许仁图先生说："文的最高境界是尧之德的'钦明文思'，尧的文是'经天纬地'。"（《子曰论语》）

孔子的谥号是"文王"。

"礼"，理，理义。"《春秋》者，礼义之大宗也。"

王夫子曰："文与礼原亦无别。所学之文，其有为礼外之文者乎？……在学谓之文，自践履之则谓之礼，真实一而已。""约者，收敛身心不放纵之谓。……学文愈博，则择理益精而自守益严，正相成，非相矫也。博文约礼是一齐事，原不可分今昔。如当读书时，正襟危坐，不散不乱，即此博文，即此便是约礼。"

他继续写道："若云博学欲知要，则亦是学中工夫，与约礼无与。且古人之所谓知要者，唯在随处体认天理，与今人拣扼要、省工夫的惰汉不同。夫子正恶人如此鲁莽放恣，故特地立个博文约礼，此订此真虚枵、假高明之失。"

"博之……"，又"约之……"，乃君子。

"博之"，人生的动力系统；"约之"，人生的刹车装置。

中道而行，像一种驾驶技术！

学习如此，人的衣、食、住、行也一样，财富、权力也相同。

既要博之……又要约之……，才可以"继周以俟百世，非畔也"（《论语述何》）。

王尔德说过，起先是我们造成习惯，后来是习惯造成我们。

一个人的习惯里，会藏着他的命运。

6.28 子见南子，子路不说。夫子矢之曰："予所否者，天厌之！天厌之！"

看看做圣人多难！

南子，卫灵公夫人，是一位大美人。《史记·孔子世家》记载："灵公夫人有南子者，使人谓孔子曰：'四方之君子，不辱欲与寡君为兄弟者，必见寡小君。寡小君愿见。'孔子辞谢，不得已而见之。"

可见，南子不光长得漂亮，她对孔子也很景仰。"使人"，派人告知孔子。孔子周游至卫国，谢绝南子肯定是不好的。但这一见，引来了孔子弟子子路的不悦。

子路经常"不说"。

"矢"，陈言。孔子陈言："我的大道之所以行不通，实在是上天在阻止我。""天厌之"，连我身边的弟子都不理解我。

孔子的无奈！苦心而不被人理解。

联想孔子的一生，其实我们遇到的挫折真的不算什么。一个人，要越战越勇，越败越进！

跌倒了，爬起来继续前行！

孔子自言少也贱，心怀远志，但在鲁国得不到大用，他55岁时开始周游列国，被匡人拘禁；差一点被宋国司马桓魋所杀；在郑国与弟子失散，被人喻为"累累若丧家之狗"；在蔡地被隐士长沮、桀溺嘲讽；在卫国，见个南子，还引来弟子的不痛快……

孔子不说"天厌之，天厌之"，还能说什么？

常言道，人间正道是沧桑！

千难万险挡不住孔子。他被控于匡地，大义凛然，讲出壮志凌云的话语："文王既没，文不在兹乎？天之将丧斯文也，后死者不得与于斯文也！天之未丧斯文也，匡人其如予何？"（《论语·子罕》）

这是何等的担当！人，就应该有孔子这种自强不息、不辱使命的精神。不能遇点事、受点挫折就要死要活，上点年纪，就马放南山，吃喝等死。

看看我们的孔子！游列国，见大道不能推行，便返回家乡，释《周易》，著《春秋》，"终日乾乾"，不知"老之将至"，活泼泼的一个生命典范,体悟之,我等不奋起前行,心安吗?

6.29 子曰:"中庸之为德也,其至矣乎? 民鲜久矣!"

朱熹注曰:"中者,无过无不及之名也。庸,平常也。至,极也。鲜,少也。言民少此德,今已久矣。"他引用程子曰:"不偏之谓中,不易之谓庸。中者天下之正道,庸者天下之定理。自世教衰,民不兴于行,少有此德久矣。"(《四书章句集注》)

中庸之道,至深至微,至高至妙。人生,就是在体道、悟道、行道中有了意义。

"喜怒哀乐之未发,谓之中;发而皆中节,谓之和。中也者,天下之大本也;和也者,天下之达道也。致中和,天地位焉,万物育焉。"(《中庸》)

不进门,不知道《中庸》的博大精深。

"民鲜久矣。"孔子的感叹。

行中庸之道的颜回,"其心三月不违仁",可谓好学者也。

"回之为人也,择乎中庸,得一善则拳拳服膺,而弗失之矣。"(《中庸》)

中庸,执两用中。中不是简单的两端之中,而是超越两端的最适宜的选择。

中庸是中华文化的精神所在。我的一位老师,他一生常带的一本书就是《中庸》。他说,每读一遍,就有一遍的体悟。

悟中庸之道者,民鲜久矣;行中庸之道者,民鲜久矣!

昨日我再读熊十力先生《读经示要》,其序言一段话我甚为感动,这也是这个千载一人,"鲜久"之人的一段心声,抄录如下:"……如上三讲,结集成书(《读经示要》)。肇始于六十揽揆之辰。毕事于寇迫桂、黔之日。念罔极而哀凄,痛生人之迷乱。空山夜雨,悲来辄不可抑。斗室晨风,兴至恒有所悟。上天以斯文属余,遭时屯难,余忍无述。呜呼!作人不易,为学实难。吾衰矣,有志三代之英,恨未登大道。不忘百姓之病,徒自托空言。天下后世,读是书者,其有怜余之志,而补吾不逮者乎?"

"民鲜久矣。"吾辈将怎么办?

文化的接力棒,要一棒一棒地传承下去!

6.30 子贡曰:"如有博施于民而能济众,何如?可谓仁乎?"

子曰:"何事于仁?必也圣乎!尧、舜其犹病诸!夫仁者,己欲立而立人,己欲达而达人。能近取譬,可谓仁之方也已。"

子贡说:"如果有人广布恩泽于民,而能使大众都得到救济,怎么样?可以算仁人吗?"孔子答:"能够如此,何止于仁呢?一定是圣人了吧!这是尧舜还愁做不到的,所谓仁者,是推己及人:自己能立了,使人也能立;自己能达了,使人也要能达。能够就近取譬于己,推而及之他人,可以说是为仁的方法。"(《新刊广解四书读本》)蒋伯潜先生的注解甚好,我整段抄录如上。

仁=亻+二。两人也。由己及人,由自己推知别人。

万事只从自己考虑，难免自私。人，兼有共性，"己欲立而立人，己欲达而达人"。

换孔子的另一句话就是"己所不欲，勿施于人"。

由己推及人，由一到二，由二到三，由三到万物，便是"民胞物与，万物一体"，这便是仁的不断扩展。

子贡有钱，所以问了一个"博施于民""而能济众"的问题。

"博施，济众"，毓老师解为尽己之性→尽人之性→尽物之性。

"能近取譬"，从近处找到明道之事，体悟、实践、笃行之，为行仁之方。《论语述何》曰："《春秋》录内而略外，必先正君，以正内外，所谓取譬不远也。"

最难叫醒的是装睡的人。

如有仁心仁意，仁事即在脚下。

大有大仁，小有小爱。乃至"所有一切众生之类，若卵生、若胎生、若湿生、若化生、若有色、若无色、若有想、若无想、若非有想非无想……"，便进入仁阔天地、佛法无边的境界。

子贡曰："文武之道，未坠于地，在人；贤者识其大者，不贤者识其小者。"（《论语·子张》）

但无论大小，"推己及人"是行事最初的着力点！

述而第七

7.1 子曰："述而不作，信而好古，窃比于我老彭。"

我常常在四五点，夜还在延续，日还在到来之时，浸泡在这些博大精深的文化经典中，想到尧、舜、孔子、孟子、董仲舒、朱熹、王阳明、王船山、熊十力、马一浮，还有毓老师。我想此刻，他们正看着我们，他们传承的文化正在我们这个时代生根发芽……

"斯文在兹乎？"

文化在我，我并不会变成神、变成精。但文化的承载，将使我们在责任和担当之下，寂寞前行。我们会数着自己的脚步，但逐渐不再留恋走过时的风景！

我们在文化的熏陶中，不再怨天，不再尤人，而是不断地感恩我们遇到的一切，遇到困难和阻碍也是一种缘分，而这些因缘恰恰构成我们的人生！

我们以敬畏之心，感恩这些文化的先行人，正是他们照亮了我们的心灵！

万古出个孔圣子，他活泼泼是个老顽童。

"窃比于我老彭"，"窃"，私下。"窃比"，私下悄悄的对比。古人用窃、私、寡人等表示谦卑。老彭，何许人也？不知道，有名无实，历史上没有记录了，但一定是孔子敬佩之人，比如老子，或彭祖之列。

在"述而不作、信而好古"上，我堪比老彭。

那其他方面呢？孔子没说。

但为什么有许多后人说孔子"述而不作"呢？孔子和老彭比起来

是"述而不作",而不是根本的"不作",他不作,《周易》注、《春秋》又是哪来的?

"述",是上承。他转述什么?"仲尼祖述尧舜,宪章文武",孔子上承的是尧舜的文武之道;"作",不单指创作,而是指孔子的修行直接天道,在传承的过程中不掺杂他个人的私货。"斯文在兹",那个文(道)是天道,是先道,是元,先天而生;在兹,暂时传承到我这里,但它不是我创造的,我只是起着承上启下作用。

"述而不作",多诚实!

大道只能发现。比如牛顿发现万有引力,爱因斯坦发现相对论。孔子发现尧舜文武之道。如此而已。不必大惊小怪,不必生搬硬套!

发现了,看到了那个道,就"信而好古"。"信",坚信而不质疑。

孔子之信,不存半点杂质!

至诚而至信!

"好古","知之者不如好之者"(《论语·雍也》),"好",偏好而专注之,我有个大哥是蓝带美食家,好这一口,对吃讲究,追求吃像追求艺术一般,只有更好,没有最好。

"古",古道悠远,尧、舜的先声。

孔子,"述而不作,信而好古",一以贯之,十五岁志于志学,孜孜不倦,怎能不成圣人?

想想吾辈,想"述"而不通道,就想着抄近路,尽做"作","信"名好利,不"好古"。如此,成功当然变成梦幻泡影,昙花一现了!

"述而不作,信而好古",这犹如古老的鼓声,今晨,回响在我们的心中。

想起我刚来北京时,火车站虽破烂一些,但那车站钟声,是那样的清亮、干净、悠长……

7.2 子曰:"默而识之,学而不厌,诲人不倦,何有于我哉?"

"何有于我哉?"上面说到的三条,对我来说,有什么难的?

孔子都已经做到了。对他来说,这已成为一种习惯。

但我们要观照的是,我们能做到几点:

第一,默而识之;

第二,学而不厌;

第三,诲人不倦。

这里说的是读书方法。真正的中华文化,是知行哲学,知道了去行动,才叫学习!

光读书,不学以致用,是书呆子;光明道,不去修行迁善,净化自己的心灵,是伪道士。

学习是一种功夫!应不断地学之习之!

学,"默而识之"。习,"学而不厌"。

自己学会了、体知了,就是先知者、先觉者,要"先知觉后知,先觉觉后觉",要"闻道有先后,术业有专攻",要传授给别人,"诲人不倦"。

何为"默而识之"?寂默,佛教中把它作为一种修行悟道的方法。记得我以前去台湾,曾买了一本圣严法师的书,专讲这种功夫。

儒学也有自己的功夫,默而识之应是其中一种,静、定、安、虑、得,是其次序。

识，了悟于胸。"不识庐山真面目，只缘身在此山中。"得到真识不容易，人常常被假象蒙蔽。

"学而不厌"，是好学、好奇、有兴趣；见贤思齐，是一种优良的品德。"学，然后知不足。""知不足，然后能自反也。"

心，觉醒后，便有了一种向上的力量，因而"学而不厌"。

"诲人不倦"，真心希望别人好！不倦？什么样的慈悲心，才使孔子感到永不疲倦？

万世师表，不是凭空挂在孔庙里的牌子。

先有默而识之，再有学而不厌，最后诲人不倦，造就万古圣师！

我们不敢做人师。但我们也在做别人的领导、孩子的父母，或者是爷爷、奶奶。

我们要"诲人不倦"，但自己下过"默而识之，学而不厌"的功夫吗？如没有，可不就成了"毁"人不知了吗？

学习，什么时候开始都不晚。就怕今日刚刚闻知，明天到书店买了一摞书，后天兴致还高，大后天就扔在一边了。默默地坚持，别虚张声势。

学不厌，默识之。随时都有榜样，到处都有典范。

大道，隐显在万事万物中。有心人，就会发现"天无私覆，地无私载，日月无私照"。圣贤们，循循善诱，"诲人不倦"也。

7.3 子曰："德之不修，学之不讲，闻义不能徙，不善不能改，是吾忧也。"

此篇是孔子训他的弟子之言。两千多年之后再读，你不觉得是在骂我们吗?

圣人之忧,不忧己而忧人!你我之忧呢?

"德之不修",修德,就是修行。一个人的行为是这个人品德的外化。

孔子把修德看作人生的第一要务。毓老师说:"人什么都可以没有,但不能没有德。人不可以缺德,应'约之以礼'。"(《毓老师说论语》)

修德,必定是传承下来的。父不慈子能孝?尽想望子成龙,自己不修德,不践行,尽在做梦!

"修",修改,修剪。沿大道修其德。日修之,月省之,岁改之,一生成之。师傅领进门,修行在个人。三日打鱼,两日晒网,还不如干脆做个恶人。

天下事,多无常。唯有修德,自己就能掌控。

"学之不讲",弟子的学,不是为了考一百分。自己学懂悟透,应讲给别人,先觉而后觉,影响更多人。另外,唯有讲,才能使学更深入。台上一分钟,台下十年功!没做过老师,你不知道自己肚子里有多空!

"闻义不能徙,不善不能改",孔子的切入点有多准,刀刀直指人性之弱点。

朱熹注解中引尹氏曰:"德必修而后成,学必讲而后明,见善能徙,改过不吝,此四者日新之要也。"(《四书章句集注》)

见贤思齐,改过迁善。这是一个人一生的大修行、大事业!

《周易·益卦》有云:"君子以见善则迁,有过则改。"

闻道则喜,小步快走,争取三五年有个君子的模样,然后再慢慢打磨,"切磋琢磨,以成其道"。

"过而能改，善莫大焉。"(《左传·宣公二年》)古人认为，大善其实就是改过！

改过、改过，改了就过去了！改，改过错。改，过！改，去！改，了！多有禅意。

7.4　子之燕居，申申如也，夭夭如也。

今天我还在云南工作，昨天开了一天会，因大家讨论热烈，我们中午一点多才用餐。晚上到了玉溪聂耳广场散步，见到了我的好友——中国当代一流的雕塑家袁熙坤（今75岁）的大小数个雕塑，倍感亲切！忍不住拨通袁先生电话，我说："今生有您这位好友，此刻我感到无上荣耀。"袁先生也甚为高兴，暂约等我回京后有空时到他的金台艺术馆小聚一下。

今晨我五点起床，继续读《论语》。

"子之燕居，申申如也，夭夭如也。"

此句不好解读。何为申申？何为夭夭？

我随意读起出差时带着的《也同欢乐也同愁》一书，此书是一代大师陈寅恪的三个女儿写的纪念父母的回忆录。文笔优雅，至情顺达，是了解陈寅恪的好资料。

今晨我读到陈氏一家从日军占领北平起，一路南下，一直至香港的经历，此时陈先生曾任教西南联大、港大。

想起了在清华大学一百年校庆之际，我曾为经管学院策划清华一百年"重走联大路"的活动，可惜那时本人学识有限，没有看到此书。

我今晨读的故事,说的是在日本人大肆侵略中国的背景下,一个清华大学教授的南行记录。此时他不能"申申如也",不能"夭夭如也",是一个"知进退存亡而不失其正"的大师!

"申申",言其敬。"如",望之俨然。

"夭夭",言其和。"如",即之也温。

《礼记》中有《仲尼燕居》和《孔子闲居》两篇,毓老师说:"'燕居'不同于'闲居'。昔日闲居犹见客,燕居则已退至内房,不再见客了,因已穿睡衣了。"(《毓老师说论语》)

此时,只有亲近的弟子才能接近孔子,听他传道。

此篇是孔子弟子记录老师燕居时的状态。朱熹引杨氏曰:"申申,其容舒也。夭夭,其色愉也。"一代大儒程颐认为:"惟圣人便自有中和之气。"(《四书章句集注》)

子夏曰:"君子有三变,望之俨然,即之也温,听其言也厉。"(《论语·子张》)

申申、夭夭,因年代久远,我们不能具体描述这是一种什么状态,但从燕居之处,可遥遥感知到孔子的"慎独"精神。

再回到《也同欢乐也同愁》一书上,那是陈氏一家特殊时期的"申申""夭夭"。

我想我们没有必要去推测古字之义,吹毛求疵。而我们要反省的是,在八小时之外,下班之后,自己的"燕居"是何?"闲居"是何?

毓老师感叹道:"人活着必要有美感,要维持礼。今人不懂何为礼。"(《毓老师说论语》)

学什么,必脱胎换骨,才算是自己的。

7.5 子曰:"甚矣吾衰也!久矣吾不复梦见周公!"

今天我们读到的这句话,是《论语》中很重要的句子,它是后人理解孔子思想的分水岭。切不可轻易放过。

我庆幸自己昨晚休息得早,休息得好,否则不会有今晨的灵感。

我们要记住,孔子的时代没有标点符号,标点符号是近代人的发明。

标点符号能断句,能表明语气,能突出文中重点。但不要忘记,这些标点符号的加入,只是后代人对经典的一种理解。不同的标注,有不同的解读。

接下来,我来说说我的改动。

请看多个版本的原文:"子曰:'甚矣,吾衰也!久矣,吾不复梦见周公!'"

这里我改了断句:"子曰:'甚矣!吾衰也?久矣!吾不复梦见周公!'"

道在微妙处!

按照老版本,朱熹是这样注解的:"孔子盛时,志欲行周公之道,故梦寐之间,如或见之。至其老而不能行也,则无复是心,而亦无复是梦矣,故因此而自叹其衰之甚也。"(《四书章句集注》)

不要盲目认同大儒的解释。孔子自言"终日乾乾,不知老之将至",朱熹的解释明显是和孔子的这种说法相冲突的。

熊十力先生写了一本书,叫《原儒》,还原儒家的本来面目,回归孔子的真实精神。所以,他认为他自己是孔子之后第一人,他跑了文化传承的第一棒。

毓老师认同熊十力的"原儒"观点,接着跑第二棒。

孔子的思想在晚年有巨大的变化。

在《论语·八佾》中，子曰："周监于二代，郁郁乎文哉！吾从周。"

早期，孔子认同周的文化，他认为春秋时代，"礼崩乐坏"，秩序混乱，所以梦想实现周公之志。但经历人生不平凡的磨炼后，孔子的思想实现了质变。"不复梦见周公"，此时孔子已有了自己的主张，不盲目"从周"了。他深刻认识到，春秋之乱，根本的问题是周朝的世袭制、"家天下"。

孔子认同尧、舜之道。但从禹开始，汤、文武、周公的政治，就偏离了"大道之行也，天下为公"的正道。从此，中国也就走上了两千年的专制之路。

董仲舒说孔子晚年之志在于"贬天子，退诸侯，讨大夫"，还权于民，选贤举能，实现民主"大同"。

"天无私覆，地无私载，日月无私照。""用九，见群龙无首，吉"，"人人皆有君子之行"，人人皆可成尧舜。可见，孔子怎么可能再"梦见周公"呢？

孔子的传承人孟子说得更直白，"民为贵，社稷次之，君为轻"。

"以人民为中心"，人民就是中心，其他的都是附属品！

这里大概把真正的孔子精神说清楚了。

我们再回到文本中。

"甚矣！""甚"，超过，胜过。"吾衰也？"孔子之道是落后的、衰败的吗？

"久矣！"和"甚矣！"对称，很久了。

"吾不复梦见周公"，我孔子不断探索，找到了"大同"思想。"大道之行，天下为公"，我彻底醒悟了，你们的"家天下"主张，已成为梦幻泡影，不复再现了，而且很久了。

看看，几个标点符号的改动，让真孔子立即出现在我们眼前。

7.6 子曰："志于道，据于德，依于仁，游于艺。"

孔子真是个好老师！他不保守，也绝对透明。他把自己怎么走过来的，都告诉了大家，把自己沿一条什么样的道路去学习，也说得一清二楚。修行秘方都公开了，关键是我们后学做不做。

"志于道"，"志"，心之所主。人必须有志。志向，有志于方向，人的一生，要知从哪里来，更要知道到哪里去。"大道之行也，天下为公。"孔子"十五志于学，三十而立"。许仁图先生认为："孔学阐发易乾道的纯粹刚健中正之道，老子发挥柔顺载物的坤道。"(《子曰论语》)

"志者，心之所之之谓。道，则人伦日用之间所当行者是也。知此而心必之焉，则所适者正，而无他歧之惑矣。"(《四书章句集注》)

"据于德"，"据者，执守之意。德者，得也，得其道于心而不失之谓也。得之于心而守之不失，则始终惟一，而有日新之功矣"(《四书章句集注》)。

"据于德"，言行以德行为依据，让中和之气充满身心。"君子以成德为行，日可见之行也。"(《周易·乾卦》)

"依于仁"，与仁相依为伴，一路同行。朱熹认为："依者，不违之谓。仁，则私欲尽去而心德之全也。"(《四书章句集注》)颜渊"三月不违仁"，那是功夫！

"游于艺"，游者，如鱼在水中一般。得心应手，游刃有余。朱熹这里解得太好了，我抄录如下："游者，玩物适情之谓。艺，则礼乐之文，射、御、书、数之法，皆至理所寓，而日用之不可阙者也。朝夕游

焉，以博其义理之趣，则应务有余，而心亦无所放矣。此章言人之为学当如是也。"(《四书章句集注》)

熊十力认为，凡智慧、知能之学，皆可名为艺。

朱熹以过来人的切身体悟概括道："盖学莫先于立志，志道，则心存于正而不他；据德，则道得于心而不失；依仁，则德性常用而物欲不行；游艺，则小物不遗而动息有养。学者于此，有以不失其先后之序、轻重之伦焉，则本末兼该，内外交养，日用之间，无少间隙，而涵泳从容，忽不自知其入于圣贤之域矣。"(《四书章句集注》)

志道，据德，依仁，游艺，这可作为我们今后的学习、生活法则。

7.7 子曰："自行束脩以上，吾未尝无诲焉！"

孔子是个什么样的老师？前面讲了许多他如何为学的事，此段简述他如何收徒（弟子）的事。

孔子言："有人拜己为师，只要送过拜师的礼物，不论他的礼物轻至束脩，或比束脩厚，我总一样地教诲他。"(《新刊广解四书读本》)

孔子之言，讲出了老师高贵的师德。正是孔子有此思想，寒门之子、一贫如洗的颜回，才有可能成为他的学生。

古代教育是官学，是贵族或有大钱之主的专属。孔子的伟大，是他首开了平民教育的先河。今日，受教育已成为基本人权！

今日的一些教育，已偏离了教育的本质。特别是一些高收费的教育项目，打着名校的幌子，收动辄不菲的学费，真的是发人深省！

"束脩"，指切成条状的肉干。

皇侃曰:"古者相见,必执物为贽。……上则人君用玉,中则卿羔,大夫雁,士雉,下则庶人鹜,工商执鸡。其中或束脩、壶酒、一犬,悉不得无也。束脩,最是贽之至轻者也。"(《论语义疏》)

"贽""至也,表已来至也",见面礼。

"自行束脩以上",自己看着办,视个人财力处理。束脩,最轻的,但必须是有的,颜回也不例外。"尔爱其羊,吾爱其礼"(《论语·八佾》),拜师学艺,孔子讲的是这个礼。礼者,理也。

"吾未尝无诲焉",有教无类,一视同仁。孔子连自己的儿子,都不给他进行课外补习。

许仁图先生认为:"孔子用'诲'不用'教',颇有深义。为政篇子曰,'由,诲女',述而篇'亦为之不厌,诲人不倦'。孔子认为人皆有过,故而提携训勉弟子,非独教读书籍,而由诲过开始,这种诲人修德与今人重知,沦于无行,大相径庭。"(《子曰论语》)

毓老师说:"古代学在官,孔子设教于杏坛,开私人讲学之风,以'藏道于民、有教无类'两个术打倒家天下。"(《毓老师说论语》)

7.8 子曰:"不愤不启,不悱不发。举一隅不以三隅反,则不复也。"

这个短句是孔子的诲(教)人之法!

一、孔子是启发式教育的开创者。

二、孔子教学生要做到举一反三。

我们不要以为今人比古人聪明。

大道先天生，智慧无古今！我们不要做历史虚无主义者。

我们要用古人的智慧启发我们对大道的认识。从而唤醒自己的主体性，奋发有为！

有为，不是人人都要做马云。而是要做最好的自己。达，则"兼济天下"；不能达，则"独善其身"。

在时光的累积中享受成长！在繁忙的工作中证悟人生！

只有心中有志，才有"愤"，才有"悱"。自己没有强烈的学习愿望，即使孔子再世教你也没有用。

春雨可以唤醒冬眠的种子，但春风吹不绿僵死的枯木。

学生有"愤"，老师才能"启"，弟子有"悱"，师傅才能"发"。

先生"举一"例，学者能"反三"。

"弗能察，寂若无，能察之，无物不在。是故为《春秋》者，得一端而多连之，见一空而博贯之，则天下尽矣。"（《春秋繁露》）

"不愤不启"，如开啤酒盖子，瓶子里先有气。

"愤"，《说文解字》称："懑也。"懑=满+心。从心，从满。满心烦闷。

"启"，《说文解字》称："开也"。"启"，打开，启封。启蒙，启示。

为什么学生求道不到发愤忘食的地步，老师不去启蒙他呢？

学者自己证悟的，才是真知识，才是自己的。

"不悱不发"，"悱"，想说可是不能恰当地说出来。如茶壶里的水烧到99度了，就差那么一点火候。"发"，起，开。

当老师，真得有耐心！

"愤者，心求通而未得之意。"悱"者，口欲言而未能之貌。"启"，谓开其意。"发"，谓达其辞。"朱熹还引用了程子注释佐证："愤悱，诚意之见于色辞者也。待其诚至而后告之。既告之，又必待其自得，乃

复告尔。"程子又曰:"不待愤悱而发,则知之不能坚固;待其愤悱而后发,则沛然矣。"(《四书章句集注》)

蒋伯潜先生评点说:"人于学有所不通,而极欲通之,则心愤愤然;因而导之,则豁然贯通矣。欲言未能者,即《学记》所谓'力不能问'也。'力不能问,然后语之',则恍然以先先得我心矣。举一反三,即孟子所谓'欲其自得之。''不复'者,即《学记》的所谓'语之而不知,虽舍之可也。'孔子教人之法,与现代教育学上的新教学法不谋而合。"(《新刊广解四书读本》)

7.9 子食于有丧者之侧,未尝饱也。子于是日哭,则不歌。

人人都长着一颗心,但心心各不同。常言道,知人知面不知心。

人人本具恻隐之心,但是否能随处显现?随时显现?

一代禅师神秀有个有名的偈语:"身是菩提树,心如明镜台。时时勤拂拭,勿使惹尘埃。"

人的同理心,要"时时勤拂拭"。

"己所不欲,勿施于人",别人有难,应感同身受。切不可落井下石,幸灾乐祸。

这几天法国巴黎圣母院着火了,我们一些网友竟以圆明园的历史而嘲讽之,这个不好。烧圆明园的是"强盗",但我们不能同样以强盗之心看待今日文明的毁灭。这是做人的基本准则。

慢慢学,事上练。

本篇是孔子弟子们记录的孔子临丧的状态。孔子真性情。圣人也是人,当他彻底回归人的本性时就成圣了。

《论语·八佾》中,子曰:"居上不宽,为礼不敬,临丧不哀,吾何以观之哉?"

今天的这篇,可以证明孔子临丧致哀,是先做到了,然后才说出来。整部《论语》都是这样的,它是行动之后的言语记录。我们学《论语》,要知其说什么,更关键的是要知道在当代形势下,我们做了什么。

知行合一,是一种功夫,是一种习惯。其实辩论是先知还是先行没什么多大的现实意义。知和行是一件事,它贯穿于时时中,贯通于事事中。

朱熹引谢良佐曰:"学者于此二者,可见圣人情性之正也,能识圣人之情性,然后可以学道。"(《四书章句集注》)

圣人之情,就是你我本具的常人之情,是没有"惹尘埃"的真性情。我推测,明心见性,看见的就是这个东西。

孔子在有丧事的人家边吃饭时,从没有吃饱过。"日哭",余哀未尽,所以"不歌",悲情未尽,如何能歌?

7.10 子谓颜渊曰:"用之则行,舍之则藏,惟我与尔有是夫!"

子路曰:"子行三军,则谁与?"

子曰:"暴虎冯河,死而无悔者,吾不与也。必也,临事而惧,好谋而成者也。"

能上能下,能屈能伸;能达能穷,能显能隐。

因为道济天下，所以素位而行。

"用时，则行道于朝；舍时，则藏道于民。"

只有自己修炼好，才能"用""舍"自如！

"用"，当时运到来之时，能拿得起；"舍"，当环境不适之刻，能放得下。

"用之则行"之时，了然于空；"舍之则藏"之刻，蕴含潜能。

"惟我与尔有是夫"，只有我孔子和你颜回有这样的功夫。

孔子，"圣之时者也"，"可以速而速，可以久而久，可以处而处，可以仕而仕，孔子也"（《孟子·万章上》）。

毓老师的解读很神，我抄录如下："孔子以'道藏于民，有教无类'两个术打倒家天下。颜回能得此意，故颜回早死，孔子叹：'天丧予！天丧予！'用，则行道，'大道之行也，天下为公'（《礼记·礼运》）。不用，则'隐居以求其志'（《季氏》），藏道于民。读中国书，贵乎实行"。（《毓老师说论语》）

"用行舍藏"，其实就是一件事，随遇而安，过而不住，因生生不息，行时在自强，隐时也在强己……

只要有嫉妒心，就还没有彻底成熟。不要以为冬天到来之时，所有的果实都成熟了。秋瓜烂果不少。

子路虽勇，但没熟透！差一点火候也不可行，淹死的都是会游泳的。

子路之妒："子行三军则谁与？"子路见孔子如此赞美颜渊，感到心里不服，而他又有军事才能，自负其勇。您孔子说"用之则行，舍之则藏，惟我与尔有是夫"。那好，那夫子行三军的时候，叫哪个人同去呢？

子路不省（悟）："暴虎冯河，死而无悔者，吾不与也。"暴虎，"徒搏"，徒手和猛虎搏斗。冯河，"徒涉"，赤身渡过大河。"死而无悔者"，死了,都不知为什么。

"吾不与也",我不与他同行,更不会去陪葬。

圣人的点拨真需你细心体悟!人有勇气,很好。但这个勇不能做到"用之则行,舍之则藏"就是有勇无谋,一介莽夫。

最后,勇者子路还是死在乱刀之下,被剁成肉酱。

关键是子路为什么听不懂老师的话?我们难道不是当代的子路吗?

大智慧在这里,"必也,临事而惧,好谋而成者也"。

遇到事情,要有敬畏心。"如临深渊,如履薄冰",惧之才能慎之。失败者,皆因内心不重视。"知己知彼,百战不殆。"(《孙子兵法·谋攻》)

"谋事在人,成事在天。"谋定而后动,不打没把握的仗,事前要做好多种准备。要沙盘推演,勇于承受最坏的结果。

朱熹引谢氏曰:"圣人于行藏之间,无意无必。其行非贪位,其藏非独善也。若有欲心,则不用而求行,舍之而不藏矣,是以惟颜子为可以与于此。子路虽非有欲心者,然未能无固必也,至以行三军为问,则其论益卑矣。夫子之言,盖因其失而救之。夫不谋无成,不惧必败,小事尚然,而况于行三军乎?"(《四书章句集注》)

"用之则行,舍之则藏","临事而惧,好谋能成"。

你不服孔子能行吗?读懂《论语》,过智慧人生!

7.11 子曰:"富而可求也,虽执鞭之士,吾亦为之。如不可求,从吾所好。"

孔子不虚伪,不做作。

富贵，人皆渴望，"富与贵，是人之所欲也"（《论语·里仁》）。这点不用回避，关键是"可求""不可求"。

如这个"富"是可以求的，就是让我做"执鞭之士"的工作，我也愿意去做。

"执鞭之士"的出处在《周礼·秋官》："条狼氏（人名）掌执鞭以趋辟，王出入，则八人夹道。公则六人，侯伯则四人，子男则二人。""趋辟，趋而辟行人。"《序官》有云："条狼氏下士。"

"如不可求，从吾所好"，不可求，不可强求。"生死有命，富贵在天"，偷来的，抢来的，"不可求"而强求的，迟早是祸害。若如此，还不如"从吾所好"，乐在其中呢。

朱熹注曰："设言富若可求，则虽身为贱役以求之，亦所不辞。然有命焉，非求之可得也，则安于义理而已矣，何必徒取辱哉？"（《四书章句集注》）

何为"可求"，何为"不可求"？君子爱财，取之有道。"不以其道，得之不处也。"（《论语·里仁》）

其实，每个人都有每个人的"富"，不一定要用一把尺子来丈量。"富"，有时是实物，有时也是一种感觉。

孔子在后文中说："饭疏食，饮水，曲肱而枕之，乐亦在其中矣！不义而富且贵，于我如浮云"。

我们不能做到孔子那样"从我所好""不为物役，不从物，而从己，从道，所好好之，如浮云般轻松自在，不为物所累"（《子曰论语》），但我们可以脚踏实地，勤劳尽己，"遇富贵则不逾富贵之矩，遇贫贱则不逾贫贱之矩"（《读四书大全说》），内"可求"乐学，去"不可求"妄念，活泼泼的，一生也。

7.12 子之所慎：齐、战、疾。

从一个人的谨慎之处，可以看出他的品位和使命。

人之所慎？人之所好？人之所求？人之所惧？

这些，都是人的外显之处。

孔子对三件事非常谨慎：

一、"齐"，通"斋"，祭也，祭祀。古代祭祀，是国之大事。今天北京许多古建筑，都是祭祀之用，如天坛、地坛、日坛、月坛、社稷坛、太庙等。

祭祀，是一个人的大事。它是个人的信仰所在，也是精神生活的寄托。

"祭神，如神在"，斋，敬也，诚也。

二、"战"，战争，国之大事。在两国的战争中，百姓如草芥，如蚂蚁。战争带来的毁灭性是最大的，不可不慎。"春秋无义战"，哪场战争是真正为了人民？

三、"疾"，疾病。古代的医疗条件差，传染病等疾病几乎无法治疗。所以孔子的几个弟子因疾而亡，确是老师的一件悲事。颜回之死，孔子痛不欲生。

朱熹注曰："齐之为言齐也，将祭而齐其思虑之不齐者，以交于神明也。诚之至与不至，神之饗与不饗，皆决于此。战则众之死生、国之存亡系焉，疾又吾身之所以死生存亡者，皆不可以不谨也。"（《四书章句集注》）

肉身之存亡？国家之存亡？精神之存亡？孔子慎之。

今日我辈所慎几何？

7.13 子在齐闻《韶》，三月不知肉味。曰："不图为乐之至于斯也！"

孔子到了齐国，听了舜帝所作的《韶》乐，好长时间都不知肉的味道，他惊叹道："我真没想到欣赏音乐能达到这个境界。"

吾今生不通音乐，甚憾！所以孔子这段记录，我无法深入体悟，只能把前人的注释抄录如下。

朱熹注曰："不知肉味，盖心一于是而不及乎他也。曰：不意舜之作乐至于如此之美，则有以极一具情文之备，而不觉其叹息之深也，盖非圣人不足以及此。范氏曰：'《韶》尽美又尽善，乐之无以加此也。故学之三月，不知肉味，而叹美之如此。诚之至，感之深也。'"（《四书章句集注》）

《韶》乐遗失了，我们今天再也不知道它是如何的尽善尽美，但孔子专注的神态，听之、惊之、学之、沉浸之的活泼形象，记录在文字中，传承至今天。

这犹如一幅韵意深幽的国画……

"治世之音安以乐，其政和。乱世之音怨以怒，其政乖。亡国之音哀以思，其民困。声音之道，与政通矣。"（《礼记·乐记》）

毓老师说："音乐的最高境界，能使人忘食……闻乐，可以乐道，让人乐此不疲。"（《毓老师说论语》）

7.14 冉有曰："夫子为卫君乎？"子贡曰："诺，吾将问之。"

入，曰："伯夷、叔齐何人也？"曰："古之贤人也。"曰:"怨乎?"曰:"求仁而得仁,又何怨?"
出,曰:"夫子不为也。"

读古书,切要知古时的背景材料。卫君,卫出公,是卫灵公的孙子辄。他的父亲蒯聩,曾是卫国太子。蒯聩因与其父卫灵公的夫人南子交恶,刺杀南子未成,卫灵公大怒而将其驱逐出国。卫灵公死,卫立蒯聩之子辄为卫君。后父子两上演了一场君位之争。

伯夷、叔齐,"古之贤人"。

孔子的弟子不知老师是否会帮助卫君辄,又不敢直接问老师,就让子贡去问。子贡见到孔子,也不直接问,而是举伯夷、叔齐的例子,得到老师的两个答案,一是两人是贤人;二是两人求仁得到了仁,无怨。子贡就知老师不会帮助当下的卫君了。

看看这师生之间的对话,多有趣。其中也可见,子贡不愧是"闻一知二"也。

孔子有自己的价值观,这是他的行动指南。他不会为了眼前的利益而助纣为恶的。他是"用之则行,不用则藏",但这个用,不是随意之用,是合乎大道之用。

人,为何而活?为何而为?这也是我们当下最需要解决的问题。

毓老师提醒:"大家不要因一时、一念之差而为人奴。"(《毓老师说论语》)这可谓他的终生大悟也。吾辈读今日《论语》,不得不深思也……

7.15 子曰:"饭疏食,饮水,曲肱而枕之,乐亦在其中矣！不义而富且贵，于我如浮云。"

此篇和上一篇连起来看，就一目了然了。也许，这篇是孔子听了子贡之问后，回答弟子们的。当弟子听到老师如此回答，对孔子之乐、孔子的处事原则，就没有疑虑了。

孔子不是没有"富""贵"的机会，但这种富贵是否有义？"不义之富贵，不特崩瞶与辄也，即如石曼姑之受命于灵公，皆不义也。际可之仕、公养之仕，诚不如疏水曲肱矣。"（《论语述何》）

人，只有懂得了有所守，才有站立起来的可能。

立德、立功、立言，为中华文化的"三不朽"。但这三不朽不是圣人们的专利。我们普通人，也要有我们的"三立"，我们提倡的做好爸爸、好妈妈、好爷爷、好奶奶，就是我们的立足之处。

"饭疏食，饮水，曲肱而枕之。""饭"，吃；"疏食"，蔬菜粗粮；"饮水"，水，凉的，古人称热的为汤。

"肘前曰臂，肘后曰肱……言孔子眠曲臂而枕之，不锦衾角枕也。"（《论语义疏》）

生活多简单？懂得好好吃饭、好好睡觉就是人生一大境界。

"曲肱而枕之"，小朋友都是这样的睡姿。佛家称之为"吉祥睡"，道家称为"睡功"。烟消云散，恢复本来面目，各种功夫其实就是如此简单！

关键这样做，您是乐，还是不乐？

孔子是快乐的，而我们为什么不快乐？因孔子"乐在其中矣"，其中何物？

老子《道德经》第二十一章有云："孔德之容，唯道是从。道之为物，惟恍惟忽。惚兮恍兮，其中有象；恍兮惚兮，其中有物；窈兮冥兮，其中有精；其精甚真，其中有信。"

因你我是一张白纸，没有"其中"，哪来的真乐呢？不唯利是图，还能图什么？

冰山永远显一角，外显是因为有内隐。专注"其中"，必然看淡其外。

知浮云聚散无常，不义之富贵，拼命争之又有何用？吃下了，真的就能消化吗？

"义"者，宜也。真在"其中"了，"饭疏食"，何尝不是山珍海味？不在"其中"，枕金山就能带来快乐？

"富贵，人之所欲也。"但富贵之后，当思我们凭什么到此？富贵之后，当思我们的生命如何才能变得更有意义？

> 7.16 子曰："加我数年。五十以学《易》，可以无大过矣！"

以自己之心，比别人之心，可能是直达圣人之心的一种途径。我近来也常有"加我数年"之感。但我的"加"无法和圣人相比，更像"减"，更像反省。比如，我若前十五年能懂得这个道理，多好呀！但人生能减掉十五岁吗？减我二十年，如果我在那个年龄，开始像今天一样，体悟经典，精进工作，多好呀！

我推测，孔子的感叹也是由此而发。

"加我数年"，可见孔子的时间抓得多紧。不敢浪费一点生命，从

"吾十有五而志于学，三十而立，四十而不惑，五十而知天命，六十而耳顺，七十而从心所欲，不逾矩"（《论语·为政》），一路下来，没有半点喘息。

"太山（泰山）坏乎！梁柱摧乎！哲人萎乎！"（《史记·孔子世家》）这是孔子卒前的最后歌吟。

从此可以看出，"加吾数年"，确是孔子的肺腑之言，可惜"逝者如斯夫，不舍昼夜"，生死有命焉！

"五十以学《易》，可以无大过矣。"历代学者多在"五十"上下的工夫学《易》，孔子是"五十"才学《易》的吗？考证、辩论，公说公有理，婆说婆有道。上天今天给我灵感，让我另辟蹊径，我不觉恍然大悟！

孔子自言"述而不作"。他68岁周游列国之后返鲁，删定六经、注解《易》，撰写《春秋》，不叫"作"，叫"述"，所以才有"学而时习之，不亦乐乎"之感。

司马迁在《史记》里言孔子晚而喜《易》，序彖、系、象、说卦、文言。"读《易》，韦编三绝。"孔子晚年学《易》，体悟甚深。虽然添了不少注解，但不时感叹："加我数年。五十以学《易》，可以无大过矣！"

如果我五十时，能做现在的事情，"学"《易》，注解，二十年下来，应该没有什么大的过错了。可见，孔子对他所写的《易》的"彖、系、象、说卦、文言"等篇，还是不太满足。如能"加我数年"，就更圆满了。

我们今天读这段经典的意义是什么？

我们在自己的工作、学习、生活中能有"加我数年"的紧迫之感吗?

如有,您的生命将开始步入春天了……

7.17 子所雅言,《诗》《书》、执礼,皆雅言也。

"雅言",常,天天讲的。

《史记·孔子世家》有云:"孔子以诗书礼乐教,弟子盖三千焉,身通六艺者七十有二人。"

"诗",《诗经》;"书",《尚书》。

孔子以"诗、书、艺、礼"教学生,也称孔门四教。

六艺:礼、乐、射、御、书、数。

今日这句话,还有什么更深的意义,我不是太懂。

7.18 叶公问孔子于子路,子路不对。
子曰:"女奚不曰:其为人也,发愤忘食,乐以忘忧,不知老之将至云尔。"

叶公是楚国的重臣,也是一位贤者。孔子周游到此,叶公通过子路打听孔子的为人处世等方面的情况,但"子路不对",他没有回答。子路为什么不回答? 可能是他不知如何回答。

孔子听说后对子路说:"你为什么不这样对叶公介绍:'我老师孔子的为人,发愤忘食,乐以忘忧,不知老之将至云尔。'"

据专家考证，孔子在楚国见叶公时，值鲁哀公六年（公元前489），这年他已63岁。

在春秋时期，人到63岁，已算老人了。但孔子在这个时候，还能有这样的壮志言行，真是亘古未有。想想这几天，自己连学习都不能坚持，真是愧疚万分。

人，真的不能总给自己找理由。遇事就给自己找台阶，你就无法到达险峰胜景。

"置之于死地而后生"，讲的是兵法，更是人生。不和自己的旧习性断绝，你就无法形成新作风。

如何才能"发愤忘食"？心中无大愿景，如何能达到如此状态？一个"懒"字，害死了多少人？毓老师说："一勤天下无难事，就怕有心人。"（《毓老师说论语》）

"乐以忘忧"，专注己志，专注一事，忘掉了忧愁。既然是能忘掉的，就是虚妄的、不真实的。记着它，只能增添烦恼，又有何用？

昨日下午抽空见了一位老大哥，他才60岁，就主动地把自己划入了老年人行列。

心老了，身体真的会老。

"学道不倦，诲人不倦，发愤忘食，乐以忘忧，不知老之将至云尔"，这活生生的例子就在眼前。我真想把这句经典送给那位老大哥，但可能对他已没有用处了。

古树能发新芽，是因为它还怀有春梦！

只要有梦在，黎明迟早会来！

前面有忘食者、忘忧者，我们跟上就是了。但要跟上，你不把自己身上的包袱扔掉，你又能跟多久？能走多远？

7.19 子曰:"我非生而知之者,好古,敏以求之者也。"

知之有三类:一是生而知之,二是学而知之,三是困而知之。

孔子说:"我不是生下来就知道的那种人。""我非生而知之者",应该成为每个人的基本的处事态度。

不知并不可怕,可怕的是装懂。

人,往往会自作聪明,失去了实事求是的基础。"知之为知之,不知为不知,是知也。"

"我非生而知之者"就是我们做事的出发点,就是叫我们每天起床的闹钟,也是我们的"本来面目"。

"好古","古",不是旧,是从古传承下来的人间大道,万古真理。

人人兼有所好。但我没见过好死的。"好",是人生精一的动力。

"敏以求之者也",孔子是行动派!好之,就要坚持不懈地去求之,不要做空谈派,整天坐而论道,总是夸夸其谈。嘴上有力,脚下无根。

"敏",上下求索,敏捷、敏感,"虑深通敏"就是快捷行动!

学《论语》真不是为了考试,经典是让我们行动起来的!活泼泼的生命,不是描述一生,而是描述一天,更是当下。

毛泽东说:"好好学习,天天向上。"其实和孔子讲的是同一个道理。

"其为人也,发愤忘食,乐以忘忧,不知老之将至云尔。"

"其为人也""好好学习,天天向上""不知老之将至云尔"。

"其为人也""好古,敏以求之""不知老之将至云尔"。

朱熹曰:"生而知之者,气质清明,义理昭著,不待学而知

也。"(《四书章句集注》)

当时也有人给孔子戴高帽子,认为孔子是"生而知之者",但孔子拒之不居。他还说了一句话:"吾少也贱,故多能鄙事。"(《论语·子罕》)知道自己从哪里来,要到哪里去。

清明则少尘。多保持自知之明,学习孔子"好古,敏以求之"的精神,"苟日新、日日新、又日新",能没有进步吗?

当后代孔庙建得越来越大时,孔子的真精神已经消亡得差不多了。

今日去曲阜,已叫"旅游",而不是朝圣了。

7.20 子不语:怪、力、乱、神。

何为"不语"?"发端曰言,答述曰语,此云不语,谓不通答耳,非云不言也。"(《论语义疏》)

"怪",怪异也,异乎常者;"力",暴力;"乱",谓臣弑君,子弑父也,以下犯上;"神",鬼神之事。

朱熹注曰:"怪异、勇力、悖乱之事,非理之正,固圣人所不语。鬼神,造化之迹,虽非不正,然非穷理之至,有未易明者,故亦不轻以语人也。"(《四书章句集注》)

孔子不回答"怪、力、乱、神"这四方面的问题。但有一些不识趣的弟子,不知孔子的这个禁区,冒失而问。在《论语·先进》中,季路问事鬼神,子曰:"未能事人,焉能事鬼?""敢问死?"曰:"未知生,焉知死?"

孔子的态度让人一目了然,冷冰冰的,快噎死人了,还能问吗?

"怪、力、乱、神"就是邪道。君子行大义、走大道,哪有时间和精力去思考那些歪门邪道?

"坦荡荡"后,就少了"怪、力、乱、神";"长戚戚"时,就多了群魔乱舞!

心往正处想,则能量越来越足;力往正处使,则道路越来越宽!

7.21 子曰:"三人行,必有我师焉。择其善者而从之,其不善者而改之。"

宋朝有个宰相叫赵普,他说了一句名言"半部《论语》治天下"。那么对于一个人来说呢?其实一句《论语》就可以治人生了。就是我们今天学到的这一句。

"师",师法,师者,学习的对象。

"善者",是我师;恶者,也是我师。见"善者",改己不善而从之,叫迁善。见恶者,警己所恶而戒之,叫改过。有则改之,无则加勉。

人,如能从善如流,见恶思过,还需要第二法门吗?

朱熹注曰:"三人同行,其一我也。彼二人者,一善一恶,则我从其善而改其恶焉,是二人者皆我师也。"(《四书章句集注》)

上次我读到此处,还在书角边写下这样的疑问:"为什么是三人行?而不是两人行呢?"看朱熹老爷子的注解真是好。不能总是怨怪自己"不知道",只是因为自己读书少。朱熹还引用尹氏曰:"见贤思齐,见不贤而内省,则善恶皆我师,进善其有穷乎?"(《四书章句集注》)

看看,古人把方法论都告诉我们了。

毓老师此处也有神来之解,我只能抄录如下:"'三人行,必有我师

焉',一者为法、一者为戒,有可以作为我所师法的对象,也有可以作为我所警戒的对象。"(《毓老师说论语》)

"择其善者而从之","主忠信,无友不如己者"(《论语·学而》),能够见贤思齐。

"其不善者而改之",见人之不善而反思,改自己之短而不是改别人的短,"过,则勿惮改"。不要净挑别人的毛病,却忘了自己的不是。

那么,我们做不好的原因是什么?

就在于"其一我也"。因我有别的想法,因我有自己的"小九九",因我自视聪明,所以,视善而不见善,视恶而不识恶;因心中就没有那个"向好",也就无法戒,更无戒了。

放空自己,方知世上一人一事皆吾师。

真心向好,才觉人间一草一木全向善。

7.22 子曰:"天生德于予,桓魋其如予何?"

大丈夫当有此自信!大丈夫当有此豪情!

大丈夫当有此舍我其谁、大义凛然的壮行!

《史记·孔子世家》中记载:"孔子去曹适宋,与弟子习礼大树下。宋司马桓魋欲杀孔子,拔其树。孔子去。弟子曰:'可以速矣。'孔子曰:'天生德于予,桓魋其如予何!'"孔子周游列国,他60岁那年,由卫国经过曹国,前往宋国,宋国的司马桓魋不喜欢孔子,有心杀孔子时,孔子说了这句话。

同样的话,孔子在《论语·子路》中还讲过:"子畏于匡,曰:'文王既没，文不在兹乎？天之将丧斯文也，后死者不得与于斯文也。天之未丧斯文也，匡人其如予何！'"

这是孔子面对生死时的态度！

"天生德于予"，上天把我生得善德。

"桓魋其如予何？"你桓魋能把我怎样？

孔子的这份自信，是来自他肩上的文化使命！

孔子的这份豪赌，是来自他内心的文化自信！

孔子的这份大义凛然，是来自他对人间生死的看破！

"颜渊曰：'舜何人也，予何人也，有为者亦若是。'"（《孟子·滕文公上》）

"此章乃见圣人之处变，其不忧之仁，不惑之智，与不惧之勇。"（《论语新解》）

孙中山说得好！"天下大势，浩浩荡荡。顺之者昌，逆之者亡。"

人在做，天在看！无知是因为没醒！

生命，生命，有命才有生，有使命才有生机。

顺着天道而行，"天生德于予"，莫问前程。桓魋、匡人等皆是人间小鬼，奈你如何？

大仁、大智、才有大勇！

7.23 子曰："二三子以我为隐乎？吾无隐乎尔！吾无行而不与二三子者，是丘也。"

孔子无秘密，圣人无私藏！所以王阳明临终前说："我心光明。"

光明磊落,心中无碍,内外通透,一目了然!

孔子说:"你们这些弟子认为我有什么隐瞒的?(对你们)我没有一点隐瞒!我每件事都和你们一起去做(你们都看见了),这就是我孔丘。"

常言道,教会徒弟,饿死师傅。孔子的弟子们以为老师还有绝学没有传授给他们。孔子拍着胸脯说:"吾无行而不与二、三子者","行",所作所为、所思所想。

朱熹注曰:"诸弟子以夫子之道高深不可几及,故疑其有隐,而不知圣人作、止、语、默无非教也,故夫子以此言晓之。与,犹示也。"他进一步引述程子曰:"圣人之道犹天然,门弟子亲炙而冀及之,然后知其高且远也。使诚以为不可及,则趋向之心不几于怠乎?故圣人之教,常俯而就之如此,非独使资质庸下者勉思企及,而才气高迈者亦不敢躐易而进也。"(《四书章句集注》)

"吾无隐乎尔",是一种境界!

隐者,私也,所以叫隐私,没有叫(隐)公的。无私,又哪来的隐呢?

7.24 子以四教:文、行、忠、信。

这四个字,把孔门教育的核心要义说得清清楚楚、明明白白。这就是古文。

不像今日的文风,像懒婆娘的裹脚布又臭又长,看了半天你都不知他要说什么,前穿靴,后戴帽,中间才能找到文章重点,但不疼不痒。

文风是一个人的门面，更是一个社会的晴雨表。

"文、行、忠、信"，记住这四个字，我们也就抓住了学做一个好人的着力点。

"文、行"的终极目标是建立一个人的"忠、信"，而"忠、信"又始终贯穿于一个人的"文、行"之中。

"文、行"分开来讲，是两件事，是相对的。但"文、行"又不能截然分开。"此二者，致知力行之教。"

"文"，不光是指"诗、书、礼、乐等典籍"，而是指一个人的求知过程，是文化求索。知者，智也。智＝日＋知。日日都有新知。"博学于文"，成为智者。

文化，文化，要以文化己，或是把自己融化到精美的文化之中。

"行"，中华文化最讲这个行字。要做行动派，脚踏实地，身体力行。

"文、行"是一件事，要知行合一。

知后便去行动，在行动中总结提升。

"忠、信"，"忠"，尽己之谓。忠＝中＋心，心中要有个中道。但切不要愚忠！中国历史上的"忠臣"，多是冤魂，愚忠不可取。

"信"，言可复也，信＝人＋言。其言就是其人，其言就是其行。人无信不立。说到就要做到。

大儒程颐曰："教人以学文修行而存忠信也。忠信，本也。"（《四书章句集注》）

蒋伯潜先生说："孔子以四者教人，知识、行为、品性三方并重也。"（《新刊广解四书读本》）

三足鼎立，方桌四腿。"文、行、忠、信"，立己之道，乃做人之道也。

至于我们在什么岗位、做什么工作、立足于什么起点，都属于"事上磨"的范畴。无高无低，无贵无贱，无好无坏。

只有"文、行、忠、信"，无始无终，呈螺旋式上升……

7.25 子曰："圣人，吾不得而见之矣；得见君子者，斯可矣。"

子曰："善人，吾不得而见之矣；得见有恒者，斯可矣。亡而为有，虚而为盈，约而为泰，难乎有恒矣。"

见孔子的感叹，才知他偶尔也发牢骚。

"圣人""君子""善人"有恒者，孔子对人是这样分类的。"不得而见之矣……"见不到，没有；"得见……斯可矣"，退而求其次，也可以。那么，孔子究竟是见到了，还是没见到？

做人真的不容易！做善人、君子、圣人，更是不易中的不易。

难，还去做吗？"欲穷千里目，更上一层楼！"这就是中华文化的精神所在。

中华文化的核心是，只要有百分之一的概率，我们就要去争取。自强不息，生生不止。而文化，就是照亮黑暗的那百分之一的曙光。

做一天和尚撞一天钟，不是要你得过且过！而是在其位，谋其事，认认真真！

只要活着，就要有个人样！

庄子曰："知天之所为，知人之所为者，至矣。知天之所为者，天

而生也；知人之所为者，以其知之所知，以养其知之所不知，终其天年而中道夭者，是知之盛也。"（《庄子·大宗师》）

贵在有恒！"得见有恒者，斯可矣。"但"有恒"，"难乎…矣"。

为何？"亡而为有，虚而为盈，约而为泰。"

实事求是真的太难了！

把无当有，把虚当盈，把约当泰。"三者皆虚夸之事，凡若此者，必不能守其常也。"（《四书章句集注》）

欺人之时，也是自欺之刻。常对别人说假话，最后连自己也相信了，还能有恒？

毓老师说："人必要有恒，有恒，为入德之门。'不恒其德，或承之羞。'"（《论语·子路》）

朱熹曰："圣人，神明不测之号。君子，才德出众之名。"朱熹又引："张子曰：'有恒者，不二其心。善人者，志于仁而无恶。'"（《四书章句集注》）

关键问题是，我是何许人也？现身在何处？又要去向何方？

7.26 子钓而不纲，弋不射宿。

孔子钓鱼不使用连着很多钩子的网，用附带丝的箭射鸟时，不去射在鸟窝中待着的鸟。

此篇记录的是孔子的生活习惯。孔子也有生存问题，也有自己的生活方式。从中可看出他的仁心仁行！

"钓而不纲，弋不射宿"，鱼鸟同情，"民吾同胞，物吾与也"。

孔子身上呈现出朴素的同理心。可以从孔子如何对待一群鱼、一只鸟,想到我们如何对待日常中的生活对象。

改变自己的心。心素了、淡了、清静了,良知就会渗透出来,良能也将不断显现。

7.27 子曰:"盖有不知而作之者,我无是也。多闻,择其善者而从之;多见而识之,知之次也。"

孔子对自己的学习方法,一点都不隐藏,一点都不保留。我们为什么不去直接继承呢?

一、不知而不作。一件事情不搞明白,孔子是不会去操作的。不像今日学者写论文,一知半解,为写而写。"盖有不知而作之者,我无是也。"孔子说,我不是那种"不知而作"的人。"知之为知之,不知为不知,是知也。"自己的真知有多少,自己不知的边界在何处,要一清二楚。"自知者明",这是功夫的第一步。

但这一点,为什么普通人做不到?是装、妄、虚伪所致。

不知并不可怕,可怕的是不知而造作;知并没什么了不起,因知后又会有更大的不知。

二、"多闻",耳朵是用来听的,不是用来摆设的。闻什么?善言,好的言论。也不要为多闻而多闻,多闻的目的是"择其善者而从之"。"闻"后又"择","择"后要"从"。从=人+人,一个人跟从一个人。跟从什么?"择善"。

三、"多见",眼睛是用来看的,不是用来当摆设的。读万卷书,行万里路,就为了"多见"。但"多见"不是视而不见。心中不想,其实眼睛是看不见的。人,总是会选择自己想看见的。因偏见而固执,不能融会贯通。要"多见而识",见之更要识之。

"识",认识。见到一个人,你就能认识他吗?深交,才能知面又知心,才叫识人。人之所见皆如此。"见",多见,多见而识之,这是功夫的三种境界!

朱熹曰:"如此者虽未能实知其理,亦可以次于知之者也。"(《四书章句集注》)

许仁图先生总结说:"孔子多闻择善,日新又新,多见通达,心领神会,所作必然是真知而非妄作。"(《子曰论语》)孔子,真人也。

而我们常常不知而作,自作聪明。不多闻,不多见。即使"闻""见"了,也不行动。如此,那么大千世界与你何缘?千古智慧又与你何关?

7.28 互乡难与言。童子见,门人惑。子曰:"与其进也,不与其退也;唯何甚!人洁己以进,与其洁也,不保其往也。"

要听懂人言,必要了解其人言说的背景。这个人是在什么场景下发表这样的言论的?断章取义是互联网时代信息的一大特点,我们每天的数字阅读一定要小心。

今天的《论语》讲了三件事:

一、互乡难与言。互乡那个地方的人,很难给他们讲仁、义、礼、智、信等大道理。此地不开化,没被文明浸化。"言",雅言。"其人习于不善,难与言善。"(《四书章句集注》)也有学者推测,互乡是人名。

二、"童子见,门人惑。"互乡派出了一个童子来见孔子,孔子认真地接见了他,孔子的门人们很疑惑。"惑者,疑夫子不当见之也",因"互乡难与言",一代圣人能和一个互乡的小童子说什么呢?

三、孔子接下来讲的一段话,道出了圣人之心。

"与(许)其进也,不与其退也;唯,何甚!人洁己以进,与其洁也,不保其往也。"

"与其进也","与",许,允许,赞许。即使是一个童子,也要允许他进步。既然他有心来求教我,我就要教他呀!

不要小瞧任何一个凡人。也许那个不显眼的人物,正是上天派来考验你的主考官。

不要轻易拒绝任意一个想学习上进的人,他也许可以"士别三日,当刮目相看"。

孔子之心的不凡,就在此处!

"人洁己以进,与其洁也",任何人如果想进步,你要去帮助他。

"洁己以进",改己过,迁其善。

至于他以前做过什么事,教他以后,将来又会成为什么样?那是他的命运,不是我这个教育者考虑的事情了,"不保其往也"。

"唯,何甚!"孔子对门人感叹。你们还是跟着我好好学习吧!

宋代大儒程颐曰:"圣人待物之洪如此。"(《四书章句集注》)大人物对人对事的格局就是这样的宏大!

这篇对我们有什么启发呢?我们也有"门人惑"吗?我们也有孔子之教吗?

7.29 子曰:"仁远乎哉?我欲仁,斯仁至矣。"

"仁"离我们遥远吗?真心想求仁,仁就到了。其实,一切事都是这样,真心想做,没有什么是做不到的。

"仁",孔门之学的核心要义。在《论语》中,不同的人向孔子问仁,孔子都有不同的回答,因材施教,因人而异。

最精彩的回答,是颜渊之问。颜渊问仁,子曰:"克己复礼为仁,一日克己复礼,天下归仁焉,为仁由己,而由人乎哉?"(《论语·颜渊》)

朱熹注曰:"仁者,心之德,非在外也。放而不求,故有以为远者;反而求之,则即此而在矣,夫岂远哉?"(《四书章句集注》)

仁=亻+二。左人,右二。指的是两个人(群体)之间的关系。将心比心是仁,为他人着想是仁。"仁者",人也,性也。仁者爱人。

孔子这篇探讨的不是什么是仁的问题。他的重点是"我欲仁,斯仁至矣"。

为仁由己,为道不远也。关键是你想不想做。

不想做,你就有一万个理由不做!顺着本性做的,都顺其自然,没有什么事情是难做成的。

宋代大儒程颐曰:"为仁由己,欲之则至,何远之有?"(《四书章句集注》)

万事,心至,则不远也。

不要小瞧自己,不要自欺,要找到自己那个真"欲",真想,则"斯至矣"。

人人皆可成尧舜,讲的也是这个道理。

仁人志士，你我皆可！

求仁得仁，反求诸己！

仁远，远在自己的不欲；仁至，就在当下的一点一滴！

再读一遍，子曰："仁远乎哉？我欲仁，斯仁至矣。"

7.30 陈司败问："昭公知礼乎？"孔子曰："知礼。"

孔子退，揖巫马期而进之，曰："吾闻君子不党，君子亦党乎？君取于吴，为同姓，谓之吴孟子。君而知礼，孰不知礼？"

巫马期以告。子曰："丘也幸，苟有过，人必知之"。

我们再回到历史场景中，几个人物，一个故事，核心内容是孔子最后的反省："丘也幸，苟有过，人必知之。"

孔子说："我孔丘是最幸运的，如果我有过错，人们一定会知道的。"

"闻过则喜"是建立在有"过则改"的前提下，否则，有什么好喜的？

孔子是那个时代的名人。但名人也是人，孰能无过？而可贵的是，他把"苟有过，人必知之"，看作是"丘也幸"。

能做到吗？这个境界，离我们有多远？

我们再回过头来，看看这个历史故事。

"陈司败"，"陈"，国名；"司败"，官名（孔子曾在陈国出仕，陈司败才去问孔子）。

昭公，鲁国国君。他曾娶吴君的女儿为夫人，因吴和鲁是同姓，都姓"姬"，按礼法，同姓不娶。

您孔子不是厉害吗？我陈司败问一个有挑战的问题，置你于两难境地！

"你孔子是鲁国人，你的国君昭公知礼吗？""知礼"，孔子答。

陈司败要到了他所要的答案。"孔子退"，孔子离开后。他"揖（拱手行礼）巫马期而进之"。巫马期，孔子的弟子。

陈司败要通过巫马期这个弟子捎话给孔子，看这位陈司败多厉害！

一上来，他就以其人之道还治其人之身。你孔子不是说过"君子矜而不争，群而不党"吗？你的国君昭公"取于吴，为同姓"，如果说"君而知礼，孰不知礼"？

"巫马期以告"，孔子的弟子把陈司败的话原汁原味地转告给了他的老师。

这便到了精彩处！陈司败和巫马期都等着看孔子怎么说！

子曰："丘也幸，苟有过，人必知之。"

历代有许多学者给孔子打圆场，说孔子这个鲁国人，对其国君有忌讳，所以他说昭公"知礼"，这没错。

毓老师也说："为尊者讳，孔子非不知礼，并没有错。错在陈司败。"（《毓老师说论语》）

我倒以为，这个错与不错在此处其实并不重要，重要的是，孔子曰："丘也幸，苟有过，人必知之。"

还有更重要的是，我们反省了吗？人知之乎？如"人必知之"，是"幸"还是"不幸"？

7.31 子与人歌而善，必使反之，而后和之。

此篇记述的是孔子喜欢音乐之事。孔子与人在一处，听人唱歌唱得好，必使他再唱一遍，然后自己也跟着应和。就这点事，孔子的学生为什么要记录下来呢？

孔子是圣人，但圣人也是人。孔子只有一言一行顺着人性去做，他才可能成圣。这个圣是后人给封的。

我们后人只见其"圣"，不见其"人"，那就很危险了。有一种杀人的方法是"捧杀"。

孔门之学本质上是人学！它一度成为"家天下"王朝的御用品，只因为它被篡改了、被利用了。

朱熹注曰："必使复歌者，欲得其详而取其善也。而后和之者，喜得其详而与其善也。此见圣人气象从容，诚意恳至，而其谦逊审密，不掩人善又如此。盖一事之微，而众善之集，有不可胜既者焉，读者宜详味之。"（《四书章句集注》）

《礼记·学记》有云："善歌者使人继其声，善教者使人继其志"，孔子是善教者，也是善歌者。

此处，我想起了我的老家鄂尔多斯，也想起了那些善歌的朋友们……

7.32 子曰："文，莫吾犹人也。躬行君子，则吾未之有得。"

杨伯峻先生的翻译最接近现代，大家一看就懂。

"孔子说：书本上的学问，我同别人差不多。在生活实践中做个君子，那我还没有成功。"（《论语译注》）

但杨先生对古文的断句，我不认同。

子曰："文，莫吾犹人也……"

这样，这个"莫"字就不好解释。此处，我想起我的高中同学王景晟三十年前讲的一句话。他说："酒莫，水莫，喝莫；钱莫，纸莫，花莫"，"莫"，是方言。

"文"与"行"，古人讲对称。

其实也就是知和行。

这是孔子自谦的话语，真正的自谦是建立在真正的自信的基础上。

别人看到的自己和自己感知到的自己是不一样的。现在有个电视栏目，叫《最强大脑》，难道不是现代版的《伤仲永》？

没有自谦的自信容易变成盲目自信，没有自信的自谦常常导向懦弱的自谦。

"躬行君子，则吾未之有得"，孔子自谦也。孔子厄于陈蔡间，他说："文王既没，文不在兹乎？"孔子自信也。

自谦，谦到无我。自信，信到极致！

"文"，"行有余力，则以学文"。行之外就是文，这是典型的二分法。

董子竹先生说："君子者，必得是事事在'心''性'上有所觉悟。……在实践中觉悟，在觉悟中实践。"（《论语真智慧》）

"君子"，既有"文"，更能"行"！"躬"，弯下腰来，像弓一样，专注践行。

毓老师说："'躬行君子''由仁义行也，非行仁义也'（《孟子·离

娄下》),安行,自然而行之。"(《毓老师说论语》)

"行仁义",你的行是为了合乎仁义。

"仁义行",已是仁义之人的自然行为。

此境界不同也。行仁义,是问为什么而行;仁义行,是已经没有问为什么的习惯了。

"文"不是最终的目的,"行"才有至尚的意义!

学,以致用!

> 7.33 子曰:"若圣与仁,则吾岂敢?抑为之不厌,诲人不倦,则可谓云尔已矣。"公西华曰:"正唯弟子不能学也。"

"抑",转折连词,但。

朱熹注曰:"此亦夫子之谦辞也。圣者,大而化之。仁,则心德之全而人道之备也。为之,谓为仁圣之道。诲人,亦谓以此教人也。然不厌不倦,非己有之则不能,所以弟子不能学也。"(《四书章句集注》)

孔子说:"如果说到圣与仁,那我怎么敢当呢?行仁圣之道我永不厌烦、永不满足,以成圣成仁之道教诲他人我永不疲倦,也永无止境。"孔子的学生公西华说:"这正是弟子不能做到的。"

无论是圣还是仁,都不是终点,是一个过程。它是动态的,不是静止的。

一刻有圣心圣意,就是圣;一时有仁心仁行,就是仁。

以为自己成圣了、成仁了,往往在"以为"的那一刻,就走向了圣和仁的反面。

历史上这种人物案例实在是太多了，晚节不保者常常栽倒在此处！

一些叱咤风云的人物，最后给一个国家、一个民族造成历史灾难，无不是自以为"成圣""成仁"的结果。

登峰造极处，便是万丈深渊！

"若圣与仁，则吾岂敢？"自以为人生辉煌之时，还是默念几遍孔子的自谦语录吧。

何为圣者，就在"为之不厌"当中；何为仁者，就在"诲人不倦"之下。

在《孟子·公孙丑上》中，子贡问于孔子曰："夫子圣矣乎？"孔子曰："圣，则吾不能。我学不厌，而教不倦也。"子贡曰："学不厌，智也；教不倦，仁也；仁且智，夫子既圣矣！"

可见，孔子的自谦不只是他的一时应对，而是他长久处于自醒清静当中。

"孔子为学、行仁何以不厌？因为孔子学天尊生，天行健，万物生生不息，孔子效法天行自强不已，乐天知命而不忧，当然不厌。诲人不倦，非自己教人疲倦，而是教诲人自强无倦。"（《子曰论语》）

人人可成圣，人人可成仁，这并不是一句大话、空话，也非"唯弟子不能学也"。

昨日不圣，今日圣之；昨日不仁，今日仁之；只要遵从仁圣之道，有"不厌""不倦"之精神，久久为功，锲而不舍，三五年必有小成！

7.34 子疾病，子路请祷。子曰："有诸？"子路对曰："有之。《诔》曰：'祷尔于上下神祇。'"子曰："丘之祷久矣。"

本篇讲孔子如何看待鬼神祈祷一事，而这个故事正好反映出了中西文化的根本不同。

中国人本质上是无神论者，没有西方人的"上帝"。中国的三皇五帝是人，不是神。所以中华文化讲"人人都可以成尧舜"，但西方人不会说人人都可以成上帝，因上帝只有一个。

这是一个非常非常重要的问题，切不可轻易放过！

孔子得了重病，孔子的弟子子路请求祈祷。"祷，谓祷于鬼神。"子曰："有诸？""问有此理否？"有这样做的吗？祈祷有什么作用？子路回答："有的。"诔文说"为你向上下神灵祈祷"。朱熹注曰："诔者，哀死而述其行之辞也。上下，谓天地。天曰神，地曰祇。祷者，悔过迁善，以祈神之佑也。"朱熹接着说："圣人未尝有过，无善可迁。其素行固已合于神明，故曰：'丘之祷久矣。'"（《四书章句集注》）"丘之祷久矣"，孔子说他祈祷已很久了。但"丘之祷"，和子路之祷是不同的。孔丘之祷是反求诸己，而不是外求神祇。

孔子"己心合乎天心"，日行合乎常道，他日常的一言一行不都是在祈祷吗？所以他说"久矣"！

"与天地合其德，与日月合其明，与四时合其序，与鬼神合其吉凶"（《周易·文言》），孔子四"合"，有何祈祷？所以子曰："有诸？"

一个人能尽性知命，素位而行，上不愧天，下不愧人，还需求祈求神明吗？

我以为，人之疾病，有两种：一是老年疾病。人的器官用久了，出现了一些毛病；二是未老的疾病。想想这些疾病，哪个不是由自己造成的？

所以，祈祷还不如自省！改己过，就是天下最好的药方！求己永远胜于拜神！

7.35 子曰："奢则不孙，俭则固。与其不孙也，宁固。"

"孙"，同"逊"。"固"，固陋，寒伧。

杨伯峻先生是这样翻译这句话的："孔子说：'奢侈豪华就显得骄傲，省俭朴素就显得寒伧。与其骄傲，宁可寒伧。'"

中华文化最讲中道。中的学问很大，适中的拿捏也很微妙。每一件事，能做到恰到好处，真是一种做人的功夫。

朱熹注曰："奢俭俱失中，而奢之害大。"（《四书章句集注》）

"与其……宁"，是不得已，退而求其次，非要在奢俭之间做出选择，那么还是宁俭（固）。

为何？宋朝宰相司马光对他的儿子说："由俭入奢易，由奢入俭难。"老子对儿子的教诲不会是作假吧。看看身边人，就知司马光不愧是顶级的史学家。

"酒肉穿肠过，佛祖心中留。"自由出入奢俭，不留一点痕迹，真是不容易做到的事情。大多数人很难做到。

"过犹不及"也。

许仁图先生说："奢侈浪费，人性易日趋浇薄，久之不能谦逊恭顺，故而戒说，与其奢侈不能循理顺德，宁可因俭德而失于固陋。"（《子曰论语》）

贫富、荣辱、高下、长短、苦难与幸福……应当"知其雄，守其雌"(《道德经》)。

《论语述何》有云:"救春秋之乱,宁俭而不中礼。矫枉者无过其正,不得直也。"

看看今日之政事,是不是如此?

毓老师说:"中国处处表现'中道',此为中国人的真精神。"(《毓老师说论语》)过犹不及,中国以"不及"为美。他的弟子许仁图接着解释说:"不及可进而补之,进则难追难补。"

所以,不要把话说满,不要把事做绝,中国画讲究留白,就是这个道理!

我们没亲历过,但我们要知道。我认为,大学是一个人一生永远的学习之所。

7.36 子曰:"君子坦荡荡,小人长戚戚。"

《论语》的这句话太有名了。坦坦荡荡,这个成语我们从小就学过,其出处就在此。

春秋战国时代的"小人"和现代的"小人"理解上是不同的。古时,小人就是指一般庶民,而现在是指无德之人。

"君子坦荡荡",这是孔子对自己心态的描述。朱熹注曰:"坦,平也。荡荡,宽广貌。"(《四书章句集注》)"戚戚",时时忧虑貌。

"君子是有道德,有知道的人,于各种人情物理,都看得透,他的做人,好像在平平坦坦的大道上走路,安然过去,不会有碰跌的祸患……君子居易以俟命,无入而不自得,虽贫困亦不改其乐,故有坦荡

荡的神态。小人患得又患失，心为物役，故长有戚戚之心也。"(《新刊广解四书读本》)

程子曰："君子循理，故常舒泰；小人役于物，故多忧戚。"(《四书章句集注》)

如何才能不为物役？悟空。

"君子喻于义，小人喻于利。"(《论语·里仁》)追求不同也。

"心境不怀其私，不争。得其所得，则坦荡荡。"(《毓老师说论语》)

董子竹先生的提醒特别好，他说："如果人们根本没有'致良知'的实践，偏要装一个'坦荡荡'，那就十分可笑且可怕。"(《论语真智慧》)

孔子坦荡荡，因其心中无私、心外无物！其实孔子的人生境遇是非常不幸的，但他却没有坠入"长戚戚"的境地，这才是我们要深刻体悟的。

学人，学做人，首先自己要树立个目标，向谁学？

学谁，就要把他研究透，并参照而行之！

7.37 子温而厉，威而不猛，恭而安。

这是孔子的弟子对老师仪态的描述，这个描述一定是获得孔子门人的共识。但这是孔子什么年龄段时的状态，现在也只能靠猜测。

在《论语·子张》篇中，子夏曰："君子有三变：望之俨然，即之也温，听其言也厉"，和本篇的"温而厉"相对应。

"温",温和,平易近人。"厉",同"励"。其言很有力,很能激励人上进。

"威而不猛",形容一个人很威仪,但不粗暴,浑身渗透着文化的信息。

"恭而安",恭己而安身。勤学上进,修身养性,"素其位而行,不愿乎其外"(《中庸》)。

安。修心乃静、定、安、虑、得。《尚书》颂尧之德为"安安"。

子贡曰:"夫子温、良、恭、俭、让。"这样的人有一个什么样的境界?朱熹注曰:"人之德性本无不备,而气质所赋,鲜有不偏,惟圣人全体浑然,阴阳合德,故其中和之气见于容貌之间者如此。"(《四书章句集注》)

讲中和之气,可见朱熹也是修行之士,见道之人也。

路漫漫其修远兮,路漫漫其修远兮……

泰伯第八

8.1 子曰："泰伯，其可谓至德也已矣！三以天下让，民无得而称焉。"

孔子的"可谓至德"是什么？是泰伯的"三以天下让"。中华文化，推崇这个"让"字。孔子为何言必尧舜，因尧舜"禅让"。但周朝的"让"，和尧舜的"让"，已大大不同了。

尧舜之让，乃大公。但从大禹开始，这个"让"就带上了私的成分。大禹把帝位传给了自己的儿子，他是公权私用的发源地，从此便一发而不可收，漫漫几千年，中国历史的兴衰、朝代的更替，围绕这个不"让"展开。

周朝也是一样。我们看历史：周古公亶父生有三子，泰伯、仲雍、季历。第三子季历又生了昌，即周文王。亶父见自己这个孙子与众不同，将来必是天下英才也，就想把君位传给三子季历，再由三子传给他的孙子周文公。但这个有困难，按古礼，君位传长不传幼。老大泰伯知父亲之意，和二弟仲雍趁父亲生病时，假借采药之名，逃到江南。于是，三弟季历接了古公之位，再传文王，文王再传武王，便有了周朝八百年。

由此看出，中国能出一个周文公，是"让"出来的；周朝八百年，是"让"奠定了其基业。

孔子称泰伯"至德"，德之最高者，止于至善。"三以天下让"，毓老师说："'以让化争、化夺。''民无得而称焉'，无能以最高名词称之。"（《毓老师说论语》）

以让化争、化夺。是不是一种选择？

8.2 子曰:"恭而无礼则劳,慎而无礼则葸,勇而无礼则乱,直而无礼则绞。君子笃于亲,则民兴于仁,故旧不遗,则民不偷。"

"恭""慎""勇""直",都是优秀品质,但是要合礼。"无礼",就是不适度。什么事,都要追求恰到好处。这个恰到好处,便是中和,便是达礼。"礼"者,理也,"天理之节文"。

"只知恭敬而不知礼,则徒然劳苦。……一味谨慎,而不知礼,则反成畏怯。……专恃武勇,而不知礼,则必至悖乱。……只知直爽而不知礼,则必至操切。恭、慎、勇、直,都是做人的美德。因为无礼,便有劳、葸、乱、绞的四种弊病。"(《新刊广解四书读本》)

为何恭?为何慎?为何勇?为何直?其后都有道理!

知礼,而后恭,则为真恭;而后慎,则为真慎;而后勇,则为真勇;而后直,则为真直。

修行需悟道,悟道必伴修行。君子者,民之榜样也。所以做君子,先立己再树人。

"君子"和"民"相对应,伪君子常常会降低自己的标准。

"君子之德风,小人之德草,草上之风,必偃。"(《论语·颜渊》)

上位之人,有示范效应,所以责任重大。西方人叫"贵族",贵在德!

"在位的人能用深厚感情对待亲族,那老百姓就会走向仁德;在位的人不遗弃他的老同事、老朋友,那老百姓就不致对人冷淡无情。"(《论语译注》)

是这个礼吧?

8.3 曾子有疾，召门弟子曰："启予足！启予手！《诗》云：'战战兢兢，如临深渊，如履薄冰。'而今而后，吾知免夫！小子！"

一个人得重病临终时，有自己的表现。我一直想写一本书，叫《临终之时》，也收集了一些中外历史上的名人案例。比如王阳明临终之时，弟子问有何遗言，阳明说："此心光明！"

这篇是曾子的临终之言。

曾子是孔门高徒之一，孔子卒殁，曾子传学独盛，连孔子的孙子子思也是他的学生。后儒把曾子列为孔门四配之一，尊称"宗圣"。进孔庙，见曾子立于孔子左右，可见其得孔学真传。

中华文化讲"善终"，因"物有本末，事有终始"，善终是下一个好的开始。

了解此篇深义，我们需先了解点背景知识。

《孝经·开宗明义》有云：仲尼居，曾子侍。子曰："先王有至德要道，以顺天下，民用和睦，上下无怨，汝知之乎？"曾子避席曰："参不敏，何足以知之。"子曰："夫孝，德之本也，教之所由生也。复坐，吾语汝。身体发肤，受之父母，不敢毁伤，孝之始也。立身行道，扬名于后世，以显父母，孝之终也……"

曾子跟孔子学习"至德要道"，并身体力行，他临终之时，对门生们讲此言，以立存照。

"战战，恐惧。兢兢，戒谨。临渊，恐坠。履冰，恐陷也。"朱熹曰："曾子以其所保之全示门人，而言其所以保之之难如此；至于将死，而后知其得免于毁伤也。"他引程子曰："君子曰终，小人曰死。君子保

其身以没,为终其事也,故曾子以全归为免矣。"(《四书章句集注》)

"启予足!启予手!""启",开也。毓老师此解甚妙,他说:"启,省视,看。看看我的脚,没有走不义之路;看看我的手,没有拿过不义之财。一个人可以欺心乎?曾子严己以礼,为忌惮之士而有成就的代表。"(《毓老师说论语》)

尹氏曰:"非有得于道,能如是乎?"

董子竹先生说:"学道之人永远是战战兢兢,如履薄冰,时刻惟患妄想遮了'良知'。直到临终,才敢喘口气。我们现代人能不慎乎?"(《论语真智慧》)

小子,足矣!!!

> 8.4 曾子有疾,孟敬子问之。曾子曰:"鸟之将死,其鸣也哀;人之将死,其言也善。君子所贵乎道者三:动容貌,斯远暴慢矣。正颜色,斯近信矣。出辞气,斯远鄙倍矣。笾豆之事,则有司存。"

《论语》接连两篇,开头都是"曾子有疾",但"有疾"之言,各有不同。

上一篇,曾子对自己的弟子说,有点自言自语的意味,更多的是袒露自己的内心所守。所以引用"战战兢兢,如临深渊,如履薄冰",讲他一生坚守的不易。

这一篇,是对外人说的,这个外人就是孟敬子,孟武伯的儿子,他来探问病重的曾子,曾子给他讲了临终善告。"鸟之将死,其鸣也哀；人之将死，其言也善"，这是曾子的强调句，意在让孟敬子等极端重视，我曾子在给你讲最重要的道理呢。

"君子所贵乎道者三"，大道无处不在，但君子最看重的是三条：一、"动容貌"；二、"正颜色"；三、"出辞气"。

其实这里说的就是一个人的举止言行。一个人，对内，如何存养自己的心；一个人，对外，如何规范举止言行。二者，便是曾子的"有疾"善言。

毓老师说："'动容貌'，'容'，脸；'貌'，人的仪态。'动容貌'，举止行动。要重视仪态，举止行动要中规中矩，'出门如见大宾'（《论语·颜渊》）。'斯远暴慢'，要远离粗暴放肆。'正颜色'，颜和面，有何区别？'颜'，眉间；'面'，颜前，像人面形。不嬉皮笑脸，则近于信，'信则人任焉'（《论语·阳货》）。'出辞气'，出辞要文雅，声调要得宜。说话必得练达，言辞之美、声调有抑扬顿挫，是训练出来的，环境使然也。'居移气，养移体，大哉居乎。'（《孟子·尽心上》）"（《毓老师说论语》）

朱熹注曰："鸟畏死，故鸣哀。人穷返本，故言善。……言君子之所重者，在此三事而已。是皆修身之要，为政之本，学者所当操存省察，而不可有造次颠沛之违者也。若夫笾豆之事，器数之末，道之全体固无不该，然其分则有司之守，而非君子之所重矣。程子曰：'动容貌，举一身而言也。周旋中礼，暴慢斯远矣。正颜色则不妄，斯近信矣。出辞气，正由中出，则远鄙倍。三者正身而不外求，故曰笾豆之事，则有司存。'"（《四书章句集注》）

这些道理，哪个老师给你讲过？自己的举止言行，又训练过吗？所以，我们不要天天想着"成功"，还是脚踏实地，从ABC的学习开始吧。

"笾豆之事，则有司存"，"笾豆"，祭祀之具；"司"，专管笾豆的官。

那些高大上的事情，真的跟你无关。我们日日能做到的，其实就是修身养性，"动容貌""正颜色""出辞气"，要我们花多少工夫？过去我们心猿意马，内观乎？反省乎？又修行乎？

好女子、大丈夫，不可一日不弘毅，不可一日不省悟，不可一日不修为，不可一日不砺行……

8.5 曾子曰："以能问于不能，以多问于寡；有若无，实若虚，犯而不校。昔者吾友尝从事于斯矣。"

今天又是读曾子的语录。

我们还是倒着看，"昔者吾友尝从事于斯矣"。"昔者"。"昔"，往昔，故去的。"吾友"，汉儒马融认为这里是指颜回，朱熹也认同。"从事于斯"，按照老师的教诲专注做事，不胡思乱想。为什么要这样理解呢？

颜回问仁，孔子答后，颜回说："回虽不敏，请事斯语矣。""事斯"就是"从事于斯"。我颜回生来不是聪明的、敏捷的那个，但我能做到的是事事按老师的教诲去做。

所以人生三大幸事：

一是有圣母。你生在哪里，母亲说了算。

二是遇良师。有曾子，有颜回，是因为先有孔子。

三是得益友。见贤思齐，学习往往是从朋友开始。所以小皇帝学习，都要有学伴。

以何人为友？友其何德？

以何人为伴？伴其何方？

这真还是大学问。

可惜，今人大多唯利是图！

我已故的好朋友颜回，就是按照这个教诲做事的，而且由此达到了很高的境界。

由此反推，"以能问于不能，以多问于寡。有若无，实若虚，犯而不校"，可能是孔子之言，只不过是曾子转述而已。这是我的大胆推测。

"以能问于不能，以多问于寡。"

"人的正确思想从哪里来？"这是毛泽东提出的问题。

不能，能，真能。

寡，多，真多。

这是三种境界。

"以能问于不能"，这是真能；"以多问于寡"，这是真多。

自以为万能，其实是一种不能；自以为多多，其实是一种寡闻。只有"能问于不能"，才能使自己的能不断扩展，永无边界；只有"多问于寡"，才能下问而不耻，不自傲。

为什么能做到这些呢？"有若无，实若虚，犯而不校。"

有无的分界是哪里？虚实的触点在何方？

真正的问题，其实你我都没有认真想过。遇事，我们都习惯于自己信手拈来。我们的固执，可能就建立于不远的过去；我们的屏障，就是耸立于我们心中的固执。

"颜子之心,惟知义理之无穷,不见物我之有间,故能如此。"(朱熹《四书章句集注》)朱熹不是过来人,怎能有如此体悟?

"犯而不校","校",计较。"犯",我以为不能停留在侵犯的层面。和自己不同的,都是"犯",要和而不同,不要斤斤计较!

《论语》真是好书,越悟越有味道。毓老师说:"《论语》是结论之书",真是一语中的。

关键是,"昔者吾友尝从事于斯矣",今日吾辈能"从事于斯"吗?

哪怕天天学一点点,一点点都是进步!

共勉之!

8.6 曾子曰:"可以托六尺之孤,可以寄百里之命,临大节而不可夺也。君子人与?君子人也。"

读《论语》的这句话,常常使人有九曲回肠、气壮山河之感。此处有大忠、大义、大仁、大勇、大担当、大责任……

中国的文化,有一使命,就是使人"学大",做大丈夫,做真君子!

曾子自言道:"君子人与?君子人也。"这应该是君子了吧?这就是君子!

"……言能此已上之事,可以谓之君子人与?与者,疑而未定之辞。审而察之,能此上事者,可谓君子,无复疑也,故又云:'君子人也。'"(《论语注疏》)

"可以托六尺之孤""可以寄百里之命""临大节而不可夺",多么铿锵有力,有如泰山,顶天立地。

"六尺之孤",未成年之人。"百里",诸侯之国。"命",政令也。

我闭上眼睛,脑袋里浮现出周公、霍光、诸葛亮……

《三国志》记载了"白帝城托孤"的故事:"章武三年春,先主(刘备)于永安病笃,召亮(诸葛亮)于成都,属以后事。谓亮曰:'君才十倍曹丕,必能安国,终定大事。若嗣子(刘禅)可辅,辅之;如其不才,君可自取。'亮涕泣曰:'臣敢竭股肱之为,效忠贞之节,继之以死!'先主又为诏敕后主曰:'汝与丞相从事,事之如父。'"

先有刘备的临终寄托,后才有孔明的鞠躬尽瘁死而后已。

"临大节而不可夺也",文天祥就是最典型的案例,苏武牧羊也不减其英雄本色。"三军可夺帅也,匹夫不可夺志。"因心中有了那个"志",便临危不惧、坚不可摧、临节不变。于是才有"人生自古谁无死,留取丹心照汗青"的千古绝唱。

"临大节",在大的节点处方显人生本质,方显各人的操守和气节。王夫之有切身体悟,他说:"主少国疑,变将内生,流言风雨,孤立其中,而所知者,但此六尺之孤耳;内衅可乘,外侮将至,彊邻互冠,危亡相逼,而所守者唯此百里之命。斯则果不可夺者也。"(《读四书大全说》)

朱熹注曰:"其才可以辅幼君、摄国政,其节至于死生之际而不可夺,可谓君子矣。"他引程子曰:"节操如是,可谓君子矣。"(《四书章句集注》)

修身、齐家、治国、平天下。中国人自古有家国情怀。

我们皆是凡人,非将相,但一家事犹如一国事。

"可以托六尺之孤，可以寄百里之命，临大节而不可夺也。"

我们是否是朋友临危时的寄托之人，是君子吗？如临大节，你我又能寄托何人？今日的君子又在何方？

8.7 曾子曰："士不可以不弘毅，任重而道远。仁以为己任，不亦重乎？死而后已，不亦远乎？"

在《论语·泰伯》中，一连四篇都是"曾子曰"，可见曾子在孔门中的分量。

孔子传曾子，曾子传子思，子思传孟子。

曾子说了一个很重要的问题！受宋朝宰相赵普的"半部《论语》治天下"的启发，我曾发出"一句《论语》修人生"的感慨。一个人，真能把曾子之言悟通，并切实践行，其人生必然充实而饱满。

联想集团创始人柳传志一定对这句话体悟很深，他创办的联想投资公司叫弘毅投资。

见其名，知其志也。

"士"，中国古代的知识分子典型，有人也称"大丈夫"。当代著名学者、美国哈佛大学教授余英时先生写了一本书，就叫《士与中华文化》。

志=士+心。"心"上有个"士"的修为目标，就成志者。在《论语·卫灵公》中，孔子提出"志士仁人"。"苟志于仁矣，无恶焉。"（《论语·里仁》）

今天，人们也常提责任感、使命感，但这话常流于空谈。因不是真心话，念过了就把它扔到九霄云外。

"仁以为己任"，以仁为己任，士以这个仁为自己的责任，"不亦重乎"？这个责任岂不是最重要的、最重大的？

"死而后已，不亦远乎？"内求而不息，认准一条路走到底，自强不息，直到死了才停止。久久为功，时间"远乎"。

钱穆先生说："士以为己任：仁，人道。仁以为己任，即以人道自任。死而后已：一息尚存，此志不懈，而任务仍无完成之日，故曰死而后已。"（《论语新解》）

"仁以为己任"，则"任重而道远"。一个人，就为自己那一亩三分地，大可不必如此。"大道之行也，天下为公"，求仁得道之士，"不可以不弘毅"。

"弘"，宽广也。"毅"，坚毅也。弘，心胸宏大宽广。"含弘广大。"（《周易·坤卦》）

"毅"，乾乾而行，生生不息。"苟日新，日日新，又日新。"

朱熹注曰："弘，宽广也。毅，强忍也。非弘不能胜其重，非毅无以致其远。仁者，人心之全德，而必欲以身体而力行之，可谓重矣。一息尚存，此志不容少懈，可谓远矣。"（《四书章句集注》）

看孔子一生，则知何为"弘毅"，"十有五而志于学，三十而立，四十而不惑，五十而知天命，六十而耳顺，七十而从心所欲，不逾矩"（《论语·为政》），因为任重而道远，才有"不知老之将至"。

反思吾辈，以何为己任？整天就想着自己，哪来的活泼泼的弘毅人生？

毓老师说："能任事、任仁才是学问。……读完《论语》，要能任仁。"（《毓老师说论语》）

8.8 子曰："兴于《诗》，立于礼，成于乐。"

中华民族的伟大复兴，其标志是什么？是世界第一大经济体，是强大的军事实力，还是科技创新第一？中国是文明古国，也是礼仪之邦，文化复兴当是民族复兴的题中应有之义。

"兴于诗，立于礼，成于乐"，文化鼎盛，举国欢乐？

在《论语·季氏》中，孔子对儿子孔鲤说："不学诗，无以言。""诗言志""志者，心之所主"，看看今日还有几人学诗？

"礼"者，理也。孔子曰："不知命，无以为君子也。不知礼，无以立也。"（《论语·尧曰》）

"礼"者，天下大道，社会规制，礼文仪节。毓老师说："因人之性而制礼……立于礼，按礼行事，受严格训练，不做不合理的事。"（《毓老师说论语》）

"立于礼"，才能使自己处于不败之地。

总以为天不知、地不知，做坏事多了，天理也难容。

"成于乐"，在音乐的陶冶中成长。《礼记·乐记》有云："礼节民心，乐和民心。"

以乐养性，"乐由中出，乐至则无怨"。毓老师说："昔人每天必弹琴、唱歌、念诗赋、击磬。以前的中国家庭里，男女都会一门乐器，名国则精通棋琴书画。"（《毓老师说论语》）

看看"富起来"之后，还有多少事情要做？

《过庭录·卷十三》有云："兴于诗，养其性情也；立于礼，正其身体法度也；成于乐，使其气和平也。"

如何成其人？如何成其家？如何成其国？空谈无用！

"诗书传家久,礼乐继世长!"

"兴于诗,立于礼,成于乐",这些现在都是中小学生的家庭作业,好像和家长们无关?

历史的长河,久流不止。而兴衰,常常在一念之间……

8.9 子曰:"民可使由之,不可使知之。"

这句话我思考了两天,但还是如狗吃刺猬,无从下手。

孔子的真实意思是什么?

大道,真的很微妙。孔子怎么就能得之?他对弟子三千耳提面授,但能传承者又有几人?这个道,记录于文字中。两千五百年后,你我如何才能了解?

我们应该以什么样的态度面对这个道理?

杨伯峻先生是这样翻译的:"孔子说:'老百姓,可以使他们照着我们的道路走去,不可以使他们知道那是为什么。'"(《论语译注》)

他认为这两句与"民可以乐成,不可与虑始"(《史记·滑稽列传》)所载的西门豹之言,和《商君列传》作"民不可与虑始,而可与乐成"的意思大致相同。

《孙子兵法》中也说过同样的话:"诡道可使由之,不可使知之。"

"由",用也。

朱熹注曰:"民可使之由于是理之当然,而不能使之知其所以然也。"(《四书章句集注》)

蒋伯潜先生解读说:"此章孔子论为政之道也。"(《新刊广解四书读本》)"由",遵也。"不可",谓事实上做不到。一般民众知识浅陋,对于国家所发施之政合法律,必不能知其意义。所以执政者,只能让人民遵我的政令法律而行,以入于治道,故曰"民可使由之"也。这种种的政令法律,一时间要人民都明晓其意义,是做不到的,故曰"不可使知之"也。

也有人在标点符号上下功夫。"民可,使由之;不可,使知之。"民,有独立自主的能力,就放手让他们去做;如没有,就要教育他们,让他们知道怎么去做。

还有这样断句的,"民可使,由之;不可使,知之"。

可见,我们的世界,永远是我们"知道"的世界。外面的世界很精彩,是因为你的内心先有一个精彩的存在。

"知之为知之,不知为不知,是知也"……

8.10 子曰:"好勇疾贫,乱也。人而不仁,疾之已甚,乱也。"

我们如何观人察事?孔子讲了两种致乱的情形。一是"好勇疾贫"者,二是"人而不仁,疾之已甚"。

朱熹注曰:"好勇而不安分,则必作乱。恶不仁之人而使之无所容,则必致乱。二者之心,善恶虽殊,然其生乱则一也。"(《四书章句集注》)

为什么?蒋伯潜先生举例说:"如一般盗贼,都因自己有些勇力,怨恨贫苦,所以为乱。这种人,往往肆无忌惮,无所不为。你若厌恶得他太甚,使他无以自容,他会发狠道:'我横竖是个坏人,你们总看不起我;我就多做几件坏事,也不过如此。'这也要激成祸乱的。"(《新刊

广解四书读本》)

这便是人性!毓老师提醒:"为政者必记住:宁可得罪十个君子,也不得罪一个小人。"(《毓老师说论语》)

可是,您真的能识别伪君子吗?您又真的能判断真小人吗?

处万事,确实需要真功夫。内圣外王,不专指为政者;每一个有志者,都当静观之、深悟之、儒行之。

8.11 子曰:"如有周公之才之美,使骄且吝,其余不足观也已!"

中国的文字特别有意思。记得我早年在旗县工作时,正赶上全国"计划生育"搞得轰轰烈烈时,我对一个政治名词印象特别深刻,这个词就是"一票否决"!啥意思?就是你这个乡、镇、局、办,如果计划生育这件事没搞好,其他的工作做得再好,也没有用,一票否决,比得零分还差。

孔子在这里也有这个意思。他说,一个人,即使你有周公之才,但你有"骄""吝"的毛病,那就被一票否决了。"其余不足观也已!"其他的,你再好,也不值得一看了。

所以,反过来看,人的品德中的两大陷阱,一是骄,骄傲;二是吝,吝啬。一个人要德才兼备,但有"骄且吝",天生有多大的才能,也化作无了。

周公,即周公旦。大才,还有德,所以"周公之才之美"。在年轻的孔子心中,周公有崇高的地位,所以他常常梦见周公,但有"周公之才之美",就有其他人之才之丑,所以,有才不一定是好事,常常"聪明反被聪明误"。

朱熹注曰:"才美,谓智能技艺之美。"(《四书章句集注》)美者,恰到好处，达到了一种艺术境界。有些有才的人，为什么常常使人不舒服？"才"没到达"美"的台阶。

"大音希声，大象无形"，"大才"是何等气候？

朱熹引程子曰："此甚言骄吝之不可也。盖有周公之德，则自无骄吝；若但有周公之才而骄吝焉，亦不足观矣。"又曰："骄，气盈。吝，气歉。"朱熹接着发挥说："愚谓骄吝虽有盈歉之殊，然其势常相因。盖骄者吝之枝叶，吝者骄之本根。故尝验之天下之人，未有骄而不吝，吝而不骄者也。"（《四书章句集注》）

王弼，可算中国历史上最有才华者了，二十几岁出世。他说："人之才美如周公，设使骄吝，其余无可观者，言才美以骄吝弃也。况骄吝者必无周公才美乎！"（《论语义疏》）

王弼之感叹，直指吾心。吾辈是何许人也？能骄乎？能吝乎？

孔子之言，真如千古警钟，长鸣也！

8.12 子曰："三年学，不至于谷，不易得也。"

人为什么而学习？我从小很受周恩来总理的一句话所激励："为中华之崛起而读书。"不知今日大学生，还有多少人有此志向？

为术而学，大学四年草草了结；为道而学，毕业之时，才是学习的开始。

无道之术，是短见，是黔驴之技。而超于凡术之道，才是创新之源泉，需终生上求下索。

"三年学"，三，是虚数，不一定就指确定的三年。

"谷",穀。郑玄注:"穀,禄也。"(《论语郑玄注》)"禄",做官,"学而优则仕"。

"不至于谷","至"字,朱熹认为:"至,疑当作志。"他说:"为学之久,而不求禄,如此之人,不易得也。"(《四书章句集注》)

我以为,这个"至"就是不急功近利。"路遥知马力,日久见人心。"路遥远,才能叫"至",至远也;山高,才称其为攀登;学问达到顶峰,才叫至学。

人,只顾应景眼前,难免就变得轻飘飘的。

杨伯峻先生译文:"孔子说:'读书三年并不存做官的念头,这是难得的。'"(《论语译注》)他认为,"至"和"回也,其心三月不违仁,其余则日月至焉而已矣"的"至"用法相同,指意念之所至。

时代不同,古时"三年学",实属不易;今人从幼儿园一直读到博士,二十多年,却不知"为何而学"。学以致用,学习达到了一定的程度,才能有大用。但学习,真达到无用之时,就快乐之极了。

"三年学,不至于谷,不易得也!"多年学,不至于用,那就更不易得也!

也有人会问,今日我们天天学《论语》,有何用?其实,以吾"有用之术",设问"无用之道",是不可以设问的。

无用,就是大用。大用者,人人日用而不知。"学""不至于谷",不至于谷才是真正的学习。

我也常对身边的朋友说:"你现在又有钱、又有闲,为什么不去学习?",这是"学""不至于谷"之问?他们回答说:"现在学,有啥用?"这是"学",非要"至于谷"之答。

孔子的感叹,看来自古以来就是如此!

今日读之,自己突然被老先生划进了"不易得也"的群里,自感珍惜,当更要"博学之,审问之,慎思之,明辨之,笃行之"。我特别感恩自己过去岁月的困穷颠沛与历练,无比感激半辈人生的忍辱负重与体察。一觉醒来,顿感秋光无限。想想还剩下那么多的大好时光,回望那些汗牛充栋的经典,真是"不亦乐乎"?

"路漫漫其修远兮,吾将上下而求索。"

8.13 子曰:"笃信好学。守死善道。危邦不入,乱邦不居。天下有道则见,无道则隐。邦有道,贫且贱焉,耻也;邦无道,富且贵焉,耻也。"

我们读《论语》,常常觉得其中的一句话,可以点破人生,我常说,一句《论语》治人生。

可惜我们要么不笃信,要么不好学,要么不善守,人生总是不能凝练到一定的纯度,常常不是有些支离,就是有些破碎。

"笃信好学","笃,厚而力也。不笃信,则不能好学;然笃信而不好学,则所信或非其正"(《四书章句集注》)。笃信,坚信不疑;好学,知行合一。

蒋伯潜先生说:"笃信,谓其信道之坚;好学,言其学道之勤。"(《新刊广解四书读本》)

笃信什么呢?好学什么呢?

善道。"守死善道",死死地守住善道。头脑清醒,内心平静。守死而能一以贯之。

"危邦不入,乱邦不居",这样才能很好地保护自己。常在河边走,没有不湿鞋。关键是自己要有所不为。"不入""不为",是做人的底线。

"天下有道则见,无道则隐",此话听起来是这个理,但能真正做到的又有几人?"见",现也。天下有道之时,你凭什么就闪现在历史的舞台上了?"无道则隐","隐",不见了。真正的大隐之士混杂在熙熙攘攘的众生之中,心中没有一点怨气。"见"还好说,真"隐"最难。

两个"耻也":一、"邦有道,贫且贱焉";二、"邦无道,富且贵焉"。

天下太平,国家有道,你却"贫且贱",这说明你不是"笃信好学"者,不是"守死善道"者。改革开放了,包产到户了,你还在托钵乞讨,不可耻吗?

邦无道,你却大富大贵,不是盗国窃邦,就是草芥百姓,难道还有第三条道路?

"知进退存亡而不失其正!"正心、正身、正行。

危邦正道自由穿梭!

子谓颜渊曰:"用之则行,舍之则藏,惟我与尔有是夫!"(《论语·述而》)

可见,只有"笃信好学、守死善道",才能达到此境界。

《论语》就是一面镜子,照不照由你……

8.14 子曰:"不在其位,不谋其政。"

这句话你一定耳熟能详吧。人人都会说,但几人做得到?

"位",不光指职位。一个人的一生,在不同时,有不同位。

"不在其位,不谋其政。"反之,在其位,就要谋好其政。

能拿得起,也要放得下!过去已过,未来没来,要安于当下的时位。

做到不在位而不谋,就要专注其位。

做一天和尚,就要撞好一天钟。

在不在,是身;谋不谋,是心。

身心合一,才能"无所不用其极"(《大学》),而"无入而不自得"(《中庸》)。"身在曹营心在汉",一定不会有所成就。

是学生,就要专注学习。是爷爷、奶奶,就要修德养生。

时时有变化,刻刻位不同。

有不易,才有变易。有所守,才有所攻。

有"不谋其政",才有与时俱进。

不会走,岂能飞?知止,而后有定、静、安、虑、得。

路要一步一步走,步步要见其功夫。

"天地之大德曰生,圣人之大宝曰位。""天尊地卑,乾坤定矣。卑高以陈,贵贱位矣。"(《周易·系辞下》)

《周易》有六十四卦,每卦六爻,皆是位也。时位何以移人,因乾乾不息。

《中庸》有云:"君子素其位而行,不愿乎其外。"许仁图先生说:"'素'是不乱其心,不易其志,遵道而行,行止合乎进退存亡之道,既在那个位上必谋其政,不在那个位上就不谋其政。"(《子曰论语》)

毓老师说:"管好自己,不多管闲事。"(《毓老师说论语》)但是,人最难管好的恰恰就是自己。在其位者,常指点江山,常激扬文字,常指手画脚,常品头论足,也常常忘了自己也是"在其位"的短期过客……

在其位者,首先要管好自己,切记!

《六韬》中记载,文王问太公曰:"圣人何守?"太公(姜子牙)曰:

"……天地不自明，故能长生；圣人不自明，故能名彰。……万国不通，各乐其所，人爱其上，命之曰大定。呜呼！圣人务静之，贤人务正之。愚人不能正，故与人争……"

各就各位，守正方可创新。

8.15 子曰："师挚之始，《关雎》之乱，洋洋乎盈耳哉！"

我不懂音乐，所以今日的孔子之言，只能按别人的注释参照理解。"师挚"，鲁国的乐师，名挚。"始"者，乐之始。"乱"者，乐之终。

刘君祖先生解释这句话：从太师挚开始演奏，到《关雎》一曲结束，我的耳朵一直充满着美妙的乐章。

孔子的弟子们为什么要记录他们老师的这句话？其意义到底是什么？我不知道。

但为了《论语》的完整，我还是抄录如上。

如果非要讲出个道道来，那么，这个道道可能就是偏见。

8.16 子曰："狂而不直，侗而不愿，悾悾而不信，吾不知之矣。"

我们经常会遇到这样的人，如烂泥一般，不可救药。老人们常说，这些人"不学好"。好人不学，好话不听，好事不做。孔子也无可奈何，只能感叹，"吾不知之矣"。

朱熹注曰："吾不知之者，甚绝之之辞，亦不屑之教诲也。"(《四书章句集注》)看来孔子的三千弟子，也是良莠不齐，确有些令他伤心之人。否则，他不会说出这样的话。

钱穆先生说："人之气质不齐，有美常兼有病，而有病亦兼有美。学问之功，贵能增其美而释其病，以期为完人。一任乎天，则瑕瑜终不相掩。然苟具天真，终可以常情测之。今则仅见其病，不见其美，此非天之生人乃尔，盖习乎下流而天真已失。此等人不惟无可培育，抑亦不可测知，此孔子所以深绝之。"(《论语新解》)

天之生人，有所长，也有所短，可有些人，只有短而无所长，只有病而没有美。

孔子举了三个例子：

一、"狂而不直"，钱穆先生曰："狂者多爽直。狂是其病，爽直是其可取。凡人德性未醇，有其病，但同时亦有其可取。今则徒有病而更无可取，则其天性之美已丧，而徒成其恶，此所谓小人之下达。"(《论语新解》)

二、"侗而不愿"，"侗"，无知貌。"愿"，谨厚也。无知还不谨厚。

三、"悾悾而不信"，"悾悾"，无才能貌。自己无才能还不忠信。

还有四、五、六、七……老先生不再一一列举了。

孔子立论的前提是人必有两端，如一个硬币的两面，有其长，有其短，有其好，有其坏。我们也常说，这个人有许多缺点，但是仗义呀。这个人是浑，可是他对父母孝顺呀。其实说的都是一个意思。

但人为什么会出现只有短没有长，只有病没有美的情况呢？我想这都是家教出了问题。寻根看一看，也许是其上一代父母，上两代爷爷、奶奶出了问题。

"性相近，习相远。"人生下来，就品性而言，都差不多。但为什么在后来的成长中，却越走差距越大呢？人的第一老师很重要！家长是人生的第一典范。曾子为什么一生"战战兢兢，如临深渊，如履薄冰"？因身未死，便有无穷的责任。

这也是我倡导大家一起学《论语》的初心。体味做人的道理，需要一定年龄的积累。人，常常有了孩子，才知道父母的不易。

反过来，我们这些有点阅历的成年人，就应该更加勤学精进，为年轻人做个榜样。让上天的孔子，少些"吾不知之矣"的感叹。

如此看来，一个人的家业成就，其实就在一念之间。

8.17 子曰："学如不及，犹恐失之。"

"如""犹"，好像。

"不及"，达不到，赶不上。"三人行，必有我师焉"，"见贤思齐"。学习，永远有"不及"的感觉。

反求诸己，就学无止境。走上了一个台阶，就有更高的台阶在召唤你。只有为己学习时，你才很难再给自己打"及格"。

"犹恐失之"，很怕失去学习的机会。自己学到的功夫，又怕失掉。热度只有三天，新鲜劲儿马上就过去了。不能持之以恒，成为习惯，或成为自己新的生命的一部分。这样的"学"，还不如不学。

曾国藩在给李元度的《国朝先正事略》一书的序言中写道："学贵初有决定不移之志，中有勇猛精进之心，末有坚贞永固之力。"

"学如不及"，则需永续精进；"犹恐失之"，应当坚贞永固。

有了"志"，有了愿心，便有了使命感、责任感。人，便开始和时间赛跑,"终日乾乾",自强不息,无有终始。

"日知其所亡,月无忘其所能,可谓好学也已矣。"(《论语·子张》)

不要小瞧我们现在的经典学习。我们每天听到圣人说了什么?对我们有什么启发?我们要怎么做?

"学如不及,犹恐失之。"坚持一两年,你产生的巨大变化,连自己都不敢相信。

重要的话,就要不断重复。学问、做事、做人,是一件事,不是三件事。如果把人比作原始森林里的一棵大树,那么学问就是其根部,做人就是树干,做事就是茂盛的树叶。

为什么这棵大树长得好?其根部扎得深,树有多高,根有多长;其干长得直,成长中不失其正;其叶吸入二氧化碳、呼出氧气。在造福人类的过程中,经历春、夏、秋、冬。三者缺一,能成吗?

本篇,孔子讲致学,"学如不及,犹恐失之"。杨伯峻先生翻译如下:"孔子说:'做学问好像(追逐什么似的),生怕赶不上,(赶上了)还生怕丢掉了。'"(《论语译注》)

学问、做事、做人,三位一体,融会贯通。

《周易·乾卦》有云:"君子终日乾乾,夕惕若厉,无咎。"

好大的一棵树!

原来人人都是好苗子。

8.18 子曰:"巍巍乎!舜禹之有天下也,而不与焉。"

何为"不与焉"?

有天下而不与焉？有财富而不与焉？有权力而不与焉？

有美貌而不与焉？有功名而不与焉？有聪明而不与焉？

有个性而不与焉？有情绪而不与焉？

何为"不与"？《道德经》六十八章有云："善为士者，不武；善战者，不怒；善胜敌者，不与；善用人者，为之下。是谓不争之德，是谓用人之力，是谓配天，古之极也。"

"善胜敌者，不与"？"不与"，不争。王弼注："不与争也。"（《论语释疑》）

《道德经》十七章有云："太上，不知有之；其次，亲而誉之；其次，畏之；其次，侮之。"太上，第一也。最高的。

"巍巍乎！"高大貌！形容非常高大。

"舜禹之有天下"，舜帝、禹帝之有天下。"不知有之。"因舜禹不知有己，而他们"有天下"后，也认为这是天下人的天下，不与民争利。"大道之行也，天下为公，选贤与能。"

儒学讲"勿我"，佛学讲"无我"，道学讲"忘我"。其本质都是教人超越"小我"。

"舜有臣五人而天下治。"大禹治水，三过家门而不入。

"巍巍乎！"这可能是春秋时代对有德之人最高的礼赞。

人，究竟活在"名"中，还是生在"实"下？

人，究竟是假"有"，还是真"无"？

人，究竟是和自己争，还是和天下人争？

关于"不与焉"，历来还有解释：一是"不与求"，即有天下，非自己求而得之；二是"不相关"，即不以有天下为乐之意；三是"无为"，得人善用，不亲力亲为；四是"不预见"，即孔子叹自己不与禹舜并时,叹其晚生而不逢时。

请大家各取所需,各奔前程!

8.19 子曰:"大哉!尧之为君也。巍巍乎!唯天为大,唯尧则之。荡荡乎!民无能名焉。巍巍乎!其有成功也!焕乎,其有文章!"

如何学大?如何长大?孔子够大了吧?但孔子眼中还有榜样。那就是尧帝!

尧帝的榜样是谁?是天。天大,"唯尧则之"。"则",效法。

"人法地,地法天,天法道,道法自然。"(《道德经》)

这其实描绘出了一个人学习成长的道路。你顺着榜样的道路前行,你就会站在巨人的肩上。

做学问也是一样,要不断地循序渐进,直至本质。

尧帝,是孔子学习的楷模。他用了"大""巍巍乎""荡荡乎""焕乎"等词来赞美。

"巍巍乎",高大之貌;"荡荡乎",广远之称;"焕乎",光明之貌。

"民无能名焉",人们真是难以找到一个恰当的名词去赞美他的功绩。

朱熹注曰:"言物之高大,莫有过于天者,而独尧之德能与之准。故其德之广远,亦如天之不可以言语形容也。"(《四书章句集注》)

后有武后也想效法,武则天死后,立无字墓碑,"无能名之"?

"唯尧则之",则天,天道尚公,"天无私覆"。尧禅让帝位于舜。

法天,天之德,公也;孙中山先生有一篇著名的书法作品"天下为公";法天,"天行健,君子以自强不息!"

> 8.20 舜有臣五人而天下治。武王曰:"予有乱臣十人。"孔子曰:"才难,不其然乎?唐虞之际,于斯为盛,有妇人焉,九人而已。三分天下有其二,以服事殷。周之德,其可谓至德也已矣。"

杨伯峻先生的翻译甚好:"舜有五位贤臣,天下便太平。武王也说过:'我有十位能治理天下的臣子。'孔子因此说道:'(常言道),人才不易得。不是这样吗?唐尧和虞舜之间以及周武王说那话的时候,人才最兴盛。然而武王十位人才之中还有一位妇女,实际上只是九位罢了。周文王得了天下的三分之二,仍然向商纣称臣,周朝的道德,可以说是最高的了。'"(《论语译注》)

"才难",真正的人才很难得到。如姜子牙之于周文王,张良之于刘邦,诸葛亮之于刘备。

舜有臣五人,周武王有乱(治)臣十人,所以孔子感叹:"才难,不其然乎?"孔子又举了周文王的例子。德才兼备的就更少了,"三分天下有其二,以服事殷",以至于"至德"。

反回来看,孔子这句话里隐含着一个价值判断。"才难",人才很难用一个标准去判断。舜五臣而治,是为"公天下";而武王十臣,乃为"家天下"所设。

同样是"才",但用才的人和方法不同。我们要好好想一想,在历史的长河中,哪些人才是真正推动人类进步的?

> 8.21 子曰："禹，吾无间然矣。菲饮食，而致孝乎鬼神；恶衣服，而致美乎黻冕；卑宫室，而尽力乎沟洫。禹，吾无间然矣！"

"禹，吾无间然矣！"这是孔子对大禹的敬仰。首尾有两次重复。

"间"，非也。即无可非议也。大禹，我对他没有什么好批评的。

为什么？作为公务人员，禹对自己的吃、穿、住，需求很少，俭之又俭；但对公众事务，却尽全力办好。

"菲饮食""恶衣服""卑宫室"，禹是为官者典范。一个人，达到一定的境界，真的会看淡这些物质享受。

"致孝乎鬼神""致美乎黻冕""尽力乎沟洫"，"致""尽力"，都是专心致志、全力而为的意思。勤政爱民，为官俭德。

"致孝乎鬼神""致美乎黻冕"，这是远古时的公共事务，中国过去重祭祀，祭政合一。

"尽力乎沟洫"，大禹治水八年，三过家门而不入。"禹思天下有溺者，犹己溺之也。"（《孟子·离娄下》）

"禹疏九河，瀹济漯，而注诸海；决汝汉，排淮泗，而注之江，然后中国可得而食也。"（《孟子·滕文公上》）

蒋伯潜先生注解说："禹对于自己的饮食，极菲薄；而祭祀鬼神，则祭品极其丰洁。……禹平时的衣服，极其恶劣；礼服却极其考究。……禹自己住的王宫房屋，极其卑鄙；而对于百姓种田所需，通水道的沟洫，却消修浚，使不至遭水旱之灾。禹薄于自奉，而厚于宗庙朝廷民事，故孔子称之。"（《新刊广解四书读本》）

历史往往给后代留下无穷的启示。但后代人多由于无知，觉得这些故事和自己无关。

人，往往聪明一世，但糊涂一时。

后代有识之士，认为"至于禹而德衰"，禹不能和尧舜并称，因其破坏了"尧舜为公天下，传贤不传子"的政治传统，他开启了"家天下"。

看看后代君王的所作所为，再读《论语》这段子曰，不能不对后来的帝王史充满感叹！

子罕第九

9.1 子罕言利，与命，与仁。

对于这句的解读，有多种：

杨伯峻译："孔子很少（主动）谈到功利、命运和仁德。"（《论语译注》）

钱穆译："先生平日少言利，只赞成命与仁。"（《论语新解》）

李泽厚译："孔子很少讲利，许命，许仁。"（《论语今读》）

《论语注疏》中译："孔子以其利、命、仁三者常人寡能及之，故希言也。"

朱熹引程子曰："计利则害义，命之理微，仁之道大，皆夫子所罕言也。"（《四书章句集注》）

还有很多种解释，我就不一一列举了。从中可以看出，每个人的心中都有一个自己理解的孔子。推而广之，任何事物，都是一样的。包括我们所处的世界。此世界，非彼世界，只是我们理解的世界。所以，要让世界变好，首先我们的心要变好！

"罕"，少也。因少而变得无比慎重，不敢轻言。在《论语》中，孔子讲到"利"字的有十次，讲到"命"字的有二十一次，讲到"仁"字的有一百零九次。

《论语》一共有多少句？这几个字这么频繁地出现，怎么能说"少"呢？

如何才是《论语》的真实义？我以为，后来孔子的学生们达成共识，把这句描述老师的话写进书本，主要是想表达一层意思，即孔子很少谈起自己的私利、自己的命运以及自己的仁德。

　　为什么这样说呢？孔子一生命运非常坎坷，颠沛流离，但你听说过他谈起自己的命运不如意吗？他说过他的命苦吗？即使在命悬一线之时，孔子也会说出这样的豪言："天之未丧斯文也，匡人其如予何？"即使在危难之时，他也一样继续弹琴奏乐。

　　孔子绝对是仁者，但他说过自己已达到"仁"的境界吗？他说"鲜仁也"。

　　《论语》中你没见过孔子谈起自己的私利。即使他对自己的儿子，也没有私教。

　　所以，孔子之"罕"言，是少私！孔子是"罕言利，与命与仁。"

9.2　达巷党人曰："大哉孔子！博学而无所成名。"子闻之，谓门弟子曰："吾何执？执御乎？执射乎？吾执御矣。"

看来在当时孔子是一个有争议的人物。

　　古时，五百家曰党。"达巷"是一个党名，犹今天的村、坊、里。在这个村里，有个人说："孔子真伟大！学问广博而没有成名的专长。"

　　这让我想起我儿子的学习。我前些天跟他说："你是什么都喜欢，桥牌、篮球、小鼓、机器人、围棋，就是没有一个学精的。"其实，我说的对吗？

　　孔子听到别人这样说他，就对他的学生说："我要专注什么呢？是赶马车呢？还是做射击手呢？"这是孔子的自嘲。干脆，"我赶马车好了"。古代儒者皆精熟六艺,一代宗师孔子当然精通御、射。只是当时的人们不能完整地理解孔子罢了。

孔子不为世用,但可贵的是他坚信自己,从十五岁志于学,一路走来,毫不动摇!

"不易乎世,不成乎名,遁世无闷,不见是而无闷,乐则行之,忧则违之,确乎其不可拔,潜龙也。"(《周易·乾卦》)

这是使命使然!

没有使命召唤的人生,不会走远!

毓老师认为:"'我执御矣',一语双关。'御天下''时乘六龙以御天'(《周易·乾卦》)是最高的境界。"(《毓老师说论语》)

的确如此!

一个"御"字多难?能"御"自己的心,才可能"御"心外世界。

9.3 子曰:"麻冕,礼也;今也纯,俭,吾从众。拜下,礼也;今拜乎上,泰也。虽违众,吾从下。"

中国是礼仪之邦、文明古国,从今天的《论语》中,可以看出一些端倪。

礼的背后是理。人对于道的理解,形成礼;而礼又以另一种形式展现出来,形成礼仪,礼仪存在于一个地区,形成礼俗。礼俗随着时间的传承,有的变了,有的不变。

孔子说:"麻冕是古礼,现在改用黑丝作冕,比麻冕节省了,(我也认为这个好)我从众。臣对君在堂下拜,这是古礼;现在都在堂上拜,我觉得这样会变得骄慢。虽然有违于大众，我还是认同堂下拜。"

孔子习礼，每"进太庙，每事问"，为什么是这样呢？总要有个原因。孔子在礼的问题上很注意，什么事可以从众？在什么礼上，要有所坚守？

程子曰："君子处事，事之无害于义者，从俗可也；害于义，则不可从也。"（《四书章句集注》）

因其可"俭"，则从之；困其致"泰"，便不从。

大丈夫心中要有数，有所守，才不至于盲从！花花世界，时时潮流涌动。人们常常看不清"势"，也不了解"时"。毓老师说："事有变，有不变；必不变于大节，才能有为有守。"（《毓老师说论语》）这是真功夫！

9.4 子绝四：毋意，毋必，毋固，毋我。

这是《论语》中的名句！

杨伯峻先生是这样翻译的："孔子一点也没有四种毛病——不悬空揣测，不绝对肯定，不拘泥固执，不唯我独是。"（《论语译注》）

人都有自己的不足，这就需要我们实事求是，正视并切实地克服。

"意""必""固""我"是人之通病，孔子"绝四"，"绝"指绝断、了绝，彻底地解决。

关键是后辈是否还有这样的毛病？该怎么办？

朱熹认为："意，私意也。必，期必也。固，执滞也。我，私己也。四者相为终始，起于意，遂于必，留于固，而成于我也。盖意必常在事

前，固我常在事后，至于我又生意，则物欲牵引，循环不穷矣。"(《四书章句集注》)

"毋"，"史记作'无'是也"。朱熹引程子曰："此毋字，并禁止之辞。"(《四书章句集注》)

第一，"毋意"。不要事先就有主观判断。人，往往活在意想中。"我不能""我什么什么不好"，或"此事难""此人如何如何"。臆度、揣度，常使自己裹足不前。

毓老师说："对任何人不先推测，不相信他或他不相信我。今天年轻人最大的毛病，刚开始就有自卑感，而净怀鬼胎。"(《毓老师说论语》)

意者，是人之本体的气泡。

第二，"毋必"。必，必须，一定。一条路黑到底。必，就有了成见。必须是这样，不能是那样。

第三，"毋固"，"固"，固陋。孤陋则寡闻，寡闻则常常自以为是。人要时时归零，谦逊到底，经常把自己看成一张白纸。"三人行，必有我师焉"(《论语·述而》)，那是因为你心中没有那个"固"。

第四，"毋我"。毓老师火眼金睛，他说："人地位愈低愈好自专。凡事都把自己置于前头，则成'剩人'。"(《毓老师说论语》)"愚而好自用，贱而好自专。"(《中庸》)

"我"，究竟是什么？"我"，常有"意""必""固""我"四种障碍。

我有"我"吗？"我"又是什么？

我被"我"困，不知有大。

李泽厚先生是这样翻译的："孔子断绝了四种毛病：不瞎猜，不独

断,不固执,不自以为是。"(《论语今读》)

你意非吾意,你必非吾必,你固非吾固,你我非吾我。

"不小心",是因为我们根本没有注意到心的存在。

"毋"者,无也。因现有的"有"纠缠着我们,我们无法放眼"无"的价值!

9.5 子畏于匡。曰:"文王既没,文不在兹乎?天之将丧斯文也,后死者不得与于斯文也。天之未丧斯文也,匡人其如予何?"

一个人,如何面对生死存亡?如何面对危难?

"子畏于匡"。"畏",受危难。"匡",地名。

《史记》记载:"阳虎曾暴于匡,夫子貌似阳虎,故匡人围之。"

孔子周游列国,离开卫国,准备到陈国去,经过匡地。匡人曾经遭受过鲁国阳货的掠夺和残杀,因孔子长得像阳货,被匡人囚禁了五日。

"文",即大道。

长江之水天上来,奔流到海不复回。文脉也如长江之水一般,从源头处,不断传承,流淌至今。从河洛文化,到伏羲,到文王,到孔子,涓涓而下……

中国文脉的传承,可谓"多灾多难"。

孔子说:"文王死了以后,(现在)文道不是在我这里吗?上天要是消灭了这种文化(那我就会被匡人消灭),但后来者也就再也得不到这种文化了；如果上天不想消灭这种文化，匡人能把我怎么样呢？"

吾命在天不在匡。因其有此担当。人生而有命，一个人是为了使命出现在这个世界上的。

生死有命，富贵在天！因自己所行之道，上接天道。所以才有这样的大义凛然。

曲阜孔子大成殿有"斯文在兹"匾。毓老师说："一部《论语》讲'文不在兹'，此即为华夏精神，儒家真精神所在。'文不在兹，有为若是'，这是读书人的责任；知此，就不必羡慕别人，也不必作践自己，要知道自己责任之所在。"(《毓老师说论语》)

孔子临危不惧，信天知命。吾等能有何忧虑？又有何恐惧？

《周易·离卦》有云："大人以继明照于四方。"

只有那些伟大的人物，才能使文道薪火相传，生生不息。

人人都有自己的使命！只因自己困而不知。

9.6 大宰问于子贡曰："夫子圣者与？何其多能也？"子贡曰："固天纵之将圣，又多能也。"

子闻之，曰："大宰知我乎？吾少也贱，故多能鄙事。君子多乎哉？不多也。"

"大宰"，官名。

大宰之问："孔夫子是圣人吗？为什么他有那么多的才艺？"

孔子的弟子子贡回答说："这本是上天让他成为圣人，又使他多才多艺。"

子贡回答得对吗？如果圣人不是天生的，但为什么有"五百年出一圣人"之说？

天，为什么不多生圣人？还要加上地造。天，单生下来还没用，要加上地造。天生我材，地造成之。在人间的磨炼必不可少。即使对释迦牟尼佛来说，也是如此！

孔子接下来的话，就是对此的回应。他说："大宰知我乎？我小时候贫苦，所以学会了不少鄙贱的技艺。"

如何才能增加人生的宽度和广度？你永远要记住，自己从哪里来，要到哪里去？

从哪里来？就是不忘初心。到哪里去？就是兑现使命。

"少也贱"，是孔子的出身导致，所以他有切身的体悟。富而贵，是人人渴望的目标。但孔子追求的不是一人富、自己贵，而是"天下大同"。

"多能鄙事"，大道就在鄙事中。知行合一，实践才能出真知。"少也贱"，恰恰创造了"多能鄙事"的机遇。

"君子多乎哉？不多也。"

设身处地，来之安之，脚踏黄土面朝天，手中有活，心中有愿，脚下有路。苟日新，又日新，日日新，好一个乾乾君子！

人人可以成尧舜吗？但为什么不能成为呢？

天生之？是天生的吗？

地造之？经过人生的磨难吗？

愿行之？有大愿并坚实地行动了吗？

只盯着自己的一亩三分地，永远长不出参天大树！孔子"少也贱""多能鄙事"，多能就能成圣吗？

"少也贱"的孔子,十五岁志于学,这个志就是力行大道。"大道之行也,天下为公,选贤与能,讲信修睦。故人不独亲其亲,不独子其子,使老有所终,壮有所用,幼有所长,矜寡孤独废疾者皆有所养。男有分,女有归。货恶其弃于地也,不必藏于己;力恶其不出于身也,不必为己。是故攻谋闭而不兴,盗窃乱贼而不作,故外户而不闭。是谓大同……"(《礼记·礼运》)

9.7 牢曰:"子云:'吾不试,故艺。'"

"牢",孔子的学生,姓琴,字子张。"试",用也。考试,考中了而被试用。

牢说:"我的老师孔子说过:'自己不曾被当局(诸国)所用,所以倒成就了老师的学问(技艺)。'"

东方不亮西方亮。有心栽花花不开,无心插柳柳成荫。人生的境遇,真还不能简单地判定其好坏。

因"不试""故艺";因"少也贱""故多能鄙事"。天生我材必有用。

孔子在《论语·述而》中说:"志于道,据于德,依于仁,游于艺",这是他的成长路标。

"不试",不为时用,行道于朝。"艺",六经亦名六艺。

有句名言说,上帝给你关上了一扇门,却为你打开了一扇窗。可惜,我们习惯了穿门而入,却不知破窗而出。关键是,你是不是那颗积极向上的种子?

9.8 子曰:"吾有知乎哉?无知也。有鄙夫问于我,空空如也;我叩其两端而竭焉。"

孔子活得很真实,是A就是A,是B就是B,没有一点杂染,如婴儿一般。

简单才是智慧!

孔子说:"我有知识吗?无知焉。"越有知识的人,越感到自己无知。

永葆自己的无知而处于不断求知的状态,才是真正的学习精神。学习知识是一个过程,真知永远深藏在未知的尽头。"知之为知之,不知为不知,是知也。"(《论语·为政》)

可怕的是把不知当知,把一知半解当作知识的终点。无知并不是什么见不得人的事情,真知道无知的人会马上行动。

"有鄙夫问于我,空空如也,我叩其两端而竭焉。"

"鄙","昔五百家为鄙,边邑"(《毓老师说论语》)。鄙夫就是普通人、平民,这里没有贬低之意。

孔子不装神秘,他把自己的方法论公诸于世。

鄙夫来求教于我,我怎能了解鄙夫之事?

"空空如也",放下身段,放空自己,不假装自己是知识分子。空到"空"的境界,空境。空境有我吗?这才是走群众路线。

"叩",叩问,叩门。

"叩",有声音的感觉,这个用字多神。和鄙夫站在同一条线上,一起探求真知,从"两端"处寻找中道,直到"竭"尽!

《大学》中说:"物有本末,事有终始,知所先后,则近道矣。"

朱熹注曰:"两端,犹言两头。言始终、本末、上下、精粗,无所不尽。"(《四书章句集注》)

"执其两端,用中于民",中庸乃大智慧。

程颐曰:"圣人之教人,俯就之若此,犹恐众人以为高远而不亲也。圣人之言,必降而自卑,不如此则人不亲。贤人之言,必引而自高,不如此则道不尊。观于孔子、孟子,则可见矣。"(《二程遗书》)

"吾有知乎哉?无知也。"自知之明;"空空如也",自知之至;"叩其两端而竭焉",自知之法。

是什么阻碍了我们,使我们半途而废?

跟着孔圣人,好好学吧!

▌ 9.9　子曰:"凤鸟不至,河不出图,吾已矣夫!"

"凤鸟",凤凰。

朱熹注曰:"凤,灵鸟,舜时来仪,文王时鸣于岐山。河图,河中龙马负图,伏羲时出,皆圣王之端也。"(《四书章句集注》)

孔子借此感叹,自己所处的时代,不见凤凰,不出河图,感叹自己没生在盛世。

这是孔子的遗憾,也是圣人的理想和期许!"凤鸟不至,河不出图",也暗示了孔子心中的大志。可见,孔子一直把自己放在尧、舜、伏羲等历史人物的一例,来观照自己。

"夫子贤于尧舜远矣!"这是孟子引述的宰予对老师的赞叹,但孔子生前从来没有这样评价自己。他把自己看成是中华文化的传承者,

"述而不作",他是尧、舜、伏羲等圣王之志的传棒人。

"已",止也。

"吾已矣夫?"凤凰虽然不飞来,黄河也不出河图,我孔子就停止求索了吗?我孔子就无所作为了吗?

"我已矣夫?"这应是孔子一生的叩问,也是中华文化的真精神。

我们学习中国传统文化,究竟有什么意义?就是要把"我已矣夫"的不屈不挠精神内化于心、外化于行。

"凤至图出,文明之祥。"孔子虽生于乱世,但"仁以为己任,不亦重乎?死而后已,不亦远乎?"(《论语·泰伯》)"仍要守死善道,改不能止,乃修《诗》《书》,订《礼》《乐》,道藏于民。"(《毓老师说论语》)

孔子用其一生,做了"吾已矣夫"的注解。

吾辈当学之、思之。生命还没有停息之时,至善的战斗能终止吗?

9.10 子见齐衰者、冕衣裳者与瞽者,见之,虽少,必作;过之,必趋。

《论语》几百篇,有的记录孔子的言论,有的记录孔子的行为。

此篇是讲孔子遇到的三类人的状况。

一是"齐衰者",穿丧服的人。古代的丧服,用粗麻做成,不缝边的叫"斩衰",缝边的叫"齐衰"。

二是"冕衣裳者",指大夫之礼服。朱熹注曰:"冕,冠也。衣,上服。裳,下服。冕面衣裳,贵者之盛服也。"(《四书章句集注》)

三是"瞽者",瞎了眼睛的人。

"见之,虽少,必作",相见的时候,即使这些人比孔子年轻,孔子也会站起来。

"过之,必趋","趋",急行。经过的时候,一定要快走几步。

如白描一般,如实记录。孔子心中有诚,心中有义,心中有情,所以与齐衰者同悲,与冕衣裳者同尊,见瞽者同矜。

2014年,微软的新总裁萨提亚·纳德拉上任之后,大力推行"同理心、共情力、开放包容"的变革之路,使微软重新焕发出新的活力,短短两三年,微软市值由2 000亿美元攀升至10 000亿美元,超过亚马逊、苹果,重新成为世界第一。

古代的孔子,和今日的萨提亚·纳德拉,其同理心,一也;其同情心,一也。

9.11　颜渊喟然叹曰:"仰之弥高,钻之弥坚。瞻之在前,忽焉在后。夫子循循然善诱人,博我以文,约我以礼,欲罢不能。既竭吾才,如有所立卓尔。虽欲从之,末由也已。"

人,有什么样的心,就会有什么样的世界。民胞物与,有容乃大!

有一起学习的朋友问我这两天为什么没有传道授业,发生了什么事情?

工作忙从来就不是我中断和大家一起学习《论语》的理由。只是这里学到了关键的一段话,我突然感觉到自身的能量有点不够,需要充一下电。在过去学习《论语》的215天中,我们跨越了一个又一个的险峰，这是我自己都没有想到的。

这几天，我又细细地翻阅了两本孔子传记，我不断地体悟着这个东方巨人的博大精深。今天，我们再次出发，开启我们新的学习旅程。

颜渊，孔子第一高徒。在他的心中，在他的眼中，孔子是什么样的形象？

你根本就没有走进去，你怎么能知其大？

"仰之弥高，钻之弥坚。"孔子之道，仰看之，高不可攀；钻研之，坚不可破。

《史记·孔子世家》有云："太史公曰：'《诗》有之，高山仰止，景行行止。虽不能至，然心向往之。'"

"瞻之在前，忽焉在后。"前后左右，深学不透。

朱熹注曰："此颜渊深知夫子之道，无穷尽，无方体，而叹之也。"（《四书章句集注》）

有专家说，这是颜渊学习境界的显现。入了孔家的门，上了夫子的道。

"循循然"，有次序的样子，一步一步地进入；"诱"，引进也。

"博我以文，约我以礼"，"以文"使我博大，"以礼"让我规范。

"欲罢不能"，没法停止下来，持之以恒，习以惯之。"竭尽吾才"，夫子之道，如阳光雨露滋养着我，使我的才华学识成长，卓然而立，"所立，卓尔"。

"虽欲从之，末由也已。"这是颜渊学习的困惑。想跟着老师再学下去，但不知道从何处下手了。

宋代大儒程颐是过来人，他说："到此地位，功夫尤难，直是峻绝，又大段著力不得。"（《论语集注》）

这段《论语》，是对颜渊悟道之境的真实描述。他用喟然长叹的方式，把心中对夫子之学的体悟脱口讲出来。我们后人学习孔子之道，何时才能达到此状态呢？

读完《大学》，读完《中庸》，读完《论语》，再走入孔子所注的《周易》《春秋》，两千五百年后的我们，只有无穷的惊叹，孔子圣人，高山仰止！

孔子的弟子宰我曰："以予观于夫子，贤于尧舜远矣！"

孔子的弟子子贡曰："见其礼而知其政，闻其乐而知其德，由百世之后，等百世之王，莫之能违也，自生民以来，未有夫子也。"（《孟子·公孙丑上》）这是前无古人、后无来者的定论。

孔子的弟子有若曰："岂惟民哉，麒麟之于走兽，凤凰之于飞鸟，泰山之于丘垤，河海之于行潦，类也。圣人之于民，亦类也。出于其类，拔乎其萃，自生民以来，未有盛于孔子也。"

我们切不可以为，以上诸句只是孔子的这些弟子在吹捧自己的老师而已。我们没走进去，所以我们根本就不知道！

慢慢走，你就明白路有多远；细细悟，你才感知生命无穷！

9.12 子疾病，子路使门人为臣。病间，曰："久矣哉，由之行诈也！无臣而为有臣。吾谁欺？欺天乎？且予与其死于臣之手也，无宁死于二三子之手乎？且予纵不得大葬，予死于道路乎？"

一个人，能做到实事求是，实在是太难了。不欺人，也不自欺。

是什么就是什么。

可是，人就爱装！特别是有一知半解的人更爱装。

一个组织也是一样。丢掉了质朴的品质，人人都会变坏，个个厚颜无耻。

"子疾病"，病重曰"疾"。此时孔子已经68岁，他的故国鲁国以币召孔子。孔子正要回国，忽然在路上得了重病。重到什么程度？应该是接近死亡了。否则，不会有下一句。

"子路使门人为臣"，子路召集弟子们，在寓中扮演家臣，预备治丧。

子路的想法是以大夫之礼治丧，让老师风光地走完最后一程。

朱熹注曰："夫子时已去位，无家臣。子路欲以家臣治其丧，其意实尊圣人，而未知所以尊也。"（《四书章句集注》）

"病间"，"间"，间隙。孔子苏醒了一会儿。

看看疾病之人的行为，才知道我们离他有多远。"久矣哉，由之行诈也！"我辞了大夫已很久了，子路你们这样做，就是行诈！

当下的孔子不是大夫，只是普通人。《左传》有云："礼不下庶人，刑不上大夫。"

孔子接着说："我本不该有治丧的组织，却一定要使人组织治丧处。我欺哄谁呢？欺哄上天吗？我与其死在治丧的人的手里，宁肯死在你们学生的手里，不还好些吗？即使不能热热闹闹地办理丧葬，我会死在路上吗？"（《论语译注》）

何为真正对自己负责，如此！正是孔子有此作风，才有他的弟子曾子的故事。"曾子将死，起而易箦"，这个典故流传至今。

想清了怎么死，才能更好地了解活的意义。

9.13 子贡曰:"有美玉于斯,韫椟而藏诸?求善贾而沽诸?"子曰:"沽之哉!沽之哉!我待贾者也。"

孔子的弟子子贡说:"有一块美玉在这里,是在盒子里藏起来呢?还是等着高的价钱卖掉呢?"孔子回答说:"卖了它吧!卖了它吧!我正在等识货的买家。"

"韫",藏。"椟",柜子。"沽",售卖。子贡之问,用了比喻句。这块"美玉"是指他自己,还是喻孔子?

"求善贾","贾",音 jià,价钱,求个好价钱。"待贾者","贾",音 gǔ,商贾,等待好买家。

自己手里有一幅名画,是要卖个好价钱,还是要卖给识货的好买家?哪一点是你最先考量的?这好比项目招标,一定是价低者得吗?

蒋伯潜先生举例说:"诸葛亮高卧隆中,就是美玉韫柜而藏;后来刘玄德三顾茅庐,他就为刘玄德鞠躬尽瘁,死而后已,即得善贾而沽也。"(《新刊广解四书读本》)

孔子周游列国十四年,见过无数国君,待价而沽。容易吗?我们平日不要老觉得委屈!

即使如孔子这样的美玉,不也是颠沛流离吗?吾有何德?吾有何能?吾有何识?

许仁图先生说:"其实,人生天地间,最悬念的莫过于待贾者来。"(《子曰论语》)

人生最兴奋的事,莫过于伯乐与千里马相遇。

蒋伯潜先生说:"子贡说:'求贾而沽',孔子则曰:'待贾而沽',直将生平不忘用世,而亦不肯枉道求用之心,全盘托出。"(《新刊广解四

书读本》）

本篇对怀才不遇者，对当今的跳槽者，应该很有启发的吧？

9.14 子欲居九夷。或曰："陋，如之何？"子曰："君子居之，何陋之有？"

听圣人真言，长自己格局。以君子自居，必和凡人不同。

没有无缘无故的成功，自律也是一种功夫。

钱穆先生译注："九夷：东方之群夷。子欲居之，亦乘桴浮海之意。"（《论语新解》）

"陋"，文化闭塞。

"君子居之，何陋之有"，若有外来君子居其地，即证其地非闭塞。……若必谓孔子抱化夷为夏之志，则反失之。

夷狄之地，没有文化。但君子去了，不就带去文化了吗？

如是真君子，其心中自有一片天地，外在环境的"陋"，和他有何关系？

"君子居之，何陋之有？"这句话激励了多少后代文人？

唐代诗人刘禹锡的《陋室铭》，至今脍炙人口："山不在高，有仙则名。水不在深，有龙则灵。斯是陋室，惟吾德馨。苔痕上阶绿，草色入帘青。谈笑有鸿儒，往来无白丁。可以调素琴，阅金经。无丝竹之乱耳，无案牍之劳形。南阳诸葛庐，西蜀子云亭。孔子云：'何陋之有？'"

好个"何陋之有"？只有心中有"大有"，才敢谈心外的"何陋之有"。

人，不被外物所惑，不被世俗所系，需内心的大定。

"我心正，一切正，不正也会正；我心邪，一切皆邪，不邪也是邪。"(《论语真智慧》)

我们可以行走在西湖的苏堤上，想想被贬职的一代文豪苏东坡，体悟孔子之言，"何陋之有"？

"素富贵行乎富贵，素贫贱行乎贫贱，素夷狄行乎夷狄，素患难行乎患难。"(《中庸》)

"君子无入而不自得焉。"自得其志，何陋之有？

"何陋之有？"常常能自问，常常能自省，必是良病一方也！

9.15 子曰："吾自卫反鲁，然后乐正，《雅》《颂》各得其所。"

这是孔子晚年的一个成绩单。

"反"，返也。鲁哀公十一年（公元前484），孔子从卫国返回鲁国，结束了他十四年周游列国的旅程。这时，他已69岁。周游列国，真是美其名曰，孔子何来的游？他想实现自己的政治理想，处处碰壁，有时还要颠沛流离，命危旦夕。

69岁，在春秋时代，那绝对是高龄人群了。可就是这样一位老人，在他人生的最后四年，创造了人类的奇迹。他伟大的思想在这个时候集中迸发。

孔子的一生，对于他个人，是不幸的；但他不幸的一生，对于中国人，乃至全人类来说，是幸运的。

"吾自卫反鲁，然后乐正，《雅》《颂》各得其所。"今日我们读到此处，真有无穷的感动！

吾将如何老去？

"乐正"，正乐。钱穆注曰："乐正有两解：一是正其乐章，一是正其乐音。"（《论语新解》）

"《雅》《颂》"，《诗经》中的《雅》《颂》。

朱熹注曰："鲁哀公十一年冬，孔子自卫反鲁。是时周礼在鲁，然诗乐亦颇残阙失次。孔子周流四方，参互考订，以知其说。晚知道终不行，故归而正之。"（《四书章句集注》）

"各得其所"，各自回到自己的处所。你看孔子说得多自信，后来的学者皆以此为蓝本。

孔子为什么能做到"用之则行，舍之则藏""藏道于民"？不仅仅是他十五岁时"志于学"，有志；关键是他69岁时，还是不忘初心，还要去实现自己的神圣使命！

十四年前，孔子离开鲁国，周游列国，这是他55岁人生节点上的志向；十四年后，"吾自卫反鲁"，开启他69岁的使命！"吾道一以贯之。"

想想今日之人，四五十岁，就想着退休，想着颐养天年，真是不可同日而语。想想今日的年轻人，在学校学习就为考试，一走出校园就马放南山、刀枪入库，从此再不读书，再不钻研学问。真是令人忧也。

子曰："吾自卫反鲁，然后乐正，《雅》《颂》各得其所。"这学问多渊博！这人生多饱满！这生活多快乐！这志趣多崇高！

人，生于使命！有使命，才能茂盛地成长！

人生，不是稀里糊涂地虚度等死。

9.16 子曰："出则事公卿，入则事父兄，丧事不敢不勉，不为酒困，何有于我哉？"

此篇是孔子对自己的处事方式的自述。"何有于我哉？"对我来说，这有什么难的呢？就是说我已过了这几关，应用自如。

蒋伯潜先生以为："此章记孔子自言庸行。"(《新刊广解四书读本》)

"出则事公卿，入则事父兄"，尽职尽责，公私分明。

"事"，用心也。

《周易·复卦》有云："出入无疾。"

人在官场中、商场中、家庭中，不外乎出入两事。无论是对外，还是对内，都要讲个尽心。用心、诚心，是其根本。

"丧事不敢不勉"，这也是个尽心问题，即要恭敬、严肃，慎终尽礼。与丧事者同悲，没有半点幸灾乐祸。"勉"，有无尽的意味。

"不为酒困"，看来孔子也爱喝酒，但不为所困。"孔子会喝酒，绝不喝醉。……有酒品、酒德，喝酒有节制。"(《毓老师说论语》)

"事""不勉""困"几个字，勾勒出孔子的日常生活。对工作，爱岗敬业；对父母，孝悌尽责；对公事，恭敬职守；对酒精，不困于物。

安心笃行，无问西东。

"何有于我哉？"

一切皆自自然然，事事则心无所住！

9.17 子在川上，曰："逝者如斯夫！不舍昼夜。"

孔子站在河边，感叹地说："消逝的时光岁月如河水一般！日夜不停地流去。"

如果你是个画家，你怎么画这幅画？你在画外，还是在画中？

"川上"，水之北。站在北岸的孔子，望着滚滚而去的河水，发出人生的感叹！也是命运的感叹！

"逝者如斯夫！"知之，方醒；知之，方生。

我们常常是感叹者，而不做行动者。我们常常把孔子之言当作文学，而不把它当作人生的彻悟。

"不舍昼夜"，河水状。程子曰："天运而不已，日往则月来，寒往则暑来，水流而不息，物生而不穷，皆与道为体，运乎昼夜，未尝已也。"（《四书章句集注》）

这是我们要知道的。

关键是我们该怎么办？

程颐接着说："是以君子法之，自强不息。及其至也，纯亦不已焉。"（《四书章句集注》）

"法"，效法。最高的效法就是"我变成你"。"人法地，地法天，天法道，道法自然。"（《道德经》）

"法"就是行动，"法"就是见贤思齐，"法"就是实践。

川流不息，河水也；"君子法之，自强不息"。

观孔子一生，难道不是如此吗？"逝者如斯夫！不舍昼夜。"这句话不是他一生的概括吗？

我们今人读《论语》，就是要读出这种新的境界。读出"不舍昼夜"的崭新人生。否则，你读它，不是徒劳吗？

李泽厚先生认为，此篇"是全书中最重要一句哲学话语"。我常说"一句《论语》治人生"，此句可也。

近代中华文化大师马一浮说，"子在川上"一章，显示"于迁流中见不迁；于变易中见不易之理"。

这个不变之理，就是"宇宙迁流不已，万物生生不息，真懂'逝者如斯'，才能博学笃志"（《毓老师说论语》）。

朱熹有同样的体悟："天地之化，往者过，来者续，无一息之停，乃道体之本然也。然其可指而易见者，莫如川流。故于此发以示人，欲学者时时省察，而无毫发之间断也。"（《四书章句集注》）

做学问，当如此；做事情，当如此；做人，更当如此！

立德，立功，立言，当立在"川上"也！

孔子在《周易·乾卦》中说："天行健，君子以自强不息"，和这篇是一脉相承的。

我们能听到孔子的言论，但能否跟上圣者的步伐？

9.18 子曰："吾未见好德如好色者也。"

这句话还用解释吗？人皆如此，只不过孔子率真，他说出来了。许多解释是画蛇添足。但言"未见"，就是还有期许，还有希望。

孔子还有一个"未见"，在《论语·里仁》中，孔子说："我未见好仁者，恶不仁者。好仁者，无以尚之。恶不仁者，其为仁矣，不使不仁者，加乎其身。有能一日用其力于仁矣乎？我未见力不足者。盖有之矣，我未之见也。"

"食色，性也"，"性，相近也"，孔子希望在尊重人性的基础上，发展、提升人的理性。

杜维明先生在《文明对话中的儒家》中提道："人的自我理解、自我发展遇到了很大的挑战。人的意义何在？按照康德的观点，人之意义在于知、行、期望。海德格尔进一步提出了背景问题，即'何为人'？人到底是什么？这个问题直接产生于人在宇宙大化中扮演什么角色，直接同人与自然的关系相关，是今天人类的第一个大问题。"

"吾未见好德如好色者也。"孔子的感叹，提出了这样一个大问题，人从哪里来？人应该到哪里去？

9.19 子曰："譬如为山，未成一篑，止，吾止也；譬如平地，虽覆一篑，进，吾往也。"

孔子作了一个比喻："（我）要筑起一座山，只剩下最后一筐土，却停止（不加了），（山没筑成），是我止住了。又比如只是平地，先倒了一筐土，但以后我天天把土盖上去，积少成多，也会成为山，因为这也是我要做的。"

孔子说话也这么啰嗦？《尚书》有云："为山九仞，功亏一篑。"一句了之。

《孟子·尽心上》有云："有为者，譬若掘井；掘井九仞而不及泉者，犹为弃井也。"

《大戴礼记·劝学》有云："锲而舍之，朽木不折，锲而不舍，金石可镂。"

比喻一大堆，道理就一个：一切皆靠坚持。

朱熹注曰："言山成而但少一篑，其止者，吾自止耳；平地而方覆一篑，其进者，吾自往耳。盖学者自强不息，则积少成多；中道而止，则前功尽弃。其止其往，皆在我而不在人也。"（《四书章句集注》）

如何才能开启活泼泼的人生？孔子还说过："为仁由己，而由人乎哉！""人能弘道，非道弘人。"孔子劝人勤学，但学要有下手处，人要学大，人要学好，人要学公。

为什么有那么多的"死灰式"的人生？

"懒而原谅自己，最为可怕。"（《毓老师说论语》）

人生，哪一刻不是背水一战？

人生，哪一场不是绝地逢生？

9.20 子曰："语之而不惰者，其回也与！"

"语"，四声，告之。

孔子说："只要我开始教就始终不懈怠的，大概只有颜回一个人（能做到）。"

朱熹引范氏言："颜子闻夫子之言，而心解力行，造次颠沛未尝违之。如万物得时雨之润，发荣滋长，何有于惰，此群弟子所不及也。"（《四书章句集注》）

颜回"好学"，"其心三月不违仁"，"不迁怒，不贰过"，他"用之则行，舍之则藏""闻一知十"等优点，都是孔子非常赞赏的。

"不惰",不懈怠。既然上路了,就不要轻易停止下来……

9.21 子谓颜渊曰:"惜乎!吾见其进也,未见其止也。"

生命无常,颜回早失!这篇是颜回死后,孔子的感叹之词。

"谓",评说,对他人说颜回。"好好学习,天天向上",毛泽东的题词用在此处也合适。

学习,学知识、文化、修德、精业等。

颜回"语之而不惰",学无止境。

许仁图先生这段解得特别好,我照抄如下,供大家学习:"'进'不单是进步,而是孔子之学的特质,法天不息,健行不已,进而又进,日新又新;'止',则画地自限,停步不前。……孔子周游列国积极入世,知其不可而为之,是'进';孔子在川上叹曰:'逝者如斯夫,不舍昼夜',是'进';孔子说:'天何言哉,四时行焉,百物生焉',是'进';孔子'发愤忘食,乐以忘忧,不知老之将至云焉',还是'进';孔子'我待贾者也',也是'进'。"(《子曰论语》)

孔子和颜回,师生两人,教学相长,同学共进,可谓绝唱。

颜回早死,孔子说是天要杀他。孔子"惜"颜回,其实也是观照自己,其心中还是牵挂着文化的传承。

看了半天,这篇对我们真正的启发是什么?我们真心要改变我们的学风!实事求是地说,我们真正下功夫学了几年?

急于求成、急功近利的思想把我们害苦了。终止而不进,就无法跨越过去。

不断地重复着我自己，那么生命对我有何意义？人要奋发有为！但发力点在何处？

《庄子》中曰："知人之所为者，以其知之所知，以养其知之所不知，终其天年而不中道夭者，是知之盛也。"

"业精于勤荒于嬉""学海无涯苦作舟"。

只有求知精进，才是正当的生命诉求！其他的，都该适可而止！

9.22　子曰："苗而不秀者有矣夫，秀而不实者有矣夫！"

种子发芽→长出小苗→开花→结果。

孔子如把这句话和老农说，老农一定会骂他有病。孔子说："长成小苗而不开花的情况是有的！吐穗开花却不结果实的情况也是有的。"在老农看来，这不是废话吗？这种现象在庄稼地里多的是。

可是，任何一句话我们要注意它发生的场景。离开了特定的场景，语言就会失去生命力，就会产生歧义。

汉唐之人，多认为这句话是孔子痛悟颜回早亡之词。孔子最有成就的弟子颜回，在他晚年着力作《春秋》、演《周易》，正需要帮手之际，不幸早死，对孔子的打击实在是太大了，所以他唠唠叨叨："苗而不秀者有矣夫！秀而不实者有矣夫！"放在这个场景下，我们体味此言，难免有一种说不出的悲痛。

生死有命，富贵在天。如果颜回能多活几十年，也许中华文化的历史可能会更加璀璨。但问题是，历史从来不卖后悔药。人生也是一样，没有那么多的"如果"。

朱熹注曰:"谷之始生曰苗,吐华曰秀,成谷曰实。盖学而不至于成,有如此者,是以君子贵自勉也。"(《四书章句集注》)

生命只有一次,生命也在一时。珍惜当下,苗则苗,秀则秀,果则果。有苗为什么能无花?有花为什么无果?或是天灾,或是人为。

天灾无话讲,但人为甚可惜。真的睡醒了,就该下床干活。不要总是躺在床上异想天开。

孔门之学,其实就一个字:"行!"

9.23 子曰:"后生可畏,焉知来者之不如今也?四十、五十而无闻焉,斯亦不足畏也已。"

"畏",敬畏。"后生",年轻人,小伙子。"小后生",现在我的家乡还用这个词。

好一个"后生可畏"!长江后浪推前浪,青出于蓝胜于蓝。

孔子对未来充满希望,对年轻人充满期许。孔子说:"年轻人是可敬畏的,怎么能知道后来人不如今天的呢?"

蒋伯潜先生说:"青年人读此章,尤当猛省。"(《新刊广解四书读本》)

年轻人别蹉跎岁月了,真该立刻省悟,行动起来。今天竞争压力再大,也比过去日子好了!老年人说,人不能造孽!最大的造孽就是荒废青春、浪费年华。

"四十、五十而无闻焉,斯亦不足畏也已。"现代人寿命长了,可再加十岁。

"无闻"。"闻",不仅是听到,还是心领神会,是践行,是在知行中不断体察。是上路了,是上道了。

"朝闻道,夕死可矣。"(《论语·里仁》)"闻道"不是听到,而是知道。

我们常说"我知道了",但你真的知道我是谁吗?我从哪里来?我到哪里去?生命的意义究竟是什么?

"应无所住而生其心",不识字的六祖慧能,听到《金刚经》里这句经文时,便有所悟,便直上黄梅,求教五祖。这叫"有闻",这叫"知道"。

"利欲熏心"早已使我们丢失了本来面目!哪还有心事静下来听听真正的儒家之道?

朱熹注曰:"言此以警人,使及时勉学也。"他引用尹氏曰:"少而不勉,老而无闻,则亦已矣。自少而进者,安知其不至于极乎?是可畏也。"(《四书章句集注》)

孔子循循善诱,真是中国最孤独的老师。

后生可畏乎?后生可畏!

9.24 子曰:"法语之言,能无从乎?改之为贵。巽与之言,能无说乎?绎之为贵。说而不绎,从而不改,吾末如之何也已矣。"

学习就是迁善去恶、改过自新。生命的主体性来自向善的冲动。人应该在不断的觉醒过程中,不断践行,不断完善。

"觉醒","觉",知觉,惊觉;"醒",醒悟。不要装睡,装睡的人很难叫醒。

孔子在这篇中提出两个"可贵":

一是"法语之言,能无从乎?改之为贵"。"法",法则,效法。"法语者,正言之也。"(《四书章句集注》)

《论语》就是"法语之言"。这些智慧之言,你能不听从吗?经典是经过千百年锤炼的,历久弥新。

"改之为贵",关键是闻其言,改己行。见贤当思齐,改过而自新。

再次验证,孔子之学是行动哲学。

"过",不光指过错。可以理解为你所处的方位。人往高处走,水往低处流。登高才能望远,改之方可赋能。

二是"巽与之言,能无说(悦)乎?绎之为贵"。"巽",柔顺,谦逊。

人都爱听好话,都爱听奉承的话。看过去那些大臣的奏折,皆是搜肠刮肚,美言说尽。如不是极清明的君主,能不发昏吗?

法语之言,如苦口良药,真言逆耳;巽与之言,转个弯劝导,是一种正面激励。"绎之"才为贵。

"绎",寻绎,要仔仔细细地体会,要听出言外之意,弦外之音。儿子考了59分,老师说:"不错,继续努力",这个"不错",就是"巽与之言",是真不错吗?还是和上次的考分相比后的"绎之"。

在日常工作中,有多少领导的"巽与之言"我们都粗心放过了,或是干脆信以为真?

"说而不绎,从而不改",对于这两类人,"吾末如之何也已矣",我对他也没有办法了。圣人都无奈,我们能有什么办法?看看我们学习群里的讨论,你还对孔子之言有质疑吗?

朱熹注曰:"法言人所敬惮,故必从;然不改,则面从而已。巽言无所乖忤,故必说;然不绎,则又不足以知其微意之所在也。"(《四书章句集注》)

面从心不从,更可怕。微言之中常存大义。

写到此处,今天的导读应该结束了。但是,钱穆先生对这篇的解读甚是精彩,兹抄录如下,供大家细细品味:"法语之言:法,法则义。语,告诫义。谓人以法则告诫之辞正言相规。巽与之言:巽,恭顺义。与,许与义。谓人以恭顺许与之辞婉言相劝。绎之为贵:绎,寻绎义。人之于我,不以庄论,而以恭巽赞许之辞相诱导,我虽悦其言,贵能寻绎其言之微意所在。说而不绎,犹不说也,而甚于不说。从而不改,犹不从也,而甚于不从。何也?不说不从者,即锢蔽日甚,然此念一转,其奋发犹可望。亦从亦说,只是不绎不改,全是玩攻心性,如何着手?"(《论语新解》)

再次感叹!孔子道尽了做人的法则。半部《论语》,可治人生也!

9.25 子曰:"主忠信,毋友不如己者,过,则勿惮改"。

今天的这篇有些重复。在《论语·学而》中出现过,子曰:"君子不重,则不威;学则不固。主忠信。毋友不如己者。过则勿惮改。"

朱熹注曰:"重出而逸其半。"(《四书章句集注》)就这么一句解释,了事。

为什么要重复呢?邢疏曰:"记者异人,故重出之。"(《论语注疏》)因为有不同的人记录,所以就重复出现了。前两年流行一句话,"重要的事说三遍",是不是因为这句话重要,故重复之?

"主忠信",要以忠信两种道德为主。尽己之谓"忠"。忠=中+心,自己的心上有个中道之理,有个行为准则。无愧于良心,可谓尽忠了。

"信",言可复也。信=亻+言。一个人说出的话,是体的延伸。信誉,有信才有誉。言而无信,不成其仁。

"忠信,所以进德也。"(《周易·乾卦》)都是孔子所言,两句话意思相同。"忠信",是积功累德的手段。对内讲忠,对外讲信。但不要愚忠,也不可盲信。

"毋友不如己者",许多人把这句话翻译为不要跟不如自己的人交朋友。这样解释总感觉有些别扭。这样,孔子不就变得很势利了吗?

"友",学习,以……为友。要学人之长,不要习其短处。孩子学习不好,就在此处出了问题。因他无法识别好坏。

"过,则勿惮改"。"惮",畏难的意思。"过",不一定是错,但改"过",就一定不是错。人的通病,是"过"之,急于掩饰,过上加过。

吃五谷没有不生病的。有过并不可怕,吃一堑,才能长一智,温室里长不出松柏。颜回的最高智慧是"不贰过"。

尽忠尽信,犹如旭日高照,一片光明,哪还有"过"的生存之地?

▎ 9.26 子曰:"三军可夺帅也,匹夫不可夺志也。"

"三军","三"是多的意思,三军涵盖各军种。三军听从统帅的号令,三军如没有了统帅,必亡。所以古代战争,"擒贼先擒王";现代战争,亦是如此。

"可""不可",是对比、强调。

"匹夫",是平民。

孔子说:"一国军队,可以使它丧失主帅;但一个人,(切)不可放弃自己的志气。"

志＝心＋士。心上有士。心中有个追求，心中有个目标。仁人志士，常连起来用。

孔子"十五岁"志于学。

朱熹曰："志，心之所之。"(《四书章句集注》)孟子曰："志，心之所主。"(《孟子·尽心上》)

观心逐志。身外真还无物！有人孜孜不倦，有人碌碌无为，志不同也。

有志者，在平凡的人生闯出不平凡的天地；无志者，再好的条件也会错失机缘。

人生贵在有志。志气充满一生，充满人生的每一个细节！无论"患难必于是""造次必于是""颠沛必于是"。

进退存亡，不失其志，不失其正。这是一种积极向上的人生态度。

9.27 子曰："衣敝缊袍，与衣狐貉者立，而不耻者，其由也与？'不忮不求，何用不臧？'"子路终身诵之。子曰："是道也，何足以臧？"

"由"，孔子的弟子子路。子路勇于行，但不善言谈。

孔子说："穿着破旧衣袍和穿狐貉皮的人站在一起，并不感觉可耻的，是子路啊。"孔子又引用了《诗经·邶风》中的一句："不忮不求，何用不臧？""有所嫉妒忌害叫作'忮'；有所歆羡贪慕叫作'求'。言人能不忮不求，则何用为不善也。"

朱熹引吕氏注曰："贫与富交，强者必忮，弱者必求。"(《四书章句集注》)但子路能做到"不忮不求"。

"子路终身诵之",因老师表扬了他,所以子路经常念叨这句诗。

子曰:"是道也,何足以臧?"孔子就是孔子,常常一语道破,直指圣心。

"欲穷千里目,更上一层楼。"如果总是为自己取得的一点小成绩而沾沾自喜,那就会陷入原地踏步的境地,为己所困。

佛说"应无所住"。孔子说:"是道也,何足以臧?"你能说孔子不是佛吗?大道相同也!

子路不错,是上道了,但何须把"不忮不求,何用不臧"时时挂在嘴上,怕人家不知道你这点德性?子路!你当继续前行!"苟日新,日日新,又日新。"

不破此,就不能立彼。毛泽东说:"不打破一个旧世界,就不能建立一个新中国。"

一个人,一个企业,常常死在自己的功劳簿上,想想是不是这个理?

子曰:"是道也,何足以臧?"今天的我们,就是昨天的子路,我们都要扪心自问,是什么阻碍我们前行的步伐,使我们不能日新月异?

9.28 子曰:"岁寒,然后知松柏之后凋也。"

"凋",凋零,零落。孔子说:"天气到了最寒冷的时候,才知道松柏树是最后落叶的。"

数九寒天之际,草木皆枯,唯有松柏,还在瑞雪坚冰之中,昂然挺立。那棵著名的黄山松,给人留下深刻的印象!

和风细雨之中,万物皆可茂盛;岁末严寒到来,谁能坚守气节?

《庄子·让王》有云:"天寒既至,霜雪既降,吾是以知松柏之茂也。陈蔡之隘,于丘其幸乎!"庄子说,此言是孔子在陈蔡脱困之后对子路说的话。拿庄子的解说对照《论语》这篇,可知孔子要想表达的是什么意思了。

酒桌上称兄道弟,危难之时找不到一个帮你的朋友。那时,你才知世态炎凉。

"岁寒,然后知松柏之后凋也。"孔子之学,春秋之人不以为然,历代人或褒或贬。但两千年之后,依然是显学。为何?人性是相通的。孔学,是性命之道。

"坚毅卓绝",书法家爱写此句,是因为能让人联想到孔子的这句名言,以松柏精神鞭策自己。

"以松柏岁寒后凋喻君子之处乱世,而不改其操,临患难,而不变其节。寻常的草木,在春夏和暖的时候,都开花结果,枝叶茂盛;一到冬天,经了霜雪,就叶落枝枯,不见活气。只有松树、松树,虽到寒冷的时节,仍旧不会凋枯,这是松柏能耐寒的缘故。"蒋伯潜先生认为:"孔子以松柏比坚毅卓绝的君子。"(《新刊广解四书读本》)

路遥知马力,日久见人心。动荡识忠臣,家贫出孝子。

"人",只有一撇一捺,但要成人(仁),绝没那么随意,没那么简单。一撇,是本性,一捺,是时间。

只有经历过时间考验的,才是真的!

9.29 子曰:"知者不惑,仁者不忧,勇者不惧。"

"知",智也。智、仁、勇,是孔门之学的修身要道,也是内圣外王的必通关口。人要成为一个智者，成为一个仁者，成为一个勇者。大智者，包涵其仁、其勇；大仁者，包涵其勇、其智；大勇者，包涵其智、其仁。

不失偏颇，三足鼎立。朱熹注曰："明足以烛理，故不惑；理足以胜私，故不忧；气足以配道义，故不惧。此学之序也。"（《四书章句集注》）

"知（智）者不惑"，不疑惑、不困惑于欲。欲望纠缠，难得清静。庄子说："嗜欲深者，其天机浅。"（《庄子·大宗师》）"四十而不惑"，孔子40岁才达到此境界。如此看来，修智就是破欲。"智者利仁。"

"仁者不忧"，为何忧虑？为何忧愁？这需要剖析自己。

《周易·系辞上》有云："乐天知命故不忧。"上合天道，下达性命，还有何忧？孔子"五十"知天命。范仲淹说："先天下之忧而忧"，他是为天下人而忧，不是为一己之愁。

"勇者不惧"，"惧"，惧怕、恐惧。"见义不为无勇也。"因为什么而勇？非血气之勇，愚忠之勇，地痞流氓之勇。

勇者不惧，所以"过，则勿惮改"。人，常常被自己吓坏了。噩梦，从来都是自己做的。别人没强加于你。

近日，我有幸听到台湾黄忠天先生的见解：第一等的"生知/安行"是仁者安仁的境界；第二等的"学知/利仁"是智者利仁的境界；第三等的"困知/勉行"是勇者勉仁的境界（因为知耻近乎勇，故能勇于迁善改过）；第四等"不知/不行"则正如庄子所说的"大惑者，终身不解；大愚者，终身不灵"，此即孔子所说的"下愚"之人。

此刻，当扪心自问，吾在何处？

9.30 子曰:"可与共学,未可与适道;可与适道,未可与立;可与立,未可与权。"

"与",以。"可与",可以。在此篇,孔子其实已经指明了学习的前进路径和方向。

"共学"→"适道"→"立"→"权"。

学习是人生的第一要务,但要活学活用,不能不上道,不能僵化,更不能学成书呆子。

"可与共学,未可与适道。"蒋伯潜先生注解:"可与切磋琢磨,共同研究学问。但虽力学而其志或在利禄,或在声闻,或在记诵辞章,故曰'未可适道'。"(《新刊广解四书读本》)

"可与适道,未可与立。"蒋先生注解:"志在适道者,又或所守不坚,半途而废,故曰'未可与立'。"(《新刊广解四书读本》)

"可与立,未可与权。""能守道而卓然有以自立矣,或知常不知变,则亦未能通经达权,故曰'未可与权'。"(《新刊广解四书读本》)

程子曰:"可与共学,知所以求之也。可与适道,知所往也。可与立者,笃志固执而不变也。权,称锤也,所以称物而知轻重也。可与权,谓能权轻重,使合义也。"(《四书章句集注》)

可共学,可以一起共同学习?选择学伴很重要。

可适道,是不是选择了一条正确的道路?致学的方向不能错。

与立?孔子"三十而立"。站立在何处?要卓立而不绝。"立",扎根于何处,要咬定青山不放松。

与权?要善于权变,与时俱进。但不要做没头的苍蝇,心无所主,乱撞。

"权",权变。是一个人修炼的至高境界。20世纪后半叶我国的改革开放就是以邓小平同志为核心的实践。回头再看看"南方谈话",我们对这位先行者的通权达变,会有更深的体悟。

宋代大儒程颐以为,自汉以下,无人识权字。一语道尽!

辜鸿铭,民国时期的一大高人、奇人。他说:"权也者,知所以用理之谓也。……所谓可与适道者,明理也;可与立者,明理之全体而有以自信也;可与权者,知所以用理也。"他的结论是:"盖天下事,非明理之为难,知所以用理之为难。权之为义,大矣哉!"(《辜鸿铭英译〈论语〉》)

孔子不是把治学的问题讲得很清楚吗?回头看看,我们的教育缺什么?我们的从学经历又少了多少?

9.31 "唐棣之华,偏其反而。岂不尔思?室是远而。"子曰:"未之思也,夫何远之有?"

司马迁的《史记·孔子世家》有云:"古者诗三千余篇,及至孔子,去其重,取其可施于礼义。"

我们今天看到的《诗经》,是孔子删定后的三百多篇,只保留了古《诗经》的十分之一。据司马迁所述,孔子编辑的原则有二:一是不重复,二是"施于礼义"。

孔子非常重视《诗经》,这是他晚年所做的巨大的文化工程之一。他对儿子孔鲤说:"不学诗无以言",他又教育弟子要读《诗经》:"小子!何莫学夫诗?诗可以兴,可以观,可以群,可以怨。"所以,《诗经》列五经之首。以上是理解本篇的背景知识。

"唐棣之华，偏其反而；岂不尔思，室是远而。"学者们考证，这是古诗经中的一首诗，但没有编入孔子版的《诗经》，是"逸诗"。

"唐棣"，是一种花的名称。"偏"，同"翩"。"反"，同"翻"。这句古诗的意思是，唐棣树开的花，飘然而动；不是我不想念你，只是你住得太远了。

孔子为什么要删除呢？子曰："未之思也，夫何远之有？"孔子说："没有想念他吧。如果真想念他，有什么远呢？"

程子曰："圣人之未尝言易以骄人之志，亦未尝言难以阻人之进。但曰未之思也，夫何远之有？此言极有涵蓄，意思深远。"(《四书章句集注》)

朱熹注曰："夫子借其言而反之，盖前篇'仁远乎哉'之意。"(《四书章句集注》)

孔子曰："仁远乎哉？我欲仁，斯仁至矣！"

心想事成！事不成是因为你心不诚！

《论语述何》有云："夫子以思为未思者，不欲诿咎于室，诚之至也。"

"诚"，成也。诚=言+成，说到做到。

《中庸》有云："诚者，天之道也；诚之者，人之道也。诚者，不勉而中，不思而得，从容中道，圣人也；诚之者，择善而固执之者也。""自诚明，谓之性；自明诚，谓之教。诚则明矣，明则诚矣。""唯天下至诚，为能尽其性；能尽其性，则能尽人之性；能尽人之性，则能尽物之性；能尽物之性，则可以赞天地之化育；可以赞天地之化育，则可以与天地参矣。"

接下来的《中庸》第二十三章、二十四章、二十五章、二十六章，通篇讲"诚",因时间有限,我就不抄录了。

一本《中庸》三千多字,子思用了这么大的篇幅,讲一个"诚"字,后人们不可不深思也。

子思,孔子这个优秀的孙子是在回应爷爷的质问吧。"未之思也,夫何远之有?"

乡党第十

10.1 孔子于乡党，恂恂如也，似不能言者；其在宗庙、朝廷，便便言，唯谨尔。

从今天开始，我们进入《论语·乡党》的学习。乡党有26篇，从不同的侧面描述了孔子的生活方式，再现了两千五百多年前的孔子的人生侧面。

孔子在乡党、宗庙、朝廷三个不同地方，有不同的言语表现，关键要领悟他为什么会这样？

"乡党"，乡里，家乡。"恂恂"，温恭貌。"似不能言"者，是好像不能说话的样子。为什么？

"便便"，辩也。朱熹说："宗庙，礼法之所在；朝廷，政事之所出。言不可以不明辨。故必详问而极言之，但谨而不放尔。"（《四书章句集注》）

孔子当时是鲁国大夫。在乡党，"恂恂如也，似不能言者"。蒋伯潜先生认为："乡党是因为父兄宗族之所在，不欲以贤知先人，故言语寡少。"（《新刊广解四书读本》）

现代人，好像都反过来了。在乡里，失去了礼仪之心；在庙堂，忘掉了责任所在。孔子入乡里，要随乡俗；在其位，要谋其政。

《周易·系辞下》有云："天地之大德曰生，圣人之大宝曰位，何以守位曰仁。"

要学会换位思考，又要懂得换位行事。毓老师说："一个人如不能谨言，永远打不入核心。"（《毓老师说论语》）真是悟一言而治人生也。

谨言，不是茶壶里煮饺子。是言之恰到好处，言之有物。谨言也是一种慎行！

10.2 朝，与下大夫言，侃侃如也；与上大夫言，誾誾如也。君在，踧踖如也，与与如也。

此篇描述的是孔子在朝廷时的状态，我们还是先了解一点背景知识。

许仁图先生说："春秋侯国编制，是三卿五大夫，三卿是司徒、司马、司空；五大夫是小司徒、小司马、小司空、宗伯、司寇。鲁国三卿例由三桓担任，卿又名上大夫。孔子在鲁定公十年担任司空、司寇，应该是下大夫。"(《子曰论语》)

"朝"，在朝廷上，特定的场景。许氏"说文"："侃侃，刚直也。誾誾，和悦而诤也。"(《论语集注》)

"孔子和同等的官及下级官说话，和气而欢乐。同上级官说话，中理而正当。所谓对下不骄，对上不谄也。"(《新刊广解四书读本》)

"'踧踖'，恭敬之貌。'与与'，威仪中适之貌。君主在前，态度恭敬，威仪安舒也。"(《新刊广解四书读本》)

摆正位置，永远是一个有挑战的课题。

10.3 君召使摈，色勃如也，足躩如也。揖所与立，左右手；衣前后，襜如也。趋进，翼如也。宾退，必复命曰："宾不顾矣。"

此篇记录的是孔子迎送宾客的仪态。《论语·乡党》从不同的侧面，立体地展现了孔子的衣食住行、工作、生活，再现一个圣人不同的活动场景。

"鲁君召他去接待外国的贵宾,面色矜持庄重,脚步也快起来。向两旁的人作揖,或者向左拱手,或者向右拱手,衣裳一俯一仰,却很整齐。快步向前,好像鸟儿舒展了翅膀。贵宾辞别后一定向君主回报说:'客人已不回头了。'"(《论语译注》)

从此篇可看出,孔子对于上级布置的任务,非常恭敬,"君召使摈,色勃如也"。

孔子对待宾客,非常诚恳。真心真意。"宾退,必复命曰:宾不顾矣。"君主命其送宾,宾客离去后,孔子必回到君主前复命说:"宾已去了。"

做事,善始,更善终。

两千五百年的古礼,我们没有必要让它复活,但孔子的一言一行,仿佛是一面古镜。

至诚的心,自己是会说话的。

10.4　入公门,鞠躬如也,如不容。立不中门,行不履阈。过位,色勃如也,足躩如也,其言似不足者。摄齐升堂,鞠躬如也,屏气似不息者。出,降一等,逞颜色,怡怡如也。没阶,趋进,翼如也。复其位,踧踖如也。

本篇记录了孔子在朝时的仪容。其突出之处,就在一个"敬"字。《论语·乡党》是记录孔子为官点滴的,我们只要读懂古文,了解其中的大概就可以了。这篇拼凑起来，可以建构起孔子的形象。

"入公门，鞠躬如也"，进入朝廷大门，是谦逊致敬的样子。"立不中门，行不履阈"，站立时不立于门中央，走过门，不踏在门槛上。

"过位，色勃如也，足躩如也，其言似不足者。"经过国君的座位，面色便矜庄，脚步也快了，言辞谦恭，"好像中气不足"，有点木讷。

"摄齐升堂，鞠躬如也，屏气似不息者。""提起下摆向堂上走，恭敬谨慎的样子，憋住气好像不呼吸一般。"(《论语译注》)

"出，降一等，逞颜色，怡怡如也。""走出来，降下台阶一级，面色便放松，怡然自得。"(《论语译注》)

"没阶，趋进，翼如也。""走完了台阶，快快地向前走几步，好像鸟儿舒展翅膀。"(《论语译注》)

"复其位，踧踖如也。""回到自己的位置，恭敬而内心不安的样子。"(《论语译注》)

我觉得这篇我们不用过多地去联想。孔子是圣人，圣人首先是人，他也有他的恭敬、操守和不安。当代的我们也一样。不同的是，我们没有对自己的仪容重视到这个程度而已。

10.5 执圭，鞠躬如也，如不胜。上如揖，下如授。勃如战色，足蹜蹜如有循。享礼，有容色。私觌，愉愉如也。

此篇记录了孔子聘问邻国时，授圭、享礼、私觌时的仪容。属于外交的部分。

"诸侯命圭。聘问邻国,则使大夫执以通信。"(《四书章句集注》)拿着上尖下方的玉器。聘问邻国,执持君主之圭。

"圭",乃外交信物。

"鞠躬如也,如不胜",责任重大,唯恐不能胜任。

朱熹注曰:"上如揖,下如授,谓执圭平衡,手与心齐,高不过揖,卑不过授也。战色,战而色惧也。"(《四书章句集注》)

"足蹜蹜,如有循。"双足前行的样子,也是有所遵循。

"私觌,愉愉如也。"公礼完毕,以私人身份相见,轻松愉悦。

看来,外交礼仪自古就有传承。懂了,即知识;不懂,则为无知。

10.6 君子不以绀緅饰,红紫不以亵服。当暑,袗绤绤,必表而出之。缁衣,羔裘;素衣,麑裘;黄衣,狐裘。亵裘长,短右袂。必有寝衣,长一身有半。狐貉之厚以居。去丧,无所不佩。非帷裳,必杀之。羔裘玄冠不以吊。吉月,必朝服而朝。

今天这篇记载了孔子穿衣的情况。

现代著名作家沈从文写了一本《中国服饰史》。服饰,是个人的偏好,也从一个方面显示一个民族的文化。

服饰,展示的是时代的脉动,也留住了族群的礼仪和风俗。无论穿衣还是吃饭,只要讲究,便有了学问。精致了,便有了美食家,有了模特。

一个时代有一个时代的时尚,一个时代也传承着一个时代的文化。

"君子不以绀緅饰。红紫不以为亵服。"此处的君子，就指孔子。"君子不用天青色和铁灰色作镶边，浅红色和紫色不用来作平常居家的衣服。"（《论语译注》）

"当暑，袗绤绤，必表而出之。""暑天，穿着粗的或者细的葛布单衣，但一定裹着衬衫，使它露在外面。"（《论语译注》）

"缁衣，羔裘；素衣，麑裘；黄衣，狐裘。""黑色的衣配紫羔，白色的衣配麑裘，黄色的衣配狐裘。"（《论语译注》）

"亵裘长，短右袂。""居家的皮袄身材较长，可是右边的袖子要做得短些。"（《论语译注》）

"必有寝衣，长一身有半。""睡觉一定有小被，长度合本人身长的一又二分之一。"（《论语译注》）也就是一点五倍。

"狐貉之厚以居。""用狐貉皮的厚毛作坐垫。"（《论语译注》）

"去丧，无所不佩。""丧服满了以后，什么东西都可以佩带。"（《论语译注》）

"非帷裳，必杀之。""不是（上朝和祭祀穿的）用整幅布做的裙子，一定裁去一些布。"（《论语译注》）

"羔裘玄冠不以吊。""紫羔和黑色礼帽都不穿戴着去吊丧。"（《论语译注》）

"吉月，必朝服而朝。""大年初一，一定穿着上朝的礼服去朝贺。"（《论语译注》）

此段记载孔子服饰，内容很长，我把杨伯峻先生的译文照录如上，也不做更多的注解了。孔子服饰背后的礼仪，在今日，很多都过时了。再深究考证，是学者的事情。我们也没有必要为此而累。

但从中也知道，孔子不仅学问大，对衣饰也很考究。

10.7 齐，必有明衣，布。齐必变食，居必迁坐。

此一节，记载孔子谨斋之事。

"齐，必有明衣，布。""齐"，斋。朱熹注曰："齐，必沐浴，浴竟，即著明衣，所以明洁其体也，以布为之。"（《四书章句集注》）祭祀时，沐浴、齐装。"祭如在""齐明盛服"。

子曰："鬼神之为德，其盛矣乎，视之而弗见，听之而弗闻，体物而不可遗，使天下之人，齐明盛服，以承祭祀，洋洋乎如在其上，如在其左右。"（《中庸》）

"齐必变食"，改变原来的饮食习惯，不饮酒，吃素食。

"居必迁坐"，居住一定要搬移地方，不和妻妾同房。

中国古代的祭祀之礼是孝道。

10.8 食不厌精，脍不厌细。食饐而餲，鱼馁而肉败，不食。色恶，不食。臭恶，不食。失饪，不食。不时，不食。割不正，不食。不得其酱，不食。肉虽多，不使胜食气。惟酒无量，不及乱。沽酒市脯，不食。不撤姜食，不多食。

本篇记载了孔子的饮食之事。

饮食，为人生的第一大事。中国人很讲究吃喝，从《论语》的这篇就可以看出。

"食不厌精，脍不厌细。""食"，饭也。"脍"，牛、羊、猪、鱼之类切的细的，叫作"脍"。

"不厌"，喜欢，不厌绝。

"食饐而餲，鱼馁而肉败，不食。色恶，不食。臭恶，不食。失饪，不食。不时，不食。割不正，不食。不得其酱，不食。"

这里一口气说了孔子的六不食。那是一个没有制冷设备的时代，这是孔子的饮食场景。

"肉虽多，不使胜食气"，席上肉虽然多，吃它不要多过主食。毓老师说："我尝新，不多食。吃素觉得清香，现在专吃青菜，吃十多年了。我不吃荤，每餐吃半个馒头，营养不是很足。人身体的好坏，与所吃的东西有莫大的关系，必要持之以恒。要懂得怎么养生，可操之在己。"（《毓老师说论语》）

"唯酒无量，不及乱。"饮酒随心所欲，不限量，但要有所节制，不能到"乱"的境地。

"沽酒市脯不食"，买来的酒和肉干不吃，这是注意卫生。

"不撤姜食，不多食。""祭于公，不宿肉。祭肉，不出三日，不食之矣。"

吃，适可而止。读《论语》这篇，我深感愧疚。"不食""不多食"，当如警钟，长鸣也。

现代的许多病，都是吃喝出来的。饮食要有戒，饮食更要有度。

好好吃饭，好好睡觉，这是人生的最大快乐！

10.9 食不语，寝不言。

此篇记录了孔子食、寝之时的仪容。孔子吃饭时不交谈，睡觉前不讲话。如观自在。

朱熹注曰:"答述曰语。自言曰言。"他引范氏曰:"圣人存心不他，当食而食，当寝而寝，言语非其时也。"(《四书章句集注》)

这便是好好吃饭、好好睡觉。

上天奖励人类的两件礼物：一是食，二是寝。我们应该好好享受一日三餐，细品五谷香味。午休晚寝，放松养生。

自从研习中国传统文化以来，我心中感觉有了所主。早晨四五点起床，到七八点早餐，吃什么都感觉特别香；晚上九十点睡觉，安静舒适，饱满一天。

正确的食寝，才是人体最好的良药!

10.10 虽疏食、菜羹、瓜，祭，必齐如也。

此篇记录孔子祭时之仪容。

毓老师说:"昔人每餐必祭，供祖宗，虽薄物，必祭。"(《毓老师说论语》)

"孔子贫贱时祭祀祖先，虽或用粗饭，菜羹或瓜类，祭品很薄，但他的容貌是很严敬的。"(《新刊广解四书读本》)

朱熹注曰:"古人饮食，每种各出少许，置之豆闲之地，以祭先代始为饮食之人，不忘本也。齐，严敬貌。孔子虽薄物必祭，其祭必敬，圣人之诚也。"(《四书章句集注》)

仪式的背后是长长的寄托！"祭"，是敬;"敬"，必诚;"诚"，知本。

今日无祭，我们怎么才能让我们的孩子知道"不忘本"？

10.11 席不正,不坐。

本篇记录了孔子宴客入席的礼仪。

"不正",不合礼仪。坐席摆得不合礼仪,不坐。

《墨子·非儒》有云:"哀公迎孔子,席不端,不坐。""端",正也。

《论语注疏》有云:"此明坐席及饮酒之礼也。凡为席之礼,天子之席五重,诸侯之席三重,大夫再重。席南乡北乡,以西方为上;东乡西乡,以南方为上。如此之类,是礼之正也。若不正,则孔子不坐也。"

外交有礼仪,叫外交礼仪,还叫外交辞令。宴客也有礼仪,现代的礼仪要到哪里去学习?

"席位",是每个人的ID号。不是宴席时才有,其实任何场景中都有。"在其位,谋其政",要各就各位。越位了,是无知,会闹得别人也不舒服。

在今天,社会礼仪的培训太重要了。

"席不正,不坐",孔子就有这个份儿,敢"不"。随波逐流的小聪明,人人都会。人最难做到的是"我不"。我"不",才有我的存在!但这个"不",不是故意出风头。而是心中有正,我不从邪。

毓老师说:"主人不正席,不入座。入席,三让之。三个主客,年长坐首位,主人最后入座。以帖子'正席',分主、陪客。答复写'敬陪末座',出席;写'敬谢',不出席。'忝居末座',背朝门口,面对首席。送'知单',请客名单,最为尊贵的。"(《毓老师说论语》)

10.12　乡人饮酒，杖者出，斯出矣。乡人傩，朝服而立于阼阶。

本篇记录了孔子居乡之事。

"乡人饮酒"，乡人饮酒聚会。"杖者""六十杖于乡"，指60岁以上的老人。

孔子与乡人饮酒后，必等年纪长的出去了，自己才出去。拜送之礼，敬老为先。

今日的酒席也是一样，年轻人要先把老人安顿好。

"傩"，是古代以来，民间的一种祭祀活动，以舞乐祛邪逐疫。

孔子遇乡村里举行逐疫活动，必穿着朝服，站立在家庙的东阶之上（怕惊扰了自己的祖先）。可见，孔子心中有老，也有祖宗。无论是"杖者出，斯出矣"，还是"朝服而立于阼阶"，都是发自内心的"敬"！

中国马上就步入老年社会了，加上几十年的独生子女政策，"养老敬老"将成为一个重大的社会问题。今日我们学习该篇，难免要多一分深思远虑。

10.13　问人于他邦，再拜而送之。

孔子遣使者到外国访问朋友，同时以物送朋友。当他的使者要出发时，孔子两次向受托者行拜礼并亲自将其送走。

为何？"士相见当再拜，今拜使者，如拜所问之人。"由此可见孔子的憨厚。至诚无息，一视同仁。拜使者就是敬拜他乡的友人。

现代社会，信息沟通无比便利，但也使我们丢失了朋友之间那份应有的纯真、敬重和礼仪。

朱熹注曰："拜送使者，如亲见之，敬也。"（《四书章句集注》）孔子的"再拜"之礼，古朴而流芳，确实能引起我们的反思。

10.14 康子馈药，拜而受之，曰："丘未达，不敢尝。"

季康子给孔子送药，孔子拜而接受。但他却说："我对这药性不太了解，不敢试服。"

"拜而受之"，礼也。"未达，不敢尝"，谨慎也。

"医不三世，不服其药。"（《礼记·曲礼》）良药苦口，但良药不治百病。康子善意，必得"拜而受之"。

此篇记录了孔子与人交之诚意。

10.15 厩焚。子退朝，曰："伤人乎？"不问马。

立秋了，北京的清晨有一丝初秋的凉爽。

每一刻的岁月都无比美好，历史的芳香不断在古朴中凝练。今天我们继续学《论语·乡党》。

"厩"，马房。古代的马很贵重，人有人宅，马有马房。这是发生在孔子鲁国做大夫时的事情，孔子的马房失火了。孔子上朝回来，询问："伤了人吗？"没有问马（的事情）。

孔子的弟子为什么要记下孔子的这件事情？人，如何面对因不可抗拒的因素而带来的财产损失？人在，一切都在。留得青山在，不怕没柴烧。一个企业也是一样，只要有一支由优秀文化武装起来的团队，任何困难都能挺过去。华为就是例证。

孔子关心人，没问马。后代的大儒们都来打圆场。

王弼曰："孔子时为鲁司寇，自公朝退而之火处，不问马者，矫时重马者也。"（《论语释疑》）

郑玄曰："重人贱畜也。退朝者，自鲁之君之朝来归也。"（《论语注疏》）

朱熹曰："非不爱马，然恐伤人之意多，故未暇问。盖贵人贱畜，理当如此。"（《四书章句集注》）

有第二种断句：厩焚。子退朝，曰："伤人乎？"不问马。

"伤人乎？不问马。"先问人，后问畜（马）。

什么才是孔子的真实义？仁者见仁者，智者见智者，都是后代人的注解。我们读经典，是要读原典，还是读注解？

经典只一部，但后世的注解如汗牛充栋。秦汉有秦汉的烙印，唐宋有唐宋的忌讳，明清有明清的不言。我们穷其一生，在"家天下"的故纸堆里，浪费青春，有何意义？

厩焚。子退朝，曰："伤人乎？"不问马。

体悟真孔子，是为了照见自己的本来面目！

10.16　君赐食，必正席先尝之；君赐腥，必熟而荐之；君赐生，必畜之。侍食于君，君祭，先饭。

本篇记录的是孔子受君赐食及侍食之事。

国君赏赐大臣，有时也赏赐美食。因古代食物来之不易。所以才有"锄禾日当午，汗滴禾下土，谁知盘中餐，粒粒皆辛苦"。

"君赐食，必正席先尝之。"国君赏赐熟食，孔子先摆正上下席位，自己坐在臣位上，面对君上，先品尝，再把其余的划分给他人。

"君赐腥，必熟而荐之。""腥"，生肉。"荐"，进献祖宗。

"君赐生，必畜之。""生"，活物。"畜之"，养活。不杀生，以谢君子之惠。

"侍食于君，君祭先饭。"这是古礼，陪君吃饭，君上祭祖时，自己尊礼先吃一口，为君"先饭"。

后世的专制君主们，一定最喜欢这段。但孔子的为臣之道，是有条件的。"君君"，才能"臣臣"。君要像君，臣要为臣道。

"为人君，止于仁；为人臣，止于敬。"（《大学》）

《春秋繁露》有云："强干弱枝，大本小末，则君臣之分明矣。""君臣之分"，分内职责不同，绝非昏君，还有奴臣。

秦汉之后，为了维护专制帝制，当权者不断加封孔子，供奉庙堂，其实那时的孔子已不是真孔子了。

我们在《论语》中看到孔子的一言一行，不是说就要按照孔子的行为去做，而是我们身为中国人，真要想一想，自己究竟应如何站立？

"君君""臣臣"互为条件；"父父""子子"铁定因果！

10.17　疾，君视之；东首，加朝服，拖绅。

本篇记录的是孔子承君问疾之事。

"疾,君视之",孔子生病了,君王来探病。

"东首",头朝东面睡着。"加朝服,拖绅","绅",是束在腰间的大带。孔子生病,不能起床,又不可以以便服见君,所以把朝服盖在身上,又把绅拖在朝服上面。

病中朝服见君,以尽礼也。不知孔子此礼,是传承,还是首创?孔子这个人,真有意思。

孔子晚年修《春秋》,可谓把一生心血倾注其中。

《史记·太史公自序》有曰:"《春秋》者,礼义之大宗也。"

君有君道,臣有臣礼。孔子这样做,必有其中的道理。

10.18 君命召,不俟驾行矣。

此篇记录的是孔子奉君召时的事。

"召",上呼下曰召。孔子凡遇君命来召,来不及等到车马驾好,便步行而去。

急,"急趋君命"。

今天没有更多的思考。为什么没有思考还写?贵在坚持。有时仅仅是为了一种"存在"的感觉。此"存在",就是为了调动你的学习念头。

10.19 入太庙,每事问。

朱熹对此注释就两字:"重出"。

前面《论语·八佾》中曾言:"子入太庙,每事问。或曰:'孰谓鄹人之子知礼乎?入太庙,每事问。'"子闻之,曰:"是礼也?"太庙,鲁国祀周公之庙。

为什么要重复?重复是因为重要,再来一遍。重要的话说两遍,再次强调。

《论语说义》有云:"礼莫重于祭。"况且孔子早年特别推崇周公。

朱熹言"重复"。既然是重复,为什么不删除呢?而且重复了两千多年。看来先人们很尊重经典,重复,也要保留经典的原貌。没有减却有增。在历史的长河中,后来的统治者为了自己的统治,给四书五经增添了不少内容,这一点,在熊十力先生的著作中讲得淋漓尽致。

当下的我们,要练就慧眼识真金的本领。真经不怕火炼,也只有不断地体悟、修炼,才能知道真经的要义。

10.20 朋友死,无所归,曰:"于我殡。"朋友之馈,虽车马,非祭肉,不拜。

看看孔子如何对待朋友之事?孔子的朋友死了,没有家族来料理丧事。孔子说:"由我来殡殓他吧。"朋友把车马等贵重的东西送他,他视为再平常不过的事情。但如朋友把祭祀祖先的肉送来,孔子必然拜而受之。

以上三件事,可知道孔子交友的价值观。那我们交友的原则是什么呢?

"朋友以义合,死无所归,不得不殡。朋友有通财之义,故虽车马

之重不拜。祭肉则拜者，敬其祖考，同于己亲也。"（《四书章句集注》）

春秋战国时期，车马是最贵重的礼物。"于我殡"，尽朋友之义务。"虽车马"，视利益之轻。"祭肉"拜，情同手足，敬重朋友的祖先，以什么为重？

朋＝月＋月，朋友，与日月相伴的人。"朋友以义合"，"义"，是朋友之间的纽带。如以利计，则分道扬镳。

你回头看看孔子，不是很可爱吗？

10.21 寝不尸，居不容。

六个字，记录的是孔子寝息居家之貌。"寝不尸"，这有点像道家睡功的口诀。《论语·述而》中说孔子"曲肱而枕"。知其是侧卧，因心脏居左，正确的睡姿是向右侧卧而息。佛陀圆寂时就是用这样的"吉祥卧"。

"寝不尸"，不像尸体一般直挺挺地卧在床上。

"居不容"，我们平日在家里，不像上朝或祭祀之时那样有庄严的容貌。在自己的空间里，比较放松。

行、住、坐、卧皆是功夫！有心人，一举一动，皆有底蕴。

10.22 见齐衰者，虽狎，必变。见冕者与瞽者，虽亵，必以貌。凶服者式之，式负版者。

本篇记录的是孔子特施敬礼的人。

孔子看见下面的五种人，态度必变。"哀有丧，尊在位，矜残废之人"，或同悲，或怜悯，或恭敬。

哪五种人呢：一是"齐衰者"，穿齐衰孝服的人；二是"冕者"，在位者。"冕"，礼服；三是"瞽者"，残废之人；四是"凶服者"，也是丧者，"凶服"，丧服；五是"负版者"，捧国家图籍的人。"版"者，古时无纸，国家的图籍，都是用竹版、木版。

在《论语·子罕》中，有"子见齐衰者，冕衣裳者，与瞽者，见之虽少必作，过之必趋"。

本篇的不同是"虽狎必变""虽亵必以貌"。"狎""亵"都是亲熟之意。无论是对陌生人，还是亲熟的人，孔子都会那样做。可见，这是孔子自然而然的反应。

"凶服者式之。式负版者。""式"，轼也，车上横木，引申为把身体依凭在轼上，以表敬意。

毓老师说："可见古人对服丧者、国土及同胞之重视。"(《毓老师说论语》)

孔子何许人也？可见其心中有慈，心中有爱，心中有尊，心中有敬！再看看我们心中有啥？如果我们见到上述五种人，会有何反应？

10.23 有盛馔，必变色而作。

本篇记录的是孔子在宴会中的仪容。一个人的一生，要出入各种场合。以什么姿态入场，是一个大学问。要知礼、守礼，出入得体，这首先需要我们高度的重视。

孔子也一样。"盛馔"，丰盛的酒席。"孔子见主人食馔有盛平常，故变色而起也。所以然者，主人自亲馈，故客起敬也。"孔安国曰："作，起也。敬主人之亲馈也。"（《论语义疏》）"亲馈"，谓主人自执食设之也。

朱熹注曰："敬主人之礼，非以其馔也。"（《四书章句集注》）

主人对客人的用心，表现在盛馔之中，客人要懂，"必变色而作"，真诚有所回应。古礼留传至今，实是真情的延续！所以，读古书，需慢慢品味。

唐代诗人李白很狂，他在《将进酒》中写道："钟鼓馔玉不足贵，但愿长醉不复醒。"一看就是个酒鬼。酒能乱性，酒也能乱礼。

有盛馔，必变色而作。那是孔子对主人心意的恭敬，也是孔子的境界。孔子活在孔子的世界中，那里清静而无染……

10.24　迅雷、风烈，必变。

本篇记录的是孔子在变天时的仪容。"迅，疾也。风雨雷急名为烈也。风疾而雷，此阴阳气激为天之怒，故孔子必自整变变颜容以敬之也。故玉藻云'若有疾风迅雷甚雨，则必变。虽夜必兴，衣服冠而坐'是也。"（《论语义疏》）

郑玄曰："敬天之怒，风疾雷为烈。"（《论语义疏》）朱熹也云："必变者，所以敬天之怒。"（《四书章句集注》）

人，要有敬畏之心！因为有敬才会有畏！

敬畏天地（自然），敬畏历史，敬畏真理，敬畏父母，敬畏人民！因常有敬畏，才知自己的渺小，才能永葆谦逊的品质。

看看那些出了事的人，都是因为失去了"敬畏"之心。

《周易·系辞上》有云："天垂象，见吉凶，圣人象之。"人有人道，天有天理。

《道德经》有云："天地不仁，以万物为刍狗。"

董仲舒言："《春秋》重而书天下之患遍矣"，孔子在《春秋》一书中非常重视天灾，并一一详记。为何？要"敬诫后人"。

今遇"迅雷、风烈"，我们不一定会"必变"，但至少也该停顿一刻，反思一下我们做错了哪些事情。

知天意者，才知天人合一。

10.25 升车，必正立，执绥。车中，不内顾，不疾言，不亲指。

《论语》中的只言片言，常常向我们展示了远古时代的生活场景，让我们感知到历史的存在。

本篇记录的是孔子乘车时的仪容。我推测，在孔子时代，能乘车的人一定是很少的，一定有一些乘车的规矩。

朱熹注曰："绥，挽以上车之索。"（《四书章句集注》）孔子上车的时候，必正立而手执绥，端正站好，注意安全。

蒋伯潜先生说："'内顾'者，回头看后面。'疾言'者，说话说得响而又快也。'亲视'者，把手指头指来指去也。孔子是三'不'者。"

(《新刊广解四书读本》)

孔子的弟子为什么要记录孔子乘车之事？可见，自古以来，衣、食、住、行，都是人们的生存大事。对该篇，我没有更多的想法。有些历史、陈旧的、没有生命的，真还需要翻过去，否则，我们有限的生命真承受不起。

继往是为了开来！一味地钻进故纸堆里，其实没有多大意义。

10.26　色斯举矣，翔而后集。曰："山梁雌雉，时哉！时哉！"子路共之，三嗅而作。

识时务者为俊杰，我有个同学叫吕俊杰。

"时哉！时哉！"这是孔子的赞叹，也是他看到雌雉"翔而后集"的启发。连鸟都能识时知止，那人为什么做不到呢？《大学》有云："于止，知其所止。可以人而不如鸟乎！"

杨伯峻先生对这段的翻译特别通俗而且切中文意，我摘录如下："（孔子在山谷中行走，看见几只野鸡。）孔子的脸色一动，野鸡便飞向天空，盘旋一阵，又都停在一处。孔子说：'这些山梁上的雌雉，得其时呀！得其时呀！'子路向它们拱拱手，它们又振一振翅膀飞去了。"（《论语译注》）

我们也有这样的生活经验，在树林里见着飞鸟，你靠近它们，它们一定会飞走，在不远的安全处，又停留下来，"翔而后集"。但不同的是，我们没有"时哉时哉"的体察。圣人的道理就是从这点点滴滴的生活琐碎中领悟出来的。

《周易·系辞下》有云："古者包牺氏之王天下也，仰则观象于天，俯则观法于地，观鸟兽之文……"

孔子此处就是"观鸟兽之文"。在鸟飞翔处得天道。这个天道就是知位、识时！

一部《周易》，六十四卦，都是讲时位变化，阴阳转化。吴怡先生认为，《周易》中"从爻来讲，初爻到二爻、三爻就是时间。对人生来讲，就是时机和机会"。"了解《周易》之后，要怎么做？第一要顺时。第二要创造时间，创造时势。第三要知道抉择。"（《易经处变学》）

这是《论语·乡党》的最后一篇，将这篇作为结尾是有深意的。从知时的角度，回看孔子在"乡党"中的行为举止，圣人的行为是不是自然而然的事情？春夏秋冬，有春播才可能有秋收。

孔子十五岁志于学，三十而立，四十不惑，五十知天命……时位人生也。时至今日，我们计划中的《论语》上半部全部学完，时间，262天。每日省悟，每日一篇，我为大家导读了十九多万字。看到我们微信学习群里的一些人通过经典学习，正在发生本质的变化，我心慰之。相信孔子在天之灵，也会赞叹我们。

一起前行吧！《论语》的下半部，将会更精彩！

四書大家學

北京大学哲学系教授
楊宇烈

論語

大家学（下册）

问永刚 著

每日 省悟

先进第十一

11.1 子曰:"先进于礼乐,野人也;后进于礼乐,君子也。如用之,则吾从先进。"

《论语》下部一开篇,就是一块硬石头。我思考了几天,也没有得到令自己满意的正解,看来还是自己的能力不足呀!

在几千年的流变中,如何体悟这句话,才能领悟孔子的真实意呢?毓老师说,自此篇可见孔子主张选举制,反对世袭制。他解释,"野",都之外曰郊,郊之外曰野;"野",远方。"野人",指一般老百姓,"礼失求诸野"(《汉书·艺文志》),民间犹保存一些古礼。

许仁图先生认为,孔子之时,礼崩乐坏,礼失求诸野,真正懂礼者在民间。"后进于礼乐,君子也。""君子",此处指有官位的人。古代官爵有公侯伯子男五等爵,这些在朝世袭的"君子",先为士大夫,而后学礼乐。

杨伯峻先生是这样翻译这段话的,孔子说:"先学习礼乐而后做官的是未曾有过爵禄的一般人,先有了官位而后学习礼乐的是卿大夫的子弟,我主张用先学习礼乐的人。"(《论语译注》)

可见,孔子生在封建社会,却没有封建意识。他主张"选贤举能""贤者在位,能者在位"。

孔子,是开启民间教育的第一教育家。当时,教育都是官学,与普通老百姓没有任何关系。而孔子能不问贫贱,招收、教育三千弟子,今日看来,其重大历史意义怎么说也不为过。

"如用之,则吾从先进",一个时代,应该有一个时代的"用""从"

之道。"从群众中来,到群众中去",毛泽东的辩证法就是这样讲的。因为在群众中才有理论的源头活水。

11.2 子曰:"从我于陈、蔡者,皆不及门也。"

一句话,道尽了孔子无尽的感伤。

孔子人生中有"陈、蔡"之难,记载在司马迁的著述当中。《史记·孔子世家》有云:"孔子迁于蔡三岁,吴伐陈。楚救陈,军于城父。闻孔子在陈、蔡之间,楚使人聘孔子。孔子将往拜礼,陈、蔡大夫谋曰:'孔子贤者,所刺讥皆中诸侯之疾。今者久留陈、蔡之间,诸大夫所设行皆非仲尼之意。今楚,大国也,来聘孔子。孔子用于楚,则陈、蔡用事大夫危矣。'于是乃相与发徒役围孔子于野。不得行,绝粮。从者病,莫能兴。……于是使子贡至楚。楚昭王兴师迎孔子,然后得免。""从我于陈、蔡者",跟从我在陈国、蔡国受难忍饥的人。(据记载有颜回、子贡、子路、宰予等)

"皆不及门也",(现在)都不在我这里了。亲自教、拜过师的称"及门弟子",亲近的还称"入室弟子"。古人为徒,自称"门下弟子""同门弟子",也源于此。

《礼记·学记》有云:"古之教者,家有塾,党有庠,术有序,国有学。"做学生,拜师入私塾而学习,为"门下"。

孔子为什么会说出这样的话?朱熹注曰:"孔子尝厄于陈、蔡之间,弟子多从之者,此时皆不在门。故孔子思之,盖不忘其相从于患难之中也。"(《四书章句集注》)

这是孔子周游列国晚年回鲁之后的感叹！颜渊死，弟子散。老年的孔子扶杖而远望，追思自己跌宕起伏的人生，想起那些远去的不离不弃的弟子，无限感慨，一句叹尽！

"从我于陈、蔡者，皆不及门也。"能一起受苦逃难，但不能长久地教学共存。这就是人生的大悲壮！大悲，来自大爱、大德！

11.3 德行：颜渊，闵子骞，冉伯牛，仲弓；言语：宰我，子贡；政事：冉有，季路；文学：子游，子夏。

孔子弟子三千，精通六艺的贤者有七十二人。想想在春秋战国时期这是何等的厉害。

朱熹把此篇和上篇合为一篇，他认为此十人从孔子于陈、蔡者。他说："弟子因孔子之言，记此十人，而并目其所长，分为四科。孔子教人各因其材，于此可见。"（《四书章句集注》）

程颐也说："四科乃从夫子于陈、蔡者尔，门人之贤者固不止此。"（《四书章句集注》）不能说这十人就是孔子弟子中最牛的人，但他们是跟从老师困于陈、蔡之地时的相对杰出者。"曾子传道而不与焉，故知十哲世俗论也。"（《四书章句集注》）程颐认为孔子的杰出的弟子曾子不在其列，反推出此十人，这十人不代表三千弟子这个大群体。

但就是这十大弟子，也非同一般。孔子讲的是仁学，是教人如何做人的，所以列德行为第一。即使子贡、子夏的业绩如此之大，颜回仍然排名第一。从孔子的弟子排序中，也可知道对于一个人来说，德行是最重要的。颜回者，"其心三月不违仁"。

"言语",有如今日之外交。我想起了在《三国演义》中,诸葛亮在东吴舌战群儒,子贡应是诸葛亮的祖师爷。《史记·仲尼弟子列传》有云:"子贡一使,使势相破,十年之中,五国各有变""故子贡一出,存鲁,乱齐,破吴,强晋而霸越",看看那是何等的气概!就凭一张嘴,五国皆在运筹帷幄之中。

"政事","食、宾师之事,任有司者也"(《论语说义》)。冉有、季路最擅长。

有学者质疑:"先进篇季氏富有周公,冉有为之附益,孔子骂说:'非吾徒也,小子鸣鼓而攻之,可也。'"(《子说论语》)认为冉有入十哲有争议。我倒以为,这恰恰说明,孔子乃大人也。黑是黑,白是白。他客观评价,没有一棍子打死。

"文学",学术。据孟子记载,颜回早死,子游、子夏是孔子后期孔学传承的集大成者。子游南归授徒讲学,被誉为"南方夫子"。子夏开辟了"西河学派"。"子夏、子游、子张皆有圣人之一体。"(《孟子·公孙丑上》)

可见孔门弟子英才辈出,"万世师表"不是天上掉下来的。

得天下英才而教之,孔子乐在其中!那是真乐!

传人间大道永不辞,圣人颠沛流离!岂止光辉!

11.4 子曰:"回也,非助我者也!于吾言无所不说。"

"于吾言无所不说",此句好理解。"说",悦也。颜回这位学生,他对我所说的没有我不喜欢的。

"言"不是语。言传身教,闲言碎语,切记古人一字一义。同样是言语,但味道不同,分量有别。此处孔子的"吾言",是传道之言,教学之言。

难的是第一句:"回也,非助我者也。"何为"助"?何为"助我"?从老师的角度讲,什么才是"助我"?

"助我"指学生的质疑问难,启发了孔子的施教。

《礼记·学记》有云:"教学相长也,《兑命》曰:'学,学半。'其此之谓乎!"

有学生的提问、学生的质疑、后辈的挑战,才有老师的进步。

朱熹注曰:"助我,若子夏之起予,因疑问而有以相长也。颜子于圣人之言,默识心通,无所疑问。故夫子云然,其辞若有憾焉,其实乃深喜之。"(《四书章句集注》)

与子夏的"起予"不同,颜回"无助"。"起予者商也,始可与言《诗》已矣。"(《论语·为政》)

真是这样的吗?无数后人的注释版本几乎都是这样解释的。

但我们不能就此打住。这样的解释,两千五百年之后的我们,还是会产生疑惑。关键是何为"助我"?

"拔苗助长"的典故,人人皆知。不助,是自然而然,是本来状态。

宋国的农夫,自己拔高稻田几分,希望可以早获收成,是助长,是助苗。高徒颜回,对老师也一样。"回也,非助我者也。"真心喜悦孔子所传的大道。投其所好者,机心重焉。其实,孔子曰:"非助我者也;于吾言无所不说",这是老师对弟子的验证。有点像道家、佛家,以过来人的角度验证你修行达到的境界。

颜回资质甚高,为学不厌,行仁不已,他对孔子的教诲心领神会,默识潜行，无助无念。

王阳明先生说："若颜子胸中了然，如何得问难？故圣人亦寂然不动，无所发挥。"（《传习录》）

过来人说过来话。能意会，但能言传吗？

天知、地知、子知、回知，但吾知乎？

11.5 子曰："孝哉闵子骞！人不间于其父母、昆弟之言。"

闵子骞，在德行科列颜回之后，排第二。孔子表扬完颜回，接着赞叹闵子骞。

"孝哉"，一词定性。闵子骞以孝著称。孔子说："闵子骞真是孝顺呀！对其父母兄弟无闲言。"

闵子骞"单衣顺母"的故事被列为"二十四孝"之一。

《说苑》记载，闵子骞兄弟二人，母死，其父更娶，复有二子。闵子骞为其父御车，失辔，父持其手，衣甚单。父则归呼其后母儿，持其手，衣甚厚温，即谓其妇曰："吾所以娶汝，乃为吾子，今汝欺我，去无留。"闵子骞曰："母在一子单，母去四子寒。"其父默然。后母闻之，卒悔。

好个"母在一子单，母去四子寒"！

《论语义疏》有云："子骞至孝，事父母兄弟尽于美善，故凡人物论无有非间之言于子骞者也。"

《论语注疏》有云："子骞上事父母，下顺兄弟，动静尽善，故人不得有非间之言。"

行动是最好的言语。"孝",不能停留在嘴巴上。毓老师说:"有慈,才有孝,父慈子孝。'三十年前,看父敬子;三十年后,看子敬父。'"(《毓老师说论语》)

人,要下有慈爱,上有孝心,中空无我。不要老来后看儿女,尽是后悔!

11.6 南容三复白圭。孔子以其兄之子妻之。

昨晚带儿子游泳,儿子睡觉时说:"明天睡个自然醒。"我也听进去了,我今晨八点才起床。这觉睡得好香。

我要继续学《论语》了,问清源同学还在"自然"当中。

"南容三复白圭。孔子以其兄之子妻之。"孔子把自己的侄女嫁给一个叫南容的人,为什么要选择他呢?因为南容经常以《诗经·大雅》篇中的名句自省。

"三复白圭","三",多次。"复",反复念诵。"白圭",《诗经·大雅》:"白圭之玷,尚可磨也;斯言之玷,不可为也",意思是白玉上的污点还可以磨掉,我们言语中的污点是不可能去掉的。所以,"君子一言,驷马难追"。

说出去的话,如泼出的水,再也收不回来了。君子要慎行,更要谨言,言行一致。言是有声的行,行是无声的言,表里如一。

美好的言行,善良的言行,真诚的言行,利他的言行从哪里来呢?《论语·季氏》有云:"不学诗,无以言""不学礼,无以立"。在《论语》最后一章的最后一节,子曰:"不知命,无以为君子也;不知礼,无以立也;不知言,无以知人也。"

学《诗》，知言，知人。《诗经》三百篇，"诗言志""诗无邪"。

"孔子以其兄之子妻之"，可见孔子对勤学《诗经》，以《诗经》大义规范自己言行的南容十分肯定。

朱熹注曰："南容一日三复此言，事见家语，盖深有意于谨言也。此邦有道所以不废，邦无道所以免祸，故孔子以兄子妻之。"他又引用范氏曰："言者行之表，行者言之实，未有易其言而能谨于行者。南容欲谨其言如此，则必能谨其行矣。"（《四书章句集注》）

谨言慎行！只有撞过南墙的人，才能对此有更深的体悟。《周易》有云："言行，君子之枢机，枢机之发，荣辱之主也。言行，君子之所以动天地也，可不慎乎！"

我刚刚又读到《春秋繁露》一处，大儒董仲舒言："发言动作，万物之枢机。枢机之发，荣辱之端也。失之毫厘，驷不及追。故为人君者，谨本详始，敬小慎微，志如死灰，形如委衣，安精养神，寂寞无为。体形无见影，掩声无出响。虚心下士，观来察往。谋于众贤，考求众人，得其心，遍见其情。察其好恶，以参忠佞。考其住行，验之于今，计其蓄积，受可先贤。据位治人，用何为名？累日积久，何功不成？"

中华文化，真是一脉相承。但只有找到真正的文脉本源，才能谈得上有文化自信。

11.7 季康子问："弟子孰为好学？"孔子对曰："有颜回者好学，不幸短命死矣！今也则亡。"

"短命"，死在父母之前。

孔子感叹，颜回早死，"今也则亡"。"亡"，无也。现在再没有好学者了。

据史记，颜回病逝于鲁哀公十四年（公元前481），两年后，孔子卒殁！《史记·孔子世家》中记载："孔子年七十三，以鲁哀公十六年四月己丑卒。"

鲁哀公十二年，孔子69岁，孔子的儿子孔鲤先孔子死。

这就是圣人的晚景。

孔子早年丧父，后又丧母；中年流离失所，美其名曰"周游列国"，实则是到处推销自己的理念，壮志未酬；68岁再回故国，不是养老，而是删定《诗》《书》、注释《周易》、撰写《春秋》。

看看孔子一生，还有谁想做圣人？

有人说得好，人生就是一个硬币的两面。看其一面，要想其另一面。

《论语》的这句话，我读过无数遍，但今晨再读时，忽觉得好像绝句。前有古人，后有来者乎？颜回死，这两千五百年，谁是接棒者？

这是孔子无奈的感叹！

这是圣人晚年的期许！

在《论语》中，同样的话在前面的《论语·雍也》中也出现过。

哀公问："弟子孰为好学？"孔子对曰："有颜回者好学，不迁怒，不贰过。不幸短命死矣，今也则亡，未闻好学者也。"

《论语》通篇惜字如金，但这同样意思的话却留下了两篇，是提问的人不同也。可见，其后必有深意。

朱熹引用范氏曰："哀公，康子问同而对有详略者，臣之告君，不可不尽。若康子者，必待其能问乃告之，此教诲之道也。"（《四书章句集注》）

前问，鲁哀公，君，详答。

后问，季大夫，臣，略回。

真是这样的吗？我存疑。

颜回死时，孔子已71岁。无论是哀公，还是季康子，不可能在颜回一死后，就问这个问题，按常理，这应该是在孔子即将离世前的一段时间内问的。

许仁图先生说："鲁哀公和季康子都向孔子打探'弟子孰为好学'，君臣二人都有心起用孔子弟子。"(《子曰论语》) 我认为没那么简单。

《论语义疏》有云："旧有二通：一云缘哀公有迁怒二过之事，故孔子因答，以箴之也。康子无此事，故不烦言也。又一云：哀公是君之尊，故须具答。而康子是臣为卑，故略以相酬也。故江熙云：'此与哀公问同。哀公虽无以赏，要以极对。至于康子，则可量其所及而答也。'"

我们确实不能简单地埋在几千年来各种注释的故纸堆中不能自拔。

孔子，中华文化之集大成者，孔子之后，谁来举起他的文化大旗？在那个讲礼仪的时代，无论是哀公，还是季康子，都不能直接问孔子这个问题，于是就转个弯，问孔子："弟子中谁最好学？"

这才是哀公问、季康子再问的根本所在！！！

孔子的衣钵要传给谁？

谁才是孔门之学的正统？谁最解孔子真义？

孔子之后，孔门之学一分为八，那是后话。

但颜回短命，确是孔子晚年最大的痛。为什么？最理想的继承人没了！

孔子曾说："十室之邑，必有忠信如丘者焉，不如丘之好学也。"(《论语·雍也》) 那么，除了自己这位好学者，他认同的就只有颜回一人了。

孔子对颜回也赞不绝口:"贤哉,回也。一箪食,一瓢饮,在陋巷,人不堪其忧,回也不改其乐。"(《论语·雍也》)"用之则行,舍之则藏,惟我与尔有是夫!"(《论语·述而》)茫茫人海中,只有孔子和颜回能胜任。

孔子在匡地逃难,颜回掉队了。后来颜回赶回来了,孔子惊喜地说:"我以为你(蒙难)死了呢!"颜回回答:"老师还活着,我怎么敢死?"

看这对师生的对话多悲壮!但生死有命,颜回还是早死了。

颜渊死,子曰:"噫!天丧予!天丧予!"(《论语·先进》)

颜渊死,子哭之恸。从者曰:"子恸矣!"曰:"有恸乎?非夫人之为恸而谁为?"(《论语·先进》)

由此可见,颜回对于孔子来说,并不是一个好学的弟子,而是孔学的延续。而真正的孔学,合天命,也合天道,是中华文化的本源所在。

正是因为颜回早死,孔门之学的传承才出现了纷争。

孔子离世前七天,命人火速召回弟子子贡,孔子见到子贡后,说:"赐啊!你怎么回来得那么迟呢!"然后,孔子唱起了他最有名的三句十二字歌:

"太山坏乎!(泰山其颓乎!)

梁柱摧乎!(梁木其坏乎!)

哲人萎乎!(哲人其萎乎!)"

如果好学者颜回活着,也就没有孔圣人的这个千古绝唱了。

天不生仲尼,万古如长夜。

天早亡颜回，千年成疑团。

11.8 颜渊死，颜路请子之车以为之椁。子曰："才不才，亦各言其子也。鲤也死，有棺而无椁。吾不徒行以为之椁，以吾从大夫之后，不可徒行也。"

颜路，颜回的父亲，也是孔子的学生。

"椁"，外棺。古代大官棺木至少用两重，里面的一重叫棺，外面大的一重叫椁，"内棺外椁"。贫困人家有棺无椁。椁有等级，据《礼记·丧大记》中记载，君的外椁是松椁，大夫用柏木，士用杂木。

颜家极贫。颜回死后，颜父见孔子最爱颜回，就建议把孔子乘的车卖了，给颜回置办外椁，厚葬。这个请求合理吗？合情吗？从中可以窥探出孔子和弟子们平常生活的场景，大家说话都很率直。另外，也可以看出孔子本人并不富裕。

孔子不同意，其理由有二：一是"才不才，亦各言其子也。鲤也死，有棺而无椁"。有才能还是无才能，人总是更偏爱自己的儿子。我的儿子鲤死了，也只有内棺，没有外椁。言下之意，我的学生应该和我的儿子相同吧？二是我不能（卖掉车子）为他买椁，因为那样，我就只能步行了。因为我曾做过大夫，（按古礼）大夫是"不可徒行也"。

看看这位已经71岁的老人，他对弟子颜路的回答可谓是仁至义尽了。许仁图先生说："孔子重忠恕，'尽己之谓忠'，孔子对颜渊关切爱护，可说已尽其力；'推己及人之谓恕'，颜路似乎缺少恕道。"（《子说

论语》)

做老师不容易！人人都有本难念的经，你没念到，是因为你不在其位。要多换位思考，理解万岁！

11.9 颜渊死。子曰："噫！天丧予！天丧予！"

朱熹注曰："噫，伤痛声。悼道无传，若天丧己也。"(《四书章句集注》)毓老师解释得更直白，他说："孔子叹，天丧失我的道，'不得中行而与之'，接班人早死！"(《毓老师说论语》)

孔子在晚年到达了人生境界的顶峰！正是因为孔子，中华文化早熟了近千年。有学者认为，在秦汉之前，中华文化已经定型。

"用之则行，舍之则藏，惟我与尔有是夫！"在孔子的眼中，有大用者，只有颜回一人。可以推断，小孔子30岁的他的得意弟子颜回，对他的晚年，究竟意味着什么。

鲁哀公十二年（公元前483），孔子的儿子孔鲤死，年50岁。这一年，孔子69岁。

鲁哀公十四年（公元前481），颜回卒，享年41岁。这一年，孔子71岁。也是在同一年，《春秋·公羊传》中记载："鲁人西狩获麟"，孔子《春秋》绝笔。

孔子"志在《春秋》，行在《孝经》"，他说："知我者，《春秋》，罪我者，《春秋》。"

"加我数年"只是孔子的一厢情愿，"五十而知天命"的孔子，见颜回短命，也明白自己来日不多了。两年后，孔子73岁，卒！

回头再看看,孔子的人生是如此的辉煌、如此的悲壮。"噫!天丧予!天丧予!"我们的省悟不能就此打住。我们要停下来想一想,白发人送黑发人,儿子孔鲤早死,对孔子意味着什么?《论语》中没有记载。孔子不爱自己的儿子吗?非也。"才不才,亦各言其子也",这是孔子亲口对颜回的父亲颜路说的。因《论语》没有记载,我们后人不知道孔鲤走后,孔子是什么样子,只知"鲤也死,有棺而无椁"。

不要忘记,《论语》是孔子弟子们记录孔子言行的,但《论语》为什么没有记录孔鲤的死呢?

这就是中华文化的伟大之处,圣人无私,伟人无我,"大道之行也,天下为公",这是中华文化的真精神!

孔子"十有五而志于学,三十而立,四十而不惑,五十而知天命,六十而耳顺,七十而从心所欲,不逾矩",其"志于学"是什么?其"立"是什么?其"不惑"是什么?其"天命"是什么?其"耳顺"是什么?……微言大义,精微处都在此地。

孔子在匡地被人围困,他说出这样大义凛然的豪言:"文王既没,文不在兹乎?天之将丧斯文也,后死者不得与于斯文也。天之未丧斯文也,匡人其如予何?"

这就是孔子的天命!他的存在是为了中华文化的传承。"文王既没",舍我其谁?有我孔子;但是,现在我孔子垂垂老焉,颜回早亡,文化又将如何传承?

呜呼!"天丧予!天丧予!"天丧的不是我孔子的肉身,天丧的是我孔子传承的真正的中华文化精神!

《春秋公羊传·哀公十四年》中何休注:"天生颜渊、子路,为夫子辅佐；皆死者，天将亡夫子之证。"

11.10 颜渊死，子哭之恸。从者曰："子恸矣。"曰："有恸乎？非夫人之为恸而谁为？"

这里一口气用了四个"恸"字，把孔子对颜回的真情全然写尽。该喜则喜，该忧则忧；恸=忄（心）+动。朱熹注曰："恸，哀过也。哀伤之至，不自知也。"（《四书章句集注》）

"颜渊死了，孔子哭得很伤心。跟着孔子的人道：'您太伤心了！'孔子说：'真的太伤心了吗？我不为这样的人伤心，还为什么人伤心呢？'"（《论语译注》）

朱熹引胡氏曰："痛惜之至，施当其可，皆情性之正也。"（《四书章句集注》）性正，情真，悲喜自然流露。

天，有春夏秋冬；人，有冷暖悲喜。人如自然，自然如人。真心面对一切，万事皆有禅境。

11.11 颜渊死，门人欲厚葬之。子曰："不可。"门人厚葬之。子曰："回也，视予犹父也，予不得视犹子也。非我也，夫二三子也。"

蒋伯潜先生对这篇的注解很好，我摘录如下："古代礼制甚严。诸侯、大夫、士、庶人丧葬，都有一定的制度。颜渊虽贤，但终是一个平民。厚葬，就是违礼了。门人因为仰慕颜渊的贤德，又以他是孔子最爱的弟子，所以要厚葬他。孔子以厚葬违礼，故曰：'不可'也。门人不听孔子的话，竟把颜渊厚葬了。孔子因叹道：'颜回看待我同父亲一样；他若真是我的儿子，我可出主意，不使他们违礼厚葬。现在颜回的父亲颜路，竟听门人厚葬了；我虽爱颜回如子，但不便干涉；这个违礼的举动，不是我的主意，是弟子们的主意也。'"（《新刊广解四书读本》）

朱熹的看法是："丧具称家之有无，贫而厚葬，不循理也。故夫子止之。盖颜路听之。叹不得如葬鲤之得宜，以责门人也。"（《四书章句集注》）

家贫，还要求厚葬，颜回的父亲颜路也。"颜路请子之车以为之椁"，也是颜回父亲的要求。不知已在九泉之下的颜回，如何看这件事情？生前，"一箪食，一瓢饮，在陋室，人不堪其忧，回也不改其乐"；死后，颜回还会贪图厚葬乎？

有其父，就必有其子吗？有其子，就必有其父吗？父母究竟应该为自己的子女做些什么？

我想起了伟大的哲学家康德怀念父母的话，他说："我的父母非常诚实，道德高尚，而且举止有礼。他们没有为我留下财产（但也没有留下债务）。然而他们给了我一个以道德的角度而言最佳的教育背景。每当我念及于此，内心总是充满至高的感激之情。"他还说："我永远不会忘记我的母亲，因为她在我的心灵中植入了第一颗善的胚芽，并加以灌溉；她引导我感受自然现象，她唤醒了并且助长了我的观念，她的教导在我的生命中留下了无间断的、美好的影响。"（《康德传》）

我们究竟给后辈留下什么才是最有价值的呢？孔子留下的是礼仪，康德的父母留下的是美德，颜回的父亲留下的是后世无尽的批评……

11.12 季路问事鬼神。子曰:"未能事人,焉能事鬼?"曰:"敢问死?"曰:"未知生,焉知死?"

孔子的弟子季路(子路)问老师的问题,是大家都想知道的问题,也是人们最困惑的两个问题。

"事",对待、侍奉、知道。"事鬼神",人死曰"鬼",有遗爱在民曰"神"。"神"是特别的"鬼"。

"未能事人,焉能事鬼?""未能""焉能",先后顺序。知"事人",才知"事鬼"。人是活着的鬼,鬼是死了的人。《中庸》有云:"事死如事生,事亡如事存。"

人间、鬼神,是"一个世界"的两面。人道、鬼道,大道只有一个。懂得了事人之道,也就知道了如何事鬼。活着即是在当下,做好人也会变好鬼。

以人为本,"本立而道生"。"务民之义,敬鬼神而远之,可谓知矣。"(《论语·雍也》)

敬神如神在。把老百姓的事做好了,就是最大的祭祀。孔子的鬼神观是一以贯之的。

"未知生,焉知死?"生是死的开始,死是生的延续!孔子重生,讲"生生不息"之道。孔子不谈"空洞的死",因知道了充实的生,也就知道了身后的死。

"生生之谓易",不易、简易、变易。"生生",前一个"生",是今生;后一个"生",是后世。生前,"重如泰山";死后,也不会"轻如鸿毛"。

程颐曰:"昼夜者,死生之道也。知生之道,则知死之道;尽事人之道,则尽事鬼之道。死生人鬼,一而二,二而一者也。"(《四书章句集注》)

做人就不要想着做鬼。生时,要活泼泼。"然非诚敬足以事人,则必不能事神;非原始而知所以生,则必不能反终而知所以死。盖幽明始终,初无二理,但学之有序,不可躐等,故夫子告之如此。"(《四书章句集注》)

先事人,才知鬼;真知生,也知死。

"夫大人者与天地合其德,与日月合其明,与四时合其序,与鬼神合其吉凶。"(《周易·乾卦》)生死大事,"元亨利贞"!

11.13 闵子侍侧,訚訚如也;子路,行行如也;冉有、子贡,侃侃如也。子乐。"若由也,不得其死然。"

这篇展示了孔子的神通。他看了弟子在"侍侧"时的容貌,便知子路"不得其死然",不得善终,死不得其所。

性格决定命运,三岁看老。但人可以通过修行、学习、反省,逐步改变自己的生命运行轨迹。《了凡四训》的主人公袁了凡就是典型案例。

"孔公算予五十三岁有厄。"这是了凡的命运。这和孔子算子路"若由也,不得其死然"是一样的。但袁了凡真正觉悟了,他通过"立命之学""改过之法""积善之方""谦德之效"改变了自己的厄运。而子路则不同,在孔子门下,还不能彻悟,依然"行行如也",依然我行我素,最后被人剁成肉酱,不得寿终。

我们再看正文。有一天,有四个弟子陪在孔子周围,"侍侧"。闵子骞:"訚訚如也","訚",《说文》有云:"和悦而诤也。"闵子伺候在孔子身旁,貌和悦而正直。

冉有和子贡:"侃侃如也。"形容两弟子和乐安适貌,侃侃而谈。

唯独子路:"行行如也。"态度不礼貌。目中无人,有骄气,如何成事?《周易·坤卦》中曰:"履霜坚冰至。"

中医讲望闻问切,圣人明察秋毫。

"子乐",一说"子曰",我认同"子曰"。

再看看"行行如也"的子路的下场,据《史记·仲尼弟子列传》记载,子路为卫大夫孔悝之邑宰……方孔悝作乱,子路在外,闻之而驰往。遇子羔出卫城门,谓子路曰:"出公去矣,而门已闭,子可还矣,毋空受其祸。"子路曰:"食其食者不避其难。"子羔卒去。有使者入城,城门开,子路随而入。造蒉聩,蒉聩与孔悝登台。子路曰:"君焉用孔悝?请得而杀之。"蒉聩弗听。于是子路欲燔台,蒉聩惧,乃下石乞、壶黡攻子路,击断子路之缨。子路曰:"君子死而冠不免。"遂结缨而死。孔子闻卫乱,曰:"嗟乎,由死矣!"

孔子闻卫乱,就知子路死了!

子曰:"视其所以,观其所由,察其所安,人焉廋哉,人焉廋哉!"(《论语·为政》)你我所以?你我所由?你我所安?只有看清自己的本来面目,才能彻底清除身上的遗毒!可是,人往往见人容易见己难矣!

"若由也,不得其死然!"孔子一言,当深思之。善始善终!始就是终,终就是始。始终就是当下!

11.14 鲁人为长府。闵子骞曰:"仍旧贯,如之何?何必改作?"子曰:"夫人不言,言必有中。"

此篇是典型的三段式。

"鲁人为长府",说的是一个事件。藏货财曰"府"。"为",改造。鲁国要翻修一个藏货的长府。

"仍旧贯,如之何?何必改作?"闵子骞对这件事的看法是:旧的不是还能使用吗?为什么一定要改造呢?

"夫人不言,言必有中。"孔子对学生闵子骞的评价是这个弟子平时不多言,但言必中理。

言不在多,在于一语中的。

言不在多,在于动情合理。

言不在多,在于接气中道。

言是心的外显,无诚心也无忠言。

"夫人不言",人,都喜欢指手画脚,说起别人头头是道;看自己,样样精通。"不言"真难。

"言必有中"。朱熹注曰:"言不妄发,发必当理,惟有德者能之。"(《四书章句集注》)

有德者,有同理心,视人如己,常想"说到,自己是否也能做到"。

11.15 子曰:"由之瑟,奚为于丘之门?"门人不敬子路。子曰:"由也升堂矣,未入于室也。"

孔子之言,杀伤力实在是太大了。要捧一个人,几乎能捧到天上,比如颜回;要贬低一个人,立马贬到地下,如子路。

据《孔子家语》记载,子路鼓瑟有杀伐之声。原因是他性情暴躁,好勇爱斗,"行行如也"。

"由之瑟"，子路这弹瑟的境界，"奚为于丘之门"？怎么是我孔门弟子演奏出的呢？这既表达了孔子对子路的不满，也源于孔子对子路有更高的期许。

但孔门的其他弟子不这么想，他们听了老师这么说，就"不敬子路"了。孔子知道说过火了。他告诉弟子们，子路没那么差，他"已升堂"，处于"未入室"阶段。

朱熹注曰："升堂入室，喻入道之次第。言子路之学，已造乎正大高明之域，特未深入精微之奥耳，未可以一事之未而遽忽之也。"（《四书章句集注》）

火候，就差那么一点点；窗户纸，薄薄一层；水差一度，就是不能沸腾；人，就是难以跨越最后一步！

孔子数次点化子路，但子路就是不开窍，最后还是"不得其死然"，死于乱事。孔子之言，门人之解，子路所悟，真不在一个频道上。能听到孔子之言者，有几个真明白老师之心？

11.16 子贡问："师与商也孰贤？"子曰："师也过，商也不及。"

曰："然则师愈与？"子曰："过犹不及。"

孔子教学没有采用百分制。孔子之学是生命之学，不是知识论。这是理解孔门之学的关键之处。学习孔子大义之根本是观照自己的生命状态，是"过"了，还是"不及"？最好是守中道、笃中行。《中庸》就是用中。

"师"是子张的名,"商"是子夏的名。子张、子夏、子贡,都是孔子门下大名鼎鼎的弟子。子贡问孔子:"子张和子夏两个人,谁贤?"孔子说:"子张,有些过;子夏呢,又有些不及。"

子贡道:"这样看,子张要贤一点?"孔子说:"过和不及都是一样的。"

"过"不好,"不及"也不好,子张和子夏不分高低,身上都有些不足。

朱熹注曰:"子张才高意广,而好为苟难,故常过中。子夏笃信谨守,而规模狭隘,故常不及。……道以中庸为至。贤知之过,虽若胜于愚不肖之不及,然其失中则一也。"他又引尹氏曰:"中庸之为德也,其至矣乎!夫过与不及,均也。差之毫厘,缪以千里。故圣人之教,抑其过,引其不及,归于中道而已。"(《四书章句集注》)

在弟子当中,被孔子认为是"贤者"的,只有颜回一人。"贤哉,回也。"孔子两次肯定颜回。子贡之问是不是在颜回去世之后?

中行之道,确实很难达到。"不得中行而与之,必也狂狷乎!狂者进取,狷者有所不为也。"(《论语·子张》)

故事还没有完,后辈荀子就"过"与"不及"了,他是这样评价这两人的:"弟陀其冠,神襌其辞,禹行而舜趋,是子张氏之贱儒也。正其衣冠,齐其颜色,嗛然而终日不言,是子夏之贱儒也。"(《荀子·非十二子》)

荀子的一个"贱"字,是认为在孔子之后,子张、子夏所传孔子之学,已失其正宗,失其合乎中道的生命活力。不过,这是后话了。

反观自身,吾是"过",还是"不及"?

《中庸》有云:"喜怒哀乐之未发,谓之中;发而皆中节,谓之和。中也者,天下之大本也;和也者,天下之达道也。致中和,天地位焉,万物育焉。"

仲尼曰:"君子中庸,小人反中庸。君子之中庸也,君子而时中;小人之反中庸也,小人而无忌惮也。"

子曰:"中庸其至矣乎?民鲜能久矣!"

子曰:"道之不行也,我知之矣,知者过之,愚者不及也;道之不明也,我知之矣,贤者过之,不肖者不及也。人莫不饮食也,鲜能知味也。"(《中庸》)

子曰:"回之为人也,择乎中庸,得一善,则拳拳服膺而弗失之矣。"(《中庸》)

我抄写了这么多,只感觉句句是真经!得真经者,需细嚼慢咽,需日日修行。纠其"过",正其"不及",中道,乾乾而行!

11.17 季氏富于周公,而求也为之聚敛而附益之。子曰:"非吾徒也。小子鸣鼓而攻之,可也。"

"求",冉求(有),在孔子的弟子当中,名列四科十哲的政事科之首。冉求很有才华,子曰:"千室之邑,百乘之家,可使为之宰也。"(《论语·公冶长》)"求也艺,于从政乎何有。"(《论语·雍也》)

孔子和冉求的关系也不一般,正是因为冉求的努力,孔子晚年才结束国外生活,回到鲁国。但在圣人的眼中,功不能抵过,是就是是,非就是非。

季康子为鲁国的贵族,富可敌国。冉求为季氏家宰,一是"为之聚敛",搜刮民膏,逃避税赋;二是"附益之",把自己依附于季氏之身而使自我受益,失去了作为一个"士"的独立性。

孔子不认同弟子的这种行为。"非吾徒也",划清界限。冉求这种做法,不应是我的徒弟做的。门人们"鸣鼓而攻之",孔子说到此,还不解气,再加一句"可也"。

"百乘之家,不畜聚敛之臣。"(《礼记·大学》)冉求为季氏家宰,借助自己的才华,为其"聚敛",助人为恶。

只要有奶便是娘,孔子耻之。学以致用,用在何处?英雄为何无用武之地?真的就无地用武吗?

不要做恶人的工具,一生尽给"大老虎"做爪牙。那狐假虎威的腔调,孔子深恶痛绝之。

朱熹引范氏曰:"冉有以政事之才,施于季氏,故为不善至于如此。由其心术不明,不能反求诸身,而以仕为急故也。"(《四书章句集注》)

冉求"附益之"而失去了中国士大夫的独立性,最终成为权贵的附庸,孔子召号"小子鸣鼓而攻之",几千年后,其教诲依然令人振聋发聩呀!

11.18 柴也愚,参也鲁,师也辟,由也喭。

今天恰逢2019年中秋佳节,风雨无阻,假日无休,我们继续学《论语》。大快乐在其中也。学如逆水行舟,不进则退,也没有中止状态。

子在川上曰:"逝者如斯夫!不舍昼夜。"人生如此,时间怎能用黄金来比?孔子是圣人,他是以"知道""上道"来接引众人,让人"毋意、毋必、毋固、毋我",空空如也,直达智慧本体。

今天,我们学到了孔子对其六个弟子的评价:"柴也愚,参也鲁,师也辟，由也喭。"子曰："回也其庶乎，屡空。赐不受命而货殖焉，亿则屡中。"

天生万物，殊途同归。人之性格，无好无坏。天生吾材，必有其用。只要"存其诚""养其心"，就会登堂入室，渐入善境。

"柴也愚"，"柴"，弟子高柴，字子羔。郑玄曰："卫人，少孔子三十岁。"（《论语注疏》）"愚"，王弼云："好仁过也。"（《论语释疑》）王弼是公认的天才，但什么过了都近愚，好仁也一样。

"参也鲁"，"参"，弟子曾参出场。"鲁"，王弼云："鲁，文胜质也。"（《论语释疑》）在孔子的眼里，连一代大师曾子都迟钝，反推其老师是何许人也？

"师也辟"，"师"，弟子子张也。子张好文其过，故云辟也。"辟"，僻也。王弼云："僻，饰过差也。"（《论语释疑》）

"由也喭"，"由"，子路也。子路性刚，不得善终。王弼云："喭，刚猛也。"（《论语释疑》）

11.19　子曰："回也其庶乎！屡空。赐不受命，而货殖焉，亿则屡中。"

孔子继续往下点评，该到颜回了："回也其庶乎，屡空。"每每说到颜回，后代文人便特别小心。因颜回几近圣人，后人不敢妄评。这句话也一样，学人们总是想尽办法给颜回贴金，以免伤了孔子的面子。你看朱熹怎么注解："庶，近也，言近道也。屡空，数至空匮也。不以贫窭动心而求富，故屡至于空匮也。言其近道，又能安贫也。"（《四书章句集注》）

我对朱子这个附会的赞许不认同。为何,因一"也"字。从前一篇开始,孔子一口气用了五个"也",没有转折之意。

王弼云:"庶几慕圣,忽忘财业,而屡空匮也。"(《论语释疑》)颜回空贫而箪瓢陋巷,其乐在其中。但不能要求人人学颜回,你不是颜回,东施效颦,必显文人酸味!

最后出场的是子贡:"赐不受命而货殖焉,亿则屡中。"众所周知,子贡是孔子三千弟子中最富有的。孔子认为子贡之富,因其不安分,不认命,"货殖焉",买贱卖贵,聚积生财,常常能够猜中时机,"亿则屡中",幸运也,非命也。

《论语》读到此处,能停吗?真停不下来。孔子铺垫了半天,后面才出来最重要的,也就是下一篇。

11.20　子张问善人之道。子曰:"不践迹,亦不入于室。"

子张请教善人是怎么修炼成的。孔子说:"不模仿前人的痕迹,也不去拜师做入室弟子(只是顺性而为)。"

不做善,但也不做恶,这是做人的底线。择善去恶,这是仁人努力的方向。无善无恶,这已是王阳明的境界了。

过去人们常说"这是个善人","善",善良,不作恶。现在好像很长时间没有听到这样的评语了。

朱熹注曰:"善人,质美而未学者也。"(《四书章句集注》)乡村里有些善人,没上过学,但天生好仁义道德。"不践迹,亦不入于室。"他们的行为皆自然而然，顺性而为。不是为了学雷锋，才去做好事。

程颐曰："践迹，如言循途守辙。善人虽不必践旧迹而自不为恶，然亦不能入圣人之室也。"（《四书章句集注》）

我想起了六祖惠能。他未入五祖之室之前，是个善人，是个大善的种子。"此生不幸，父又早亡，老母孤遗，移来南海，艰辛贫乏，于市卖柴"为生。不识字，但能作名偈："菩提本无树，明镜亦非台。本来无一物，何处惹尘埃。"（《六祖坛经》）能入室五祖，仅惠能一人。

《论语·述而》中，子曰："圣人，吾不得而见之矣，得见君子者，斯可矣！"又曰："善人，吾不得而见之矣，得见有恒者，斯可矣！亡而为有，虚而为盈，约而为泰，难乎有恒矣！"

有恒者、善人、君子、圣人，他们是一级一级台阶。

"不践迹"，是天性；但要"入室"，确实需要机缘。

弟子子张不敢高攀，只是问"善人之道"，不问"圣人之道"，可谓贵有自知之明也！

11.21 子曰："论笃是与？君子者乎？色庄者乎？"

岁月荏苒，人生如梦，只有经典永存！

"论"，言论。"笃"，笃实。"与"，通"欤"，疑问词。

"色庄"，"庄"者，装也，伪君子。孔子说："（其）言论笃实就去赞许（或信任）吗？还要区分他是（言行一致）的君子，还是装作庄重的（伪）人？"

孔门之学教人识人之术、辨人之术。其根本还是教人不作伪，真实自然，素位而行。

人的终极目的是什么？是为逐利而"色庄"之？还是为顺性而行"君子"道？

知人最难！知己就不难吗？知人知面不知心。就算是自己之心，长在自己的肚子里，你就一定知道它吗？

子曰："始吾于人也，听其言而信其行；今吾于人也，听其言而观其行。"（《论语·公冶长》）

孔子遇到什么事，导致他发生了这样的转变。前事不忘，后事之师。

朱熹曰："不可以言貌取人也。"（《四书章句集注》）所以孔子还说："视其所以，观其所由，察其所安，人焉廋哉，人焉廋哉。"（《论语·为政》）"廋"，隐藏，藏匿。

"君子者乎？色庄者乎？"许仁图先生说："君子是言行如一的有德行者；色庄者是貌似神伪的乡愿。"（《子说论语》）

同是"论笃"，初心不同，呈现出来也千差万别。

11.22　子路问："闻斯行诸？"子曰："有父兄在，如之何其闻斯行之？"

冉有问："闻斯行诸？"子曰："闻斯行之。"

公西华曰："由也问：'闻斯行诸？'子曰：'有父兄在。'求也问：'闻斯行诸？'子曰：'闻斯行之。'赤也惑，敢问？"子曰："求也退，故进之；由也兼人，故退之。"

今天的故事很有意思，值得我们不断品味。

这个故事涉及孔子的三个弟子：子路，冉求，公西华。

子路问："听到一句话，就去做吗？"孔子要他先和父兄商量，再去做。冉求问："听到一句话，就去做吗？"孔子说："听到了，就去做。"站在旁边的公西华就不解了，为什么两个弟子问同一个问题，孔子的回答却不同呢？"赤也惑，敢问？"

孔子回答说："冉求平日做事退缩，所以要鼓励他勇进。而仲由（子路）喜欢争强好胜，所以我教他做事要退一步，冷静冷静。"孔子因材施教，以人为本，目的是成就不同性格的人。我们现代的教育真应该向孔子好好学习。

孔子之教是生命之学。他的教育是使受教者的生命处于中和状态，"进退得失不失其正"，"苟日新，日日新，又日新"，仁、义、礼、智、信，君子终日乾乾，人人可做尧舜。

过了，就拉回来；不足，就推一把。"人身难得，明师难遇"，孔子不愧是"万世师表"。

时至现代，鱼龙混杂。真经难得，大道难闻。是退是进，人真该回首观照一下自己，再作出决定。

子路、冉求，为何不能自知？孔子为什么永远像一面镜子？公西华身在其外，是一位旁观者，不解，他看不懂吗？请问："你我此刻身在何处？"

个体的生命到底是什么？"我是谁？我要到哪里去？"启蒙，启蒙。孔子在不断地启发，而我们又是被什么所蒙蔽？

《坛经·顿渐品》中有一段对话正合此境，现抄录如下：

> 志诚再拜曰："弟子在秀大师处，学道九年，不得契悟。今闻

和尚一说，便契本心。弟子生死事大，和尚大慈，更为教示。"

师（六祖惠能）云："吾闻汝师（指神秀）教示学人戒定慧法，未审汝师说戒定慧行相如何？与吾说看。"

诚曰："秀大师说：诸恶莫作名为戒，诸善奉行名为慧，自净其意名为定。彼说如此，未审和尚以何法诲人？"

师曰："吾若言有法与人，即为诳汝。但且随方解缚，假名三昧。如汝师所说戒定慧，实不可思议；吾所见戒定慧又别。"

志诚曰："戒定慧只合一种，如何更别？"

师曰："汝师戒定慧接大乘人，吾戒定慧接最上乘人，悟解不同，见有迟疾。汝听吾说，与彼同否？吾所说法，不离自性。离体说法，名为相说，自性常迷。须知一切万法，皆从自性起用，是真戒定慧法。听吾偈。"曰："心地无非自性戒，心地无痴自性慧，心地无私自性定，不增不减是金刚，身去身来本三昧。"

儒、道、释三家同源，同源在何处？在生命，在自性。那么，究竟是不是"闻斯行诸"？取决于各自的时位。因材施教，就是要"各正性命"，正者，止于一。

11.23　子畏于匡，颜渊后。子曰："吾以女为死矣。"曰："子在，回何敢死？"

这个对话，过了两千五百年了，今天再读到它，还是令人无比感动。为什么？因其至真，因其至诚。

"子畏于匡"，孔子在匡地遇到了危难。《史记·孔子世家》中记载，孔子将适陈，过匡。因孔子长得像鲁国的阳虎，而阳虎之前"尝暴匡人"，于是匡人包围了孔子，"拘焉五日"，弟子失散，颜渊是最后一个回到孔子身边的。

　　子曰："吾以女为死矣。""女"，汝也。我以为你已经死了。一句话道尽了孔子对颜渊的感情。是担心，是期盼，是抱怨，是惊喜，都在其中。

　　子畏于匡，孔圣人留下了两段名言，另一段在《论语·子罕》中，子曰："文王既没，文不在兹乎？天之将丧斯文也，后死者不得与于斯文也。天之未丧斯文也，匡人其如予何！"

　　孔子自信满满，大义凛然。言语掷地有声，因其使命在于传承中华文化，他相信天不会灭绝"斯文"。同样是生死，孔子对自己，临危不惧；对于弟子颜回，却多了莫大的担忧。

　　颜回就是颜回！"子在，回何敢死？"老师您还在，我颜回就是想死，怎么敢先死呢？

　　何为生死事大？何为苟且偷生？一个"何敢"，意味无尽！

　　《道德经》第六十七章有云："我有三宝，持而保之：一曰慈；二曰俭；三曰不敢为天下先。"

　　因心中存有敬畏，才有"不敢"！颜回不敢在圣人之前先死。"父母在，不许友以死。"（《周礼·曲礼上》）今日有些年轻人，一点想不开就轻生，把父母放在何处？但颜回最终还是先走了。孔子悲痛地说："天丧予！天丧予！"

　　把"子畏于匡"的两段话放在一起看，颜回的生死确实关系到孔学的延续！孔子和颜回之间，已远远超越一般的师生关系。

历史也如人生一般,多不如意。但话又说回来,也只有这样,方才显出其苍凉残缺的大美!

11.24 季子然问:"仲由、冉求可谓大臣与?"子曰:"吾以子为异之问,曾由与求之问。所谓大臣者,以道事君,不可则止。今由与求也,可谓具臣矣。"曰:"然则从之者与?"子曰:"弑父与君,亦不从也。"

孔子之教,确实不只是教育他的三千弟子。所见之人,只要有所问,他皆要言传身教,直言点拨,以求国家能行王道,实现社会大同。

孔子的心中无我,他只有道。

季氏,鲁国的大夫。季子然,季氏的子弟。当时季氏专权跋扈、尾大不掉,心中已无鲁君。季氏家大业大,聘用了孔子的弟子仲由和冉求为家臣。这是孔子和季子然的对话背景。

季子然问道:"仲由、冉求是否可称得上大臣呀?"问话中透露出季家子弟的狂妄。孔子给了他第一棒:"吾以子为异之问,曾由与求之问!"我以为(你来见我)会问些别的事理,想不到你只问由、求这两人的(小事)!要细品圣人的语气。

紧接着,孔子给了季子然第二棒:(你家也有大臣?)"所谓大臣者,以道事君,不可则止。今由与求也,可谓具臣矣。"孔子定义大臣,须能以道事君,如君上不听他的道理,就辞官不做了。(我的弟子)由求,不能做到"以道事君,不可则止",所以,他俩充其量只是个工具之臣而已。

此处,孔子没有捧他的学生,其用心是贬季氏。什么才能称得上

"大"？今日遍地都是"大官""大师"。大而无私，"私"是"大"的障碍。季氏再大，也只是诸侯。

季子然还不知趣，自找孔子的第三棒喝。他又问："然则从之者与？"既然是具臣，那一切都要听从主人的安排吗？

孔子说："若是弑父弑君，他们也是不会听从的。"孔子的学生做官，是有底线的呀。虽是"具臣"，但心中还是存有良知的。

孔子对"大臣"之名，对自己的弟子还是有极大的期许的。后来冉求为季氏"聚敛而附益之"，孔子大骂"非吾徒也，小子鸣鼓而攻之，可也"。

至晚清，很少再看见"以道事君，不可则止"的大臣了。董仲舒在《春秋繁露》中云："为人君者，居无为之位，行不言之教，寂而无声，静而无形。执一无端，为国源泉。因国以为身，因臣以为心，以臣言为声，以臣事为形。"

儒家的"君君、臣臣"意思很深厚，不要因为我们的无知，把意思给彻底搞反了。古人的智慧无限，古籍中思想无穷！

11.25 子路使子羔为费宰。子曰："贼夫人之子。"子路曰："有民人焉，有社稷焉。何必读书，然后为学？"子曰："是故恶夫佞者。"

晨读到毓老师几句话，直击心灵，分享如下："读一书，要读出心得才有滋味，将心得写出。"（我每日写《论语》省悟，不正如此吗？）

"必严格训练自己，牺牲享受。"

"耻恶衣恶食者，未足与议也。"（《论语·里仁》）"志同道合太难，必要自己造就自己,不是别人来造就你,或你去造就别人。境界高,不必用机术,人皆知。能做事业,必要改变自己的生活方式。"(《毓老师说论语》)

句句皆是大智慧也!没有一定的阅历,你不能明白哪句才是真经。孔子五十学《易》,感叹加吾几年,学《易》,无过焉。

今晨我读了几页董仲舒的《春秋繁露》,真是如甘露润入心田。为什么不能早读呢?机缘不足也。

写到此处,突然觉得已解今日这篇:"子路使子羔为费宰。"子曰:"贼夫人之子。"子路曰:"有民人焉,有社稷焉,何必读书,然后为学?"子曰:"是故恶夫佞者。"

子路和子羔都是孔子弟子,同门师兄弟。同学之好,可互勉共赴光明大道;同学之坏,常常会踏上同一艘"贼船"!

子路推荐、提携子羔做了费宰(官职名)。孔子以为子羔比较愚,他说:"(子路)你害了人家儿子。"子路善狡辩。他说:"费虽小邑,也有百姓,有社稷,叫他去办事,这也是求学问。何必读书,然后再去社会实践呢?"孔子说:"我憎恶(你这种)有口才、会强辩的人。""佞",有口才、会说话的人。

朱熹注曰:"治民事神,固学者事,然必学之已成,然后可仕以行其学。若初未尝学,而使之即仕以为学,其不至于慢神而虐民者几希矣。子路之言,非其本意,但理屈词穷,而取辩于口以御人耳。故夫子不斥其非,而特恶其佞也。"(《四书章句集注》)

子路不改其"佞"。据《史记·仲尼弟子列传》记载,子路死于卫国战乱时,倒是子羔逃归。孔子称赞子羔"明大义,善于保身"。子羔,愚直,忠厚有余而才不足,但懂得保命;子路,自负才华,争强好辩,被剁成肉泥。

"贼夫人之子！"孔子的理念是"先进于礼乐"，先打好基础，再去做事。但今日一些大学生，在校都不想读书，尽做癞蛤蟆，做梦吃天鹅肉。再看看自己，真正读过几本书呢？常感怀才不遇，岂知一肚草包！读书一生事。"立德、立功、立言"，三位一体。

"学而时习之"，人生就是"学""习"两字，"不亦乐乎"？看王阳明、曾国藩的一生，何尝不是先读好书，再去做大事？

11.26　子路、曾皙、冉有、公西华侍坐。

子曰："以吾一日长乎尔，毋吾以也。居则曰：'不吾知也！'如或知尔，则何以哉？"

子路率尔而对曰："千乘之国，摄乎大国之间，加之以师旅，因之以饥馑；由也为之，比及三年，可使有勇，且知方也。"

夫子哂之。

"求！尔何如？"

对曰："方六七十，如五六十，求也为之，比及三年，可使足民。如其礼乐，以俟君子。"

"赤！尔何如？"

对曰："非曰能之，愿学焉。宗庙之事，如会同，端章甫，愿为小相焉。"

"点！尔何如？"

鼓瑟希，铿尔，舍瑟而作。对曰："异乎三子者之撰。"

子曰:"何伤乎?亦各言其志也。"

曰:"莫春者,春服既成。冠者五六人,童子六七人,浴乎沂,风乎舞雩,咏而归。"

夫子喟然叹曰:"吾与点也!"

三子者出,曾皙后。曾皙曰:"夫三子者之言何如?"

子曰:"亦各言其志也已矣。"

曰:"夫子何哂由也?"

曰:"为国以礼,其言不让,是故哂之。"

"唯求则非邦也与?"

"安见方六七十如五六十而非邦也者?"

"唯赤则非邦也与?"

"宗庙会同,非诸侯而何?赤也为之小,孰能为之大?"

请继续读《论语》,听孔子这段故事:"子路、曾皙、冉有、公西华侍坐。"子曰:"以吾一日长乎尔,毋吾以也。居则曰:'不吾知也!'如或知尔,则何以哉?"

切要注意细节。这篇的场景非常传神,只有懂得观细微处,你才可谈成熟。一些事,当它发生之时,其实你已无能为力了。看见"霜","坚冰"也不远了,所以要"履"。"如履薄冰",人生当如此,学问也当如此!

"侍坐",可看出学生和老师的关系。"侍",充满恭敬。何以如此?孔子说:"不要因为我年纪比你们大,就不敢和我讲心里的话!"你们平常说:"没有人知道我(理解我)。"但你要人知你(用你),凭什么呢?(你们的长处是什么呢?)

朱熹读到此处曰:"言我虽年少长于女(汝),然女勿以我年长而难言。盖诱之尽言以观其志,而圣人和气谦德,于此亦可见矣。"(《四书章句集注》)

子路率尔而对曰:"千乘之国,摄乎大国之间,加之以师旅,因之以饥馑,由也为之,比及三年,可使有勇,且知方也。"夫子哂之。

先看两个动作,子路"率尔",孔子"哂之"。不是怕冷场,子路直率,总是抢在人先。看子路的一生,性格决定命运。但了凡先生自证,人的命运可变。怎么才能变呢?见"性"破"格",改变命运。为什么要"明心见性"?就是要铲除固有的"我"。儒家、佛家、道家,讲的都是这点事儿,不同的是绕的弯子大小不同。此处要特别注意。

"夫子哂之","哂"者,笑而露齿也。"笑不至矧。"郑玄注:"齿本曰矧,大笑则见。"释文:"矧,本又作哂。"(《礼记·曲礼上》)

孔子"哂之",到底是什么样子?各人所见不同。心领才能神会,文字,走到终极处是无力的。禅宗"破窗而入",就是要挣脱语言文字的障碍。"夫子哂之",你亲眼见到了吗?为什么要那样笑呢?

精微处,往往有中华文化的要义;细节中,常常突显一个人的本性。不是天机不可泄露,而是我们没有留意!

"千乘之国",子路用了三个假设:一、"摄乎大国之间",夹在大国之中;二、"加之以师旅",还有军事对抗;三、"因之以饥馑",还遭遇了荒年。

但如让我子路治理,"由也为之";"比及三年",只用三年时间,可达到什么效果?"可使有勇,且知方也。"可使老百姓都能见义勇为,为国献身。"知方""民知向义也","方",方向,方法。子路厉害吧?你听了也会"哂"吗?

再看第二位弟子出场:"求,尔何如?"对曰:"方六七十,如五六十,求也为之,比及三年,可使足民。如其礼乐,以俟君子。"

孔子说:"冉求,你的(志向)是什么?"冉求回答:"面积六七十里或五六十里的小国,如我冉求去治理,三年时间,可以使人人富足。至于教之礼乐之事,那就只能等待贤人君子了。"冉有是自信还是自谦?

孔子点名让公西华第三个出场:"赤,尔何如?"对曰:"非曰能之,愿学焉。宗庙之事,如会同,端章甫,愿为小相焉。"

公西华谦虚。"非能""愿学",不敢和前两位弟子相提并论。做祭祀的工作,或者诸侯会盟时,我愿意穿着礼服,戴着礼帽,"愿为小相",做个辅助之人。公西华的不足在何处?

第四位弟子出场,曾皙,曾子的爹。曾子是孔子的孙子子思的老师,《大学》《中庸》是这师徒二人的绝唱。

有其子必有其父,但用在颜回父子身上,就不恰当了。

"点,尔何如?""鼓瑟希,铿尔,舍瑟而作。"对曰:"异乎三子者之撰。"

子曰:"何伤乎?亦各言其志也。"有人怀疑这篇是曾子后来记录的。为啥?看他写得多生动!

孔子在和前三位对谈时,曾皙一直在旁边鼓瑟伴奏。听老师问他:"点,尔何如?"三个动作"鼓瑟希"。"希",初则瑟声稀疏,不是马上停下来;"铿尔",最后铿锵一声,戛然而止;"舍瑟而作",放下瑟而给老师行礼。此处可以看出,孔子和他的弟子们的相处,如此祥和,不造作。

曾晳回答说：“我不同他们三位的（想法）。”孔子说：“没什么关系，大家各言其志。”曰：“莫春者，春服既成。冠者五六人，童子六七人。浴乎沂，风乎舞雩，咏而归。”曾晳这几句话，完全可以写篇大文章。但今晨时间有限，我就不发挥了，今天的重点不在此处。

曾晳说：“暮春三月，穿上春季的衣服，五六位知己，再有六七位童子陪伴。在沂水边沐浴，在舞雩坛上吹风，一路咏唱诗歌，踏着晚霞而归。”

夫子喟然叹曰："吾与点也！"此处当万分万分留意！孔子为何"喟然长叹"？我赞同曾晳，我和你是一样的。

我们再往下看："三子者出，曾晳后。"曾晳曰："夫三子者之言何如？"子曰："亦各言其志也已矣。"曰："夫子何哂由也？"曰："为国以礼，其言不让，是故哂之。"治国应讲礼制，而子路之言不谦让。

"唯求则非邦也与？""安见方六七十，如五六十而非邦也者？"冉求不懂政治，怎见的面积六七十里或五六十里的，不是邦国呢？

"唯赤则非邦也与？宗庙会同非诸侯而何？赤也为之小，孰能为之大？"宗庙会同之事、诸侯之事公西华的理解有误。外交无小事，怎么能叫"小相"？如果是这样，什么才算大事？

孔子在这篇中，两次说了同样的句子："亦各言其志也"，再加上"吾与点也"应该是三次强调了"志"也。

何为"志"？这篇孔子启发我们，"志"是你一心想做的。所谓"志"者，是你能够清晰地理解你的"志"到达后的境界和价值，否则便是欲望。真"志"，是通过专心努力可以实现的，不然就是妄念。

"曾点之学，盖有以见夫人欲尽处，天理流行，随处充满，无少欠阙。故其动静之际，从容如此。而其言志，则又不过其所居之位，乐其日用之常，初无舍己为人之意。而其胸次悠然，直与天地万物上下同流，各得其所之妙，隐然自见于言外。……故夫子叹息而深许之。"（《四书章句集注》）朱熹之注解，看似是在读曾晳、悟孔子，其实也在表达自己。

程颐曰："孔子之志，在于老者安之，朋友信之，少者怀之，使万物莫不遂其性。"（《四书章句集注》）

回观孔子五人各言其志，吾志在何处？志＝士＋心，心上有士。

颜渊第十二

12.1　颜渊问仁。子曰:"克己复礼为仁。一日克己复礼,天下归仁焉。为仁由己,而由人乎哉?"

颜渊曰:"请问其目。"子曰:"非礼勿视,非礼勿听,非礼勿言,非礼勿动。"

颜渊曰:"回虽不敏,请事斯语矣!"

颜渊曰:"请问其目。"子曰:"非礼勿视,非礼勿听,非礼勿言,非礼勿动。"颜渊曰:"回虽不敏,请事斯语矣!"

哈佛大学的杜维明教授说:"美国国会图书馆找了八本书,认为每个美国知识分子都该学习,其中一本就是《论语》,这是唯一一本非西方的经典。"(《文明对话中的儒家》)

《论语》必将再次成为中国人的必读书目。在每一个人的床头,在每一个人的案上,在每一家中国茶馆,在每一架中国的飞机上……

今天我们进入了《论语》最核心的部分:颜渊第十二。

如果用一个字提炼孔子之学:仁。

如果用两个字提炼孔子之学:仁、义。

如果用三个字提炼孔子之学:仁、义、礼。

如果用四个字提炼孔子之学:仁、义、礼、智。

如果用五个字提炼孔子之学:仁、义、礼、智、信。

孔子构建了一个人生五层金字塔:塔底是信,塔尖是仁。

人以什么为信:仁、义、礼、智。

人以什么为智:上有仁、义、礼,下有信。

智慧不是聪明，不是机巧；智=知+日。日日知之，仁、义、礼、信。

人以什么为礼：仁、义。

"礼"，"理也"。敬礼，是对礼存有恭敬。礼要归仁，也就合义。

人以什么为仁，以什么为义：对人是仁，对己是义。仁人，义士。"《春秋》之所治，人与我也。所以治人与我者，仁与义也。以仁安人，以义正我，仁之为言人也，义之为言我也。"(《春秋繁露》)《春秋》是大义，不是小节。

仁者必有仁心。万物皆有心，桃有桃核，杏有杏仁。仁又是最核心的，如靶心，再向外拓展，便有义，便有礼，便有智，便有信。何为仁？有颜渊之问，有仲弓之问，有司马牛之问，有樊迟之问……不同的人，有不同的疑问。孔子之答，是圣人之答。

圣人，是成了圣的人，不是神。人有人情，世有世故，天有天道。上执天道，下通人情。孔子因人施教，根据不同的人的根性便有不同的启发，这便是孔门之教。但万箭穿心，万变不离其本。

成"仁"是个目标，更是个过程。

颜渊问仁，问仁的"目（条目）"？"回虽不敏"，问老师后知道了，接下来就是行，"请事斯语矣"。

一个好问题胜过一切！人类就是在不断解决问题中实现社会文明进步的，所以，马克思说："问题是时代的先声。"但有些问题，我们永远无法通过自己的渠道彻底解决，这就是人类的宿命。

有人不解，颜渊没留下任何著作，他不像曾子、子思，更不像孟子等，但为什么要给他"复圣"的地位？有人更是将此归功于孔子的喜爱和提携。

三千弟子，圣人为何独爱颜渊？经得起时间考验的地位从来不是别人能加封的，能加封的只能是加封者的价值，而不是你自己的本来面目。

我们要进入颜渊的世界，感悟颜渊的境界。颜渊身居陋室，却没有小康之问，因为颜渊很少想着自己。就是在匡难中，他想到的也是老师的生死而不是自己的命运。颜渊之问，是大问题，是天问。

我们要在静心中感悟颜回之问。

假如我们见到孔子，会提出什么问题？假如今日的弹幕网站能把寺庙里烧香的、磕头的愿望都打出来，一定会把我们吓一跳。佛是解决这些问题的吗？看阿难等佛家弟子的所求、所问，和我们的差别在哪里？

尽想着西天的好事，会造成通往西天大道上的严重拥堵！而真正的贤者，永远是那些默默无闻的拓路者。颜渊就是这样的人。

颜渊是幸运的，因为颜渊生在孔子时代。孔子是有福的，因为孔子有这样的学生。正是"颜渊问仁"，才问出了孔子的最高境界。

"克己复礼为仁！"孔子还说："己所不欲，勿施于人。"

"仁"即"大同"！"仁"是形而上者，"仁"也是形而下者。"仁"是个名词，又是个动词。

我们通过语言理解的，永远是那个"名"，无法直达那个真"实"。文字是通过记载而转化的语言。

禅宗讲"破门而入""不立文字"。这是人类在理解上的无奈！是现代语言学关注的重心。

"克己复礼为仁。""克"，朱熹注："克，胜也。"（《四书章句集注》）克胜者，自己能战胜自己，王也。

朱熹接着说："己，谓身之私欲也。复，反也。礼者，天理之节文也。为仁者，所以全其心之德也。盖心之全德，莫非天理，而亦不能不

坏于人欲。故为仁者必有以胜私欲而复于礼，则事皆天理，而本心之德复全于我矣。"(《四书章句集注》)

朱熹的解释是朱熹的体悟。后世有些狂热之人把孔教称为吃人的礼教，其实这都与孔子的后继者有关。有人批评"去人欲"不道德。"去人欲"，能做到吗？能！但人人都去私欲，能做到吗？不能也！朱熹之道，甚难！

"克己复礼为仁。"关键字是"克"。"克"者，"相生相克"，有阴阳，才有转化。"克"，不仅是胜。孙子兵法讲不战而胜。至胜，是保全。"克己"，是个人修行之事；"复礼"，是社会进步之标志。无绝对的多数人的利益，也无少数人的特权，人人克己，社会复礼。

颜渊一问，引发我们无限的反省。

"克己复礼为仁"。"克己"，毓老师说要"克制自己的情欲"。但我以为，讲到"克制"一层，还不能停，要继续接棒。"克"和"复"两字相对，如拔掉稻田里的野草，是为了长苗。"克""复"是跷跷板，也是阴阳两极，阴阳不是相对抗，是互为相长，是"二生三，三生万物"，其一是仁，归根是仁。

"克"者，"终日乾乾"，《诗经》有云："有匪君子，如切如磋，如琢如磨。""克"，美玉的打磨，《中庸》有云："如切如磋者，道学也。如琢如磨者，自修也。"克己复礼为仁，雨过天晴有日出。

"一日克己复礼，天下归仁焉。"此句我深有感触，顿有新解。在此句中，我们窥探到孔子的政治理想。"一日"，有朝一日；人人"克己复礼"，整个社会"克己复礼"，"天下归仁焉"，天下就实现"大同"了。大同就是"归仁"。

社会如此，作为单个的人来说，也是一样。"为仁由己，而由人乎哉？""为仁"这件事只能靠自己，别人帮不上忙。"仁远乎哉？我欲仁，斯仁至矣。"(《论语·述而》)种子不发芽，有土壤、有阳光、有雨水又能怎样？

再看颜渊接下来的精彩之问。懂不懂，就看此处；用不用心，也在此处。这是不是禅宗的验证处？老师，您不是说"为仁由己"吗？"由"，是路径；"请问其目"，它的具体的细目是什么？研究是层层深入的，东一榔头，西一棒子，是因为不是真懂。

子曰："非礼勿视，非礼勿听，非礼勿言，非礼勿动。"四"非"，唯"礼"。"礼者，毋不敬。"(《礼记·曲礼上》)孔子对儿子说："不学礼，无以立。"

古"礼"和现"礼"不同，对号入座，就浅了。孔子之"礼"，可做一篇大文章，但它不是我们今晨讨论的重点。

"视""听""言""动"，一气呵成。想想一个人，一天都在干什么？不就是视听言动四件事吗？是礼还是非礼？是有价值还是无意义？没有反省的人生不是人生。

程颐曰："颜渊问克己复礼之目，子曰：'非礼勿视，非礼勿听，非礼勿言，非礼勿动'，四者身之用也。由乎中而应乎外，制于外所以养其中也。"(《四书章句集注》)这位宋代大儒，还就此作了四句箴言：

其视箴曰："心兮本虚，应物无迹。操之有要，视为之则。蔽交于前，其中则迁。制之于外，以安其内。克己复礼，久而诚之。"

其听箴曰："人有秉彝，本乎天性。知诱物化，遂亡其正。卓彼先觉，知止有定。闲邪存诚，非礼勿听。"

其言箴曰："人心之动，因言以宣。发禁躁妄，内斯静专。矧是枢机，兴戎出好，吉凶荣辱，惟其所召。伤易则诞，伤烦则支，已肆物忤,出悖来违。非法不道,钦哉训辞!"

其动箴曰:"哲人知机,诚之于思;志士励行,守之于为。顺理则裕,从欲惟危;造次克念,战兢自持。习与性成,圣贤同归。"

朱熹认为:"此章问答,乃传授心法切要之言。非至明不能察其机,非至健不能致其决。"(《四书章句集注》)

此处,我们要问自己一个问题,我辈和颜渊的差别在哪里?

至惑:颜渊问仁,我等问什么?问钱、问权、问名、问利?无之要问,有之也要问,到死也不会问到仁!我们这一生,是仁人吗?

至明:颜渊再问"其目",得四"非",得孔子心法。如是我,能"察其机"吗?

至健:"回虽不敏,请事斯语矣!"我颜回虽然愚钝,但一定照您说的践行。"回之为人也,择乎中庸,得一善则拳拳服膺而弗失之矣"(《中庸》),"其心三月不违仁""不迁怒,不贰过"。

知道了,就专心去做,颜回是知行合一的祖先。吾等呢?我辈如此"聪敏",能"请事斯语"乎?心猿意马者,"聪明一时,糊涂一世"!

12.2 仲弓问仁。子曰:"出门如见大宾,使民如承大祭。己所不欲,勿施于人。在邦无怨,在家无怨。"
仲弓曰:"雍虽不敏,请事斯语矣!"

一晃就是三天,行杂心乱,没有学《论语》;今晨我再次打开书本,感到如此亲切,忽觉两重天。我们继续阅读经典。

仲弓问仁。子曰："出门如见大宾，使民如承大祭。己所不欲，勿施于人。在邦无怨，在家无怨。"仲弓曰："雍虽不敏，请事斯语矣。"

"仁"字，在《论语》中一共出现109次。在不同的场景中，"仁"的含义也不同。"仲弓问仁"和"颜渊问仁"，因问者不同，孔子的回答也不同。孔子根据不同根性的学生，根据其人所处的"时""位"来接应弟子，来启发大家，知"仁"行"仁"。

弟子仲弓，在孔门四科十哲中以德行著称。仲弓长于政治。仲弓之问，问出了孔子的仁政思想。"出门如见大宾"，迎见重要的宾客，要提前做好预案，小心谨慎，举止言谈不敢放肆。"使民如承大祭"，承办重大的祭祀，心中充满敬意。"使民"，从政者指使老百姓，不能轻率随便。

朱熹注曰："敬以持己，恕以及物，则私意无所容而心德全矣。"（《四书章句集注》）

程颐曰："孔子言仁，只说出门如见大宾，使民如承大祭。看其气象，便须心广体胖，动容周旋中礼。惟慎独，便是守之之法。"（《四书章句集注》）

"己所不欲，勿施于人"，个人如此，国家更要如此。

东方文化和西方文化要互鉴互学。二十一世纪，不应还靠武力解决争端。"在邦无怨，在家无怨"，孔子对仲弓三句话的回答，真是层层展开，步步深入。

能"无怨"乎？能"无悔"乎？毓老师说："以古、以人、以己为鉴，即为活学问。"（《毓老师说论语》）仲弓听之信之行之，"雍虽不敏，请事斯语矣"。

写了半天，忽然觉得我们后人的解释如此苍白、如此肤浅。为什么呢？因为孔子之学是教人做的，不是教人说的！

12.3 司马牛问仁。子曰："仁者，其言也讱。"
曰："其言也讱，斯谓之仁已乎？"子曰："为之难，言之得无讱乎？"

司马牛，《史记·仲尼弟子列传》有云："司马耕，字子牛。牛多言而躁，问仁于孔子。孔子曰：'仁者其言也讱。'"

"讱"，忍也，难也。"言难出也。"孔子说："仁者，他的言语很慎重。"不轻言，是"君子一言，驷马难追"。"言可复也"，就是言而有信。

"讱"，忍，针对司马牛的"多言而躁"，孔子让他话到嘴边停一停。司马牛很惊奇，我问的是仁之大道，怎么"其言也讱，斯谓之仁已乎"？孔子再补一句："为之难，言之得无讱乎？""为"，行也。说话很容易，但要成行很艰难。因为说到要做到，所以不要轻诺。

满嘴跑火车的人太多了。"三日打鱼，两日晒网"的人太多了。不知"为之难"，也不知"言之讱"，司马牛之辈也。言行一致，君子之仁德也。

《周易·系辞上》有云："言行，君子之枢机，枢机之发，荣辱之主也。言行，君子之所以动天地也，可不慎乎！"

仁，至大无外，至小无内。但无论是颜渊的"克己复礼"，仲弓的"己所不欲，勿施于人"，还是司马牛的"其言也讱"，不同的人，有不同的病方，但医理都是一样的。仁道不是靠空谈，是在日常生活中践行的。

"君子欲讷于言而敏于行。"(《论语·里仁》)

"大学之道,在明明德,在亲民,在止于至善。"(《大学》)万变不离其宗,条条大路皆可通向罗马。

朱熹注曰:"愚谓牛之为人如此,若不告之以其病之所切,而泛以为仁之大概语之,则以彼之躁,必不能深思以去其病,而无终无自以入德矣。……盖圣人之言,虽有高下大小之不同,然其切于学者之身,而皆为入德之要,则又初不异也。读者其致思焉。"(《四书章句集注》)

司马牛和颜渊、仲弓不同。司马牛问仁后,没有"请事斯语",他接着再问孔子:"其言也讱,斯谓之仁已乎?"可见他没有听明白。

司马牛不懂,吾辈能懂吗?在外面看风景,永远不能登堂入室。

12.4 司马牛问君子。子曰:"君子不忧不惧。"
曰:"不忧不惧,斯谓之君子已乎?"子曰:"内省不疚,夫何忧何惧?"

"君子"也是《论语》提到的次数最多的词语之一。人人都想让别人认同自己是君子,但心里真的准备好脚踏实地做一位真正的君子了吗?

余秋雨认为:"一切文化的最后成果是集体人格,而中华民族对集体人格的选择是君子之道。"(《中国文化课》)

每一个人的心中都有一个"君子原型",每一个人脚下都有一条"君子之道",司马牛也不例外。关键是孔子为什么给出这样的答案呢?

脱离了历史场景的理解一定是虚无的,没有了自我反省的阅读其实是无益的。

《论语注疏》中记载:"时牛兄桓魋将为乱,牛自宋来学,常忧惧,故孔子解之也。"

司马牛问怎么才是君子?孔子说:"君子不忧虑、不恐惧。""不忧不惧",就是君子吗?此处司马牛有些不解。孔子说:"反省自己没有内疚,问心无愧,有什么可忧虑、可恐惧的呢?"

孔子还是在对症下药。你司马牛是司马牛,你哥哥是你哥哥。他要造反作乱,你司马牛不要。为人不做亏心事,不怕夜半鬼敲门,反之亦然。尽做亏心事,即使鬼不上门,也会遭殃。要避免做亏心事,就要有内省功夫!

曾子曰:"吾日三省吾身:为人谋而不忠乎?与朋友交而不信乎?传不习乎?"如此,何有忧?何有惧?

《论语·子罕》中曰:"知者不惑,仁者不忧,勇者不惧。"如果我们还有惑、有忧、有惧,我们是否会用孔子的处方药,内省而达到不疚呢?

12.5　司马牛忧曰:"人皆有兄弟,我独亡!"子夏曰:"商闻之矣:'死生有命,富贵在天。'君子敬而无失,与人恭而有礼,四海之内,皆兄弟也。君子何患乎无兄弟也?"

司马牛一"问仁",二"问君子",最后还是不解其忧。忧什么?

"人皆有兄弟，我独亡。"人有我没有，拿人和我比。"我执。"

此刻，换主角了，出场的是子夏。子夏，名商。子夏是孔子弟子中的得道高徒，为孔门四哲中的文学传人。《孝经说》有云："《春秋》属商，《孝经》属参"，孔子之后，子夏传《春秋》，曾参传《孝经》。孔子说："吾志在《春秋》，行在《孝经》。"子夏对于孔门的意义就可想而知了。

子夏听说"死生有命，富贵在天"。"君子敬而无失，与人恭而有礼，四海之内皆兄弟也。"

子夏这里是听谁说的？一定是听他老师说的。但他没有老师那样通达，把听到的不加转化，直接扔给司马牛，司马牛能啃得下吗？

子夏听说"死生有命，富贵在天"，而我们今天常说，生死有命，富贵在天。不要大意！中国传统文化讲"死生"而不说"生死"，讲"终始"而不讲"始终"。

"死生"，以死为生，为的是追求终极意义。所以中国人过去重谥号，要留下好名声，而不是"我死了，管他洪水滔天"。"死生"，指向死了以后重新复生之意，生生不息！而"生死"，死了就走向永远的终结！同样的两个字，排序不同，意义千差万别！

是"终始"，不是"始终"。终始，以终为始！善终才是人们追求的境界。周而复始，无穷无尽！

"死生有命，富贵在天。君子敬而无失，与人恭而有礼，四海之内皆兄弟也。"多谦逊呀！

我大富大贵了，我健康长寿了，那是在天，那是在命！我个人的努力微不足道，都靠上天的帮忙，得"天时"；都靠朋友们的帮忙，获"人和"。

"敬而无失",时刻敬畏,就没有失误!有点成就,就要上天,此必落空!在历史的长河中,我们连一粒尘埃都算不上。

"恭而有礼",尊重一切,无高低贵贱。

毓老师说:"修群德,自'恭而有礼'入手,养成群德的本钱,则四海皆拥护。'四海之内皆兄弟',天下一家。"(《毓老师说论语》)

"人皆有兄弟,我独亡!"其实司马牛一语已道破天机:因"独"则亡(无),因"皆"(公)则有。

四海之内皆兄弟!何止是兄弟?

《论语义疏》中引苞氏曰:"君子疏恶而友贤,九州之人皆可以礼亲也。"

朱熹注曰:"既安于命,又当修其在己者。"他又说:"故又言苟能持己以敬而不间断,接人以恭而有节文,则天下之人皆爱敬之,如兄弟矣。"(《四书章句集注》)

"君子何患乎无兄弟也?"子夏能传《春秋》,子夏传承的是孔子的大同思想,非小康情结。

12.6 子张问明。子曰:"浸润之谮,肤受之愬,不行焉。可谓明也已矣。浸润之谮肤受之诉不行焉,可谓远也已矣。"

"明",是一个很重要的概念。

佛陀说众生"无明"。

王阳明临终前说"吾心光明"。

一些宫殿寺院常挂着"正大光明"的牌匾。

"明天",因为有"明",才有"天"。

但凡人常常感人生忽明忽暗,有时也会聪明一世,糊涂一时。

圣人之所以被称为圣人,就是因为他时时刻刻都处于"心如明镜"的状态。读孔子的话,是不是有这样的感觉?

子张,陈国人,孔子的弟子。他虽没被列入孔门的四科十哲中,但他确实问了许多好问题。

子张有个习惯,就是常把孔子的话记录在腰带上。

子张比孔子小48岁。我们想一想,他问这些问题时,最多也就是二十四五岁。

子张问孔子:"怎么样才算仁呢?"

孔子说:"能在天下推行五种品德,就是仁了。"

子张问:"哪五种品德?"

孔子说:"恭敬、宽厚、诚信、勤敏、慈惠。"

子张还问孔子:"圣人如何治理政事?"

孔子说:"圣人了解礼乐,把礼乐施于政事而已。"

子张不解,再问!

孔子说:"你以为设筵作揖相让,倒酒让菜,互相劝酒,才称之为礼吗?以为列乐队,挥雉羽,吹管龠,才称之为乐吗?"

子张更不解,接着问:"何为礼?"

孔子说:"能说出来又能做的叫作礼。"

子张接着问:"何为乐?"

孔子说:"做起来感到快乐的就是乐。圣人致力于礼乐,以礼乐施行政策,因此天下太平,万事顺服,百官奉行职责,上下以礼行事。"

所以,我们切不可把"仁""礼乐"理解肤浅了。

子张还问:"如何才能从政?""什么是善人之道?""什么是为官之道?"他甚至还请老师预测未来。

子张病危临终之前,把他的儿子申祥叫来,说:"君子之死叫作'终',小人之死叫作'死'。我这一辈子应该可以称之为'终'了吧?"(《孔子纪行》)

子张小小年龄,就向孔子"问明",大抵是想早早明白事理,做个明白人。

孔子说:"点滴而来、日积月累的谗言和肌肤所受、急迫切身的诬告都在你这里行不通,那你可以说是看得明白了。点滴而来、日积月累的谗言和肌肤所受、急迫切身的诬告也都在你这里行不通,那你是看得远了。"(《论语译注》)

"明",即心有所主。心里真正有主见,就不会为外界所动。

"明察秋毫",一点点变化都能感知到。《周易·坤卦》有云:"履霜坚冰至","其所由来者渐矣,由辩之不早辩也"。

冰冻三尺,非一日之寒。"浸润之谮""肤受之愬"乃日积月累。

人常贪温水之浴,结果个个都做了青蛙。

朱熹注曰:"浸润,如水之浸灌滋润,渐渍而不骤也。谮,毁人之行也。肤受,谓肌肤所受,利害切身。……愬己之冤也。毁人者渐渍而不骤,则听者不觉其入,而信之深矣。愬冤者急迫而切身,则听者不及致详,而发之暴矣。二者难察而能察之,则可见其心之明,而不蔽于近矣。"(《四书章句集注》)

想起了古装戏中的"皇上圣明",因"圣",而"明"。

吾辈不明,是因为什么?

12.7　子贡问政。子曰："足食，足兵，民信之矣。"

子贡曰："必不得已而去，于斯三者何先？"曰："去兵。"

子贡曰："必不得已而去，于斯二者何先？"曰："去食。自古皆有死，民无信不立。"

子贡问孔子为政之方，孔子伸出三个指头，说了三件事，一是足食，搞好经济，让老百姓有饭吃，过好日子；二是足兵，做好国防建设；三是民信之矣，用现在的话说，就是要建立信用体系。

程颐曰："孔门弟子善问，直穷到底，如此章者。非子贡不能问，非圣人不能答也。"（《四书章句集注》）

"必不得已而去"，没有办法，三者之间必要去掉一个，去哪一个？孔子说："去兵。"如再去一个呢？孔子说："去食。"

一户人家，开门七件事：柴、米、油、盐、酱、醋、茶；为政者，三件事："足食、足兵、民信。"

孙子曰："兵者，国之大事、死生之地、存亡之道，不可不察也。"（《孙子兵法》）养兵千日，用兵一时。外可以以战止战，内可以防止混乱，但它没有后两项重要。

"足食"，为政者以民为本。"民以食为天"（《汉书·郦食其传》），"仓廪实而知礼节，衣食足而知荣辱"（《管子·牧民》）。但是"自古皆有死，民无信不立"，孔子认为"食"没有"信"重要。动物以食为第一要务；人，区别于动物的地方，就是在于人性战胜了动物性，"足食"退到了第二位。

《论语义疏》有曰："人若不食，乃必致死。虽然，自古迄今虽复皆食，亦未有一人不死者。是食与不食，俱是有死也。而自古迄今，未有一国无信而国安立者。"

孔国安曰:"治邦不可失信也。"(《论语集解》)商鞅变法,先"徙木立信"。

有经济学家说,市场经济是信用经济。其实,哪个社会,不是以信用为先呢?"自古皆有死,民无信不立。""民信",是一个国家的最大财富。信用,也将成为数码时代每一个人的唯一密码!

12.8 棘子成曰:"君子质而已矣,何以文为?"子贡曰:"惜乎!夫子之说君子也,驷不及舌。文犹质也,质犹文也。虎豹之鞟犹犬羊之鞟。"

棘子成,卫国大夫。这是卫国大夫和孔子学生的一段对话,孔子的学生在极力维护孔子的思想。

子曰:"质胜文,则野;文胜质,则史。文质彬彬,然后君子。"(《论语·雍也》)"质",本质;"文",礼仪、文化、文饰。孔子希望一个人能文质相配,质朴文优,成人君子。"质文两备,然后其礼成。"(《春秋繁露》)

棘子成认为:"一个人本质好就足了,何必还要文饰呢?"

朱熹认为:"棘子成,卫大夫。疾时人文胜,故为此言。"(《四书章句集注》)朱子推测卫大夫的这句话是有针对性的。

子贡说:"棘子成,您可是君子呀。""君子一言,驷马难追",您可别失言。"文,犹质也;质,犹文也",意思是文和质一样重要。子贡牢记着老师的话。

"鞟"，皮去毛者也。子贡接着说："去了毛的皮豹之皮和去了毛的犬羊之皮，没有什么区别。"子贡之言，意指质是皮，文是毛。子贡为什么那么强烈地反驳棘子成呢？

《论语述何》有曰："君子'救文以质，贵中也'，举其偏者以补其弊而已，则三王之道相循环，非废文也。棘子成欲去文，则秦楚灭三代之礼法，贼民兴，丧无日矣。"

万事万法皆有两端，事在人为也。融会贯通之，则两端变中和。孔子讲"质胜文"不好，"文胜质"也不佳。何为胜？何为不胜？这个度很难拿捏。只有不断地清源正本，勤学修行，才能达到"文质彬彬"。

至高的不胜之地：质是文的土壤，文是质的枝叶。质是乾道，文是坤德。文质相生相克，融二为一。

毓老师说："君子乃言行一致，表里如一。人而不学，虽有美质，不可恃；必学，才能明理。"（《毓老师说论语》）

12.9　哀公问于有若曰："年饥，用不足，如之何？"
有若对曰："盍彻乎？"
曰："二，吾犹不足，如之何其彻也？"
对曰："百姓足，君孰与不足？百姓不足，君孰与足？"

有若，孔子弟子。两千五百多年前，有若就知放水养鱼的道理。这个经济学原理今天的人真的懂吗？

鲁国的国君鲁哀公问孔子的弟子有若："年年饥荒，国家的用度不足，怎么办？"这其实是一个很卑鄙的问题。他想的是"自用不足"的问题,而不思考执政之本是什么。

"年饥"是执政者要解决的问题,而鲁哀公认为这和自己无关,他只感觉"大河无水了",自己没钱花了,"如之何"?有若最像老师,他曾说:"君子务本,本立而道生。"你鲁哀公是凭什么吃喝的?有民才有君主。所以,你要:"盍彻乎?""彻",古代田税的名称,十取一税,叫"彻",即收10%的税。鲁哀公不解:"我收20%的税都不够用,你怎么能让我减税,收10%呢?"

"百姓足,君孰与不足?百姓不足,君孰与足?"有若讲出了现代政治的核心:先有百姓,还是先有国君?百姓足,则君足;百姓不足,君有何足?

国家不能和百姓争利,国家存在的价值就是让百姓富足。一个为己的国君,能精兵简政,做到以民为本吗?鲁哀公就是这样的人。

几千年来,有些东西本末倒置久了,但人们已习以为常了。有若不愧是孔子的高徒,三言两语,就讲出了本质。

有限的政府,有效的政府,法治的政府,两千五百多年前,孔门弟子就很清楚了。但问题是,到了今天,全世界许多国家依然还在为之奋斗。

> 12.10 子张问崇德、辨惑。子曰:"主忠信,徙义,崇德也。爱之欲其生,恶之欲其死;既欲其生,又欲其死,是惑也。'诚不以富,亦祇以异。'"

今天,我们一起学《论语》已300天。300天,十个月,一口气下来,风雨无阻,难吗?走过了,其实真的不难!

这300天的经历，让我们感悟到，万事皆如此。人，真的不要老是望洋兴叹，而是要一头扎入大海中，奋勇前行。乐，就在其中。

我们继续！

子张崇德、辨惑。子曰："主忠信、徙义，崇德也。爱之欲其生，恶之欲其死；既欲其生，又欲其死，是惑也。""诚不以富，亦祇以异。"

"崇德"，"崇"，存也，即积德。"辨惑"，不迷惑。孔子"四十而不惑"。

子张想问孔子，如何才能不断地积德，又不被（其他）迷惑？

"主忠信"，以忠信为主。"徙义"，"徙"，迁徙。向义靠近，见义勇为。"君子之于天下也，无适也，无莫也，义之与比。"（《论语·里仁》）

朱熹注曰："主忠信，则本立；徙义，则日新。"（《四书章句集注》）

人，有分别心，因有分别，才产生了迷惑。"爱之欲其生，恶之欲其死"，孔子讲的这一点和佛家相同。"既欲其生，又欲其死"，左右为难，不能用中，惑也。

韩愈有云："师者，所以传道受业解惑也。"（《师说》）

生死是大惑，许多人过不了这一关。孔子一上来就抛出生死这个大问题，如果这个山头能爬过去，还有什么高地？

"诚不以富，亦祇以异"，宋大儒程颐认为是错简，吾认同。

12.11 齐景公问政于孔子。孔子对曰："君君、臣臣、父父、子子。"公曰："善哉！信如君不君、臣不臣、父不父、子不子，虽有粟，吾得而食诸？"

好一个"君君、臣臣、父父、子子"，一句话引发出两千多年的讨论。有人说,这是孔子封建思想的残余;有人说,这是中国人伦秩序建立的核心;也有人说,这就不是孔子的言论,它可能是秦汉之后"小人儒"添加的。

我们的生命不能耗费在这些注释者的故纸堆中。清源、正本,直达经典本身!在后面的《论语·颜渊》中,季康子问政于孔子,孔子曰:"政者,正也"。一正定乾坤!一部《大学》,先从"正心"开始。正心,正身,正位,正名。"名不正,则言不顺;言不顺,则事不成。"(《论语·子路》)

齐景公问政,万变不离其宗。有问才有答。答者,是要回答问者提出的问题,还是回答提问人所处的困境?我们一定要清楚,齐景公的问题,不是你我的问题,也不是当代执政者的问题。观看历史经典,是要用经典的智慧启发我们,切不可生搬硬套,把大同当小异,或把小异当大同。

时代在前行,历史的场景永不会重演。那么齐景公为什么会问出这样一个问题呢?

齐景公,据《史记·齐太公世家》记载,他"好治宫室,聚狗马,奢侈,厚赋重刑",能纳谏,在位时有名相晏婴辅政。然齐景公继嗣不定,宠少子舍,而逐阳生。后阳生因陈乞弑舍而立,大乱数世,国移陈氏。

这是孔子答前后几十年的历史场景。回过头来看,孔子是不是有点像一个算命先生。拿齐景公的教训,回看"君君、臣臣、父父、子子",我们只能说,孔圣人,牛!

孔子说:"君要行君道,臣要行臣道,父要行父道,子要行子道。"

齐景公大言"善哉!"若是君不像君,臣不像臣,父不像父,子不像子,即使粮食很多,我能吃得着吗?(即使我拥有天下一切,我能安心享用吗?)齐景公的善,是他省悟到了;但齐景公的不善,是他没有按照孔子的病方去做。只知"知",不知"行",没用。

人有通病,常常严于要求别人,习惯宽容自己。齐景公也一样,希望"臣臣",不自求"君君";希望"子子",不自求"父父"。今天的我们不也是这样吗?

看孔子的"对曰"顺序:君、臣、父、子,而不是子、父、臣、君。儒家讲反求诸己,要向自己开刀。"要求别人做到的,自己先做到。"

以上率下。"君"者,率正;"父"者,率正。舜帝,乃为政者典范。"恭己正南面而已矣。"(《论语·卫灵公》)"政者,正也。子帅以正,孰敢不正?"(《论语·颜渊》)

《春秋》开篇:"元年,春,王正月。""正"是第五个字。

君正君位,臣正臣位,父正父位,子正子位。人之一生,说长不长,说短也不短。其实,人生,说简单些,就是"一正了之"!

12.12 子曰:"片言可以折狱者,其由也与?"
子路无宿诺。

"折狱",判断官司。孔子说:"根据简单的质询就可以判案的,就是子路了吧?"子路承诺的事不过夜,立马就办。

不了解子路是何许人也,光看孔子的这句话,似乎没有什么意义。我也不知道,孔子之言,是在表扬子路还是在批评子路。孔子收子路,有点像唐僧收孙悟空。

以下是《孔子纪行》的片段：子路是位个性刚猛、粗野爽直的鲁国勇士，喜欢逞凶斗狠。有一天，子路头戴鸡冠帽，身穿战袍佩猪皮宝剑，一脸凶相地跑到学堂想欺凌孔子。面对孔子，子路赫然拔出剑来翩翩起舞。

孔子鼓掌笑道："剑舞得不错。"

子路问孔子说："请回，古代君子能以剑自卫吗？"

孔子说："古之君子以忠诚为本，以仁德为护卫，不出门能知天下事。"

子路说："如果遇到坏人怎么办？"

孔子说："有不善者，就用忠诚来教化他；有凶恶者，就用仁德约束他，哪用得着拿剑呢？"

子路说："子路今天听老师这番话，请让我到堂上接受您的教导吧。"

孔子说："好。"

孔子的学生都不是通过书面考试录取的，孔子有教无类。

听讼，只听一面之词就可以定是非的，只有子路一人吧！孔子此言，其意究竟如何？是褒，还是贬？

"子路无宿诺。"今日事，今日毕。大丈夫不轻诺，一诺则千金。

12.13　子曰："听讼，吾犹人也。必也使无讼乎！"

"听讼"，就是审案。孔子说："审案，我也和别人一样的。（但为政者）必使人不涉讼（才是最高的境界）。"涉讼，常常两败俱伤。损（讼）人一千，自损（讼）八百。

"孔子之意，以为为政者能道之以德，齐之以礼，则民有耻且格，自无争夺之事，便不至涉讼也。"（《新刊广解四书读本》）

《周易·讼卦》有云："天与水违行，讼。君子以作事谋始。"

王弼云："无讼在于谋始，谋始在于作制。契之不明，讼之所以生也。物有其分，职不相滥，争何由兴？讼之所以起，契之过也。故有德司契而不责于人。"（《论语释疑》）

"作事谋始""化之在前也"，则无讼。

《大戴礼记·礼察》有云："礼者，禁于将然之前；而法者，禁于已然之后。是故法之用易见，而礼之所为生难知也……然如曰：'礼云礼云'，贵绝恶于未萌，而起敬于微眇，使人日徙善远罪，而不自知也。"

"无讼"，是终极所在。有正才能无讼。

12.14 子张问政。子曰："居之无倦，行之以忠。"

程颐曰："子张少仁。无诚心爱民，则必倦而不尽心，故告之以此。"（《四书章句集注》）

《论语义疏》中子张"问为政方法也"。"答云，言身居政事，则莫懈怠。又凡所行用于民者，必尽忠心也。"

朱熹注曰："居，谓存诸心。无倦，则始终如一。行，谓发于事。以忠，则表里如一。"（《四书章句集注》）

"居之无倦"，坚守而勤勉；"行之以忠"，尽己而践行。

"居庙堂之高则忧其民，处江湖之远则忧其君。是进亦忧，退亦忧。然则何时而乐耶？其必曰：'先天下之忧而忧，后天下之乐而乐'乎。噫，微斯人，吾谁与归？"此乃宋代范仲淹之"居之不倦"。

忠=中+心，尽己心用其中，"行之以忠"。"路漫漫其修远兮，吾将上下而求索。"

"居之""无倦",自强不息;"行之""以忠",乾乾君子。光明磊落,透明到底,难道不是一种快乐生活吗?

12.15 子曰:"君子博学于文,约之以礼,亦可以弗畔矣夫!"

这篇和《论语·雍也》有重复,此处我不再做详解。问题是《论语》传了两千多年,相同的文字为什么没有被编辑删除呢?

看来,在经典的传承中,无论是减掉一句,还是增加一篇,都不是容易的事情。否则,若后代人不断篡改,圣人的言说早已面目全非了。

经典之所以能代代传承,一是它是大智慧的结晶,二是它有永续的生命力,三是它有超稳定的结构。

区块链的技术是现代的,但区块链的应用,早就有了。

技术有新旧,思想无古今。

12.16 子曰:"君子成人之美,不成人之恶;小人反是。"

"成",促成,助力。"成人之美",不"成人之恶",这是一个人最基本的行为操守。

"人之美",要赞赏之、学习之、助力之,助力别人在美的道路上、在善的道路上取得成功。

"己欲立而立人，己欲达而达人"，在这条大道上，大家都是同行者。曾子说："君子己善，亦乐人之善也；己能，亦乐人之能也。"(《曾子·子思子》)

但切不可"成人之恶"，更不能助纣为虐！《论语注疏》有云："此章言君子之于人，嘉善而矜不能，又复仁恕，故成人之美，不成人之恶也。小人则嫉贤乐祸，而成人之恶，不成人之美，故曰反是。"

蒋伯潜先生说："人家做好的事情，我去帮助他成功，这是成人之美。人家做不好的事情，我不去帮助他。这是不成人之恶。'小人反是'，小人喜欢成人之恶，而不成人之美也。"(《新刊广解四书读本》)

皇侃曰："君子成人之美，不成人之恶"，美与己同，故成之也；恶与己异，故不成之也。"人小反是"，恶与己同，故成之也；美与己背异，故不成之也，故与君子反。(《论语义疏》)

朱熹注曰："成者，诱掖奖劝以成其事也。君子小人，所存既有厚薄之殊，而其所好又有善恶之异。故其用心不同如此。"(《四书章句集注》)

关于"君子"和"小人"，历史上争议较多，但人人都希望成为"君子"，害怕被人标榜为"小人"。

"成人之美，不成人之恶。""成"，又曰诚也。正心诚意之后，善恶，如饮水，冷暖自知。

良知在自己的心里，也在众人的眼中！

12.17 季康子问政于孔子。孔子对曰："政者，正也。子帅以正，孰敢不正？"

我们先看看"孔子对曰"的针对性，郑玄曰："季康子，鲁上卿，

诸臣之帅也。"(《论语注疏》)

孔子是在什么背景下说出的此话？朱熹注解中引胡氏曰："鲁自中叶，政由大夫，家臣效尤，据邑背叛，不正甚矣。故孔子以是告之，欲康子以正自克，而改三家之故。惜乎康子溺于利欲而不能也。"(《四书章句集注》)

"政者，正也。"为政者，要走正道。子曰："为政以德，譬如北辰居其所而众星共之。""居其所"，即"大居正"，养正，居正，守正。《周易·乾卦》有云："龙德而正中者也。"一部《周易》就是在讲中正，"蒙以养正，圣功也"。

"拨乱反正"，《春秋》也。

季康子之问，孔子上来就给了他当头一棒！"子帅以正，孰敢不正？""帅，率也"。你是众卿之首，你率先垂范，正己而行，那下面的人谁还敢不正？

朱熹引范式曰："未有己不正而能正人者。"(《四书章句集注》)一言道尽，一部《大学》讲的是"正心诚意"。

蒋伯潜先生说："政训中正之正，无非求上下皆归于正也。但欲在下者归于中正，必在上者自己先中正才行。"(《新刊广解四书读本》)

"正人"才称得上是"君子"。正不正，都写在脸上。

在《论语》中，对季康子三问，孔子的回答其实是同一个意思。季康子患盗，问于孔子。孔子对曰："苟子之不欲，虽赏之不窃。"

季康子问政于孔子曰："如杀无道，以就有道，何如？"孔子对曰："子为政，焉用杀？子欲善，而民善矣。君子之德，风；小人之德，草。草上之风，必偃。"

针对季康子，孔子的话已说绝了，但这世上有多少季康子之流，这话他们听了有何用？《大戴礼记·主言》有云："上者，民之表也。表正，则何物不正？"上者，不单指为政者。人人皆有下，为上者，应率先以正也！

> 12.18 季康子患盗，问于孔子。孔子对曰："苟子之不欲，虽赏之不窃。"

这是季康子的第二问。孔子不愧为孔子！他的回答不仅一语中的，而且一语双关。

我们还是要了解一下历史背景。朱熹引胡氏曰："季氏窃柄，康子夺嫡，民之为盗，固其所也。盍亦反其本耶？孔子以不欲启之，其旨深矣。"（《四书章句集注》）季氏之权、康子之位来路不正。"季康子患盗"也从另一方面说明当时鲁国的社会很不安定，官贪盗盛，民不聊生。

孔子不回避问题，不忌讳本质。

"苟子之不欲，虽赏之不窃"，如果上面正己来感化人民，就是奖赏老百姓去做盗贼，他们也会自感羞耻而不为也。

是不是这个理？

季康子，鲁国当时的第一行政长官，执政大夫。孔子敢言、直谏，智、仁、勇三全。

《说苑·贵德》有云："天子好利，则诸侯贪；诸侯贪，则大夫鄙；大夫鄙，则庶人盗。上之变下，犹风之靡草也。"

毓老师说："大盗盗国，上好下甚。上贪，下能不贪？……己身不正，焉能正人？"（《毓老师说论语》）

《大学》有云:"尧舜率天下以仁,而民从之。桀纣率天下以暴,而民从之。其所令而反其所好,而民不从。"盖儒家之道,重在以身作则,以德化民也。(《新刊广解四书读本》)

"苟子之不欲,虽赏之不窃",盗窃如此,其他事也一样。一理通,百理兼通。"不欲"是人之至尚根本。

12.19　季康子问政于孔子曰:"如杀无道,以就有道,何如?"孔子对曰:"子为政,焉用杀?子欲善,而民善矣。君子之德,风;小人之德,草。草上之风,必偃。"

这是季康子的第三问。孔子的三次回答,一个中心思想:正人先正己。

季康子为政,想大开杀戒:"如果杀掉无道的坏人,来成就有道的好人,怎么样?"关键是以什么标准定义"有道"或"无道"?谁来定义"有道"和"无道"?历史上的案例太多了,许多"人民的审判",最后都成了冤案!

"子为政,焉用杀?"孔子的话真有艺术性,这是肯定还是否定呢?先把你抬到高位,再用火烤。你季康子为政,为什么用杀戮呢?

"子欲善,而民善矣。"孔子的思想一以贯之。

接下来,孔子怕季康子听不懂,或者不虚心接受,作了一个非常有名的比喻句:"君子之德风,小人之德草,草上之风,必偃。""君子",指有位者;"小人",指无位的老百姓。在上位的人好像风,在下位的人好像草,风吹在草上,草必跟着风倒去。

上好下甚，上位者就是风向标。家长永远是孩子的老师，君子要以身作则，率先垂范。

张居正言："康子三问，皆是责之于人。夫子三答，皆使求之于己。盖正人必先于正己，而不欲，正也。欲善，亦正也。使康子能以其欲利之心欲善，则民岂特不为盗，而且皆为善矣。所谓子帅以正，孰敢不正者也。……人君以躬行德教为化民之本哉。"（《张居正讲评〈论语〉》）

《大学》有云："尧舜帅天下以仁而民从之。"季康子岂可以杀而为政？孔子讲的是仁政。在《韩诗外传》中，孔子还说："夫民为不善，则是上失其道。上陈之教而先服之，则百姓从风矣。"

12.20 子张问："士何如斯可谓之达矣？"子曰："何哉，尔所谓达者？"子张对曰："在邦必闻，在家必闻。"子曰："是闻也，非达也。夫达也者，质直而好义，察言而观色，虑以下人，在邦必达，在家必达。夫闻也者，色取仁而行违，居之不疑，在邦必闻，在家必闻。"

这篇特别重要，以至于为了读他我凌晨三点就睡不着了。"思之思之，鬼神通之"，近几年常常如此。窗户外漆黑一片，我无欲无妄，沉浸在经典之中，体悟圣人之心，反省半生之过，方知何为学习的真谛。

孔子说："加我数年，五十以学《易》，可以无大过矣。"这是孔子真正悟道后的感叹。我也常常反省，如果能在更年轻时就读懂《论语》，便不会有如此波折的人生，也无愧于心了。

"子在川上曰:逝者如斯夫!"苦难是人生最好的营养片!不等到秋天,谷穗是不知道怎么弯下腰的。

孔子的弟子子张之问:"何谓达?"如何才是个达人?孔子反问:"你说说,你理解的达是什么?"子张说:"在诸侯之国做官时一定有名望,在大夫之家打工时一定有名望。""闻",是声闻之闻,指有名。

孔子给子张当头一棒!小子,你说的"是闻也,非达也"!

我突然想起了三国名臣诸葛亮:"臣本布衣,躬耕于南阳,苟全性命于乱世,不求闻达于诸侯。先帝不以臣卑鄙,猥自枉屈,三顾臣于草庐之中……"(《出师表》)诸葛亮将"闻达"连用,出处在此。但要问一个问题,孔明是闻人还是达人?

曾子曰:"堂堂乎张(子张)也,难与并为仁矣。"为何?子张贪图虚名。

"君子务本,本立而道生。"程子曰:"学者须是务实,不要近名。有意近名,大本已失。更学何事?为名而学,则是伪也。今之学者,大抵为名。为名与为利虽清浊不同,然其利心则一也。"(《四书章句集注》)

"古之学者为己,今之学者为人。"(《论语·宪问》)

"夫仁者,己欲立而立人,己欲达而达人。"(《论语·雍也》)

"闻"非"达"也。

看孔子怎么说,"达"者,"质直而好义,察言而观色,虑以下人"。"所谓达者,必定质朴,正直而好义;对人家,能体察他的言语,观察他的神色;又自己思虑周详,态度谦逊,甘为人下。"(《新刊广解四书读本》)

孔子怕子张听不懂,再说闻者,"色取仁而行违,居之不疑"。

"'色取仁'者,脸色上表面上装得像仁人一般。'而行违'者,做出来的事情,都和仁相违背。'居之不疑'者,煞有介事地自以为是一个仁人，一些没有疑惑也。这种假仁假义的人仕于邦国，或大夫之家，也能得到虚誉浮名，使人人晓得他，而成'闻人'也。"（《新刊广解四书读本》）

朱熹注曰："善其颜色以取于仁，而行实背之，又自以为是而无所忌惮。此不务实而专务求名者，故虚誉虽隆而实德则病矣。"（《四书章句集注》）

张居正在给明朝太子授课时，讲到此处又特别强调："然声闻过情，君子所耻，况作伪之事，终必败露，比之于达，其相去何啻千里哉。诚伪之间，学者固当深辨矣。若乃实行登庸，则邦家获无穷之益；虚名误采，则邦家贻莫大之忧。其关系又岂小小哉！"他最后总结说："用人者，尤宜致慎于斯。"（《张居正讲评〈论语〉》）

您是"虑以下人"，还是"居之不疑"？请对照入列。

《论语正义》有云："达者，通也。通于处人、处己之道，故行之无所违阻，所谓'忠信笃敬，蛮貊可行'，即达义也。"

最后不要小看"察言而观色"。如何是"察"，如何才能"观"？道在精微处。

《中庸》有云："子曰：舜其大知也与！舜好问而好察迩言，隐恶而扬善，执其两端，用其中于民，其斯以为舜乎？"

12.21 樊迟从游于舞雩之下，曰："敢问崇德、修慝、辨惑？"子曰："善哉问！先事后得，非崇德与？攻其恶，无攻人之恶，非修慝与？一朝之忿，忘其身以及其亲，非惑与？"

樊迟，孔子的车夫。"舞雩"，求雨的坛。樊迟陪孔子游览，在求雨坛下，向孔子问了一个问题。孔子大赞："善哉问！"真是个好问题！

樊迟问："如何积德？如何消除藏匿于心中的恶？如何分辨疑惑？"一个车夫，问出这样的问题，一定是心有所想、心向往之。

"善哉问！"孔子鼓励，孔子的回答也一定是针对樊迟本人的。"先事后得"，先把事情做好了，然后再考虑自己能得到什么。全力以赴，专注当下，但问耕耘，不问收获。

"攻其恶，无攻人之恶"，要刀刃向内，对自己的毛病和缺点开刀，不要去攻击别人。可以看出，孔子的思想就是反求诸己。自胜，才能自强！

"一朝之忿，忘其身，以及其亲"，人被情绪所控制，一遇事，就怒火烧身，甚至忘掉了还有老婆孩子。反推之，则知樊迟是何许人也。"樊迟粗鄙近利，故夫子告之如此，所以救其失也。"

张居正说："夫人心不可两用，使为其事而即计其功，则天理夺于人欲之私，德之所以不崇也。若能先其事之难，而后其效之所得，则心志专一，功夫无间，本心之善，将日积而不自知矣，这岂不是崇德的事？人惟轻于责己，而重于责人，则自家过恶鲁莽而不暇治，慝之所以不修也。若能专于攻己之恶，一毫不肯放过，而无暇去攻人之恶，则自治诚切，而纤恶不留矣，这岂不是修慝的事？若夫一时之忿恨其小，乃不能自制，而与人争斗，遂至于丧亡其身，因以连累父母，至于亏体辱亲，则其祸大矣。夫以小忿而致大祸，这岂不是愚惑之甚欤？能于此觉悟而惩创之，则心无所蔽，而惑可辨矣。"这位明朝的大宰相真还不是白给的，他接着说："然工夫虽有三件，贯通只有一理。盖崇德者，所以存吾心之天理也，其事属之涵养；修慝辨惑者，所以遏吾心之人欲也，其事属之省察克治。非涵养，不足以培其源，非省察克治，不足以

去其累。善学者，体验而密其功可也。"（《张居正讲评〈论语〉》）

崇德、修慝、辨惑？好问题其实本来就有相应的答案。

崇者，存也。日积月累，如湖中泉水，汩汩而出，源源不断；修者，修治也。一点一点地消除，"时时勤拂拭，勿使惹尘埃"。辨者，分辨也。一事一练，一日一辨，功夫不负有心人。

"善哉问！"一介莽夫尚有正己之愿，善哉答！圣人孔子无不一语中的！

> 12.22 樊迟问仁。子曰："爱人。"问知。子曰："知人。"
> 樊迟未达。子曰："举直错诸枉，能使枉者直。"
> 樊迟退，见子夏，曰："向也，吾见于夫子而问知。子曰：'举直错诸枉，能使枉者直。'何谓也？"
> 子夏曰："富哉言乎！舜有天下，选于众，举皋陶，不仁者远矣。汤有天下，选于众，举伊尹，不仁者远矣。"

我们先学习樊迟的学习态度，他向老师请教何为仁，何为智。"未达"，没有真正理解。退下，他再请教师兄弟子夏。这态度今天的我们能做到吗？

仁者"爱人"，两千五百年前，我们的孔子就这样说。

知（智）者"知人"，"知人"者智，自知者明。

"举直错诸枉，能使枉者直"，推举正直的人，使他们纠正不正直的人。"举"，推崇什么，举荐什么？举什么旗，走什么路？"错"，纠错。"枉",不正的,邪歪的。

一个单位的文化、价值观很重要,用人是导向。

"富哉言乎!"子夏惊叹老师的话含义丰富!他列举了两个历史事例来印证老师的言论:舜帝从群众中选出仁者皋陶,商汤从群众中选出仁者伊尹,那些不仁者就远离了。

吏治是一个社会的风向标。选人用人,永远是政治的根本。

华为公司的价值观:一是"以用户为中心",是仁者之心;二是"以奋斗者为中心",是智者举措。

12.23 子贡问友。子曰:"忠告而善道之,不可则止,毋自辱焉!"

孔子和弟子们的对话无所不包。本篇,子贡又问老师如何对待朋友的问题。孔子说:"(如果朋友有过错)要尽心诚意地以善道劝导他,如果他不听从,也就罢了,不要自找侮辱。"

朱熹注曰:"友所以辅仁,故尽其心以告之,善其说以道之。然以义合者也,故不可则止。若以数而见疏,则自辱矣。"(《四书章句集注》)

《论语·里仁》中子游曰:"事君数,斯辱矣!朋友数,斯疏矣!"

"忠告而善道",适可而止。仁慈义尽了,则可,不可强求。对待朋友不像对待父母,"事父母几谏,见志不从,又敬不违,劳而不怨。"(《论语·里仁》)

张居正言:"忠告,是见人有过,尽心以告戒之。善道之,是

委曲开导……盖朋友以义合者也。合则言，不合则止，乃理之当然者。"(《张居正讲评〈论语〉》)

孔子之言，有三个要点："忠告""善道"，又要保持一定的距离。

朋＝月＋月，朋友贵在互相监督，互相鼓励。岁岁年年，日久天长！反之，我们也要善待朋友之言，重视朋友之谏。

12.24　曾子曰："君子以文会友，以友辅仁。"

曾子说："君子用文章学问和朋友相会，又通过朋友来帮助自己践行仁道。"

朱熹注曰："讲学以会友，则道益明；取善以辅仁，则德日进。"(《四书章句集注》)

中国"书圣"、东晋书法家王羲之的《兰亭集序》，记录了他们"以文会友"的场景："永和九年，岁在癸丑，暮春之初，会于会稽山阴之兰亭，修禊事也。群贤毕至，少长咸集。此地有崇山峻岭，茂林修竹，又有清流激湍，映带左右。引以为流觞曲水，列坐其次，虽无丝竹管弦之盛，一觞一咏，亦足以畅叙幽情。"

好美的书法作品，好美的文章佳句，好美的山水风景，今日还能有这样的雅聚吗？还能有这样的"畅叙幽情"吗？

我们在酒桌上浪费的时间太多了，就为了一张嘴，哪还有空读圣贤书？

"文"，纹也。可学的东西太多，历史的典籍，全球的智慧，大自然的风光，动植物的精美。

蒋伯潜先生说："学问道德交友，贤于世之以酒食徵逐、势利相交者远矣。"(《新刊广解四书读本》)

"以友辅仁"，朋友相交，互切互磋，相互提醒、鼓励、帮助，结伴成仁。

过去朋友交于"义"，今日朋友交于"利"。

台湾的许仁图先生说："多数为政者嗜权好利，无直、谅、多闻益友，往来都是便辟、善柔、便佞的损友，自己无品无文，人文精神缺失，自然无法以文会友，而所结交朋友尽是逐名夺利之徒，当然不能期望这些友人能够相辅以仁，于是嗜欲贪渎，官司牢狱缠身。故而，一个有位者要用人文来交会朋友，朋友往来也要以仁行相辅。"(《子曰论语》)

一代帝王之师张居正，借曾子之题发挥："君子之学，所以求仁也，苟无朋友以辅助之，固不足以有成。然使会友而不以文，则群居终日，言不及义，亦不足以辅仁矣。故君子之会友也必以文，或相与读天下之书，以考圣贤之成法，或相与论古今之事，以识事理之当然，庶乎日有所讲明，不徒为会聚而已。于是乃以友而辅仁，过失赖以相规，德业赖其相劝，取彼之善，助我之善，务使吾德之修，因之而益进焉，庶乎相与以有成，不徒为虚文而已。"(《张居正讲评〈论语〉》)

"以文会友，以友辅仁。"

我没有什么能奉献给大家，只好在微信群里，给大家整理一些《论语》资料，供大家学习所用。应该感谢腾讯的张小龙，发明了微信，也让我们有了另一种"会友""辅仁"的方式。

子路第十三

13.1 子路问政。子曰:"先之,劳之。"请益:"无倦。"

子路可以治理千乘之国,在孔门弟子中以政事闻名。他学到的孔子的心法就六个字:"先之""劳之""无倦"。

"请益",请再多解释一下,再增加一点。

毓老师说:"做官,必率先垂范去做;百姓做得好,得犒劳、劝勉之。'先之''官先事'(《礼记·学记》),先学做那件事,才能管理那件事。'劳之',事情做成得犒劳之,不可以吝赏,使百姓内心有无尽的快意。实际做到。精神一到,何事不成?故曰:'无倦。'"(《毓老师说论语》)

"先之",不是有意作秀,而是自然而然去做。作秀不能持久,更谈不上"无倦"。

"劳之",就是"以人民为中心",为政就是为民,无民哪来的官,无百姓哪需要政府。

焦裕禄,今日兰考人还惦记着他,就是因他"先之""劳之"。红旗渠在当时的条件下怎么能建成?朝鲜战争怎么能打赢,根本就是"先之""劳之"。

"无倦",在"先之""劳之"下无倦。永无疲倦,日日夜夜。"不怨天、不尤人",就是其本色。"居之无倦,行之以忠。"默默而不求闻达,诚至则天命使然。

得道者,是找到了真我。

"先之",先天下之忧而忧;"劳之",后天下之乐而乐;"无倦",君子自强不息!

13.2　仲弓为季氏宰,问政。子曰:"先有司,赦小过,举贤才。"

曰:"焉知贤才而举之?"子曰:"举尔所知。尔所不知,人其舍诸?"

仲弓,即冉雍,字仲弓,列德行科。仲弓作了季大夫的属邑之宰,问孔子为政之道。"宰",是邑长。

"先有司",朱熹注曰:"有司,众职也。宰兼众职,然事必先之于彼,而后考其成功,则己不劳而事毕举矣。"(《四书章句集注》)先分派任务,各司其职。

"赦小过",要赦免小的失误,今天叫"容错机制"。"大过",有心恶意为之。人无完人,谁能无过?"故旧无大故则不弃也,无求备于一人。"(《论语·微子》)"赦小过",是为了真正成全一个人的成长。

"举贤才","贤,有德者。才,有能者。举而用之,则有司皆得其人而政益修矣"(《四书章句集注》)。"贤者在位,能者在职。"有贤者才有更多的能者。

接下来,最重要的问题出来了,"焉知贤才而举之"?我仲弓怎么能知道天下的贤才而把他们推举出来呢?"仲弓虑无以尽知一时之贤才。"

孔子说:"你要推举你所知道的。你所不知道的,人们也不会遗漏。"

用人是一种导向,关键是在"举尔所知"。舜举皋陶,汤举伊尹。

同频共振，志同道合。从你举荐的人就可以知道你知人的水平，从你推举的人就可以测量出你的德性，是"贤者"还是"浑者"，一目了然。

"内举不避亲，外举不避怨"，因光明磊落。"拔茅茹，以其汇，征吉。"（《周易·泰卦》）用人无私，才会人才广聚。

程颐曰："一心可以兴邦，一心可以丧邦，只在公私之间尔。"（《四书章句集注》）

《周易·乾卦》有云："同声相应，同气相求。水流湿，火就燥，云从龙，风从虎。圣人作而万物睹，本乎天者亲上，本乎地者亲下，则各从其类也。"

尧帝为何在中华文化中尊位最高？就因其"举尔所知"。

"家天下"，用人唯亲。

13.3　子路曰："卫君待子而为政，子将奚先？"

子曰："必也正名乎！"

子路曰："有是哉，子之迂也！奚其正？"

子曰："野哉，由也！君子于其所不知，盖阙如也。名不正，则言不顺；言不顺，则事不成；事不成，则礼乐不兴；礼乐不兴，则刑罚不中；刑罚不中，则民无所措手足。故君子名之必可言也，言之必可行也。君子于其言，无所苟而已矣！"

名正言顺，言顺事成；名不正言不顺，言不顺则事不成。这些名言警句我们常常引用，但在《论语》中，这些话究竟是何义？

我们常常只知其一不知其二，更不会举一反三。

"故君子名之必可言也，言之必可行也。君子于其言，无所苟而已矣。"

不要强词夺理，也不要纸上谈兵。是做一事，还是做万事？能"名之"，能"言之"，能"行之"，切不可苟且而过。这是孔子说给子路的。

"君子于其所不知，盖阙如也。"孔子骂子路"野哉，由也"！子路，你是个粗鄙之人，君子对于自己不知的道理，应存疑，不可率而妄对。

《春秋公羊经何氏释例》有云："圣人之人，欲使人疑，疑而问，问而得，乃为心得。阙疑之意，又欲使人信，信而固，斯莫能破。故以其所阙，知其所无阙，是谓善学矣。"

以上两点是本篇的精华，我们当熟虑之、勤用之。

"卫君待子而为政，子将奚先？"卫国的国君等待您去治理政事，您打算先做什么？

中华文化"文史不分家"，此处，你若不了解特定的历史，就会如狗吃刺猬，无处下嘴。

"卫君"，出公辄也，辄为卫灵公世子蒯聩之子。蒯聩恶南子（卫灵公宠妃）淫乱，欲杀之，但事未成，被其父驱逐。灵公欲立公子郢，郢辞。及灵公卒，南子又欲立郢，郢曰："有亡人之子辄在。"乃立辄。此时，辄之父蒯聩在戚（国），他欲借他国之力与其子辄争君位。

这是子路问政的政治背景，孔子说："必先正名也。"子路浅薄，倒也率直。他说："老师呀，您怎么这么迂腐？"

此处，可见两人从政境界的不同：子路之政，是苟且寄生；孔子之政，是长治久安。子路之政，是追求从政者能得到什么。孔子之政，是追求"正名"之后能给社会、百姓留下什么。子路之政，以我为主，以"君"为上；孔子之政，以民为主，天下为公。子路"小人儒"，孔子"君子儒"。所以，子曰："名不正则言不顺，言不顺则事不成，事不成则礼乐不兴，礼乐不兴则刑罚不中，刑罚不中则民无所措手足。"此处孔子大骂子路："野哉，由也！"可惜，子路到死都不明白老师的这段教诲，毙亡于乱剑之中。

13.4 樊迟请学稼。子曰："吾不如老农。"请学为圃。曰："吾不如老圃。"

樊迟出。子曰："小人哉，樊须也！上好礼，则民莫敢不敬。上好义，则民莫敢不服。上好信，则民莫敢不用情。夫如是，则四方之民襁负其子而至矣，焉用稼？"

我昨天费力写了一篇，但最后一刻还是删掉了。为何？因不得孔子的真实要义。

一整天，我都在思考。我甚至想，是不是"错简"了，或者是分段出了问题？不过，昨天我倒是好好休息了一下。早上七点才起床，中午睡了两小时。睡足了，能量就大。能量大，就可以破解难题。

种植五谷曰"稼"，种植蔬菜曰"圃"。

这篇要抓住几个核心的句子："樊迟请学稼"，这导致孔子说的"小人哉，樊须（迟）也"，最后孔子说："焉用稼？"

我相信《论语》成书后虽然没有经过孔子的亲自审定,但孔子的弟子们并非等闲之辈。

我们先破解第一个难题,樊迟请学稼。子曰:"吾不如老农。"请学为圃。曰:"吾不如老圃。"樊迟出。

翻遍《论语》全书,只要是弟子请教老师,都是"问",如"子路问政""子张问明""仲弓问仁"……但此处怎么就出来个"樊迟请学稼"?此处"请学",是樊迟向孔子问稼穑之学,还是樊迟请孔子学习稼圃之艺?

樊迟为孔子御车。樊迟是个粗人,但樊迟也是和孔子接触最多的人,孔子的一举一动,樊迟都看在眼里。

孔子生活在春秋末年,身处乱世,但孔子之志就是要"拨乱反正",以"公天下"思想重建社会秩序。

明知山有虎,偏向虎山行!

《论语·微子》中记载,楚国的狂人接舆一面走过孔子的车子,一面唱着歌,道:"凤凰呀,凤凰呀!为什么这么倒霉?过去的就不要再去反思了,未来的还可以去追逐。算了吧,算了吧!现在的执政诸公危乎其危。"

孔子下车,想同他谈谈,但接舆"趋而辟之,不得与之言"。这一幕,驾车的樊迟一定看在眼里。

长沮、桀溺两人一同耕田,孔子一行从那儿经过,叫子路去问渡口。

长沮问子路:"车上的那位是谁?"

子路说:"是孔丘。"长沮说:"是鲁国的那位孔丘吗?"

子路说:"是的。"长沮说:"(孔丘无所不知)他早就知道渡口在哪儿了。"

子路又去问桀溺。

桀溺问:"你是谁?""我是仲由",子路答。

"是鲁国孔丘的门徒吗?"子路说:"是的。"

桀溺说:"夸夸其谈者,天下到处都是,谁能改变这个世道?你为何要跟着孔丘这个人逃避呢?"说完,"耰而不辍"。

这些,樊迟也应该看在眼里。

子路跟随着孔子,但跟丢了。见到一个老头,用拐杖挑着荷蓧。

子路问:"您看见我的老师孔子了吗?"

老头说:"四体不勤,五谷不分。谁是你的老师?"说完,"植其杖而芸"。

这个故事,樊应该也听到了。

樊迟没有城府,心直口快。所以他建议,请老师和弟子学稼圃。

术业有专攻。孔子说:"我再学也超不过老农、老圃。"

孔子曾感叹道:"鸟兽不可与同群,吾非斯人之徒与而谁与?天下有道,丘不与易也。"

当世人不理解孔子时,孔子为乱世寻大道,推广仁、义、礼、智、信。这一点,连弟子樊迟也不懂。"小人哉,樊须也","小人",指见识不高的人,没有特别的贬义。

治大道,"焉用稼"?

"上好礼,则民莫敢不敬;上好义,则民莫敢不服;上好信,则民莫敢不用情。"

这是孔子一贯的思想。以上率下,正人也正己。

如"上"真正能够好礼、好义、好信,则"四方之民襁负其子而至"。

这就是两千五百年后,我的理解。"樊迟请学稼",并不是樊迟向孔子请教稼穑之学的意思,但以前历朝历代的学者几乎都这么解释。

于是乎,便有"劳心者治人,劳力者治于人"。更有甚者,以为孔子鄙视体力劳动。

真正失之毫厘,差之千里也。

13.5　子曰:"诵《诗》三百,授之以政,不达;使于四方,不能专对;虽多,亦奚以为?"

孔子说:"熟读《诗经》三百,把处理政务的事交给他,却干不了;派他出使外国,却不能独立地应对;读得虽多,有什么用呢?"

读书,贵在学以致用;读书,贵在改变气质。

《诗》三百,是泛指,指一切经典、一切书本知识。学习经典几年,自己的身心还没有什么变化,那此人不是木头,就是顽石。

《诗》言志。大者,志在《春秋》;再者,志在"四方";再者,"见贤思齐"。

朱熹注曰:"诗本人情,该物理,可以验风俗之盛衰,见政治之得失。其言温厚和平,长于风谕;故诵之者,必达于政而能言也。"(《四书章句集注》)

此为一家之言,但却被当朝者定为科举考试的唯一正确答案。

"诵《诗》三百",我不认为这里孔子在实指《诗经》三百零五篇,而是在泛指。

程颐的解释,大致也是此意。他说:"穷经将以致用也。世之诵诗者,果能从政而专对乎?然则其所学者,章句之末耳,此学者之大患也。"(《四书章句集注》)穷经是为了致用。

从孔子之言、程颐之解出发,再看看当下,古今学者,大多如此,舍本逐末,未得真传。

或夸夸其谈,似满腹经纶,但一遇实际问题,便束手无策;或茶壶里煮饺子,不知从何倒起。

孔子之学,实践之学;中华文化,知行合一。

"《诗》三百",不仅仅是为了"诵"。我们该如何承袭古人的智慧?

经典如溪水,经典如阳光,经典就是养分。若你心中的种子不发芽,纵然"《诗》三百"、文万篇,又有何用?

13.6 子曰:"其身正,不令而行;其身不正,虽令不从。"

这句话不用解释,大家都明白。

在朱熹的《四书章句集注》中,这句话就没有注解。朱熹为什么不去注解?他也没有引用前人的注解,是不用解释,还是有难言之隐?

"政者,正也,子帅以正,孰敢不正。"(《论语·颜渊》)本篇的下一篇又曰:"苟正其身矣,于从政乎何有?不能正其身,如正人何?"虽用语不同,但大意是一致的。

正=止+一,止于一。"蒙以养正,圣功也。"正功,需学一辈子,需练一辈子。"其身正,不令而行;其身不正,虽令不从。"这个"其",具体指谁?包括你我吗?

13.7 子曰:"鲁卫之政,兄弟也。"

"鲁",是武王弟周公的封国;"卫",是武王弟康叔的封国。朱熹注曰:"本兄弟之国,而是时衰乱,政亦相似,故孔子叹之。"(《四书章句集注》)

到明代张居正时,又进一步,他说:"盖夫子思拨二国之乱以反之治,而时不我用,力莫能挽,故徒付之慨叹如此。"(《张居正讲评〈论语〉》)

当代有学者认为,鲁国是孔子母国,而孔子又在卫灵公时在卫国为官,伤痛自然难免。

"鲁、卫之政,兄弟也。"孔子的弟子们就这样干巴巴地记下来了。后来人对此仁人见仁,智者见智。

这个"见"的后面是什么?历史是存在过的,还是我们以想象构建的?孔子说这句话的真实意义是什么?我真的不知。我以为,我们学《论语》,不是要自己也成为孔子的门下贤人,而是要在孔子智慧的接引下,找到我们本真的自己。

"生命本俱足",智、仁、勇生而有之。"知之为知之,不知为不知,是知焉。"知之行之!

13.8 子谓卫公子荆:"善居室,始有,曰:'苟合矣!'少有,曰:'苟完矣。'富有,曰:'苟美矣。'"

孔子谈到卫国的公子荆,说:"他善于居家过日子。""始有""少有""富有",荆公子经历了由贫到富三个阶段。

卫公司荆是卫国大夫,名荆,字南楚,是卫献公的儿子。

身为卫国公子，看他对待财富的态度：

"始有"，开始有一点点，荆公司说"苟合矣"，真的合适了。

"少有"，"少有"比"始有"多一点，增加了一些。荆公子说："苟完矣。"真的不缺了。

"富有"，"富有"比"少有"更多。荆公子说："苟美矣。"真的够美了。

"始有"曰"合"，"少有"曰"完"，"富有"曰"美"。

荆公子由贫到富，从够用到审美。这位大公子是什么样的人？孔子为什么要赞赏荆公子的生活态度？有学者认为：此取荆之善居室以风有位者也。因为当时的卿大夫，不仅贪污，而且奢侈成风，所以孔子"以廉讽贪，以俭讽侈"（《论语译注》）。

毓老师认为，孔子的思想，"世卿非礼也"。

孔子反对世卿，黜三贵：贬天子、退诸侯、讨大夫。"人无生而贵者，天子之子曰元士。""天子之元子，犹士也。天下无生而贵者也。"（《仪礼·士冠礼》）

张居正言："大抵人之处世，莫病于贪求，莫贵于知足。然所谓知足者，谓其当下便足，非谓有所期限而止也。若有所期限，则亦不免于求矣。子荆当始有之时，不慕少有；当少有之时，不求富有，随时便足，无事营求。非其心清欲寡，不以外物累其中者，讵能之乎？故孔子贤之，谓其近于道也。"（《张居正讲评〈论语〉》）

"始有""少有""富有"，人人都应经历，人人都应向公子荆学习。富家子弟如此，贫家子弟也如此。"素富贵，行乎富贵，素贫贱，行乎贫贱。"心不外求，脚踏实地！

公子荆，贫穷不忧，富贵不骄。我们也应不要跟风，不要浮躁！

"言其循序而有节，不以欲速尽美累其心。"（《四书章句集注》）

"有无相生,难易相成。"(《道德经》)不练就"无"的心,很难处理"有"的情。"富有"真的能解决"贫困"吗?

13.9 子适卫,冉有仆。子曰:"庶矣哉!"
冉有曰:"既庶矣,又何加焉?"曰:"富之。"
曰:"既富矣,又何加焉?"曰:"教之。"

"适",往也,到达。冉有是孔子的弟子。"仆",御车。孔子到了卫国,冉有给他驾车。

"庶",众多。孔子看到卫国的人口众多。"庶矣哉!"

冉有问:"既然人口很多了,(当政者)接下来该做什么?"孔子回答说:"使人民富裕起来。"冉有再问:"富裕起来以后,该再做什么?"孔子说:"使他们接受教育。"

我们要回到前面《论语·颜渊》中:

> 子贡问政。子曰:"足食,足兵,民信之矣。"子贡曰:"必不得已而去,于斯三者何先?"曰:"去兵。"子贡曰:"必不得已而去,于斯二者何先?"曰:"去食。自古皆有死,民无信不立。"

子贡问政,用减法:"必不得已而去,于斯三者何先?"

冉有提问,用加法:"既庶矣,又何加焉?"

一国政治之重要性,按顺序排列,第一,"庶矣哉",春秋时代,一国首先要人口鼎盛。那么如何才能做到人口众多呢?要避免战争,让老百姓能休养生息。第二,"富之",治国之道,富民为重。要让老百姓富裕起来。第三,"教之",让富裕起来的老百姓得到良好的教育,而且让人人都得到教育,不仅仅是贵族。除此之外,冉有没再问,孔子也没再答。为什么到此就结束?眉毛胡子一把抓,就没有了重点。政府究竟该做什么?政府的边界究竟在哪里?

两千五百多年前,这对师生的对话,就是到了现代,也让我们不得不深思。让我们穿越到春秋,再细细地体悟孔子之言,我们就会被孔子思想的先进性、革命性所震撼。

"尧舜禹"说惯了,但尧、舜和禹大不相同;我们常说"孔孟之道",孔子、孟子也不一定是走同一条道。孔子怀有真正的民本思想,他能在春秋时代看到卫国"庶矣哉",并提出"富之""教之",而后代的统治者常常想的是如何"治民"。

《管子·治国》有曰:"凡治国之道,必先富民。民富则易治也,民贫则难治也。民富则安乡重家;安乡重家,则敬上畏罪;敬上畏罪,则易治也。民贫则危乡轻家;危乡轻家,则敢陵上犯禁;陵上犯禁,则难治也。"

对比一下,可知管子小焉!

"为人民服务",只有以人民为中心,才有前面的真"为"和后面的"服务"。

13.10 子曰:"苟有用我者,期月而已可也,三年有成。"

"苟",诚,真,如果。"期月",指一年的月份周而复始,也就是整一年。孔子说:"如果有人任用我管理国家,只需一年就可初见成效,三年就会很有成绩。"

这是孔子的愿望。孔子的愿望实现了吗?没有。为什么没有人真任用孔子?圣人可以做到"时至而不失之",但圣人也不能"生时"。因孔子之道生成于乱世,但不能在春秋末年的任何一国付诸实施。这是孔子的宿命!所以孔子晚年,才会著《春秋》。居乱世,升平世,太平世。"志在《春秋》",其意在此。

据《史记·孔子世家》记载,孔子这句话,是在卫国说的。这时卫灵公说"自己老了,不能用孔子",所以孔子接着说了这几句话。

孔子"十有五而志于学,三十而立,四十而不惑,五十而知天命",其深得大道,胸怀天下。但73岁,周游列国,竟无一国"用我","期月"。吾辈再读孔子的感叹,应该觉出更多的滋味吧。

人之一生,十有八九是不如意的。不如意是常态,如意是非常态。就连释迦牟尼佛的立论,也建立在一个"苦"字上,生、老、病、死,无限轮回。

涅槃是什么?放弃"苟有用我者"之心,见真性,在真我处重生。人之一生,究竟是"他用",还是"我用"?什么是"活出自己"?

再看看我们在前面《论语·公冶长》中学的,子在陈,曰:"归与!归与!吾党之小子狂简,斐然成章,不知所以裁之。"这是孔子在世俗社会中推行大道失败后的转折。

孔子不是诗人李白,也不是游者徐霞客。他无情作诗,也无意写游记。

"归与!归与!"就是要回到故土鲁国,就是与"苟有用我者"的妄愿诀别。他68岁,重归泗水河畔,删订《诗》《书》《礼》《乐》,作

《周易》、著《春秋》，真是三到五年集大成也，成就千古不朽的圣人！从此处看，孔子没夸海口，也没说谎言。

"此处不留爷，自有留爷处""天生我材必有用""东方不亮西方亮"，这些是因为你自己一直像太阳一样燃烧着，自强而不息。最重要的，是自己的生命要觉醒。否则，即使春风再吹，你也是陈年化石！

"时来运转"，真有那个"时"吗？"不来不去"，是"如来"。你在还是不在，山都在那里。"时"也应该一样。你有还是没有，"时"都存在。

"苟有用我者？"这是孔子的又一次生命觉醒。即使孔子活上两千年，走遍全世界，这个愿望能实现吗？这就是我们解开《春秋》的钥匙。"知我者《春秋》，罪我者《春秋》。"

因为活在"苟有用我者"的虚境中，所以你"退休"了

人人都有一具躯体，眼、耳、鼻、舌、身、意，本身俱足。春夏秋冬，生生灭灭。人之一生，是"他用"，随波逐流？还是"我用"，元亨利贞？读今日孔子之言，当慎思之！！！

13.11　子曰："善人为邦百年，亦可以胜残去杀矣。诚哉是言也！"

孔子说："善人治理邦国百年，也可以克服残暴、免除虐杀了。这句话说得太对了。"

十年树木，百年树人。善人善治，积德化民。

"大学之道，在明明德，在亲民，在止于至善。"（《大学》）孔子生在乱世，看到的多是杀戮。不善之举泛滥，可惜善人太少。"善人，吾

不得而见之矣，得见有恒者，斯可矣。"(《论语·述而》)

"胜残去杀"，世界便走向和平。一次齐白石要画"和平鸽"，我的一位好大哥的爸爸曾去市场上给齐老师买了几只鸽子，供他观察临摹。此也是"善人为邦"，百年留有余香！

毓老师创办"奉元书院"，定制院训："秉大至之要道，行礼运之至德，胜残去杀，天下归仁，中心安仁，天下一人。"这是何等境界！

我想起了元代张养浩的《山坡羊·潼关怀古》："峰峦如聚，波涛如怒，山河表里潼关路。望西都，意踌躇。伤心秦汉经行处，宫阙万间都做了土。兴，百姓苦；亡，百姓苦。"

要远离"残""杀"，要制止"残""杀"，要修成"善人"。要做到这些，底线是不做恶人。

13.12　子曰："如有王者，必世而后仁。"

"世"，一世三十年。三十年河东，三十年河西。

孔子说："善人为邦百年，仅可以胜残去杀，不过小康之国而已。若乃至治之世，仁恩渗漉，教化浃洽，举天下之大，如人一身，血气周流，无不贯彻，才叫做仁。今明主不作，民之不被其泽久矣。如有圣人受命而起，欲纳天下于同仁之域，恐亦未可遽期其效。必是积之以渐，仁心仁政，涵育熏陶，至于三十年之久。然后深仁厚泽，浃于肌肤，沦于骨髓，天下之人皆涵濡于德化之内，而相忘于熙皞之天也。夫岂一时可致者哉。"(《张居正讲评〈论语〉》)。

王道，不同于霸道。"春秋五霸"，充其量是用武力说话。"王者，往也,故为天下所归往者,即得王天下。"(《从公羊学论〈春秋〉的性质》)王者,不是靠武力制衡,而是靠仁德感召。

王道,是孔子政治学的核心思想。《史记·十二诸侯年表序》有云:"是以孔子明王道,干七十余君,莫能用,故西观周室,论史记旧闻,兴于鲁而次《春秋》,上记隐,下至哀之获麟,约其辞文,去其繁重,以制义法,王道备,人事浃。"所以,孔子也称"素王"。

"王者",以德服人。《说文解字》中曰:"王,天下所归往也。董仲舒曰:'古之造文者,三画而连其中谓之王。三者,天、地、人也;而参通之者,王也。'孔子曰:'一贯三为王。'"

毓老师说:"有王者,必三十年而使天下人反己复性,归仁。仁者爱人,仁者无不爱,大同,天下一家。"(《毓老师说论语》)

当今世界处在文明的时代。无论是国家、企业,还是个体,要少一些霸道思想,多一点王者风范。不要总以为"赢者通吃",要多行仁善之举。

13.13 子曰:"苟正其身矣,于从政乎何有?不能正其身,如正人何?"

孔子说:"假如端正了自己,治国理政有什么困难呢?连自身都不能端正,怎么端正别人呢?"

对于从政者,孔子的话可谓再直白不过了。朱熹的集注对此的解释又是空白。

"其身正,不令而行;其身不正,虽令不从。"这些语句,意思都是相同的。

"政者，正也。子帅以正，孰敢不正？"

"正"，是孔学中非常重要的概念。一部《大学》，格致诚正，修齐治平。

"君君、臣臣、父父、子子"，正位而行，名正言顺。

正人先正己，正己先正心。

《春秋》开篇："元年，春，王正月。"

董仲舒在《春秋繁露》中曰："故圣人能系心于微，而致之着也。是故《春秋》之道，以元之深，正天之端；以天之端，正王之政；以王之政，正诸侯之即位；以诸侯之即位，正境内之治。五者俱正，而化大行。"

但一"正"字，说到，容易做到吗？

13.14 冉子退朝。子曰："何晏也？"对曰："有政。"子曰："其事也。如有政，虽不吾以，吾其与闻之。"

弟子冉子退朝回来。孔子问："你为什么回来晚了？"冉子说："有政务。"孔子道："那只是事务罢了。若是有政务，虽然不用我了，我也会知道的。"

不要小瞧这么普通的一段话，这段话的背后隐藏着很深的含义。

孔子思想"一以贯之"！是事务，不是政务，孔子斩钉截铁地纠正冉子！

一是孔子心中永怀"春秋"大义，二是孔子教育弟子心诚意致。

朱熹注曰："冉有时为季氏宰。朝，季氏之私朝也。晏，晚也。政，国政。事，家事。以，用也。礼：大夫虽不治事，犹得与闻国政。是时季氏专鲁，其于国政，盖有不与同列议于公朝，而独与家臣谋于私室者。故夫子为不知者而言，此必季氏之家事也。若是国政，我尝为大夫，虽不见用，犹当与闻。今既不闻，则是非国政也。"（《四书章句集注》）

孔子曾任鲁国大夫，现在是退下来的"老干部"。

《左传·哀公十一年》中曾有记载，季氏就田赋的事征求孔子意见，并且说："子为国老，待子而行。"可见孔子"如有政，吾其与闻之"（《论语译注》）的话是有根据的。

家臣不是公务员！孔子"必也正名乎"。家"事"不是"政"务，孔子严格区别之。

13.15 定公问："一言而可以兴邦，有诸？"

孔子对曰："言不可以若是，其几也。人之言曰：'为君难，为臣不易。'如知为君之难也，不几乎一言而兴邦乎！"

曰："一言而丧邦，有诸？"

孔子对曰："言不可以若是。其几也人之言曰：'予无乐乎为君，唯其言而莫予违也。'如其善而莫之违也，不亦善乎？如不善而莫之违也，不几乎一言而丧邦乎？"

鲁国的国君定公问了孔子一个非常好的问题，一句话就可以使国家兴盛，有这样的话吗？一句话就能使国家灭亡，有这样的话吗？

"一言兴邦""一言丧邦"，已成为当今流行的成语。

这样的问题也只有伟大的孔子能回答，但孔子在鲁定公面前还是没把话说满。孔子说："言不可以若是，其几也。"一句话想达到这样的效果，是奢望，但是可达近似的效果。

"一言兴邦"，那一言是什么？"知为君之难"，深知做君主是很难的。

"一言丧邦"，那一言是什么？"予无乐乎为君，惟其言而予违也。"错知为君之乐，其乐是只有君主的话是没有人敢违抗的。

"为君难，为臣不易"，因有使命、有责任，所以知其难；因能换位思考、有同理心，所以知部下不容易。

"若无难为者，殊不知君之一身，上焉天命去留所系，下焉人心向背所关。一念不谨，即贻四海之忧；一日不谨，即贻数百年之患，为君岂不难乎？"（《张居正讲评〈论语〉》）

朱熹注曰："因此言而知为君之难，则必战战兢兢，临深履薄，而无一事之敢忽。"（《四书章句集注》）

"如其善而莫之违也，不亦善乎？如不善而莫之违也，不几乎一言而丧邦乎？"君主说的话不对，也没有人敢提出异议，这样的话，不就"一言丧邦"了吗？

君主一个人的意志，任何人不敢质疑、违抗。"善"言，可以；如非"善"言，怎么办？

两千五百年前孔圣人就提出这个问题了。

朱熹在《四书章句集注》中引用别人的两段话，把世事说得淋漓尽致，范氏曰："言不善而莫之违，则忠言不至于耳。君日骄而臣日谄，未有不丧邦者也。"谢氏曰："知为君之难，则必敬谨以持之。惟其言而莫予违，则谗谄面谀之人至矣。"

孔子之言，不知鲁定公是真的想听还是假装听不懂？

13.16 叶公问政。子曰："近者说，远者来。"

叶公是楚国大夫。"说"，悦也。孔子说："为政者应就近施政，使近地的人民能够安居乐业而心里充满快乐，那远处的百姓自然就会来归附。"

春秋时代和现代社会不同，那时地广人稀，生存环境相对恶劣。所以，能聚集百姓、发展生产，是当时最大的政治。人多力量大。

把身边的事做好了，把自己的事做好了，远处的人自然会闻风而动。在家敬父母，何必远烧香。

张居正解读："为政之道，在得民心。若能使民之近者被其泽而喜悦，远者闻其风而来归，则为政之道得矣。然人心至愚而神。苟非有实心实政足以感人，而欲以欢虞小术违道干誉，则四境之内且不能服，况其远者乎？"（《张居正讲评〈论语〉》）

诚意正心，修齐治平，儒家的思想一贯由近至远。从自己开始，以身边做起，一路扩张开来。反过来看，溃烂往往是先从自身发起的；出事，常常是先从身边人违法开始。

13.17 子夏为莒父宰，问政。子曰："无欲速，无见小利。欲速，则不达；见小利，则大事不成。"

毓老师说："《论语》每天看一二段，就有无穷的助力，良知显现，成就也就近了。"(《毓老师说论语》)而我们一生《论语》都不读一遍,这怎么能行?

在中国,《论语》真应该家家有、人人读,把《论语》用白话的方式解读出来,便成了我近期的心愿。

"莒父",鲁国的一小邑。

子张问政。子曰:"居之无倦,行之以忠。"

子夏问政,子曰:"无欲速,无见小利。"

孔子的回答,皆是对症下药。子张有子张的不足,子夏有子夏的缺点。

我们既不是子张,也不是子夏。但经典是一面镜子,我们揽镜自照,有则改之,无则加勉。

"欲速,则不达",这句名言我们常用,但不知出处。把"子曰"拿掉,变得干巴巴的。孔子,中华文化之集大成者。要学中华文化,不从孔子入手,能行吗?

春夏秋冬,早晚寒暑。自然都有其规律。"道法自然",人做事,要"顺其自然"。"欲事之速成,则急遽无序,而反不达。"(《四书章句集注》)

路,要一步一步走;饭,要一口一口吃。

"达"者,通达也。为何"姜还是老的辣"?

"见小利,则大事不成。"任正非若赚快钱,就不会有华为今天的大成。

成大事立大业,就要咬定青山不放松,这是孔子对弟子子夏的期许。循序渐进,"无欲速""无见小利",不近视,不分心,稳步前行。

朱熹注曰:"见小者之为利,则所就者小,而所失者大矣。"(《四书章句集注》)

毓老师说:"千古人物才能完成千古事业,凡欲速见小利者皆是一时人物。"(《子曰论语》)

真有"存养之心",便有渐变之象。政事,就是最大的人事,也是众人的公事。

政贵有恒!

13.18　叶公语孔子曰:"吾党有直躬者,其父攘羊,而子证之。"孔子曰:"吾党之直者异于是。父为子隐,子为父隐,直在其中矣。"

叶公之地和孔子之地的价值观不同。

"直躬",朱熹注曰:"直身而行者。"(《四书章句集注》)郑玄注曰:"有直人名弓者。"(《论语注疏》)"躬"作"弓"。我赞同郑玄的解读。

叶公告诉孔子:"我的家乡有个率直之人叫弓,他父亲偷了羊,他便去告发。"孔子说:"我家乡的率直者和你们的不同,父亲替儿子隐瞒,儿子替父亲隐瞒。直的道理就在这里面。"

同样提"直"的概念,理解却截然不同。

"人之生也直。"(《论语·雍也》)孔家之学,"孝""慈"第一。先合天道,后顺人性。

父母,生我者,孝敬他们不用条件;子女,我生者,照顾他们不图回报。

朱熹注曰:"父子相隐,天理人情之至也。故不求为直,而直在其中。"他引谢氏曰:"顺理为直。父不为子隐,子不为父隐,于理顺邪?

瞽瞍杀人，舜窃负而逃，遵海滨而处。当是时，爱亲之心胜，其于直不直，何暇计哉？"（《四书章句集注》）

中华文化，在情理、法理上，有自己的传统。《孟子·万章上》有云："大孝终身慕父母。五十而慕者，予于大舜见之矣。"

"直在其中"，而精细体悟之。"举直错诸枉，使枉者直。"但不是一直了之。公法，"天子犯法，与民同罪"。"直躬"，大违仁义，不合人性。

公法和私域的边界应该在哪里？值得我们深入探索。

13.19 樊迟问仁。子曰："居处恭，执事敬，与人忠，虽之夷狄，不可弃也。"

"恭""敬""忠"，是为人处世的三把钥匙。"虽之夷狄不可弃也"，就是到了野蛮之地，也要坚持，不要丢弃了。

"学好数理化，走遍天下都不怕"，真是这样吗？不要只会做书呆子。不会处事做人，终将一事无成。

"居处恭，执事敬，与人忠"，仁者的境界，做人的功夫。朱熹注曰："恭主容，敬主事。恭见于外，敬主乎中，之夷狄不可弃，勉其固守而勿失也。"（《四书章句集注》）

"居处恭"者，言日常起居不可放肆也。"执事敬"者，言办事不可懈怠轻忽也。"与人忠"者，言须以忠心待人也。（《新刊广解四书读本》）

时时严以律己，事事宽以待人。"恭"己、"敬"业、"忠"人。

"近者说,远者来。"

"言忠信,行笃敬,虽蛮貊之邦,行矣。言不忠信,行不笃敬,虽州里行乎哉?"(《论语·卫灵公》)

仁者,"恭""敬""忠",走遍天下,无所不能。不仁者,不恭不敬不忠,在哪里都寸步难行。

13.20 子贡问曰:"何如斯可谓之士矣?"子曰:"行己有耻,使于四方,不辱君命,可谓士矣。"

曰:"敢问其次?"曰:"宗族称孝焉,乡党称弟焉。"

曰:"敢问其次?"曰:"言必信,行必果,硁硁然小人哉!抑亦可以为次矣。"

曰:"今之从政者何如?"子曰:"噫!斗筲之人,何足算也!"

刚读完季羡林先生的口述史,才知季先生晚年特别想写一本书,是关于中国的"士"和"侠"的。他认为"士"和"侠"是中国特有的文化,文"士"武"侠",只有中国特有。可惜他的这一夙愿没有完成。

哈佛大学余英时教授曾写了一本《士与中华文化》。他说:"如果从孔子算起,中国'士'的传统至少已延续了两千五百年,而且流风余韵至今未绝。这是世界文化史上独一无二的现象。"

"怎么才可以叫士呢?"这是子贡问老师的一个重要的问题。子贡一连三问,"敢问其次",确有打破砂锅问到底的气势。最后还举例试问:"今之从政者何如?"现在的执政诸公算得上"士"吗?"噫!斗筲之人,何足算也?"要好好体会一下孔子的语气!

"斗筲之人","斗",古代的量名,一斗等于十升。"筲",古代盛饭的容器,一筲能容五升。那么,"斗筲之人",就是器识狭小的人了。

那么,何为"士"?

一、"行己有耻,使于四方,不辱君命。""知耻而后勇","不知羞耻"是骂人最狠之语。人存有羞耻之心,其一言一行才不会跑偏。"人不可以无耻。无耻之耻,无耻矣。"(《孟子·尽心上》)从国家的层面说,"使于四方,不辱君命"。出使国外,不负国家所托。苏武在贝加尔湖边牧羊,他是"不辱"使命之士的典型。

二、"宗族称孝焉,乡党称弟焉。"这是从家族、从乡里的角度说。"士"者,孝焉;"士"者,弟(悌)也。"入则孝,出则弟。""孝弟也者,其为仁之本与。"宗族称赞他孝顺父母,乡里称赞他恭敬尊长。

三、"言必信,行必果,硁硁然小人哉。抑亦可以为次矣。"这是从个人的角度。也是最低的一个等级了。士的最低要求,接近于小人。"小人",见识短浅的人。"言必行,行必果。""大人者,言不必信,行不必果,惟义所在。"(《孟子·离娄下》)

此处必有人有疑问。看张居正怎么说:"人之言行,本不可以意必。然与其失之放恣,宁可守之固执。若有焉,所言者,不择理之是非而必期于信;所行者,不问其事之可否而必期于果,是乃识量浅狭,硁硁然坚固拘小之人也。此其本末虽无足观,而亦不其为自守之固,抑亦可以为又一等之士矣。"(《张居正讲评〈论语〉》)

余英时教授认为,孔子是最先揭示"士志于道"的,便已规定了"士"是基本价值的维护者。

"士不可以不弘毅，任重而道远。仁以为己任，不亦重乎？死而后已，不亦远乎？"曾子这样说。

"先天下之忧而忧，后天下之乐而乐"，范仲淹这样说。

"士"者，丈夫也。不仅这样说，更要这样做。

13.21 子曰："不得中行而与之，必也狂狷乎！狂者进取，狷者有所不为也。"

北京大学的教授张中行先生，书法写得很好。他的"中行"之名大抵是出自此处。

孔子晚年曾言："归与，归与！吾党之小子狂简，斐然成章，不知所以裁之。"（《论语·公冶长》）"狂"者，需"裁之"。树长得好，需要裁剪。

孔子心中真正的儒者，是"中行"之士。"不得中行而与之"，"与"，是传授。不能得到中行之士而把圣人之道传承下去，这是孔子的无奈。孔子三千弟子，称得上中行之人，只有颜回。"有颜回者好学，不幸短命死矣，今也则亡。"（《论语·先进》）名师难遇，"中行"的好学生更难求。

"中"者，中庸也。在一个个具体的时空、具体的场景、具体的事情之中，都能做到恰到好处，即是中行。正中，不是指机械的平均，而是指炉火纯青的适宜。

《中庸》有云："喜怒哀乐之未发，谓之中；发而皆中节，谓之和。中也者，天下之大本也；和也者，天下之达道也。致中和，天地位焉，万物育焉。"

"中行"者，已达到"中和"境界。"得天下英才而教育之，不亦乐乎?"但真正的知音，往往很难寻觅。孔子感叹，道家一样，佛家也如此。

退而求其次，"必也狂狷乎"。

朱熹注曰："狂者，志极高而行不掩。狷者，知未及而守有余。"（《四书章句集注》）

蒋伯潜先生说："中行者，能依乎中庸之道而行，无过与不及者也。……狂者进取，时或过乎中庸；狷者有所不为，时或不及中庸。"（《新刊广解四书读本》）

过犹不及，过和不及都是一样的，不达"中行"。"狂者进取"，心急吃不了热豆腐。人和外部的环境容易造成冲突，不可持久；"狷者有所不为"是因为内在的动力没有加足。差几度，水也不能沸腾。

修"狂"填"狷"，得道"中行"，孔子之教也。

教育的本质是什么？好的教育是使个体的生命达到自然而然、生生不息的状态。

回想一下，自己是"狂者"，还是"狷者"？只要不断地修炼，发扬愚公移山的精神，虽达不到"中行"，但至少能走上"中道"。

13.22 子曰："南人有言曰：'人而无恒，不可以作巫医。'善夫！"

"不恒其德，或承之羞。"子曰："不占而已矣。"

如果要用一个字治人生，那么，这个字最好是"恒"字。人贵有恒！恒＝忄（心）＋亘，亘＝一＋日＋一。"恒"表示空间和时间上延续不断,"恒"者,亘心也。"万古犹如一日"(《贾谊新书序》),这是何等的气概!

我至今都记得我的小学老师在我语文作业上的批语:"三日打鱼,两日晒网,长此以往,能成何事?"老师的红笔字,让我无比地羞愧!

"不恒其德,或承之羞,贞吝。"(《周易·恒卦》)

"不恒其德,无所容也。"(《周易·恒卦》)

"九三。不能恒守德行的人,常常会受到羞辱,正固会有困难。《象传》说:不能恒守德行的人,无处可以容纳他。"(《傅佩荣译解易经》)。

我今晨静静地看《周易》的"恒卦",感触实在是太多了。"子曰:五十以学《易》,可以无大过矣。"(《论语·述而》)我五十了,恒心学《易》了吗?今年原计划每日读一爻,坚持了吗?我近来常有"加我数年"之愿,但连自己已有的时间都不好好使用,企盼上天惠顾,让我长寿几年,又有什么用?

"不知生,焉知死?"孔子之问!人活着"无恒",留着这把臭骨头有何用?

"南人有言曰:'人而无恒,不可以作巫医。'"南方人有句名言说:人假如没有恒心,是不可以做个巫医的。何为"巫",何为"医"?这个问题可以写一本书,但这不是我们今天要省悟的重点。

"人而无恒,不可以作巫医!""人而无恒"可以作什么?肯定什么也不能作。所以孔子说:"善夫!"说得太正确了。

"不恒其德,或承之羞。"这句话出自《周易·恒卦》。孔子点评:"不占而已矣。"

现代人学《周易》,许多是为了占卜、为了预测。孔子的这句话,对古代人来说也一样。真正明白了"不恒其德，或承之羞"，并能做到"知行合一"，你还会找人占卜吗？

"不占而已矣！"

世上本无事，庸人自扰之！

真懂《论语》，真懂《周易》，占卜不是多余的吗？有恒心、恒德就阿弥陀佛了！

让我们再读读"恒卦"，《周易·恒卦》有云："恒，久也。刚上而柔下。雷风相与，巽而动，刚柔皆应，恒。"恒亨，无咎，利贞，久于其道也。天地之道，恒久而不已也。利有攸往，终则有始也。日月得天而能久照，四时变化而能久成，圣人久于其道而天下化成。观其所恒，而天地万物之情可矣。

天道即人道。人贵有恒！

13.23 子曰："君子和而不同，小人同而不和。"

这里我好像意会了，但又很难言传。

"小人"，普通人；"君子"，普通人中的品德优秀者。

"和而不同"是因为有包容心、责任心，有理解力和行动力。"和"是认同普世价值观，坚守人类基本价值体系，但又不失自己特有的个性。

生物因为具有多样性，才构成一个有机、有序、持续的生态系统。

"和"，喜怒哀乐"发而皆中节，谓之和"。和合，和谐，和乐。和平，相对还低一层。

同流但不合污。

和合但不相同。

和谐而不失个体。

和乐而相互认同。

"同而不和",小人也。表面上认同,但实际上并不是真认同。桌面上不说,看似一团和气,其实暗流涌动。

"君子和而不同,小人同而不和。"慢慢地,体悟中……

13.24 子贡问曰:"乡人皆好之,何如?"子曰:"未可也。"

"乡人皆恶之,何如?"子曰:"未可也。不如乡人之善者好之,其不善者恶之。"

为什么人们都称赞的人,孔子说"未可也",还不行。

为什么人们都讨厌的人,孔子也说"未可也",还不行。

你的人生中,是否曾遇到很多这样的"好好先生",白道、黑道通吃,孟子把这种人归类到"乡愿"。孔子还提醒我们说:"众好之,必察焉;众恶之,必察焉。"(《论语·卫灵公》)

"唯仁者能好人,能恶人。"(《论语·里仁》)君子善恶分明,不藏不掩,所以一定是"善者好之,其不善者恶之",好人喜欢,恶人讨厌。

朱熹注曰:"一乡之人,宜有公论矣,然其间亦各以类自为好恶也。故善者好之而恶者不恶,则必其有苟合之行。恶者恶之而善者不好,则必其无可好之实。"(《四书章句集注》)

一个"伪"字,指活得不真实。圆滑世故,无原则、无立场。事事都举手赞同，人人都投其所好。

李泽厚说："孔子并不喜欢'好好先生'和'乡愿'，但'好好先生'总是生活中的优胜者、幸运儿、富贵人，或高官厚禄，或平稳一生；古今皆然，随处都是，亦可叹也。"（《论语今读》）

"方以类聚，物以群分""同声相应，同气相求"（《周易·系辞上》）。"乡人皆好之"或"乡人皆恶之"要么这个人是骑墙派，要么"乡人"有问题。

察人、用人，不可不深思也。张居正言："此可见观人之法，徒取其同，则群情或有所蔽；各稽其类，则实行自不能掩。欲辨官论才者，尤当以圣言为准可也。"（《张居正讲评〈论语〉》）

看什么人喜欢他，看什么人讨厌他，其实也知道这个人的大概了。

13.25 子曰："君子易事而难说也。说之不以道，不说也；及其使人也，器之。小人难事而易说也。说之虽不以道，说也；及其使人也，求备焉。"

君子和小人，是人格发展的两条路线。一念向善，就是君子；一念向恶，就是小人。一个人在位，在其下做事难还是易是衡量一个人是君子还是小人的标尺。

"君子易事而难说（悦）也。"在君子下面做事容易，但让他喜悦很难，为什么？一是君子悦之以道，不按正道做事，他不高兴，此是"难说"；二是"使人""器之"，他用人，根据你的才德去分配任务。你能做多大事，他是心里有数的，此为"易事"。

曾子曰:"夫子见人之一善而忘其百非,是夫子之易事也。"(《说苑·雅言》)

在小人下面做事,正好相反:"难事"而"易说(悦)"。为什么?一是"使人"求全责备,百般挑剔。付薪时老觉得自己给别人开的工资高,做事时,老觉得部下做得不够,此乃"难事"。二是"易说(悦)",讨他欢心很容易,打点小报告,用些低三下四的手段,都能满足他的小人之心,因其"说(悦)之""不以道"也,此乃"易说"。

孔子一言,说尽了君子和小人之别。

"器之,谓随其材器而使之也。君子之心公而恕,小人之心私而刻。天理人欲之间,每相反而已矣。"(《四书章句集注》)

毓老师的解说更有过人之处,我将原文抄录如下:"(君子)易于共事,因为有德;难以取悦,因不以其道悦之,不悦。可亲近而不可有所挟持,可杀而不可辱。使人时,应'因才器使',没有成见,使之胜任愉快。不要求全责备于一人。暴发户,难侍候,易喜悦。使人,则'求全责备'必要是万能博士。"(《毓老师说论语》)

圣贤书,就是一面镜子。每天起床照照,形成习惯了,对自己有好处。

不要老以"成功人士"自居,在孔子的眼里,我们可能还没有真正上道呢!

13.26 子曰:"君子泰而不骄,小人骄而不泰。"

"泰",安舒、安泰。"骄",恣肆,显己能。

孔子说:"君子安详舒泰,却不骄傲凌人;小人骄傲凌人,却不安详舒泰。"(《论语译注》)

万事,一时容易,长久很难!

"君子",是有品德之人。皇侃《论语义疏》有云:"君子坦荡荡,心貌怡平,是泰而不为骄慢也;小人性好轻凌,而心恒戚戚,是骄而不泰也。"

《论语·尧曰》有云:"君子无众寡,无小大,无敢(赶)慢,斯不亦泰而不骄乎?""小人矜已傲物,惟恐失尊,何其骄侈,而安得泰?"

自己的心能清醒地、时刻地观察到自己的存在,泰然处之;无分别,无贵贱,无难易,无高低,泰然处之。"君子循理,故安舒而不矜肆。小人逞欲,故反是。"(《四书章句集注》)朱熹的这个注解说得通透。

"骄",不实在,放大了本来的自己。

"骄",无着落,悬空了本来的自己。

"泰",乃"忘物自得";"骄",乃"傲物自侈"。

戒骄戒躁! 这是人人要持守的戒律。

13.27 子曰:"刚、毅、木、讷,近仁。"

今晨我抽空阅读马克思的有关著作,突然觉得马克思与孔子有许多相似性,马克思早年也在欧洲各国流亡,不是被诸国驱逐,就是自己无法生存,至晚年著书,成就其伟大人生,其批判性和革命精神和孔子一样。

"孔子与马克思",这是一个很好的话题吧。

子曰:"刚、毅、木、讷,近仁。"刚+毅+木+讷=近仁(接近仁了)。

"刚",言志,永不屈挠;"毅",言行,果敢而有毅力;"木",言本质,质朴;"讷",言语,多做精说。孔子从本质、意志、行、言四方面勾勒"仁"的境界。

"讷",容易产生歧义。《新华字典》的解释是"讷,会意,从言,从内。表示有话在肚子里,难以说出来。本义,语言迟钝"。这样去理解孔子的"讷",显然是离其义万里。钱穆先生解其为"纯于言",我干脆解其为多做精说。

"君子欲讷于言而敏于行。"(《论语·里仁》)毛泽东给孩子起名,"李敏""李讷",可见其精读《论语》。可不要以为"茶壶里煮饺子"的人也"讷"。"讷"者,非不知,是不该言时不言。老子说"多言必败"。"人无言,便是德"(《毓老师说论语》),他接着说:"选对象,应重视对方的德,而不是重其貌,要'贤贤易色',因为关系自己一辈子的幸福,要自求多福,皆自求,自得。"

木讷之人,非同小可。朱熹引杨氏曰:"刚毅则不屈于物欲,木讷则不至于外驰,故近仁。"(《四书章句集注》)

康有为在《论语注》中说:"刚者无欲,毅者果敢,木者朴行,讷者谨言。四者皆能力行,与巧言令色相反者,故近仁。盖圣人爱质重之人,而恶浮华佻伪如此,盖华者不实也。《汉书》称周勃木强敦厚、尹齐本强少文。惟厚重质朴者,乃可任道。"

近仁之道:刚、毅、木、讷。曾子曰:"士不可以不弘毅,任重而道远。"

吾等人生几何?

冬去春来,冬去一定春来。

春夏秋冬,刚毅木讷。

13.28　子路问曰:"何如斯可谓之士矣?"子曰:"切切偲偲,怡怡如也,可谓士矣。朋友切切偲偲,兄弟怡怡。"

今天的《论语》不好讲,"切切偲偲""怡怡",在孔子时代,这些方言究竟是什么意思?我们只能推测。

子路想成为一个"士",他问:"怎样做才能称得上士呢?"

"朋友切切偲偲",要切磋琢磨,互相攻错,勉励向上。

"兄弟怡怡",和乐相处,稍微马虎点,没有过不来的。哪有真是非?一奶同胞,也是有缘。(《毓老师说论语》)

13.29　子曰:"善人教民七年,亦可以即戎矣。"

孔子是全民教育的倡导者,也是全民教育的先行者。在孔子的时代,教育常常是贵族们的事情,而孔子之后,民间教育有了很大的发展。

"即",就也。"戎",兵也,打仗。

孔子说:"善人把百姓教导了七年之久,也可以叫他们去打仗了。"

上战场,必经过严格的军事训练。"古时寓兵于农,有事之时为兵,

无事之时为农，务农之法，自亦不可不教也。"(《新刊广解四书读本》)

为何是"七年"？《论语义疏》有云："夫教民三年一考，九岁三考，三考黜陟幽明，待具成者，九年则正可也。今云七年者，是两考已竟，新入三考之初者也。若有可急，不假待九年，则七年考亦可。亦可者，未全好之名。"

"亦可以"，将就也，未尽之意。

也有学者认为，七非定数。"今之欲王者，犹七年之病求三年之艾也。"(《孟子·离娄上》)

孙子曰："兵者，国之大事，死生之地，存亡之道，不可不察也。"(《孙子兵法》)善者，慎战！"不战而屈人之兵"，为保全。"教民七年"，知战才可参战。百姓的生命至上，不可轻易让他们去当炮灰，尊生才能惜战！

13.30 子曰："以不教民战，是谓弃之。"

孔子说："用未经教育训练的人民去作战，这等于抛弃了他们。"

春秋无义战。诸侯争霸，常常生灵涂炭。

此篇和上篇，都在讲兵事。兵家之事，慎之又慎。要尊重一切生命。"不教民而用之，谓之殃民。殃民者，不容于尧舜之世。"(《孟子·告子下》)

"言用不教之民以战，必有败亡之祸，是弃其民也。"(《四书章句集注》)"存不忘亡，安不忘危""生于忧患，死于安乐"。养兵千日，用兵一时。此"养"，便是指日常训练！

皇侃注:"民命可贵,故孔子慎战。所以教至七年,犹曰'亦可'。若不经教战而使之战,是谓弃掷民也。"(《论语义疏》)

古往今来,有多少战争,究竟是为谁而战?最后又争到什么?

宪问第十四

> 14.1 宪问耻。子曰:"邦有道,谷;邦无道,谷,耻也。"
> "克、伐、怨、欲不行焉,可以为仁矣?"子曰:"可以为难矣,仁则吾不知也。"

圣人,高于常人。即便你做到最好了,他还是可以指点你更上一层楼,继续提升,走到一个更高的境界。

宪之问就是这样的人。普通人很难做到圣人境界,但你如能欣赏,也会有很好的体会。

"宪",原宪,字子思,孔子的弟子。他"清廉纯洁,严守节操,虽贫穷但以追求道为乐"。

"孔子逝世以后,原宪就跑到低洼积水、野草丛生的地方隐居起来,茅屋瓦牖,粗茶淡饭,生活极为清苦。子贡做了卫国宰相,出门车马接连不断,排开野草,来偏远简陋小屋探望原宪。因陋巷狭窄高车无法通过,只好下车步行。原宪整理好破旧衣帽,会见子贡。子贡见他这个样子,说:'太过分了,你怎么病成这样?'原宪回答说:'我听说无财,称之为贫;学道不能行,称之为病。我只是贫,而非病啊。'子贡很惭愧。"(《孔子纪行》)

我们今天看到的这一篇,是孔子和原宪的对话。这是历史的场景,看什么人说什么话。

"谷",俸禄,古时做官发的薪水。

原宪问什么是可耻的。孔子说:"国家有道,就应该出仕行道,有所作为;国家无道,还赖着不辞官独善其身,耻也。"

朱熹注曰:"邦有道不能有为,邦无道不能独善,而但知食禄,皆可耻也。宪之狷介,其于邦无道谷之可耻,固知之矣;至于邦有道谷之可耻,则未必知也。故夫子因其问而并言之,以广其志,使知所以自勉,而进于有为也。"(《四书章句集注》)

"笃信好学,守死善道。危邦不入,乱邦不居,天下有道则见,无道则隐,邦有道,贫且贱焉,耻也。邦无道,富且贵焉,耻也。"(《论语·泰伯》)

可见,孔子舍藏之道,一以贯之。

"邦有道",大有可为。毓老师说:"人活着容易,有成就可不容易。邦无道,要不助人为恶。一个人没法改造别人,但是能改造自己。"(《毓老师说论语》)

"克、伐、怨、欲不行焉,可以为仁矣?"子曰:"可以为难矣,仁则吾不知也。"

这是原宪的第二问。第一问耻,第二问仁。

"克""好胜","唯恐人居己之上"。

"伐""自矜","令人知己之善"。

"怨""忿恨","恨人不足己求"。

"欲""贪欲","满足己之所嗜"。

原宪问:"克、伐、怨、欲四者不行,这就是为仁了吧?"

许仁图说:"好胜、自夸、忿恨、贪欲,四者都是人性所易溺陷的恶德。'不行焉',一个人的修为若能让四者不加诸其身,这就是行仁、为仁,原宪可能以此自勉,并认为四者不行,可以为仁者。"(《子曰论语》)

这和佛教中的贪、嗔、痴是不是有共同之处?

孔子回答："（能做到这样）难能可贵了。至于能否算得上是仁者，我也不知道了。"由此可见，孔子不轻易许人以仁。"仁"，在孔子心目中是极高的境界。

朱熹注曰："此亦原宪以其所能而问也。……有是四者而能制之，使不得行，可谓难矣。仁则天理浑然，自无四者之累，不行不足以言之也。"（《四书章句集注》）

早春之际，小溪边一棵小草、枯枝，去冬陈迹；新绿，今春生气。

"克、伐、怨、欲不行焉"也只是把去冬的陈迹全部消灭干净，但今春就必然发绿吗？"吾不知也。"

今日修佛之人，多追求"空"，但"空"中又有何实有？心如死灰，是其一面。死灰下埋有星火，才有燎原的可能。

李泽厚引用《反身录》的一则故事注释："昔罗近溪先生见颜山农，自述遘危病，生死得失能不动心。颜不许，曰：'是制欲，非体仁也。'先生曰：'非制欲，安能体仁？'颜曰：'子不观孟子之论四端乎？知皆扩而充之，如火之始燃、泉之始达，如此体仁，何等直截！'"

朱熹讲"浑然"一体，灭灭生生，达到炉火纯青。"不行"中有"行"。如池塘中盛开的荷花，昨日败落的荷叶，已化作春泥，滋养着今日花朵的美丽。

天理就是自然，自然就是一体。

程子曰："克去己私以复乎礼，则私欲不留，而天理之本然者得矣。若但制而不行，则是未有拔去病根之意，而容其潜藏隐伏于胸中也。岂克己求仁之谓哉？学者察于二者之间，则其所以求仁之功，益亲切而无渗漏矣。"（《四书章句集注》）

钱穆说："四者贼心，遏抑不发，非能根绝，是犹贼藏在家，虽不发作，家终不安，故孔子谓之难。其心仁则温、和、慈、良。其心不仁，乃有克、伐、怨、欲。学者若能以仁存心，如火始燃，如泉始达，仁德日显，自可不待遏制而四者绝。颜渊从事于非礼勿视、听、言、动，乃以礼为存主，非求克、伐、怨、欲不行之比，故孔子不许其仁。"（《论语新解》）

永无止境，正是仁者之行，即使是孔子，还要"加吾数年"，继续前行，况原宪"不行"，就此打住，孔子怎敢称其"可以为仁矣"！

14.2 子曰："士而怀居，不足以为士矣！"

昨天我到北大口腔医院做牙科手术。我躺在手术床上，护士用一块布盖住了我的头，只露个嘴巴。

打了麻药后，和大夫和两个护士开始手术。大约做了一个小时，我脑袋里想到了这句"士而怀居"，我这躯体是不是一个"居"？

"怀"，是思念，怀念。《左传》中有"怀安败名"。"怀"，在心中，在念中，在留恋处，在贪图中……

"居""意谓所便安处"。蒋伯潜言："凡宫室之安，口体之奉皆安也。"（《新刊广解四书读本》）

张居正解读："士志于道，则居无求安，为其所志者大，不暇为燕安计也。苟于意所便安处，即恋恋不能舍，或怀于宫室器用之美，或怀于声色货利之私。则心为形役，而志以物损，处富贵则必淫，处贫贱则必移，其卑陋甚矣，恶足以为士乎？"（《张居正讲评〈论语〉》）

"不足以为士"，"既名为士，则顾名思义，当有无穷责任，无穷事业，怎么可以贪恋安逸呢"(《新刊广解四书读本》)？

走过了，就不要回头。"黄河之水天上来，奔流到海不复回。"

佛说的更直白："过去诸法不应追念。未来诸法亦不希求。现在诸法勿生染着。如是行者名真解脱。"(《佛说善夜经》)

佛说的"行者"和孔子所言的"士"是不同的。但在君子怀德和洒脱前行上，有很多相似之处。

孔子说："知识分子留恋安逸的生活，那也就不配是知识分子了。"

先生说："一个士，若系恋于他家室乡里之安，那就够不上一士了。"

看来各人有各人的"士"的标准，各人有各人所"安"！

吾"不安"什么? 我又"安"于何处？

14.3 子曰："邦有道，危言危行；邦无道，危行言孙。"

"危"，正也。"孙"，逊也。卑顺，谦逊。

孔子说："邦国政治清明，便正直地言语，正直地行为；邦国政治昏暗，便正直地行为，谨慎谦逊地言语。"

一个单位，一个公司，也像一个"邦"。

孔子之言，更像学堂里授课时的内部讲话，他循循善诱，教其弟子如何守节、如何守身。不要在春秋乱世，尽当了炮灰。留得青山在，不怕没柴烧。

张居正，明朝太子的国师，当朝的宰相。看他解读的这段，很有意思。我摘录在这里，孔子说："君子处世，其言行固当一出于正，不可少贬以徇人,然也看时势何如。如君明臣良,公道大行,此邦家有道之时也。则当高峻其言,明是非,辨邪正,而侃然正论之不屈,高峻其行,慎取与,洁去就,而挺然劲气之不回。盖道与时合,无所顾忌,故言行俱高而无害也。若夫君骄臣谄,公道不明,此邦家无道之时也,当此之时,真行固当仍旧高峻,不可少屈以失己之常,言则不妨于卑顺,不可太直以取人之祸。盖道与时违,不得不为此委曲以避害耳。"此可见行无时而不危,君子守身之节也;言有时而可孙,君子保身之智也,然有国者而使人孙言以苟容,岂国之福也哉!(《张居正讲评〈论语〉》)

曾国藩云:"危行言孙,蠖屈存身。"(《曾国藩文集》)这是曾文正的做人处世哲学。他"明哲保身"的"哲",就是这个。

从历史的角度反过来看,张居正所处的时代,确实比曾国藩所处的时代要好得多。

朱熹注曰:"危,高峻也。孙,卑顺也。"他引尹氏曰:"君子之持身不可变也,至于言则有时而不敢尽,以避祸也。然则为国者使士言孙,岂不殆哉?"(《四书章句集注》)

生命在于生生不息。孔子说:"爱其死以有待也,养其身以有为也。"(《礼记·儒行》)

生死有命(使命),守道顺时也!

14.4 子曰:"有德者必有言,有言者不必有德。仁者必有勇,勇者不必有仁。"

孔子说:"一个有德的人,必然能有好的言论。但一个能有好言论的人,未必就是有德。一个仁者必然有勇，但一个有勇之人，未必就是仁人。"

一、为什么有德者必有言？朱熹注曰："有德者，和顺积中，英华发外。"（《四书章句集注》）"必有言"，自然流露心中的感悟、人生的经验。有德者，真诚地希望一个人、一个组织、一个社会变得更好。

二、为什么有言者不必有德？"能言者，或便佞口给而已。"（《四书章句集注》）"能言"，或是一种技能，或是一种工具。"甘辞利口，似是而非者，佞巧之言也；敷陈成败，合纵连横者，说客之言也；凌夸之谈，多方论者，辨士之言也。"（《论语义疏》）这些言者定是有德者吗？未必。

三、为什么仁者必有勇？朱熹注曰："仁者，心无私累，见义必为。"（《四书章句集注》）孔子曰："志士仁人，无求生以害仁，有杀身以成仁。"

四、为什么有勇者不必有仁？"勇者，或血气之强而已。"（《四书章句集注》）"水行不避蛟龙者，渔夫之勇也；陆行不避兕虎者，猎夫之勇也；锋刃交于前，视死若生者，烈士之勇也；知穷之有命，知通之有时，临大难而不惧者，仁者之勇也。"（《论语义疏》）匹夫之勇，或是出自一时的逞强好胜，未必是爱人利人之举。"血气用事"，并不是孔子所赞赏的。

"有德者必有言……仁者必有勇。"反之则不然，不要轻易地画等号。那么，人为何而勇才是真勇？为何而言才是真言？

多学仁者之勇，多听德者之言。

立德、立功、立言，乃人生三不朽，也是历代知识分子梦寐以求的境界。张载言："为天地立心，为生民立命，为往圣继绝学，为万世开太平。"（《横渠语录》）

心怀大德，言语，如口吐莲花；身是仁者，智勇，常见义自然！

14.5 南宫适问于孔子曰："羿善射,奡荡舟,俱不得其死然。禹、稷躬稼而有天下。"夫子不答。

南宫适出。子曰："君子哉若人！尚德哉若人！"

先要介绍几个人物。

南宫适,孔子的学生,名适,字子容,鲁国人。

羿,夏代有穷国部落的首领,擅长射箭。他曾拒太康而夺夏朝政权,却被其臣寒浞所杀。

奡,夏朝大力士,能陆地行舟,为夏后少康所杀。

禹,夏后氏部落领袖,奉舜之命治理洪水。舜传位于禹。

稷,后稷,周族的始祖。善于种植,尧、舜时代曾做农官,教民耕种。

南宫适问孔子："后羿善于射箭,奡能陆地行舟,都没能善终。大禹和后稷亲自参与农事,最后都得到了天下。"孔子没有回答,等南宫适退出后,孔子说:"这个人真是君子啊！这个人崇尚道德啊！"

孔子为什么要给南宫适竖两个大拇指,而且要封上"君子"之名呢？

南宫适问到了一个很重要的问题,这个问题也是孔子一生想解决的,究竟应该是采用霸道还是王道？

霸道者,以武力征服。如羿、奡,结果是"俱不得其死然"。

王道者,以躬稼共容,最终是"有天下"。

孔子的政治思想,传到孟子一代,在王道思想上更加突出,"以德行政者王","禹、稷当平世,三过其门而不入"(《孟子·离娄下》)。

看看"春秋五霸",哪一个不是靠武力征服？南宫适之言,在当时的背景下，难道不是有德之言吗？

霸道之心，天下百姓为我所有；王道之念，我为天下百姓服务！

"孔子不答"，为何？

朱熹注曰："适之意盖以羿奡比当世之有权力者，而以禹稷比孔子也。"（《四书章句集注》）《论语注疏》有云："'适意欲以禹稷比孔子'者，言孔子勤行道德，亦当王有天下也。孔子持谦，不敢以己比于禹、稷，故不答其言也。"

马融云："禹尽力于沟洫，稷播殖百谷，故曰躬稼也。禹及其身，稷及后世，皆王也。适意欲以禹、稷比孔子，孔子谦，故不答也。"（《论语义疏》）

孔子死后，被封为"素王"。

"《康注》：盖德与力，自古分疆，而有力者终不如有德。嬴政、亚力山大、成吉思汗、拿破仑之闻，必不如孔子及佛与耶稣也，此为万古德力之判案也。"（《论语今读》）

张居正解读："羿善于射，奡能陆地行舟。以力言之，天下无有能过之者矣。然一则为其臣寒浞所杀，一则为夏后少康所诛，皆不得正命而死。禹平水土，稷播百谷，身亲稼穑之事，以势言之，亦甚微矣。然禹则亲受舜禅而有天下。稷之后，至周武王亦有天下。夫以强，则羿奡之亡也如彼；以弱，则禹稷之兴也如此。其得失之故，果安在哉。"（《张居正讲评〈论语〉》）

观当今世界，是该施霸道，还是行王道？《论语》的这一篇应该会给我们很多启发。

君子尚德也！大国不炫武！"关键是把自己的事做好。"

"君子哉若人，尚德哉若人！"

14.6 子曰:"君子而不仁者有矣夫,未有小人而仁者也。"

孔子说:"君子有时会有不仁的行为,但小人是不会做有仁德的事情的。"

孔子常用这样的句法,表达他的期许和遗憾。

子曰:"圣人,吾不得而见之矣,得见君子者,斯可矣。"(《论语·述而》)

退而求其次。被孔子称过君子的人很少,子贱、南宫适、蘧伯玉,"君子哉"。

君子是求仁之士,君子是尚德之士。因其没达到圣人境界,求仁之中,或有间断;尚德之行,偶有任性。"君子而不仁",在所难免。"过,则勿惮改。"(《论语·学而》)

不经历风雨,怎能见到彩虹?人生,常有正反。修行,才能使之饱满。

但反过来呢?孔子说得很坚定,"未有小人而仁者也"。

为什么?子曰:"善不积不足以成名,恶不积不足以灭身。小人以小善为无益而弗为也,以小恶为无伤而弗去也,故恶积而不可掩,罪大而不可解。"(《周易·系辞下》)

三国时刘备写给儿子刘禅的遗诏,核心思想是奉劝儿子要做贤德的君子,而不要做"小善不为、小恶弗去"的小人。我们再一起重温一下:"朕初疾但下痢耳,后转杂他病,殆不自济。人五十不称夭,年已六十有余,何所复恨,不复自伤,但以卿兄弟为念。射君到,说丞相叹卿智量,甚大增修,过于所望,审能如此,吾复何忧!勉之,勉之!

勿以恶小而为之，勿以善小而不为。"刘备还特别为儿子指明了学习之道："惟贤惟德，能服于人。汝父德薄，勿效之。可读《汉书》《礼记》，间暇历观诸子及六韬，商君书，益人益智。闻丞相为写《申》《韩》《管子》《六韬》，一通已毕，未送，道亡，可自更求闻达。"(《三国志·蜀书》)

蒋伯潜先生说："仁是做人的完全美德。虽然是君子，未免有时候违仁，故曰'君子而不仁者有矣夫！'小人则存心利己，总不会爱人利人，故曰：'未有小人而仁者也'。"(《新刊广解四书读本》)

王弼另辟蹊径，他说："谓假君子以甚小人之辞，君子无不仁也。"(《论语义疏》)

君子有为，"勿以善小而不为"；君子无为，"勿以恶小而为之"。

14.7 子曰："爱之，能勿劳乎？忠焉，能勿诲乎？"

这篇像是孔子的自言自语，像是他的个人表白。

"爱"，爱人，对外；"忠"，忠诚，对内。

孔子说："真爱他，能不教他勤劳吗？忠职，能不诲人不倦吗？"

孔子在这一点上，和"海淀妈妈"相似。"海淀妈妈"给自己的孩子报了许多班，把孩子累得要命，"爱之，能勿劳乎"？

何为"劳"？

《孟子·告子下》有云："舜发于畎亩之中，傅说举于版筑之间，胶鬲举于鱼盐之中，管夷吾举于士，孙叔敖举于海，百里奚举于市。故天将降大任于是人也，必先苦其心志，劳其筋骨，饿其体肤，空乏其身，行拂乱其所为，所以动心忍性，曾益其所不能。"

《国语·鲁语下》有云："夫民劳则思，思则善心生；逸则淫，淫则忘善，忘善则恶心生。"

"爱之，能勿劳乎？"今天独生子女的爸妈们，真要听听孔子的这个提醒。"许多父母宠小孩，使小孩什么都不会。人莫知己子之恶，溺爱不明，则日后改掉毛病甚难。"

毓老师说："无论在什么环境下，不可忽略'勤'字，勤能补拙，一勤天下无难事。"（《毓老师说论语》）

反之，一个勤劳之人，人人皆爱之。勤劳，人之本（钱）也，一劳则真正永逸。

马克思说："劳动创造了人。""劳动最光荣。"马克思说的和两千五百多年前的孔子说的是一个道理。

"忠焉，能勿诲乎？"忠＝中＋心。忠是个人心中的事，现代的"乡愿"们老想表现于外。阿谀奉承，不知所云。

孔子是得道行德之人，他能不"教诲"他人吗？正是因为"忠焉，能勿诲乎"，今天人们还要精读《论语》。《论语》，句句都是教诲之语。无论是对君王，还是对弟子，孔子直述其核心，从不遮遮掩掩。一"诲"以尽忠心。忠于天道，忠于本心。

朱熹引苏氏曰："爱而勿劳，禽犊之爱也；忠而勿诲，妇寺之忠也。爱而知劳之，则其为爱之也深矣；忠而知诲之，则其为忠也大矣。"（《四书章句集注》）

"诲"，规谏之言。对内自省，对友诲之。

"爱之，能勿劳乎？忠焉，能勿诲乎？"这句话也是我们理解孔子的钥匙。因爱道，孔子一生上下求索，至死未息；因爱人，孔子循循善导，有教无类，诲人不倦。因"仁者"，真"爱人"也！

14.8 子曰："为命，裨谌草创之，世叔讨论之，行人子羽修饰之，东里子产润色之。"

只要了解了历史背景，《论语》的这一篇非常好懂。

郑国是一个小国，处于晋楚大国之间。但此小国能"内抚百姓，外和诸侯，使国家安宁，而强大莫之敢侵"。

为什么？因其"选贤用能"，使其人才各施其长，合作协同。

孔子举了郑国"为命"之例。

"为命"，"命"，辞令也。制定外交公文。

裨谌、世叔、子羽、子产，这四人都是郑国的大夫。

"行人"，是奉使的官。

"东里"，是子产所居之地。

"草创""讨论""修饰""润色"，由四位贤才协作完成。

明代宰相张居正，深有感触地说："词命一事，而其他可知矣。众贤毕集而各效其长，郑之能国也宜哉。然四子之贤，亦自有不可及者。观其同心共济，略无猜嫌，此不以为矜所长，彼不以为形所短，仿佛虞廷师师相让之风，非同有体国之诚意，忘己之公心者，其能若是乎？真可为人臣事君之法矣。"（《张居正讲评〈论语〉》）

在《左传》中，也有同样的记载："子产之从政也，择能而使之。冯简子能断大事，子大叔美秀而文，公孙挥能知四国之为，而辨于其大夫之族姓、班位、贵贱、能否，而又善于辞令。裨谌能谋，谋于野则获，谋于邑则否。郑国将有诸侯之事，子产乃问四国之为于子羽，且使多为辞令，与裨谌乘以适野，使谋可否，而告冯简子使断之。事成，乃授子大叔使行之，以应对宾客，是以鲜有败事。"

一个"鲜有败事"的郑国案例，值得我们现代企业学习。为什么郑国的贤才有"体国之诚意，忘己之公心"，而在我们当下的工作中，常常相互拆台、心不在一处？这可能是孔子留给我们要不断思考的一个问题。

选人用人，永远是一个时代的晴雨表；选人用人，也是一个企业成败的关键。

我合上《论语》，闭上眼睛。脑海里浮出《礼记》中记录的孔圣人参加蜡宾之祭的感叹："大道之行也，与三代之英，丘未之逮也，而有志焉。大道之行也，天下为公。选贤与能，讲信修睦……"

再看看漆黑的窗外，这位"有志"的夫子是否正在看着我的笔耕？否则，我的内心哪来的那么多的感动？

14.9　或问子产。子曰："惠人也。"

问子西。曰："彼哉！彼哉！"

问管仲。曰："人也。夺伯氏骈邑三百，饭疏食，没齿无怨言。"

此篇是孔子对春秋时三位大夫的评价。

有人问孔子，子产这个人怎么样？孔子说："是个宽厚慈惠之人。"

《论语·公冶》有云："子谓子产，'有君子之道四焉：其行己也恭，其事上也敬，其养民也惠，其使民也义。'"

那么子西呢？孔子说："彼哉！彼哉！"

听话中之音，孔子好像还摆了摆手，意思是看不上，有点不入流吧。

又问到管仲。孔子说："他是个人才。（齐大夫伯氏有罪）被剥夺了骈邑三百户的采地，（这个齐大夫）伯氏返贫吃粗饭粗菜，但终生没有怨言。"为啥？管仲处理事情经得起时间的考验。

孔子称赞子产，是因为德；孔子肯定管仲，是因为才。

朱熹注曰："管仲之德，不胜其才。子乎之才，不胜其德。然于圣人之学，则概乎其未有闻也。"（《四书章句集注》）

"彼哉！彼哉！"子西既无才又无德。

康有为的《论语注》有言："孔子极重事功，累称管仲，极词赞叹。……宋儒不知，而轻鄙功利，致人才恭尔，中国不振。"康注，一家之言也。

《左传》记载："子产卒，仲尼闻之出涕，曰：'古之遗爱也。'"孔子真性情，闻子产亡，流下眼泪，圣人惜英才。

"没齿无怨言"，是因为管仲的才大，还是伯氏的忍深？

14.10 子曰："贫而无怨，难；富而无骄，易。"

"富而无骄"，富贵却不骄傲。"易"吗？容易做到吗？其实很不容易。

那么，为什么孔子说"易"呢？这"易"他是相对于前一句而言的。比起"贫而无怨"，"富而无骄""易"！

孔子说:"贫穷却没有怨恨,很难。"细细琢磨,现实是不是这样的?

皇侃言:"贫交困于饥寒,所以有怨,若能无怨者,则为难矣。江熙云:'颜渊无怨,不可及也。'"(《论语义疏》)

颜渊,"一箪食,一瓢饮,在陋室,人不堪其忧,回也不改其乐。贤哉,回也"!颜回为何"贫而无怨"?

有一天,孔子对颜回说:"颜回,你过来。你家庭贫困,为何不去做官呢?"

颜回回答:"我在城外有五十亩地,足以供给稠粥;在城内有十亩土地,足以穿丝麻;弹琴足以自娱,学先生之道足以快乐,所以不想做官。"

孔子说:"好啊!"我听说:"知足者,不以利禄自累;审视自得者,损失而不忧惧,内心修善者,无官位而不惭愧。"我诵读这些话已经很久了,现在才在颜回身上看到,这是我的心得啊!(《孔纪行》)

颜回心中有"志",所以不为身外之物所累。因其"乐在其中",何有所怨?

子曰:"士志于道,而耻恶衣恶食者,未足与议也。"(《论语·里仁》)

十五年前,我在中央电视台做《大家》栏目的制片人,我们采访了医学大家裘法祖先生,他的一句话我至今记忆犹新。他说:"做人,要知足;做事,要不知足;做学问,要知不足。"

知裘氏三"足",人生还有何骄,又有何怨?

知之、行之,富有何骄?贫有何怨?

皇侃言:"富贵丰足,无所应怨,然应无骄则为易也。江熙云:'若子贡不骄,犹可能也。'"(《论语义疏》)

子贡是孔子弟子中的首富。他做了卫国宰相后,高车大马,去看他的师兄弟原宪。他看到原宪如此贫困,不忍入室,便说:"你怎么病成这个样子？"原宪回答说："我听说无财，称之为贫；学道而不能行，称之为病。我只是贫，而非病也。"

原宪贫而无怨，子贡富而有骄。江熙叹息之。

前一篇讲"饭疏食，没齿无怨言"，伯氏真的很牛！

贫不怨天，困不尤人，君子当乾乾励志；富不骄气，贵不傲己，当知一切是过眼烟云！

生命，当是一种真实存在。

何为真贫？富可敌国了，老觉得还少几个城池。欲，就是黑洞。贪婪，使人心永贫。

何为真富？身无分文了，常思念自己还有真命。志，就是黄金，行道，使乾行永续。

子曰："贫而无怨，难；富而无骄，易。"

由贫转入富，无骄，难！由富转入贫，无怨，更难！齐大夫伯氏，被夺"骈邑三百，饭疏食，没齿，无怨言"。当细细体悟。

不到一定年龄，还真难读懂《论语》。《论语》，结论之语。

不经历人生波折，你无法走近孔子，孔子，万世师表；心无其志，身似浮萍，你也很难领悟圣人之心。

圣人，以大下为己任！

14.11　子曰："孟公绰为赵魏老则优，不可以为滕、薛大夫。"

孟公绰乃鲁国大夫。

"赵魏",晋国两个大夫的姓,到了战国时代,韩、赵、魏三家分晋。

"老",古代大夫的家臣称老,朱熹注曰:"家臣之长。"(《四书章句集注》)

"滕、薛",当时的小国,在鲁国附近。

孔子说:"孟公绰这个人,若是叫他做晋国赵氏、魏氏的家臣,应该是最佳人选了,但是他却不适合做滕、薛这样小国的大夫。"

家再大,其臣也是一家私臣;国再小,大夫也是一国官员。

"家臣,乃重命行事;大夫,得为国执言。孟公绰只能处理家事,不能对外。大夫必有担当,不论国之大小。"(《毓老师说论语》)

家不是国,国不是家。再大的家也不是国,再小的国也不是家。

以国为家者,国必亡;以家为国者,家必破。

"修身,齐家,治国,平天下",家和国是截然不同的两个概念。古代中国几千年,就是以"家天下"治国,汉代是刘家的天下,唐朝是李家的王朝,宋代又换成了赵家。

朝代的更替轮换,你家唱罢我上登场,各领风骚数百年。孔子本身其实并不认同这种"家天下"的政治理念,子曰:"大道之行也,天下为公。"

钱穆注曰:"盖公绰是一廉静之人,为大国上卿之家臣,望尊而职不杂。小国政烦,人各有能有不能,故贵因材善用。"(《论语新解》)

朱熹注曰:"大家势重,而无诸侯之事;家老望尊,而无官守之责。"他引杨氏曰:"知之弗豫,枉其才而用之,则为弃人矣。此君子所以患不知人也。言此,则孔子之用人可知矣。"(《四书章句集注》)

历代注家皆说此篇是孔子言"知人、用人"之道的,吾辈不敢苟同。

孔子此言,国不是家,大夫不是家臣。

14.12 子路问成人。子曰:"若臧武仲之知,公绰之不欲,卞庄子之勇,冉求之艺,文之以礼乐,亦可以为成人矣!"曰:"今之成人者何必然?见利思义,见危授命,久要不忘平生之言,亦可以为成人矣。"

"成人之美",成人之后的一种美德!现代心理学称"成人"为人格完善的人。

"成人",好像跟年龄没有直接的关系。

"成人",成为一个大人,一个"自立立人"之人,一个走向"成仁"道路上的人。

"成人",朱熹注曰:"完人。"(《四书章句集注》)

子路忠信勇敢,但少有学问之功。借子路问如何才能成人之契机,孔子启发之。

知(智)、不欲、勇、艺,孔子分别例举了臧武仲、公绰、卞庄子、冉求四人的例子,但他们还没达到尽善尽美。"文之以礼乐",以礼乐之道持久地以文化之,"可以为成人矣"。

这个"人",是立于天地之间的大写的人。

孔子说:"人之资禀,庸常者多,高明者少,或虽有高明之资,而不学不知道,往往蔽于气禀之疵,而局于偏长之目,此世所以无全人也。若臧武仲之智识精明、孟公绰之廉静寡欲、卞庄子之勇敢有为、冉求之多才多艺，其资禀才性固已有大过人者矣。又能各就其所长者，而节之以礼，去其过中失正之病，和之以乐，消其气禀驳杂之疵。则智足以穷理，而不流于苛察；廉足以养心，而不失于矫厉；勇足以力行，而不蔽于血气；艺足以泛应，而不伤于便巧，譬之美玉而又加之以砻琢，良金而又益之以磨炼，斯可以为成人矣。"（《张居正讲评〈论语〉》）

有所长，但又不被所长累。对于子路，这要求是不是有点太高了？

退而求其次："见利思义，见危授命，久要不忘平生之言，亦可以为成人矣。"

"久要不忘平生之言"，与人有约，虽然时长历久，不忘初心。

程子曰："知之明，信之笃，行之果，天下之达德也。若孔子所谓成人，亦不出此三者。"（《四书章句集注》）

王阳明讲"知行合一"，按程颐语，是智、信、行三德。

朱熹注曰："知足以穷理，廉足以养心，勇足以力行，艺足以泛应，而又节之以礼，和之以乐，使德成于内，而文见于外。则才全德备，浑然不见一善成名之迹；中正和乐，粹然无复偏倚驳杂之蔽，而其为人也亦成矣。"（《四书章句集注》）

先做人，后做事，很多人都这样讲。但不能无源空谈，更不能无据泛论。孔子讲的"成人"之道，就是我们做好人的根本。

大智、大廉、大勇、大艺，一"大"如何解之？

"见利思义，见危授命，久要不忘平生之言"，若自不达，是否求其次？

14.13　子问公叔文子于公明贾曰:"信乎?夫子不言、不笑、不取乎?"

公明贾对曰:"以告者过也。夫子时然后言,人不厌其言;乐然后笑,人不厌其笑;义然后取,人不厌其取。"

子曰:"其然?岂其然乎?"

公叔文子,卫国大夫。公明贾,卫国人。

孔子初到卫国,听说卫国的大夫公叔文子有三个特征:"不言、不笑、不取。""信乎",孔子不能确信。"以告者过也",公明贾说:"告诉您这件事的人,话说过了。"

"时然后言",该说的时机到了,(公叔文子)才言。话不投机半句多,言而投机,"人不厌其言"。

"乐而后笑",真喜乐了,才会笑。笑处,是大家同乐处,所以"人不厌其笑"。

"义然后取",合于义的财物,他才取,所以"人不厌其取"。

"盖多言的人,则人厌其言,吾夫子非不言也,但时可以言而后言,言不妄发,发必当理,是以人不厌其言,而遂谓之不言也。苟笑的人,则人厌其笑,吾夫子非不笑也,但乐其正而后笑,一颦一笑,不轻与人,是以人不厌其笑,而遂谓之不笑也。妄取的人,则人厌其取,吾夫子非不取也,但义所当得而后取,苟非其义,即却而不受,是以人不厌其取,而遂谓之不取也。"(《张居正讲评〈论语〉》)

看公明贾解答得不错吧。

言合于时,笑合于乐,取合于义。一切自然而然,似不存在。如日月星辰，阳光空气，"日用之而不知"。

请看孔子的结论："其然？"真是这样的。这样的"言、笑、取"，合乎道，就该如此。

"岂其然乎？"像圣人般的言行，公叔文子真能做到吗？他真如公明贾说得那样吗？

"其然？岂其然乎？"

"其然？"见贤；"岂其然乎？"思齐。

"其然？"知道其一；"岂其然乎？"更要知其二。

"其然？"是孔子的认可，孔子认同这个理；"岂其然乎？"是孔子的质疑，这个人真是这样吗？

朱熹注曰："非礼义充溢于中，得时措之宜者不能。"(《四书章句集注》)

"其然？"孔子见识到了这一存在；"岂其然乎？"是孔子的反省，怎么能有这样的存在？换位思考，若是我，我能做到吗？

"其然？岂其然乎？"这就是圣人成长的秘密。

14.14　子曰："臧武仲以防求为后于鲁，虽曰不要君，吾不信也。"

臧武仲乃鲁大夫。

"防"，是臧武仲所封之邑。"要"，有挟而求也。

《左传》中记载，鲁襄公二十三年，武仲为孟孙所谮言，出奔邾，自邾又到了自己的封地防，然后向鲁君请求能够为臧氏立后，愿意把防邑送还鲁国。鲁君立臧武仲之子（臧为）为后，臧武仲离开防邑，自己投奔了齐国。

如鲁君不答应，臧武仲是否以防邑叛乱？这是鲁国的考量，也是孔子考量之处。

孔子说："臧武仲凭借他的封地防城请求鲁君为他立后，虽然有人说他不是要挟君主，我是不肯相信的。"

孔子的眼睛里揉不进沙子。

张居正反思道："夫人臣之罪，莫大于要君，武仲之所以敢于为此者，亦以鲁君失政故耳。使鲁之纪纲正，法度举，彼仲者，其敢蹈不轨之诛乎？图治者，宜慎鉴于斯。"（《张居正讲评〈论语〉》）

可见，苍蝇不叮无缝的蛋。

人之病，最初是从自己的不健康的因子而生发。

到了要挟之境，动刀也来不及了。

▋ 14.15 子曰："晋文公谲而不正，齐桓公正而不谲。"

春秋五霸，其中有晋文公、齐桓公。"谲"，诈也；"正"，直也。孔子说："晋文公好诈而不正直，齐桓公正直而不好诈。"

蒋伯潜先生注曰："二人都曾为诸侯盟主，攘夷狄以尊周室。但桓公则下拜受胙，不敢逾越名分，伐楚而责包茅之不贡，问昭王之不返，所以为正而不谲。文公则践土之会，实召周王，其于诸侯，则以报恩怨为快，所以为谲而不正也。"（《新刊广解四书读本》）

对于此篇，我自己没有更多的体悟，只能摘录蒋先生之解如上。

其中"责包茅之不贡""问昭王之不返",晋文公"践土之会",网上皆能查阅,我这里不再赘述了。

14.16 子路曰:"桓公杀公子纠,召忽死之,管仲不死。"曰:"未仁乎?"子曰:"桓公九合诸侯,不以兵车,管仲之力也。如其仁!如其仁!"

周五我去北大口腔医院做了个手术,麻药退后,还真有些疼。借着手术之名,整整睡了两个12小时。这一觉是多么享受,这一觉是多么奢侈。

中断了一天的学习,我们继续读《论语》。

这一篇孔子推崇的是大仁大德,而非假仁假义。中国历史上多的是"召忽死之","管仲""死"得愚忠,而且标榜他忠君爱国。孔子不屑,孔子耻之。

我们回到历史中,看看子路提问的背景。

齐僖公生了诸儿、纠、小白三个儿子。僖公卒,诸儿立,即为齐襄公。襄公无道,鲍叔牙预知有乱事,就奉陪公子小白投奔莒(国)。召忽、管仲陪公子纠投奔鲁(国)。襄公不久,便被从弟无知所弑,无知自立不久又被齐人所杀。齐国无君。公子小白从莒国先赶回齐,被立为齐桓公。公子纠带鲁国军队回齐,被齐国军队打败。齐国派使者到鲁国,要求鲁国杀了公子纠,把管仲、召忽押送回齐国处理。此时,召忽跳河自杀,而管仲被押回齐国后,没死,反被齐桓公拜相。

子路以此为据,认为管仲背弃前主,"未仁乎"?

孔子看的是大局。君王们打打杀杀、争权夺利,到底对老百姓有什么好处?"乱哄哄,你方唱罢我登场",谁又真正推动了历史的进步?

助桓公"九合诸侯,不以兵车",管仲之功也。

和平,能少掉多少个平民的脑袋。"使天下没有战争,此乃管仲之仁,能救民于水火。……自此看孔子思想是什么?以什么观点评价一个人?""如其仁!如其仁!""孔子以能救民者为'仁',即所谓'博施济众'。认为可以殉百姓,不必殉一家或一人。可见孔子思想是重忠于民,而非忠于国君。儒家本来的思想,不同于帝王思想。"(《毓老师说论语》)

朱熹注曰:"盖管仲虽未得为仁人,而其利泽及人,则有仁之功矣。"(《四书章句集注》)从中可以看出,朱子已偏离了孔子的要义了,挂羊头卖狗肉,有难言之隐也。

《论语》的这一篇是最难解读的。文人们都在此处吞吞吐吐,或不解,或不能解。

反过来看,孔子的思想多伟大:"桓公九合诸侯,不以兵车,管仲之力也。如其仁!如其仁!"

"管仲相桓公,霸诸侯,一匡天下,民到于今受其赐!微管仲,吾其被发左衽矣。"

14.17 子贡曰:"管仲非仁者与?桓公杀公子纠,不能死,又相之。"子曰:"管仲相桓公,霸诸侯,一匡天下,民到于今受其赐。微管仲,吾其被发左衽矣。岂若匹夫匹妇之为谅也,自经于沟渎而莫之知也。"

孔子的这段话特别有气势,大丈夫本该如此!

"岂若匹夫匹妇之为谅也",(管仲的行为)难道要像普通老百姓一样,守着小诚小信吗?

子贡之问,正是建立在"匹夫匹妇之为谅"的基础上,以传统的愚"忠"观念简单地评价管仲。

管仲要想假"仁",其主公子纠死,他也得死。说管仲"不仁",是因为他不能殉葬于公子纠,"又相之",他还辅佐了齐桓公,可谓二重罪。这就是子贡的逻辑。这一定也是当时大多数人的看法。否则,不会出现子路刚问完管仲"未仁乎"的问题,子贡便再问"管仲非仁者与"。

"愚忠爱国,孝节天下",这是秦汉之后中华文化结出的最大果实。

一个正确的历史观很重要!它是一个民族、一个国家的价值导向所在。我们常常活在历史的枷锁中,我们没有去反省、去扬弃、去"守正创新"。写到此处,我感到很惭愧。我只是翻阅了一下《管子》,并没有像读《论语》一样深入琢磨它,那我有什么资格来点评管仲?

"相""霸""一匡",看孔子的用词,三个词就把管仲写尽了。

在《管子·大匡》中,管仲曰:"夷吾之为君臣也,将承君命,奉社稷,以持宗庙,岂死一纠哉?夷吾之所死者,社稷破、宗庙灭、祭祀绝,则夷吾死之,非此三者,则夷吾生。夷吾生,则齐国利;夷吾死,则齐国不利。"

个人的生命,事关社稷,事关宗庙,事关祭祀。

孔子说:"如果没有管仲,我孔子现在都会披散着头发,衣襟向左边开(还没有开化呢)。"

"披发左衽",夷狄形象。

孔子贬召忽,"自经于沟渎",在山沟中自缢,"而莫之知也"。如果管仲也像这样,谁还能知道他呢?

召忽认为生死有命，曰："子为生臣，忽为死臣，忽也知得万乘之政而死，公子纠可谓有死臣矣。子生而霸诸侯，公子纠可谓有生臣矣。死者成行，生者成名；名不两立，行不虚至，子其勉之，死生有分矣。"（召忽）行入齐境，自刎而死。(《管子·大匡》)

如此看来，召忽也非同小可。但孔子说："言必信，行必果，硁硁然小人哉。"

大小是相对的。"贤者识其大"，孔子看到的是管仲之大；"不贤者识其小"，子贡看到的是管仲之小。

14.18 公叔文子之臣大夫僎与文子同升诸公。子闻之，曰："可以为文矣。"

公叔文子是卫国大夫公孙拔。

"公"，公朝。僎是卫国大夫，先为公叔文子家臣，文子因其贤，遂荐之于君，任卫国官员。

公叔文子的家臣僎和公叔文子同样升为大夫，同朝做国家大臣。孔子听到了这件事说："公叔可以谥号为文了。"

死后谥号为文，这是古代官员至高的荣誉。

"周书谥法，'文'有六等，即经天纬地，道德博厚，勤学好问，慈爱惠民，愍民惠礼，锡民爵位。"（《新刊广解四书读本》）

孔子为什么要给公叔文子那么高的评价呢？朱熹引洪氏曰："家臣之贱而引之使与己并，有三善焉：知人，一也；忘己，二也；事君，三也。"（《四书章句集注》）

看明朝宰相张居正怎么说:"夫知贤而能荐,明也;拔之家臣之贱,而升之公朝之间,公也;惟知为国用贤,不嫌名位之逼,忠也。一事而三善备焉,谥之曰文,夫何愧乎?"他接着说:"臧文仲不荐柳下惠,则夫子讥其为窃位,公叔文子荐家臣僎,则夫子称其可为文。是可见,荐贤为国,乃人臣之盛节,以人事君者,所当知也。"(《张居正讲评〈论语〉》)

朱熹之注,乃宋朝之后中国科举考试的复习大纲;张居正之见,乃封建王朝官员的普遍看法。

这是圣人孔子话的真实义吗?我不敢苟同。

如果说前两篇孔子评价管仲"尤有超乎君兄弟臣之上者",那么,这一篇,孔子对公叔文子的评价,早已超越家臣贵贱的观念!

人,生而平等。

"王侯将相宁有种乎?"秦汉时期的陈胜、吴广就说过。孔子推行平民教育,有教无类。三千弟子,一视同仁,春秋时代,在贵族垄断教育的传统下,孔子的革命性怎么评价也不为过。

"公叔文子之臣大夫僎与文子同升诸公",孔子看到了卫国政治制度的变革。他为之竖起大拇指,"可以为'文'矣",这是对公叔文子的至高赞许,也是对卫国君主的最高赞许。这是中国人最早的关于"生而平等"的论述。

《礼记·檀弓》中说到,公叔文子卒,其子戍请谥于君曰:"日月有时,将葬矣。请所以易其名者。"君曰:"昔者卫国凶饥,夫子为粥与国之饿者,是不亦惠乎?昔者卫国有难,夫子以死卫寡人,不亦贞乎?夫子听卫国之政,修其班制,以与四邻交,卫国之社稷不辱,不亦'文'乎?故谓夫子'贞惠文子'。"

在这里，卫君半字没提及举荐贤人一事。"修其班制"就是指制度创新。

一字定乾坤。公叔文子，破门弟，破贵贱，"同升诸公"，谥号为"文"。

我们也会有离去的那一天，如果那一天，我们的子孙、我们的社会要给我们一个谥号，想想，我们能配得上哪个字？

14.19　子言卫灵公之无道也，康子曰："夫如是，奚而不丧？"孔子曰："仲叔圉治宾客，祝鮀治宗庙，王孙贾治军旅。夫如是，奚其丧？"

大厦不是一天倒塌的。将倾的房屋，还有几根柱子顶着。

孔子说卫国的卫灵公无道。鲁国执掌国政的大臣季康子问："既然（国君）是这样，卫国为何没有亡国呢？"孔子说："（卫国）仲叔圉办外交，祝鮀管内政，王孙贾掌国防。只要有这三个（能）人在，怎么能（马上）亡国呢？"

毓老师说："孔子举三臣之事卫灵公。做糊涂事，但本身不真糊涂，会用人做看家狗。用人必用人才，知人善任，即使本身失德，也能成事。自己本身无道，但有知人之明，就不会亡国。如尽用奴才，自己不累死也得亡国。"（《毓老师说论语》）

毓老师要求后来人"接着讲"，接着他的接力棒继续往前走。这一篇，我只能接着，无力再"讲"了。于是这里摘录如上。

一国如此，一个企业也一样。知人（才），善用之。这是领导力的难题。知者，智也。善用者，用其长避其短。

韩信善用兵，刘邦善用将。韩信绝对有才，但刘邦是否无道？以用兵之道用将，将会如何？

朱熹引尹氏曰："卫灵公之无道宜丧也，而能用此三人，犹足以保其国，而况有道之君，能用天下之贤才者乎？"（《四书章句集注》）

朱熹之言，只是古代文人在"家天下"观念下的期盼，盼着明君的诞生。孔子要建立的是大同的秩序，完善的制度建立，使无道之人根本就无法成为君王。

"以吾从大夫之后，不敢不告也。"万事，当顺良识而为。尽人力，听天命而已也！

14.20 子曰："其言之不怍，则为之也难。"

"言之不怍"，大言不惭。孔子说："一个人大言不惭，他践行起来就不容易。"

蒋伯潜先生说："专说大话的人，若教他真真实实做起实事来，是一定做不到的。"（《新刊广解四书读本》）

为何？"大言不惭，则无必为之志，而不自度其能否矣。欲践其言，岂不难哉？"（《四书章句集注》）

"诗言志"，言表心。大言过之，小言不足，言语是心志的质朴流露。

大言，还不惭；谎言，还不脸红。这已失去了反省精神，自己先骗了自己。

钱穆先生说:"凡人于事有志必为,当内度才德学力,外审时势事机。今言之不怍,非轻言苟且,即大言欺人。其为之之难,即在其言之不怍时而可见。"(《论语新解》)

言,无愧于心;为,无愧于命(使命)。

天天好时光,日日真精神!

谦谦君子,行胜于言。

14.21 陈成子弑简公。孔子沐浴而朝,告于哀公曰:"陈恒弑其君,请讨之。"公曰:"告夫三子!"

孔子曰:"以吾从大夫之后,不敢不告也。君曰'告夫三子'者。"

之三子告,不可。孔子曰:"以吾从大夫之后,不敢不告也。"

先看人物关系:简公,齐君。陈成子,齐大夫陈恒。哀公,鲁国国君。"陈恒有篡齐之意。简公恶之,使其臣阚止图之,成子遂杀阚止而弑简公。"

"三子",鲁国的季孙、叔孙、孟孙,乃鲁国的三大实权派。

可怜的孔子,在鲁国的官场遭遇了"踢皮球"的无奈。

春秋无义战!孔子对战争非常谨慎。这一次,他想让鲁国打一场义战,他因"陈恒弑其君"而讨伐之,但没有成功。

孔子"沐浴"而上朝,请鲁哀公讨伐陈恒,维护正义。哀公昏庸,大权旁落于季、叔、孟三家。哀公说:"你向季孙、叔孙、孟孙去报告吧。"孔子只好又去报告三位大臣,"不可",不肯出兵。

"以吾从大夫之后,不敢不告也。"

同样的话,说了两遍!

前一遍,对鲁君,是职责;后一遍,对三子,是从命。

前一遍,"不敢不告",天命使然;后一遍,"不敢不告",尽职无奈。

司马迁在《史记·太史公自序》中,把孔子的官场困境,用春秋的笔法书写如下:

> 余闻董生曰:"周道衰废,孔子为鲁司寇,诸侯害之,大夫壅之。孔子知言之不用,道之不行也,是非二百四十二年之中,以为天下仪表,贬天子,退诸侯,讨大夫,以达王事而已矣。子曰:'我欲载之空言,不如见之于行事之深切著明也。'"

14.22 子路问事君。子曰:"勿欺也,而犯之。"

"欺",是欺瞒。"犯",是犯颜谏诤。

子路问如何事奉君主,孔子说:"不要欺骗他,但为了进谏,要敢于冒犯他。"

如果从"君臣之道"的角度,梳理中国几千年的政治哲学,确是一部大文章。

何为君之命,君主的使命?

何为臣之道,大臣的从政规范?

毓老师说:"此时孔子已是'君使臣以礼,臣事君以忠'的思想,君臣思想是相对的,不是绝对的。"(《毓老师说论语》)

"子路问事君",子路是具体的人,他"问"时又有具体的针对性,具体的场景。孔子之言是切合弟子之问而启发之,两千五百多年后的我们,不要生搬硬套。

如何才是良好的上下级关系?下级"勿欺也",不要欺骗,实事求是。"而犯之",要诚心建议。

反过来看,如下级"欺也"而不"犯之",是不是上级已出了问题?

"勿欺也,而犯之",如大多数人能如此,就不会出现报喜不报忧、阿谀奉承等情况了。

任何历史场景的背后,都有其后来人不能身临其境而感知的深刻原因。

14.23 子曰:"君子上达,小人下达。"

一念向善,即是君子;一念向恶,即是小人。

"好好学习,天天向上。"向上,"上达"也。

"上达",像春天沃土里的幼苗,踮着脚往上蹿,沐浴晨露,拥抱阳光。

"上达",达什么?"与天地合其德,与日月合其明,与四时合其序,与鬼神合其吉凶。"

"大学之道,在明明德,在亲民,在止于至善。"(《大学》)"在",

就是"上达"。

不断地向上，达到一种境界。没有最好，只有更好。乾乾君子，自强不息。

"'或跃在渊，无咎'，何谓也？子曰：'上下无常，非为邪也；进退无恒，非离群也。君子进德修业，欲及时也。'"（《周易·乾卦》）

《增广贤文》有云："良田千顷不过一日三餐，广厦万间只睡卧榻三尺。"

唯有"进德修业"，"上达"无限！

朱熹注曰："君子循天理，故日进乎高明；小人殉人欲，故日究乎污下。"（《论语集注》）

"上达"，力求上进；"下达"，日趋下流。

"下流"，如污水向下流去；"上进"，如净气向上蒸发。

《论语稽》有云："人天生而为君子者，亦天生而为小人者，譬之一路，行而上为君子，行而下为小人。"

一半是海水，一半是火焰。

"上达"之，君子；"下达"之，小人。

扩展君子之心，便是日筑上达之志；放大小人之欲，便是积累下达之行。

14.24 子曰："古之学者为己，今之学者为人。"

本篇最难处，在于要洞察时间纬度。

我们常常忽略了"子曰"二字。以二十、二十一世纪学者为"今之学者",以孔子时代的学者为"古之学者"。以此,去解读"为己""为人"之学。

但孔子所定义的"古"是什么时代?孔子所言的"今"又起于何时?这是一个大问题!

孔子自己,是"古之学者",还是"今之学者"?这个问题几千年来没有人问过。

如果孔子把自己看作一个"学者",那他在春秋时代,一定是一个特定的异类。作为春秋的"今之学者",又保留着"古之学者"的传统遗风。

从孔子的身上,才能找到何为"为己"、何为"为人"的钥匙。

孔子困于匡地,曾曰:"文王既没,文不在兹乎?天之将丧斯文也,后死者不得与于斯文也。天之未丧斯文也,匡人其如予何。"(《史记·孔子世家》)

孔子自认,文王之后,"文"在其身。在孔子的眼中,"古之学者"是指哪些人呢?文王必是。

"逸民:伯夷、叔齐、虞仲、夷逸、朱张、柳下惠、少连。子曰:'不降其志,不辱其身,伯夷、叔齐与!'谓:'柳下惠、少连,降志辱身矣,言中伦,行中虑,其斯而已矣。'谓:'虞仲、夷逸,隐居放言,身中清,废中权。我则异于是,无可无不可。"(《论语·微子》)

"无可无不可",孔子融汇古今,贯通一切。

"古之学者为己","古",过去的。"为己而学""己欲立而立人,己欲达而达人。""自天子以至于庶人,一是皆以修身为本。"(《大学》)

"今之学者为人","今",当下的。人者,仁也。"为仁而学"。子曰:"修己以安人……修己以安百姓。"(《论语·宪问》)

孔子之言,非褒古贬今。"古之学""今之学",一也;"学者为

己""学者为人",一也。钱穆说:"己立己达是为己,立人达人是为人。"(《论语新解》)

"君子务本,本立而道生",大概古今学者,都是如此吧。

> 14.25 蘧伯玉使人于孔子。孔子与之坐而问焉,曰:"夫子何为?"对曰:"夫子欲寡其过而未能也。"使者出。子曰:"使乎!使乎!"

蘧伯玉是卫国大夫。孔子在卫国时曾寄住在他家。

蘧伯玉派人来见孔子。孔子给使者让座,问:"老先生(指蘧伯玉)在忙什么?"使者回答:"老先生想减少过错却没能做到。"

使者告辞出去。孔子说:"真是一位好使者!真是一位好使者。"

"欲寡其过",寡过则日进!

《淮南子·原道训》中称:"蘧伯玉年五十,而知四十九年非。"他不断地思过,不断地进德修业,不断地迭代,不断地归零,不断地修行。

《庄子·则阳》中曰:"蘧伯玉行年六十而六十化。"活到老,学到老。"人不知而不愠,不亦君子乎?"常诲不倦,永无止境,直到羽化。

"欲寡其过而未能也。""未能",自己还做不到,翻过一座高山,会又遇一座高山。永言"未能",生命就有奔头,人生之树常青。

朱熹注曰:"言其但欲寡过而犹未能,则其省身克己,常若不及之意可见矣。使者之言愈自卑约,而其主之贤益彰,亦可谓深知君子之心,而善于辞令者矣。"朱熹又曰:"进德之功,老而不倦。是以

践履笃实，光辉宣着。不惟使者知之，而夫子亦信之。"（《四书章句集注》）

"使乎！使乎！"

你我剩下的日子该怎么过？

欲寡过而未能乎？

日日寡过，岁岁光辉。

14.26　子曰："不在其位，不谋其政。"曾子曰："君子思不出其位。"

"不在其位，不谋其政"，此句在前面的《论语·泰伯》中已出现，此篇中再次出现。

"君子思不出其位"，这是《周易·艮卦》中的象辞。曾子在此引用之。

"艮，止也。时止则止，时行则行，动静不失其时，其道光明。"（《周易·艮卦》）

在艮卦的上九《象》中曰："敦艮之吉，以厚终也。"

适时、定位、厚终。时、位决定最终的结果。

"不在其位，不谋其政"，要心安本分，不越位。

在其位，必谋其政。要专心致志，做好自己的本职工作。

在《论语·颜渊》中子张问政。子曰："居之无倦，行之以忠。"

"居之"，还是"行之"，兼一"时""位"而已。

身在何处，心向何往？此刻何时，此处何位？

14.27 子曰:"君子耻其言而过其行。"

言过其实,君子耻之。

整天吹牛,但做不到。或者做了一分,非要说成十分。或者还没做,便说得天花乱坠,皆是"言而过其行"。

现在流行标题党,大言不惭。何止是"过",是"大过"。

言行一致,实事求是,是最基本的做人要求。

多做少说,"庸德之行,庸言之谨"(《中庸》),更上一层楼。

有德之人,即使做到了,也很少言之,更不以为然。不是言过了行,而是行胜于言。

《论语·里仁》有云:"古者言之不出,耻躬之不逮也。"

立功,立言,立德。立功,则至行;立言,则至实;立德,则至善。

行动是最美的语言,绽放的是最真的本心。

当脚真正踏在实地时,一切的"言过之辞",都是多余的。

大地言否?厚德载物;日月言否?光明高照!

14.28 子曰:"君子道者三,我无能焉:仁者不忧,知者不惑,勇者不惧。"子贡曰:"夫子自道也。"

请问自己:吾是仁者、知(智)者,还是勇者?

是君子,还是小人?

君子之道有三:一是仁者,不为己私而忧虑;二是智者,不为己欲而迷惑;三是勇者,不为外境而惧怕。

"我无能焉",孔子自谦,我还不能真正做到。朱熹注曰:"自责以勉人也。"(《四书章句集注》)

孔子的学生子贡说:"夫子自道也。"孔子在自说自话也。夫子在自言自语,不断地自我鼓励,在智、仁、勇的"君子道"上不断修行,锲而不舍。

知自己"无能",才能向"能"的目标进发。常常觉得自己无所不能,其实是个十足的傻瓜。

在生死面前,我们是无能的。在自然规律面前,我们是无能的。

知道自己"无能"之后的作为,才是君子的境界。张居正言,夫子"而乃以为未能,盖圣不自圣之心也,大抵圣人深见义理之无穷,其自视常以为不足,故圣而益圣。有志于希圣者,当知所惕励矣"(《张居正讲评〈论语〉》)。

山外有山,人上有人!在浩瀚的宇宙之中,个体其实是非常渺小的。

"无能"之境,是对自己彻底的认识。之后才有"乾乾君子,自强不息"。

"不忧""不惑""不惧",三足鼎立!自立起仁者之心、智者之识、勇者之气。

"仁者不忧,知者不惑,勇者不惧",这句话在前面的《论语·子罕》中就出现过,此处不再详解。

老骥伏枥,志在千里,"无能"之境也;愚公移山,无穷匮也,"无能"之境也。

"夫子自道也",孔子沿着自己的道路奋勇前行,"仁者不忧,知者不惑,勇者不惧",此乃现在进行时,日进不止!

14.29　子贡方人。子曰："赐也贤乎哉？夫我则不暇。"

"方人"，"方"，通"谤"，评头论足。子贡私底下常对人说三道四，品评别人的缺点或毛病。孔子就对他说："子贡，你自己的一言一行，就都那么好吗？我孔子都没有闲暇的工夫讲别人呢。"

见恶思己过，看到别人的错误，应该想想自己是否也有此缺点？有则改之，无则加勉，而不是见之而"方人"。

孔子之学是内求之学。修己进德，和别人，或与外面的世界无关。"修身、齐家、治国、平天下"，"内圣"而后"外王"。

"内圣"，圣者，胜也。自己战胜自己。"外王"，王者不是要霸，而是要品行高尚，让别人对你心悦诚服。

"我则不暇"，我真没有那些闲工夫。孔子的时间，都用在了"内圣"之上。所以，下一句就说："不患人之不己知，患其不能也。"

做好你自己，不要诽谤人。"方人"者，也比别人强不了几分。

《论语注疏》有云："夫知人则哲，尧、舜犹病，而子贡辄比方人，恕其轻易，故曰'赐也贤乎哉'，所以抑之也。"

张居正言："若心驰于外，而自治之功疏矣。""若我则以义理无穷，工夫未到，日孜孜焉惟以进德修业，迁善改过为事，方自治不暇，而何暇于方人哉？"（《张居正讲评〈论语〉》）

后视镜的盲区，最难看到的是自己。

皇侃言："夫人行难知，故比方人优劣之不易，且谁闻己之劣？"（《论语义疏》）

我的地盘我做主，自己的人生要自己经营。"不暇"于外，常住于内，不念别人之过，常思自我之失，日改月新，是内圣之功也。

14.30　子曰：“不患人之不己知，患其不能也。”

"不己知"，倒装句，不知己，就是人家不晓得我。

孔子说："不要忧愁别人不知道我，要忧愁我自己的（德行、才能）不能（胜任）。"

这是真正的实践者所言。

这是纯粹的内圣者的宗旨。

这是彻底的悟道者的践行。

你"不能"，别人知之又如何？你真能，别人不知又怎样？

一个真正的行者，永远用心在走自己的路。对外面的世界，常常"视而不见，听而不闻"。

练就自己的功夫是第一要务。时不到，"患人之不己知"，不是自寻烦恼？

你真能，则得天时、地利、人和；你不能，再多的鲜花、掌声都只是一时的热闹。

一破再破，破掉一切虚荣；一学再学，炼就不坏金身。

常患己之不能，不患人之不知！

内观、收心，改过迁善、进德修业。在己，不能狠下功夫，在别人，不知时常修行。

"芝兰生于深林，无以无人而不芳，君子修道进德，不为贫困而改节。"（《孔子家语·在厄》）

不外求人知，便少了一分浮躁；常思己之不能，就多了一分动力。

孔子在这个问题上，真是反复强调，喋喋不休：

"不患人之不己知，患不知人也。"(《论语·学而》)

"不患莫己知，求为可知也。"(《论语·里仁》)

"君子病无能焉，不病人之不己知也。"(《论语·卫灵公》)

朱熹注曰："圣人于此一事，盖屡言之，其叮咛之意亦可见矣。"(《四书章句集注》)

重要的话，孔子在《论语》中就说了四遍，吾辈应当深思体悟之！

14.31 子曰："不逆诈，不亿不信。抑亦先觉者，是贤乎？"

孔子说："不在事前怀疑人诈我，不在事前推测人对我不诚实，但临事或遇人有诈与不信，亦能先觉到，这不是贤人吗？"

这篇特像太极拳的拳谱要义。不要先猜测对方是如何发力，这样就会诱发自己主动出击。要静、要松、要空，对方一出击，我便知之，借力打力，见招拆招。

怎么才能做到呢？这需要不断地锻炼，不断地体悟。太极十年不出门，先炼好自己。

朱熹注曰："逆，未至而迎之也。亿，未见而意之也。诈，谓人欺己。不信，谓人疑己。"(《四书章句集注》)

戴着有色眼镜观人察事，能行吗？你猜度别人，别人也会猜度你。

一个动物学家的研究表明，人对动物的起心动念，动物都能感知。但"不逆诈，不亿不信"，不是愚忠、盲信。

"老实巴交"与"诚明先觉"是两回事。

《中庸》有云:"不诚无物,是故君子诚之为贵……至诚之道,可以前知"。

先预设别人欺诈、失信,就偏离了至诚之道。

"唯天下至诚,方能经纶天下之大经,立天下之大本,知天地之化育。"《中庸》又云:"诚者,天之道;诚之者,人之道。"

毓老师说:"得好好修炼成贤人。自觉了,才能觉人。先觉觉后觉。"(《毓老师说论语》)

《中庸》有云:"诚则明,明则诚。"不能"抑亦先觉者",此乃诚明的功夫不到。

14.32 微生亩谓孔子曰:"丘何为是栖栖者与?无乃为佞乎?"孔子曰:"非敢为佞也,疾固也。"

孔子的言行,在春秋时有很多人不理解。微生亩是其中之一。

微生是姓,亩是名,他是一位隐士。他应该是孔子的前辈,所以直呼孔子之名"丘"。"亩名呼夫子而辞甚倨,盖有齿德而隐者。"(《四书章句集注》)

"栖栖",席不暇暖,不安居之意。

"为佞",朱熹注曰:"言其务为口给以悦人也"(《四书章句集注》)。

微生亩作为一个长辈,见孔子总是周游四方,到处奔波,劝导人主而不得志。他直言不讳:"丘呀!你为何如此栖栖遑遑的,难道就要做一个佞人,专以口辩取信(而谋生)吗?"

看孔子多不容易!

孔子回答:"岂敢岂敢,我不会做一个佞人,只是我为顽固不通的人主和板结不变的政事而忧虑着急呀!"

"疾固",钱穆先生译之为"厌恶做一固执人"(《论语新解》),杨伯峻先生译之为"讨厌那种顽固不通的人"(《论语译注》)。

《论语》开篇就说"人不知而不愠,不亦君子乎",所以,说孔子"厌恶"或"讨厌",似乎有些过了。"以……为疾",以天下之忧而忧,可能更合孔子之意。

"固,执一而不通也。"(《四书章句集注》)

人如此,政也一样。孔子是变革者,是"疾固"者。后来的马克思和他一样。革命,是以一个社会范式取代另一个社会范式。

"疾固也",朱熹曰:"圣人之于达尊,礼恭而言直如此"(《四书章句集注》)。点到为止,不做更多的辩解,坚定地走自己的路最重要。

清代郑板桥有《竹石》诗云:"咬定青山不放松,立根原在破岩中,千磨万击还坚劲,任尔东西南北风。"

当"耦而耕"的长沮、桀溺嘲笑子路:"是鲁孔丘之徒与?"孔子怃然曰:"鸟兽不可与同群,吾非斯人之徒与而谁与?天下有道,丘不与易也。"(《论语·微子》)

我不下地狱,谁下?

14.33 子曰:"骥不称其力,称其德也。"

"骥",良马。千里马。

孔子说："我们称赞骥，并不是赞美它的气力大，而是赞美它的品质好。"

钱穆先生说："然所以称骥，非以其力能行远，乃以其德性调良，与人意相和协。人之才德兼者，其所称必在德。然亦无无才之德。不能行远，终是驽马。性虽调良，不获骥称。"（《论语新解》）

在品德统领下的气力，才能为我所用。若是一匹狂野的马，即使日行万里，也不能称其为良骥。

力量是需要品德统领的。核武器如果放在恶人的手里，其破坏力就可想而知了。有"其力"，必得有"其德"，而且以德为先。骥既如此，人也一样。

"故人不可徒恃其才而不修其德，观人者，论其才而又当考其德也。"（《张居正讲评〈论语〉》）

毓老师说："不是看事功，而是看动机之德。势力、实力，一旦过去就没了。德为要，以德立人。"（《毓老师说论语》）

力有限而德无穷！孔子之言，是"疾时尚力取胜，而不重德"（《论语注疏》）。春秋战国时代，以力霸凌诸侯，而非以德王天下。

郑玄曰："德者，谓调良之德也。"（《论语集解》）

德才双修，才是人才真正的成长正道。

14.34　或曰："以德报怨，何如？"子曰："何以报德？以直报怨，以德报德。"

有人问："拿恩惠来回报怨恨，怎么样？"孔子说："拿什么来回报恩惠呢？用公平正直来回报怨恨，拿恩惠来回报恩惠。"

"报"，回报，报答。

以一颗什么样的心面对怨恨？以一颗什么样的心报答恩德？

人们常说，人要有感恩之心。用感恩之心，以德报德。但面对怨，如何解？

"为无为，事无事，味无味。大小多少，报怨以德"（《道德经》），同时代的老子的观点与孔子不同。"或曰"，或有人引用老子的话，来问孔子。

朱熹注曰："言于其所怨，既以德报之矣；则人之有德于我，又将何以报之乎？于其所怨者，爱憎取舍，一以至公而无私，所谓直也。于其所德者，则必以德报之，不可忘也。"（《四书章句集注》）

报德一定要以德，这一点没有任何争议。面对恩惠，连感恩之心都不生，那这个人与禽兽草木有何区别？

"以德报德"，是一种文化传承。在"以德报德"中扩展自己的德性。

是"以德报怨"，还是"以直报怨"？

"以德报怨"，就能消灭怨恨？

孔子强调"以直报怨"。

钱穆先生说："直者直道，公平无私。我虽于彼有私怨，我以公平之直道报之，不因怨而加刻，亦不因怨而反有所加厚，是即直。君子无所往而不以直道行，何为于所怨者而特曲加以私厚？"（《论语新解》）

"举善而教不能，则劝（劝勉向善）""举直错（教育）诸枉，能使枉者直"，毓老师说："抑恶扬善，得有多大的德行，才能使枉者直。"（《毓老师说论语》）

其实，无论是恩惠还是怨恨，都是人能够长大的契因。只要人能有一颗向善之心，怨来则直，德来则德，一切顺应万千，感同身受。成人之道，往往很难拿捏。何为德？何又为怨焉？

14.35　子曰："莫我知也夫！"子贡曰："何为其莫知子也？"曰："不怨天，不尤人；下学而上达。知我者其天乎！"

有的人，走着走着，就成了文化符号，成了圣人，成了文化集大成者。孔子就是如此。

孔子说："没有人知道我呀！"可见当时人们并不理解他。"莫我知也夫！"道出孔子心中的孤独和自信。

子贡问了一个很重要的问题："为什么没有人知道老师呢？"

接下来，孔子给了很重要的回答，这个回答是其一生的真实写照。"不怨天，不尤人，下学而上达。"

"知我者其天乎！"知道我的，只有上天了。

"知我"，也可以看作"我知"的倒装。"我知者其天乎！"我知道的是天理大道。（所以，没有人知道我、理解我呀。但天知道！）

昨晚刷抖音，无意中看到了马云的一段话。马云说："他认识的李嘉诚、比尔·盖茨、巴菲特等人，他们有个共同特点，就是'永远不报怨，只检查自己'。所以他们走得很远。""正己而不求于人，则无怨。上不怨天，下不尤人""人诸正鹄，反求诸其身"（《中庸》）。

"下学而上达。"这是孔子的学习路径，也是孔子的学习方法论。

皇侃说："下学，学人事。上达，达天命。我既学人事，人事有否有泰，故不尤人。上达天命，天命有穷有通，故我不怨天也。"（《论语义疏》）

"下学人事，上知天命"，一个人，彻底融通了，怨从何来，尤（忧）生何处？

有"怨"，就能改变自己？

有"尤"，就能贯通亨运？

既然不能，为何还要"怨人""尤人"？

如果真能破掉"尤""怨"，人就留下了活泼泼的生命本身，下学之，上达之。"能知天知人，乃能明天人之际。"（《论语说义》）

毓老师曰："下学"，自一二三开始学，自根、元学，自善人（率性）往上；"上达"，最后上达天德，"大人者，与天地合其德"。（《毓老师说论语》）

天有何忧？地有何怨？"知我者其天乎"，真是一语道尽。

朱熹注曰："夫子自叹，以发子贡之问也。不得于天而不怨天，不合于人而不尤人，但知下学而自然上达。此但自言其反己自修，循序渐进耳，无以甚异于人而致其知也。"他引用程颐的话："学者须守下学上达之语，乃学之要。盖凡下学人事，便是上达天理。然习而不察，则亦不能以上达矣。"（《四书章句集注》）

钱穆先生说："故圣人于人事能竭其忠，于天命能尽其信。圣人之学，自常人视之，若至高不可攀，然亦本十室之邑所必有之忠信而又好学以达此境。故下学实自忠信始。"他又说："本章孔子自述为学，极平实，又极高远，学者恐不易遵明。能在心中常存此一境，而沉潜反复于《论语》之全书，庶乎有一日可望见其有所卓然之处。"（《论

语新解》）

"不怨天，不尤人，下学而上达"，孔子的修行之道全在此处，吾辈能传承否？能否将其实用于自己的日常工作、生活、学习之中？

14.36 公伯寮诉愬子路于季孙。子服景伯以告，曰："夫子固有惑志，于公伯寮，吾力犹能肆诸市朝。"

子曰："道之将行也与，命也。道之将废也与，命也。公伯寮其如命何？"

万事尽人力、听天命。孔子如此，我们也一样。"道之将行也与，命也。道之将废也与，命也。"

天命是寂静恒诚的秩序，天命是生生不息的韵律。

公伯寮向季孙进了子路的谗言，子服景伯把此事告诉孔子，说："季孙听了公伯寮的诽谤，已对子路不信任。但我尽力把此事向季孙澄清，使季孙杀了公伯寮，把他陈尸于市。"孔子说："治道或许将会实行，这是命运。治道或许将会废止，亦是命运。公伯寮的命运也是一样的呀！"

子路供职于季孙。

子服景伯，鲁大夫，名何。

"诉"，进谗言。

"市朝"，古人把罪人之尸示众，或示于朝廷，或示于集市。

子路为什么被人诬告？

公伯寮为何要向季孙进谗言？

子服景伯为何来告孙子？仗义执言,"肆诸市朝"？

公伯寮的命运最后到底怎样？

子路幸免于难了吗？

季孙秉公执法了吗？

以上这些问题，看似杂乱无章，其实背后永远有一个秩序；一切看似人为，其实乃天命。孔子一语道破天机，"道之将行"，还是"道之将废"，皆"命"也。

孔子没有因为子路是自己的弟子就要去左右事物发展的秩序，孔子从纷繁杂乱的人事中归纳出了人们必须要服从的哲理。进谗言的公伯寮将受到惩罚，"道之将行也与，命也"；如果是子路最终被诬告陷害，"道之将废也与，命也"。

孙中山先生说："天下大势，浩浩汤汤，顺之者昌，逆之者亡。"

李白说："黄河之水天上来，奔流到海不复回"。

有一首民歌的歌词写道："你知道黄河九十九道湾……"你个人的人生，又置于哪一个拐弯处？怨天尤人又有何用？

钱穆先生说："人道之不可违者为义，天道之不可争者为命。命不可知，君子惟当以义安命。"（《论语新解》）

知之，人生何处不要"泰然处之"？

坐有坐相，站有站功，有道是人生何处无风景？

"公伯寮其如命何"，看孔子之言，是否掷地有声？

"桓魋其如予何？"

"匡人其如予何？"

孔子在危难之中，也是这样看待自己的命运的。

孔子曰："不知命，无以为君子也。"（《论语·尧曰》）

尧曰："咨！尔舜！天之历数在尔躬，允执其中。四海困穷，天禄永终。"(《论语·尧曰》)

尽人力，知天命，大丈夫焉！

"为己之所当为，别人肯定与否，不必在乎。"(《毓老师说论语》)

14.37 子曰："贤者辟世，其次辟地，其次辟色，其次辟言。"子曰："作者七人矣。"

"辟"，避也。回避，隐避。

自古以来，中国隐士是一个特殊的群体。

《论语注疏》中曰："'贤者辟世'者，谓天地闭则贤人隐，高蹈尘外，枕流漱石，天子诸侯莫得而臣也。'其次辟地'者，未能高栖绝世，但择地而处，去乱国，适治邦者也。'其次辟色'者，不能豫择治乱，但观君之颜色，若有厌己之色，于斯举而去之也。'其次辟言'者，不能观色斯举矣，有恶言乃去之也。"

孔子说："感觉世道不好，贤者就避去；看到地方有危，贤者就离开；见人颜色不对，贤者就回避；听人言语不好，贤者就走开。"

贤者贵贤，不与"恶"一般见识，不与"劣"同归于尽。

贤者自有贤者的快乐世界。

出世也是人生，入世也是人生。出入自如，随遇而安，才是真贤。

子曰："作者七人矣。"在孔子的心目中，大抵有七个人算得上真正的贤者，大隐。

有学者很用心，把《论语》提到的七人找了出来：长沮、桀溺、荷蓧丈人、石门、荷蒉、仪封人、楚狂接舆，正好够七人之数。

"辟世""辟地""辟色""辟言"，"辟"不是封闭，"贤"不是闲人。

14.38　子路宿于石门。晨门曰："奚自？"子路曰："自孔氏。"曰："是知其不可而为之者与？"

"晨门"，掌管城门开闭者。

"石门"，"鲁城外门也"。

子路在石门住了一宵，（第二天清早进城）城门主管问："从哪儿来的？"子路回答："从孔家过来。"城门主管说："就是那个明知（天下昏乱）不可能有作为，但自己还要锲而不舍干一番（事业）的那个（孔子）吧？"

"知其不可而为之"，这句名言竟出自一个晨门之口！

"知其不可而为之"，儒家精神。

顺其自然，道家精神。

"知其不可而为之"，高度概括了孔子下学上达、奔走救世的一生。"知其不可"是现实，"而为之"是天命！

康有为注曰："孔子斯人，是与万物一体，饥溺犹己，悲悯为怀，仁人之心，不忍若是，恝此所以为圣人也。"（《论语注》）

钱穆先生感叹道："孔子之知其不可为而为，正是一种知命之学。世不可为是天意，而我之不可不为则仍是天意。道之行不行属命，而人之无行而不可不于道亦是命。……然晨门一言而圣心一生若揭，封人一言而天心千古不爽，斯其知皆不可及。"（《论语新解》）

用优秀的文化滋养自己，这是学习《论语》的妙用所在。

"知其不可而为之"，激发生命的活力。

"吾将上下而求索"，我们经营的不仅仅是自己的一亩三分地。

"为天地立心，为生民立命，为往圣继绝学，为万世开太平"，没有"知其不可而为之"的仁人志士的伟大探索，这个世俗的世界如何实现可能？

14.39 子击磬于卫，有荷蒉而过孔氏之门者，曰："有心哉，击磬乎！"既而曰："鄙哉，硁硁乎！莫己知也，斯己而已矣。深则厉，浅则揭。"

子曰："果哉，末之难矣。"

人生遇一真正的知音，难矣！发小、闺蜜算不算知音？荷蒉者是不是孔子的知音？

"子击磬于卫"，在卫国，有一天孔子在击磬。"磬"，一种乐器。孔子通音乐，能鼓瑟，也能击磬，但孔子不单单是个音乐家。

"荷"，负也；"蒉"，草器。一人担着（蒉）草器，从孔子门外走过。曰："有心哉，击磬乎！"听话要听音，荷蒉者从孔子的磬声中听出了"心"。毓老师说，"有心人才懂有心人呀。"一会儿（既而）他又说："鄙哉，硁硁乎！莫己知也，斯己而已矣。'深则厉，浅则揭。'"

荷蒉者发表了自己的观点："鄙也"，何必呢？

"硁硁乎"，硁硁，石声。因那时没有录音机，只能这样描述孔子击磬的乐声。

在《论语·子路》中，子曰"言必信，行必果，硁硁然小人哉"，孔子用"硁硁"形容小人。此处，荷蒉者用了"硁硁"来说孔子。对内，根本不了解自己（莫己知也），该停止就停止吧（斯已而已矣）。上一篇，晨门说孔子："知其不可为而为之者"，其义有相似。可见，《论语》的编排真不是随意的。

"深则厉，浅则揭"，此句取自《诗经·邶风》。"这是比喻。水深比喻社会非常黑暗，只得听之任人；水浅比喻黑暗的程度不深，还可以使自己不受沾染，便无妨撩起衣裳，免得濡湿。"（《论语译注》）

"果哉！末之难矣。"孔子说，如果（仅仅）是那样，就了事了，有什么难的？

人活着很难，为什么会难？

隔岸观火，事不关己、高高挂起，无利不起早，只为自己快乐，很简单。

装模作样，好像得天道、顺自然，以道士、隐士自居，这也没什么难的。荷蒉者，有何"难矣"。

孔子，以天下为己任，为万世开太平，"知其不可为而为之"，才是真"难"！"死守善道"，何等气派！

"果哉！末之难矣！"

朱熹注曰："果哉，叹其果于忘世也。末，无也。圣人心同天地，视天下犹一家，中国犹一人，不能一日忘也。故闻荷蒉之言，而叹其果于忘世。"（《四书章句集注》）

河南卫辉市现今存有"孔子击磬处"石碑一方，乃是乾隆御笔。碑上有诗一首："荷蒉人者识有心，既讥揭浅厉于深。只知其一未知二，玉振金声冠古今。"

"荷蒉"者，虽有人说他是春秋时期的一位隐者，但他充其量只能算孔子的半个知音吧。

14.40 子张曰:"《书》云'高宗谅阴,三年不言',何谓也?"子曰:"何必高宗,古之人皆然。君薨,百官总己以听于冢宰三年。"

"高宗谅阴","高宗",商王武丁;"谅阴",天子居丧之名。

三年不言,三年不言及政事。

子张问道:"《尚书》上说'高宗谅阴,三年不言',这是什么意思?"孔子说:"何必一定提高宗呢?古代人都是这样的。君王死了,朝廷百官,各行其职而听命于冢宰,三年。"

"昔日国君守孝时,由宰相代行职务,大小事听其调度;丧毕,然后自己听政。"(《毓老师说论语》)

三年之丧,儒家极力推崇。

钱穆言:"子女之生,三年然后免于父母之怀抱,故父母卒,其子女能三年不忘于哀思,斯为孝。儒家言,三年之丧,自天子达于庶人。"(《论语新解》)

"百善孝为先","爱敬尽于事亲,而德教加于百姓"(《孝经·天子》)。

三年之丧,古礼、古制。

礼以时为大!时代变了,礼制也随之变化。

但无论时代潮流怎么变,孝敬父母之心永不能变。

礼仪随时而变,但礼的精神永存。

父母之恩,峻极于天。

14.41 子曰:"上好礼,则民易使也。"

"上"和"民"是相对的。

"上",上位者。"民",下位者。

"上",君主。"下",大臣。

"上",政府。"下",百姓。

"礼",是一种约定好的制度。

礼制杀人,是对一种制度的愚守和滥用。

《论语·为政》有云:"为政以德,譬如北辰,居其所而众星共之。"

上位的"为政者"以德"好礼",下位的"众星"各就其位,"拱之",紧紧团结在"为政者"周围。

"使",学者们多翻译为"使唤""听命""听从指挥"等。

一个人的行动,一般有两种:一种是被动地听从上级的指派,由外而内;一种是主动地承担使命,由内而外。

仁、义、礼、智、信,五位一体。

上位者,不仁不义,哪来的真心"好礼"?"礼",遵道而行。

下位者,看到上位者真心"好礼",才会唤醒自己的使命、才智、信用。

钱穆先生翻译:"在上位者能知好礼,在下民众就易于使命了。"(《论语新解》)

上行下效!

上行下效,不是上面做什么,下面也做什么;上面说什么,下面也说什么。

表忠心,不是靠嘴巴,而是靠行动。

上行，上位者行大道，"大道之行也，天下为公"。

下效，下位者尽使命，"天生我材必有用"。

上好礼，社会才会有序。

民易使，百姓自有尊严。

14.42　子路问君子。子曰："修己以敬。"

曰："如斯而已乎？"曰："修己以安人。"曰："如斯而已乎？"曰："修己以安百姓。修己以安百姓，尧舜其犹病诸！"

子路三问，孔子的回答层层递进。

"子路问君子"，子路第一问向老师请教君子之道。

孔子回答说："修己以敬。"

"敬"，恭敬，敬畏。凡事不可马虎。

以敬自修，君子之道。

恭敬则诚明，诚明则知不足，修己而长进。

天生吾命，不易，当万般珍惜。我为何而来？使命。找如何度其一生？"修己以敬。"

反求诸己，内省慎独。

子路第二问："如斯而已乎？"这样就够了？

"修己以安人"，"安"，安住，安达。人者，仁也。不断地修己，以达到仁者的境界。

这是对内而言。

子路的第三问，孔子的回答就是对外而言了。

"修己以敬"，不能仅仅做个"自了汉"，自己满足了就完事了。不仅要独善其身，更要兼济天下。

"修己以安百姓"，毓老师说，要"博施济众，使百姓都安居乐业了"（《毓老师说论语》）。

"如有博施于民而能济众，何如？可谓仁乎？"（《论语·雍也》）

"修己以安人"，小仁小义；"修己以安百姓"，大仁大义。

由内到外，由小到大。

《尚书》的"尧典"称赞尧之德是"钦明文思，安安"。"安安"，前一"安"，"安人"，后一"安"，"安百姓"。

"修己以安人，修己以安百姓，尧舜其犹病诸。"

"病"，苦其不足。"尧舜其犹病诸"，尧、舜尚嫌有不能。可见，"安人""安百姓"这两件事永无止境。那么，修己之事也永无止境。怎能说"如斯而已乎"？

我们常常犯子路的毛病，"如斯而已乎"。在知识的道路上，只求其一，不求其二，更不求其三；在做事的过程中，也是如此。"如斯而已乎"，得过且过。关键还犯了方向性的错误，不"修己"，而是老求外。

"修己以敬"，习以为常！

看似不可能而能者，皆如此。

不要老隔着窗户看风景。

"修己以敬"，君子的用功处。

"安人"，小乘，小成。

"安百姓"，大乘，大成。

"尧舜其犹病诸",永无止尽!

程颐曰:"君子修己以安百姓,笃恭而天下平。惟上下一于恭敬,则天地自位,万物自育,气无不和,而四灵毕至矣。此体信达顺之道,聪明睿知皆由是出,以此事天飨帝。"(《四书章句集注》)

14.43 原壤夷俟。子曰:"幼而不孙弟,长而无述焉,老而不死,是为贼。"以杖叩其胫。

孔子批评人的话很多。但孔子"打人",在《论语》中就此一处。

孔子"打"的是谁?是孔子从小就相识,一起长大的故人原壤。

"以杖叩其胫",孔子用自己的拐杖击打了原壤的小腿。

原壤是孔子的老相识。

"夷",蹲也。

坐无坐相,站无站姿。古时人们席地而坐,两足向后,在臀下。

原壤蹲在地上等候孔子。孔子说:"(你)小时候不知谦逊孝悌,长大了,也没有可陈述的作为,到老了,(现在)还不死,真是一个贼。"

朱熹注曰:"贼者,害人之名。"(《四书章句集注》)

哀其不学习,怒其不长进,怨其不积德。孔子骂得如此狠,还不解恨,"以杖叩其胫"。

"孔子既责之,而因以所曳之杖,微击其胫,若使勿蹲踞然。"(《四书章句集注》)

看孔子多可爱!你身边如果也有原壤这样的人,你会骂他打他吗?

现代,多的是"事不关己,高高挂起"者,表面看是怕惹人,内心是爱惜自己羽毛。

《孟子·离娄下》中曰:"何以异于人哉,尧舜与人同耳。"孔子也一样,和我们是相同的,但他爱憎分明,真心一片,光明通透。

孔子杖旧故,有人问:"孔子情商高吗?"

"活泼泼的",孔夫子也。

关键的问题,你我是不是现代的原壤?

你我的幼年、中年、老年是怎么过的?

我今晨读到圣贤之书,耳边响起"春秋"杖声。

> 14.44 阙党童子将命。或问之曰:"益者与?"子曰:"吾见其居于位也,见其与先生并行也。非求益者也,欲速成者也。"

"阙党",孔子故里。后人皆认同孔子家在今日的山东曲阜阙里。《荀子·儒效》中记载孔子"居于阙党"。

三岁看大,七岁看老!

"阙党童子将命",阙党童子跑腿。

钱穆先生译为"阙党有一童子,为宾主传命"(《论语新解》)。

其实,这句话的意思就是在孔子的家乡阙党,有一位童子,在帮主人做事,"或问之曰:'益者与?'"旁边有个人问孔子:"您觉得这个孩子渴望长进吗?"

"益",谦受益,满招损。"益者与",这童子的学问有进益吗?这童子有眼识劲吗？是真心向人学习吗？未来有出息吗？

我们也会经常做这样的事。

孔子说："我看见他坐时坐在了长者的位子上，未居于学之位。出行与先生并列（没有像晚辈一样，后错一肩）。"孔子就是从一个人的日常举止，来判断这个人是否是真学者的。

细节处，就是你的"狐狸尾巴"。

"非求益者也，欲速成者也。"欲速不达！

如果真对自己的生命负责，就应该时刻放空自己，见贤思齐，从点滴学起、习起。

"居位""并行"，这些日常礼仪不是人生来就懂的，但你可以看他人怎么做，问他人怎么做。

学历不等于学力，真正的学习力才是阅历。

人之一生来之不易。所以，做任何事，都要眼到、手到、心到。"求益者"，能看到外界的益处，美好之处，看到别人的优点，要真心赞赏。

学习，是为了改变自己的气质。

一个真正渴望长进的人，无处不是学习机会，无事不是修行道场，无时不是修正训练。

何"欲速成"？速成之后干什么，就为了早死？

《论语》的每一句话，都是教人如何为人，如何处世。

阅读了万本书，最后成为了呆子；经历了千件事，还不知做事的道理，真是空活百岁！

真把自己放空了，一切倒好说了……

卫灵公第十五

15.1 卫灵公问陈于孔子。孔子对曰："俎豆之事，则尝闻之矣。军旅之事，未之学也。"明日遂行。

邓小平说："和平与发展是当今世界的两大主题。"

中华文化是"和"的文化，"和为贵"。

卫灵公，卫国国君。卫灵公好战，"问陈于孔子"。"陈"者，阵也，战事，"谓军师行伍之列。"

有战争就会有伤亡，遭殃的还是百姓。孔子厌战！

"俎豆"，礼器。"军旅"，古代军队编制的名称。郑玄曰："万有二千五百人为军，五百人为旅也。"（《论语义疏》）

孔子回答孔灵公："关于礼制的事，我倒听说过（有一知半解），（至于）练兵打仗的知识，我从未学习过。"

"卫灵公，无道之君也，复有志于战伐之事，故答以未学而去之。"（《四书章句集注》）

郑玄曰："军旅末事。本未立，不可教以末事也。"皇侃接着解读："本，谓文教也。灵公未能文，故不教之武者也。"（《论语义疏》）

知其白，守其黑。不是孔子不知，是圣人有坚守，有底线！

"孔子反对战争，主张以礼治国，故答：'战争之事，没有学过。'"（《毓老师说论语》）

司马迁记载："灵公问兵陈。孔子曰：'俎豆之事则尝闻之，军旅之事未之学也。'明日，与孔子语，见蜚（飞）雁，仰视之，色不在孔子。孔子遂行，复如陈。"（《史记·孔子世家》）

"明日遂行。"我今晨读《论语》，有无尽的伤感！千百年来，红尘滚滚，看人山人海，来者皆为利，去者皆为利。为道而去者，孔夫子；为道而来者，还有谁？

"道不同，不相为谋！"但能真正做到的，历史上又有多少人？

卫灵公想发动战争，"明日遂行"，想一走了之。

想想若我们遇到此事，就算能拿得起，但真能放得下吗？

15.2　在陈绝粮。从者病，莫能兴。子路愠见曰："君子亦有穷乎？"子曰："君子固穷，小人穷斯滥矣。"

上篇提到孔子和卫灵公"道不同，不相为谋"，则"明日遂行"。本篇首句就是"在陈绝粮"。

根据《史记》的记载，孔子在离开卫国后，并不是直接去了陈国，而是其中还经历了许多人生波折："明日遂行，初往曹，曹不容。又往宋，在宋遭匡人之围。又往陈，遇吴伐陈，陈大乱，故乏绝粮食矣。"（《论语注疏》）

就像电影一般，配角子路和主角孔子再次登台，师生俩在讲出流传千古的台词之前，作了充分的铺垫。

第一站，孔子一行从卫国离开，去了曹国，"初往曹，曹不容"。偌大的曹国，容不下孔子一行。

第二站，从曹国出来，去了宋国。"又往宋，在宋遭匡人之围。"路过匡地，遭匡人围困五天，生死未卜，弟子们一片慌乱。而孔子却在这里留下了震撼古今的名言："文王既没，文不在兹乎？天之将丧斯

文也,后死者不得于斯文也;天之未丧斯文也,匡人其如予何?"(《论语·子罕》)

第三站,到了陈国。"又往陈,遇吴伐陈。"孔子一行到陈国的时候,正赶上了吴陈之战。此时,他们已贫困潦倒,断顿绝粮,前程未卜。

"从者病,莫能兴。"跟随孔子的弟子们又累又饿,都病倒了。

"子路愠见。""愠",即带着一种难看的脸色或抱怨之气去见老师。"愠见",当细细体量。"人不知而不愠,不亦君子乎?"(《论语·学而》)

师徒俩的对话开始。

子路曰:"君子亦有穷乎?"是质问?是嘲笑?是激将?是发怨,还是饿疯了的失言?

穷者,没有出路;贫者,没有钱财。

人,不怕贫,就怕穷。

贫,能通过自己的努力而改变。

穷,心如死灰。

名师之下有高徒,子路的话够狠的。"君子亦有穷乎?"

如果子路问你,你将如何回答?

家贫出孝子,国难见忠臣。

危难之时方显英雄本色。

"君子固穷,小人穷,斯滥矣!"

劈头一巴掌。毓老师说过,圣人骂人不见血。

孔子在匡地,已超越生死;在陈国遇到穷困又算得上什么?

是君子,还是小人?危难时刻,方见分晓!

"小人穷斯滥矣","滥",没有了底线。小人到了贫困的时候,就没有了脸,没有了做人的尊严,无事不作。

反过来看,小人达,就不"斯滥矣"?

《礼记·坊记》中曰:"小人贫斯约,富斯骄;约斯盗,骄斯乱。"

"君子固穷",人生起起落落,君子难免也有穷的时刻。"穷则独善其身",随遇而安。

"困而不失其所亨,其唯君子乎。"(《周易·困卦》)

"君子固穷……"

君子固贫、穷、富、贵、高、低、尊、贱……

"君子固本",在贫穷、富贵之中巩固那个"本","本立而道生"。

我们所有的遭遇,都是一份人生的构成;我们所有的得失,都是人生的修炼课堂。

无好无坏,无对无错,无忧无怨,无是无非……

面对是命,当下是佛!

《中庸》有云:"君子素其位而行,不愿乎其外;素富贵,行乎富贵;素贫贱,行乎贫贱;素夷狄,行乎夷狄;素患难,行乎患难;君子无入而不自得焉。"

"君子固穷",素位而行!

15.3 子曰:"赐也,女以予为多学而识之者与?"对曰:"然,非与?"曰:"非也,予一以贯之。"

孔子说:"子贡呀,你以为我是(因为)多方面学习而通达的吗?"

子贡回答:"是的。难道不是这样吗?"孔子说:"不是的,我是以一来贯通的。"

"一以贯之",真的很令人费解,但这却是孔子之学的核心秘密。

这个"一"是什么?

在《论语·里仁》中,孔子曰:"参乎!吾道一以贯之。"曾子曰:"唯。"

子出,门人问曰:"何谓也?"曾子曰:"夫子之道,忠恕而已矣。"

曾子的话可靠吗?他当时就在孔子的身边,孔子是对他说的"一以贯之",曾子之言是孔子原意的转述吗?

曾子当时为什么不再问一句:老师,您说的"一"是什么?

孔子之道,是用"忠恕"贯穿始终的吗?

"忠"者,尽己之所忠。"己所不欲,勿施于人";"恕"者,"己欲立而立人,己欲达而达人"。

但"忠恕"是二,不是一呀!

毓老师说:"一者,元也。""元者,善之长也。""君子体仁,足以长人。"(《毓老师说论语》)

更多的人认为,孔子的"一"就是"仁"。

这个"一"究竟是什么?是什么使孔子能贯通万事万物,并坚守一生呢?

老子曰:"道生一,一生二,二生三,三生万物。"

"生一",反之,一生。

孔子的一生,以"一"贯通他整个生命的过程。

常听创业者说:"我们一生只做一件事情。"其实,这只描述了事物的表层,应该是我们在一个行业做了无数事情,去探索和践行这个行业的"一"。

张居正说:"按一贯之旨,即尧舜以来相传心传,非子贡学将有得,孔子亦未遽以语之也。学圣人者,宜究心焉。"(《张居正讲评〈论语〉》)

心法?传承?

这个"一"是尧舜以来传承下来的吗?

"一以贯之",精一,一贯。

观孔子一生,"吾十有五而志于学,三十而立,四十而不惑,五十而知天命,六十而耳顺,七十而从心所欲,不逾矩",其七十三年的生命历程,总有个"一"贯穿始终。他在列国周游的过程中,即使是在最艰难之时,仍临危不惧,坚守道一。

再看孔子的话,无论是论政治,谈财经,说学问,讲做人,也有一个"一"统领始终。

"昔之得一者:天得一以清,地得一以宁,神得一以灵,谷得一以盈,万物得一以生,侯王得一以为天下正。"(《道德经》)

孔子十五岁"志于学",学"一"。

三十而立,立于"一"。

四十不惑,不惑于"一"。

五十知天命,天命就是"一"……

"吾道一以贯之",有吾道,有人道,也有天道。

孔子之道,合天道,即是"天人合一"。

天人合于一者,即是大道,"大道之行也,天下为公"。

孔子"一以贯之"。

吾辈的"一"是什么?偶有"一",能否"贯之"?

"吾道一以贯之",意味悠远,气势磅礴,如长江之水,似泰山之巅，流传千古，浸润心田……

15.4 子曰："由！知德者鲜矣。"

"由"，子路名。

"鲜"，少也。

孔子说："子路呀，懂得'德'的人实在太少了。"

这好像是孔子晚年时期的话。

上一篇，孔子告知子贡，"予一以贯之"。

再上一篇，孔子见子路愠色而曰："君子固穷。小人穷，斯滥矣。"

本篇孔子告知子路"知德者"甚少。

可见《论语》的编排是很讲究的。

有德之人才能理解孔子去卫赴陈之行，而不至于问出"君子亦有穷乎"的问题。

有德之人才知孔门大学问的精深之处，而不是只知"多学而识之"也。

有德之人才知知德、成德之难，直告子路"鲜矣"。

孔子是有德者，子路常常也把"德"挂在嘴边。

朱熹注曰："德，谓义理之得于己者。非己有之，不能知其意味之实也。"（《四书章句集注》）

钱穆先生说："德必修于己而得于心，非之实有之，则不能知其意味之深长，故知者鲜也。"（《论语新解》）

"大成若缺，其用不弊。大盈若冲，其用不穷。大直若屈，大巧若

拙,大辩若讷。"(《道德经》)

大德不言,下自成蹊。

毓老师说:"'德',行为的结晶,行之得于心者,行为与良知相合。"(《毓老师说论语》)

自得其乐,自德才有真乐!

在天曰道,在人曰德。一个人,一旦走上了自德之道,其乐则无穷也。

15.5 子曰:"无为而治者,其舜也与?夫何为哉?恭己正南面而已矣。"

无为不是不作为,无为是超越有为的一种作为。

恭己,"居敬而行简"(《论语·雍也》)。

恭己正南面,过去君王都是正南面而坐,意思是尽为君之责。恭己,敬畏自己的职位;正南面,在其位谋其政。尽职尽责。

孔子说:"能无为而治的,应该是舜帝了吧!(你能数得出)他做了什么?只是庄严端正地坐在朝廷上罢了。"

所有的作为都是有成本的。

贤者在位,能者在职。因为贤者能用能者,而能者比贤者有更高的做事能耐和效率。

钱穆先生说:"无为而治:任官得人,己不亲劳于事。"(《论语新解》)

"为政以德,譬如北辰,居其所而众星共之。"(《论语·为政》)

"北辰",有自己的位置;"众星",有自己的轨道。

《论语·泰伯》有云:"舜有臣五人,而天下治"。

舜能选到能人,解决天下的问题。

因为孔子是有为者,他能了解无为的妙处。

《道德经》有云:"天之道,利而不害;人之道,为而不争。"

因舜不争,所以为而无为;因舜善利,所以为而无所不为。

15.6 子张问行。子曰:"言忠信,行笃敬,虽蛮貊之邦,行矣!言不忠信,行不笃敬,虽州里,行乎哉?立,则见其参于前也,在舆,则见其倚于衡也,夫然后行!"子张书诸绅。

几家欢乐几家愁!

我昨晚听了一晚的鞭炮声,今晨起来,看到满屏又是武汉疫情。大年初一,是该处于欢乐中,还是置于悲痛中?人生,真的不容易!

我们还是继续学《论语》吧。

孔子的弟子子张向老师"问行"。"行",出门在外,如何行事?

"言忠信,行笃敬",走遍天下都不怕。"蛮貊之邦",就是到未开化之地也是一样的。

"言不忠信,行不笃敬",就是在州里,在故乡,你也寸步难行。

心里好好想想,孔子的教诲有没有道理?

"言忠信,行笃敬",六字做人方略!

蒋伯潜先生说:"忠者,言语发自中心,即不说违心之言也。信者,不说诳言，不失约，就叫作'言忠信'。笃者，厚厚实实。敬者，恭恭敬敬。这样做人，叫作'行笃敬'。"（《新刊广解四书读本》）

"立，则见其参于前也。在舆，则见其倚于衡也。"

孔圣人教我们如何参悟，如何修行。

"立"，则"参于前"。站立的时候仿佛能看见"忠、信、笃、敬"四个字浮现眼前，可在一言一行中不断省悟这四个字。

"在舆"，则"倚于衡"。"衡"，车前横轭。"舆"，车厢。坐在车厢之内，"忠、信、笃、敬"就好像车前横轭。我们抓住它，依附它，不断前行。

我惊叹孔子的智慧，也常常佩服孔子的文采。

子张书诸绅，"绅，大带之垂者。书之，欲其不忘也"（《四书章句集注》）。子张把老师的这句话写在了他随身常束的腰带上，作为座右铭。

看看孔子的学生，就知道我们为什么不行了。

程颐曰："学要鞭辟近里，着己而已。博学而笃志，切问而近思；言忠信，行笃敬；立则见其参于前，在舆则见其倚于衡。""其次惟庄敬以持养之，及其至则一也。"（《四书章句集注》）

人生难吗？说难很难。

人生易吗？说易也易。

毓老师说："种瓜得瓜，种豆得豆。世事没神话，有一定的公式，不会有多少奇迹出现。不论是处于造次或是在颠沛之中，皆见到'言忠信，行笃敬'。'夫然后行'，要这样，然后行得通。"（《毓老师说论语》）

一代大儒张居正，他不会错失教导皇帝的机缘。他说："按此章之言，不独学者切己之事，在人君尤宜致谨，人君一言失，则天下议之；

一行失，则天下背之，甚则怨之詈之。非细故也，诚能忠信笃敬，则所谓至诚与天地参者，亦不外此，而况于人乎，所以说王道本于诚意。"（《张居正讲评〈论语〉》）

昨晚是十二年来，我第一次安静地坐在电视机前，看了一会儿春晚。但昨夜最感动我的事，还是在微信群里，看到我读清华经管学院EMBA时的同学郑杰的妈妈李兰娟院士，大年之夜带领浙江135名医务人员驰援武汉。

我想起了2003年，当时SARS暴发，经历了千难万难，我们创办的中央电视台《大家》栏目开播。栏目播到钟南山院士时，他身上的大家风范感动了整个中国。

钟院士今年已84岁，李院士也已年纪不轻了！

《大家》栏目，在2019年停播了，仅仅十六年，永远离开了央视舞台……

武汉，在重疫之中……

湖北，在疫情之中……

"言忠信、行笃敬"，今天这场疫情如果要让孔老夫子看见了，他会怎么说？

15.7 子曰："直哉史鱼！邦有道，如矢；邦无道，如矢。君子哉蘧伯玉！邦有道，则仕。邦无道，则可卷而怀之。"

孔子在此篇评价了两个人。

一是史鱼,卫大夫。"直",正直。"直哉",太正直了。邦国有道,像一支飞出的箭,勇往直前。邦国无道,他还是那个样子。

举史鱼的例子,据《韩诗外传》记载,卫大夫史鱼病重,临终前对他的儿子说:我无数次举荐蘧伯玉,但都没成功;我也无数次地举报弥子瑕,但他也没有被撤职。作为一个大臣,我活着的时候,不能进贤而退不肖,死后不能在正堂为我治丧,在侧室治丧,我就满足了。卫国君主问其故,他的儿子如实报告,卫君听后,说"造然召蘧伯玉而贵之,而退弥子瑕,从殡于正堂,成礼而后去"。"生以身谏,死以尸谏,可谓直矣。"

二是蘧伯玉。他识时务,知进退。政治清明,便出来做官,政治黑暗,就隐居起来了。

孔子没说史鱼不好,"人之生也直""举直错诸枉,能使枉者直",但却称蘧伯玉为君子,"可以仕则仕,可以止则止,可以久则久,可以速则速"。

蘧伯玉"卷而怀之","言其退隐不仕,好像一幅画,捲拢来,藏在怀里,使人不见其才也"(《新刊广解四书读本》)。

"卫多君子,其国无故。"(《史记·卫康叔世家》)

卫国为何君子多?这才是我们要思考的问题。

15.8 子曰:"可与言,而不与之言,失人;不可与言,而与之言,失言。知者不失人,亦不失言。"

"知者",智者也。

"失",错过,错失。

可言之人,必是志同道合者;可言之言,非鸡毛蒜皮之事。

知音难觅,知己难寻。遇"可与言"之人"而不与之言","失人",错过了与此人交心的机会。

芸芸众生,遇到的为何是你?

沧海桑田,闻到的为何是此言?

话不投机半句多,"道不同不相与谋"。"不可与言"者,不是你的谈话对象,你非要"与之言",必"失言"。言而无信,是因为你选择"言"者时,就已错了。

张居正的解读甚好,抄录在这里,孔子说:"人之识见,有浅深不同,而我之语默,贵施当其可。彼人有造诣精深,事理通达,这是可与言的人,却乃缄默而不与之言,是在彼有受言之地,而在我无知人之明,将这样好人不识得,岂不是失了人?若其人昏愚无识,或造诣未到,这是不可与言的人,却乃不择而与之言,在彼则不能听受,在我则徒为强聒。可惜好言语轻发了,岂不是失了言。惟夫明知之人,藻鉴素精,权衡素审,一语一默,咸适其宜。遇到可与言的人,即与之言,既不至于失人;遇到不可与言的人,即不与之言,亦不至于失言,此其所以可法也。"盖君子一言以为知,一言以为不知,知与不知,只在一言之间,言之不可不慎如此。(《张居正讲评〈论语〉》)

选对的人,说对的话,永远是人生的智慧。

人生,走的是向上的一条线,还是向下的一条线,与选什么人同行有关。

圣言,不是每个人都愿意听的。你能听得见,又能听得懂,是因为你已有了一颗贤者的心。

《周易·乾卦》有云:"同声相应,同气相求。水流湿,火就燥,云从龙,风从虎,圣人作而万物睹。本乎天者亲上,本乎地者亲下,则各从其类也。"

反省之,你在成长的过程中,失过多少人,又失过多少言?

15.9　子曰:"志士仁人,无求生以害仁,有杀身以成仁。"

今晨,感觉自己能量很足。五点起床,写完一篇省悟,欲罢不能。于是再来一篇。

或许我们当下丧失了阅读的能力,或者说,我们原来就没训练自己的这种能力。

在疫情中,当需要我们集体安静下来时,发现自己已无法进入安静的状态了。

媒介是珍贵的资源,却传播诸多低俗的内容;我们宝贵的生命,消费在无聊的奔波之中。

这是一个最好的时代,这是一个最坏的时代。

面对疫情,我们是否能思考一下,一个人究竟为何而生,为何而死?

孔子说:"(那些)志士仁人们,绝没有为了自己苟且偷生而损害仁义的,倒是有牺牲自己来成全仁义的。"

孔子之言,在今天依然有例证。钟南山院士、李兰娟院士就是如此。

康有为说:"仁者,近之为父母之难,远之为君国之急,大之为种族宗教文明之所系,小之为职守节义之所关。见危授命则仁成,隐忍偷生则仁丧……哀莫大于心死,而身死次之。"(《论语今读》)

"知进退存亡而不失其正"即是仁人,为成己而害人就是畜牲。

宋代大儒程颐曰:"实理得之于心自别。实理者,实见得是,实见得非也。古人有捐躯陨命者,若不实见得,恶能如此?须是实见得生不重于义,生不安于死也。故是杀身以成仁者,只是成就一个是而已。"(《四书章句集注》)

国难思良将,家贫出孝子。

今生,纵然做不了"志士仁人",但此刻,一定要做一个守规的公民!

15.10 子贡问为仁。子曰:"工欲善其事,必先利其器。居是邦也,事其大夫之贤者,友其士之仁者。"

我小时候看农村的木匠做家具,他们先是把自己用的斧子、锯子、凿子等工具,磨得无比锋利,才开始干活儿。"工欲善其事,必先利其器",可谓"磨刀不误砍柴功"。

子贡问为仁之道?孔子说:"工匠要干好他的事情,必须先磨好他的工具。在一个邦国作官,就要事奉有贤德的大夫,结交那些践行仁德的士人。

子贡,何许人也?

孔子在卫国时,齐国要攻打他的母国鲁国。孔子派子贡出马,子贡靠一张嘴"保全鲁国,扰乱齐国,灭掉吴国,使晋国强大,使越国称霸"。

孔子曾表扬子贡:"现在可以与你谈诗了。我说过去,你便知道未来。"(《孔子纪行》)

这一篇,孔子是点拨子贡的,而不是点拨后来的我们。我们要从孔子的点拨之中寻求现在的意义。

境界有高低,涵养有深浅。

你没看见,是因为你还没走到那个台阶上。

《道德经》有云:"下士闻道,大笑之,不笑不足以为道。"

你一发言,圣人便知你几斤几两。

子贡非一般人,子贡向孔子请教"为仁"之道。

但子贡的问题,不是你我的问题。我们不仅要知其一,知其二,更要知其三,才能融会贯通。贯通了,"六经"才能"注我"。否则,经还是经,你还是你。

"工欲善其事,必先利其器",这是孔子给子贡举的例子。

钱穆先生说:"工无利器,不能善其业,犹人无材德,不能尽其仁。器不自利,必经磨砺,亦如人之材德,必事贤友仁,然后得所切磋熏陶而后能成也。仁者,人与人相处之道。仁德必于人群中磨砺熏陶而成。有其德而后可以善其事,犹工人之必有器以成业。"(《论语新解》)

"事其大夫之贤者,友其士之仁者。"

一"事"一"友",一"事",见贤思齐;一"友",以友辅仁。"所事所友,皆己德行之助,可资以砥砺,故宜慎选之也。"(《论语正义》)

毓老师说:"明己之志即工,志立之后,先利器,利器者交友之谓

也。"(《子曰论语》)

"工欲善其事，必先利其器。"

先"利其器"，才"善其事"，若先后颠倒，就本末倒置了。

没有"利"的功夫，哪来的"善"的本领？

"癞蛤蟆"人人都会做，"天鹅肉"凭什么就该你吃？

15.11 颜渊问为邦。子曰："行夏之时，乘殷之辂，服周之冕，乐则《韶》《舞》。放郑声，远佞人。郑声淫，佞人殆。"

颜回请教治理邦国之道。孔子说："推行夏代的历法，乘殷代的车，戴周代的冕，采用舜时《韶》的乐舞。摒弃郑国的曲调，疏远光讲好话的人。因郑国的曲调低俗，而佞人太危险了。"

具体问题具体分析。

颜回之问，问的是春秋时的为君之道，而不是今日的治国之方。

孔子的回答，看似凌乱，其中却有一条主线。

夏时、殷辂、周冕、舜《韶》，既保留优秀传统，又能推陈出新，与时俱进。

"放郑声，远佞人。郑声淫，佞人殆。""放"，禁绝。"郑"，郑国，今河南郑州一带。"佞人"，貌似神似之人，口才好，尽捡好话说，捡人爱听的话说。

对比来看，孔子还是喜欢质朴、厚重的。尚礼乐，倡导向。

"程子说，夏商周三代之制，皆因时而有损益，及其日久，不能无

弊，周衰，圣人不作，孔子斟酌先王之礼，立万世当行之道。"（《子曰论语》）

人，最难改变的是自己的观念，空谈"知行合一"没用。哪一个人不知晓知行合一？关键是要有良知，合以良行。

"祖宗之法"能变还是不能变，我们争论了几千年。

"行夏之时，乘殷之辂，服周之冕，乐则《韶舞》。"在变中求不变，在不变中求变。

"行夏之时"，孔子之言一直影响我们到今天。

农历，就是夏历。夏、商、周，"三代岁首的正月，各自不同，周以阴历十一月为正月，殷以阴历十二月为正月，只有夏以阴历一月为正月。孔子认为尧所制定且奉行至夏的夏历最好，所以后世应行夏历之时，这个历法直至民国才改采阳历"（《子曰论语》）。

15.12　子曰："人无远虑，必有近忧。"

再过109天，我就完成了《论语》一书的第一遍省悟解读。我计划十年后，再来第二遍省悟。一本书，可以读一辈子，那就是《论语》。

走过来了，你就会觉得如此的平淡。只有体会平淡的味道，人生才会渐渐地饱满起来。

我们经历的"大惊小怪"太多了。在无数的"大惊小怪"中，我们只能一次次地验证自己的幼稚和冲动！

天不会塌下来的，因为天是空的。

人往往是自己把自己吓死的。你止步不前，又怪谁拖住了你的后腿？

一切都会过去的，新冠疫情也一样。

我们还是继续学《论语》吧。

子曰："人无远虑，必有近忧。"

想想我们说过的名言警句，有多少是来自《论语》？孔子，是中华文化的集大成者，学中华文化，必须从孔门之学入手。

这句话，钱穆先生翻译得特别好，我抄录在这里，先生说："一个人若不能有久远之虑，则必然有朝夕之忧。"（《论语新解》）

一个人有了真正的"远虑"，其实就没有"近忧"了。

"远虑"，长远的、远大的忧虑，鸡毛蒜皮的事，能构成远大吗？

"君子有终身之忧，无一朝之患也。"（《孟子·离娄下》）

"远""近"，地域也。老想着自己的那一亩三分地，哪来的远虑？

"远""近"，时间也。老看着眼前的小利，哪来的远虑？

刚读到《从世界看中国》一书，其中有一篇文章《大同理想与小康现实》，这是周有光于2009年3月25日写的，写这篇文章时，周先生104岁。想想百岁老人的远虑，再看看50岁我们的近忧，真是感慨万千！

周先生在2010年10月8日，又写了一篇文章《从大同论到理想国》，这一年，他105岁！

《荀子·仲尼》有云："智者之举事也，满则虑嗛，平则虑险，安则虑危，曲重其豫，犹恐及其祸；是以百举而不陷也。"

人要有了远的规划，就没有近忧的工夫了。大不了重来，就此涅槃！大丈夫当有如此气概。

朱熹引苏氏曰："人之所履者，容足之外，皆为无用之地，而不可废也。故虑不在千里之外，则患在几席之下矣。"（《四书章句集注》）

皇侃曰："人生当思渐虑远，防于未然，则忧患之事不得近

至。"(《论语义疏》)

王弼云:"存不忘亡,既济不忘未济也。"(《周易注》)

人无远虑,必有近忧。

人无远虑,也无近忧,只有当下,可能吗?可能。但持久的、无间断的当下,必是大悟后的超越。无远近、无忧虑,也无快乐,如无风的湖面,平静清亮,垂柳依依,飞虫叽叽,但没有半点涟漪。这是小说描述的画面,是大彻大悟的境界。

子曰:"人无远虑,必有近忧。"《周易·既济》有云:"君子以思患而豫防之。""既济。亨小,利贞。初吉,终乱。"

人当如此,国也一样。

15.13 子曰:"已矣乎!吾未见好德如好色者也。"

前面的《论语·子罕》中有同样的话,只不过少了"已矣乎"三个字。

为什么会重复呢?

"已矣乎"用我儿子的话说,就是"得了吧"。

孔子说:"打住吧!我从没见过像喜欢美貌一般喜欢美德的人。"

钱穆先生说:"孔子论学每言好,如言好德好仁好礼好义皆好也。好色亦好也。有志于学者,当先辨己心所好,此义至深长,不可不善自反省。"(《论语新解》)

因这句重复,此处不再详解。

这里想再次摘录熊十力先生的一段话:"念罔极而哀凄,痛生人之迷乱。空山夜雨，悲来辄不可抑；斗室晨风，兴至恒有所悟。上天以斯文属余，遭时屯难，余忍无述？呜呼！作人不易，为学实难。吾衰矣，有志三代之英，恨未登乎大道。（言未能登斯世于大道也。用顾宁人语）不忘百姓之病，徒自托于空言。天下后世读是书者，其有怜余之志，而补吾不逮乎？"（《读经示要》）

熊先生的心声，我今晨再读，无比感叹。中华文化的传承，必须一棒接着一棒。

"吾未见好德者如好色者也"，孔子似乎也在说，"其有怜余之志"，而后继有人哉？

孔子之叹，并没有将"好色"与"好德"对立起来。"食、色，性也；德行，非性（自然之性）也。"（《论语今读》）德行是超越食色的人类自觉。

毓老师说："常人皆见色未见德，所以圣人要人'贤贤易色'。"（《毓老师说论语》）

颜值有时限，德行永留存！

一个人，好色，是其本性；但一个媒体、一个时代，仅仅停留在好色层面，不能超越，不能到好德的层面去进行引导，这个社会的价值观就会出现大的偏差和迷失！

15.14 子曰："臧文仲其窃位者与？知柳下惠之贤而不与立也。"

知贤者而不举荐，等于"窃位"。等于在其位，不谋其政。

这几天，舆论都在关注湖北黄冈市卫健委主任"一问三不知"之事，其意是才能不配官位，但关键的问题是她是怎么"上位的?"

孔子说："臧文仲是偷窃官位的吧？他明知柳下惠是个有贤德的人才，但不把他提拔起来。"

臧文仲见"贤而不与立也"，孔子斥其为"窃位者"。

在今天官场上有多少如"臧文仲"者?

举不贤者而与立，胜过"窃位者"。

想想我们创办中广宽带有限公司的理念：懂使命、知不足、用能人、真干事，正好契合孔夫子的价值理念。

"窃位"，"窃"，偷的。"窃位，言不称其位而有愧于心，如盗得而阴据之也。"（《四书章句集注》）这官位来的不光明，在位者不尽职，有贤人不敢使用，像个"贼"！圣人骂人不带一个脏字。

朱熹引范氏曰："臧文仲为政于鲁，若不知贤，是不明也；知而不举，是蔽贤也。不明之罪小，蔽贤之罪大。故孔子以为不仁，又以为窃位。"（《四书章句集注》）

在《论语·宪问》中，公叔文子之臣大夫僎与文子同升诸公。子闻之，曰："可以为'文'矣。"

孔子听说文子推荐自己的家臣大夫僎同朝做官，便赞其死后可以谥号为"文"了。

文子是他雇佣的家臣，他有贤才，同样举荐。他们同朝为官，他也不以为自己的地位低了。

一褒一贬，其意自现！

再重复一遍，为什么要"贤者在位，能者在职"？因贤者爱才，又不嫉能，真才才有用武之地。有伯乐，才有千里马！

毓老师说:"知贤者而不能用贤,乃光知其一不知其二。尸位素餐,妒贤病国,莫此为甚。"(《毓老师说论语》)

有地位者,最重要的是荐贤给朝廷。臧文仲者,有地位者,知贤"而不与立也",珍爱自己羽毛,是因为他还存有私心。

15.15 子曰:"躬自厚而薄责于人,则远怨矣!"

近代最伟大的思想家熊十力先生说:"孔子闻性与天道不可得而闻,则既闻之矣。然《论语》所记,特详人伦日常,则天道之谈,在《大易》可知。《记》曰:'善言天者,必有验于人。'夫人伦日用,皆天道之著也。《论语》所载孔子之生活,即其体天道之实。(此中体字,非本体之体,乃动词。谓其实现天道于日常践履之间)《易》和《论语》可互证。"(《读经示要》)

毓老师说《论语》是结论之语。

《论语》中的一言一语我们当细细体悟。

孔子说:"君子有三畏:畏天命,畏大人,畏圣人之言。"

当你对经典有敬畏的感觉时,再去读经,才可能改变自身。否则,就是瞎熬眼睛。

孔子是得道者,而《论语》是悟道之言。

为什么有"远怨"?为什么会怨声载道?

这次疫情,人被"怨声"淹没了。我们不是医学专家,我们既不研究冠状病毒,也很难听到理性的声音。

可怕的不是病毒,可怕的是怨声。比病毒传染更厉害的,是人们公共道德的沦陷。

孔子说:"反过身来,刀刃向内,重责自己,轻责别人,这样就远离怨恨了,也少有怨言了。"

"躬",身也。"臣本布衣,躬耕于南阳。"(《出师表》)

朱熹注曰:"责己厚,故身益修;责人薄,故人易从。所以人不得而怨之。"(《四书章句集注》)

在《论语·颜渊》中,樊迟从游于舞雩之下,曰:"敢问崇德,修慝,辨惑。"子曰:"善哉问!先事后得,非崇德与?攻其恶,无攻人之恶,非修慝与?一朝之忿,忘其身,以及其亲,非惑与?"

"攻其恶,无攻人之恶,非修慝与?"批判自己的短处,不批判别人的坏处,不就消除许多无形的怨恨了吗?

董仲舒曰:"故自称其恶谓之情,称人之恶谓之贼;求诸己谓之厚,求诸人谓之薄;自责以备谓之明,责人以备谓之惑。"(《春秋繁露》)

孔子之道,一以贯之!严以律己,宽以待人。

"是故《春秋》为仁义法,仁之法在爱人,不在爱我;义之法在正我,不在正人。"(《春秋繁露》)

"躬自厚",正我;"薄责于人",爱人。何来怨?

15.16 子曰:"不曰'如之何、如之何'者,吾末如之何也已矣。"

孔子说:"不思考'怎么办、怎么办'的人,我也不知道怎么办了。"

"如之何"——"不曰如之何",意思就是不动脑筋。《荀子·大略》有云:"天子即位,士卿进曰,如之何,忧之长也。"说如之何的,是深谋远虑的人。

朱熹亦曰:"如之何如之何者,熟思而审处之辞也。不如是而妄行,虽圣人亦无如之何矣。"(《四书章句集注》)

圣人拿他都没办法。

康有为说:"所谓临事而惧,好谋而成也。盖人之生也,与忧俱来,处世之艰,动生祸变。故作为者多忧患,出入以度,外内知惧,生于忧患,而后死于安乐。"(《论语今读》)

回想康有为的一生,再看"百日维新",可见世事难料,知易行难。

"如之何",如之,怎么办?"是熟思而审处之辞。""未如之何",是无奈他何的意思。

在《论语·子罕》中,有这样一段对话。子曰:"法语之言,能无从乎?改之为贵。巽与之言,能无说乎?绎之为贵。说而不绎,从而不改,吾末如之何也已矣。"

又一个"吾末如之何也已矣"。

孔子说什么呢?

孔子说:"严肃而合乎原则的话,能不接受吗?改正错误才可贵。顺从己意的话,能不高兴吗?分析一下才可贵。盲目高兴,不加分析;表面接受,实则不改,这种人我没办法对付他了。"

可见,孔子说"吾末如之何也已矣"这句话时,已经失望到了极点,大有"朽木不可雕也"之意。

人要有志向,知道我要到哪里去。

人要有志气,有实现志向的气力。

人还要有思考,"如之何如之何",不断求索,不断砥进。

这样才会自助,也得天助,圣人之言能助之!

15.17 子曰:"群居终日,言不及义,好行小慧,难矣哉!"

"群居终日","居",处也。现在说的"一起鬼混",不是在谋划国家大事、个人担当,而是无所事事、虚度韶华地聚在一起。

《论语正义》有云:"夫子言人群居,当以善道相切磋,不可以非义、小慧相诱引也。"

"群居终日",大家能在一起相聚,是同学,还是同事,都是难得的缘分,当倍加珍惜。应当要"以文会友,以友辅仁"(《论语·颜渊》),当"见贤思齐焉,见不贤而内自省也"(《论语·里仁》),而不应整日碌碌无为,"言不及义,好行小慧""难矣哉"。

朱熹注曰:"小慧,私慧也。言不及义,则放辟邪侈之心滋。好行小慧,则行险侥幸之机熟。虽矣哉者,言其无以入德,而将有害也。"(《四书章句集注》)

"群居终日",不读书,不思考,不学习,不实践,"言"怎能"及义"?一出口,就露出自己的浅薄;一发言,就显现自己的无知;一下笔,就知道自己的功夫。

"好行小慧","小慧",小聪明。没有大智慧,就要小聪明。不要以为别人都是傻子,就你一人聪明。自以为是者,以"小慧"荒度一生,直到盖上棺材盖那一刻,还以为自己是最聪明的。

"孔子之言，历他所见，坏人才，害世道，其病非小，有志之士不可不深戒。"(《论语新解》)

"难矣哉"一语定论，很难成功也。

孔子说："君子之取友，本以为讲学辅仁之资也。夫苟群聚而居，至于终日之久，所言者全不及于义理，而惟以游谈谑浪为亲，何行者全不关乎德业，而惟以小事聪明为好。夫然则放辟邪侈之心滋；行险侥幸之机熟。不惟无以切磋而相成，且同归于污下而有损矣。欲以入德而免患，岂不难矣哉？"(《张居正讲评〈论语〉》)

董子竹说："如果你回到自己的内心，审视自己的成长过程，审视自我的经历，尤其是严格审视自己当下心灵的微妙运动，久之，你会一次又一次为圣人的教导拍案叫绝，声泪俱下，长跪不起。"(《论语真智慧》)

董子竹者，当代修行之人……

15.18　子曰："君子义以为质，礼以行之，孙以出之，信以成之。君子哉！"

"义"，宜也。

"孙"，逊也。

义、礼、逊、信，四个字成就一个人。反之呢？不义、无礼、不逊、无信的是什么样的人？

这样比较，人人都理解，关键是做、是行。道理只有在行动中才能验证，行动才能使道理得到升华。

"义以为质","质"者,本也。以义为本。郑玄曰:"义以为质,谓操行也。"(《论语义疏》)

"礼以行之",以礼行之。和人交往,以礼相待。"克己复礼为仁",以礼行仁。

"孙以出之",以逊出之。郑玄曰:"孙以出之,谓言语也。"(《论语义疏》)一个人,说话要谦逊。

"信以成之",以信成之。只有诚信,才能最终成就人。

义、礼、逊、信,四德成就君子。

一百年后的孟子,也就是孔子的第三代学生,把这四德发挥成"仁、义、礼、智"四端。"恻隐之心为仁""羞恶之心为义""恭敬之心为礼""是非之心为智"。

到了东汉,依然是孔门一系的传人,大儒董仲舒,继续扩展四德,将其变成五常。"仁、义、礼、智、信五常之道。"(《举贤良对策》)董仲舒取了孔子四德中的"义、礼、信",取了孟子四端的"仁、智",归结为五常。

到了宋代,又出了一个大儒——朱熹,但他只有解释的份儿了。朱熹曰:"义者制事之本,故以为质干。而行之必有节文,出之必以退逊,成之必在诚实,乃君子之道也。"他又引程子曰:"义以为质,如质干然。礼行此,孙出此,信成此。此四句只是一事,以义为本。"又曰:"敬以直内,则义以方外。""义以为质,则礼以行之,孙以出之,信以成之。"(《四书章句集注》)

"仁、义、礼、智、信"影响中国两千多年,直到今天。

"问渠那得清如许,为有源头活水来"。

到源头处,方知来龙去脉;在下脚前,当思义礼逊信。

这是不是一句《论语》治人生?

15.19　子曰:"君子病无能焉,不病人之不已知也。"

"病",患也。担心,担忧。

孔子说:"君子要常担忧自己没有才能,不要发愁自己有才能而别人不知道自己。"

孔子教我们,要向内求,而不要向外寻。

做最好的自己,日患自己无能,常知自己不足,"见贤思齐""三人行必有吾师"。

百炼成金,是真金在哪里都能发光。

不要把精力浪费在外在的虚名上,"不病人之不已知也"。

在《论语·里仁》中,子曰:"不患无位,患所以立。不患莫己知,求为可知也。"

孔子说:"不要发愁没有职位,要发愁没有(上位)的本领;不要怕没有人知道自己,要追求让别人知道的资质。"

好钢宜用在刀刃上。

在《论语·宪问》中,子曰:"不患人之不己知,患其不能也。"

孔子说:"不要担忧别人不知道自己,要着急自己没有(那个)能力。"

在《论语·学而》中,子曰:"不患人之不己知,患不知人也。"

重要的话,说了四遍。

"君子病无能焉;不病人之不已知也。"孔子的这句话,其实是悟道之语。你能理解,但你不甘心做,为什么?一是你还没有真正悟道,二是你的行为还没有证道。

"正义曰:此章戒人责己也。"(《论语注疏》)"孔子故而劝勉弟子行健不已,修德进业,以厚实自己德能。"许仁图又说:"至于一个人有才有能,却不见世用,那是时运问题。连圣人都不能生时,何况常人呢?但有才能才能时用,无才能时至也会失之。"(《子曰论语》)

自己"无能",别人知道你也无用。

自己"真能",别人不知你也充实!

15.20 子曰:"君子疾没世而名不称焉。"

"没世"谓离世,离开这个世界。

"疾",恨也,也有"以……为急"之意。

"名不称",名和实不相称,或有名无实,或无名也无实。没有什么成就,没有什么名声留给后世,传给后人。

孔子说:"君子,最害怕的是到死的时候,(一生在德和行都未取得任何成就)他的名声也不被后人称颂。"

我姑且这样理解,是基于孔子一贯的思想。所以,我的理解和孔子之后的许多人的注解有所不同。

如果君子以"没世而名不称焉"为疾,那么君子当下该做什么?其实就一目了然了。

所以才有孔子的感叹:"子在川上曰:逝者如斯夫!"

"孔子晚而喜《易》,序《彖》《系》《象》《说卦》《文言》。读

《易》，韦编三绝。曰：'假我数年，若是，我于易则彬彬矣。'"（《史记·孔子世家》）

"假我数年"，上天再多给我几年时间。可惜，自古以来，"生死有命，富贵在天"，圣人也不能生时也。

时光飞逝如流水，切不可浪费一分半秒，应惜时如金。

于是就有："天行健，君子以自强不息。"（《周易·乾卦》）

于是就有："地势坤，君子以厚德载物。"（《周易·坤卦》）

君子"终日乾乾"，因为"疾后世而名不称焉"。

司马迁记载，子曰："弗乎弗乎，君子病没世而名不称焉。吾道不行矣，吾何以自见于后世哉？"乃因史记而作《春秋》，上至隐公，下讫哀公十四年，十二公。据鲁，亲周，故殷，运之三代。（《史记·孔子世家》）

孔子"疾没世而名不称"，晚年奋著《春秋》，"春秋之义行，则天下乱臣贼子惧焉。""后世知丘者以《春秋》，而罪丘者以《春秋》。"（《史记·孔子世家》）

"君子疾没世而名不称焉"，我们以何而"疾"？我们真急过吗？

■ 15.21 子曰："君子求诸己，小人求诸人。"

"求"，责也。"诸"，于也。

一念是佛，一念是魔；一念是君子，一念是小人。

君子要求自己向内求；小人要求别人向外求。

从向外求转变为向内求，小人可变为君子。

从向内求转变为向外求,君子变为小人。

俗话说"求人不如求己",其出处就来自此。

反求诸己,是孔家之学的核心思想。往下发展,就是"内圣外王"。

"正己不求于人","君子素其位而行,不愿乎其外"(《中庸》)。"君子有诸己而后求诸人。"(《大学》)其学统一脉相承。

君子进德修业,常知自己的不足。反求诸己,日省月累。日有所精,其优点日日长进;月有所损,其缺点月月耗损。

"为学日益,为道日损,损之又损,以至于无为,无为而无不为。"(《道德经》)

多看别人的长处,"为学日益";常改自己的不足,"为道日损"。

真正的精进者,深知"心外无人,心外无物"。

"求诸己",专心走自己的路,脚下的每一个台阶,都会有助缘的风景。

"求诸人",老看着别人,就是拥有自己的躯体,也不一定就是自己的。

只有懂得"反求诸己"了,人才步入"不惑"。

只有践行"反求诸己"了,人的修行才真正开始……

忍不住的思念

2003年,SARS降临,我失去了严父。我的父亲因为肝癌,永远离开了我们。

2020年,新型冠状病毒来袭,我失去了恩师。我的高中班主任老师,突发脑出血,永远离开了我们。

人生就是如此无常吗？

我是在2月4日上午知道梁老师出事的。当时，我给北京的一位脑科专家、我的一位好朋友打了电话。他告诉我，梁老师的脑出血太严重了。我说："如果今天早上，你就在康巴什医院，能做手术吗？"他说："就是他在那里，也救不了梁老师！"在我的眼里，他是脑神经科最好的专家。他这样说，那就是上天的安排了。我坐在沙发上，无言无语，脑中一片空白……

2月5日，梁老师弟弟梁建兵两次和我通电话，他们是2月4日从北京开车赶回去的。他告诉我，梁老师戴着呼吸机，不省人事。我们都知道，我们没有办法救她了！

2月6日，2点46分，兵兵又打来电话，我没接前就知道梁老师已经走了。她在2点15分，已经永远离开了我们，永远离开了这个世界！

因为有个天堂在欢迎她，那里永远阳光明媚，那里永远欢乐幸福，那里没有劳累和悲伤，那里没有委屈和不公……

兵兵昨天八点多给我打电话时，我正开着车上班。接完电话，我看见北京的天飘起了雪花。北京又要下雪了，而这场北京的春雪，整整下了两天……

两天来，我戴着口罩，开着车，在雪地里上班、下班。看着漫天飞扬的雪花，我真的忍不住思念。思念我们共同的恩师。从此以后，我们会想念您的，但我们可以再到哪里找您诉说？

您不是大年初三还约我们一家，计划初四到您家吃饭吗？如果早知有今天，我就不会初三晚上飞回北京了。我们失约了，这个约永远不会实现了。

去年一年,我每日四五点晨起,撰写《论语》省悟,写完了,就发给梁老师。2020年元旦后,我就不想单独发了,可没过三四天,梁老师就来了微信,说:"好久没看到你发文了,怎么回事?身体有恙还是年底太忙了?很是担心。"

我回信说:"没事。梁老师。近几天没写。忙并酒多。"

您说:"哦,实在太忙,不一定要天天写,你已经做得很好了,我一直担心你的身体,休息时间太少,不要太累了,一定要保重身体,这是做任何事的前提和保证。你没事,就好,我也放心了。"

您叫我们"一定保重身体",但您的身体危在旦夕,您不知道吗?怎么就不备几片高血压的药呢?大面积的脑出血,一两个小时,就彻彻底底地不行了,没一点办法!

过完年,从鄂尔多斯回京后,我还一直在后悔。后悔我大年初一中午喝多了,给老同学一家找了大麻烦。酒醉后我给您打了电话,给贾海军同学打电话。几通电话,我们晚上聚在了贾海军家里,聚会来了好几个同学。我们还都唱了歌。没想到,这就是我们最后的晚餐,我们最后的绝唱!

15.22 子曰:"君子矜而不争,群而不党。"

"矜",自重。庄以持己。
"群",合群。和以处众。
"党",结党。党同伐异。

孔子说:"君子自重而不争执,合群不结宗派。"

朱熹注曰:"庄以持己曰矜。然无乖戾之心,故不争。和以处众曰群。然无阿比之意,故不党。"(《四书章句集注》)

"乖戾",乖悖违戾,抵触而不一致。"戾",违逆。

"阿比",曲从,迎合。

"君子坦荡荡",则"无乖戾之心",也无"阿比之意"。

其实,在前几篇中,孔子一直在说"君子矜而不争"的道理:

> 子曰:"躬自厚而薄责于人,则远怨矣。"
>
> 子曰:"君子病无能焉,不病人之不己知也。"
>
> 子曰:"君子疾没世而名不称焉。"
>
> 子曰:"君子求诸己,小人求诸人。"

在《论语·卫灵公》中,后世的孔家弟子们把孔子的这些教诲编在一起,是非常讲究和用心的。

君子向内做功,循天理、尽人道。修身养性,庄矜而不争。

毓老师说:"不争,要争最大的,好狗不露齿,方能为'群之首'。君,群之首。"(《毓老师说论语》)

"天之道不争而善胜,不言而善应,不召而自来,绰然而善。天网恢恢,疏而不失。"(《道德经》)

"群而不党",自矜不能不合群。"物以类聚,人以群分。""矜易于争,群易于党,故君子绝之。"(《论语注疏》)

群=君+羊。君子应像在羊群一般和谐相处,而不是做披着羊皮的狼。

"持己莫善于矜，而不争乃所以节矜之过。处众莫善于群，而不党乃所以制和之流。"（《张居正讲评〈论语〉》）

子曰："君子周而不比，小人比而不周。"（《论语·为政》）

子曰："君子和而不同，小人同而不和。"（《论语·子路》）

本篇，孔子又曰君子"群而不党"。

"周而不比""和而不同""群而不党"，孔子对君子的定义，是一种中庸之道，他描绘出的是更高的道德期许。

15.23 子曰："君子不以言举人，不以人废言。"

孔子说："君子不因为一个人话（说得好）就提拔他，也不因为这个人不好就连他的建设性的意见也摒弃掉。"

孔子的话，真是说到家了。我们常常犯的错误是"以言举人""以人废言"。

干得好的不如说得好的。

"言勇者试之以军，言智者试之以官。试于军而有功者则举之，试于官而事治者则用之。"（《管子·明法解》）

"是骡子，是马，拉出来遛遛。"话虽糙但理不糙。

不要只凭说得好听就判断，最终还要看做得怎样。

孔子说"不以言举人"，这个"不"，是不仅仅；"言"是必要条件，不是充分条件。

"有德者，必有言；有言者，不必有德。"（《论语·宪问》）

但是，茶壶里煮饺子也不行。

孔子在此处不是不重视"言",孔门有四科,其中就有言语科。

但是,孔子很早就注意到,有言行不一者,有知行不一者,所以要"听其言,更要观其行"。

"巧言、令色,鲜仁矣。"(《论语·学而》)

中庸之道在孔子的思想中贯穿始终。孔子的境界早已超越了二维世界。他教育人们不要非白即黑,非左即右。"不以言举人",但也"不以人废言"。

上位者,"不以人废言",真的很难做到。

此人好时,就捧上天;此人不好时,就打入地狱。

这是整个时代的浅薄。

要有正确的历史观,客观的"是非"观。

老虎吃人不好,但老虎的雄风可人。

"舜无一不取于人。"

萧何追韩信,刘备三顾茅庐,周文王以姜子牙为师,秦穆公用百里奚为臣,皆是"不以人废言"。"不可以彼人之卑贱而废其美言而不用也。"(《论语义疏》)

"不以言举人,则徒言者不得幸进;不以人废言,庶言路不至壅塞,此致治之机也。"(《四书反身录》)

"正义曰:此章言君子用人,取其善节也。有言者不必有德,故不可以以言举人,当察言观行然后举之。夫妇之愚,可以与知,故不可以无德而废善言也。"(《论语注疏》)

张居正言:"夫用人审,既不至于失人,取善弘,又不至于失言,可以见君子至公之心矣,尧舜静言是惩,迩言必察,正此意也。"(《论语别裁》)

"不以言举人，不以人废言"，毓老师是过来人，他说："守住此话，则做事必成。"（《毓老师说论语》）

做什么事，不是三思而后行？

君子，不易也！

15.24 子贡问曰："有一言而可以终身行之者乎？"子曰："其'恕'乎！己所不欲，勿施于人。"

子贡说"一言"，就是一字。

赵普说"半部《论语》治天下"，永刚说"一句《论语》治人生"。

子贡还嫌多，他问老师，能不能就给我们说一个字，让我们记住它，终身按此修行？

孔子说："恕"啊！

何为恕？"己所不欲，勿施于人。"

"道生一，一生二，二生三，三生万物。"（《道德经》）

中国人要学的第一字，应该是"恕"字。

可惜，我们即便博士毕业，也不懂得"恕"，只懂得"术"。钱理群教授"精致的利己主义者"的定义一针见血呀。

恕=如+心。如心，将心比心，将吾人之心比作他人之心。换位想想，会怎么样？

孔子的思想光芒照耀千秋万代！

可惜，现在国际上通行的规则，依然是丛林法则！一方面，人类在社会发展中不断总结出一些共有的价值；但另一方面，仍存在强权、霸权主义。

孔子说:"你自己不愿意要的,就不要强加给别人。"

"你们愿意人怎样待你们,你们也要怎样对待人。"(《圣经·新约》)

反求诸己,一切向内反省,"忠";推己及人,对外体谅别人,"恕"。

"忠"则不欺骗自己,"恕"则不强迫别人。

内通外透,仁心自现,不就了却一切疑问了吗?

"忠恕,违道不远,施诸己而不愿,亦勿施人。"(《中庸》)

朱熹注曰:"推己及物,其施不穷,故可以终身行之。"(《四书章句集注》)

子贡替我们向孔子问了一个好问题,但子贡真懂了吗?

在《论语·公冶长》中,子贡曰:"我不欲人之加诸我也,吾亦欲无加诸人。"子曰:"赐也,非尔所及也。"

"非尔所及也",这不是你能做到的。

真不要小瞧一个"恕"字,谁能终生行之?

觉悟要变成修行,修行就是觉悟。知行合一了,便成佛了。

15.25 子曰:"吾之于人也,谁毁谁誉?如有所誉者,其有所试矣。斯民也,三代之所以直道而行也。"

孔子说:"我对于别人,抵毁过谁?赞誉过谁呢?如果有我称赞过的人,那他一定是经得起考验的。夏商周三代的(被我称誉)这些人,都是能行直道的。"

"直道",大道也。"大道之行也,天下为公。"

孔子,不轻易诋毁人,也不轻易赞誉人。

今天的媒体为什么逐渐失去了公信力?其原因就在此。"誉",把人捧上天;"毁",让人下地狱。

"吾之于人也,谁毁谁誉?"皇侃注解:"孔子曰:我之于世,平等如一,无有憎爱毁誉这心,故云'谁毁谁誉'之也。"(《论语义疏》)

"如有所誉者,必有所试矣。"

真正能流传下来的,是经得起历史检验的。

实践是检验真理的唯一标准。

"实事求是",永远不过时。

纳粹的宣传部长戈培尔说:"谎言重复千遍就是真理""宣传如同谈恋爱,可以做出任何空头许诺"。

真是这样的吗?今天的历史早已验证了,子曰:"其有所试矣!"

毓老师说:"'谁毁谁誉',不能有所偏私;必要'直道而行','人之生也直',直人即真。"(《毓老师说论语》)

在《论语·颜渊》中,樊迟问仁。子曰:"爱人。"问知。子曰:"知人。"樊迟未达。子曰:"举直错诸枉,能使枉者直。"樊迟退,见子夏曰:"乡也吾见于夫子而问知,子曰:'举直错诸枉,能使枉者直',何谓也?"子夏曰:"富哉言乎!舜有天下,选于众,举皋陶,不仁者远矣。汤有天下,选于众,举伊尹,不仁者远矣。"

孔子为何"言必尧舜",因其为君"直道而行也"。

舜选皋陶于众,汤选伊尹于众,皆为"举直"。许仁图先生说:"孔子认为人之生也直,直道即行直心道。直心指大学所谓的'明德',孟

子所说的'本心',因为人人生而皆直,所以为政之道以人治人改而止,也就是举直错诸枉。"(《子曰论语》)

直道而行,吾心直达天心。

是毁,还是誉?皆是天空中的浮云。雨过天晴之后,纵然西边现出彩虹,但草还是那棵草,树还是那棵树,山还是那座山……

圣人掩恶扬善,即便举起毁誉的戒尺,也是不得已而为之。吾等"如鱼饮水,冷暖自知"也。

15.26 子曰:"吾犹及史之阙文也,有马者借人乘之。今亡矣夫!"

今天的这篇不好解。历来方家众说纷纭,就是对其进行断句、标点都各不相同。

"知之为知之,不知为不知,是知焉。"

我生活在我知的世界中。我知的世界,有当下的现实,也有过往的历史。但在我人生边界没有触及的过去的时空中,被史家记录并发生的故事是真实的吗?

我们当下每天接触到的各种信息,哪些是真实的?哪些是可靠的?

我们应该在这段被疫情隔离的时期,认真地想想这个问题。这一生可能再也没有这个机会了。

笛卡尔说:"我思故我在。"

苏格拉底说:"没有思考的人生是不值得过的"。

这场疫情能否让我们重温理性的光辉、重温科学的精神、重温文化的意义、重温人生的价值?

如果再过两千五百年,我们的后代将怎么解读我们的今天?他们会认为哪些是真实的?哪些是虚假的?

两千五百年后的他们和今天的我们,面对历史,遇到的是同样的难题。不同的是,古代用文字记录,而现代增加了影像,但你能相信影像记录的历史吗?

子曰:"吾犹及史之阙文也。"

"阙",豁口、空缺。拾遗补阙。

孔子说:"我(这一代)还能接触到有阙文的史料。如有马者,借人乘之。但今天(这种文风)已消亡了吧?"

"史之阙文?"《论语正义》有曰:"古之良史,于书有疑则阙之,以待知者。"

记得许多年前,我读过贾平凹的一本小说《废都》,书中写到情色处,便用"□□□"标注,还写上此处省略了多少字,让读者浮想联翩。其处理方法,也可说是一种"阙文"。

那史官记录的历史呢?

春秋时有"崔杼弑其君"的典故。齐国将军连杀三位史官,但"兄终弟及",没能挡住史官董狐之笔。可历史上能有几个董狐?反过来想,董狐之笔如此被史家推崇,恰恰说明了"董狐"的稀缺!

孔子用了个"犹"字,一"犹"未尽。

熊十力言:"阙文者,古史记事,或有未详,抑或书缺简脱。读者至此,则阙之以存疑,决不以己意伪造一说,以补其阙也⋯⋯孔子言其少时,犹及见史有阙文。今日别无阙文之事,盖孔子老年之言

也。"(《乾坤衍》)

我记得以前，采访过一位"两弹一星"元勋。他说他从不读秦汉之后的史书，理由是那些都是封建帝王的裹脚布。

"吾犹及史之阙文也"，孔子惋惜！

"今亡已夫？"今天已看到消亡的迹象了？

孔子晚年著《春秋》，其春秋笔法，也是不得已而为之。

毓老师说："阙文，不写，是不知，还是不敢写？阙文，乃微言，微而不显。……历史有阙文，才是信史。相信历史，是自欺。"(《毓老师说论语》)"文胜质则史。"(《论语·雍也》)

完美无缺的，是画境；高歌猛进的，是剧院。

在当今这个数字时代，再读"吾犹及史之阙文也……今亡已夫"，诸位是什么滋味？

15.27 子曰："巧言乱德。小不忍则乱大谋。"

"德"者，得也。人之德，是天之道在人身上的投射，表现为人的言行举止。

"德者，得也。人之所以得成为人者也。谓通于大道，而知人生职分所当为。如一切善美之行，乃本于性真而不得不然者。能实践之，方得成为人，故谓之德。"(《读经示要》)

"巧"，投机取巧。

巧言，过实之言，花言巧语。

"巧言"如日日风吹，吹久了，便会动了树木的根本。长歪了，即是乱德。

人之德如树之根。

朱熹注曰:"巧言,变乱是非,听之使人丧其所守。"(《四书章句集注》)

"小不忍,则乱大谋。"这是中国人人皆知的名言。

《周易·坤卦》有云:"履霜,坚冰至"。

"小"是"大"的前身。不能识别"小",就无法谋划"大"。小事情不忍耐,便破坏大计划。

忍=刃+心。心上一把刀,刀刃向着自己。

"天将降大任于是人也,必先苦其心志,劳其筋骨,饿其体肤,空乏其身,行拂乱其所为。所以动心忍性,增益其所不能。"(《孟子·告子下》)

"动心忍性",皆在精微之处。毛泽东说:"星星之火,可以燎原。"

千里之堤,溃于蚁穴。

在"小忍"中体悟人生,扩展心胸。在"小忍"中品味"苦""劳""饿""困",增益其所不能。

"山薮藏疾,国君含垢,故小事不忍,则乱大谋。"(《论语注疏》)

"凡持正论者,多尚实不尚文。惟那舌辩巧言的人,以是为非,以非为是,以贤为不肖,以不肖为贤。听其言,虽若有理,而实不出于天下之公。一或误听之,则真伪混淆,而聪明为其所眩,是非倒置,而心志为其所移,适足以乱德而已。至若谋大事者,必有忍乃有济,使或小有不忍,而任情动气,当断不断,而以妇人之姑息为仁,不当断而断,而以匹夫之果敢为勇。如此,则牵于私爱,或以优柔而养奸,激于小忿,或以轻躁而速祸,适足以乱大谋而已。"(《张居正讲评〈论语〉》)

张居正之言，是从帝王的角度去体悟孔子语录的，其通透，确实不是一般人能达到的。

人为什么不能拒"巧言""小不忍"？因为根本就没"大谋"！眼中无高山，心中无坚志，身如墙头草，如何辩小，又如何识大？哪来的忍，又如何能大成？

15.28　子曰："众恶之，必察焉；众好之，必察焉。"

孔子说："众人都讨厌他，（那就）一定要（细细）明察；大家都喜欢他，（也）一定要明察。"

这是孔子的观人之道。

"必察焉"，一定要小心。

在《论语·子路》中，子贡问曰："乡人皆好之，何如？"子曰："未可也。""乡人皆恶之，何如？"子曰："未可也。不如乡人之善者好之，其不善者恶之。"

一个真正的好人，一定是"善者好之，不善者恶之"，不可能人人都给你一百分。

有时，真理往往掌握在少数人手里。

有时，特立独行者常常是时代的先锋。

"盖天下有众论，有公论，众论未必出于公，公论未必尽出于众，能于此而加察焉，则朋党比周之人，不得以眩吾之明，而孤立无与之士，咸得见知于上矣，此用人者所当知。"（《张居正讲评〈论语〉》）

人，要有独立思考的能力。不要一辈子都做"乌合之众"，人云亦云。在纷繁复杂的社会乱象之中，保持你的清醒是最重要的。特别是在"自媒体"无比发达的今天，皆善之就是好的？皆恶之全是坏的？人人都应该守住良知与"善恶"的底线。

王阳明言："无善无恶心之体，有善有恶意之动，知善知恶是良知，为善去恶是格物。"（《传习录》）

钱穆先生说："或有特立独行，亦有为大义冒不韪而遭众恶者，亦有违道以邀誉，矫情以钓名，而获众好者。众恶众好，其人其事必属非常，故必加审察。"（《论语新解》）

人海茫茫，喜忧必参半，好恶也分殊，此为常理。

好者好之，恶者恶之，好恶皆人之常情。

众好之，还是众恶之，此处必有玄机，明白人必当深察之！

15.29　子曰："人能弘道，非道弘人。"

说人？

论道？

人和道的关系？

弘应何解？

"弘"，大之也。（《字汇》）扩大，光大，廓大，推广。

"士不可以不弘毅，任重而道远。"（《论语·泰伯》）

孔子说："人能弘大道，道不能弘大人。"人的践行能使道弘扬广大，但道不能使人成为大人。

朱熹注曰："弘，廓而大之也。人外无道，道外无人。然人心有觉，而道体无为；故人能大其道，道不能大其人也。"他引张子曰："心能尽性，人能弘道也；性不知检其心，非道弘人也。"（《四书章句集注》）

人在做，天在看，万物并行而不悖。

子曰："志于道，据于德，依于仁，游于艺。"（《论语·述而》）志道、据德、依仁、游艺，孔子用一生弘道。

"有此人，则有此道。道固不外于人，然人心有觉，而道体无为，故率其性分之所固有者，廓而大之，以修身齐家治国平天下，极之而至于参天地，赞化育，都是这个道理发挥出来，所以说人能弘道也。若道，则寓于形气之中，而泯乎见闻之迹，不得人以推行之，则虽有修齐治平之能，参赞弥纶之妙，亦无由而自见矣，道岂能弘人乎哉？"（《张居正讲评〈论语〉》）

"苟不至德，至道不凝焉。"（《中庸》）

"道者，通物之名，虚无妙用，不可须臾离。但仁者见之谓之仁，知者见之谓之知，是人才大者，道随之大也，故曰人能弘道。百姓则日用而不知，是人才小者，道亦随小，而道不能大其人也，故曰非道弘人。"（《论语注疏》）

志道、学道、行道、悟道、弘道……一路走过，阳光雨露，鸟语花香，一生无枉，一片光明……

15.30 子曰："过而不改，是谓过矣。"

"过"，过错，过失。

"喜怒哀乐未发谓之中，发而皆中节谓之和。"（《中庸》）

"中""和"适宜，但不是人人都能做到。

人食五谷，日处数机，谁能无过？

有过，是常态；无过，是少数。

"实事求是"，说尽了天下道理。

过之，要及时纠偏！

孔子说："有过错而不改正，那个过错才是真过。"

初过不是过。"过而改之，是不过也。"（《韩诗外传》）

人"最重要的是能知过、悔过、改过"（《子曰论语》）。社会治理，更是如此。

"过而能改，则复于无过。惟不改则其过遂成，而将不及改矣。"（《四书章句集注》）

人类是在试错的过程中不断前行的。"过而能改"，"过"就是对的母亲。"过而能改，善莫大焉"。

颜回为什么牛？颜回"不贰过"！"过而能改"，再不犯同样的错。但愿这次灾难，能给我们留下深刻记忆，痛定思痛，不再重复"昨天的故事"。

"君子坦荡荡，小人长戚戚。"坦荡还怕有过？文饰是非，才会造成恶果。

连圣人孔子都说："加我数年，五十以学《易》，可以无大过矣。"（《论语·述而》）庸人之辈，能无过？那一定是假的。

《周易·大过卦》有云："大过，大者过也。栋桡，本末弱也。刚过而中，巽而说行，利有攸往，乃亨。大过之时大矣哉。"

《周易·大过卦》有云："泽灭木，大过。君子以独立不惧，遁世无闷。"

《周易·小卦》有云："山上有雷，小过。君子以行过乎恭，丧过乎哀，用过乎俭。"

吃一堑，长一智。大过，小过，无过。

"过"程，可理解为是由改"过"而走出的前程。过程重要，莫问前程。

"大舜有予违汝弼之戒，成汤有改过不吝之勇。"（《张居正说〈论语〉》）

《左传·庄公十一年》有云："禹、汤罪已，其兴也勃焉。桀、纣罪人，其亡也忽焉。"已有过，不改，还抱怨别人，结果可想而知也！

人，要有直面"过"错的坦荡，要有改"过"自新的勇气，要有"过""正"共生的思想，要有"过"能立改的能力，也要有包容初"过"的胸怀。

"加我数年"，则"无过焉"……

15.31 子曰："吾尝终日不食，终夜不寝，以思，无益，不如学也。"

"终日不食，终夜不寝"，这是孔子的用功状态。以功夫吃功夫，没有这种专注地投入，怎么能成圣成贤？

孔子说："我曾经整天不吃饭、整夜不睡觉，用来思考，结果没有益处，不如学习。"

这一定是孔子早期的个人成长体会。

"学而不思则罔，思而不学则殆。"（《论语·为政》）

在孔子看来，思、学是相伴而行，缺一不可的。

《论语》开篇就说："学而时习之，不亦说乎？"学和习是相伴而行的。

孔子还说："不怨天，不尤人，下学而上达，知我者其天乎！"可见孔子之学是"下学"。

古人用字，一字一义。孔子从纯粹的"思"，走到了"学"，最后体悟到"思""学"并重的价值。

如果把"思"理解为思考、思悟，那么相对于"思"的"学"就是实践、行动。

磨盘边被蒙上眼睛的毛驴，不断转圈推磨，这也是一种行，但是无思。

这头毛驴也可能会思，但被"蒙上眼睛"，即使"整日不食，终夜不寝"，还是以磨盘为中心打转。这思有益吗？

"我于天下之理，以为不思则不能行。固尝终日不吃饮食，终夜不去睡卧，于以研究事物之理，探索性命之精，将谓道可以思而得也。然毕竟枉费了精神，而于道实无所得，何益之有？诚不若好古敏求，着实去用工，以从事于致知力行之学，久之，工夫纯熟，义理自然贯通矣，其视徒思无得者，岂不大相远哉？所以说不如学也。"（《张居正讲评〈论语〉》）他还特别提醒："然孔子此言特以警夫徒思而不学者耳，其实学与思二者功夫相因，阙一不可，善学者，当知有合一之功焉。"（《毓老师说论语》）

今天的学者，有许多既无"终日不食，终夜不寝"之功，也无学思并进之行。

《周易·系辞下》有曰："古者包牺氏之王天下也，仰则观象于天，俯则观法于地，观鸟兽之文，与地之宜，近收诸身，远取诸物，于是始作八卦。"这说明伏羲能画八卦完全得自仰观俯察的经验。(《子曰论语》)

朱熹注曰："此为思而不学者言之。盖劳心以必求，不如逊志而自得也。"(《四书章句集注》)

郭象曰："圣人无诡教，而云不寝不食以思者何？夫思而后通、习而后能者，百姓皆然也。圣人无事，而不与百姓同事。事同则形同，是以见形以为己异，故谓圣人亦必勤思而力学，此百姓之情也，故用其情以教之。则圣人之教，因彼以教彼，安容诡哉！"(《论语义疏》)

圣人也有凡人的一面。上天给每一个凡人都准备了成圣成贤的台阶，此便是"人人皆可成圣"。

"行到水穷处，坐看云起时。"瓜熟，蒂怎能不落？

15.32　子曰："君子谋道不谋食。耕也，馁在其中矣；学也，禄在其中矣。君子忧道不忧贫。"

孔子是在什么场景下说的这段话？他是在为自己的行为注解，还是想让孔家弟子明志？

"馁"，饥饿。

孔子说："君子只计谋于道义，不计谋于衣食。耕田种田，也有饥饿的风险；读书学道，也有获得俸禄的机会。君子担心的是道义不存，而不担心自己的贫困。"

农夫耕田,是为了粮食。但偶有天灾,可能也会挨饿。所以应只问耕耘,莫问收获;谋事在人,成事在天。

学者致学,应专注于学问。书中自有黄金屋。

"禄在其中",不是其中只有"禄"。推行科举制度后,功名利禄使学习变了质。就是到了今天,也有部分学子,读书就是为了升官,读书就是为了发财。

前几天,我又读了一遍季羡林先生的《留德十年》。从中发现那一代留学生和现在的留学生,其选学的目标截然不同。"耕也,馁在其中矣;学也,禄在其中矣。"

春秋战国时代,普通百姓人家,不是耕,就是学。耕读之家,就是今天的"五好家庭"。

半日耕读半日书,其乐无穷。

"馁在其中",就不耕吗?

"禄"不在其中,就不学吗?

"君子谋道不谋食""君子忧道不忧贫"。

君子谋道,可能得到食禄,那是"无心插柳柳成荫",是自然而然的事情。如果强求,就成了"中举"的范进。

君子忧道,可能生活窘困,那也没什么了不起。"良田千顷不过一日三餐,广厦万间只睡卧榻三尺。"忧道不忧贫,此等境界我们不懂。

"贫"不是"穷","贫",是没有钱财;"穷",是无路可走。"贫"者,还有志在;"穷"者,"极也",就是死猫扶不上树了。

"夫求者未必得,而得者不必求。则人亦何用孳孳以谋食为哉?君子之心,惟忧不得乎道,无以成性而成身;不忧无禄而贫,而欲假此以求禄而致富也。"(《张居正讲评〈论语〉》)。

董仲舒曰："正其谊（义），不谋其利；明其道，不计其功。"(《汉书·董仲舒传》)

功成不必在我。

"恐道阙，故勤学。耕未必无饿，学亦未必得禄。禄在其中，恒有之势是未必。君子但当存大而遗细，故忧道不忧贫也。"

既"贫"，光忧有何用？

"吾尝终日不食，终夜不寝，以思，无益，不如学也！"

"学也"，就是行动，就是践行。

学有学道，耕有耕经。得道者，耕就是学，学也是耕。修行不必在深山，功夫不止在静坐。谋大道者，食不在他的话下；为大公者，不顾虑个人的贫危！

15.33 子曰："知及之，仁不能守之，虽得之，必失之。知及之，仁能守之，不庄以莅之，则民不敬。知及之，仁能守之，庄以莅之，动之不以礼，未善也。"

孔子说："靠聪明才智得到了，假如自己的仁德不足以守之，你虽然得到了，但必然还会失去。靠聪明才智得到了，也有仁心去守之，但你不自重，不庄敬地面对之，老百姓也不会尊敬你的。靠聪明才智得到了，也有仁心去守成，还能自重庄敬地面对之，但你的一举一动不能约之以礼，这样还是未达到善的境界。"

孔子这里讲了三层意思，层层递进。

创业难，守成更难！守业者要知及、有仁、庄敬、约礼。

回头看看现实是不是如此？

一个人，好不容易靠自己的聪明才智创造了很多财富，但没有仁心仁德，没多久，财富就消失了；如果你是官员或是富主，不自重，不恭敬，耍大牌，玩虚荣，老百姓能由衷地尊敬你吗？如果上位者的行为不符民情、不守法纪，强大了还不懂得礼让，那你的境界能算得上至善吗？

孔子老用"君子""小人"之辞。他提"小人"，并不是在贬低，只是在泛指无位者。但是，他提到"君子"，即有位之人时，一定会提出更高的要求，赋予更大的期许。德要配位。王天下，不是霸四方。

"知及之。""之"，指上位者，指财富，指地位，指名誉，指身份，指公司，指国家等。

《周易·系辞下》有云："天地之大德曰生，圣人之大宝曰位。何以守位？曰仁，何以聚人？曰财。理财正辞，禁民为非曰义。"

"劳谦，君子有终，吉。"子曰："劳而不伐，有功而不德，厚之至也。语以其功下人者也。德言盛，礼言恭，谦也者，致恭以存其位者也。"（《周易·系辞上》）

孔子的思想一以贯之！

他后世集大成的传承弟子董仲舒说："是故《春秋》为仁义法，仁之法在爱人，不在爱我；义之法在正我，不在正人。"他又曰："莫近于仁，莫急于智……仁而不智，则爱而不别也；知而不仁，则知而不为也。故仁者所爱人类也，智者所以除其害也。"（《春秋繁露·仁义法》）

毓老师说："智及之，不能以仁守之，则失民心。"（《毓老师说

论语》）

位高权重，责大任远；智多财厚，约礼守仁。

知（智）→仁守→庄莅→礼约→至善，一路走来，从中可见，你有智、有位、有财，只是完成了人生的第一步，路漫漫其修远兮……

修行无止境！

15.34　子曰："君子不可小知而可大受也。小人不可大受而可小知也。"

识人是用人的前提，但应该如何识人？

孔子说："一个君子，不可从小处去认识他，但他可担当大任。一个小人，不可（让他）担当大任，但他可于小处被赏识。"

朱熹注曰："此言观人之法。知，我知之也。受，被所受也。盖君子于细事未必可观，而才德足以任重；小人虽器量浅狭，而未必无一长可取。"（《四书章句集注》）

我昨天和同事们讨论项目，以"冰山一角"一词举例，观人也一样，无论是君子，还是小人，我们最先看到的永远是那一角。

"君子所务者大，而不屑于小。若只把小事看他，则一才一艺或非所长，未足以知其为人也。惟看他担当大事的去处，其德器凝重，投之至大而不惊；材识宏深，纳之至繁而不乱，以安国家，以定社稷，皆其力量之所优为者，观于此而后君子之所蕴可知也已。"（《张居正讲评〈论语〉》）

知君子之道，也就知小人之法。在孔子的话语中，君子和小人常常相对出现。

毓老师说："大受"，能容一切，有大担当。正知正见，知必正见。"小知"，器也，以一技一艺见知于人，少见闻，净东家长西家长，无所不知。(《毓老师说论语》)

"有大略者，不可责以捷巧；有小智者，不可任以大功。"(《淮南子·主术训》)

因孔子高明，其眼中才有"小知""大受"。

刘备有光复汉室之志，才有心倾听诸葛亮的隆中"空谈"。

井底之蛙，把井口当天。无所谓"小知""大知"。

武大郎开店，尽是矬子。无所谓"大受""小受"。

你"大"，才能识其"大"；你"小"，只能用其"小"。

15.35 子曰："民之于仁也，甚于水火。水火，吾见蹈而死者矣，未见蹈仁而死者也。"

人，不可一日无水，不可一日无火。孔子说这句话，是在两千五百多年前。在古代，水火对于人的意义，更甚于今日。"民非水火不生活。"(《孟子·尽心上》)

孔子说："人民对于仁德的需要，超过了对于水火的需要。我见过有人跳到水里或火里而死的，却没有见过因践行仁德而亡的。"

人之生存，得益于水火。无水，人就会渴死；无火，人不能制熟食，不能取暖，也会死。

水火是人之生的必要条件，但人如果仅仅是为了活着，和其他的动物有什么区别？

孔子在此提出"仁"。"民之于仁也，甚于水火。"仁德，是百姓的第一需求，比水火还要重要。

人者，仁也。

人之一生，就是修养仁德的过程。

我昨天看到马云的一段视频，马云创业时，问他的夫人："你是希望我成为一个有钱的人？还是成为一个受人尊敬的人？"他夫人的选择是后者。

马云之妻，有成"仁"之美。

仁、义、礼、智、信，仁是统领者，仁是排头兵。

仁，桃仁，杏仁……内核。

仁＝人＋二。二人之间，更是二代人之间。仁，就是你的遗传基因。

是给后代留下钱财重要，还是为子女传承仁德重要？

皇侃曰："仁、水、火三事，皆民人所仰以生者也。水火是朝夕所须，仁是万行之首，故非水火则无以食，非仁则无有恩义。若无恩及饮食，则必死，无以立世。三者并为民人所急也。然就三事之中，仁最为胜，故云'甚于水火'。"（《论语义疏》）

"人之生理，莫切于仁，而养生之物，莫切于水火。……若没了这仁，则本心丧失，虽有此身，亦无以自立矣。"（《张居正讲评〈论语〉》）朱熹注曰："不仁则失其心。"（《四书章句集注》）

"吾见蹈（水火）而死者矣，未见蹈仁而死者也。"

孔子的感叹！

王弼云："民之远于仁，甚于水火，见有蹈水火者，未尝见仁者

也。"(《论语注疏》)

赴汤蹈火者,或不慎,或为名,或为利。

"人为财死,鸟为食亡。"

许仁图先生说:"蹈水火而死和蹈仁而死大是不同,所以'杀身以求仁'和'杀身以成仁'有别。历史上有杀身而死者,细寻所言所行,其杀身为求名,不是成仁,反而是害仁。"(《子曰论语》)

仁如空气,"百姓日用而不知"。只有当呼吸困难时,才知它的重要。

做事容易做人难。人,既要有柴米油盐酱醋茶,更要有仁义礼智信。

水火,有其两面性。它既可利人,又可伤人。

而仁,则有百利而无一害,人为何要"远仁"呢?

15.36 子曰:"当仁,不让于师。"

"当仁不让",这个成语就出自此处。原指以仁为任,不谦让。后指遇到该做的事,主动去做,不推让。

但现代人,常常以"当仁不让"之名,掩盖无原则、无底线的争抢。

"当仁",以仁为己任也。

孔子说:"面对仁德,即使对老师也不必谦让。"

孔子在前文说过:"君子义以为质,礼以行之,孙(逊)以出之,信以成之。君子哉。"(《论语·卫灵公》)

"礼",礼让,礼节。

孔子还说："道之以政，齐之以刑，民免而无耻；道之以德，齐之以礼，有耻且格。"(《论语·为政》)

"天、地、君、亲、师"，"师"排第五。

为何言"不让于师"？

王夫子曰："当其求知，则闻见未逮，于师有让焉；当其徙义，则变化未尽，于师有让焉。而当敛气以养心，遏欲以存理，师亦犹是，吾亦犹是也，而何让焉。前不逊古人，后不俟来者，直任之而已。"(《论语训义》)

"当仁，以仁为己任也。虽师亦无所逊，言当勇往而必为也。盖仁者，人所自有而自为之，非有争也，何逊之有？"朱熹引程子曰："为仁在己，无所与逊。若善名为外，则不可不逊。"(《四书章句集注》)

亚里士多德说："吾爱吾师，吾更爱真理。"

何时要礼让？何事要勇为？

"可惜如今是'当名，不让于师'，总以为天下第一，举世无双，老师更不在眼里了。"(《论语今读》)

"物竞天择，适者生存"，达尔文揭示的是自然的丛林法则。

"当仁，不让于师"，孔子倡导的是人人行仁、争赴大同的普适意义。

在行仁的道路上，"人人皆可成佛""人人皆可成尧舜"！

15.37 子曰："君子贞而不谅。"

何为"贞"？

《周易·乾卦》开篇,"元亨利贞"。

《周易·乾卦》有曰:"元者,善之长也;亨者,嘉之会也;利者,义之和也;贞者,事之干也。君子体仁,足以长人;嘉会,足以合礼;利物,足以和义;贞固,足以干事。君子行此四德者,故曰:乾,元亨利贞。"

傅佩荣先生译解乾卦。创始、通达、合宜、正固。

朱熹注曰:"贞,正而固也。"(《四书章句集注》)首先要"正",其次要不断加固这个"正",结果才能正固而不破。

守正创新,也是"正而固也"。

贾谊在《道说篇》中曰:"言行抱一谓之贞。"

何为"谅"?

"谅",小信也。

朱熹注曰:"谅,则不择是非而必于信。"(《四书章句集注》)

盲信则愚忠。"君要臣死,臣不敢不死。"

《左传》记载,齐桓公和公子纠都是齐襄公的弟弟。齐襄公无道,两人都怕被牵连,分别逃离齐国。齐桓公由鲍叔牙侍奉,逃到莒国,公子纠由管仲侍奉,逃到鲁国。不久,齐襄公被杀,齐桓公和公子纠都想继位。但桓公先回到齐国,当上了国君,然后兴兵伐鲁,强逼鲁国杀了公子纠。

公子纠死后,他的两名侍奉者走了两条截然不同之路:一是召忽,自杀而殉主;二是管仲,不但没死,还做了齐桓公的宰相。

在《论语·宪问》中,子路以"管仲不死",认为管仲"未仁乎?"

子曰:"桓公九合诸侯,不以兵车,管仲之力也。如其仁,如其仁。"

子贡也质疑："管仲非仁者与？"

子曰："管仲相桓公，霸诸侯，一匡天下，民到于今受其赐。微管仲，吾其被发左衽矣。岂若匹夫匹妇之为谅也，自经于沟渎而莫之知也？"

说了这么多，就是为了解"谅"。

孔子说："君子坚守正道而不盲从小信。"

王夫之曰："信一也，而有贞与谅之别：审乎是非之正，而固守之以勿失者，曰贞；据其意之利，而执之不疑者，曰谅。"（《论语训义》）

孟子也说："大人者言不必信，行不必果，惟义所在。"（《孟子·离娄下》）

皇侃也说："君子权变无常，若为事苟合道，得理之正，君子为之，不必存于小信，自经于沟渎也。"（《论语义疏》）

以上皆是一脉相承。

守一、权变、固正，"贞"也。

愚信、偏执、任己，"谅"也。

"君子贞而不谅"，一语道尽！

知之，行之，贞贞精进，君子之道也。

15.38 子曰："事君，敬其事而后其食。"

"事君"，为国做事。

"敬",敬慎。

"食",食禄。

孔子说:"为国做事,先要认真做好自己的工作,把拿俸禄的事放在后面。"

先做好自己该做的,然后再考虑自己该得到的。

被委以重任,要"敬其事"。对所托之事,要有足够的敬重。有敬畏之心,自己才不敢掉以轻心。

"君子之仕也,有官守者修其职,有言责者尽其忠。皆以敬吾之事而已,不可先有求禄之心也。"(《四书章句集注》)

"尽忠",不自欺。

"尽忠",不是对待别人,而是对待自己。

《论语·雍也》有云:"仁者先难而后获。"

毓老师说:"先难后获,先事后得",以"事"为第一要义,敬事能信。(《毓老师说论语》)

知先后,春种秋收,"与四时合其序"。

懂敬畏,谨慎细心,大事小事同一。

事己就是事君。

15.39 子曰:"有教无类。"

孔子说:"有教无类"。

这四个字,奠定了孔子为"万世师表"的身份!

(只要来的人)我都教育,没有(身份、贫富、地域、年龄等的)

区别。

心中有大爱，眼中无差别！

一视同仁！

我们不要忘记，在春秋时代，教育可是贵族的专属，而孔子却靠一己之力，推行"有教无类"。这在今天看来，其革命意义，无论说得多大，都不为过。

伟人，就是要打破历史的藩篱，让每一个人得到彻底的"解放"，彻底地实现自由、平等。

蒋伯潜先生说："孔子弟子，富如子贡，贫如颜回、原宪；孟懿子等则为贵族，子路则为卞之野人；曾参之鲁，高柴之愚，颛孙师之辟，皆为高弟。""不分贫富，不分智愚贤不肖，凡来学者，无不教以做人的道理也。"（《新刊广解四书读本》）

在《论语·述而》中，子曰："自行束脩以上，吾未尝无诲焉。"学费随便，"自行束脩"，我都是无私地进行教诲。

"至圣先师""万圣师表"的帽子不是随意戴的。

"《尚书·尧典》孔注云：类，族也。古代即原始之亲族、部族，即'非我族类，其心必异'之族类。孔子打破此种族类界限乃重大进步。"（《论语今读》）

一人办学，弟子三千，贤者七十二，这是何等的功德。

张居正言："盖天地无弃物，圣人无弃人，故尧舜之世，比屋可封；文武之民，遍为尔德，亦有教无类之一验也。"（《张居正讲评〈论语〉》）

"人性皆善，而其类有善恶之殊者，气习之染也。故君子有教，则人皆可以复于善，而不当复论其类之恶矣。"（《四书章句集注》）

"有教无类"，孔子之践行。

更可惜的是，今天的学子，即使"有此教"，心中也会给自己划类。在孔门，"有教无类"，老师孔子是这样做的，三千弟子也是这样想的。有其师，才有其弟子，有其弟子，才成就了其师。

历史从来都是有正反两面的。

文明从来不是从天上掉下来的！

人类马上要进入5G时代，在5G时代，终生学习将成为非常容易的一件事情。但若你心早先预设了一个"类"，普天之"教"和你又有什么关系？

15.40 子曰："道不同，不相为谋。"

看似简单的东西，其实很不简单。

这篇真是难为我了。一个早晨过去了，我都难以下笔。

"道不同"，是什么"道"？

"不相为谋"，"谋"什么？

有解曰："所走的路不同，就不必相互商量谋划。"(《论语今读》)。

有解曰："主张不同，不互相商议。"(《论语译注》)

有解曰："各人道路不同，便无法互为谋虑了。"(《论语新解》)

有解曰："主张不同，不在一起谋划共事。"(《张居正讲评〈论语〉》)

有解曰："此章言人之为事，必须先谋。若道同者共谋，则情审不误。若道不同而相为谋，则事不成也。"(《论语注疏》)

有解曰："古人言道，如形而上的道，像天道、地道，道体岂有不同之理。'道不同'是指形而下的道用，个人之道，像孔子自言'吾道一以贯之'的道,就会与他人之道不同。道术不同,则各行其道,《中庸》有云:'万事并育而不相害,道并行而不相悖''不相为谋',就是可以并行不悖,不互相与谋。"(《子曰论语》)

毓老师说:"大前提不同,不必互相谋算。两人道不同,不能谈深的。必看对象说话,'和而不流'。非同道,同志,有时还是敌人。"(《毓老师说论语》)

讲清楚了?孔子的一句话被注解了几千年。有些学者,可能一辈子都钻在这些故纸堆里。

"道不同,不相为谋。"究竟说的是什么?

思之,思之,鬼神通之。

说来也很神奇。司马迁的《史记》四大本,接近3 000页。今天上午,就在我百思不得其解之时,随手拿起来读,一翻就到1 888页,司马迁写道:"子曰:'道不同不相为谋',亦各从其志也。故曰:'富贵如可求,虽执鞭之士,吾亦为之。如不可求,从吾所好。''岁寒,然后知松柏之后凋也。'举世混浊,清士乃见。岂以其重若彼,其轻若此哉?"

司马迁为什么会有这样的感悟呢?

前面,司马迁记录了伯夷、叔齐两大名士一生的经历。

后面,司马迁接着写:"君子疾没世而名不称焉。"贾子曰:"贪夫徇财,烈士徇名,夸父死权,众庶冯生。""同明相照,同类相求。""云从龙,风从虎,圣人作而万物睹。"(《史记·伯夷列传》)伯夷、叔齐虽贤而名益彰。"颜渊虽笃学,附骥尾而行益显。岩穴之士,趣舍有时若此,类名湮灭而不称,悲夫!闾巷之人,欲砥行立名者,非附青云之士,恶能施于后世哉?"

"道不同,不相为谋",亦各从其志也。

在《老子·韩非子列传》中，司马迁再次写到此句："世之学老子者则绌儒学，儒学亦绌老子。'道不同不相为谋'，岂谓是邪？李耳无为自化，清静自正。"

孔子之后五百年，司马迁生。

我赞同司马迁之解。

"道不同，不相为谋"，各从其志也。何必强求别人和你相同。更不必说后世学者，道家黜儒家，儒家黜道家。到了秦汉"罢黜百家，独尊儒术"，更是走上了邪道。

"万物并行不悖"，孔子大度包容，道不同，不要相互谋算。

先有"百家争鸣"，才有"百花齐放"！

15.41　子曰："辞，达而已矣。"

蒋伯潜先生说："'辞'者，言辞、文辞也。说的话，称为'言辞'。在纸上用笔写的，称为'文辞'。孔子以为这两种辞：言辞、文辞，以能达出意思，使听的人、看的人，都能明白为主。"（《新刊广解四书读本》）

辞不达意。

故弄玄虚。

朱熹注曰："辞，取达意而止，不以富丽为工。"（《四书章句集注》）

子曰："书不尽言，言不尽意。""达"，没那么容易！非得下一番工夫，才能通达近"辞"。

《周易·系辞下》中曰："刳木为舟，剡木为楫，舟楫之利，以济不通，致远以利天下。"

"辞",舟楫也。人与人沟通的桥梁。"达"意,是其第一要义。

言辞、言语,表心,贵在一个诚字。"修辞立其诚。"

文辞,表达思想观念足矣,切不可以此炫耀无知。

一个时代有一个时代的俗语,一个时代有一个时代的文风。

一个人有一个人的语言系统,过于浮华的辞藻,孔子是不赞同的。所以,一部《论语》说的基本都是大白话,孔子是为了让人懂。

"凡事莫过于实也,辞达则足矣,不烦文艳之辞也。"(《论语义疏》)

"诚",人本俱全;"实",事本如此。为何"诚实"却成了稀缺产品?因"辞"不"达"已久了。

穷辞吹捧者有之。

强词夺理者有之。

淫辞艳语者有之。

大放厥词者有之。

危言耸听者有之。

振振其辞者有之……

少了,"辞,达意而已矣!"

15.42 师冕见,及阶,子曰:"阶也。"及席,子曰:"席也。"皆坐,子告之曰:"某在斯,某在斯。"

师冕出。子张问曰:"与师言之道与?"子曰:"然,固相师之道也。"

师冕,乐师,盲人。

师冕来见孔子，走到台阶时，孔子说："到台阶了"。走到坐席旁，孔子说："这里是坐席"。坐定了，孔子告诉师冕："某人在这里，某人在那里。"

师冕告辞以后，弟子子张问孔子："刚才和师冕这般说，也是道吗？"孔子说："对呀，这一定是扶导瞽者的道呀！"

此篇看似平淡无奇，多看几遍，便会觉得充满禅意。

盲人乐师与孔子的见面，一举一动，一言一行，将每一个细节都记录在案，为何？

足见孔子"辞语从容，诚意恳至"，"至诚恳恻之情"跃然纸面。

你我能做到吗？

我们心中为什么有那么多的差别？

人心就是一面魔镜，心里有什么，眼里就会照出什么。心中一片阳光，万物就会春意盎然；心中常住阴暗，外面就会一派凄凉。

有道者，即使到了"水穷处"，仍会寻找希望的可能。

无道者，即使站在阳光下，仍会感到无比的黑暗。

我的管理学老师陈明哲教授说："大事小事一回事。"

从本篇可以看出，细节就是整体，整体就是细节。装，没用。是狐狸，尾巴迟早会露出。

孔子的弟子记录了老师会见师冕的细节，钱穆说："孔门弟子对于孔子的一言一动无不诚心审察。"（《论语新解》）

"圣门学者，于夫子之一言一动，无不存心省察如此。"（《四书章句集注》）

朱熹接着说："古者瞽必有相，其道如此。盖圣人于此，非作意而为之，但尽其道而已。"他引尹氏曰："圣人处己为人，其心一致，无不尽其诚故也。有志于学者，求圣人之心，于斯亦可见矣。"范氏曰："圣人不侮鳏寡，不虐无告，可见于此。推之天下，无一物不得其所矣。"(《四书章句集注》)

"与师言之，道与？"看子张的问题，真是用心。

何为学习？真以为交上巨额学费，打起整工，住在大学里就是学习？

只要你有一颗学习上进之心，别人的一言一行，天下的一草一木，皆是你的老师。

子曰："然。固相师之道也。"

"道"，无处不在。不要老想抓着自己头发离开地面。"道"，就在脚下。

在《庄子·知北游》中，东郭子问于庄子曰："所谓道，恶乎在？"庄子曰："无所不在。"东郭子曰："期而后可。"庄子曰："在蝼蚁。"曰："何其下邪？"曰："在稊稗。"曰："何其愈下邪？"曰："在瓦甓。"曰："何其愈甚邪？"曰："在屎溺。"东郭子不应。

不要以为，睁着眼睛就不是盲者，你只看到自己，还能看到别人吗？也不要以为，眼瞎了就是瞽者，眼中漆黑，心中可能一片光明！

如来无相，无相如来！

"相师之道""吾道一以贯之"！

《论语》循循善诱，我们有眼有耳，但是看见了吗？听进去了吗？

季氏第十六

16.1　季氏将伐颛臾。冉有、季路见于孔子，曰："季氏将有事于颛臾。"

孔子曰："求！无乃尔是过与？夫颛臾，昔者先王以为东蒙主，且在邦域之中矣，是社稷之臣也。何以伐为？"

冉有曰："夫子欲之，吾二臣者皆不欲也。"

孔子曰："求！周任有言曰：'陈力就列，不能者止。'危而不持，颠而不扶，则将焉用彼相矣？且尔言过矣，虎兕出于柙，龟玉毁于椟中，是谁之过与？"

冉有曰："今夫颛臾，固而近于费。今不取，后世必为子孙忧。"

孔子曰："求！君子疾夫舍曰欲之而必为之辞。丘也闻有国有家者，不患寡而患不均，不患贫而患不安。盖均无贫，和无寡，安无倾。夫如是，故远人不服，则修文德以来之。既来之，则安之。今由与求也，相夫子，远人不服，而不能来也；邦分崩离析，而不能守也；而谋动干戈于邦内。吾恐季孙之忧，不在颛臾，而在萧墙之内也。"

《论语》的这篇很长，孔子讲了几个很深刻的道理。有几个名言警句出自这里，但现代人用之，常常断章取义，驴头不对马嘴。

"不患寡而患不均，不患贫而患不安。"

"既来之，则安之。"

"季孙之忧,不在颛臾,而在萧墙之内。"

这篇记录的是孔子和两个弟子冉有(求)、季路的对话。当时,这两个弟子都在鲁国的季氏(大夫)门下做家臣。

这个对话的背景是这样的,春秋时期已由诸侯称霸转为大夫专权。"鲁国兵力在孔子时分为四份,季氏取其二,孟孙、叔孙各取其一,附庸的颛臾不属于三家,尚为公臣。颛臾距离季氏的封邑费邑近,季氏就想强占颛臾。"(《子曰论语》)

当冉有、季路告知孔子季氏将讨伐颛臾,孔子讲了四层意思:一、季氏讨伐颛臾非正义之战;二、冉有与季路作为季氏的家臣,要承担责任;三、诸侯应该做什么事;四、季氏真正的忧是什么。

颛臾在鲁国的封城之内,又是鲁国的社稷之臣,季氏只是鲁国大夫,有何理由征伐他?

冉有狡辩:"是季氏要这么做,我和季路都不愿意。"

孔子不客气,一连发了三炮!

第一,古代良史说:"能够贡献自己力量,再任职;如果不行,就该辞职。"你俩是能力不够,还是尽力不足,不能力谏而阻止季氏?

第二,一个瞎子遇到危险,不去扶持;将要颠倒了,还不去扶一下,(此刻,季氏就是一个瞎子)何必用你们这样的助手呢?

第三,老虎、犀牛从栅栏里跑出来,龟壳、美玉在匣子里毁坏了,这是谁的责任?

在高手面前,最好沉默。否则,越涂越黑。

冉有露出了尾巴:"颛臾城墙坚固,又离季氏的封地费地很近,现在不把它解决掉,后世一定会给子孙留祸害。"

秦强,不过二世!

靠武力想千秋万代，是做梦。

君子最讨厌（这种说辞），不明说自己贪心无厌，而一定要另找一个（冠冕堂皇）的借口。孔子开始骂人了。

孔子接着说，我听说过："无论是诸侯还是大夫，寡少，该忧心的是是否调派公平；贫贱，该忧心的是不能安其土、乐其业。盖均无贫、和无寡、安无倾，才是（季氏等）所施行的政策。而你俩辅佐季氏，远方之人不归顺，却不能招致；国家支离破碎，却不能保全。在自己的境内发动战争！"

孔子真厉害！话到此处，还没停止："我恐怕季孙的忧愁不在颛臾，却在鲁君啊。"

痛打落水狗，连根拔起。

有学者指出，《论语》只有此篇是"孔子曰"，而不是"子曰"，为何？历史疑案。

季氏这场战争，后来是否发动，历史上没有记载。是孔子的一顿教训，阻止了这场战役的发生吗？

师出有名。

战必正义。

自古以来，赤裸裸的侵略者没有一个有好下场。美其名曰"为子孙忧"，但恰恰是自己的贪心，为后代埋下了祸根。

16.2 孔子曰："天下有道，则礼乐征伐自天子出；天下无道，则礼乐征伐自诸侯出。自诸侯出，盖十世希不失矣；自大夫出，五世希不失矣；陪臣执国命，三世希不失矣。天下有道，则政不在大夫。天下有道，则庶人不议。"

这是孔子根据历史所作的政治判断。

礼、乐、征、伐，国之大事，它的决定权一定来自天子。如果天子式微，大权旁落到诸侯身上，那么这个政权很少能够存续十代。

"征者，上伐下也。敌国不相征也""征之为言正也"（《孟子·尽心下》）。

《周易·离卦》有云："王用出征，以正邦也。"

杨伯峻先生认为："孔子这段时话可能是从考察历史，尤其是当时时事所得出的结论。'自天子出'，孔子认为尧、舜、禹、汤以及西周都如此。'天下无道'则自齐桓公以后，周天子已无发号施令的力量了。齐自桓公称霸，历孝公、昭公、懿公、惠公、顷公、灵公、庄公、景公、悼公、简公十公，至简公而为陈垣所杀，孔子亲身见之。"（《论语译注》）

"自大夫出，五世希不失矣"，如果大夫专政，政权就很难维持过五代。

"鲁（国）自季友专政，历文子、武子、平子，桓子而为阳虎所执，更是孔子所亲见的。"（《论语译注》）

"陪臣执国命，三世希不失矣。"

"陪臣"，重臣，大夫的家臣。

天子→诸侯→大夫→陪臣，层层向下。

诸侯，过不了十世；大夫，过不了五世；陪臣，过不了三世。

"三桓的家臣又纷纷起来，效法主子犯上作乱。阳虎原本为孟孙氏庶支，后为季孙氏家臣，季平子时很受重用。季平子死，季桓子立，阳

虎已是季氏三世'元老',三世而出奔齐。"(《毓老师说论语》)

朱熹注曰:"逆理愈甚,则其失之愈速。大约世数,不过如此。"(《四书章句集注》)

"天下有道,则政不在大夫。天下有道,则庶人不议。"

"上无失政,则下无私议。"(《四书章句集注》)

熊十力先生说:"今言政不在大夫者,即后来商韩辈,尊主卑臣之极权论也。言庶人不议,即商韩反民之私计也",熊先生由此认为:"此当为六国时儒生之染于商韩而拥护君主制者妄行增窜。"(《原儒》)

时过境迁,斗转星移!

世间唯一不变的是变。

孔子晚年的著作《春秋》,"贬天子,退诸侯、讨大夫"。孟子说:"民为贵,社稷次之,君为轻。"(《孟子·尽心上》)"大道之行也,天下为公。"(《礼记·礼运》)

16.3 孔子曰:"禄之去公室五世矣,政逮于大夫四世矣,故夫三桓之子孙微矣。"

早期,文史哲不分家。文学中有历史,历史中又有哲学。

《论语》的这一篇记载了孔子的一个哲学判断,而这个判断又建立在史实的基础上。

孔子说:"鲁国的政权从鲁君手中失掉已经五代了,政权到了大夫手里(从季氏算起)已经四代了,那些鲁国三卿的子孙(仲孙、叔孙、季孙)现在也衰微了。"

杨伯峻先生说:"五世、四世——自鲁君丧失政治权力到孔子说这段话的时候,经历了宣公、成公、襄公、昭公、定公五代;自季氏最初把持鲁国政治到孔子说这段话时,经历了文子、武子、平子、桓子四代。"(《论语译注》)

孔子透过鲁国的历史发展,揭示出了一个政治规律。在中国封建社会中,政权的更替是必然的规律。

政权旁落给大夫,但大夫的权力也不能永续。"故夫三桓之子孙微矣。"

假公济私,最后还是从哪来回哪去。"而以僭逆得之者,终当以僭逆失之耳。"

历史,不断在重复着昨天的故事。

但孔子并没有停留在历史的规律中停滞不前。他在他的晚年著作《春秋》中,回答了这个问题。

"大道之行也,天下为公"。

让我们重温一下毛泽东和黄炎培的那段著名对话吧。1945年7月4日,在延安毛泽东的窑洞里,黄炎培说:"我生六十余年,耳闻的不说,所亲眼见到的,真所谓'其兴也勃焉,其亡也忽焉',一人、一家、一团体、一地方,乃至一国,不少单位都没有跳出这周期律的支配力量。大凡初期聚精会神,没有一事不用心,没有一人不卖力,也许那时艰难困苦,只有从万死中觅取一生。既而环境渐渐好转了,精神也就渐渐放下了……到干部人才渐见竭蹶,艰于应付的时候,环境倒越加复杂起来了,控制力不免趋于薄弱了。一部历史,'政怠宦成'的也有,'人亡政息'的也有,'求荣取辱'的也有,总之没有能跳出这周期律。"

毛泽东说:"我们已经找到了新路,我们能跳出周期率。这条新路就是民主。只有让人民起来监督政府,政府才不会松懈。只有让人民起来负责，才不会人亡政息。"

这个道理，已经讲得很清楚了吧？

16.4　孔子曰："益者三友，损者三友：友直，友谅，友多闻，益矣；友便辟，友善柔，友便佞，损矣。"

在家靠父母，出门靠朋友。

在家，未成年之时，靠父母；出门，走出家门，到外面闯天下，靠朋友。从中可见，朋友是多么重要。

今天有些年轻人，在家靠父母，出门也靠父母，网名叫"啃老族"。

人人都会有朋友。但孔子把朋友分为两类：益友、损友。"人之初，性本善。性相近，习相远。"益友得益，损友日损。

"近朱者赤，近墨者黑。"

毓老师说："读此章必得有所警惕。年轻的毛病，终身难改之，'不识其人，则视其友'。"（《毓老师说论语》）

孔子说："有益的朋友有三种：正直的朋友，诚信的朋友，见识广博的朋友。"

为何？"友直，则闻其过。友谅，则进其诚。友多闻，则进于明。"（《四书章句集注》）

朋友是帮助自己成长的。因其直，常常能直言不讳地指出你的毛病。闻过则喜，才有改正的可能。"与直者交友，则可以攻我之过失，而日进善矣。"

"谅"者，信实不欺，表里如一，自己的榜样。"与谅者为友，则可以消吾之邪妄,而日进于诚矣。"把对于朋友之诚,变为对天下人之诚。

"与多闻为友,则可以广吾之识见,而日进于明矣。"(《张居正讲评〈论语〉》)

出门,就是长大成人。靠朋友,日改其过,至善;日进其诚,信实;日长其闻,识广。

翻翻自己的电话号码本,你有几个这样的益友?

孔子还说:"有害的朋友也有三种:善于谄媚逢迎的朋友,善于当面恭维、背后毁谤、两面三刀的朋友,善于花言巧语的朋友。"

为何?便辟之友,你有过他不直言,一味地逢迎恭维,使你过上加过,"久之则驰于浮荡""习于威仪而不直"。善柔之友,"工于媚悦而不谅""无长善之益,久之则日流于污下矣"。便佞之友,无真才实学,投机取巧,"久之将(使自己)日沦于寡陋矣",只懂些花拳绣腿。

翻翻自己的电话号码本,你有多少损友?

张居正说得好:"人能审择所从,于益友则亲近之,于损友则斥远之,何患乎德之无成也哉?……故曰与正人居,所闻者正言,所见者正行,亦所谓益友也;与不正人居,声色狗马之是娱,阿谀逢迎以为悦,亦所谓损友也。养德者可不辨哉?"(《张居正讲评〈论语〉》)

"一乡之善士,斯友一乡之善士;一国之善士,斯友一国之善士,天下之善士,斯友天下之善士。以友天下之善士为未足,又尚论古之人。颂其诗,读其书,不知其人,可乎?是以论其世也。是尚友也。"(《孟子·万章下》)

天下事,常常是同病相怜,同声相和。

你心中想向善,才会主动去结交益友。

良师益友,亦友亦师,最佳!

16.5 孔子曰:"益者三乐,损者三乐。乐节礼乐,乐道人之善,乐多贤友,益矣;乐骄乐,乐佚游,乐宴乐,损矣。"

人要追求物质享受,这无可争议,但人更应该有精神追求。物质是有限的,但精神是无穷的。许多成功人士比我们富裕,不光是因为他有更多财富,而是他有更高意义上的精神追求。

我们以什么为真乐?我们真的想过这个问题吗?

人活一生,不能苍白得真如一张白纸。

孔子让我们思考这个问题。孔子列举了三种有益的快乐,三种有害的快乐。

"乐",爱好。"仁者乐山,知者乐水。"

喜欢用礼乐调节自己,喜欢讲别人的善(好)处,喜欢多交益友,此为"益者三乐"。

古时的"礼乐",现代就是文化活动。

"乐道人之善",一说是喜欢看到别人的长处,多讲别人的好话。为何?"鼓励褒奖其善行。"另一说,以行道善而快乐。修行、慈善,乐在其中。

"乐多贤友。"狐朋狗友,一群也没用。

良师益友,可遇不可求。

今天上午又读了几页《管子书录》,再次为管鲍之交感动。

刘向的《全汉文》卷三十七中记载:管仲少时,尝与鲍叔牙游,鲍叔知其贤;管子贫困,常欺叔牙,叔牙终善之。鲍叔事齐公子小白,管子事公子纠;及小白立为桓公,子纠死,管仲囚;鲍叔荐管仲。……管仲既任政于齐，齐桓公以霸；九合诸侯，一匡天下，管仲之谋也。……故管仲曰："吾始困时，与鲍叔分财，多自予；鲍叔不以我为贪，知我贫也；尝为鲍叔谋事，而更穷困，鲍叔不以我为愚，知我有利有不利也。公子纠败，召忽死之，吾幽囚受辱，鲍叔不以我为无耻，知我不羞小节，而耻功名不显于天下也。生我者父母，知我者鲍叔。"

眼中尽是利益，何来管鲍之谊？

今日社交媒体如此发达，有管仲乎？有鲍叔雅量乎？

毓老师感叹："现在人之丑陋，真是无以复加！"（《毓老师说论语》）

以骄傲放肆为快乐，以游荡闲逛为快乐，以饮食荒淫为快乐。这三乐有损。

"乐骄乐"，"骄""马高六尺为骄"（《说文》）。我有美容、钱、别墅、私人飞机、知识……你没有。看抖音，各位"明星"登场，"众星"捧残月，真是一片衰败场景。

"乐佚游，乐晏乐"，《尚书·皋陶谟》中称："无若丹朱傲，惟慢游是好。"佚游、饮食晏乐，都是赔钱的买卖。"燕朋逆其师，燕辟废其学。"（《礼记·学记》）游晏之朋，定违背师训、荒废学业。"群居终日，言不及义。"（《毓老师说论语》）

钱穆先生曰："求乐，人之常情，然当辨损益。世人各争占尽乐处，而不知其所乐有损，亦可悯。"（《论语新解》）

孙奇逢曰："礼乐全在日用间应事接物上讨求，心安理得，此便是孔颜乐处。"（《四书近指》）

因心不同，则乐有异。

心安理得，便是真乐所在。

16.6 孔子曰："侍于君子有三愆：言未及之而言，谓之躁；言及之而不言，谓之隐；未见颜色而言，谓之瞽。"

"愆"，过也。"瞽"，盲，无目，引申为不能察言观色。

孔子口中的君子，是指有德行的人。

孔子指点人，真是很有艺术。他描述了三种情境，并给出了定义，使人们一听就懂。

这种和有德之人谈话的礼仪，过去有谁教过我们？

在有德之士的旁边侍坐，容易犯三个过错。

一是"躁"，自己不到应该说话的时候就急着说话，或没听全而妄解其义，或不加思考、不走心，或缺乏尊重，打断别人等。

蒋伯潜先生说："鲁论读'躁'为'傲'，意思是言未及之而言，是以己所知者，傲人之不知也。"（《新刊广解四书读本》）

"躁人之辞多。"（《周易·系辞下》）

二是"隐"，该你说话时你不说。像茶壶里煮饺子，倒不出来。装聋作哑，没有反应。或是那些阴险之人，你不知他在想什么。

三是"瞽"，不看别人的脸色而乱说。说话重在沟通，交流是彼此之间的心心相印。别人已没感觉了，你还滔滔不绝，有何用？不会察言观色。现代传播学告诉我们，体态语言传达给我们的信息更多。

孔子定义了三个字："躁""隐""瞽"，"三愆"。接下来，你怎么选择，就是你自己的事情了。这三个字一听就懂，关键是能时做到，很难。

毓老师是过来人，是有大智慧的人，我这里摘录几段与大家分享：

> 儿子在客人面前失体统了，必须"当面教子"，以表明"有

家法"。但妻子失体统了，必"背地教妻"，于无人之际和气相劝，夫妻之间应相敬如宾，彼此顾体面。

人生，就是"成事"了，也未必"成功"。人越有理智，就越懂得怎么忍耐，可能一辈子都没有一件事是满意的。

人真得到的很少，所以要理智生活。不能安排自己生活的，是愚人也。

读书不明白，也不能教育子孙。世事人情皆学问，会背书半点用也没有。(《毓老师讲论语》)

"本章三愆，皆因侍于君子而始见。侍于君子必知敬，三愆皆由无敬意生。若尽日与不如己者为伍，敬意不生，有愆亦不自知。故人能常侍君子，则己之德慧日长矣。"(《论语新解》)

心诚则灵！人，为什么有"躁"、有"隐"、有"瞽"，因为没有修成一颗诚实而敬畏的心！

没有养心之功的训练，怎么能达到慎言之境？

16.7　孔子曰："君子有三戒。少之时，血气未定，戒之在色；及其壮也，血气方刚，戒之在斗；及其老也，血气既衰，戒之在得。"

这是最好的养生方略。

但是，不是过来人，谁懂？谁信？谁又会去照此践行？

生命非常珍贵。

君子三戒：年少，戒色；壮年，戒斗；老年，戒得。

《淮南子·诠言训》有云："凡人之性，少则猖狂，壮则强暴，老则好利。"

"反者道之动，弱者道之用，天下万物生于有，有生于无。"（《道德经》）

戒之，让生命自然生长。春生、夏长、秋收、冬储。

有戒律，才有真自由。

精、气、神，人生三宝。

不要到了老年，才想起吃"补药"。

最好的"人参"，就在一个"戒"字！

毓老师说："养身，一切皆要定时、定量，衣食住行皆不放任，身体才会健康，不是老了再学太极拳。"（《毓老师说论语》）

毓老师健康地生活了106岁！100岁时还在开讲大学堂！

"两岸猿声啼不住，轻舟已过万重山。"人生，就是这么跌跌撞撞地往前行。贵在有悟、有省、有行、有戒。

没有戒律，就没有宗教。

蒋伯潜先生说："试看现在社会，青年人往往闹恋爱问题；壮年人往往因意气之争，而不顾大局；老年人往往日暮途穷，不惜出卖人格；此章所记，真是勘透人情之言。"（《新刊广解四书读本》）

孔子之言，何止勘透人情？他还上合天道。《黄帝内经》开篇，讲的是同一道理，我原文摘录如下：

> 昔在黄帝，生而神灵，弱而能言，幼而徇齐，长而敦敏，成而登天。乃问于天师曰："余闻上古之人，春秋皆度百岁，而动作不衰；今时之人，年半百而动作皆衰，时世异邪？人将失之耶？"

岐伯对曰："上古之人，其知道者，法于阴阳，和于术数，食饮有节，起居有常，不妄作劳，故能形与神俱，而尽终其天年，度百岁乃去。

今时之人则不然也，以酒为浆，以妄为常，醉以入房，以欲竭其精，以耗散其真，不知持满，不时御神，务快其心，逆于生乐，起居无节，故半百而衰也。

夫上古圣人之教下也，皆谓之虚邪贼风，避之有时，恬淡虚无，真气从之，精神内守，病安从来？

足以志闲而少欲，心安而不惧，形劳而不倦，气从以顺，各从其欲，皆得所愿。

故美其食，任其服，乐其俗，高下不相慕，其民故曰朴。是以嗜欲不能劳其目，淫邪不能惑其心，愚智贤不肖，不惧于物，故合于道。

所以能年皆度百岁而动作不衰者，以其德全不危也。"

走到山顶，才能看到风景。

朱熹引范氏曰："圣人同于人者血气也，异于人者志气也。血气有时而衰，志气则无时而衰也。少未定，壮而刚，老而衰者，血气也。戒于色，戒于斗，戒于得者，志气也。君子养其志气，故不为血气所动，是以年弥高而德弥劭也。"（《四书章句集注》）

佛教中说戒、定、慧。

君子三戒，当了然于心。

血气当如死灰，志气常似旭日。死灰间，欲望焚烧殆尽，星火处，真心骤然燎原……

16.8 孔子曰："君子有三畏：畏天命，畏大人，畏圣人之言。小人不知天命而不畏也，狎大人，侮圣人之言。"

"畏"，敬畏之心。

人，要有敬畏之心，敬畏之心也应是良心的一种。

君子有德有行，自然就有一份敬畏之心。

小人不学无知，也就缺乏一份应有的敬畏。无知者无畏。

"一阴一阳之谓道，继之者善也，成之者性也。仁者见之谓之仁，知者见之谓之知，百姓日用而不知，故君子之道鲜矣。"（《周易·系辞上》）

君子三敬，君子之道也。

蒙古人喝酒，也有三敬：敬天、敬地、敬父母。

君子一要敬畏天命。

孔子"五十知天命"，"不知命，无以为君子"（《论语·尧曰》）。

《中庸》开篇就讲"天命之谓性，率性之谓道，修道之谓教"。

"在天曰命，在人曰性。"知天命，尽人性。

毓老师谈到过，何以说知天、知命，而不说"知性"？"继之者，善也；成之者，性也"，不明乎善，不诚乎身矣，"诚者，天之道"。"性"，是体；"善"，是用。善，是天之道的用。不明天之道，就不懂人之道。

人，永远看不到自己的眼睛。如果没有镜子，怎么知道你的长相？

人，也很难了解自己的"性"。天，就是我们人性的镜子。知天命，即知自性。

天人合一。

君子二畏大人。

"大人",乃得道之人。"率性之谓道。"

毓老师说:"率,顺也,前面有一东西存在。顺性就是道,尽此之谓,性外无别道。性,是大本;良知良能,是性之用。"(《毓老师说论语》)

"大人",乃顺天命(自性)而行之人。知天命,尽人性者。

"与天地合其德",天无私覆,地无私载。"天,何怨也?"公而无私。

"与日月合其明""明照四方,容光必照"。在没有电的时代,日、月对于人类意味着什么?

"与四时合其序",四时错序,行健而有序。"天行健,君子自强不息。"天命,行健;自性,自强不息。

这样的"大人",能不令人敬畏吗?

君子三畏,圣人之言。

"大人",可能和你生活在同一时代;圣人,成百上千年才出一个。我们无法出生在"轴心时代"。但轴心时代的圣人,留下了他们的许多圣言,我们要敬畏圣人之言。"修道之谓教。"圣人之言,要精学之,深悟之,践行之。

现在看来,孔子的孙子子思所著的《中庸》,就是从他爷爷的这三句话延伸开的。

"小人不知天命而不畏也,狎大人,侮圣人之言。"

"狎",慢而不敬。钱穆曰:"初则逢迎长恶,终乃作乱犯上,更无严惮之心。"(《论语新解》)

"侮","戏侮义。圣言深远,小人不知,又无忌惮,故加以戏侮"(《论语新解》)。

《道德经》有云:"上士闻道,勤而行之。中士闻道,若存若亡。下士闻道,大笑之。不笑不足以为道。"下士,小人也;"大笑之""侮圣人之言"。

上一篇，孔子讲君子三戒：年少戒色，年壮戒斗，年老戒得。三戒在事，都是要人处理好外在的关系。

这一篇，孔子教人要有三个敬畏：畏天命，畏大人，畏圣人之言。三畏在心，都是要让人处理好自己的内心世界。

内有三畏，外有三戒，再复杂的世界，再难处的人际关系，相信你都能处理得得心应手。

生命，命生。

生命，人人生来就有使命。

命生，知天命而行健不息。

有敬畏之心，才有谦诚之意。

有谦诚之意，才有真实之知。

有真实之知，才有坚卓之行。

"尧舜兢业，周文小心，惟一敬耳。"

"装睡"的人，永远不会真醒！

16.9 孔子曰："生而知之者，上也；学而知之者，次也；困而学之，又其次也；困而不学，民斯为下矣！"

孔子最注重"学""知"，所以《论语》开篇第一句就说："学而时习之，不亦说乎？"人生最大的快乐，就是学、知。

孔子对待学者，不分贫富、地位、身份、种族，可谓"有教无类"。

但在此篇，孔子却把人按"知之"的分为四等，他特别强调"困而不学，民斯为下矣"。

上等知乃生而知之。上智之士，生下来就有大智慧。孔子言必尧舜。

孩子一生下来就会呼吸，就会吃奶，这是不是"生而知之"？

自师己性？

六祖惠能，不识一字，听一句《金刚经》，便悟，"生而知之"？

二等知乃学而知之，通过自己的学习而知道。

我以为孔子是"生而知之"者，但孔子自己说："我非生而知之者，好古，敏以求之者也。""好"，有兴趣。勤奋而敏捷学之，知之。他的方法就是"学而时习之"。

三等知乃困而知之。有一个故事说爸爸是大盗，他的儿子也想学盗术。有一天晚上，爸爸带着儿子摸进了一户人家。爸爸把儿子锁在了一个大柜子后，便大喊："有贼，抓贼"，自己跑了。儿子在柜子里听见人家跑出来抓贼，急死了，他更气他爸爸自己是贼，为何喊"抓贼"？

后来，儿子逃跑回来，怒问爸爸缘由，爸爸问："你是怎么逃掉的？"

儿子说："急得没办法，只能学老鼠叫。家人打开柜锁，我就趁机逃走"。

这就是典型的"困而知之"。爸爸制造了一个困境，儿子悟到了盗术。

"困"，木在其中。受困，困顿，困扰，贫困。

贫困，是被一时的贫给困住了，但不是走到穷途末路。

《周易·困卦》有云："困：亨；贞，大人吉，无咎；有言不信。"

通达，正固，大人吉祥，没有灾难。说出的话没有人相信。

有前行才有困境。原地踏步就是在温水煮青蛙。

"升而不已必困，故受之以困。"(《周易·序卦》) 不要遇到困难绕着走。困难恰恰是你上升的台阶，要享受解困的快乐。

为何"大人吉"，小人不吉？

"君子固穷，小人穷斯滥矣。"(《论语·卫灵公》)《周易·困卦》有云："困。君子以致命遂志。"

为何"有言不信"？马云二十年前说"阿里"要成为伟大的公司，彼时你信吗？

"困穷而通"，"思之思之，鬼神通之"。

"知困"，学之，"然后能自强"。

以上三种，孔子都认同。《中庸》有云："或生而知之，或学而知之，或困而知之，及其知之一也。"条条大路通罗马。人人禀赋不同，但各循其道，最后殊途同归。

孔子最厌恶的人，"困而不学"，斥为"下""民"，最下等人。

在《周易·系辞下》中，孔子说："非所困而困焉，名必辱。非所据而据焉，身必危。既辱且危，死期将至。"孔子的话，已说到极致了。

毓老师开导我们："要困知勉行。""人一己百，人十己千。虽愚必明，虽柔必强。"(《中庸》)

反省，就是"见贤思齐"；反省，先要对号入座。

我们是"上"知？是"次"知？是"又其次"知？还是真正的无"知"！"斯民为下矣！"无知还不耻，"下"了再"下"！

没有底线，哪来的良知？

16.10 孔子曰："君子有九思：视思明，听思聪，色思温，貌思恭，言思忠，事思敬，疑思问，忿思难，见得思义。"

思＝心＋田。走心，用心，养心。

修心养性。

孟子说："心之官则思，思则得之，不思则不得也。"（《孟子·告子上》）

"学而不思则罔，思而不学则殆。"（《论语·为政》）

"九思"，指人和外界的九种接触方式，引发人内心的思索。

视（眼睛）、听（耳朵）、色（脸面）、貌（容貌）、言（嘴巴）、事（行为）、疑（思想）、忿（怒气）、见（感知）。

内忠外和，儒家的看家本领。忠，诚也。"忠者诚实之谓，诚实则顺理可知。"（《论语正义》）

"和"，和气，和谐，和平。《中庸》有云："喜怒哀乐之未发，谓之中；发而皆中节，谓之和。中也者，天下之大本也；和也者，天下之达道也。致中和，天地位焉，万物育焉。"

"视思明"，明，明白（道理）。正大、光明。

有眼无珠，有眼睛却看不见

为何"视而不见？"

为何常有偏见？

"非礼勿视"，礼是一种尺度，一种标准。

见贤思齐，先看到，再思想。

老鹰的眼睛，是功能；人的眼睛，是心灵。

眼睛是心灵的窗户。

"听思聪"，看明白，听清楚。

人为何有两只眼睛？既看别人，也要观自己。

人为何要有两只耳朵，既听左边，也听右边，"兼听则明，偏信则暗"（《资治通鉴》）。

"夫民别而听之则愚，合而听之则圣。"（《管子·君臣上》）

今日新媒体，大数据计算，投其所好，千人千面。人工智能，注意不要让人懒于思考。

"聪，察也。"（《说文解字》）明察秋毫。

"听曰聪。聪者，能闻其事而审其意也。"（《春秋繁露》）

"目之于视，则思视远惟明，而不为乱色所蔽；耳之于听，则思听德惟聪，而不为奸声所壅。"（《张居正讲评〈论语〉》）

"色思温"，脸上要有温度，不要面目狰狞。

"望之俨然，即之也温"，孔子也。

心善，自然面和。

大爱，容带春光！

"貌思恭"，有恭敬之心，便有谦卑之貌。"出门如见大宾。"

"貌思恭者，言待人接物时，容貌常常要想恭敬也。"（《新刊广解四书读本》）

"言思忠"，言语要忠于自己的内心，不要口是心非。

"事思敬"，陈明哲老师老说："大事小事一件事。"要用敬畏之心对待每一件事。

敬事能信，"在貌为恭，在心为敬"（《毓老师说论语》），恭则不侮，信则人任焉。

"疑思问"，有疑还不问，常此，便成了茶壶里煮饺子。质问到底，云开日出。参禅悟道,就一个"疑思问"。

学问来自不断的质疑。

"发愤忘食,乐以忘忧,不知老之将至云尔。"(《论语·述而》)

"忿思难",发脾气时想想后果。

《周易·损卦》有云:"君子以惩忿窒欲。"一句话够用一辈子。

"忿怒思患。"(《大戴礼记·曾子立事》)

再看"见得思义"。"义"者,宜也。(名、利)要拿到手时,想想是否应得,心安理得便是义。

同一事物,为何有人"见其大",有人"见其小"?心不同也。

王阳明说:"我心光明",所以其所见不同。

钱穆先生曰:"九思各专其一,日用间迭起循生,无动静,无内外,乃无所不用其省察之功。"(《论语新解》)

"视无所蔽,则明无不见。听无所壅,则聪无不闻。色,见于面者。貌,举身而言。思问,则疑不蓄。思难,则忿必惩。思义,则得不苟。"他引程颐曰:"九思各专其一。"(《四书章句集注》)

"思"者,心田也。心作良田百日耕。

16.11 孔子曰:"见善如不及,见不善如探汤。吾见其人矣,吾闻其语矣。隐居以求其志,行义以达其道。吾闻其语矣,未见其人也。"

"见善如不及,见不善如探汤",这种人孔子亲眼所见,他也亲耳所闻。

百闻不如一见，实证主义。

看到别人的善，就想到自己的不足。别人能达到，我为什么达不到？见贤思齐。

看到别人的美，就如看到自己的美，要以欣赏的眼睛看这个世界。

看到别人的真，就要提升自己的真，"君子不固"，求真（理）急切。

"见不善如探汤"，"探汤"指把手伸到热汤里，烫；如身触电，感同身受。遇见邪恶，立马抽身避开。

见不善，思己不善，立刻改过。

"案扁鹊传：'汤液醪酒'，所以治病者，故以探汤、去疾为御恶之喻。"（《论语正义》）

毓老师说："人最可怕的是：知恶不改，见贤不亲。"（《毓老师说论语》）

"吾见其人矣，吾闻其语矣。"人人都能做到，人人都应做到。关键是看自己想不想去做。

恶习难改，习以为常。

心不明，眼不见，身不行。

是"见"，还是"不见"，在一念之间。

"隐居以求其志，行义以达其道。"孔子只听过这样的说法，但在他的现实生活中，没见过践行此语的人。

难道孔子自己不是这样做的吗？

如果是，那这句话就是一种自我安慰，或是一种自我鼓励！

隐居不必山林！

"隐"，不显。

"居",居有定所。"素贫贱行乎贫贱,素富贵行乎富贵。"

谈"隐",就有"显"!

开口就是错!

诸葛亮说:"臣本布衣,躬耕于南阳,苟全性命于乱世,不求闻达于诸侯。"(《出师表》)你信吗?刘备信吗?

诸葛亮教育儿子:"非淡泊无以明志,非宁静无以致远。"(《诫子书》)

淡泊明志,即是"隐居以求其志"。

志同道合,志"大同",才能与道合!

"士尚志。"

君子当有使命、愿景、价值观,企业也是如此。

把企业仅仅当成一个赚钱的机器,这个企业家也就成了唯利是图的一个赚钱工具而已。

陈明哲教授说:"中国企业家要做现代的'士'。"

孟子云:"故士穷不失义,达不离道。穷不失义,故士得己焉;达不离道,故民不失望焉。"(《孟子·尽心上》)

淡泊名利以探求自我意志,依义而践行并实现自己理想。孔子说:"我听过这样的话,没见过这样的人。"

孔子之"未见",是对其三千弟子的期许,也是对我们后来人的鞭策。

司马迁云:"《诗》有之:'高山仰止,景行行止',虽不能至,然心向往之。"(《史记·孔子世家》)

"求其志,守其所达之道也。达其道,行其所求之志也。"(《四书章句集注》)

"见善如不及,见不善如探汤",小乘也。小成。

"隐居以求其志,行义以达其道",大乘也。大成。

"路漫漫其修远兮!"

但愚公(移山)不惧。今天的你,就是明天的子,明天的子,就是后天的孙,"子子孙孙,无穷匮也……"

"不以善小而不为,不以恶小而为之!"

"大学之道,在明明德,在亲民,在止于至善。"

学习真善美、践行真善美、传承真善美!年轻人,做个好儿子、好女儿;中年人,做个好爸爸、好妈妈;老年人,做个好爷爷、好奶奶。

让远古的孔子,既"闻其语",又"见其人"。

16.12 孔子曰:"齐景公有马千驷,死之日,民无德而称焉。伯夷、叔齐饿于首阳之下,民到于今称之,其斯之谓与?"

"其斯之谓与",真是令人感叹!

人,为什么活着?

"齐景公有马千驷""伯夷、叔齐饿于首阳之下"。

两种不同的生活处境。

"齐景公",齐国国君,晚年贪图享乐,不顾百姓死活,"好治宫室,聚狗马,奢侈,厚赋重刑""百姓苦怨以方数"(《史记·齐太公世家》)。

"驷",四匹马为驷。"千驷",四千匹马。"齐景公有马千驷",生时财富万千。

"伯夷、叔齐",让国者也。周武王与商纣王大战于牧野,生灵涂炭,血流成河。伯夷、叔齐不认同周武王"以暴易暴"的做法,乃"义不食周粟",隐居首阳山,采食野菜度日,最终饿死在首阳山。

但是,人死后,究竟留下什么?

财富万千的齐景公,"死之日,民无德而称焉"。在他死亡的当天,老百姓无一称道他的。

伯夷、叔齐,以首阳山的野果、野菜为食,整日饥饿交困。但"民到于今称之",就是到了今天,老百姓都称赞他们。

"同样是人,怎么如此不同?"我想起了有一年《春晚》,范伟和赵本山的小品《卖拐》。

人生真的不易。孔子曰:"不知生,焉知死?"

毓老师说:"不要贪,为了贪,终致伤品败德,累及子孙。……唯德长存,这就是人生。以前的世家'殊履三千',而今安在哉?世事变化莫测,什么都不可靠,唯有自己可靠。"(《毓老师说论语》)

毓老师是溥仪的伴读。

名以"德"传!

死,是生的延续;生,是死的轮回。

看透生死,不负韶华。

16.13　陈亢问于伯鱼曰:"子亦有异闻乎?"

对曰:"未也,尝独立,鲤趋而过庭。曰:'学《诗》乎?'对曰:'未也。''不学《诗》,无以言。'鲤退而学《诗》。他日,又独立,鲤趋而过庭。曰:'学礼乎?'对曰:'未也。''不学礼,无以立!'鲤退而学礼。闻斯二者。"

陈亢退而喜曰:"问一得三,闻《诗》,闻礼,又闻君子之远其子也。"

《论语》的这一篇就像一部小电影,特别有意思。

陈亢,陈子禽,孔子的学生。

在《论语》中,陈亢问了两个问题,陈亢之名,至今仍被记载。

何以传世?

陈亢有个特别的地方,他问问题,不去找孔子,而是找孔子身边之人。

在《论语·学而》中,他问子贡:"夫子至于是邦也,必闻其政。求之与?抑与之与?"

看来,陈亢是个善于思考的人。他注意到孔子每到一个国家,必然能了解到那个国家的政事。那么,孔子是主动去问的,还是别人主动告知他的?

在本篇中,陈亢又问孔子的儿子伯鱼:"子亦有异闻乎?"我的老师在家里给你单独上课吗?给你传授与众不同的道理吗?

"未也",圣人无私域!

"(孔子)尝独立,鲤(伯鱼)趋而过庭""他日,又独立,鲤趋而过庭"。这两句话的信息量太大了。

一是孔子在家,常常独自站在庭中;二是儿子看到爹,"趋而过",小心又恭敬地走过;三是孔子借机而问:"学《诗》乎?""学礼乎?"而不是问:"吃了吗?""喝了吗?"圣人之爱,教也;四是儿子听爹的话,"鲤退而学《诗》""退而学礼",不像现在的孩子,瞎胡闹,累死家长。

"不学《诗》,无以言","诗言志"。王通曰:"夫教之以《诗》,则出辞气,斯远暴慢矣。"(《中说·立命》)

毓老师说,《诗》可以兴、观、群、怨,了解人性,言社会之现状、利弊,即知言。故"不学《诗》,无以言"。何以读完《诗》就能言?"关关雎鸠",恋爱就是要会说话。

"不学礼,无以立!""礼",理也。人不能知书达理,如何能在世上站立?靠父母,能活一辈子吗?

"立",顶天立地。中国精神,"屹立东方"。

朱熹注曰:"(陈)亢以私意窥圣人,疑必阴厚其子。事理通达,而心气和平,故能言。品节详明,而德性坚定,故能立。当独立之时,所闻不过如此,其无异闻可知。"(《四书章句集注》)

"陈亢退而喜曰",看看孔子的学生,听到一点道理,就喜悦地接受。不像现代的一些年轻人,让他学习,比上天还难,天天想吃天鹅肉,尽做梦。

在5G时代,学习已变成最容易的事情,关键是您有陈亢的疑问吗?您闻知则喜吗?您是真想"言"吗,真想"立"吗?

"问一得三",多好呀!可见陈亢求知心切。"闻《诗》、闻《诗》、又闻君子之远其子也。"

"君子远子近孙。"(《白虎通·五行》)

隔代亲近。

司马光注曰:"远者,非疏远之谓也,谓其进见有时,接遇有礼,不朝夕嘻嘻相亵狎也。"(《家范》)

父父子子。不是父不父,子不子。

《说苑·至公》有云:"古有行大公者,帝尧是也,贵为天下,富有天下,得舜而传之,不私其子孙也。"

父有至公大爱,子亦独立立人。

孔子生伯鱼,伯鱼生子思,子思著《中庸》。时至今日,孔家已续了八十几代。

"诗礼传家久",尚德永留存!

16.14 邦君之妻,君称之曰夫人,夫人自称曰小童;邦人称之曰君夫人;称诸异邦曰寡小君;异邦人称之,亦曰君夫人。

国君的妻子,国君称她为夫人,她自称为小童;国内的人称她为君夫人;当着别国人称她为寡小君;别国人也称她为君夫子。

有学者说,这篇是孔子所言,只是竹简上遗落了"子曰"。

但此篇和整部《论语》最不协调,似有些不类。

为何?不知。

毓老师说:"要注意称呼,人的尊严是彼此的,要互尊。"(《毓老师说论语》)

"当此之时,诸侯嫡妾不正,称号不审,故孔子正言其礼也。"(《论语正义》)

称呼上,真的有大学问。

"小童""谦言幼无知识","寡小君""言其寡德,而忝为小君以治内者也"(《张居正讲评〈论语〉》)。

称呼别人，抬高一些，尊敬。

对待自己，降低一些，谦卑。

中华文化，自古至今……从"夫人"这一称谓，可知中国人骨子深处的传统观念。

阳货第十七

> 17.1 阳货欲见孔子，孔子不见，归孔子豚。
> 孔子时其亡也，而往拜之，遇诸涂。
> 谓孔子曰："来！予与尔言。"曰："怀其宝而迷其邦，可谓仁乎？"曰："不可。""好从事而亟失时，可谓知乎？"曰："不可。""日月逝矣，岁不我与。"
> 孔子曰："诺。吾将仕矣。"

宁可得罪君子，不能得罪小人。

和恶人相处，不仅需要智慧，还需要胸怀。

"阳货"，恶人也。皇侃曰："阳货者，季氏家臣，凶恶者也。"(《论语新解》) 季氏数代把持着鲁国的朝政，而阳货这时是季氏的实权派，后来他的野心膨胀，图谋"铲除三桓"，终因失败而逃往晋国。

看孔子是如何对付这一恶霸的？

阳货欲使孔子仕己，辅佐自己，"欲见孔子"，孔子恶其品劣，推辞"不见"。

阳货派人请不来孔子，他便送了孔子一只（蒸熟了的）小猪。

"归"，馈也。

《孟子·滕文王下》有云："大夫有赐于士，不得受于其家，则往拜其门。"这是当时的礼俗。"归孔子豚"，孔子需回拜阳货。

孔子预计阳货不在家时，前往拜访他，不想在途中，两人碰见了。

看看阳货的气势："来，予（我）与尔（尔）言。"

第一，你孔子是仁人吗？"仁人之行，当恻隐救世以安天下，而汝

怀藏佐时之道，不肯出仕，使邦国迷乱，岂可谓仁乎？"（《论语义疏》）

第二，你孔子是智者吗？你喜欢做事，但却屡屡错失机会，这能算个聪明人吗？"言智者以照了为用，动无失时，而孔子数栖栖遑遑，东西从事，而数失时，不为时用。"（《论语义疏》）

第三，你还等什么呢？"日月逝矣，岁不我与"，岁月不等人，时不可失。

世上多的是阳货这种跳梁小丑，无原则、无底线。手握重权，祸害百姓，还振振有词，不知羞耻。最后锒铛入狱，"我死后，管它洪水滔天"？

孔子一曰"不可"，二曰还是"不可"，三曰："诺，吾将仕矣。"哦，看来我要出山了。实属应付之词。

"君子和而不同，小人同而不和。"（《论语·子路》）

再对比一下《论语·卫灵公》中，卫灵公问陈于孔子的话。孔子对曰："俎豆之事，则尝闻之矣；军旅之事，未之学也。"明日遂行。

孔子对于卫灵公问军队陈列之法，为什么敢拒绝回答，而且于第二天就离开卫国呢？

卫灵君虽"无道"，但还算得上是个君子；阳货嘴上虽能讲出些道理，但是个十足的政治痞子。

朱熹注曰："阳货之欲见孔子，虽其善意，然不过欲使助己为乱耳。故孔子不见者，义也。其往拜者，礼也。必时其亡而往者，欲其称也。遇诸涂而不避者，不终绝也。随问而对者，理之直也。对而不辨者，言之逊而无所诎也。"（《四书章句集注》）

人活着难，应世更难。

墙头草易做，黄山松难守。

通透圆润，无为而无不为。孔子，真仁智也。

17.2 子曰："性相近也，习相远也。"

"性"，本性，人生下来而具有的本来属性。《中庸》开篇曰"天命之谓性"，与生俱来。

"习"，习性。"习"，繁体字"習"，小鸟学习飞行，数次扇动翅膀。习性是后天养成的。

"王侯将相，宁有种乎？"这是陈胜、吴广的反省。

"修道之谓教"（《中庸》），向善之教。逆修，回归本性。

习以为常，把习而惯了的东西当作常识，当作固有的东西。这是很危险的事情。

科学精神就是质疑精神，科学不能包治百病。

南宋后，出现了幼教启蒙读本《三字经》，开卷就是"人之初，性本善；性相近，习相远"。其出处就在本篇。

孔子说："人的本性（天性）是相近的，由于后来的习染（熏习）不同，便相距越来越远。"

先天本性是什么？

后天养成的有哪些？

"不破不立"。"破"，破掉后天养成的坏习气。"立"，复原先天俱足的真性情。

孟子的"性善论"，孔学的一支。

荀子的"性恶论"，孔学的另一支。

本源处，孔子没谈善，也没谈恶，但点出了"习"的重要性。所以，孔子问："学而时习之，不亦乐乎？"所以曾子自省："传不习乎？"

"江山易改，本性难移"，江山易改吗？不易。说"易"，是和"难"相对的。

清朝顺治皇帝有首《赞僧诗》：

未曾生我我是谁？
生我之时我是谁？
生时欢喜去时悲，
合眼朦胧又是谁？

知"性相近也，习相远也"，便要小心这个"习"。

你的外部环境如何？你的学友师兄如何？

你日日与谁相处？你时时所习是什么？

贾谊曰："习与善人居，不能无为善，犹生长于齐，不能无齐言也。习与恶人居，不能无为恶，犹生长于楚，不能无楚言也。"是以圣人慎所与居，而戒慎所习。(《论语正义》)

孔安国曰："君子慎所习也。"(《论语义疏》)

朱熹认为："此所谓性，兼气质而言者也。气质之性，固有美恶之不同矣。然以其初而言，则皆不甚相远也。但习于善则善，习于恶则恶，于是始相远耳。"(《四书章句集注》)

习染如气，气凝为质。

学习，就是改变气质。

回到本源，元亨利贞！

17.3 子曰:"唯上知与下愚不移。"

孔子在上篇言"性相近也,习相远也"。本篇接着上篇,孔子接着说:"(但是,也有例外)只有上等的智者和下等的愚人是改变不了的。"

"知",智也。"上知""生而知之者"。

孔子自谦,自己不是生而知之者,只是"敏而好古","学而时习之"而已。其实,孔子应该是"上知"者。他"十有五志于学,三十而立,四十不惑,五十知天命……"一路走来,不畏艰难,孜孜以求,志在大同。

"上知"者,"不移"!不动摇。

六祖惠能,也是上知者。

六祖惠能三岁丧父,从小家境"艰苦贫辛",以"于市卖柴"为生。《曹溪大师别传》描述他"虽处群辈之中,介然有方外之志"。

惠能一日在广东新兴市集卖柴,偶然听到一客人诵读《金刚经》,便有所悟。于是北上湖北黄梅东山寺,参拜五祖弘忍大师。

祖问曰:"汝何方人,欲求何物?"

惠能对曰:"弟子是岭南新州百姓,远来礼师,惟求作佛,不求余物。"(《坛经》)

看六祖惠能之志:"惟求作佛,不求余物。"

惠能在五祖处"言下大悟""得传法衣",知"何其自性,本不动摇"。

不动摇,"不移"也。

但接下来,惠能即遭到数百人追杀,"欲夺衣钵"。

《坛经》记载:"惠能后至曹溪,又被恶人寻逐。乃于四会,避难猎人队中,凡经一十五载。时与猎人随宜说法。猎人常令守网,每见生命,尽放之。每至饭时,以菜寄煮肉锅。或问,则对曰:但吃肉边菜。"

十五年来,他隐藏在猎人队伍中,以吃"肉边菜"为生,"辛苦受尽,命似悬丝"。

写至此处,我的内心再次被震动!"上知"(智)者,"不移",不移其志!

孔子还说,"下愚"者,也"不移"。

"下愚""困而不学,民斯为下矣"。"下",就是下愚。

"上智""生而知之";其次,"学而知之";再其次,"困而知之"。

"困而不学"者,下愚之人。就是朽木,就是顽石,就是死灰。

死猪不怕开水烫。

"下愚"者,也"不移","不移"其恶习!

孟子说:"人皆可以为尧、舜,惟自暴自弃者不然。"

孟子还说:"居移气,养移体。"(《孟子·尽心上》)

"君子下学而上达。"

世上,"上知"者少,"下愚"者也少。"气质之用小,学问之功大",知学善问,才能常"移"。真学者,气质在常变之中,改过迁善,"久于其道也"(《周易·恒卦》)。

《周易·恒卦》接着说:"天地之道,恒久而不已也。利有攸往,终则有始也。日月得天而能久照,四时变化而能久成,圣人久于其道而天下化成。观其所恒,而天地万物之情可见矣。"

"上知(智)"者不移,恒于其志;"下愚"者不移,恒于恶习。

变易,不易。变移,不移。移的是什么?不移的是什么?

反省我们的日常变化,再看我们的时刻坚守,是"智",还是"愚",应该一目了然了吧。

17.4 子之武城,闻弦歌之声。夫子莞尔而笑曰:"割鸡焉用牛刀?"

子游对曰:"昔者偃也闻诸夫子曰:'君子学道则爱人,小人学道则易使也。'"

子曰:"二三子!偃之言是也,前言戏之耳!"

本篇很令人费解。

经典的记录,后人各有各的理解。理讲不通,就令人非常别扭。

把孔子的语录放在过去特定的场景中理解,确实需要想象力。但这真是孔门的真实义吗?

历代的解释都留有历史的烙印,但我们不能仅仅停留在烙印之中。

这是发生在武城的故事。"武城",鲁邑名。

子游,字偃,孔子的学生。时任武城宰,武城的行政长官。

"子之武城,闻弦歌之声",孔子到了武城,听到了弦歌之声。

老师到了学生的"领地",是老师自己要来的,还是子游请来的?

"闻弦歌之声","弦",乐器,"弦,谓琴瑟也,歌,依咏诗也"(《论语正义》)。

"夫子莞尔而笑","莞尔",笑貌。孔子没忍住笑出来了,于是便说了一句大话:"割鸡焉用牛刀?"

弦歌之声引来孔子的弦外之音。

杀鸡何用牛刀?现代义是你小题大做了吗?治理一个小邑,焉用礼乐大道?

孔子也有露怯的时候。

孔子的弟子子游,可不是一般学生。孔子曾说:我的弟子中,精通文学的有子游、子夏。

子游反问老师:"您不是以前讲过:'上位者学了礼乐之道,便会有仁爱之心;老百姓学了礼乐之道,便会明白事理听从使唤。(我在武城推广礼乐,难道错了吗?)'"

孔子反应很快,他马上说:"偃之言是也!"我前面说的"割鸡何用牛刀",是开开玩笑罢了。

"割鸡焉用牛刀"是孔子的玩笑话。但后世的人,不知出处,常常当真。

孔子之言,一不小心也会出错,何况我们呢?错了,改了,不就完结了吗?

不知错,或不认错,常常纠缠在错误之中,有这个必要吗?

说大话,说假话,说空话,我们长时间处在这种语境中,都习以为常了。现在看看孔子的这段"戏言",是否也该醒醒了?

17.5　公山弗扰以费畔,召,子欲往。子路不说,曰:"末之也已,何必公山氏之之也?"子曰:"夫召我者而岂徒哉?如有用我者,吾其为东周乎!"

孤独的先行者,很难有知己。

孔子就是这样的人。孔子无奈地说,知我者,天焉!

《论语》的编排很有学问。上一篇,孔子到武城,见子游之治;这一篇,他想去费邑。费邑,正处于公山弗扰之乱中。

子游之治,礼乐之道。

费邑之乱，家臣之叛。

这一治一乱的背后，有什么更深层的含义呢？这是最最重要的问题！

我们先看历史背景。

公山弗扰，鲁国大夫季氏的家臣，为鲁地费邑（地名）宰（官名）。鲁国自文公以来，由季氏世袭执政，鲁君式微，大臣尾大。到此时，季氏家已传到第四代季桓子了。风水轮流转，此刻，季家又被其家臣公山弗扰和阳虎两人挟制。

公山弗扰在费邑发动叛乱，他召见孔子，"子欲往"，孔子打算应召前往。

他的学生子路不干了，"不说"，不高兴。子路质问老师："末之也已？"难道实在是没有地方可去了吗？为什么要去一个叛乱家臣的地方效力呢？

看事情永远不要仅仅停留在事情的表象上。子路的浅薄，就来自他只知其一，不知其二，更不知其三。

公山弗扰是季氏家臣，家臣叛乱，子路不认同。但他没有想到更深的一层，季氏作为鲁君的大夫，是他先架空鲁君，然后才有家臣的效仿。

有因果，就有轮回。

刘逢禄曰："无终始者，无正也。无正，安有国哉？人知阳虎、不狃（公山弗扰）之叛，不知季氏之叛；知季氏之叛，不知定公之叛；知定公之叛，不知平公之叛。"（《春秋公羊经·何氏释例》）

清源，正本。

元，在一之前。本来面目。

"父母未生我之前,我是谁?"

不要浅薄地"想当然"!

子路一逼,令孔子说出亘古豪言。"夫召我者,而岂徒哉?"你子路把我看得太低了吧。难道我仅仅是为了投奔召我的公山弗扰吗?

"如有用我者,吾其为东周乎?"真正理解这句话,我们才算是迈进了孔学的大门。

毓老师说,孔子的思想在《论语》中有三变:一、"郁郁乎文哉!吾从周。"崇拜。二、"久矣,吾不复梦见周公!"起疑。三、"吾其为东周乎?"孔子在东周而不助东周,与另有所为,为其新王思想。"以鲁当新王",否定当政者。……孔子作《春秋》,"贬天子,退诸侯,讨大夫","志在《春秋》",志新王,"以鲁当新王",拨乱反正。(《毓老师说论语》)

有史家考证,这一年,孔子50岁,"五十知天命"。孔子思想这一变,实现了历史跨越,从小康思想进入大同世界。

他的孙子子思这样评价爷爷:"仲尼祖述尧舜,宪章文武;上律天时,下袭水土。辟如天地之无不持载,无不覆帱;辟如四时之错行,如日月之代明。万物并育而不相害,道并行而不相悖;小德川流,大德敦化。此天地之所以为大也。"(《中庸》)

尧舜,公天下也!

大禹,家天下的第一人。

"吾其为东周乎?"我将使东周复兴吗?

周取代商,商取代夏,乃至其后,秦、汉、唐、宋、元、明、清,政权更迭,家族轮换,"合而必分,分而必合",这和孔子所言的"东周"有何区别?

孔子的伟大，正在此处。在纷乱的东周列国中，圣人吹响了革命的号角。

"大道之行也，天下为公！"

17.6 子张问仁于孔子。孔子曰："能行五者于天下为仁矣。"

"请问之。"曰："恭、宽、信、敏、惠。恭则不侮，宽则得众，信则人任焉，敏则有功，惠则足以使人。"

"仁"，孔门之学追求的最高境界。

孔子说："能够在为人处世中做到恭敬、宽厚、诚信、勤敏、慈惠，便是仁人了。"

乍一听，难吗？不难。

难的是天天如此，事事如此，对人人都如此。

在《论语·公冶长》中，子谓子产："有君子之道四焉：其行己也恭，其事上也敬，其养民也惠，其使民也义。"其中"恭""惠"两项和此篇说的意思是相同的。

"能行五者于天下为仁矣。"可见，仁者在于"行"，在于做事，空谈没有多大的意义。

仁者见仁，仁者行仁。

第一，恭敬。对己恭，对人敬。恭己敬人。恭己，重视自己，重视自己的一言一行容貌、状态。如此，怎能不珍惜时光，荒度青春？敬人,要尊敬别人。和孩子说话,要蹲下身子;下乡调研,要平易近人。要恭敬无差别,一视同仁。如此,怎能遭到侮辱?"恭而不侮""人必自侮,而后人侮之"。

第二,宽厚。为人宽大,做事厚实。如天空之宽广,如大地之厚重。宽大为怀,则不记小过;厚重为人,则不拘小节。如此,能不得到大家的拥护吗?"宽以得众",自我如此狭窄,如何能行驶巨轮?宽厚,则为大人。今日中国,是大国,当以"宽"为天下,不急不躁,"宽以得众"焉!

第三,诚信,诚实守信。没有现代金融服务业之前,人类靠什么挣钱?我们的某些行业,真正缺的是什么基因?贫穷了几百年,突然有个市场,靠几张纸就能圈钱,就能炒到钱,于是有人便丧失了诚信的本质,放大贪婪的私欲。"信则人任焉",己有诚信,别人才会信任你,才敢委托以重任。无信不立。

第四,勤敏,勤奋而敏捷。人如此,组织也一样。现在流行敏捷型组织。虑深通敏,有深思才有熟虑,有熟虑才有敏捷,有勤敏才有成功。"敏则有功",不要尽想着抄近道,地球上人山人海,怎能次次轮上你我?

第五,慈惠,"惠则足以使人"。华为的理念,"以用户为中心",为用户创造价值,所以别人愿意和它合作。慈爱为怀(惠),给别人送去欢喜,送去春风。慈惠爱民,老百姓能不听话吗?

"惠,顺也。此康诰'惠不惠之惠',仁者待人,务顺乎人情。"(《论语正义》)

"行五者于天下",为什么有人能行?有人不能?

轻闭眼睛,看看自己的内心……

17.7　佛肸召，子欲往。

子路曰："昔者由也闻诸夫子曰：'亲于其身为不善者，君子不入也。'佛肸以中牟畔，子之往也，如之何？"

子曰："然，有是言也。不曰坚乎，磨而不磷；不曰白乎，涅而不缁。吾岂匏瓜也哉？焉能系而不食？"

本篇与上上篇之义近似相同。

只是佛肸替换了公山弗扰。佛肸，晋大夫赵简子之邑宰。

佛肸在中牟叛乱，公山弗扰以费邑叛乱。

与"佛肸召，子欲往"相同的是"公山弗扰召，子欲往"。

阻拦孔子前往的是同一人，子路也。

子路用的方法和子游一样："昔者由（子路）也闻诸夫子曰"，过去我听老师您说过。

看来两弟子都知道孔子的痛点。以老师之言对质老师之行，看您如何选择？

"亲于其身为不善者，君子不入也。"我曾听老师您说过，自己做了不善之事，君子就不入其地。"佛肸以中牟畔，子之往也，如之何？"

子路也不给老师留台阶。孔子要到公山弗扰处，子路说："末之也已，何必公山氏之之也！"孔子欲到佛肸处，他拷问"如之何"，他能违反自己的价值观而行事吗？

子曰："然！有是言也。"孔子说，是的，我说过这样的话。但是"不曰"，不说，你不明白吗？"坚乎？磨而不磷。白乎？涅而不缁"，最坚固的东西，磨也磨不薄。最白的东西，染也染不黑。

孔子自喻"坚""白"，会"出淤泥而不染"。

"吾岂匏瓜也哉？焉能系而不食？"

读到此处，真是为之感动！孔子上下求索，四处碰壁。在《论语·子路》中，子曰："苟有用我者，期月而已可也，三年有成。"但孔子"周游天下"，无一君敢用，无一君真用。英雄，竟无一用武之地？就连佛肸之地，孔子都"欲往"。

"匏瓜"，即匏子，苦而不能食，但因它比水轻，可以系于腰，用于泅渡。《国语·鲁语》有云："苦匏不材，于人共济而已。"《庄子·逍遥游》有云："今子有五石之匏，何不虑以为大樽，而浮乎江湖。"

我难道是瓠瓜吗？哪里能够只是被悬挂着而不给人吃呢？

学以致用！学以致用！学以致用！

"以身试道""以身试法"。"我不下地狱，谁下？"

实践出真识。

《论语正义》有云："其时天下失政久矣，诸侯畔天子，大夫畔诸侯，少加长，下凌上，相沿成习，恬不为怪。若必欲弃之而不与易，则滔滔皆是，安下安得复治？故曰：'天下有道，丘不与易也。'明以无道之故而始欲仕也。"

孔子两次"欲往"，皆未成行，仅仅是因为子路的劝阻吗？

欲往，为何而往？

未行，因何未行？

深悟之，才是孔子的"真精神"所在！

人人，不都徘徊在"欲往"与"未行"之间吗？因为自己的选择，而形成了一个人一生的轨迹。

孔子未行，是其天命所使。否则，他晚年如何能删《诗经》、解《周易》、著《春秋》？如何能"贬天子、退诸侯、讨大夫"？又如何能设计出人类共同的"公天下"的"大同"愿景?

> 17.8 子曰:"由也,女闻六言六蔽矣乎?"对曰:"未也。"
>
> "居!吾语女。好仁不好学,其蔽也愚;好知不好学,其蔽也荡;好信不好学,其蔽也贼;好直不好学,其蔽也绞;好勇不好学,其蔽也乱;好刚不好学,其蔽也狂。"

看子路最后的命运,就知孔子为什么这么用心地对他讲这段话了。

子路小孔子9岁。子路性格刚猛,好勇逞强,仗义执言,最终卷入孔悝之乱,被卫国人剁成肉酱。

从此,孔子倒掉他所有的肉酱,再不食之。

我们现在回过头来,再看看这段师生对话,更能体会孔子的用意。

教育,贵在用心。

教育,岂能唯利是图?

孔子说:"子路啊,你听说过有六种品德、六种弊病吗?"子路回答:"未也。"

看孔子如何用心?如何诱导?

"居!吾语女。"你坐下,我告诉你。请坐,放松,促膝谈心。

孔子告诉子路,人有仁、智、信、直、勇、刚六种美德,但"不好学",不好好学习,不好好反省,不好好修炼,就会导致六种弊端、六种缺憾:愚、荡、贼、绞、乱、狂。

硬币,皆有两面。

看问题,要一分为二;但解决问题,要合二为一。"中"的智慧,才是中国人的文化精神。

一、"好仁不好学,其蔽也愚。"

一味地以仁爱待人,而不去学习仁爱的要义,弊病是容易被坏所愚弄。

"仁者爱物,不知所以裁之,则愚荡无所适守。"(《论语正义》)

二、"好知不好学,其蔽也荡。"

"荡",泛滥而无所皈依。

知识,一定是这山望见那山高。"吾生也有涯,而知也无涯。"今日,有一些"半吊子"教授,仅仅有"一知半解",便"指点江山,激扬文字"。知识分子无耻,就真的没救了。看孔子的用词:"荡",放荡。

三、"好信不好学,其蔽也贼。"光知信,愚信,像傻子。

"苟好信不好学,则惟知重然诺而不明事理之是非。"(《论语正义》)

"好信",只是夸夸其谈;不学不行,如"贼"。

四、"好直不好学,其蔽也绞。"

"爱直率,却不爱学问,那种弊病就是说话尖刻,刺痛人心。"(《论语译注》)

毓老师说:"先知直,直而无隐,则急躁。"(《毓老师说论语》)

"我是直人",难道天下都该容你?

五、"好勇不好学,其蔽也乱。"

"好勇",不知深浅、不知轻重,则乱事。

子路最终还是不明此理,不得善终。可惜焉!

六、"好刚不好学,其蔽也狂。"

西楚霸王项羽，最典型！

项羽"自矜功伐，奋其私智而不师古，谓霸王之业，欲以力征经营天下，五年卒亡其国，身死东城，尚不觉寤而不自责，过矣。乃引'天亡我，非用兵之罪也'，岂不谬哉"（《史记·项羽本纪》）！

司马迁之惜问，难道就问项羽一人乎？刚愎自用者，皆不好学也。"不师古"，妄想开天辟地？

因不好学，则"弊"。

如此通透，孔子已说得很明白了，我们再温习一下。

好仁好学。

好知好学。

好信好学。

好直好学。

好勇好学。

好刚好学！

人无完人。完人就成了神了，何必还活在这个婆娑世界？

"君子博学而日参省乎己，则知明而行无过矣。"（《荀子·劝学》）

顺性而为，取其二、三项而习之，好之并好学之，人生定会丰富多彩！

17.9　子曰："小子！何莫学夫《诗》？《诗》，可以兴，可以观，可以群，可以怨。迩之事父，远之事君。多识于鸟兽草木之名。"

孔子曾问儿子伯鱼："学《诗》乎？"并告知他："不学《诗》，无以言。"

在《论语·为政》中，子曰："《诗》三百，一言以蔽之，曰：'思无邪。'"

此处，孔子对他的弟子们说："小子们，为什么不去学《诗》呢？"

《诗经》采自民间，它是百姓真实心声的反映。《诗》《书》《礼》《易》《春秋》，《诗》排第一。

"可以兴"，《诗经》大量采用赋、比、兴的表现手法。"兴"，兴民之志。"诗言志"，士尚志。

"可以观"，通过诗歌可以观察民情、了解民风，也可以观察施政得失。

"可以群"，"群"，合群。《诗经》是大家吟唱的，所以也叫诗歌。诗，本身就是一种群众活动。

"可以怨"，诗歌也可寄托民怨。通过读诗，可了解民声民怨。白居易的《新乐府》组诗中有许多民声。

"迩之事父，远之事君；多识于鸟兽草木之名"，有人认为这句话是后人加的。确实，在此处也没有什么意义。

因本人对《诗经》没有深入的研究，这里也就不多写了。

17.10 子谓伯鱼曰："女为《周南》《召南》矣乎？人而不为《周南》《召南》，其犹正墙面而立也与！"

上篇孔子教弟子们学《诗经》，这篇是孔子教自己儿子伯鱼学《诗经》。由此可见，《诗经》在孔子心中的重要性。

孔子问伯鱼："你研究过《周南》和《召南》了吗？"

"诗言志,人性相表里。《诗经》前为《国风》,有十五国风,为各诸侯国之音乐、曲调,采自各地,为民间诗歌,以观民情风俗,作为施政的参考。'周南''召南',皆国名,周,为周公之封地;召,为召公之封地;南,即南方之国。《周南》十一篇,《召南》十四篇,为正风,'为《雅》《颂》之基,道成于《麟趾》'(《春秋公羊传·何氏释倒》),'王者之迹熄而《诗》亡,《诗》亡,然后《春秋》作'(《孟子·离娄下》),《春秋》始元终麟,著治太平。何以要研究二'南'?为正风,共二十五篇,《周南》首《关雎》,终《麟之趾》;《召南》首《鹊巢》,终《驺虞》,表现齐家治国之道,表人之情,'类万物之情'。不明人情,就不能做事,'其犹面墙而立'。"(《毓老师说论语》)

禅宗一祖达摩,在少林寺面壁而坐十年。

孔子教导儿子:"不研究《周南》《召南》,那正对着墙壁站着罢!"

朱熹注曰:"正墙面而立,言即其至近之地,而一物无所见,一步不可行。"(《四书章句集注》)

熊十力先生说:"面墙者,一物无所见也,一步不能行。人而不为二南,其病若是,故吾人当由二南,以领会人生之意义与价值。"(《熊十力全集》)

在《论语·季氏》中,孔子问儿子:"学诗乎?"儿子对曰:"未也。"他告诉儿子:"不学《诗》,无以言。"那时伯鱼尚年少,诗言志,大丈夫当心中有志。

此处,儿子长大了,孔子再问:"女为《周南》《召南》矣乎?"不再用"学"字,而是用"为"字,是要儿子深入研究。

"人而不为《周南》《召南》,其犹正墙面而立也与?"

"立",站立。成人了,立得住,顶天立地。人,在社会上靠什么屹立？

"人"，理想中的"那个人"，是有位之人，有德之人。"做人难"，是说要成为一个像样的人难。

17.11　子曰："礼云礼云，玉帛云乎哉？乐云乐云，钟鼓云乎哉？"

孔子说："礼呀礼呀，说的仅是玉帛等礼物吗？乐呀乐呀，说的仅是钟鼓等乐器吗？"（《论语译注》）

毓老师说："古时祭政合一。祭时，必用玉、烧帛。摆上玉，烧帛，望燎（看着焚烧帛祝的火花冉冉升天）……玉帛之祭，不过是礼的一部分。但表面的物不重要，内容才重要。"（《毓老师说论语》）

"礼"之本在敬。心中有敬，外在才有礼。真礼存在于心中。

礼物，物是礼的载体，不要见物不见礼。孔子说："礼云礼云"。

"乐"，也是一样。钟鼓是乐器，但不是乐本身。

朱熹注曰："敬而将之以玉帛，则为礼；和而发之以钟鼓，则为乐。遗其本而专事其末，则岂礼乐之谓哉？"（《四书章句集注》）

礼乐之制，岂只是玉帛？岂只是钟鼓？

孔子说："兴于诗，立于礼，成于乐。"

物化了，就丢失了"礼""乐"的本质。

"玉帛，礼之用，非礼之本。钟鼓者，乐之器，非乐之主。假玉帛以达礼，礼达则玉帛可忘；借钟鼓以显乐，乐显则钟鼓可遗。以礼假玉帛于求礼，非深乎礼者也；以乐托钟鼓于求乐，非通乎乐者也。"（《论

语正义》)

王弼云:"礼以敬为主,玉帛者,敬之用饰。乐主于和,钟鼓者,乐之器也。于时所谓礼乐者,厚贽币而所简于敬,盛钟鼓而不合雅、颂,故正言其义也。"(《论语义疏》)

看花开花落,不知冬去春来。

见燕来燕去,不懂情为何物。

见玉帛,知礼?

见钟鼓,知乐?

见躯体,知人?

17.12 子曰:"色厉而内荏,譬诸小人,其犹穿窬之盗也与?"

我早上看了几段施一公教授的演讲,演讲中他讲到人为什么要睡觉的问题,他举出2013年一位科学家在《科学》上发表的一篇文章,这位科学家说,人睡觉是要清除一天的代谢物。人,醒着的时候,代谢物的产生大于排出;人,睡着的时候,代谢物的排出大于产生。

我突然想到,大定之中,就没有任何排泄物。

我从大年初五到今天,每天只睡五六个小时。如何能坚持?就在于睡眠质量好。

睡觉就是睡觉。因为纯粹,梦都没有。

经典为什么能留存?因为纯粹!

学了半天《论语》，连睡觉都不会，真的是白学了。

学经典，要改变自己的气质。观念变了，气质就会变。

孔子就是我们最好的心灵化妆师。信不信由你。读《论语》，每天都在改变我。"大学之道，在明明德，在亲民，在止于至善。"(《大学》)

接下来的几天，孔子会讲非常重要的问题。

"穿窬之盗"，"盗"者，贼也。"窬"，从墙上爬过去。"穿窬之贼"，穿墙或爬墙的贼。

"窬，穿木户也。"(《说文解字》)

孔子说："外表上（颜色）非常威严，内心里却十分怯弱，（这种人）若用坏人作比喻，就像个挖洞跳墙的小偷吧！"

"色厉"，外表庄重，外表装"厉"。

"内荏"，没骨气，柔而不刚。

内外不相符，表里不统一。外表"装厉"，实则内心空虚。

本无！本空！本实在！本自自然然！本实事求是！

非要装葱！非要打肿脸当胖子！非要逞能！非要装富！

"穿窬之盗"，小打小闹的小偷。

"譬若小人"，孔子用"小人"，不是在贬低，只是为了区别于有位者。

有位者，地位高的人。

在《论语·子路》中，子贡问曰："何如斯可谓之士矣？"子曰："行己有耻，使于四方，不辱君命，可谓士矣。"

曰："敢问其次。"曰："宗族称孝焉，乡党称弟焉。"

曰："敢问其次。"曰："言必信，行必果，硁硁然小人哉！抑亦可以为次矣。"

请注意看子贡最后一问。

曰:"今之从政者何如?"子曰:"噫!斗筲之人,何足算也?"

到此处,孔子说完了吗?

如果把今天学的这句话放在此处,如何?

子贡问:"今之从政者何如?"

子曰:"色厉而内荏,譬诸小人,其犹穿窬之盗也与?"

我们不要忘记,孔子时代的文字是写在竹简上的,难道后代的弟子就不会错简?

保持一份纯朴,保持一份自然,保持一份淡定,保持一份从容,保持一份真正的独立和坚守,这就是孔圣人要告诉我们的。

17.13 子曰:"乡原,德之贼也。"

孔子对"乡原"痛恨到了极点,他认为,没有真假是非、善恶黑白,一味取悦于人的"好好先生",从不惹人,八面玲珑,大家都说他好,其实这种人就是败坏道德的小人。

为何?

无原则。

无底线。

无羞耻。

无骨气。

"乡原","原",愿也。"乡者,鄙俗之意。乡原,乡人之愿者也。"朱熹注曰:"盖其同流合汙以媚于世,故在乡人之中,独以愿称。夫子以其似德非德,而反乱于德,故以为德之贼而深恶之。"(《四书章句

集注》）

想想我们的成长经历，其中"乡原"者多的是。

孟子说，"乡原"者，"非之无举也，刺之无刺也。同乎流俗，合乎污世。居之似忠信，行之似廉洁。众皆悦之，自以为是，而不可与入尧舜之道。故曰'德之贼'也"（《孟子·尽心下》）。

"即好好先生也。唯唯否否，含含糊糊；左右既逢源，摇摆又不倒；名誉归，人缘好；大家都喜欢，自己也'完满'。"（《论语今读》）

"乡愿，貌似而神伪；贼，害也。乡愿，害德之人。"毓老师说，有些人貌似忠恳，心地却狡诈，假德害德，为害社会至大。（《子曰论语》）

"恶似而非者，恶莠，恐其乱苗也；恶佞，恐其乱义也；恶利口，恐其乱信也；恶郑声，恐其乱乐也；恶紫，恐其乱朱也；恶乡原，恐其乱德也。"（《孟子·尽心下》）

狼，可怕。但更可怕的，是披着羊皮的狼。

正、大、光、明；元、亨、利、贞。

17.14　子曰："道听而涂说，德之弃也！"

"涂"，途也，也是道。

孔子说："听见道路上（或街面上）的传言，（不加思考），又在路途中传播出去，（这种做法）有德的人是应该抛弃的。"

孔子主张改革这种风气。

看看今日,"道听途说"者有多少?

转发!转发!再转发!反正转发不需要成本。但你就没考虑这一转发,要浪费你好友的眼睛?

我加入的微信群里也有这样的人。倒是很勤快,天天转发别人的帖子。你第一天看,很有道理。第二天看,也有道理。第三天看,都是垃圾。只有前面的天气预报还有点用。但仔细一想,天气预报也没用,中国这么大,您报的是哪块地上的风?哪块地上的雨?

皇侃曰:"记问之学,不足以为人师,师人必当温故而知新,研精久习,然后乃可为人传说耳。若听之于道路,道路仍即为人传说,必多谬妄,所以为有德者所弃也,亦自弃其德也。"(《论语义疏》)

我们或许生活在谣言之中,或许我们自己就是谣言的组成链条。

"君子疑则不言,未问则不立,道远日益矣。"(《荀子·大略》)

古人云:"入乎耳,出乎口,口耳之间,则四寸尔。"直来直去,人云亦云,走心了吗?

钱穆说:"德必由内心修而后成。故必尊师博文,获闻嘉言懿训,而反体之于我心,潜修密诣,深造而默成之,始得为己之德。道听、听之易。涂说,说之易。入于耳,即出于口,不入内于心,纵闻善言,亦不为己有。其德终无可成。德不弃人,而曰'德之弃',深言其无分于成德。"(《论语新解》)

"文理密察,足以有别。"(《中庸》)

谎言止于智者!

信息化时代,有好处,也有坏处。互联网把人们带到了一个"道听途说"的时代。

"独立之精神,自由之思想。"我今晨特别思念陈寅恪先生。陈先生为王国维大师书写的纪念碑，就在距离我现在的位置一公里处……

17.15 子曰："鄙夫可与事君也与哉？其未得之也，患不得之；既得之，患失之。苟患失之，无所不至矣。"

"患得患失"，这个成语就出自此处。

孔子说："粗鄙的人，难道能同他一起共事吗？当他没有得到职位的时候，生怕得不着；已经得到了，又怕失去。假若担心失去，就会无所不用其极了。"

"患"，劳心焦虑。

荀子曰："孔子曰：'小人者，其未得也，则忧不得；既已得之，又恐失之。是以有终身之忧，无一日之乐也。'"（《荀子·子道》）

患得患失，尽在算计之间。

郑玄曰："无所不至者，言其邪媚，无所不为。"（《论语义疏》）

"鄙夫患不得禄位，则有贪缘干进之术。既得而又患失，则益思固其禄位，而不敢正言直谏，以取媚人主，招权纳贿，以深病民。"（《论语正文》）

无忘身之诚，缺刚正之节，一切以利禄为中心，不择手段，没有荣辱。工于心计，丧失人格。

毓老师说："人必得有所守，有所不为。一个人如没有守，就不会有成。守成，是有守有为。"（《毓老师说论语》）

曾国藩说："当读书，则读书，心无着于见客也；当见客，则见客，心无着于读书也。一有着，则私也。灵明无着，物来顺应，未来不迎，当时不杂，既往不恋。"（《曾胡治兵语录》）

未得之，不患得，该来的迟早要来。

既得之，不患失，该去的迟早会去。

万缘聚足，则春暖花开。

精气散尽，则秋去冬来。

17.16 子曰："古者民有三疾，今也或是之亡也。古之狂也肆，今之狂也荡；古之矜也廉，今之矜也忿戾；古之愚也直，今之愚也诈而已矣。"

孔子说："古代的庶民有三个毛病，今天他们好像就没有了。"孔子的话是反话正说，意指今天的毛病更大。

一疾，"狂"。古代的狂人放肆直言，现在（孔子时代）的狂人放荡不羁。在我们当代，什么是"狂"呢？

在《论语·子路》中，子曰："不得中行而与之，必也狂狷乎！狂者进取，狷者有所不为也。"

《孟子·尽心下》中，万章问："敢问何如斯可谓狂矣？"

（孟子）曰："如琴张、曾皙、牧皮者，孔子之所谓狂矣。"

"何以谓之狂也？"

曰："其志嘐嘐然，曰：古之人！古之人！夷考其行而不掩焉者也。"

"狂"者，行不掩焉。

蒋伯潜先生说："狂者，心志太高大也。肆者，不拘小节也。言古时候狂的人，有不拘小节的毛病。现在所谓狂的人，连大节也不管了。"（《新刊广解四书读本》）

二疾,"矜"。古代的矜持之人,只是有些不能触犯的地方;现在的矜持之人,却只知恼羞成怒,无理取闹。

朱熹注曰:"矜者,持守太严。廉,谓棱角陗厉。忿戾则至于争矣。"(《四书章句集注》)

"身有所忿懥,则不得其正。"(《大学》)

三疾,"愚"。古代的愚人还算直率,现在的愚人已经会欺诈耍手段了。

"半点道义也没有,故做事必诈伪。"(《毓老师说论语》)

为何江河日下,世风日衰?

孔子的感慨,显示其文化的觉醒。有之,改之,则无过也。困惑而不放弃,明知不可为而为之,这就是孔子。圣人虽已离去,但其言论仍在影响着、改变着后学之人,让后人发现自己身上的"狂""矜""愚"三疾基因。

17.17 子曰:"巧言令色,鲜矣仁。"

此篇重复!

在《论语·学而》中出现过。

重复了,为什么没有删除?

重要的话说两遍!

《论语》流行了两千五百多年,这句重复的名言,一代又一代地传承下来。如此看来,人们要想改变《论语》的内容,或伪加一篇,都不是一件容易的事情。为什么?历代的学者"畏圣人之言"。

巧言令色者，鲜仁！

17.18 子曰："恶紫之夺朱也，恶郑声之乱雅乐也，恶利口之覆邦家者。"

孔子说："我厌恶以紫色替代朱色（正色），厌恶以为郑国的音乐就是典雅的音乐，厌恶用巧舌佞言颠覆了国家的人。"

"朱"，大红色，古代以朱色为正色。

正心诚意。

正大光明。

"正"是前进的方向，也是一种永远的修行。

"正"，正统，正本，正源，正根，正色，正声，正邦……

始作俑者，混淆视听。

看似相似，实则不同。切需正辨。

孔安国曰："利口之人，多言少实，苟能说媚时君，倾覆国家。"（《论语义疏》）

孟子曰："恶莠，恐其乱苗也；恶佞，恐其乱义也；恶利口，恐其乱信也；恶郑声，恐其乱乐也；恶紫，恐其乱朱也；恶乡声，恐其乱德也"。（《孟子·尽心下》）

"雅，正也。"朱熹又引范氏曰："天下之理，正而胜者常少，不正而胜者常多，圣人所以恶之也。"（《四书章句集注》）

"正"！正而不邪，正而不偏。

正道而生，无愧年华。

正＝一＋止，"正"，才能行得长，走得远。

17.19 子曰："予欲无言。"子贡曰："子如不言，则小子何述焉？"子曰："天何言哉？四时行焉，百物生焉，天何言哉？"

"予欲无言"，我不想再说什么了，我不想再有什么言论了。

在什么状况下，孔子觉得应该"无言"？

是把该表达的都表达完了的时候吗？

是把自己的使命完成了的时候吗？

是觉得自己的言论没有起到应有的作用的时候吗？

是觉得行胜于言、身教胜于言传的时候吗？

是觉得当时的政治环境，使他不便于表达了的时候吗？

是孔子有更重要的工作，没有时间言教，而专注于解《周易》，写《春秋》的时候吗？

还是当孔子进入了一个更大、更深的境界后，他感知到了"言"的局限性，示意弟子们忘"言"而回到生活的本质。

佛陀在灵山会上拈花示众，迦叶尊者破颜一笑，佛陀何"言"？

孔子一说，弟子子贡急了，他说："您若不言，那我们这群弟子以后传承什么呀？""述，循也"，有所遵行。

这一急，孔子讲出了伟大的一言："天何言哉？四时行焉，百物生焉，天何言哉？"

天说了什么呢？四季照样运行，百物照样生长，"天何言哉"？

天子，天的儿子，要完成天的使命。"唯天为大，唯尧则之"，孔子盛赞尧的伟大。"天无私覆，地无私载，日月无私照。"（《礼记·孔子闲居》）

但后来"天子们"，大多名面上打着"替天行道"幌子，实则完成着"家天下"统治。

"上天之载，无声无臭，至矣！"《中庸》中还说："天地之道：博也，厚也，高也，明也，悠也，久也。今夫天，斯昭昭之多，及其无穷也，日月星晨系焉，万物覆焉……"

"天行健，君子以自强不息。"（《周易·乾卦》）

天何言哉？天何言哉？

"学者多以言语观圣人，而不察其天理流行之实，有不待言而著者。是以徒得其言，而不得其所以言，故夫子发此以警之，子贡正以言语观圣人者，故疑而问之。四时行，百物生，莫非天理发见流行之实，不待言而可见。圣人一动一静，莫非妙道精义之发，亦天而已，岂待言而显哉？"朱熹又引程颐曰："孔子之道，譬如日星之明，犹患门人未能尽晓，故曰'吾欲无言'，若颜子则便默识，其他则未免疑问。"（《四书章句集注》）

王弼曰："予欲无言，盖欲明本，举本统末，而示物于极者也。夫立言垂教，将以通性，而弊至于湮；寄旨传辞，将以正邪，而势至于繁。既求道中，不可胜御，是以修本废言，则天而行化。以淳而观，则天地之心见于不言；寒暑代序，则不言之令行乎四时。"（《论语义疏》）

天言地语，默默无声！日月星辰，无止无息。

"天之道，春暖以生，夏暑以养，秋清以杀，冬寒以藏。暖暑清寒，异气而同功，皆天之所以成岁也。"（《春秋繁露》）

望茫茫宇宙,人乃尘埃一粒。天,在告诉我们什么?"天何言哉?"天言何哉?熊十力先生说:"应于生活中体会宇宙,天在人,不遗人而重天。"(《原儒·绪言》)

人虽小,但心无穷。海阔天空!

"夫大人者,与天地合其德,与日月合其明,与四时合其序,与鬼神合其吉凶。先天而天弗违,后天而奉天时。"(《周易·乾卦》)

且行且珍惜!且行且悟之!

17.20 孺悲欲见孔子,孔子辞以疾。将命者出户,取瑟而歌,使之闻之。

无礼,胜于无知。

无礼,本质上是心中无敬。

孺悲,鲁人。《礼记·杂记下》中记载:"恤由之丧,鲁哀公使孺悲从孔子学士丧礼。"由此看出,孺悲是鲁国国君身边的人。鲁君派他去向孔子学"士丧礼"。

"将命者",孺悲的传辞者。孺悲架子大,派人传辞给孔子,表明他"欲见孔子"。

"孔子辞以疾"。我病了,见不了你家的大人孺悲。告辞。

但"将命者"前脚刚迈出门,孔子就弹瑟而歌,"使之闻之",故意让"将命者"听到。

目的也是让孺悲知道,我孔子不想见你。

《论语》用26个字,记录了一个非常生动的故事。涉及三个人物,栩栩如生，孺悲、孔子的心事跃然纸上。这就是中国古文的魅力。

孺悲想向孔子求教，但不按拜师之礼而行，孔子能高兴教他吗？

求教的背后，是如何做人。人会做了，求教也就解决了。孔子"辞以疾""取瑟而歌"，就是点拨孺悲，让他反省。

万事，不要丢了做人的大本。

"教亦多术矣。予不屑之教诲也者，是亦教诲之而已矣。"(《孟子·告子下》)

前些天我和几个大学教授聊天，听说学校一学生举报他的老师上课抽烟。学校还让老师检讨。我听了，心里很长时间不是滋味……

毓老师6岁到故宫给小皇帝当伴读，皇帝还挨老师的打。

"君子于其所尊，弗敢质，敬之至也。"(《礼记·聘义》)

"圣人不显物短，使无日新之涂，故辞之以疾，犹未足以诱人，故弦歌以表旨，使抑之而不彰，挫之而不绝，则矜鄙之心颓，而思善之路长也。"(《论语义疏》)

过去老师多教我们如何做人，今天的老师只能教教知识而已。

知识有新旧，做人无古今。

5G时代，知识网上都能找到，可如何学做人？

这次疫情，人们更多的是在讨论如何防疫、如何隔离的问题，国与国之间如何冲突与博弈等问题。其实，当我们的生活、健康受到严重影响时，是否应该更多地想到抗疫一线医护人员的职业精神。由此，从内心升起对医生神圣的职业敬畏，升起对每个人的生命敬畏！

敬业厚德能否成为新型冠状病毒疫情之后，留给我们人类的宝贵遗产？

孔子"无礼不见"，这让我们反省身为教师的崇高与尊严。

17.21 宰我问:"三年之丧,期已久矣。君子三年不为礼,礼必坏;三年不为乐,乐必崩。旧谷既没,新谷既升;钻燧改火,期可已矣。"

子曰:"食夫稻,衣夫锦,于女安乎?"

曰:"安。"

"女安,则为之!夫君子之居丧,食旨不甘,闻乐不乐,居处不安,故不为也。今女安,则为之!"

宰我出。子曰:"予之不仁也!子生三年,然后免于父母之怀。夫三年之丧,天下之通丧也。予也有三年之爱于其父母乎?"

此篇讲丧制。

孔子维护"三年之丧","丧不过三年,示民有终也"(《孝经·丧亲》)。

孔子的学生宰我认为"三年之丧,期已久矣",三年的时间太长了。

他的理由是,一个人三年不学习礼仪,礼仪心都会废弃掉;三年不练习音乐,一定会全部忘记。陈谷已经吃完了,新谷已经登场;打火用的燧火已经用过了一个轮回,丧期满一年也就可以了。

宰我希望改制,守孝一年则可。

而孔子认为不改的理由有二:一是"夫三年之丧,天下之通丧";二是儿女生下来,三年之后才能脱离父母的怀抱。子女感恩回报,也应守丧三年。

祖宗之制,变,还是不变?

最后归结到一个问题:"安"否?

孔子问宰我："父母死后,不到三年,你'食稻''衣锦',心里安不安?"

孔子又说："君子在守孝期间,吃美味不知道甜,听音乐不觉得快乐,住在家里不以为舒适,所以要守孝三年。"

宰我说："安"。

孔子说："你安,你就去做吧。"

宰我出,孔子又补一句："宰我不仁也。"

看来,圣人也背后说人是非。

是孔子对?还是孔子的弟子宰我对?公说公有理,婆说婆有理。

关键是心安否?

"父兮生我,母兮鞠我。抚我畜我,长我育我;顾我复我,出入腹我。"(《诗经·小雅》)

养儿才知父母恩!

人生,仁,则生。

父母慈爱,子女孝敬,中华文化自古源远流长……

17.22　子曰："饱食终日,无所用心,难矣哉!不有博弈者乎,为之犹贤乎已。"

饱食终日,无所事事的,大有人在!

不用心,等死?

孔子说："整天吃饱了饭,什么事也不想,真不行呀!不是有掷采下弈(棋)的游戏吗?干那些事,也比闲着强。"

"偷儒惮事,无廉耻而嗜乎饮食,则可谓恶少者矣。"(《荀子·

修身》）

"饱食终日，无所用心"，吃饱了睡，睡起来吃，无心无肺，不像动物吗？

"士志于道，而耻恶衣恶食者，未足与议也。"（《论语·里仁》）

衣、食，乃人的基本需求。基本之上，还应有更高的追求。

子曰："见贤思齐焉，见不贤而内自省也"（《论语·里仁》），要"思"，要"自省"。

人闲久了，就会荒废，犹如耕地。

孔子"博弈"并非鼓励。孔子认为，就算是进行非正式的博弈，都比终日"无所用心"好。

"今夫弈之为数，小数也，不专心致志，则不得也"（《孟子·告子上》），博弈皆用心也。

"难矣哉。"

一曰："饱食终日，无所用心，难矣哉！"

孔子还曰："群居终日，言不及义，好行小慧，难矣哉！"（《论语·卫灵公》）

"一置心于无用，一用其心于不善，同归于难而矣。"

人，贵在用心！更贵在用心于善。

17.23　子路曰："君子尚勇乎？"子曰："君子义以为上。君子有勇而无义为乱，小人有勇而无义为盗。"

"尚"，尊崇、注重、崇尚，与"上"同义。尚贤，尚德。

子路问的问题是:"君子崇尚勇敢吗?"

子路小孔子八九岁,他喜欢逞勇斗力,性格刚猛。

孔子对子路谆谆教导,害怕他有勇无谋、粗鲁行事。

孔子回答说:"君子认为义是最可尊贵的。""义以为上",以义为尚。

但孔子之义,不是哥们儿的一时义气,而是人间大义,《春秋》大义。

"义"是"勇"的统领!

孔子怕子路还没有领会他的要义,就进一步解释:"君子只有勇、没有义,就会捣乱造反;小人只有勇、没有义,就会做土匪强盗。"

春秋时代,法治还不健全。

子路啊,你如果只是蛮勇,无论你是君子,还是小人,都不会有好结果的。

"勇敢强有力,而不用之于礼义战胜,而用之于争斗,则谓之乱人。"(《礼记·聘义》) 乱人,烂人也。"好勇不好学,其蔽也乱。"

何为义勇?

中国国歌《义勇军进行曲》,由田汉作词,聂耳作曲。1935年,在中华民族危难之中诞生。"义勇军","义以为上"的"勇"军!

"轻死而暴,是小人之勇也。义之所在,不倾于权,不顾其利,举国而与之不为改视,重死持义而不桡,是士君子之勇也。"荀子又说:"为事利,争货财,无辞让,果敢而振,猛贪而戾,恈恈然唯利之见,是贾盗之勇。"(《荀子·荣辱》)

"义",繁体字"義",宜也。"仁,人心也;义,人路也",孟子心怀仁,行有义。

《论语·公冶长》有云:"子路有闻,未之能行,唯恐有闻。"孔子的话,子路听到也做到了,但这句针对他的教诲,他没听懂,最后他暴毙于战乱中,不得善终,甚为可惜也!

"知(智)""仁""勇",乃"三达德"。

子曰:"好学近乎知,力行近乎仁,知耻近乎勇。知斯三者,则知所以修身;知所以修身,则知所以治人;知所以治人,则知所以治天下国家矣。"(《中庸》)

17.24　子贡曰:"君子亦有恶乎?"子曰:"有恶,恶称人之恶者,恶居下流而讪上者,恶勇而无礼者,恶果敢而窒者"。

曰:"赐也亦有恶乎?""恶徼以为知者,恶不孙以为勇者,恶讦以为直者。"

子贡问老师:"君子也有憎恨的事吗?""恶",憎恨,讨厌,憎恶。

孔子回答:"有呀。"

"恶称人之恶者",憎恨一味地传播别人坏处的人。"正义曰:君子隐恶扬善,故称说人恶,为君子恶也。"(《论语正义》)"不可以在别人面前说人坏话,显自己修养不足。要有高尚的行为。"(《毓老师说论语》)

"恶居下流而讪上者","讪",谤也,诽毁也。憎恨在下位而毁谤上位的人。朱熹注曰:"下讪上,则无忠敬之心。"(《四书章句集注》)

"恶勇而无礼者",憎恨盲勇而不懂礼节的人。莽夫。"勇无礼,则乱。"(《四书章句集注》)

"恶果敢而窒者"，《说文解字》中曰："窒，塞也。塞，隔也。""不通恕道，窒塞于事。"（《论语正义》）憎恨那勇于实行自己的主张，却顽固不通、自以为是的人。孔子教人"毋意、毋必、毋固、毋我"。不要自作主张，执拗到底。人，要准备好随时清零，随时革新，随时迭代。

孔子举了四个例子，反问子贡，你憎恨什么？

子贡回答："恶徼以为知者"，"徼"，抄袭，剽窃。憎恨剽窃别人成就作为自己的成就的人，小聪明不是真"智慧"。

"恶不孙以为勇者"，"孙"，逊也。憎恨不谦逊而自以为勇敢的人，"不孙以为而勇者"，满大街都是。

"恶讦以为直者"，"讦"，揭发别人的隐私。憎恨揭发别人隐私却自以为直率的人。

毓老师说："《论语》每一章都有深意。真读明白了，则永远不做糊涂事。读任何一句，有无穷之义，都能立德。"（《毓老师说论语》）

书包里常带一本《论语》，有空时随便翻翻，会乐在其中。

17.25 子曰："唯女子与小人为难养也，近之则不孙，远之则怨。"

此篇真的难解，历史上争论也最多。一代宗师毓老师也干脆说："我不懂，也不会讲。"他推测"女子""可能是错字。有毛病，因其母亦是女子，孔子应不会这么说话"（《毓老师说论语》）。

钱穆先生注曰："此章女子小人指家中仆妾言。妾视仆尤近，故女子在小人前。因其指仆妾，故称养。待之近，则狎而不逊。远，则怨恨必作。善御仆妾，亦齐家之一事。"孔子说："只有家里的妾侍和仆人最难养。你若和他们近了，他将无礼而不知有逊让。你若和他们远了，他便会怨恨你。"（《论语新解》）

大家还记得前面的一篇吧，子曰："由也！女闻六言六蔽矣乎？"对曰："未也。"

"居！吾语女。"

"女"，汝，你。

此处"女子"，难道不是"你的儿子"的意思吗？

儿子小，不懂事，天天拿手机打游戏。你无比疼爱他，有时束手无策，讲道理讲不通，又担心他的眼睛、他的学习，是不是"难养"？如果再加上他调皮捣蛋，那就更难了。

"小人"，我一再说，在《论语》里"小人"不是贬低人，就是指没知识、没文化、没地位的普通人。他需要接受必要的教养培训。

你觉得当下保姆好找吗？为什么你家频繁换保姆？"近之则不孙（逊），远之则怨。"难养，难待也。远、近关系难处也。

这篇最为现代女权主义者所诟病。两千年来，历代文人想方设法用各种牵强附会的理由，为孔圣人推脱、辩护。更有学者推测说，这个"女子"就是指孔子的夫人。

其实，大可不必如此！仁者见仁，智者见智！

女子可教乎？女子难养乎？

汝子可教乎？汝子难养乎？

在你家这可能"不难"，但孔子体悟到的是"难"。"难"还是"不难"，都是个人的感觉。

世上真有"难养"的人吗?

17.26 子曰:"年四十而见恶焉,其终也已。"

孔子的这句话是对谁说的?

钱穆先生认为是"孔子自叹"(《论语新解》)。

孔子说:"到四十岁,还是被人厌恶,他这一生也就终结了。"

"其终也已",也就这样了,完了。

为什么要定位于"年四十"?

过去,"人生七十古来稀",四十岁时,人生已过了一大半了。人生过半,还没省悟人生的意义,还没有走上修行之道,还不能做到"学而时习之"。孔子说:"其终也已。"

"其终也已",人还活着,但只是苟且。

张至顺道长说:"人生,先生两只眼睛;人死,也是先死两只眼睛。"

善,好的,阳光的,向上的。

恶,坏的,阴暗的,向下的。

"年四十而见恶",四十岁就"心死"了,没有了精、气、神,只余一片颓废,这是孔子不愿意看到的。

孔子还说:"后生可畏,焉知来者之不如今也。四十、五十而无闻焉,斯亦不足畏也已。"(《论语·子罕》)

四五十岁,还没"闻道",还没有学到真东西,这个"后生"也就不值得敬畏了,"其终也已"。

"三十四十之间而无艺,即无艺矣。五十而不以善闻,则不闻矣。七十而无德,虽有微过,亦可以勉矣。"(《曾子·守业》)

郑玄曰:"年在不惑而为人所恶,终无善行也。"(《论语义疏》)

孔子曰:"三十而立,四十而不惑。"不惑则顺人性、少私欲;不惑则守正见、践善行;不惑则尽人力、听天命。

古人四十,成德之年;今人寿命长,不妨再加上十岁!年五十"而见恶焉,其终也已"。

厚德载物,生生不息,四十、五十、六十、七十、八十……"发愤忘食,乐而忘忧,不知老之将至!"

微子第十八

18.1 微子去之,箕子为之奴,比干谏而死。孔子曰:"殷有三仁焉。"

微子,殷商纣王的庶兄。他因纣王无道,屡谏不听,就离开纣王,到别处去了。

箕子,殷商纣王的叔父。他进谏纣王,纣不听,反而把箕子革职为奴隶。"纣为淫泆,箕子谏,不听。人或曰:'可以去矣。'箕子曰:'为人臣谏不听而去,是彰君之恶自说于民,吾不忍为也。'乃被发佯狂而为奴。"假装疯了。

比干,殷商纣王的叔父。比干直言数谏,指责纣王暴政,纣王勃然大怒,命人剖开比干的肚子,取出心肝,"少师比干妖言惑众,赐死摘其心"。

"微子去之,箕子为之奴,比干谏而死。"看古文多精炼。现代书写方便了,但文章多是废话连篇!

孔子说:"殷商末年有三位仁人。"

"志士仁人,无求生以害仁,有杀身以成仁。"(《论语·卫灵公》)

孔子很少称人为"仁人",那他为什么要说微子、箕子、比干为殷商"三仁"呢?

这三人有一个共同点:都勇于和邪恶作斗争!他们都不忍"国家陷于危亡,人民困于水火",挺身而出,拍案而起!

历史上,多的是"助纣为虐"者。

在"纣虐"面前吾不从,但也不言,这是不是也是一种助?

微子、箕子、比干，是会极力阻止的人，所以理当称为"志士仁人"。

"仁者爱人，三人行异而同称仁，以其俱在忧乱宁民。"（《论语正义》）

朱熹注曰："三人之行不同，而同出于至诚恻怛之意，故不咈乎爱之理，而有以全其心之德也。杨氏曰：'此三人者，各得其本心，故同谓之仁。'"（《四书章句集注》）

毓老师说："读经，必自根上入手。天下无难事，必得勤与专。"毓老师还说："素养，非一日之功。不懂自己不懂，做事有骄气，有主见，还以为无一人比得上你们。人不学，就无术，必要脚踏实地学。"（《毓老师说论语》）

18.2　柳下惠为士师，三黜。人曰："子未可以去乎？"曰："直道而事人，焉往而不三黜？枉道而事人，何必去父母之邦？"

柳下惠坐怀不乱！

孟子称孔子为"圣之时"，称柳下惠为"圣之和"，可见柳下惠的地位之高。

本篇特殊。其中没有子曰，没有孔子的弟子曰，也不是记录孔子及其弟子的故事，但为什么《论语》要记载柳下惠的这个故事呢？

"士师"，典狱官。

"黜"，贬也。柳下惠当典狱官时，被贬职了三次（一次是岑鼎之事为鲁君所黜；一次是与臧文仲意见不合，为臧文仲所黜；又一次是与夏父弗忌意见不合，而为弗忌所黜）。

柳下惠有才德，但只做一个狱史小官，还被黜贬了三次。孟子言："柳下惠不卑小官"也。

"人曰"，有朋友看不下去了，"子未可以去乎"？您为什么不跳槽？您为什么不离开鲁国？

"直道而事人，焉往而不三黜？"（在这个世道上）你如果正直地工作，到哪里去，坚守自己，不也一样被多次撤职吗？

"枉道而事人，何必去父母之邦？"如果你为了不被黜贬，不正直地处理人事，那么在原处，尚且同流合污，何必要离开祖国呢？

钱穆先生说："举世浊乱，不容正直，以此例彼，将何往而不被黜。"他又说："欲求不黜，惟有枉道。苟能枉道，则不必去父母之邦亦可不被谴黜。"（《论语新解》）

朱熹注曰："柳下惠三黜不去，而其辞气雍容如此，可谓和矣。然其不能枉道之意，则有确乎其不可拔者。是则所谓必以其道，而不自失焉者也。"（《四书章句集注》）

柳下惠有自己的坚守。"进退不失其正。""人之生也直，罔之生也幸而免。"（《论语·宪问》）

柳下惠有自己的慎独。"柳下惠，不羞污君，不辞小官。进不隐贤，必以其道。遗佚而不怨，阨穷而不悯。与乡人处，由由然不忍去也。"（《孟子·万章下》）

何为"文化"？闻文化己！以文化人！

如何为官？如何处事？如何立人？柳下惠讲了非常重要的问题："直道而事人，焉往而不三黜？枉道而事人，何必去父母之邦？"

泰然处之，柳下惠也。

您又为何所忧？为何所怨？

知自己的"小"，才能吸宇宙的"大"！

柳下惠，鲁国大夫，姓姬，名获。因其以直道事人，最后隐遁，成为"逸民"。"柳下"是食邑，"惠"是谥号。后人以美名称之，柳下惠。

季羡林先生说，他特别想研究中华文化中的"侠客"和"隐士"。

柳下惠，开一代隐士先锋。

《周易·乾卦》有云：初九曰"潜龙勿用"，何谓也？子曰："龙德而隐者也。不易乎世，不成乎名，遁世无闷，不见世而无闷。乐则行之，忧则违之，确乎其不可拔，潜龙也。"

中华文化，心中自有天下！

中华文化，天下就在足前！

18.3　齐景公待孔子，曰："若季氏，则吾不能，以季、孟之间待之。"曰："吾老矣，不能用也。"孔子行。

鲁国有三卿，季氏为上卿，孟氏为下卿。鲁国的大权都落在季氏手里，孟氏无事可管。

在《史记·孔子世家》中，司马迁记录了孔子在齐国与齐景公的故事："鲁昭公之二十年，而孔子盖年三十矣。齐景公与晏婴来适鲁，景公问孔子曰：'昔秦穆公国小处辟，其霸何也？'对曰：'秦，国虽小，其志大；处虽辟，行中正……'景公说。"

30岁的孔子，一番话让齐景公大悦。

"孔子年三十五，……鲁乱。孔子适齐，为高昭子家臣，欲以通乎景公。与齐太师语乐，闻韶音，学之，三月不知肉味，齐人称之。"

35岁的孔子，在齐国获得好名声。

《史记》记载："景公问政孔子，孔子曰：'君君，臣臣，父父，子子。'景公曰：'善哉！信如君不君，臣不臣，父不父，子不子，虽有粟，吾岂得而食诸！'他日又复问政于孔子，孔子曰：'政在节财。'景公说，将欲以尼谿田封孔子。"

此处，齐景公又大悦，要封地给孔子。

此处晏婴又出场！晏婴，齐国重臣。

"晏婴进曰：'夫儒者滑稽而不可轨法；倨傲自顺，不可以为下；崇丧遂哀，破产厚葬，不可以为俗；游说乞贷，不可以为国。自大贤之息，周室既衰，礼乐缺有间。今孔子盛容饰，繁登降之礼，趋详之节，累世不能殚其学，当年不能究其礼。君欲用之以移齐俗，非所以先细民也。'"

看晏婴多狠，一段谏言把儒者及孔子都否定了。

我们接着看《史记》。司马迁，乃真正的大家："后，景公敬见孔子，不问其礼。"

"敬"，客客气气的。陪你有吃有喝，但就是不和你讨论政事。

"异日，景公止孔子曰：'奉子以季氏，吾不能。'以季孟之间待之。"

齐景公讲到对待孔子的打算时说："用鲁君对待季氏的模式对待孔子，那我做不到；我只能用次于季氏而高于孟氏的待遇来对待他。"不久又说："我老了，没有什么作为了。"孔子离开了齐国。(《论语译注》)

再看《史记》记载："齐大夫欲害孔子，孔子闻之。景公闻之。景公曰：'吾老矣，弗能用也。'孔子遂行，反乎鲁。"

中国的文史不分家。看到此处，读者一定会心酸。司马迁写到此处，一定会泪如雨下。不要忘记，司马大人是受宫刑后而著《史记》的。

"孔子行"，孔子不"行"，能行吗？

一个"行"字，道尽了"人间正道是沧桑"！

"这就是人生！文丐好可怜，到处碰壁。连圣人都挨饿、吃苦。"毓老师接着说："孔子活着时多可怜，最后删《诗》《书》、订《礼》《乐》、赞《周易》、作《春秋》，以俟后世。因为孔子值得利用，刘邦第一个到曲阜祭孔，此后孔子吃生猪肉两千余年。孔子死后被帝王利用，但也没有真正了解他。"（《毓老师说论语》）

"孔子行"，仿佛就是另一部《西游记》。唐僧通过西游而修行，孔子通过周游列国而悟道。孔子用了十四年，玄奘（唐僧的原型）用了十七年。

孔子一"行"，其真正的精神是什么？

历史是一面镜子，能照见圣人，也能照见魔心。

我们都是照镜子的人。

擦去镜子上的浮尘，其面目是狰狞还是和善？其实一目了然！

18.4 齐人归女乐，季桓子受之。三日不朝，孔子行。

"归"，馈也。

齐国送了许多美女给鲁君，（鲁国上卿）季桓子（代鲁君）接受了，（鲁君）多日不理朝政，（当时做鲁国司寇）孔子见此就离开了鲁国。

《史记·孔子世家》中记载:"定公十四年,孔子年五十六,由大司寇行摄相事……诛鲁大夫乱政者少正卯。与闻国政三月,粥羔豚者弗饰贾;男女行者别于途;途不拾遗;四方之客至乎邑者不求有司,皆予之以归。齐人闻而惧,曰:'孔子为政必霸,霸则吾地近焉,我之为先并矣。'……于是选齐国中女子好者八十人,皆衣文衣而舞康乐,文马三十四驷,遗鲁君。陈女乐文马于鲁城南高门外。季桓子微服往观再三,将受,乃语鲁君为周道游,往观终日,怠于政事。"

孔子做鲁国大臣,政绩显著。邻国齐国害怕了,于是送了许多美女给鲁君,企图扰乱鲁国的朝政。

孔子离开后,"桓子喟然叹曰:'夫子罪我以群婢故也夫'"!

上一篇,齐景公曰:"吾老矣,不能用也。"孔子行。

这一篇,三日不朝,孔子行。

孔子为何而行?"知进退存亡,而不失其正。"(《周易·乾卦》)

朱熹引尹氏曰:"受女乐而怠于政事如此,其简贤弃礼,不足与有为可知矣。夫子所以行也,所谓见机而作,不俟终日者与?"(《四书章句集注》)

观"孔子行",后人不免感叹:当行则行,当止则止,"圣之时也"。

干净利落,顶天立地!

拖泥带水,荒废了多少人生?

优柔寡断,辜负了多少天机?

随风而散,是因为你心中就没有那个"正"。有"正",并不断壮大,正大到足以发光,然后照亮自己,照亮别人。这就是正大光明。

孔子的示现,孔子的言行,都在启发我们。

毓老师说:"求己,做自己的事业。成了,大家都借重你。如曾文正以团练起家,成就清朝的中兴事业。天下以求人为难,'赵孟能贵之,赵孟能贱之'(《孟子·告子上》)。多懂,就省立身之基。"(《毓老师说论语》)

《中庸》有云:"君子素其位而行,不愿乎其外;素富贵,行乎富贵;素贫贱,行乎贫贱;素夷狄,行乎夷狄;素患难,行乎患难;君子无入而不自得焉。"

人之一生,行走天下。千里之行,始于足下,但下一个落脚处在何方并不是一个容易的问题。"孔子行",一个"行"字,真是有无穷的深义。

稻草人这一生也立着,但它是用木杆支着。其生,只为了警示鸟……

磨盘上的驴也在行走中,因它的眼睛被主人用布蒙着,走了半天,它也不知自己只是在原地转圈……

"孔子行",为何而"行"?

孔子再"行","行"到何处?

18.5 楚狂接舆歌而过孔子曰:"凤兮!凤兮!何德之衰?往者不可谏,来者犹可追。已而,已而!今之从政者殆而!"

孔子下,欲与之言。趋而辟之,不得与之言。

司马迁在《史记》中,引述了这篇的内容。

孔子在周游列国的途中,在蔡国住了三年,赶上了吴国讨伐陈国。楚国来救陈国,军于城父。楚国人听说孔子就"陈蔡之间,楚使人聘孔子"。

陈、蔡大夫商量，如果楚国这样的大国用了孔子这样的大才，将会危及自己。于是派人在野外围困住孔子一行，使欲往楚国的孔子一行"不得行，绝粮。从者病，莫能兴"。

此时，我们看孔子的表现：孔子讲诵弦歌不衰。

子路不高兴了，拉下脸色对孔子说："君子也有穷困潦倒的时候吗？"

孔子说："君子固穷，小人穷斯滥矣。"

危难之中，方显英雄本色。

"子贡色作"，连子贡也坚守不了。于是孔子便给子路、子贡讲诗开导，"予一以贯之"。

"吾道非邪？吾何为于此？"这是孔子发自内心的疑问。我传播的是光明大道，但我为什么会走到这个地步？

颜回回答说："夫子之道至大，故天下莫能容……夫道之不修也，是吾丑也。夫道既已大修而不用，是有国者之丑也。不容何病，不容然后见君子！"孔子欣然而笑曰："有是哉颜氏之子！使尔多财，吾为尔宰。"（可见，孔子是个独行者，只有弟子颜回能真正理解他。）

于是孔子派子贡到楚国去见楚君。"楚昭王兴师迎孔子，然后得免。"

楚昭王又想把"书社地七百里"封给孔子。这时楚令尹子西跳出来了，他问楚昭王："您有像子贡这样的外交官吗？"楚王说："无有"；"您有像颜回这样的宰相吗？"楚王说："没有"；"您有像子路一样的军事将帅吗？"楚王说："无有"；"您有像宰予这样的官尹吗？"楚王说："没有"。尹子西的结论是："今孔丘述三五之法，明周召之业，王若用之，则楚安得世世堂堂方数千里乎？……今孔丘得据土壤，贤弟子为佐，非楚之福也。"

"昭王乃止。其秋，楚昭王卒于城父。"（司马迁也是春秋笔法焉！）

看司马迁的笔法，多传神！

接下来，就到了这一篇的内容。

楚国一个狂人，经过孔子的车舆而高歌："凤凰呀，凤凰呀！为什么这么倒霉？过去的不能再挽回，未来的还可以追求。算了吧，算了吧！现在的执政者都没有好人了，危乎其危！"

把孔子比作凤凰，狂人不狂。朱熹注曰："凰有道则见，无道则隐。"（《四书章句集注》）

"已而！已而"，这是楚狂人对孔子的奉劝。

孔子下车想同他谈谈，他却赶快避开，孔子没法同他谈。

此时此刻，我们还能往下写什么？

（真是奇怪，昨天下午我正好去了凤凰卫视，参观了他们在朝阳公园边上的艺术大楼的活动，其讲解者说得活灵活现，特别是解说他们凤凰图标的设计。大家一起畅谈未来，把酒言欢，品鉴美食。今晨怎么就正好遇上《论语》这篇？"'凤兮凤兮！何德之衰！往者不可谏，来者犹可追。已而！已而！今之从政者殆而！'孔子下，欲与之言，趋而辟之，不得与之言。"）

18.6 长沮、桀溺耦而耕。孔子过之，使子路问津焉。

长沮曰："夫执舆者为谁？"

子路曰："为孔丘。"

曰:"是鲁孔丘与?"

曰:"是也。"

曰:"是知津矣。"

问于桀溺。

桀溺曰:"子为谁?"

曰:"为仲由。"

曰:"是鲁孔丘之徒与?"

对曰:"然。"

曰:"滔滔者天下皆是也,而谁以易之?且而与其从辟人之士也,岂若从辟世之士哉?"耰而不辍。

子路行以告。

夫子怃然曰:"鸟兽不可与同群,吾非斯人之徒与而谁与?天下有道,丘不与易也。"

孔子离开生他、养他的鲁国,开启了他十四年的异乡生活。美其名曰"周游列国",其实就是要过心怀理想的流浪生活。

孔子是开天辟地者。

孔子是特立独行者。

孔子是改弦易道者。

据《史记》记载,本篇记载之事是在孔子去叶返蔡之时,为鲁哀公六年(公元前489),孔子时年64岁。

司马迁曰:"明年,孔子自蔡如叶。"叶公问政,孔子曰:"政在来远附迩。"他日,叶公问孔子于子路,子路不对。孔子闻之,曰:"由,尔何不对曰:'其为人也,学道不倦,诲人不厌,发愤忘食,乐以忘忧,不知老之将至'云尔。"

（孔子说此话时，63岁。）

"去叶，反于蔡。长沮、桀溺耦而耕，孔子以为隐者，使子路问津焉。"（《史记·孔子世家》）

《论语》的这一篇充满禅意！

心中有佛，眼前便是西方净土。

"问津"，打听渡口处。

孔子派弟子子路向两位隐士打听如何过河？

孔子是真不知如何渡过河流吗？

这一篇，我以为是孔子和高手的过招。

第一位隐士长沮问子路："那位驾车的是谁？（"执舆"，就是执辔。"辔"，拉马的缰绳。子路去问路，孔子代为执舆。为什么孔子不亲自去问？）"

子路回答："是孔丘。"

长沮再问："是鲁国的那位孔丘吗？"

子路回答："正是。"

长沮应该是知道渡口在哪儿了。

这些高手们，真是在寻找河边的渡口吗？

再看第二位隐士桀溺。

桀溺问："你是谁？"

我是谁？从哪里来？到哪里去？与"子为谁？"不是相同的哲学问题吗？

子路回答："我是仲由。"

（子路还嫩，开口就错。）

桀溺再问:"你是鲁国孔丘的门徒吗?"

子路回答:"是的。"

看桀溺如何开示:"滔滔者天下皆是也,而谁以易之?"滔滔的河水到处都是,它因为谁而改变了吗?

是渡河,还是渡人?

渡口乃儒、道、佛的交汇处。

"且而与其从辟人之士也,岂若从辟世之士哉?"

"从",跟从。

"辟人之士","辟",避也。"齐人归女乐,季桓子受之,三日不朝,孔子行。"孔子离开了鲁国,辟鲁君也。但"滔滔者天下皆是也",你们避得了初一,还不是遇上十五吗?

"辟世之士",彻底地出世!

"你与其跟着孔丘那种逃避坏人的人,为什么不跟着我们这些逃避整个社会的人呢?"(《论语译注》)

(桀溺)"耰而不辍","耰",播种之后,再以土覆之,摩而平之,使种入土,鸟不能啄,这便叫"耰"。

好一个"耰而不辍"!"不辍",不停止了,这句话是否很有禅境?

再继续品悟:"子路行以告。"

有很多学者将此句翻译为"子路回来报告给孔子",显然没入境。

既告知长沮、桀溺的言语,又告知他俩的动作。孔子听后,"怃然",怅然若失,怅然若得。

看孔子的感叹:"鸟兽不可与同群""物与类聚,人以群分"。

"吾非斯人之徒与而谁与?"这是孔子的大问!我,孔丘,不是如长沮、桀溺一类的人,那我又是谁呢?是"辟世之士",还是"辟人之士"?

"天下有道,丘不与易也。"如果天下有道,我孔丘就不用这么漂泊了!"易",变易,变革。

回到《史记·孔子世家》,前面说我孔丘"其为人也,学道不倦,诲人不厌,发愤忘食,乐以忘忧,不知老之将至",现今我已64岁,"自陈迁于蔡""自蔡如叶",又"去叶,反于蔡",如此奔波,不是为了"天下有道"吗?

"知其不可而为之",孔子真精神,何避之有?

"吾不下地狱谁下?"地藏菩萨志,孳而不辍!

18.7　子路从而后,遇丈人,以杖荷蓧。

子路问曰:"子见夫子乎?"

丈人曰:"四体不勤,五谷不分。孰为夫子?"植其杖而芸。

子路拱而立。

止子路宿,杀鸡为黍而食之,见其二子焉。

明日,子路行以告。

子曰:"隐者也。"使子路反见之。至,则行矣。

子路曰:"不仕无义。长幼之节,不可废也;君臣之义,如之何其废之?欲洁其身,而乱大伦。君子之仕也,行其义也。道之不行,已知之矣。"

"丈人","丈",杖。古人六十持杖。年高而德高者,指足以教导年轻人、足以扶植别人的人。

子路跟从孔子,有一天他落伍了,遇到一位老头,用拐杖挑着除草用的农具。

子路问丈人:看见孔夫子路过这里吗?

"夫子",对年长而学问好的人的雅称。

你这人,空有四肢,不勤快劳作;空长眼睛,连五谷都分不清。哪个是你的夫子(老师)?

老头给了子路一个下马威!

百丈禅师,"一日不做,一日不食"。

一"懒",害了多少英雄好汉。

"植其杖而芸",老头扶着拐杖专注地耕作他的田地。

实践出真知,空谈误国。与其坐而论道,还不如弯腰除草。

"子路拱而立。"子路被老人的一言一行震住了。乖乖地、恭敬地站立在田埂边。

傍晚了,老人留子路回家过夜。"杀鸡为黍而食之","黍",黍子。应该是用鸡肉蘸糕招待,并令他两个儿子见子路。

以上言行,经子路告知孔子后,孔子认为这个老头是位隐士。其实,老头之言,不正是说给孔子听的吗?孔子又让子路返回去拜见,但老人外出了,子路没见着。

接下来是子路的一段话。有学者说,这段话是孔子托子路转告丈人的,子路没见着老人,就请他的两个儿子代为转达。

子路曰:"不仕无义。长幼之节,不可废也;君臣之义,如之何其废之?欲洁其身,而乱大伦。君子之仕也,行其义也。道之不行,已知之矣。"

子路究竟说了些什么？

钱穆先生译为："一个人不出仕，是不义的呀。长幼之节不可废，君臣之义又如何可废呢？为要清洁己身，把人类大伦乱了。君子所以要出仕，也只是尽他的义务罢了。至于道之不能行，他也早已知之了。"(《论语新解》)

是不是越解越乱？其实，可能只是在子路传话时，他语无伦次了。

我今晨看了几个小时，还是不知子路究竟想表达什么。我们也没有必要非要追着以后的儒学家们问，吹毛求疵，不懂装懂了。

倒是要记住丈人之言："四体不勤，五谷不分，孰为夫子！"

究竟谁才是我们的老师？

"植其杖而芸"，专注于自己的当下；"杀鸡为黍而食之"，帮最需要帮助的人；"见其二子焉"，教儿子。

"孰为夫子？"丈人问。

人好为师。一知半解，以为自己已大彻大悟。

在《论语·尧曰》中，尧曰："咨！尔舜！天之历数在尔躬。"这是尧帝传给舜帝的经验。

弯下腰，以虚空心闻古人之言，启发自己的智慧。

"四体不勤，五谷不分"，知识分子要有真知！

子路最后一段言语，是真知吗？子路之言，应如何落地？

我不懂，也不装懂了。

18.8 逸民：伯夷、叔齐、虞仲、夷逸、朱张、柳下惠、少连。子曰："不降其志，不辱其身，伯夷、叔齐

> 与!"谓柳下惠、少连:"降志辱身矣!言中伦,行中虑,其斯而已矣。"谓:"虞仲、夷逸隐居放言,身中清,废中权。我则异于是,无可无不可。"

"逸民",有德而隐居的人。孟子曰:"遗佚而不怨。"(《孟子·公孙丑上》)

文中列出七位"逸民",孔子评价了六位,讲了自己和他们几位的根本不同:"无可无不可。"

不动摇自己的意志,不辱没自己的身份,是伯夷、叔齐两人的特点。

郑玄曰:"言其直己之心,不入庸君之朝。"(《论语注疏》)

孟子曰:"伯夷非其君不事,非其友不友,不立于恶人之朝,不与恶人言……不受也者,是亦不屑就已。"(《孟子·公孙丑上》)

柳下惠、少连降低了自己的意志,放低了自己身份,他们的言语合乎伦理,行为经过深思熟虑,这是他俩的特点。

柳下惠为士师,三黜。"柳下惠不羞汙君,不卑小官,遗佚而不怨。"(《论语正义》)

虞仲、夷逸避世隐居,放弃直言。保持了身心的清静,放弃了权衡,真正做到"无事一身轻"。

马融注曰:"清,纯洁也。遭世乱,自废弃以免患,合于权也。"(《论语正义》)

各人有各人的选择,各人有各人的生活方式。

不用苛求,也不必固守,关键的是寻找到心中真正的自己。

孔子点评上述六人,他们或者这样,或者那样。"我则异于是",

我孔子和他们不同,"无可无不可",权变通透,随机示现。孔子知人之贤,又有自知之明。

孟子给他们几人的定论:伯夷,"圣之清者也";柳下惠,"圣之和者也";孔子,"圣之时也"。

《孟子·万章下》有云:"孔子可以仕则仕,可以止则止,可以久则久,可以速则速",亦即说他"无可无不可"。

没有一定的"可以",也没有一定的"不可以"!

因时,权变!

> 18.9　大师挚适齐,亚饭干适楚,三饭缭适蔡,四饭缺适秦,鼓方叔入于河,播鼗武入于汉,少师阳、击磬襄入于海。

这一篇记载了鲁哀公时礼崩乐坏的故事;乐师们各奔东西,流落四方。

此篇没有孔子言论,但这种景象是孔子最不愿意看到的。"记者附诸此篇,盖不胜其今昔之悲感。记此八人,亦所以追思孔子也。"(《论语新解》)

毓老师说,古宴会时奏乐章,所谓"亚饭、三饭、四饭",是吃饭时所奏的乐章,而分管这些乐章的乐官,亦叫作"亚饭、三饭、四饭"等。

大师挚去了齐国,来之不亚饭乐官干去了楚国,三饭乐官缭去了蔡国,四饭东官缺去了秦国,打鼓的方叔居于黄河之滨,摇小鼓的武居于汉水之边，少师阳和击磬的襄居海边。

一个庞大的乐队，就这样流散了。

但这样也有益处，其音乐的火种散落在四方，开花于民间。

本篇只是记录，我不多述了。

> 18.10 周公谓鲁公曰："君子不施其亲，不使大臣怨乎不以。故旧无大故，则不弃也。无求备于一人。"

周公对周朝的贡献大。周武王平定天下后，封周公于鲁，但周公不受封，要留下继续辅佐成王，周公的儿子伯禽封鲁地，称鲁公。

"周公谓鲁公曰"，周公对儿子鲁公的训话，讲的是应如何用人？

第一，亲亲，"君子不施其亲"。"施"，弛也。不遗弃其亲，君子不怠慢他的亲族。"这话非常清楚地说明了氏族体制重血缘亲族等'老关系'，正是儒学由来，而影响三千余年，至今遗风尚在。"（《论语今读》）

第二，贤贤，"不使大臣怨乎不以"。不让大臣抱怨不被重视。"己欲立而立人"，让大臣都有用武之地。

第三，不弃旧故，"故旧无大故，则不弃。"老朋友、老关系没有大的过错，就不要抛弃。

第四，无求全责备，"无求备于一人。"人无完人，用人之所长，为政在宽。

大传云："圣人南面而听天下，所且先者五，民不与焉。一曰治亲，二曰报功，三曰举贤，四曰使能，五曰存爱。"（《论语正义》）

已经过去了几千年了,周公的用人之道,仍然可供现代管理者参考。

18.11 周有八士:伯达、伯适、仲突、仲忽、叔夜、叔夏、季随、季骃。

本篇记录了周朝时的八士之名,但这八位名士的事迹,没有可靠的文献可查。

历史那么悠久。

朱熹注曰:"此篇孔子于三仁、逸民、师挚、八士,既皆称赞而品列之;于接舆、沮、溺、丈人,又每有惓惓接引之意。皆衰世之志也,其所感者深矣。在陈之叹,盖亦如此。三仁则无间然矣,其余数君子者,亦皆一世之高士。若使得闻圣人之道,以裁其所过而勉其所不及,则其所立,岂止于此而已哉?"(《四书章句集注》)

《诗经·小雅》有云:"济济多士,文王以宁。"盛世,真才有用武之地。

"士",中华文化的特有现象。

我的老师陈明哲教授说,中国企业家要做现代的"士"。

"士",是中华文化的脊梁;"士",是世俗社会的良心!

孔子说:"士志于道,而耻恶衣恶食者,未足与议也。"(《论语·里仁》)孔子还说:"笃信善学,守死善道。危邦不入,乱邦不居。天下有道则见,无道则隐。邦有道贫且贱焉,耻也;邦无道,富且贵焉,耻也。"(《论语·泰伯》)

孔子的学生曾子继续传承他的思想，曾子说："士不可以不弘毅，任重而道远。仁以为己任，不亦重乎？死而后已，不亦远乎？"(《论语·泰伯》)

孟子说："无恒产而有恒心者，唯士为能。"(《孟子·梁惠王上》)

孟子在《孟子·尽心上》中有一段有名的话："故士穷不失义，达不离道。穷不失义，故士得己焉；达不离道，故民不失望焉。古之人，得志，泽加于民；不得志，修身见于世。穷则独善其身，达则兼善天下。"

上一篇讲"周公谓鲁公"，本篇列举了"周有八士"。孔子仰慕周公，荀子说："孔子仁知且不蔽……一家得周道，不蔽于成积也。故德与周公齐。"(《荀子·解蔽》)

荀子借周公之口："彼正身之士舍贵而为贱，舍富而为贫，舍佚而为劳，颜色黧黑而不失其所。是以天下之纪不息，文章不废也。"(《荀子·尧问》)

"先天下之忧而忧，后天下之乐而乐。"(《岳阳楼记》)

"士"者，才能传世。

百年老店，何以百年？有载道之士，文化才得以传承。

"虽不能至，心向往之。"

列举周朝名士，感叹春秋，《论语》的言外之意也……

子张第十九

19.1 子张曰:"士见危致命,见得思义,祭思敬,丧思哀,其可已矣。"

今天,我们一同读到了《论语·子张》。

这是《论语》的倒数第二章。本章共二十五篇,都是孔子弟子们的言论。"盖自孔子殁后,述遗教以诱后学,以及同门相切磋,以其能发明圣义,故编者集为一篇,以置《论语》之后。"(《论语新解》)

子张比孔子小48岁。

子张替我们后世人向孔子提了许多好问题。

子张有个特点,他把孔子的话写在自己的腰带上。随时学习。

士=十+一,加一就十全十美。士尚志。志=士+心。此心即是良心,是诚心,是公心,是敬心,是同情心……

"见危致命",不是"看见危险便肯豁出生命"。这个"致"字,和后面的三个"思"字相同。是"见危思命",见到危难时,你要想到自己的使命。

"命",赋予你肉体之上的意义。人无使命,就如同死了的鬼魂、沾着的走兽。

天为啥生我?天命?

"见得思义","义",宜也。看见一个人得到名、利、财物、地位,甚至掌声,要看看其所得是否合乎于义?

得!失也是一种得。失去的一切,符合义吗?如合之,有何好留恋?

子张在病危临终之前,召他的儿子申祥来。他告诉儿子:君子之死叫作"终",小人之死叫作"死"。你爹我这一辈子应该可以称为"终"了吧?

"士"者,以终为始!善终。

小人,一死了之。

"祭思敬",祭祀之时都没有恭敬之心,在此场景下,还装?

人到哪里都戴着假面具,把自己装成鬼了,还不自知。

父母生我之前,我是谁?

"丧思哀",参加丧事,感同身受。

其实,子张此处所言也是在传述孔子的言论。

在《论语·宪问》中,子曰:"今之成人者何必然?见利思义,见危授命,久要不忘平生之言,亦可以为成人矣。"

孔子去世后,子张把"成人"改成了"士",把"见危授命"改成了"见危致命",把"见利思义",改成了"见得思义"。

在《论语·八佾》中,子曰:"为礼不敬,临丧不哀,吾何以观之哉?"

子张又将此句改成"祭思敬,丧思哀"。

子张之改,离孔子大意不远,其意基本相同。

但往后再好,就难料了……

19.2 子张曰:"执德不弘,信道不笃,焉能为有?焉能为亡?"

何为真正的有德之人?何为真正的信道之士?

"执",守也。"弘",大也。"笃",厚也,切实也。

一个人守德而不能弘大，信道（信仰）而不能笃实，这种人，虽存在于世间，何足重？就是不在了，何足轻？

"焉能为有？焉能为亡？"

（这种人）有没有都无关紧要。

诗人臧克家说："有的人活着，他已死了；有的人死了，他还活着。"

毓老师说："若此之人，有也不多，无也不少。"（《毓老师说论语》）他们存在，还是不存在，都可忽略不计。

"执德不弘"，即子夏所言"小道"，不能致远者也。（《论语正义》）也如佛教界的"小乘"者，自了汉。

《周易·坤卦》有云："坤厚载物，德合无疆。含弘光大，品物咸亨。"

曾子曰："士不可以不弘毅，任重而道远。"（《曾子·子思子》）

"信道不笃"，信仰贵在笃实。

子曰："道听而途说，德之弃也。"（《论语·阳货》）

"道之所闻，贵于能信，而信之，尤贵于坚定。若或意念纷纭，把持不定，才遇事交物诱，便茫然失其何守，不复有的确之见，这是信道不笃。"（《张居正讲评〈论语〉》）

朱熹注曰："有所得而守之太狭，则德孤；有所闻而信之不笃，则道废。"（《四书章句集注》）

执德而弘大，信道而笃行——

少年时，贵在长志。

青年时，贵在为学。

壮年时，贵在信道。

老年时，贵在养德。

真有德者，含弘光大。

真得道者,笃行不止!

19.3　子夏之门人问交于子张。子张曰:"子夏云何?"对曰:"子夏曰:'可者与之,其不可者拒之。'"

子张曰:"异乎吾所闻,君子尊贤而容众,嘉善而矜不能。我之大贤与,于人何所不容?我之不贤与,人将拒我,如之何拒人也?"

子夏的学生问子张:如何交友?

在《坛经》中,也有北方神秀的学生去岭南向六祖惠能请教问题。

孔子去世后,孔子门下的数位弟子传承孔学,各立门派。

谁才是孔子的正宗?

谁讲的才是孔子的真精神?

子张曰:"异乎吾所闻",子张说,我所听到的与此不同。子张从孔子处听到的交友之道,和子夏传给其学生的交友之道不同。

你不同,你就是正确的吗?不一定。

为何?

因孔子教学,因人而不同。

教给子夏的,是针对子夏。

教给子张的,是针对子张。

子夏的门人,或子夏门人的门人,一代一代的传承人,应该知道这个道理。否则,就会引起门派之争。

是子张对,还是子夏对?这个其实不重要。重要的是用古人的智慧启发我们的本心。

大道本无对错之分。

分别心来自其道是否适合你。适合的,你以为对;不适合的,你以为错。

子夏说:"可以结交的去结交他,不可以结交的要拒绝他。"

子夏之言,是子夏听孔子所言的,还是子夏针对其门人的独创?

子张听到子夏门人的转述,就夸大其词,"异乎吾所闻"。你闻的,就是唯一的、正确的吗?

"君子尊贤而容众,嘉善而矜不能。"君子尊敬贤人,也包容大众;鼓励先进,也怜惜无能的人。子张接下来针对子夏之言,讲出自己的观点:如果我是大贤人,我对什么人不能包容?如果我是个不贤的人,别人都会拒绝我,还轮得上我去拒绝别人吗?

毓老师说:"子张喜欢说漂亮的话,功夫在嘴上。"(《毓老师说论语》)曾子曾批评他:"堂堂乎张也,难与并为仁矣。"

子曰:"君子矜而不争,群而不党。"(《论语·卫灵公》)

谁对谁错,历史会给每一个人作出最终评价的,你不用着急作出判断!是子夏高,还是子张正?人人心中应各有一杆秤。

兼听,为了真知;交友,要用真心。

19.4 子夏曰:"虽小道,必有可观者焉;致远恐泥,是以君子不为也。"

子夏说:"就算是小道,也一定有值得观看的地方,但要行的远,恐怕有妨碍。所以君子不行小道。"

"小道",比喻小技艺,或者是小聪明、小投机。

这句话一定是子夏从自己生活经验中所提炼的,或是转述先师之言。

青出于蓝而胜于蓝。但对于孔门来说,至今两千五百年,这种情况还没有出现。孔子之后,孔子的直系亲属,以至孔子的三千弟子后代,还没有一人能超过这位圣人。真是前无古人,后无来者。空前绝后,万世师表!

但是,我们也别小瞧子夏。

山中无老虎,猴子称大王。这个猴王也是真的。

孔子曰:"吾志在《春秋》,行在《孝经》。"

《孝经说》有云:"《春秋》属商,《孝经》属参。"商即子夏,参乃曾参(曾子)。孔子去世后,子夏传《春秋》,曾子传《孝经》。

子夏,非一般的弟子吧?子夏是传承《春秋》的一面大旗。无子夏,可能就没有今天的《春秋》。

越深入思考,我越感觉人类非常神秘。在历史的长河中,当下的新型冠状病毒只是其中的一片涟漪而已。

在那个"轴心时代",为什么东西方的几位巨星几乎同时闪现:中国的孔子、老子,印度的释迦牟尼,古希腊的苏格拉底、柏拉图、亚里士多德,还有以色列犹太教的先知们。

是他们开出了人类文明的大道!

而子夏、曾子们,正是走在这条大道上的有为"君子"。大家们一路走下来,孔子、子夏(曾子等)、子思、孟子、董仲舒、司马迁、张载、二程、朱熹、王阳明、王船山、曾国藩,再到熊十力、爱新觉罗·毓鋆……

如京藏高速,从北京到拉萨。到了拉萨,再到珠峰。

沿着这条中华文化的血脉,一路行走,可"大观",可"致远",可"有为"。"学而时习之,不亦说乎?"

上大道了,才有"真想再活五百年"的深深感叹!

《后汉书·蔡邕传》有云:"上封事曰:夫书画辞赋,才之小者,匡国理政,未有其能……昔孝宣会诸儒于石渠,章帝集学士于白虎,通经释义,其事优大,文、武之道,所宜从之。若乃小能小善,虽有可观,孔子以为'致远则泥',君子故当志其大者。"

欲上天揽月,宇宙何其大?

欲海纳百川,心田何其宽?

没见过"真大",不知道"己小"!

"君子不器",不器于小道、不器于过往、不器于物件、不器于恩怨、不器于肤浅、不器于七情六欲、不器于"色"、不器于"空"……

曾国藩说:"过往不恋,当下不杂,未来不迎。"

脚下便是大道!觉悟就如重生!

出生时,呱呱坠地,不哭,你无法存活。

离开时,轻烟一缕,含笑,你走入无形!

中间处,沧海一粟,流星一瞬,您又有何怨,又有何恨?

君子不为,不要在小道滞留。

君子有为,要使大道传承日新。

19.5 子夏曰:"日知其所亡,月无忘其所能,可谓好学也已矣。"

"亡,无也。谓己之所未有。"(《四书章句集注》)

子夏眼中的"好学"者:每天能知道(自己)所不知道的,日积月累,每月还能不忘掉(自己)所能的。

日有新知,步步为营,月月推进。

"日知其所亡"者,知新也;"月无忘其所能",温故也。温故而知新,"可谓好学也已矣"(《新刊广解四书读本》)。

看子夏的老师孔子怎么说"好学"。

子曰:"君子食无求饱,居无求安,敏于事而慎于言,就有道而正焉,可谓好学也已。"(《论语·学而》)

"好学"之士:不太讲究"食""居",多做少说,到有道的人那里去(不断地请教),匡正自己。

孔子还说:"十室之邑,必有忠信如丘者焉,不如丘之好学也。"(《论语·公冶长》)

孔子认为自己是最"好学"者,但孔子还说,除了自己,他还认可一位"好学"者,那就是他的高徒颜回。

哀公问:"弟子孰为好学?"孔子对曰:"有颜回者好学,不迁怒,不贰过。不幸短命死矣,今也则亡,未闻好学者也。"(《论语·雍也》)

颜回死后,孔子就再没见过"好学者"。可见,子夏在孔子的心中,最多只是二流"好学"者。

好学的颜回有何特点:

一、"不迁怒,不贰过"(《论语·雍也》);

二、"其心三月不违仁"(《论语·雍也》);

三、"一箪食，一瓢饮，在陋巷，人不堪其忧，回也不改其乐"(《论语·雍也》)；

四、"吾（孔子）与回言终日，不违，如愚。退而省其私，亦足以发，回也不愚"(《论语·为政》)；

五、"愿无伐善，无施劳"(《论语·公冶长》)；

六、"用之则行，舍之则藏"(《论语·述而》)；

孔子说："好啊！我听说：'知足者，不以利禄自累；审视自得者，损失而不忧惧；内心修养者，无官位而不惭愧。'我诵读这些话已经很久了，现在才在颜回身上看到，这是我的心得啊。"(《孔子纪行》)

从以上内容可以看出，子夏之"好学"，偏重于学识；颜回之"好学"，注重于品行。

毓老师把子夏和颜回贯通起来，他说："日知其所亡，是知新，博文之教，学进，知也，不迁怒；月无忘其所能，是温故，约礼之教，德立，德也，不贰过。"(《子曰论语》)

"愚者好自用，贱者好自专。"

"明白此章，可以成为饱学之士"，毓老师接着说："学来的能不是本能，良知良能为本能。""《大易》与《春秋》真学会了，就真会用。如不能做事，就形同死灰。学问，圣之时者，得圣这个时。讲义能当宝？"(《毓老师说论语》)

沿着熊十力、毓老师的脚步，我试着继续往前走："日知其所亡"，"亡"，破了，死亡了。每日的求知是为了什么？是为了破掉自己，"勿意、勿必、勿固、勿我"。

"为学日益，为道日损。损之又损，以至于无为。无为而无不为。"(《道德经》)

"月无忘其所能","能",本能,良知,性善。前行中,不要忘记自己,不要丢失了自己的灵魂。老子说:"君子终日行不离辎重。"老子的"其所能":"我有三宝,持而保之。一曰慈,二曰俭,三曰不敢为天下先"(《道德经》);颜回"其心三月不违仁",颜回无忘其所能。

日有所破(亡),不破何以立?

月无所忘,好学者,不能忘了本。《中庸》有云:"自天子以至于庶人,壹是皆以修身为本。"

19.6 子夏曰:"博学而笃志,切问而近思,仁在其中矣。"

"博学","博",既广又厚。

"笃志","笃",诚笃也。志=士+心,心之所主。"士尚志",志在行。

"切问",皇疏谓:"切,犹急也。"急迫而又切中要害。

人为什么要有疑问?

一个人的疑问究竟是从何处生的?

真正的问题是什么?

疑问究竟能穷尽吗?

"近思","近",接近。投入其中去思考。程颐曰:"近思者以类而推。"(《四书章句集注》)

毓老师说:"切问",问也必得切问,答者才不马虎。切问近思者,

是身体力行，脚踏实地去实行一遍，所以绝不盲从……近思，知道了，要用行事加以体认。(《毓老师说论语》)

皇侃曰："切问者，亲切问于己所学而未悟之事也，不泛滥问之也；近思者，思己所未能及之事，不远思也。若泛问所未学，远思所未达，则于所学者不精，所思者不解。"(《论语义疏》)

朱熹有本书，叫《近思录》。

"博学而笃志，切问而近思"，"而"，而且。

孔子的孙子子思更进一步阐明了为学之道："博学之，审问之，慎思之，明辨之，笃行之。有弗学，学之弗能，弗措也；有弗问，问之弗知，弗措也；有弗思，思之弗得，弗措也；有弗辨，辨之弗明，弗措也；有弗行，行之弗笃，弗措也。人一能之，己百之；人十能之，己千之。果能此道矣，虽愚必明，虽柔必强。"(《中庸》)

程颐曰："学不博则不能守约，志不笃则不能力行，切问近思在己者，则仁在其中矣。"(《四书章句集注》)

博学、笃志、切问、近思；近思、切问、笃志、博学。

子夏说："仁道就在其中。"

19.7 子夏曰："百工居肆以成其事，君子学以致其道。"

"肆"，做工的工场。

"百工"，各种各样的行业，有数百个工种。

子夏说："各行各业有技艺的工匠居住于各自的制作工场以完成他

们的工作；君子通过学习，获得他们追求的大道。"

子夏把君子的学道，比作百工学艺。

子夏这句话很普通，但因为收在了《论语》里，便流传至今。

这句话，如再加一个"勤"字，就对仗了：

百工居肆以成其事

君子勤学以致其道

19.8　子夏曰："小人之过也，必文。"

"文"，文饰也。总想以文饰设法去掩盖。

子夏说："小人对于过错，一定加以掩饰。"

那么大人呢？"观过，斯知仁矣。"（《论语·里仁》）

人吃五谷长大，谁能无过？有过是客观存在，无过定是以文饰是非了。

"知之为知之，不知为不知，是知也。"（《论语·为政》）

"知不知，尚矣；不知知，病也。圣人不病，以其病病。夫唯病病，是以不病。"（《道德经》）

客观实在最重要！

实事求是最重要！

科学理性最重要！

那么高人呢？

"不迁怒，不贰过。"孔子喜爱颜回好学。不迁怒，因心中无怨；

不贰过，有过则改，同样的错误不犯两次。一个人，时刻都在成长，在改过迁善之中……

文过饰非，成为习惯，便是在自欺欺人了。

闻过则喜，乐而改之，君子也！

"君子有过，则谢以质；小人有过，则谢以文。"（《史记·孔子世家》）

"古之君子，过则改之；今之君子，过则顺之。"（《孟子·公孙丑下》）

《论语·尧曰》有云："朕躬有罪，无以万方；万方有罪，罪在朕躬。"这就是中国圣贤的担当精神，别人的罪过都归我一个人承担。

用中华文化，讲中国故事。

《周易·大过》有云："泽灭木，大过。君子以独立不惧，遁世无闷。"

无"过"，哪来的"大"？

"大过，大者过也。栋桡，本末弱也。刚过而中，巽而说行，利有攸往，乃亨。大过之时大矣哉。"（《周易·大过》）

孔子说："加我数年，五十以学《易》，可以无大过矣。"圣人都有过，何况吾辈？

莲花开在淤泥里。有时有过，恰是迁善的沃土。走过路过，不要错过。错过，便错失改过的机缘！

毓老师说："文过则小人，况盗名、盗利？"他又说："每天做完事，自己打批，有过必自骂，才能进步。别人骂不行，进德才能成业。"（《毓老师说论语》）

曾国藩写日记，记自己的功过得失。

"吾未见能见其过，而内自讼者也。"(《论语·公冶长》)

回到本真处，方知无对错。功过即是过，过改即是功。

19.9 子夏曰："君子有三变：望之俨然，即之也温，听其言也厉。"

子夏说："君子有三种变化，远望之，庄严可畏；接近他，温和可敬；听其言，严厉而催人奋发。"

子夏在此处像一个画家，描绘出一个君子的缩影，但其心目中的人物原型，一定是他的老师孔子。《论语·述而》有云："子温而厉，威而不猛，恭而安。"

朱熹注曰："俨然者，貌之庄。温者，色之和。厉者，辞之确。"(《四书章句集注》)

远望之，是形体。站有站相，坐有坐功。"君子正其衣冠，尊其瞻视，俨然人望而畏之，斯不亦威而不猛乎？"(《论语·尧曰》)

近观之，是颜容，"和为贵"。"喜怒哀乐之未发，谓之中；发而皆中节，谓之和。"(《中庸》)

正听之，是言语。句句至道而切中要害，听之令人汗流浃背，茅塞顿开。"君子终日乾乾，夕惕若，厉无咎。"(《周易·乾卦》)

皇侃引李充曰："君子敬以直内，义以方外，辞正体直，而德容自然发。"(《论语义疏》)

孔子在子贡心目中的形象："温、良、恭、俭、让。"(《论语·学而》)

孔子自言："君子不重，则不威。"（《论语·学而》）

孔子在颜回的心目中的形象："仰之弥高，钻之弥坚。瞻之在前，忽焉在后。"（《论语·子罕》）

从容自如！

不是以伪装上阵！

人，就怕装。每天照镜子，活成镜中人。

文化是最好的化妆品。

人，需要娱乐，但人不能娱乐至死。

社会，需要文化。只有真正的中华文化才能使我们这个民族在复兴的前行中得到世界的认同和尊敬。

19.10　子夏曰："君子信而后劳其民；未信，则以为厉己也。信而后谏；未信，则以为谤己也。"

"信"，是一个人的生命线。

"信"，是一个企业的生命线。

"信"，也是一个政府、一个社会的底线。

子夏说："君子要等待民众信任他了，再去役使他们。否则人们会以为你在折腾他们。必须得到信任以后才去进谏，否则君上会以为你在诽谤他。"

信任，是前提条件。

信任，也是必要条件。

人无信不立。

社会无信则崩坏。

商鞅变法,也是从南门立木开局。政府有信誉,百姓才会跟着干,任之劳之而无怨言。

看河南林州市的红旗渠,你能感知信仰力量的强大:

为有牺牲多壮志,
敢叫日月换新颜。
喜看稻菽千重浪,
遍地英雄下夕阳。

信＝亻＋言。

言是人体的延展。谨言慎行,其中有信。

在《论语·颜渊》中,子贡问政。子曰:"足食,足兵,民信之矣。"

子贡曰:"必不得已而去,于斯三者何先?"曰:"去兵。"

子贡曰:"必不得已而去,于斯二者何先?"曰:"去食。自古皆有死,民无信不立。"

在粮食、军备和民信三者之间,孔子认为民信是最重要的。

"君子信而后劳其民",上位的人要先立信。

在《论语·子路》中,子路问政。子曰:"先之劳之。"请益。曰:"无倦。"

"先之",自己率先垂范!"无倦",永远不要懈怠。

子夏的上一句,是说在位者对于下面的人,于民要取信。

子夏的下一句,是说在位者对于上面的人,于君要诚信。

19.11 子夏曰:"大德不逾闲,小德出入可也。"

"闲",范围。

孔门之学,教人修业进德。

子曰:"吾十有五而志于学,三十而立,四十而不惑,五十而知天命,六十而耳顺,七十而从心所欲,不逾矩。"(《论语·为政》)

孔子一路知行,终成大德。乃至"从心所欲",不越出规矩,不超出范围。

大德是由小德累积而成的。不积跬步,无以至千里。小德之人,在从小到大的修行过程之中,其"于规矩上失点分寸,是可以容忍的"。

子夏为什么会说这样的话?

孔学,不能高高在上;进德,不能脱离群众。

开口"之乎者也",拒普通百姓于千里之外,这也不是儒家的本意。只要心存"向善",只要欲"明明德",只要"过,则勿惮改",就是走在修成"大德"的道路上。

"大德之人从心所欲不逾矩,小德之人日月至焉而已矣。"(《子曰论语》)

朱熹认为:"大德、小德,犹言大节、小节。……言人能先立乎其大者,则小节虽或未尽合理,亦无害也。"(《四书章句集注》)

大人不拘小节?

钱穆先生说:"论人当观其大节,大节苟可取,小差自可略。"他又说:"或曰:小德出入,如孟子曰:'言不必信,行不必果,唯义所在是也。'然则所以有出入,正以成其不逾闲之大德。"(《论语新解》)

张居正曰:"子夏此言,用以观人则可,用以律己则不可也。"(《张

居正讲评〈论语〉》）

看来，子夏就是子夏！子夏的这句话，引来了后人的许多争议。甚至成为无德之人的借口。

子夏就差几步，最终还是没有攀上珠峰！

想至学问精深处，常常只差一层纸。

但功力、火候不到，就捅不破。

19.12　子游曰："子夏之门人小子，当洒扫、应对、进退，则可矣，抑末也。本之则无，如之何？"

子夏闻之，曰："噫！言游过矣！君子之道，孰先传焉？孰后倦焉？譬诸草木，区以别矣。君子之道，焉可诬也？有始有卒者，其惟圣人乎！"

孔子去世后，孔子的弟子们操办起了老师开创的事业，开堂办学。子游、子夏、曾子等都参与了招生传道。

子谓子夏曰："女为君子儒，无为小人儒。"（《论语·雍也》）

这是孔子在世的时候对子夏的告诫。

子游看不上子夏的教学，他说："子夏的学生，只能叫他们做做打扫、接待客人进退的活儿。其教学思想本末倒置，失去根本。"

子夏听说了，说："子游言过其实了。君子的学术传授，有先后顺序。依照一定的次序传授，有始有终，才是圣人之道。"

洒扫、应对、进退，昔日的"小学"。

"治国平天下"，昔日的"大学"。

无"小学"之功,焉有"大学"之识?

子游比子夏大一岁。

子游、子夏,谁说得对重要吗?

公说公有理,婆说婆有理。

因人而异。

但今天,我们从中可以看出,孔子的真精神,在这种传承中不断变质,不断走形。

19.13 子夏曰:"仕而优则学,学而优则仕。"

此句是名言,但名言常常被人误解。

一是以为这句话出自孔子,但其出自孔子的弟子子夏之口。

二是大多数人只记得后一句"学而优则仕",而不知还有前一句"仕而优则学"。

三是把"学"与"仕"紧密联系起来,影响了几千年来中国知识分子的人生道路。

回看整部《论语》,其开篇是"学而",第二篇是"为政",好像"学"后就是"仕"。

自古华山一条道?非也。

清源正本!

"行到水穷处,坐看云起时。"

我们再看孔子的个人总结:"吾十有五而志于学,三十而立,四十而不惑,五十而知天命,六十而耳顺,七十而从心所欲,不逾矩。"孔子没提自己"学"后而"仕"呀。

孔子说:"学而时习之,不亦说乎?"孔子这里没说学而仕之,不亦说乎?

在《论语·公冶长》中,"子使漆雕开仕",孔子想让他的弟子漆雕开去做官,漆雕开对曰:"吾斯之未能信",他的弟子犹豫,不想去。"子说",孔子听了很高兴。

可见,孔子并不提倡弟子们学有余力就去做官。

那么,孔子去世后,子夏开坛布道,他布的是什么道?

子夏曰:"仕而优则学,学而优则仕。"做官后,有余力便去学习;学习后,有余力便去做官。

这是孔子思想的延续,还是孔子思想的分野?

后人习惯于把孔子弟子、孔子弟子的弟子的言论,全都放在孔子的头上。所以大多数人把子夏之言错当孔子之道,这是再正常不过的事情了。

就连同时代的曾子都责备子夏:"吾与尔事夫子于洙泗之间,退而老于西河之上,使西河之民疑汝于夫子。"(《礼记·檀弓》)

山中无老虎,猴子称大王。

子夏传的是"君子儒",还是"小人儒"?

在子夏生活的时代,"仕"多是世袭的。毓老师说:"孔子反对世卿,以世代承袭做官为不合理。""讥世卿。世卿,非礼也。"(《春秋公羊传》)

"先进于礼乐,野人也;后进于礼乐,君子也。如用之,则吾从先进。"(《论语·先进》)毓老师的一个弟子提到毓老师拿这篇与子夏之说互证:"仕而优则学",袭位者。"学而优则仕",平民。孔子主张士民政

治。(《子曰论语》)

子夏不是孔子！

子夏也不是圣人！

是子夏的这句话记录在《论语》里，但"子夏曰"不是"子曰"。"仕而优则学，学而优则仕"，一说而已！

19.14 子游曰："丧致乎哀而止。"

"致"，至也。"止"，停止，不要过了。

子游说："居丧，充分表达他的悲哀也就够了。"

子游以文学见长，在诗、书、礼、乐等方面造诣很深。他在出任武城的长官时，用礼乐教育士民，境内到处有"弦歌之声"，孔子很认同他这个弟子的做法。

本篇是子游对丧礼的看法，他认为"丧，致乎哀而止。"

前些天我在网上看到美国前总统小布什在其父老布什的葬礼上的致辞视频，感觉到中西文化的差异。

在中国，婚、丧、嫁、娶，人生之大事。

朱熹注曰："致极其哀，不尚文饰也。"(《四书章句集注》)

"毁不灭性，不以死伤生。"(《礼记·丧服四制》)

毓老师说："父母没有愿意子女随其殉葬的，所以尽哀就够了，要哀不伤生。"(《毓老师说论语》)

丧时，致哀有止；生时，倍加珍惜。

在父母有生之年，尽孝永无止境！

19.15 子游曰:"吾友张也,为难能也,然而未仁。"

"张",子张也。

孔子的弟子子游说:"我的好朋友子张,难能可贵,能做到像他那样,已经是很不容易了。但是,他还没有达到仁的境界。"

仁、义、礼、智、信。

在孔子的心目中,只有颜回"其心三月不违仁",其他的学生,他只会在短时期内偶然想起一下罢了。(《论语·雍也》)其他的,也包括子张。

在《论语·公冶长》中,孟武伯问孔子,子路、冉求、公西赤"仁乎"?孔子统统回答:"不知其仁也。"

"不知道他们有没有仁德。""不知",是礼貌地回答。不是肯定,是期许。

子游大子张3岁,他对这位师弟的评价很直接:"为难能也,然而未仁。"

"未仁",就有继续努力的空间。

有"未",才有"来"!虽"未仁",但或许走在求仁的大道上……

19.16 曾子曰:"堂堂乎张也,难与并为仁矣。"

子张未仁的问题,曾子也参与讨论了。

曾子有两大贡献:一是"述孔子之意",著《大学》;二是带出了一个好学生孔伋。孔伋,字子思,孔子的孙子,著《中庸》。

孔子弟子三千，贤者七十二人，子思为什么要选曾子为师？这是今晨我问自己的一个问题。

曾子说："吾日三省吾身：为人谋而不忠乎？与朋友交而不信乎？传不习乎？"

曾子还说："可以托六尺之孤，可以寄百里之命，临大节而不可夺也。"

"堂堂"，仪表堂堂。

曾子说："堂堂乎，子张，（我们）很难和他同行于仁道。"

"参也鲁"（《论语·先进》），曾子（参）是个好人。

"道不同不相与谋。"

子曰："可与共学，未可与适道；可与适道，未可与立；可与立，未可与权。"（《论语·子罕》）

同学，不一定能共道。

并行，不一定能同仁。

"堂堂乎"，含义很广，意味无穷。郑玄曰："言子张容仪盛，而于仁道薄也。"（《论语注疏》）

《荀子·非十二子》有云："弟佗其冠，神禫其辞，禹行而舜趋，是子张氏之贱儒也。"可见，荀子没有曾子那么儒雅含蓄。

杨伯峻先生说："曾子的学问重在'正心诚意'，而子张则重在言语形貌，所以子游也批评子张'然而未仁'。"（《论语译注》）

孔子走后，其弟子门派分立。可见，选好接班人是一件非常重要的事情。可万事，可遇而不可求……

19.17　曾子曰："吾闻诸夫子：人未有自致者也，必也亲丧乎！"

曾子说："我听老师说过，人很难流露内心的真情，唯有至亲死了，真情才会流露无遗。"

孔子3岁丧父，3岁的孔子，能懂得什么？

孔子17岁丧母，17岁的孔子就没有了双亲。彼时，孔子的悲痛一定是刻骨铭心的。

"人未有自致者也，必也亲丧乎！"这是孔子的人生体验，他把这个体验告诉了他的学生。

孟子曰："亲丧，固所自尽也。""及至葬，四方来观之。颜色之戚，哭泣之哀，吊者大悦。"（《孟子·滕文公上》）

传统文化，乃从古至今传承下来的文化。

《论语》能传下去，就是因为他符合人性。

真正的人类智慧没有古今之别。

真正的有价值的知识没有中西之分。

知识不能等同文化，科学替代不了宗教，技术颠覆不了亲情，现代割舍不断传统！

离开了人性，谈任何问题都会失去根本。

"致"，尽其极！

"亲丧"，失控，"盖人之真情所不能自己"（《四书章句集注》）。

人性之纯，婴儿状态。

"天命之谓性，率性之谓道，修道之谓教。"（《中庸》）

曾子听老师说过更精彩的话："发现别人的优点，就忘记他的缺点，因此你善于与人相处；看见别人的善行，像是自己的一样，因此你不计较名利；听到善必身体力行，然后教给别人，因此你能不辞劳苦。"（《孔子纪行》）

"人未有自致者也，必也亲丧乎"，曾子正是从老师的教诲中出发，提出"慎终追远，民德归厚"。

问世间情为何物？

英雄落泪处，盘古开天时……

19.18　曾子曰："**吾闻诸夫子：孟庄子之孝也，其他可能也，其不改父之臣与父之政，是难能也。**"

曾子说："我听老师说过，孟庄子的孝，其他的别人倒还可以做到。（但他继位后）继续留任父亲的前臣，不改他父亲的善政，这是一般人难以做到的。"

孟庄子名速，是鲁大夫。其父献子贤而相鲁，父所用之臣皆为贤臣，父所行之政皆为善政。这是历史背景。

一朝天子一朝臣？

新官上任三把火？

新官不认旧账？

我们还是要辩证地看问题。

如果前任是贤臣，前政是善改，为什么要标新立异呢？这是汉惠帝的宰相曹参之问，前相萧何贤于我，他制定的政策非常正确，我继任后，为什么不墨守成规呢？我有什么理由要出新呢？

"萧规曹随"的典故，和"孟庄子之孝"如出一辙。

在《论语·学而》中，子曰："父在，观其志；父没，观其行；三年无改于父之道，可谓孝矣。"

"三年"，古人常用此数，表示很长一段时间。

可见，要做好一个父亲不容易。"父父、子子"，父亲首先要像个父亲。你无道，死后怎能让儿子"不改父之臣与父之政"呢？

读经典，不要钻进历史的死胡同，否则会误入"迷宫"，还反手骂祖宗。

看历史上的谏书，言"祖宗之法不可变"者，有几个是真正为公？

子曰："我则异于是，无可无不可。"孔子赞孟庄子之孝，不改父道，因其父贤于子；但禹改鲧道，也没听到孔子说禹不孝。

改与不改，关键是其看出发点是什么。

"孝"，不是任人点缀的大礼帽。对我有用，扔一顶"大孝"的帽子，让你戴戴；对我无用，扔一顶"不孝"的帽子，写入历史。

为政者，当以实现百姓福祉为己任。放空自己，做到无我。这样，不论是孟庄子的"不改"，还是禹的大"改"，皆是以孝行天下。

（这篇是《论语》省悟的第500篇。500天500篇，本想写个纪念篇，但下笔处又觉得不知从何写起。平淡了，一切皆真！）

> 19.19　孟氏使阳肤为士师，问于曾子。曾子曰："上失其道，民散久矣。如得其情，则哀矜而勿喜。"

阳肤是曾子的学生。

"士师"，法官。

孟氏任命阳肤做法官，阳肤（临上任前）向老师曾子请教。曾子说："现在在上位的人不依规依法行事，老百姓早就离心离德了。你假如能够审出罪犯的实情，应该同情他、可怜他，切不要沾沾自喜。"

上行下效！"上失其道，民散久矣。"孟子曰："上无礼，下无学，贼民兴，丧无日矣。"（《孟子·离娄上》）

上梁不正下梁歪！

"万方有罪，罪在朕躬……百姓有过，在予一人。"（《论语·尧曰》）上位者要有大担当。

"谨权量，审法度，修废官，四方之政行焉。兴灭国，继绝世，举逸民，天下之民归心焉。"（《论语·尧曰》）

有良知的法官，不要简单、孤立地看待一个案例。"如得其情，则哀矜而勿喜"，不要自觉聪明，要有同理之心。

现在的有些媒体没有底线，拿"儿子活埋生母"的标题赚流量，拿"父亲强奸女儿"的标题赚点击。扰乱视听，无品无德。

把这些突破人性底线的个别案例无限地放大，他们是社会公德的维护者，还是人类文明的破坏者？

慎用你的影响力。

曾子提醒自己的学生："如得其情，则哀矜而勿喜！"哀其不幸，违法犯罪，切勿以为自己明察秋毫而自鸣得意！

语重心长！

毓老师说："做法官的大原则：无讼比听讼重要。""儒家虽谈德治，不尚法治，但尚书的刑期无刑，孔子的'必也使无讼乎'（《论语·颜渊》），以及曾子在此章所说的'哀矜而勿喜'，可说是用法的终极目标。"（《子曰论语》）

19.20 子贡曰:"纣之不善,不如是之甚也。是以君子恶居下流,天下之恶皆归焉。"

纣,是殷商的最后一个君王,为周武王讨伐,自焚而死。

子贡同学说了大实话,他要为商纣王讨个公道。

子贡说:"纣的不善,并不像后世说得那么过分。"

但后世为什么会给他加上那么多的恶名呢?"下流之人,众毁所归。"

墙倒众人推。

不说纣恶,显不出自己是"正人君子"。在这一点上,古人和当代人并没有多大的差别。

所以,自古以来,实事求是都是一件非常难的事情。

客观、理性地评价一个人的功过,也不是一件容易的事情。

好则"好"上天,像神。

坏则"坏"到底,魔鬼。

"下流",如居民区的下水道,什么脏东西都要往下冲。

子贡说:"君子憎恨居于下流之处,天下的坏名声都会集中在他的身上。"

地形卑下之处,污水汇集于此!

孔安国曰:"纣为不善,以丧天下,后世憎甚之,皆以天下之恶归之于纣也。"(《论语义疏》)

蒋伯潜先生说:"近人顾颉刚,曾作纣七十罪恶一篇文章。他从各种古书上,搜集说纣王罪恶的言语,共有七十件大罪。但他所述最古老的书,说纣王的,不过几句平常罪恶的事情。"(《新刊广解四书读本》)

历史,或越描越黑,或越描越红。

"天下之美，归之舜、禹、周、孔；天下之恶，归之桀、纣。"(《列子·杨朱》)

"王遂得道，举家升天，畜产皆仙，犬吠于天上，鸡鸣于云中。"(《论衡·道虚》)一人得道，鸡犬升天。

"一人坏，则其前后左右皆坏。"(《毓老师说论语》)

下流处，有嘴难辩。

上风口，猪能飞起！

19.21 子贡曰："君子之过也，如日月之食焉：过也，人皆见之；更也，人皆仰之。"

"日月之食"，日食，月食。又叫日蚀，月蚀。

日食是一种自然现象。当月球运动到太阳和地球中间，如果三者正好处在一条直线上时，月球会挡住太阳射向地球之光，月球身后的黑影正好落在地球上，这时就会发生日食现象。

子贡注意到了这一天象，恰似"君子之过"。

子贡说："君子的过失就如日食月食：错误时，每个人都看得见；改过之后，人们仍旧景仰他。"

子贡这句话说得特别有味道！

在《论语·述而》中，子曰："丘也幸，苟有过，人必知之。"孔子觉得自己很幸运，幸运的是自己如果一有过错，人们就会马上知道。知道之后马上给他指出来。"过也，人皆见之。"孔子"闻过则喜"，有过则改。

君子坦荡荡，"过，则勿惮改"。

孔子还曰："二三子以我为隐乎？吾无隐乎尔。吾无行而不与二三子者，是丘也。"（《论语·述而》）孔子之隐如日食之影，孔子的一言一行，都在光天化日之下，没有一点不向弟子们公开的。

我们创办的中广宽带有限公司坚持"透明到底"的价值理念，就是受子贡这句话的启发。

孔子的另一个学生子夏，他说："小人之过也必文。"（《论语·子张》）"文"，文饰，掩饰。不敢正视自己的过失，千方百计掩饰而错失改过迁善的机会。

过犹不及，不是恰好，不是正中。

日月朗照，心如沃土，知音就是亘古而来的一粒善良的种子……

斗转星移，欲"明明德"，改过就是千里之行的一个坚实的脚印……

"过也，人皆见之；更也，人皆仰之。"

人从雁下走过，桥在水上搭起。

脚步匆匆，是因为任重道远。

君子之德，众人信仰。

19.22　卫公孙朝问于子贡曰："仲尼焉学？"子贡曰："文武之道未坠于地，在人。贤者识其大者，不贤者识其小者。莫不有文、武之道焉。夫子焉不学？而亦何常师之有？"

卫国的大夫公孙朝向子贡问了一个非常有意思的问题："仲尼焉学？"

孔子之学是什么?

孔子又是向谁学习的?

孔子3岁丧父,17岁丧母,也没听说他上过哪个官学,跟的哪个老师。那么究竟是什么成就了伟大的孔子,使其学成为中华文化之集大成呢?

这是一个多么重要的问题!

子贡开口便定性:"文武之道,未坠于地,在人。"

读熊十力先生的书,他常标注"此是吃紧处"。子贡之语,切不可轻易过放。

我们先抛开"文武",且说:"道未坠于地,在人。"

道在哪里?

东郭子也问过庄子这个问题:"所谓道,恶乎在?"

庄子曰:"无所不在。"

东郭子曰:"期而后可。"

庄子曰:"在蝼蚁。"

曰:"何其下邪?"

曰:"在稊稗。"

曰:"何其愈下邪?"

曰:"在瓦甓。"

曰:"何其愈甚邪?"

曰:"在屎溺。"

东郭子不应。

打破砂锅问到底。"东郭子不应",是懂了,还是更懵?

子贡没像庄子这样,他说道在蝼蚁、稊稗、瓦甓,乃至屎溺之中。

子贡说:"道未堕于地,在人。"

"人能弘道,非道弘人"。

孔子也自认为是弘道者,他说自己是"述而不作,信而好古"(《论语·述而》)。他在匡地受困,被人拘禁,曰:"文王既没,文不在兹乎?天之将丧斯文也,后死者不得与于斯文也;天之未丧斯文也,匡人其如予何?"(《论语·子罕》)

好了,我们以上解决了"道未坠于地,在人"的问题。

接下来看"文武之道"。

毓老师说:"此'武'乃是后人加上的,武王乃'大盗盗国'第一人。"此言是"吃紧处",闻之令人石破天惊。他接着说:"'文之道未坠于地,在人''莫不有文之道',人人皆可以为尧舜,人人皆可以为文王,文没在兹。此文王,并非指周文王,乃是《春秋》的'王正月',是'文德之王','法其生,不法其死',活文王,讲'大一统'。可见是先有'文德之王'的观念,周朝才将其先祖称为'文王'。"(《毓老师说论语》)

"文王",不是周文王。

"文王",是《春秋》之王,是"王之道"。

孔子自己也说:"文王既没,文不在兹乎?"

孔子没说:文王武王既没,文武之道在兹乎?

此处是分水岭!"贤者识其大者,不贤者识其小者。"

看山是山,看山不是山,看山还是山。

"夫子焉不学?而亦何常师之有?"孔子无所不学,他哪有一个固定的老师?

圣人无常师。

"三人行,必有我师焉。"

子曰:"我非生而知之者,好古,敏以求之者也。"子又曰:"其为人也,发愤忘食,乐以忘忧,不知老之将至云尔。"(《论语·述而》)

孔子志在大道,自师己性,无所不学,无时不得。子曰:"学而时习之,不亦乐乎?"这是孔子的人生感悟,也是圣人的学涯写实。

子贡可是一个大富翁呀,子贡"结驷连骑,束帛之币以聘享诸侯,所至,国君无不分庭与之抗礼"(《史记·货殖列传》)。子贡在司马迁的笔下,列于范蠡之后。

一个大富翁,短短几言,就能道出孔子之学、文王之道,可见子贡不仅有钱,更有远识、文化!

孔子死后,其他弟子守孝三年,独子贡守墓六年!六年中,子贡天天在想什么?

反思我们自己,究竟有啥能拿得出手的本领?

19.23 叔孙武叔语大夫于朝,曰:"子贡贤于仲尼。"子服景伯以告子贡。

子贡曰:"譬之宫墙,赐之墙也及肩,窥见室家之好。夫子之墙数仞,不得其门而入,不见宗庙之美、百官之富。得其门者或寡矣。夫子之云,不亦宜乎!"

给台阶就上,给板凳就坐。现在"大师"满天飞,皆因自不量力。

叔孙武叔,鲁国大夫。他要给子贡戴一顶大高帽子,说子贡比孔子更贤。青出于蓝胜于蓝了。

"于朝",在朝廷上。有点官方的味道。

"宫",古代的住房皆叫宫。"宫墙",宫外的围墙。

叔孙武叔之流,既没入孔门,又没入孔室,孔学之大,他连路径都没摸着,但"无知者无畏"。

和外行人说话,子贡举了个例子:"譬之宫墙。"

我子贡家的围墙只有肩膀那么高,你在墙外就能望见房屋的美好。但我老师的围墙却有数丈之高,"不得其门而入,不见宗庙之美、百宫之富"。如同看故宫,你只是站在红墙外,怎知宫内的丰富和精美?

"得其门者或寡矣",能够找到大门的少之又少!

叔孙武叔之言,还值得提吗?

司马迁曰:"七十子之徒,赐最为饶益。原宪不厌糟糠,匿于穷巷。子贡结驷连骑,束帛之币以聘享诸侯,所至,国君无不分庭与之抗礼。夫使孔子名布扬于天下者,子贡先后之也。此所谓得执而益彰者乎?"(《史记·货殖列传》)

孔子去世后,其名声才逐渐大振,一浪高过一浪。后代的皇帝们也加盟进来,纷纷加封孔圣人,好像不祭祀孔子,不加封孔子,就显得自己没有文化。

在越来越多的封号下,人们越来越找不到孔子的真精神了。

提起自己的老师,颜回也喟然长叹曰:"仰之弥高,钻之弥坚。瞻之在前,忽焉在后。夫子循循然善诱人,博我以文,约我以礼,欲罢不能。既竭吾才,如有所立卓尔。虽欲从之,末由也已。"(《论语·子罕》)

子贡、有若等都是孔子的弟子,"皆言夫子生民未有"(《论语正义》)。

子贡在下一篇又云:"仲尼,日月也,无得而逾焉。"(《论语·子张》)

《论语》乃孔子之学的结论之语。它是孔子宫殿的入室之门,它就是打开孔子世界的一把钥匙。

且学且珍惜!

我们从《论语》入手,走进《大学》,走进《中庸》,走进《周易》,走进《春秋》,慢慢地领教其"宗庙之美,百宫之富"吧。

路漫漫其修远兮……

19.24 叔孙武叔毁仲尼。子贡曰:"无以为也,仲尼不可毁也。他人之贤者,丘陵也,犹可逾也;仲尼,日月也,无得而逾焉。人虽欲自绝,其何伤于日月乎?多见其不知量也!"

叔孙武叔,这位鲁大夫第二次在《论语》中出现,也可谓"名见经传"了。

出名,真就那么好吗?

前一篇,他在朝廷上散布不当言论,他说"子贡贤于仲尼"。

这一篇,他干脆当面毁谤孔子。

孔子死后,也真是不得安宁。吹捧者把他捧上天,贬损者把他贬到底。

叔孙武叔,可以说是"反孔"急先锋的祖师爷。

"无以为也,仲尼不可毁也。"子贡劝说他,你不要做无用功,我的老师是毁谤不了的,也是不可毁谤的。

子贡的话说得很平和:"你不要自不量力。"历史上有多少像叔孙武叔这样的跳梁小丑,梦想打倒"孔家店",子贡曰:"多见其不知量也。"

为何？

"他人之贤者，丘陵也，犹可逾也；仲尼，日月也，无得而逾焉。"

"贤者识其大者，不贤者识其小者。"（《论语·子张》）

子贡告诉叔孙武叔："别人的贤能，好比丘陵，还可以超越过去；而我的老师仲尼，简直就是太阳，就是月亮，（你们是）不可能超越的。"

子贡，何许人焉？他不仅是儒商鼻祖，富可敌国，更有超常的外交能力。据《史记·仲尼弟子列传》记载："子贡益处，存鲁，乱齐，破吴，强晋，而霸越。子贡一使，使势相破，十年之中，五国各有变。"

子贡靠一张嘴，攻破诸个诸侯国，"谈笑间，樯橹灰飞烟灭"。我子贡与"夫子之墙数仞"相比，"踢之墙及肩"。您叔孙武叔，又有何德何能？"多见其不知自量也！"

满大街有多少不自量力者？

知人难！知己更难！

"懂使命、知不足、用能人、真干事"是我们中广宽带有限公司的价值观。

大地无私载，日月无私照。仲尼一生，天下为公。

"人虽欲自绝，其何伤于日月乎？"你欲自绝于光明，那对太阳、月亮有什么损害呢？

"毋意、毋必、毋固、毋我。"

人，切不可"自绝"：

自绝于学习；

自绝于反省；

自绝于善良；

自绝于公德；

自绝于高尚；

自绝于谦卑；

自绝于道义；

自绝于经典；

自绝于进步！

"自绝"者，等同于自杀者！

活着的是躯体，死掉的是灵魂！

著名作家罗曼·罗兰说："很多人在20岁、30岁就死了。一过这个年龄，他们只不过变成了自己的影子。此后的余生不过在模仿自己中度过，日复一日，更机械、更装腔作势地重复他们有生之年的所作所为、所思所想、所爱所恨。"

一切皆因"欲自绝"！

"多见其不知自量也！"

19.25　陈子禽谓子贡曰："子为恭也，仲尼岂贤于子乎？"

子贡曰："君子一言以为知，一言以为不知，言不可不慎也。夫子之不可及也，犹天之不可阶而升也。夫子之得邦家者，所谓立之斯立，道之斯行，绥之斯来，动之斯和。其生也荣，其死也哀。如之何其可及也！"

维护老师的权威，这是出现子贡的第三篇。

子贡深受孔子的教诲，他在政商两界都非常成功。孔子去世后，吹捧子贡的人自然就很多了。

"吹捧者"自古以来都是这副德性。

"被吹捧者"是否能永远保持子贡的那份清醒？

有陈子禽者，干脆吹捧子贡，"子为恭也"，您是谦恭过度，您的老师孔子怎能比您贤呢？

有钱，有位，还有才，子贡怎么经得起叔孙武叔、陈子禽等人的轮流轰炸？

人，贵在有自知之明！

"君子一言以为知，一言以为不知，言不可不慎也。"子贡教导陈子禽要慎言。

在高手面前，你一出口，别人就知你"有知"还是"无知"。太极拳，一搭手就知你功夫深浅。

黔之驴，不叫不踢，老虎真不知它的技能高低。

这就是子贡的语言能力。子贡能靠一张嘴，保全鲁国、扰乱齐国、破除吴国，使晋国强大，使越国称霸。司马迁曰："子贡一使，使势相破，十年之中，五国各有变。"子贡深知言语的功力。（《史记·仲尼弟子列传》）

孔子三千弟子，孔子曰："'受业身通者七十有七人'，皆异能之士也。"（《史记·仲尼弟子列传》）而子贡，只是其中之一而已。

孔子伟大还是不伟大，真不是陈子禽之流可以讨论的。"一言以为不知"。

子贡曾自谓："事孔子一年，自谓过孔子；事孔子两年，二年自谓与孔子同；三年，自知不及孔子。"（《论衡·讲瑞》）子贡追随老师数年，自己和老师的差距，他心知肚明。孔子去世后，子贡和他的其他弟子们一起为仲尼守丧三年，之后，子贡又在老师墓旁搭一茅屋，再守孝三年。

"夫子之不可及也，犹天之不可阶而升也。"孔子，你不可能赶得上，犹如青天，不可以靠台阶爬上去。

写到此处，感觉子贡的这三篇，可以并为一篇。"夫子之墙数仞"，"仲尼，日月也"，夫子"犹天之不可阶而升也"。

据《史记》记载，子贡"常相鲁卫，家累千金，卒终于齐"。

我推断，陈子禽之言一定是在子贡做鲁国或卫国之相时说的。否则，子贡不会突兀地说出下一段关于从政的主题："夫子之得邦家者，所谓立之斯立，道之斯行，绥之斯来，动之斯和。"如果我的老师能够得国而为诸侯，或得采邑而为卿大夫，那正如我们所说的，百姓自立于社会，就能立足于社会；一引导百姓，百姓自会沿大道前行；一安抚百姓，百姓自会从远方成群归来；一动员百姓，百姓自会同心协力。总之，一句话，孔子在政治上胜我子贡百倍。可惜，我的老师没有从政的机会。

孔子自己也说："苟有用我者，期月而已可也，三年有成。"(《论语·子路》)

"其生也荣，其死也哀!"

他老人家活着时荣耀天下，死时万民哀恸!

这句现代常用的追思之词，来自两千多年前的子贡。

这一篇结尾句："如之何其可及也?"这怎么能赶得上?

上一篇结尾句："多见其不知量也。"(诋毁仲尼的人)只能说他的自不量力罢了。

上上篇结尾句:"夫子之云,不亦宜乎!"(叔孙武叔之流)说出那样的话,不也是很自然的吗?

再引一遍:"贤者识其大者,不贤者识其小者。"(《论语·子张》)

叔孙武叔、陈子禽之流评价孔子,他们只看到仲尼弟子之"贤",并没亲眼看见其师的"贤上之贤"。

历史上诋毁孔子者,多数连孔子的原文都没读懂,甚至没读过、没读全,就想"指点江山",无耻评判,"一言以为不知"。

太史公曰:"《诗》有之:'高山仰止,景行行止。'虽不能至,然心向往之。余读孔氏书,想见其为人。适鲁,观仲尼庙堂车服礼器,诸生以时习礼其家,余祇回留之不能去云。天下君王至于贤人众矣,当时则荣,没则已焉。孔子布衣,传十余世,学者宗之。自天子王侯,中国言六艺者折中于夫子,可谓至圣矣!"

天不生仲尼,万古如长夜!

尧曰第二十

20.1 尧曰:"咨!尔舜!天之历数在尔躬,允执其中。四海困穷,天禄永终。"

舜亦以命禹。

曰:"予小子履,敢用玄牡,敢昭告于皇皇后帝:有罪不敢赦。帝臣不蔽,简在帝心。朕躬有罪,无以万方;万方有罪,罪在朕躬。"

周有大赉,善人是富。"虽有周亲,不如仁人。百姓有过,在予一人。"

谨权量,审法度,修废官,四方之政行焉。兴灭国,继绝世,举逸民,天下之民归心焉。

所重:民、食、丧、祭。

宽则得众,信则民任焉,敏则有功,公则说。

此篇很独特!它不是"子曰",也不是孔子的弟子们曰。

此篇也没有涉及孔子和其弟子们的任何事情。

那么,《论语》为什么要把这一篇选编进来呢?

这是一个很重要的问题。

"按本章凡五节:一记尧禅舜时语;二记舜禅禹亦以尧语告禹;三记汤告天语;四记周武王事;第五节,皇疏以为明二帝三王所修相同之政。"(《新刊广解四书读本》)

子思说他爷爷:"仲尼祖述尧舜,宪章文武。"(《中庸》)"孟子道性善,言必称尧舜。"(《孟子·滕文公上》)

孔子"述而不作","述"什么?

孔子"敏而好古","好"什么"古"?

尧舜缔造了华夏,尧舜之道是中华文化之根。

一、尧传舜的心法。

"咨",语气词。朱熹说:"嗟叹声。"

尧(让位给舜的时候)说:"咨!舜,天时之命已经落在你的身上。要时刻反省躬行,要忠诚地持守中道。假如天下百姓陷于困苦贫穷,你的禄位也就永远终结了。"

"允执其中","允"乃信、诚之意。"中"指中道,没有过,也没有不及,正中。

"舜执其两端,用其中于民。"(《中庸》)

"四海困穷,天禄永终。"帝位的天职是什么?民为本!

"大道之行也,天下为公。"

二、舜传禹的心法。

"舜亦以命禹",舜让位于禹时,把尧的这些话告诫了禹。

"人心惟危,道心惟微,惟精惟一,允执厥中。"(《古文尚书·大禹谟》)

毓老师说:"有了'精一'的功夫了,就能够'允执厥中'。'精',无掺杂;'一',纯一,纯而不杂。杂就多,如人之意念多。'惟精惟一,允执厥中',完全操之在己。经过'刚、健、中、正、纯、粹'以后,得到了'精'。'刚',无欲;'健',行健,持之以恒。不到此境界,如何能'执中'?"(《毓老师说论语》)

"至禹而德衰",从大禹开始,帝位传子。大禹,是"家天下"的始作俑者。

"舜亦以命禹",禹呢?没提!

三、(商)汤的告天之辞。

(汤)说,在下履,我谨献上黑色牡牛来祭祀,昭告光明而伟大的天帝:"对于有罪的人,我不敢擅自赦免;您的所作所为,我也不敢隐瞒。这些在您心中一目了然。我本人假使有罪,就不要牵连天下的百姓。天下的万方百姓有罪,都由我一人承担。"

看看(商)汤的担当精神!

"行一不义,杀一不辜而得天下,皆不为也。"(《孟子·公孙丑上》)

四、记周武王事。

"周有大赉,善人是富。'虽有周亲,不如仁人。百姓有过,在予一人。'"

周朝大封诸侯,使善人都富贵起来。我(周武王)虽然有至亲,却不如有仁德之人。百姓如果有罪过,应该由我一人来承担。

刘宝楠引宋翔凤的话:"虽有周亲,不如仁人。百姓有过,在予一人。"(《论语正义》)这是周武王封诸侯之辞。

"秉大至之要道,行礼运之至德。胜残去杀,天下归仁。"

毓老师说:"周之祷辞:我的罪孽,教导无方,百姓才有过。"(《毓老师说论语》)

在任何时代,担当永远是上位者最优秀的品质。

五、二帝三王所修相同之政。

"二帝",尧、舜。

"三王",禹、汤、周武王。

"帝",天下为公。禅让,选贤与能。

"王",家天下。帝位传子,血缘第一。

"相同之政",貌似相同,其实有天壤之别!

"谨权量,审法度,修废官,四方之政行焉。兴灭国,继绝世,举逸民,天下之民归心焉。"

检验并审定度量衡,修改并制定法规制度,修补已废弃的官僚机构,使全国的政令得以畅通。恢复被灭亡的国家,接续已断绝的后代,提拔被遗落的人才,这样天下的百姓都会对他心悦诚服了。

"所重:民、食、丧、祭。"

所重视的:人民、粮食、丧礼、祭祀。

"宽则得众,信则民任焉,敏则有功,公则说。"宽厚就会得到群众的支持,拥有德性便能得到人民的信任,勤劳敏捷就会创造功绩,公平、公正就会使百姓高兴。

这是中国最古老的、最朴素的执政纲领。

这个观念在尧舜禹汤周时代就已如此成熟了。所以,有人说,中国的文化,是一种早熟的文化。

20.2 子张问于孔子曰:"何如斯可以从政矣?"

子曰:"尊五美,屏四恶,斯可以从政矣。"

子张曰:"何谓五美?"

子曰:"君子惠而不费,劳而不怨,欲而不贪,泰而不骄,威而不猛。"

子张曰:"何谓惠而不费?"

子曰:"因民之所利而利之,斯不亦惠而不费乎?

择可劳而劳之，又谁怨？欲仁而得仁，又焉贪？君子无众寡，无小大，无敢慢，斯不亦泰而不骄乎！君子正其衣冠，尊其瞻视，俨然人望而畏之，斯不亦威而不猛乎！"

子张曰："何谓四恶？"

子曰："不教而杀谓之虐；不戒视成谓之暴；慢令致期谓之贼；犹之与人也，出纳之吝，谓之有司。"

在《论语》中，子张问了孔子最后一个问题。子张的问题是："怎样可以从事公共事务，即何以'从政'？"

小孔子48岁的子张，他有个好习惯，他常常把老师的教诲写在自己的腰带上，"默而识之""学而时习之"。

"尊五美，屏四恶，斯可以从政矣。"

"尊"，尊重。"屏"，摒弃。

看孔子的概括力："尊重五种美德，摒弃四种恶习。"

第一"美"，"惠而不费"。给人民实惠但又不浪费。

"因民之所利而利之。"

"民之所利"，乃老百姓真正的利益，老百姓真正想要的。

什么是真正的惠民工程？

河南的红旗渠，今日还灌溉良田数十万亩。

四川都江堰是李冰父子永远的丰碑！

第二"美"，"劳而无怨"。勤奋地、默默无闻地付出劳动，却没有半点怨言。

何以如此？

"择可劳而劳之,又谁怨?"

选择你最感兴趣的工作,全身投入,你能怨谁?

"从政",就是从事公共事务。

"从政",就是为人民服务。

你是不是真正地对"从政"感兴趣?

在官场有怨言的人,不是真正喜欢为人民服务,而是要通过"从政"获取自己想要的另外的利益。于是心中便有了不甘,便步入歧途。

第三"美","欲而不贪"。欲仁欲义,追求仁德而不贪图名利。

为何如此?

"欲仁而得仁,又焉贪?"

"从政"是为了实践自己的仁德,还是为了满足个人的私欲?

如果是真心为老百姓做事,个人又有何得失?

"先天下之忧而忧",是愿天下无忧。

"后天下之乐而乐",是少私人之欲。

鱼和熊掌都想兼得,必贪!

第四"美","泰而不骄"。庄重而不傲慢。

商人,"富而不骄"。

官员,"泰而不骄"。

为何如此?

"君子无众寡,无小大,无敢慢,斯不亦泰而不骄乎?"

一视同仁,心无差别,"心无挂碍"。

大医精诚,病人无老幼贫富之分。

君子坦荡荡!公私分明!

一"骄"害死人!

第五"美","威而不猛",威严而不凶猛。

为何如此?

"君子正其衣冠,尊其瞻视,俨然人望而畏之,斯不亦威而不猛乎?"

心正则容颜正。

身正则衣冠正。

处事公正,公开透明,就有"俨然人望而畏之"。但这是"威",而不是"猛"。

是心生威严,不是狗仗权势!

以上是"五美"。

下面是"四恶":虐、暴、贼、司。

第一"恶","不教而杀,谓之虐"。没有进行早期的教导,他犯事了,就要杀他,这是一种虐待。

社会有良好的教育,百姓才有优秀的教养。

第二"恶","不戒视成,谓之暴"。不看原因只苛求成功叫暴。

"王者受命,不追治前事。"(《春秋公羊传·隐公元年》)

"不经百姓时间准备,就要看到收成,这是'暴民'。"(《子曰论语》)

第三"恶","慢令致期,谓之贼"。开始怠慢,至中途突然限期叫贼。

朱熹注曰:"缓于前而急于后,以误其民,而必刑之,是贼之害也。"(《四书章句集注》)

第四"恶","犹之与人也,出纳之吝,谓之有司"。同是给人派财物,出手吝啬,叫小家子气。

吃、拿、卡、要。

不卡,好像不显示其手中有权。

"小公务员把持权命,有权柄就折磨人,不是好人。"(《毓老师说论语》)

这是孔子在两千五百年前的"从政"良言。拿到现代社会,有多少变了,又有多少没变?

智慧能分古今?

20.3　子曰:"不知命,无以为君子也。不知礼,无以立也。不知言,无以知人也。"

《论语》最后一篇,孔子希望我们能"知命""知礼""知言",通过知行合一,成为一个顶天立地、知人尽己的君子。

这是孔子对于中国人的期望。知之行之,人人可以成尧舜!尽己之性,尽人之性,尽物之性。

孔子说:"不懂得命运,没有可能成为君子;不懂得礼,没有可能立足于社会;不能通达言语,就对别人不可能有真正的了解和认识。"

"不知命,无以为君子也。"

孔子"五十知天命"。

"听天命,尽人性",不尽,岂能对得住这一生?

"知命",便是有志。有志不在年高,无志空活百岁。

"不知礼,无以立也。"

"礼",理也,履也。

天有天道,物有物理,人有人情,世有世俗,家有家风。

孔鲤趋而过庭，孔子问他："学礼没有？"儿子孔鲤："没有。"孔子说："不学礼，无以立。"孔鲤退而学礼。(《论语·季氏》)

"不学礼，无以立"，这也是孔子的庭训。

毓老师说："'立于礼'，要将事治理得有伦有序，大而天下，小而自身，皆秩序井然，一切按部就班，有条不紊。做事，必要有层次。经世，有条不紊了，才算'立于礼'。"(《毓老师说论语》)

"知命"，知天道。"在天曰命，在人曰性。"《中庸》有云："天命之谓性，率性之谓道，修道之谓教。"

"知礼"，经世。顺从天命，经世致用。

"不知言，无以知人也。"

"知言"，知古圣先贤之言。

孔子曰："君子有三畏：畏天命，畏大人，畏圣人之言。小人不知天命而不畏也，狎大人，侮圣人之言。"(《论语·季氏》)

"畏"，敬畏也。

言传身教，继往开来。

知圣人之言，心中便有个准绳。

《周易·系辞下》有云："将叛者其辞惭，中心疑者其辞枝，吉人之辞寡，躁人之辞多。诬善之人其辞游，失其守者，其辞屈。"其意是：将要背叛的人说话羞惭，心中疑惑的人说话支离。吉祥的人说话少，浮躁的人说话多。诬陷好人的人说话游移，失去操守的人说话卑屈。(《傅佩荣译解易经》)"故听人言语的得失，可以知人的邪正；不知言，就不知人。"(《新刊广解四书读书》)

程颐曰："知命者，知有命而信之也。人不知命，则见害必避，见利必趋，何以为君子？"朱熹曰："不知礼，则耳目无所加，手足无所

措。言之得失,可以知人之邪正。"(《四书章句集注》)

《论语》的开篇,子曰:"学而时习之,不亦说乎?有朋自远方来,不亦乐乎?人不知而不愠,不亦君子乎?"

首尾呼应。

《每日省悟——〈论语〉大家学》,出自我和我的老同学的约定。我们相约一起学《论语》,我负责写导读。510天,510篇,我每天凌晨四五点起床,读《论语》、悟《论语》,和大家一起学《论语》。与孔子精神,日日相见……

就是利用这些挤出来的"业余时间",我们一起走到了今日。510天,四十多万字。"子在川上曰:逝者如斯夫!"我们似乎隐隐地感知到了"命",感知到了"礼",感知到了"言"……

《周易》最后一卦,未济卦。其卦六五爻辞:"贞吉无悔。君子之光,有孚,吉。"

正固吉祥,没有懊恼。君子的光明在照耀,有诚信、吉祥。

这一爻辞,正好概括了我们过去510天的快乐学习、快乐生活。毓老师说:"迷时师度,悟时自度。"

把它当作我们的结语吧。

"知命""知礼""知言",让我们沐浴着"君子之光",在知行合一的大道上,砥砺前行吧!

我想起了仓央嘉措的一首诗《见与不见》:

你见,或者不见我

我就在那里

不悲　不喜

你念，或者不念我
情就在那里
不来　不去

你爱，或者不爱我
爱就在那里
不增　不减

你跟，或者不跟我
我的手就在你的手里
不舍　不弃

来我怀里，或者让我住进你心里
默然相爱
寂静　欢喜

  毓老师说，《论语》为无尽藏，乃一部谈政之书，讲修身之道，系为政之本。修身为本，"本立而道生""立身行道"，有条不紊，使大家皆受其福。
  读《论语》，"知命"。
  读《论语》，"知礼"。
  读《论语》，"知言"……

跋

跋一

向永刚学长学习

因为尊敬的陈明哲老师，我有幸认识了问永刚学长，第一印象是他满面红光、印堂发亮、气宇轩昂，话语不争锋，但是言语藏机锋；我很想问永刚学长是否练气功，但感觉比较冒昧，话到嘴边停住了。他说他每天一早就起来读国学，特别是读毓老师的国学著作，读到兴致之处，对东南遥拜，抑或常和圣贤有感应而泪流满面；他说自从这么研读后，每天都精力充沛，激情洋溢。我想这就对了，读书好比练气功啊！

后来更有幸的是问永刚学长开始精读《论语》，号召我参与学习。他每天以"一指禅"的方式写下感悟，出差路上也不中断。看着这个《每日省悟——〈论语〉大家学》，总计有500多篇。这种毅力我自叹不如，我辈谓为天人啊！所以我极力鼓动其出书，好让我们"学而时习之"，果然最近听永刚学长说要出版了，真是大好事啊！

传承至今,《论语》对于中国人来说,像是先天的基因。其已经演变成各种成语、歇后语、故事,嵌入我们的生命中,潜伏在我们的各种思维和动作中。因此读《论语》,从各个角度读都会有收获。陈明哲老师说企业家是社会的"士",而"士不可以不弘毅,任重而道远",所以永刚学长的跨界就不可避免地发生了!永刚学长创办了中广宽带公司,做了中广宽带网络有限公司的董事长。学长带领的是一个高科技创业团队,进入的是一个全新的领域,致力于打造未来前景远大的5G应用平台。任何企业在开创阶段一定是非常艰难的!但是我想既然半部《论语》可以治天下,精读《论语》而且深谙其道的永刚学长一定会气定神闲地治理好企业。

　　陈明哲老师说我们都是历史长河中的一棒,孔子也说了"逝者如斯夫,不舍昼夜"。《论语》中蕴藏着非常深刻的管理理念,永刚学长给我们做了非常好的表率,学习优秀国学经典,"修身、齐家、治理好企业"。再一次向永刚学长致敬,向永刚学长学习!

天命/甲子/知止学习小组　林长青
北京热景生物技术股份有限公司董事长

跋二

做一颗铺路石

在永刚学长论道之语的陪伴中，我们又度过了500多个日日夜夜，收获颇丰。这是我第三次在微信群中学习《论语》。前两次也是，每天跟随孙中兴老师在微信中一篇篇学过来。与《论语》结缘，当然要感恩明哲老师。在2012年明哲老师动态竞争课程结束时，他赠送了我和另外几位同学许仁图老师的《子曰论语》。后来，有幸听颜铨颖老师面授过几次《论语》，又结缘中兴老师，与邵红老师等众多学友一起跟随中兴老师学习，我们经常在微信中讨教。再后来，《毓老师说论语》出版，我每天恭诵。期间断断续续也给小帅讲《论语》，前前后后这些年，其实已经算不清读过多少遍《论语》了，但每一次都有不一样的收获。

8岁读《论语》，80岁照样读《论语》。前一段时间，给孩子们准备讲《论语》的资料，拟了个副标题：7～10岁版。因为家里两个孩子,小帅10岁多,小亮快5岁了。不想,小亮调皮,在电脑键盘上一通折腾,改成了5～90岁版。我不禁莞尔,虽是童言,却也暗合大道。

其实,每个人都有属于自己的一部《论语》。虽然,并不是所有人都通读过每一篇、每一章,但《论语》所代表的华夏思想,却融汇在世代中国人的血肉中。特别钦佩永刚学长,不仅博采众长,还成一家之言,针砭时弊,直指人心!毓老师常讲,书读了,不能用,就等于没读。永刚学长最难能可贵的,不仅是读《论语》,写感想认识,而且他不断提升自己、影响周围的人,真的把书读活了,让书中的力量澎湃地迸发了出来!六祖惠能初见五祖弘忍时,曾直言,人虽有南北,佛性本无南北。佛性不分南北,智慧亦无古今。以古人的智慧,启发我们自己的智慧,这就是经典的力量吧!

毓老师曾说:"熊十力跑第一棒,我接着跑第二棒,你们应接着跑下去。"(《毓老师说易经》)永刚学长在序言中也说道:"我的初衷就是想做一只筏子,渡有缘人过河。大家过河去了,大可就把这只筏子扔掉。"几年前我与几位学友交流,大家慨叹,我们没有毓老师、明哲老师那般的华夏智慧童子功,这一棒,我们是否接得住,也许发扬光大要寄希望于下一代了。记得当时我说,那我们就踏踏实实做好铺路石吧。不曾想,几年光景,永刚学长的"筏子"都扎好了!渡己渡人,此岸彼岸,本是一念之间。《庄子·养生主》有言:"指穷于为薪,火传也,不知其尽也。"我们身处百年未有之大变局中,在科技日新月异的同时,贫富、文化、国家间的割裂却愈甚,大同之日似乎遥遥。但薪尽火传,让华夏智慧之火生生不息，为往圣续绝学，远近大小若一，以美利利天下，哪怕是做一颗铺路石，我们亦责无旁贷！

天命/甲子/知止学习小组　刘刚
中国建筑设计研究院有限公司研究员

跋三

今天我们如何读《论语》

最近一年多来，永刚学友每天凌晨以"禅定"状态精读《论语》，用"一指禅"在手机屏幕上写下"每日省悟"，还把这些"省悟"贯通到日常工作和生活中。我们身边有这么一位好学者、勤思者、善悟者、笃行者，我非常钦佩！同时，这也引发我思考："今天我们如何读《论语》？"

经典作品具备永恒魅力，因为这些作品可以带领我们穿越幽深的历史隧道，寻觅自然界和人类社会的精神密码，也可以启发我们确立自己当前所处的时空坐标和所应承担的历史使命，更能够为我们照亮未来的漫漫征途，增加前进道路上的智慧和信心。毫无疑问，《论语》就是这么一部经典作品。

经典作品常读常新。不同的人，在不同的时代，处于不同的境遇，读经典的感受、感悟、感言必然不尽相同。《论语》作为儒家经典著作，其相关注释版本，据钱逊教授说有历史记载的有两三千种。也就是说自从《论语》问世以来,平均不到一年就有一位当时颇有成就的学问大家撰写关于《论语》的著作。至于历朝历代民间人士注解的《论语》版本,更可谓汗牛充栋。永刚学友如今竟然能够在《论语》原著和历代大家的注释中读出新意、写下新得,并且身体力行、乐此不疲,确实让人由衷叹服。

孔子和他的弟子们生活的时代,正是中华文明经历重大变革和发展的百家争鸣时代。在那个时代,人们经历的可不是百年未有之大变局,而是千年未有之大变局。孔子思想、学说的出现,是中华文化变革发展的重大成果和标志。作为中华文化最重要的源典之一,《论语》的表达方式和思想主张已经浸透到中国两千多年的政教体制、社会习俗、心理习惯和行为方式之中,并且使儒家文化在世界上产生广泛影响。

曾国藩曾经说过:"风俗之厚薄奚自乎?自乎一二人之心所向而已。"置身于当今这个全球大变革、大变局的大时代,我们需要从先哲智慧中找到那些穿越时空的能量,再与我们自己具备的智慧和能量发生"化学反应",才能够突破纷繁复杂的迷雾,作出正确的判断和抉择。儒家经典,首选《论语》。如何读《论语》,如何体会其中的思想智慧,做到执两用中,如何运用其中的永恒价值做到顺势应变,如何让《论语》生发时代气息,变成当代国人修身立命、经世济民的人生观、价值观和方法论,是我们每个人的责任和使命。毫无疑问,永刚学友在这方面为我们做了一个很好的示范。

据刘刚学友介绍,明哲老师专门为永刚学友这本书写了序,我热切期盼书稿出版后一睹为快。利用这个机会,特别感谢明哲老师！正是因为老师学识深厚、德行高洁、以身作则、循循善诱，才有我们数年来的乐学勤学、乐群立群。如今我们既有明哲师，又有众贤友，大家进德修业、美美与共，这无疑是人生一大快事。我当惜缘、惜福、感恩。

天命/甲子/知止学习小组　刘兴华

中国证监会金融研究院高级研究员

跋四

我心中的永刚学长

第一次慕名见永刚学长，是听中华说，有这样一位学长，闻得明哲老师每日凌晨起床办公，便自己也尝试每日凌晨起床读毓老师的国学著作。这样一干，便是三年，日日不辍。说他常常凌晨一个人读书，读得泪流满面，抑或慷慨激昂，抑或陡然有大觉悟，甚至遥遥跪拜恩师，种种奇事不胜枚举……一个人，闻贤而思齐，思而立行，三年恒如，我以为奇，一直深切仰望！从第一次见面，到如今，又过三年。我如实见证，他依旧每日凌晨四点半早起晨读，在手机上，一笔一画，写读书心得，写《每日省悟——〈论语〉大家学》这部浩作。这原本是一篇篇，一天天，伴随我们共学《论语》的导读，而今得逢佳缘出版，让更多人受益，我心也极为欢喜！

永刚学长是我听说过的人中，极为难得的好学之人。从他年少起，凡是能够旁听课程的机会，他总会想方设法地参加。从北广到清华、北大等,遭受过种种常人难忍之辱没、驱逐,而这几十年的苦修,依旧没有改变他对智者、贤人智慧与本源的渴求。他是如此的一往无前,难忍能忍,难行能行,难成能成!每每想起这些,都让我心生惭愧和无限钦敬!

他有过于常人的专注和静定,这使得他具备过于常人的洞见与智慧。这不仅仅体现在他担任领导的工作中,也深深印刻在他的文字里。见其文,如见其人!

他积极乐观,极富创新、激情和感染力!这些年,他一路影响了很多人,带领大家开始学习,开始重新认知这个世界,开始踏入新的生命征程。这些人,既包括各行各业有影响力的精英,也包括普通的大爷大妈;既包括学者,也包括企业家……他的心,全然如一团火,走到哪里,就会熊熊燃烧,点燃身边的人,照亮世界。这是他的"不亦乐乎",也是他生命本然的状态,所以,于常人而言之难行难忍,于他而言,乐此不疲。

刚写了一半就超过了规定字数,就此搁笔,一切都是最好的安排!

学其文,学其人!

由衷赞叹!并衷心祝贺永刚学长新书出版,使更多人获益!

天命/甲子/知止学习小组　夏奕

北京旺道管理咨询有限公司董事长

跋五

我的两次学习《论语》经历

四年前,我因长期在外地工作,无法陪伴孩子。突然想到通过微信和孩子在线共同学习中华传统经典,以补失陪之憾。为此我曾专门请教老师陈明哲先生应从哪本经典入手,得到非常肯定意见的是《论语》,明哲老师说《论语》是从8岁到80岁都值得反复读的书。我以《毓老师说论语》为本,杨伯峻先生《论语译注》作参考,用时近一年半,日习一章。毓老师讲解《论语》直达根本,绝无半点学究气,有着唤醒生命的力量。我给孩子做的解读虽然简单,但因以毓老师之义为本,许多地方与以往理解很是不同。一遍学下来,一个活泼泼的孔子便立在了我的心间。虽然初衷是为孩子讲《论语》,但自己却在学习《论语》的过程中产生了对人生新的认知,始知《论语》之宝贵,承载着无穷的人生智慧。可以说第一次完整学习《论语》,让我对儒家文化有了初步的正确认识。

后来，有缘和永刚等学友成立学习小组共同学习《大学》，那段时间每日大家都积极分享，热烈讨论。一群中年人竟满怀如此的热情共学适道，互相启发生命，真是一段宝贵的经历！《大学》学习结束后，好学的永刚兄意犹未尽，接着学习完《中庸》，又以勤学不辍的精神每日凌晨四点半起床用两三个小时写《论语》省悟，分享给大家共学。永刚兄的传统文化造诣本来就十分深厚，每次分享讨论都让人深深受益。再写《论语》，更见其学识之广博，用心之深细。永刚兄解读《论语》，博采毓老师、程颐、朱熹、张居正等大家精义，融会贯通。同时结合当下，针砭时弊，忧国爱民之情流于其间。那段时间，读永刚兄解读《论语》是每日必修课。既是再次聆听圣贤的谆谆教诲，也是在深切感知永刚兄的人文情怀。这次又跟着永刚兄完整学习一遍《论语》，对儒家文化的经世致用有了更加深刻的体会。

真正的圣贤之学是生命之学，学而知作为人的根本是为苍生立命。永刚兄是真正的学人，在学中不断完善自己，同时启迪他人。跟着永刚兄学《论语》是件幸运的事情，同时也是件幸福的事情。他对生命的理解，内心广阔的格局都体现在对《论语》的思悟中了。希望永刚兄的《论语》解读，可以惠及更多有缘人，让圣贤之学变成大家生命里的活学问，让圣贤思想的真实奥义源远流传，生生不息。

天命/甲子/知止学习小组　曹中华
重庆市智作拾嘉文化传媒有限公司高级顾问

跋六

从"三人行,必有我师"说开来

这是一句非常有名的话,深入人心!

字面上来讲:三人及三人以上的群体之中必有我的老师!

其中有两个关键字需要说明一下:

第一:"必"是指必然。我们首先需要放松自己,放空和放下自己,必然才会到来,也才会有必然!

经常听到空杯心态这个词,空杯不就是归零?不就是放空和放下自己吗?空杯之后才有可能进入自在的状态,"真自在"难道不是一种让人向往的事儿吗?

古人说:"天地与我共生,我与万物为一。"里面是不是也有这个意思呢?熟悉《论语》的朋友可能会问,因为孔子又说了:"勿意、勿必、勿固、勿我。"那么这两个"必"之间有什么关系呢?

简单地来说,"必有我师"中的"必"是一种客观规律、一种高概率事件、一种理性判断;而"勿必"中的这个"必"是主观意识，即"必须怎样，必须如何如何"的意思。所以两者之间还是有明显的区别的。

第二："师"，天地君亲师。师的地位在中国传统文化中是非常高的，仅次于亲，而这里的"亲"是指父母双亲。再举个例子，师甚至可以和先祖相提并论。有成语为证："欺师灭祖"，大家都知道这是中国传统中最大逆不道的事儿，由此可见"师"的重要性。

在中国传统文化中，对"师"的作用，一个普遍被认可的说法是："师者，传道受业解惑也。"

有师，才能有传承，才能站在巨人的肩膀上看得更远，才能百尺竿头更进一步！在我的求学生涯中，陈明哲老师无疑是我学道修道的最重要的导师。因为他，我才真正进入了中国传统文化经典的殿堂；因为他，我才有缘加入了精一学堂并有幸和同道学友相互切磋，共同提高；也因为他，我才有幸结识了问永刚学长并得到了他的指点，真是三生有幸！

"三人行必有我师"是一句很有来历的话，那么从创新的角度来思考，"二人行，是否必有我师呢"？再探究下去的话，"一人行，必有我师吗"？

首先讲第一点："二人行，是否必有我师呢"？

大家都知道一句话："择其善者而从之，其不善者而改之。"这一点我在"甲子组"的群体学习中感受特别明显，以"至性、至公、至诚"为出发点，大家在学习交流中的发言质量非常高，思想受到高能量信息和思考的冲击和影响，思维和发言也非常活跃。

"独行快、众行远"是我在这个学习小组中的深刻感受。小组中的每一位同修都是我的"师"，他们的优点和不足之处，他们成功之道和失败之路都是我学习和思考的养分。

问永刚学长作为甲子组的督导,他深沉厚重的品格和勤奋谦逊的作风让我折服,也是我学习的对象。后来,我才知道问永刚学长经常走出自己的舒适区,从零开始、凝心聚力,不断挑战自己,创造一个又一个制高点!这样的修为和成就让我深受震撼,也坚定了见贤思齐、思而立行的志向。

推而广之,在一个优秀的集体和团队中,你会发现高人太多了,很痛苦又很开心!痛苦在于高山仰止,落差之大可以发电;开心在于可以择其善者而从之,进而有机会站在巨人的肩膀上看未来!从开始的阶段来讲,就是有机会趴在高人的背上看现在和不远的将来!

这个时候我们可以说,"二人行,必有我师"!

下一个问题是:一人行,必有我师吗?

第一个可能的方法:自师其性。

《中庸》的开篇是这么说的:"天命之谓性,率性之谓道,修道之谓教。"那么这个"性"是指什么呢?这个"性"是指自己的"本性和真心",是"明德",是"天地之心",是"道"!

佛家有言:"明心见性,本自具足。"

毓老师说:"迷时师渡,悟时自渡。"

第二个可能的方法:反思。

"吾日三省吾身!""省"用现在的话叫"反省",一个流行的词汇叫"复盘"。没有反省和复盘,会有提高吗?会高效吗?会"天地与我共生"吗?

第三个可能的方法:向天地万物学习。

古人常说：慎独。这个"独"就是说在一个人的状态下，我们可以发呆，刷手机和看书，也可以向身边的小猫咪做个鬼脸。自由自在，悠哉乐哉！

东西看多了，就可能会想万事万物之间的联系是什么？"民胞物与"是什么意思？怎样才算是"天地与我共生，我与万物为一"的状态？

联想到《伏羲演八卦》《达摩面壁》《龙场悟道》这三个小故事，"一人行，必有我师"也是一种可能。

常放空，常自省，常实践！

天命/甲子/知止学习小组　王爵丰
上汽大众汽车有限公司高级总监

跋七

共学之谊,华夏之光

作为本书从碎片化成文到正式出版的见证者,我内心的感恩之情是无以言表的。从感恩永刚兄的精进好学、"先觉觉后学"之表率,一路向上到感恩陈明哲老师的启蒙、毓老师掷地有声的接力棒、孔子的文化筑基,最后是感恩华夏大地之光、天地造物之美。

我们似乎不只共学了几个春秋,更像是已经分开许久的灵魂,终于又在这条康庄大道上再次相会,再次相认了。

永刚兄是我们共学的领路人。写完书后,他告诉我,自己的工作能力也大涨。这背后无不体现出他已经把修身、齐家、治业融为"一",从"割裂"的二元对立中跳脱出来了。

作为还在"池子"里挣扎的人,看到同伴中有人跳脱出来,是莫大的鼓舞。

就本书而言,作者是跳脱出来了,跳脱出训诂考据的学术桎梏,没有把书写得死气沉沉,整本书中的人、事、物都是栩栩如生、活泼泼的。

作者是跳脱出来了,跳脱出废寝忘食、悬梁刺股的那种让人望而生畏的毅力与艰辛,在一种心神合一、日日得趣的境界中著书叙事。

对读者而言,借着这个机缘,我们离孔子和有孔子的那个时代,又亲近了那么"一点点",华夏之光就又点亮了我们"一点点"。

天命/甲子/知止学习小组　丁诚
万佩管理咨询(上海)有限公司总经理

图书在版编目(CIP)数据

每日省悟:《论语》大家学:全二册/问永刚著. —上海:复旦大学出版社,2021.3
(2025.3 重印)
ISBN 978-7-309-15417-7

Ⅰ.①每… Ⅱ.①问… Ⅲ.①儒家 ②《论语》-通俗读物 Ⅳ.①B222.2-49

中国版本图书馆 CIP 数据核字(2020)第 233909 号

每日省悟:《论语》大家学
问永刚 著
责任编辑/李又顺

复旦大学出版社有限公司出版发行
上海市国权路 579 号 邮编:200433
网址:fupnet@fudanpress.com http://www.fudanpress.com
门市零售:86-21-65102580 团体订购:86-21-65104505
出版部电话:86-21-65642845
江阴市机关印刷服务有限公司

开本 890 毫米×1240 毫米 1/32 印张 26.125 字数 621 千字
2021 年 3 月第 1 版
2025 年 3 月第 1 版第 3 次印刷

ISBN 978-7-309-15417-7/B·739
定价:160.00 元

如有印装质量问题,请向复旦大学出版社有限公司出版部调换。
版权所有 侵权必究